KB182620

동의 동기는 사회적, 문화적 영향에 대한 폭넓은 이해를 요구한다고 말한다. 그는 인간은 다른 동물과 마찬가지로 '공유하는 능력'과 '반응 방식'에 뿌리를 두고 있음이 분명하지만 좀 더 주의 깊게 성찰하면 인간의 생물학적 재능에는 문화를 발전시킬 수 있는 능력이 내재되어 있으며, 이를 바탕으로 개인의 창의성이 발현된다는 것이다.

그의 후기 저작에서 전면에 등장한 또 다른 주제는 과학과 기술이 우리의 모든 질문에 답하고 우리의 모든 문제를 해결하는 유토피아에 대한 예측이다. 여기서 그는 과학의 한계, 시적이고 종교적인 전망의 중요성, 그리고 통찰력을 얻을 수 있는 다양한 원천을 인간 조건에 통합할 필요성에 대해 말한다. 이와 관련된 생각들은 『종교로서의 진화*Evolution as a Religion*』(1985), 『지혜, 정보, 경이*Wisdom, Information and Wonder*』(1989), 『구원으로서의 과학*Science as Salvation*』(1992), 『유토피아, 돌고래, 컴퓨터*Utopias, Dolphins and Computers*』(1996), 『과학과 시*Science and Poetry*』(2000), 『우리가 기대어 사는 신화*The Myths We Live By*』(2003)에서 탐구된다.

은퇴할 무렵 그의 저술들이 대중적으로 널리 알려지기 시작했고, 미즐리는 동물복지 운동, 환경 운동, 무기 거래 반대 운동에 적극적으로 참여하게 된다. 미즐리는 또한 텔레비전과 라디오에 자주 출연하여 동물과 환경에 대한 관심을 촉구하고 과학적 자만심에 반대하는 주장을 펼쳤다. 그의 말과 글은 철학이 평범한 삶을 다룬다는 신념에 따라 직설적이고 유머러스하고 활기찼으며, 무엇보다 인간적이었다.

『짐승과 인간*Beast and Man*』(1978)

『짐승과 인간』은 메리 미즐리의 첫 저서이자 대표작이다. 인간과 동물의 관계를 통해 인간 본성에 대한 이해를 탐구한 이 책은 철학, 윤리, 심지어 과학에까지 큰 영향을 미친 그의 주요 주제와 사상을 담고 있다. 미즐리가 1973년 『필로소피』에 발표한 논문 「짐승성의 개념The Concept of Beastliness」은 코넬대학교 철학과 교수인 맥스 블랙에게 깊은 인상을 남겼고, 1976년 맥스 블랙은 코넬대학교 강연에 그를 초청하며 논문을 확장해서 책으로 묶기를 권유했다. 그 결과가 『짐승과 인간』이다.

지금까지 철학자들은 전통적으로 인간이 다른 종들과 구별되는 성질에 집중했다. 미즐리는 동물행동학 연구를 가져와 닮은 성질을 강조한다. 인간 행동의 동기는 무엇일까? 미즐리는 우리가 이해하는 것보다 넓은 관점에서 볼 때 인간 또한 늑대와 곰과 코끼리와 같은 동기로 행동한다고 말한다. 차이점이 중요하지 않다는 것이 아니라 동물 쪽을 간과하면 인간 행동의 풍부하고 복잡한 면모를 제대로 이해할 수 없다는 것이 그의 요지이다.

『짐승과 인간』에서 미즐리는 크게 두 방향으로 논의를 전개한다. 콘라트 로렌츠, 니코 틴베르헌, 제인 구달을 비롯한 동물학자들의 동물행동 연구를 언급함으로써, 플라톤에서 실존주의에 이르는 전통 철학이 동물 본성에 대해 얼마나 무지했고, 이를 통해 인간의 본성을 얼마나 왜곡했는지 드러낸다. 그와 동시에 리처드 도킨스나 에드워드 윌슨 같은 과학자들의 유전적 결정론을 기초로 한 환원주의적인 세계관을 비판한다. 특히 에드워드 윌슨의 『사회생물학』에 대한 미즐리의 논평은 본격적이고 예리하다. 하지만 무엇보다 이 책은 인간과 동물의 관계, 과학과 윤리의 관계, 인간 행동을 이해하는 데 있어 과학과 진화론의 발전이 갖는 의미를 새로운 눈으로 바라보고, 인간 본성에 대한 보다 통합적인 이해의 실마리를 제공한다는 점에서 시대의 한계를 넘어선다. 첫 출간 20년 후 개정판이 나오고 21세기의 생명윤리학적 논쟁에 더욱 타당하다고 인정받으며 출간 시점보다 더 유효하게 읽히는 지금의 상황이 이를 증명한다.

짐승과 인간

BEASTAND MAN: The Roots of Human Nature

by Mary Midgley

Copyright © 1978 by Cornell University Press

Korean Translation Copyright © 2024 by Hugo

All rights reserved.

This Korean edition is published by arrangement with Cornell University Press through EYA Co., Ltd.

이 책의 한국어판 저작권은 에릭양 에이전시(EYA)를 통해 Cornell University Press와 독점 계약한 위고가 소유합니다. 저작권법에 의해 보호를 받는 저작물이므로 무단 전재와 복제를 금합니다.

짐승과 인간

인간 본성의 근원에 대하여

메리 미즐리

권루시안 옮김

유고

아들들에게

인간의 아기는 백지가 아님을

분명하게 보여준 것에 감사를 보내며

추천의 글

『짐승과 인간』은 매우 중요한 책이다. 상당한 수준의 생물학 지식을 갖춘 철학자인 미즐리는 인간 본성이라는 철학 개념을 생물학 연구로 보강하며 옹호한다. 그녀는 편협한 과학적 주장을 상세하게 비판하면서 인간 행동을 근본적으로 설명한다. 또 윤리학과 자연의 관계를 무시하고 과학적 발견을 고려하지 못하는 도덕 이론을 공격한다. 사실과 가치를 양방향에서 연관 짓는 논리는 무엇보다도 오늘날 도덕철학 분야에서 오가는 토론에 크게 기여하고 있다. 과학이나 철학의 전문용어를 동원하지 않으면서 그 실체를 꼼꼼하게 다룬 이 두꺼운 책은 생생한 논의를 광범위하게 제시하고 있으며, 과학자에게도 철학자에게도, 전문가에게도 일반인에게도 흥미로울 것이다. 개념의 혼란을 해결하기 위해 철학적 문제를 짚어가면서 미즐리는 과학과 철학 사이에 시급히 요구되는 다리를 놓았다.

—아이리스 머독(Iris Murdoch, **철학자, 소설가**)

메리 미즐리는 진화생물학의 가장 깊은 의미를 이해하는 보기 드문 철학자이다. 『짐승과 인간』에서 미즐리는 생물학자들을 그들의 전문 분야에서 마주하며, 사회과학과 인문학에서 중요한 동물행동학이라는 주제를 파악해 향후 대화의 근간에 보탬이 될 예리한 문제들을 제시했다.

—에드워드 윌슨(Edward O. Wilson, **사회생물학자**)

철학자뿐 아니라 일반인에게도 한 줄기 신선한 바람 같은 책이다. 메리 미즐리는 인간과 여타 동물의 관계를 독창적이면서도 상식적인 방식으로 탐구한다. 처음 출간된 1978년보다 지금의 생명윤리학적 논쟁에 더욱 타당한 이 책은 현재 유럽과 미국에서 발전하고 있는 '녹색' 철학의 개론에 해당되며, 실용적으로도 철학적으로도 나 자신의 사고에 확실히 깊은 영향을 주었다.

—메리 워녹(Mary Warnock, **철학자**)

지극히 우아하고 예리하며 사고를 고양시키는 글이다. 아름답게 쓰였고, 대단히 흥미롭고 혁신적이다.

—R. D. 마틴(R. D. Martin, **런던 유니버시티칼리지 체질인류학 강사**)

『짐승과 인간』은 우리를 동물이라는 본연의 맥락에 놓고, 세상 속에 있는 그대로의 우리 모습을 우리 자신에게 보여주며, 종교적 절대 기준이 없는 사회의 도덕성, 즉 우리의 친척 종에서 발견되는 기초적인 모습의 도덕성을 보여주려는 훌륭하고 설득력 있는 시도이다.

—『옵저버』(*The Observer*)

차례

5부 공통의 유산

일러두기

· 단행본과 잡지는『 』, 논문과 기사는「 」, 영화와 그림은〈 〉로 표기했다.
· 생소한 인명과 주요 저작에는 최초로 언급될 때 원어를 병기했다.
· 주석의 서지사항 표기는 원서를 따르되, 성서와 고대 그리스 저작 등 장과 절로 세분되어 알려진 작품은 우리말로 옮겨주었다(성서와 관련된 고유명사는 가톨릭 표기를 규범으로 삼았으며, 인용한 성서 구절은 대한성서공회의 공동번역 성서 개정판을 따랐다).
· '옮긴이'라고 따로 표기하지 않은 각주는 모두 원주다.
· 인용문의 [ ] 속 설명은 저자가 넣은 것이다.

개정판에 붙이는 머리말

논쟁을 돌이켜보다

논쟁 당사자들 사이에서 다리를 놓으려 애쓰는 동안 양측 모두로부터 계속해서 화살이 날아든다면 굳이 그럴 가치가 있을까? 『짐승과 인간』(*Beast and Man*)이 처음 출간된 1978년 이후 내가 해온 일이 그랬다.*

내 책이 세상을 바꿔놓지 못했음은 인정할 수밖에 없다. 편을 갈라 대립하며 논쟁을 벌이는 것은 인간의 매우 깊은 습성이며, 화해를 위한 노력이 잘 먹혀들지 않는다. 스티븐 제이 굴드는 반목의 골이 너무나 깊기 때문에 다리를 놓는다는 관념은 완전히 버리고 논쟁을 벌이는 양극단 중 해를 덜 끼칠 쪽을 지지함으로써 균형이나 잡으려 노력하는 편이 나을 것이라고 (체념한 듯) 말하기도 했다.

그의 말에는 일리가 있다. 그렇지만 반목이 더할 나위 없이 지독한 와중에도 일부 사람들은 실제로 문제가 해결되기를 바란다. 격렬한 논란이 한동안 이어져 양측이 터무니없이 극단적 입장으로 치닫고 나면 피로와 환멸이 찾아오는데, 이럴 때 이따금 화해 시도가 반가워지는 것이다. 이것이 1960년대와 1970년대에 인간 본성이라는 것이 있느냐 없느냐를 두고 논쟁이 벌어졌을 때 일어난 일이다.

* 개정판은 1995년 출간되었다.(옮긴이)

양측에서 가장 목소리가 큰 입장은 점점 더 허황된 모습을 띠어 받아들이기 어려울 정도에 이르렀다. 한편에서—대충 왼편이라 치면—사회과학자들은 여전히 인간 본성은 전혀 존재하지 않는다고 주장했다. 인간은 순수하게 자기 문화의 산물이며, 애초에 결정된 모양 없이 어떤 모양으로도 빚을 수 있는 반죽 내지 백지상태로 태어나고, 오로지 교육으로만 모양을 잡을 수 있다고 보았다. 이 입장은 원래 경험주의 철학자들로부터 가져온 것으로, 인종주의와 성차별주의, 권위주의를 막을 수 있는 유일한 방어 수단으로 간주되었다. (당시 여전히 영향력이 컸던) 마르크스주의자들, 행동주의 심리학자들, 사회학자들, 그리고 수많은 교육 이론가들이 이 입장을 확고하게 지지했다.

다른 한편에서는—오른편에서는—애초에 인간 본성은 지독하다는 나쁜 인상을 안겨준 전통적 인종주의자들, 성차별주의자들, 권위주의자들이 여전히 매우 활발하게 활동하면서 영향력을 발휘했다. 로버트 아드리나 데즈먼드 모리스 같은 대중적 동물행동학 해설가들이 당시 그들의 신예 대변자였다. 이 작가들은 인간과 동물을 생생하고 설득력 있게 비교하는 한편, 전통적 우파가 인간 본성에서 늘 강조해온 몇몇 위험한 동기, 구체적으로 말해 공격적, 영역적, 지배적 동기만 유독 강조하는 방법을 병행했다. 사람들은 실제로는 훨씬 신중하고 덜 편파적인 이론가 콘라트 로렌츠를 이 무리에 속하는 것으로 보았고, 그런가 하면 니코 틴베르헌은 무시했다.

그렇지만 1975년 에드워드 윌슨의 『사회생물학: 새로운 종합』(*Sociobiology: A New Synthesis*)이 출간되면서 상황이 크게 바뀌었다. 윌슨은 더 화력이 센 과학적 무기를 가져와 새로운 종류의 반목을 더했다. '과학' 자체에 대해 찬성과 반대의 감정을 불러왔기 때문이다. 로렌츠나 모리스, 아드리는 남의 연구에 대해 전쟁을 선포하는 학계 쪽

종파의 사람이 아니었다(아드리는 극작가였고, 모리스와 로렌츠는 훌륭한 동물학자이기는 하지만 주로 대중적 저자로 알려져 있었다). 그들과 달리 윌슨은 전장에 나선 생물학자이자 거리낌 없는 학계의 제국주의자로서 종파적으로 글을 썼다. 그는 환원적이었다. 그는 인간의 삶을 동물과 비교하여 설명하겠노라고만 나선 것이 아니었다. 주로 집단유전학(population genetics)을 근거로 삼아, 자신의 방법이 사회과학과 인문학 전부를 개조하고 밀어내고 마침내는 '잡아먹을' 것이라고 주장했다. 그리고 그는 명확하게 정치적이지는 않았지만, 사람들이 자연스레 자신의 '유전적 결정론'에다 정치적 해석을 끌어다 붙이는데도 딱히 방어하지 않았다.

중재라는 난제

어마어마한 소란이 이어진 것도 당연했다. 나는 1976년 윌슨의 두꺼운 책이 내 책상 위로 갑자기 떨어졌을 때 생각지도 않게 이 투우장 안으로 들어갔다. 당시 나는 일정대로 『짐승과 인간』 집필을 이미 끝마친 상태였다. 이 책을 쓰기 시작한 것은 동물행동학자들의 연구, 특히 틴베르헌과 로렌츠의 글을 읽은 뒤 인간의 동기라는 어려운 주제에 관한 탐구에 그들이 매우 새롭고 유용한 기여를 하고 있다고 생각했기 때문이다.

나는 이런 기여는 역겹다며 뱉어낼 게 아니라 마땅히 소화해야 한다고 생각했다. (내 생각에) 그것은 내가 학계에서 공식적으로 맡은 일인 도덕철학에 절실히 필요한 내용을 밝혀줄 수 있었다. 몸과 마음의 관계, 동기화(motivation)와 합리성의 관계, 인류와 자연의 관계에 관한 철학적 문제와 확실히 관련되어 있었다. 이런 주제에 관해 정신

분석학 사상가들이 이미 묻기 시작한 질문뿐 아니라 나 역시 중요하다고 생각하는 여러 질문에 답하는 데 도움이 될 수 있었다. 나는 프로이트 학파의 전통은 그런 질문에 답하기보다는 묻기를 더 잘한다고 생각했는데(지금도 그렇게 생각한다), 묻는 일이 더 중요한 때가 많다. 그리고 프로이트 학파의 개념들이 일상생활의 길잡이로 받아들여지곤 하는 만큼, 그런 개념을 학계의 논의에서 인위적으로 배제한다면 손해가 될 것이다.

나는 그때 사회과학자들이 충격을 받고 방어적으로 반응하는 것에 놀랐다. 그들은 그 주제에서 전면적으로 후퇴해 종의 장벽 뒤로 꼭꼭 숨었다. 그래서 나는 전쟁 중인 종파들을 하나로 묶을 더 현실적인 입장을 제안하기 위해 처음에는 글 한 편*을, 다음에는 코넬대학교 출판부의 요청에 따라 책을 썼다. 책의 핵심은 인간 특유의 표식에 관해 다룬 4부, 특히 합리성을 다룬 11장에 있었고 지금도 그러하다. 다만 나중에 추가한 부분 때문에 많은 독자의 관심이 다른 데로 흩어졌고, 그와 동시에 책이 필요 이상으로 두꺼워지기도 했다.

코넬대학교 출판부는 내 초고를 마음에 들어 하면서도 윌슨의 책을 읽어보라고 했다. 보도블록만 한 크기의 책을 받아 들었을 때 기쁜 마음이 들었다고는 말할 수 없다. 책은 기술적인 세부 설명이 가득했고 관련 논쟁의 요점을 똑같은 비중으로 다루면서 '이 모든 것에 관해 뭔가를 전달하기' 위한 확고한 지침을 담고 있었다. 그러나 나는 그것이 해야 하는 일이며, 대충이 아니라 제대로 해야 하는 일임을 곧장 알아보았다. 거기 끼어든 투사 대부분이 아무리 대수롭지 않게 여긴다 한들, 벌어지고 있는 난장판은 철학적 난장판이었다. 각 개

* "The Concept of Beastliness", *Philosophy*, vol. 48(1973).

념 간의 전반적 관계 문제였는데, 그들로서는 숙고해본 적이 별로 없는 데다 뿌리 깊은 전문화 습관 때문에 알아차리기가 쉽지 않았다.

그 뒤 몇 달 동안 모든 것을 송두리째 창밖으로 던져버리고 내가 직접 짚어보고 싶었던 때가 몇 번이나 있었다. 그러나 두 가지 매우 중요한 일이 일어났음을 차츰 알아차리게 되었다. 첫째, 동물계 전체를 통틀어 유전되는 행동 성향이 존재한다는 것이 실제로 무시하기 어려울 정도로 철저하게 입증되었고, 그런 성향이 인간에게도 해당한다고 볼 만한 타당한 이유도 있었다. 둘째, 그 논제는 많은 사람이 거의 받아들일 수 없는 언어로 표현되어 있었다. 이것은 동물행동학자들의 언어보다 훨씬 거친 데다 더 이념적이어서 훨씬 도발적이었다. 사람들의 관심을 더 많이 끌 뿐 아니라 정치적 분열을 더 많이 초래하게 되어 있었다. 그러잖아도 양극화된 상황을 더 악화시킬 것이었다. 그로 인해 반목이 벌어지면 인간과 동물의 동기화에 대해 동물행동학자들이 시작한 본격적인 탐구에 대한 관심이 완전히 흩어질 가능성이 컸다.

이념과 뒤얽힌 과학

그렇다면 이제 다윈주의의 최신판*이라는 약간 오해할 만한 이름으로 불린 이 이념은 무엇이었을까? 내가 그것을 **우파**라 부른다고 해서 그것이 고정된 위계를 갖추고 구식 권위주의 방식으로 '보수적'이

* 나는 이 이념 때문에 다윈의 실제 이론에 열광적이고도 종종 불쾌한 면모가 덧붙었다는 점을 다음 글에서 논했다. "Darwinism and Ethics", *Medicine and Moral Reasoning*, eds. K. W. M. Fulford, Grant Gillett & Janet Martin Soskice(Cambridge University Press, 1994).

었다는 뜻은 물론 아니다. 그렇지 않았다. 그보다는―투박하게 표현하자면―생물학적 대처주의(Thatcherism)였다. 낭만적이고 이기주의적인 이 이념에서는 진화를 본질적으로 '이기적'인 개개의 유기체 사이에서 끝없이 더 심해지는 경쟁으로 규정해 찬양했고, 각자 자기만의 이익을 위해 '투자'하는 유기체들이 서로를 '조종'하려 함으로써 전체적으로 발전하는 역학이 작동한다고 보았다. 실제로 이 이념은 땅을 상속받음으로써 고정된 권력이 부여된다는 봉건 시대의 믿음을 대신해 현재 '우파'의 신조가 된 통념, 즉 권력은 본질적으로 경쟁력 있는 상업적 기동성에 있다는 통념에 과학적 신빙성을 제공했다(좌와 우라는 낱말의 기이한 운명은 이 자리에서 다룰 수 없는 또 하나의 커다란 질문이다).

물론 본질적으로 이 그림은 그다지 새로운 게 아니었다. 이는 공동체보다 개인의 자유를 일방적이고 전면적으로 추앙하는 허버트 스펜서*Herbert Spencer*의 사회진화론으로, 특히 자유기업 경제를 숭상하는 그의 사상으로 거슬러 올라간다. 이 단순한 메시지는 19세기 말 미국에서 대중적으로 널리 퍼졌다. 이때 스펜서의 책은 미국 전역에서 다른 모든 철학자보다 더 많이 팔렸다. 이 관념은 수많은 사람의 뇌리에 남아 있으며, 그래서 그것을 되풀이하는 윌슨 같은 과학자들은 대개 거기에 출처가 있다는 사실을 인식하지 못한다.

그렇지만 스펜서는 자연과학자로서가 아니라 철학자로서 말했다. 그는 생물학에 대해 거의 알지 못했고, 그의 견해는 애초에 인간의 삶에 대한 논평을 의도한 것이었다. 그런 면에서 사회에 관한 학설로서는 명백한 결함이 있었고 항상 비판받아왔다. 그러나 윌슨은 이제 스펜서의 이야기에 완전히 새로운 지위를 부여하면서 그런 비판을 우회하게 하는 것으로 보였다. 그는 그것을 생명의 전체적인 본성에 관한 생물학적 논제로서 제시했다. 스펜서주의는 이제 스펜서 본인이 절대 부여할 수 없었던 과학적 신빙성을 얻은 듯했다. 무대의 중심은 인간의 경쟁이라는—한계가 뚜렷이 보이던—익숙한 장면을 벗어나 집단유전학으로, 개인이 아니라 이기심, 이타심, 앙심 같은 것을 두고 경쟁하는 유전자 무리에 대한 막연한 전망으로 옮겨갔다.

여기서 윌슨의 논의는 종종 불가해한데, 기술적인 내용이 많기 때문이기도 하지만 그보다는 기술적이지 않은 부분이 너무나 강렬하게 은유적이기 때문이었다. 이야기에서 중심이 되는 '이기적', '앙심', '교묘한 조종' 같은 강하고 짙은 색채를 띠는 표현은 은유로 받아들여졌다. 그렇지만 그 수사적 효과는 논제의 일부로 의도되었음이 분명했고, 문자 그대로의 의미로 사용된 때도 많았다. 내가 『짐승과 인간』에서 말하고자 한 것이 바로 이 기묘한 조합이었다. 또한 1976년에는 리처드 도킨스의 『이기적 유전자』(*The Selfish Gene*)가 출간되어(다만 나는 나중에야 이 책을 보게 되었다) 유전자 자체를 시종일관 의인화함으로써 극적인 느낌을 더욱 고조시켰다. 이 책은 이기심이 무엇이든 간에, 유전자를 통해 전달되기만 하는 것이 아니라 실제로 유전자의 것이라고 주장했다. 유전자는—윌슨이 말한 것처럼—그 과정이 일어나는 진짜 무대일 뿐 아니라 유일한 능동적 행위자이기도 했다. 인간이나 여타 동물은 행위자가 아니며 유전자가 타고 다니는 무력한 수송수단에 지나지 않았으며, 그렇기는 하지만 그들 역시 여전히 이기적이었다. "우리는 이기적으로 태어난다."*

* Richard Dawkins, *The Selfish Gene*(Oxford University Press, 1976), p. 3. 개개인은 이기적이라는 이 불필요한 주장에는 도킨스가 책 머리말 첫머리에 적은 다음과 같은 메시지가 깔려 있다. "우리는 생존 기계이다. 유전자라는 이름의 이기적 분자를 보존하도록 맹목적으로 프로그램된 로봇 차량이다"(p. x). 이 책에 대한 나의 다소 격정적

사회생물학과 마르크스주의

이 모든 것은 물론 수그러들 기미가 없었다. 이 책이 처음 출간된 이후 지금까지의 세월을 돌이켜보면, 이 새로운 이념이 마르크스주의가 세계대전 이후 30년 동안 한 것과 매우 비슷한 역할을 우리의 지적 생활에서 수행해왔다는 인상을 받는다. 마르크스주의처럼 사회생물학은 막강한 매력을 발휘해왔는데, 보편적 공식으로 세계를 단순화하는 포괄적 체계임을 자처하면서 자기 대신 사도들을 불러 종파 전쟁에 나서도록 고취하기 때문이다. 마르크스주의처럼 사회생물학은 불의를 정당화하는 용도로 이용될 수 있는데, 미래에 장밋빛 결과(이번에는 '낙수' 효과를 통해, 또 일부 설명에서는 장기적 진화를 통해)를 약속하기 때문이었다. 또 마르크스주의와 마찬가지로 사회생물학은 과학적 권위를 주장하며, 비교적 박식한 지지자들에게 상당한 안정감을 줄 정도로 정교한 기술적 논의를 통해 옹호되어왔다.

사회생물학에는 물론 마르크스주의 같은 이상주의적 호소력은 없다. 오늘날 대중적으로 그런 호소력을 발휘하는 정치 신조가 없다는 것은 우리 모두에게 심각한 손실이다. 이상주의적 젊은이들이 지적 여정에서 거칠 만한 이렇다 할 첫 단계가 없고, 그나마 있다면 종교적 과정뿐이다. 오늘날 많은 젊은이가 종교적 과정—그리스도교보

인 논평이 다음과 같이 실렸다. "Gene-Juggling", *Philosophy* vol. 54, no. 210(October 1979). 도킨스는 다음 글로 답했다. "In Defence of Selfish Genes", *Philosophy*, vol. 56, no. 218(October 1981). 나는 다시 다음 글로 답했다. "Selfish Genes and Social Darwinism", *Philosophy*, vol. 58(1983). 내가 이 주제에 대해 사용한 언어가 너무 순하다 싶은 사람은 데이비드 스토브가 쓴 두 편의 글을 읽어보기 바란다. David Stove, "The Demons and Dr Dawkins", *The American Scholar*(Winter 1992); "So You Think You Are a Darwinian?", *Philosophy*, vol. 69, no. 269(July 1994) pp. 267-277.

다는 불교 쪽인 경우가 많다—을 거치는 것이 바로 이 때문임이 분명하다. 우파의 정치적 신조가 우파라는 이유만으로 보란 듯이 냉소적일 필요는 없다. 그들이

> 천상에서 떨어진 영 중 가장 저속한
>
> 마몬—*

만을 길잡이로 삼을 필요는 없지만, 최근 그 길잡이는 대체로 마몬이었다.

사회생물학은 이런 종류의 매력에 따르는 약점을 보완하기 위해 마르크스주의보다 더 강하고 현대의 입맛에 더 잘 맞는 과학적 풍미를 갖추고 있다. 그렇지만 마르크스주의처럼 사회생물학도 학문 차원에서 옹호하기가 매우 어렵다는 것이 입증되었다. 사회생물학이 스스로 표방한 분야에서 과학 비평가들은 큰 어려움 없이 사회생물학을 비교적 박식한 대중이 소화할 만한 크기로 축소했다. 생물학 전체를 대변한다는, 나아가 유전학 전체를 대변한다는 윌슨의 주장은 언제나 터무니없는 것이었다. 사회생물학적 유전학은 특히 피상적임이 입증되어 수많은 비판의 대상이 되었지만, 약점은 그뿐만이 아니었다. 전체적으로 볼 때 진화에 대한 현시대의 과학적 논의에서 윌슨 학파의 생각은 비교적 미미한 위치를 차지한다.

그러나 물론 사회생물학은 마르크스주의가 그랬듯 학문적으로 인정받았기 때문에 영향력을 발휘하는 것이 아니다. 과학의 전반적 권위가 사회생물학에 중요하기는 하지만, 근본적으로 그 영향력은

* 존 밀턴이 1667년 발표한 서사시 『실낙원』(*Paradise Lost*)에 나오는 구절이다.(옮긴이)

시대의 기질을 얼마나 잘 대변하느냐에 달려 있다. 그것은 시대의 기질이 개인주의적, 낭만적, 낙관적, 이기적, 경쟁적인 상태를 열정적으로 유지하는 만큼만 살아남는다. 여전히 정부 차원에서는 경쟁에 대한 믿음이, 시장 세력들로부터 구원이 흘러든다는 불합리한 믿음이 놀라울 정도로 강하게 남아 있다. 이 믿음의 경제주의는 마르크스주의의 경제주의에 매우 가까우며, 사람들이 둘 중 한쪽에서 다른 쪽으로 쉽게 전향하는 이유가 바로 이것이다. 그리고 냉전이 끝나면서 그 믿음이 자연스레 강화되는 경향이 있었다. 이런 분위기에서 사회생물학적 태도와 용어가 널리 퍼졌다.

놀라우리만치 끈질긴 사자들의 왕조 야심

이런 태도와 전문용어가 계속 퍼져나간 영역 중 나로서는 정말로 뜻밖인 곳은 동물행동을 다루는 영역이다. 오늘날 동물행동학자들은 무엇이 '과학적'인지에 대한 이 이상한 견해에 고개를 숙이고, 고유한 전통을 눈에 띌 정도로 버린 것으로 보인다. 그 점만 빼면 존경할 만한 데이비드 애튼버러*는 이 기이한 형태의 믿음을 가진 유일한 인물이 아니다. 동물에 관한 텔레비전 프로그램뿐 아니라 본격적인 과학 논문도 이제 모두 동물행동을 다룰 때 그 행동이—명백하게 무익하다 해도—해당 동물의 조상이 선택되는 데 유리하게 작용했음을 증명하는 부분을 의무적으로 갖추고 있는데, 사회생물학 이론에서 그것이 틀림없다고 주장하기 때문이다. 이 학설은 '범선택설(panselec-

* 영국의 생물학자이자 자연사학자, 방송인이다. BBC에서 제작하는 자연사 다큐멘터리의 해설자로 유명하다.(옮긴이)

tionism)'이라 불린다.

이런 논의에서는 대개 그 동물의 유전적 전망에 대한 완전한 지식에 비추어 사회생물학적으로 인정되는 동기가 그 동물에게 있다고 명시적인 언어로 표현한다. "이 사자는 자신의 유전자를 더 널리 퍼트리려 하고 있다"는 식이다. 이것을 은유로 받아들여야 한다는 사실은 대개 간단히 잊어버린다. 이로써 이 의미 없는 이야기는 동물의 진정한 동기에 관해 틴베르헌과 로렌츠가 개척하기 시작한 본격적 탐구를 무색하게 만든다.* 진화 전망에 관한 논의는 그 자체로 중요하고 필수적이지만, 이것이 동기에 관한 내용과 뒤섞이면서 양쪽 모두가 심각하게 방해받는다.

물론 저자들은 아무리 해로운 특성이라 해도 최적화된 설명을 찾기 위해 항상 고심한다. 그들의 이론이 그것을 요구하기 때문이다. 그렇지만 설명에 성공한다는 것은 그들의 창의력과 고집을 증명할 뿐이다. 이런 종류의 억측은 정신분석학자들의 더 황당한 의견과 닮은 때가 많고, 그와 마찬가지로 경험적 검증이 면제된다. 실제로 이런 식으로 세탁될 수 없을 만큼 심하게 불리한 특성을 만들어내는 일이 가능한지 살펴본다면 흥미로울 것이다. 말벌이나 쐐기풀에서 신성하게 선택된 기능을 찾아내곤 하던 신학자들처럼, 사회생물학자들은 결국 숨겨진 이점이 있다는 이야기를 만들어놓고 그것이 아무리 있을 법

* 나는 동기에 관한 이 혼란을 두 편의 글에서 논했고(각각 17쪽, 19쪽 각주 참조), 또 『마음과 정신』(*Heart and Mind*)의 첫째 장 18-24쪽에서도 논했다. 그리고 『짐승과 인간』에서 더 자세히 다루었다. 이렇게 거듭 논하는 것은 단순히 강박적으로 흠을 잡기 위해서가 아니다. 나는 동기라는 주제 전체를 이렇게 왜곡하는 것은 문화적으로 커다란 재앙이며 그 여파가 온갖 곳에 미친다고 진심으로 믿는다.

하지 않아도 자신의 믿음에 이끌려 받아들인다.* 종종 지적된 바 있듯, '아무튼 그래' 식의 이런 이야기에서는 **자연선택**을 **신**이나 **섭리** 같은 낱말로 바꿔도 의미가 전혀 달라지지 않는다.

그러면 불완전한 적응 같은 경우를 두고서는 실제로 무슨 말을 해야 할까? 편견 없이 진화를 연구한 여느 사람들과 마찬가지로 다

* 흔한 사례 하나는 자식을 둘 낳는 동물(종종 조류)로, 대개 그중 큰 쪽이 작은 쪽을 곧바로 죽이는 것이다. 이 '전략'은 대개 쌍둥이 중 더 큰 쪽이 죽는 가능성에 대비한 보험이라고 설명된다. 그러나 (보험을 드는 많은 사람이 증언할 수 있듯) 어떤 것을 보험이라 부른다고 해서 그 가치가 높다는 것이 증명되지는 않는다. 한 해 동안 태어난 쌍둥이 중 한쪽이 계속 죽는 경우의 비용과 한 마리만 태어나 이따금 죽는 경우의 비용을 보험회계사를 동원해 비교해본 적은 없다. 따라서 기존 정설을 떼어놓고 보면 더 자연스러운 설명, 즉 한 마리만 낳거나 새로 태어나는 새끼들이 온순한 경우들이 거의 없었다는 설명을 거부할 이유가 없다.

이 기묘한 현상을 잘 보여주는 최근의 예는 로런스 프랭크의 글로[Laurence Frank, "When Hyenas Kill Their Own", *New Scientist*(March 5, 1994)], 다른 모든 점에서는 신중하고 인상적인 논문이다. 점박이하이에나는 대개 쌍둥이를 낳는데, 대개 먼저 태어난 쪽이 나중에 태어난 쪽을 곧바로 잔인하게 공격해(특히 둘 다 암컷일 때), 심한 영구적 장애를 남기거나 때로는 죽이기까지 한다. 따라서 절반을 넘는 수의 어미가 새끼를 한 마리만 기르게 되며, 이렇게 하나만 남은 새끼는 둘 다 살아남은 쌍둥이에 비해 (뜻밖이랄 것도 없이) 더 건강하게 더 빨리 성장한다.

프랭크는 몇 주가 지나면 약해져 사라지는 이 공격성은 태어날 때의 호르몬 불균형에 기인한다고 설명한다. 새끼에게 안드로겐이 대량으로 분비되는데 그것을 상쇄할 수 있는 다른 요인이 아직 발달하지 못했기 때문이라는 것이다. 분명히 그는 이 인과관계 설명에 만족하고 넘어가려는 마음이 있다. 그렇지만 관례에 따라 '이 행동이 진화에서 갖는 역할'을 설명하는, 다시 말해 그 행동의 효과뿐 아니라 어느 시점에 이르러 누군가에게 어떻게 보상이 돌아가는지에 대한 목적론적 이야기도 생각해내야 한다. 종종 그러하듯 그런 논의는 복잡하고 결론이 나지 않는다. 그리고 '애초에 왜 쌍둥이를 계속 낳을까?' 하는 빤한 질문에는 답하지 않는다. "쌍둥이 자매는 나중에 어른이 되어 맹렬하게 경쟁하는 일을 피하기 위해 유아일 때 서로 제거하고자 한다"는 발상을 고려하지만, 거기서 어려움에 부딪히자 "점박이하이에나 암컷들은 대체로 스스로 통제할 수 없는 극단적 형태의 유아기 행동에 편승하고 있다"는 어설픈 의견으로 끝낸다(하이에나들이 어쩐다고?).

윈은 그런 예가 많았음을 주저 없이 인정하면서, 그것이 자신의 이론에 불리한 요소로 작용하는 일은 전혀 없다고 보았다. 진화 이론에서는 적응이 완벽하다고 주장하지 않았다. 단지 생존에 적당했음이 분명하다고만 말했다. 살아남은 특성은 그 종을 파괴할 만큼 해롭지 않은 한 적절하며, 경쟁이 적당한 수준에 그칠 때는 해로울 가능성이 작다. 따라서 대왕판다는 소화가 비효율적이고 한 가지 종의 대나무만 먹는 괴상한 습성이 있는데도 하나의 종으로서 살아남을 수 있었다. 아마도 변화를 강요하는 경쟁 압력이 높지 않았기 때문에 그럴 수 있었을 것이다. 실제로 판다가 (무분별한 수많은 사람처럼) 생태계 안에서 차지한 자리는 그 기벽을 충분히 수용할 수 있을 만큼 컸다. 판다의 약점이 사실은 숨겨진 이점을 줄곧 누리기 위해 써온 교활한 전략임을 증명하고자 억지로 노력할 필요가 없다.

사회생물학자들이 이 문제에서 다윈을 대변하고 있다고 너무나 집요하게 주장해왔으므로, 여기서 다윈이 『종의 기원』에서 자신의 입장을 의심의 여지 없이 밝히는 부분 두 군데를 인용하는 것이 좋겠다.

> 자연 속의 모든 장치가 우리가 보기에 절대적으로 완벽하지는 않아도, 그리고 그 일부가 우리가 생각하는 적합과는 상극이라도 놀랄 것이 없다. 벌이 침을 쏘면 죽어도, 단 하나의 행위를 위해 수벌이 매우 많이 태어나며 알을 낳지 않는 누이들에게 대다수가 죽임을 당해도 놀랄 필요가 없다. [⋯] 자연선택 이론에서 볼 때 정말 놀라운 것은 절대적 완전성이 결여된 사례가 더 많이 관찰되지 않았다는 사실이다.*

* Charles Darwin, *The Origin of Species*, 1st edition(1859), p. 472.

그리고 13년 뒤

나의 결론이 최근 잘못 해석된 일이 많았던 만큼, 그리고 내가 종의 변형을 오로지 자연선택에 기인한다고 본다는 말이 있었던 만큼, 나로서는 이 책의 초판에서, 그리고 그 이후 판에서 가장 눈에 띄는 자리에—구체적으로 말하자면 서론 말미에—다음과 같은 말을 집어넣었음을 밝혀두고자 한다. "나는 자연선택이 변형의 주요 수단이기는 하지만 유일한 수단은 아니라고 확신한다." 이렇게 해두었는데도 소용이 없었다. 와전의 힘은 대단하다.*

참을성 많은 사람이 쓴 글임을 볼 때 노골적으로 신랄한 논평이었을 것이다.

그렇지만 복잡하다는 점을 그런 식으로 인정하는 것을 사회생물학은 용납하지 못한다. 사회생물학은 본질상 환원적이기 때문에 진화의 모든 측면을 망라하는 단 하나의 투박한 설명을 고집한다. 경쟁은 끊임없이 가해지는 전능한 압력이며 모든 발달을 설명하는 준물리적 힘이라는 관념이 사회생물학의 핵심이다. 마르크스주의 이론가들이 점진적 사회개혁의 가능성을 인정할 수 없는 것 못지않게, 사회생물학 이론가들은 다른 진화 요인을 위한 여지를 남겨둘 수 없다.

환경 문제로 옮겨 가는 관심

우리 시대의 조류에 또 무슨 일이 벌어지고 있을까? 이 책의 초판

* Ibid., 6th edition(1872), p. 395; 1st edition p. 46, p. 472(앞 인용문 바로 위) 참조.

이 발행된 이후로 환경에 대한 관심이 크게 늘었고, 위험이 급증하면서 그런 관심이 필요해진 것이 분명하다(흥미롭게도 윌슨은 이제 주로 이 문제에 관한 작업으로 옮겨가 이전에 쓴 책 『바이오필리아』*Biophilia*의 후속 작업을 해왔다). 전반적으로 이 변화는 많은 부분에서 사회생물학적 태도에 확실히 불리하다. 환경주의는 개인주의적 관점이 아니라 사회적 관점을 절대적으로 요구한다. 경쟁보다는 협력에 훨씬 더 관심이 많다. 또한 더 넓은 전망을 가지고 있는데, 그 관점에서 보면 경제적 모델에 집중하는 태도는 기묘하게도 좁고 독단적이다. 최근 여성주의의 변화 전반에서도 똑같이 협력 쪽으로 기울어지는 태도가 보인다. 일부 여성주의자들이 "이길 수 없으면 합세하라"는 원칙에 따라 경쟁 열풍에 동참하기를 선호하는 것은 사실이다. 그러나 그들 역시 어느 정도 희망을 보았다면 덜 경쟁적인 세계로 나아가기를 선호할 것이다.

최근 일어나는 또 하나의 흥미로운 변화는 멸종 속도에 대한 관심이 늘었다는 것이다. 이는 환경이 보내는 경고와 어느 정도 관계가 있을 것이다. 과학자들은 멸종 속도가 점진적이고 일정할 수밖에 없으며, 빅토리아 시대에 믿은 격변설은 비이성적이라고 생각했다. 그러나 과학자들의 발상은 화산활동이나 기후변화, 또는 어쩌면 우주의 영향으로 시작되었을 수도 있는 재앙의 증거 앞에서 무너졌다. 이 변화는 외부 자연을 하나의 요인으로서 중요하게 고려해야 한다는 전반적 인식을 강화한다. 이는 순전히 사회적인 경쟁 모델이 광대한 진화 과정 전체를 대표하기에 얼마나 부적절한지를 더욱 분명하게 보여준다.

우리와 자연의 연속성을 인정한다는 것

물론 사회생물학에는 좋은 점도 있다. 사회생물학은 원칙적으로 우리가 자연의 일부임을 강조한다. 사회생물학은 인간을 친척 종으로부터 분리하는 기이한 태도에 저항하는데, 그런 분리는 계몽사상의 많은 부분을 기형적으로 만들고 환경이 입은 피해 자체를 우리가 너무 뒤늦게 깨닫게 했다. 또 사회생물학은 우리가 동물에게 가하는 고통에 관한 대중의 관심이 높아지는 것과도 연관될 수 있다. 이 관심은 지난 10년 사이에 특히 빠른 속도로 높아졌으며, 리처드 도킨스가 그것을 지지한다고 밝힌 것은 흥미롭다.*

그렇다면 이제 정치적 좌파나 사회과학과 인문학 분야 지식인들이 우리와 자연의 연속성이 세계에서 중요한 사실임을 알아볼 때가 되었다. 이 사실은 사회생물학적 이념뿐 아니라 이런저런 때에 그 사실을 왜곡하고 이용한 갖가지 문제 있는 이념들과는 완전히 다르다. 이처럼 우리가 자연의 일부라는 사실 자체와 그 사실을 왜곡해 이용하는 행위는 구별해야 한다는 것이 『짐승과 인간』뿐 아니라 내가 쓴 대부분의 글에서 꾸준히 분명히 해두려 한 점이다.

『짐승과 인간』이 출간된 이후로 이와 관련해 얼마간 진전이 있었음은 확실하다. 지금은 원칙적으로 인간 행동의 일부 측면은 정말로 타고나는 성향으로부터 흘러나온다는 것을 기꺼이 인정하는 사회과학자들이 많다. 그들은 만일 그렇다면 그런 성향을 이해하는 것이 매우 중요할 수 있음을 안다. 그런 이유로, 외부에서 갖가지 정보가 주

* 예컨대 다음 글에서 도킨스의 취지는 기묘하지만 확실히 동물 애호적이다. *The Great Ape Project*, eds. Paola Cavalieri & Peter Singer(St. Martin's Press, 1994), chapt. 7.

어지는데도 그전까지 해오던 대로 종파적 전선을 완고하게 방어할 게 아니라, 그런 문제에 관한 생물학적 증거를 진지하게 받아들이는 것이 가치 있음을 알아차리기 시작했다.*

평등은 동일이 아니다

특히 그들은 정치적 평등이 동일을 의미할 필요는 없다는 것을 알아차리기 시작했다. 평등은 모든 사람을 태어날 때부터 획일적인 반죽 같은 표준 제품으로 취급하도록 요구하지 않는다. 평등이 요구하는 것은 각기 다르게 태어났음에도 사람을 모두 공평하게 대우하는 것이다. 따라서 예컨대 성별과 관련해 우리의 호르몬 구성이 자연적인 기질 차이를 만들어낸다는 명백한 사실을 인정하는 데는 모욕적인 것이 없다. 모욕적 행동은 한쪽 성별을 다른 성별보다 높일 때, 다름을 나쁨이라고 간주할 때 일어난다. 다름은 나쁨이 아니다. 다름일 뿐이다.**

여성주의 사상은 실제로 이 다름을 인정하고 나아가 기리면서 여성 특유의 기여에 경의를 표하는 때도 많았다. 그러므로 이에 대해 여전히 지속적으로 일어나는 논쟁은, 자연적 차이에 대한 새로운 자

* 이 탐구에 크게 도움이 되는 연구 하나를 소개한다. Melvin Konner, *The Tangled Wing; Biological Constraints on the Human Spirit*(Heinemann, 1982). 생물인류학자인 저자는 저 반목을 매우 훌륭하게 중재하고 있다.

** 나는 이 문제를 다음 글에서 논했다. "On Not Being Afraid of Natural Sex Differences", *Feminist Perspectives in Philosophy*, eds. Morwenna Griffiths & Margaret Whitford(Macmillan 1988). 더 완전하게 다룬 내용은 다음을 참조. Mary Midgley & Judith Hughes, *Women's Choices: Philosophical Problems Facing Feminism*(Weidenfeld & Nicolson, 1983).

료가 나올 때 여전히 끈질기게 자동으로 반대하는 습관은 다소 이상해 보인다.

이처럼 질기고 생각 없는 반목을 볼 때면 정말로 우울하다. 특히 종종 그렇듯 반목하는 사람들의 실질적 정치적 목표가 나와 같을 때 더 그렇다. 남녀 사이의 관계를 바라보는 전통적 관념을 다시 생각하는 것은, 그리고 특히 가난하고 불우한 여성을 돕는 것은 여러 면에서 매우 중요하다. 그러나 그러기 위해 여성은 실제로 남성과 구별할 수 없다고 주장하는 것은 타당하지 않고 오도되었으며 소모적이다.

동질화를 통해 평등에 접근하는 방식은 현실을 외면하고 사람을 자연으로부터 분리된 추상적이고 표준적인 사회적 실체로 취급하려는 시도에서 비롯된 것으로 계몽시대에 널리 퍼졌다. 그것은 몸과 마음을, 문화와 본성을, 생각과 느낌을 예리하게 구분하도록 강요하는데, 이는 우리가 계몽시대로부터 물려받은 유산의 나쁜 측면이다 (내가 쓴 책 『마음과 정신: 다양한 도덕적 경험』*Heart and Mind: The Varieties of Moral Experience**은 이런 구분 때문에 생겨나는 갖가지 문제점을 다룬다). 현대에 과학은 어마어마한 명성 때문에 종종 실제 과학 연구와는 관련이 거의 없는 방식으로 이런 모든 분열을 극적으로 만드는 일에 동원되어왔지만, 그렇게 하면 과학을 악용할 수 있는 쪽에 반박할 수 없는 권위를 가져다주는 것으로 보인다. 이런 환원적 행동은 전반적으로 혼란한 상황에 '두 문화' 간의 파괴적 전쟁까지 가중함으로써 전문화로 인해 여러 연구 사이에 생긴 골이 더욱 깊어지게 하고, 학계를 전반적으로 사분오열시킴으로써 시간과 자원을 끝없이 낭비하게 한다.

* Methuen University Paperback, 1981, 미국판은 St. Martin's Press.

해결되지 않은 문제

앞서 말한 것처럼, 내가 애초에 『짐승과 인간』을 쓰기 시작한 것은 이런 쓸데없는 분열에 대한 우려 때문이었다. 오늘날 이 책을 보노라면 지금보다 더 과거지사에 속하는 책이 되었으면 얼마나 좋았을까 하는 생각이 든다. 물론 내 책에는 실수도 있고 몇 가지 이상해 보이는 점도 있다. 예컨대 남성 명사와 남성 대명사를 거리낌 없이 사용한다(앞으로 10년 동안 우리 언어에 어떤 변화가 일어날까? 미리 알 수 있다면 성가신 일이 많이 줄어들 것이다). 그러나 논란의 왜곡이 고착되었다는 큰 문제 차원에서 볼 때 상황은 매우 느리게 진행되어온 것으로만 보인다. 현대 학계는 규모가 거대한 만큼, 매력적인 오류나 특히 반목이 일단 뿌리를 내리고 나면 엄청난 타성을 갖게 된다.

그래서 이제 스키너는 죽었고 사회학자들은 그의 견해 중 많은 부분을 거부하지만, 행동주의 심리학 조류는 여전히 광범위한 사회과학적 사고를 통해 그 기초로 남아 있다. 이 조류는 사회생물학과 마찬가지로 과학적임을 주장함으로써 막대한 이익을 얻었고, 이후 그런 갖가지 주장이 힘을 잃었는데도 영향력이 거의 약화되지 않았다. 따라서 나는 『짐승과 인간』에서 행동주의 심리학에 대해 내놓은 반론이 여전히 유용할 수 있다고 생각한다. 마찬가지로, 인지과학이 부상하면서 마음의 기계 모델에 대한 신뢰가 높아지자 몇몇 매우 오래된 잘못된 기계론이 새 생명을 얻었는데, 그에 관해서도 이 책에서 논했다.

윤리학을 보자면, 사실과 가치 사이의 개념적 간극은 좁힐 수 없다는 발상은 더 이상 도덕철학을 지배하지 않는다. 그러나 다른 분야에서는 그 파괴적 영향력이 매우 광범위하므로 복구 작업이 여전히 필요하다. 이 책에서 내가 주로 고려한 정서주의와 실존주의적 주장은 물론 더 이상 유행하지 않는다. 그러나 그런 논의로 표현된 주관주의와 상대주의 입장은 여전히 우리 곁에 있으며, 더 알기 쉽게 일깨워주는 선지자를 찾지 못했다. 따라서 비교적 오래되었으나 적어도 극적이고 분명하게 제시된 이런 주의는 지금도 그런 견해를 다루기에 합당한 기반이 되어줄 것이다.

포스트모더니즘?

주관주의와 상대주의의 좀 더 최근 형태는 주로 포스트모더니즘이라는 포괄적 이름으로 표현된다. 일부는 너무 난해한 언어로 표현되고, 퇴폐적 형태의 마르크스주의와 탈구조주의의 영향에 너무 깊이 젖어 있어, 삶에 적용하기보다는 학문적 논쟁을 위해 고안된 것으로 보일 정도다. 따라서 평범한 삶을 다룬다는 취지에 따라 평범한 언어로 쓰인 『짐승과 인간』에서 언급하지 않는 것도 그다지 문제가 되지 않을 것이다.

물론 이는 어쩌다가 저 포스트모더니즘이라는 우산 밑으로 들어가게 된 모든 것을 무시한다는 뜻은 아니다. **포스트모더니즘**이라는 이름은 또한 그보다 더 널리, 전적으로 이치에 맞고 어느 정도 다원적인 여러 견해, 매우 지당하게도 세계는 복잡하다는 점을 강조하고 단순한 환원적 형태의 설명을 공격하는 다양한 견해를 가리키는 의미로 쓰인다. 나의 발상은 실제로 더 포괄적인 이쪽 의미의 포스트모더니즘 안에 들어갈 수 있을 것이다.* 그러나 나는 여전히 포스트모

* 나는 환원주의에 관한 전반적 문제를 다음 책과 글에서 다루었다. *The Ethical Primate*,

더니즘은 철저하게 해로운 이름이라 생각한다. 새로운 풍조라는 것을 제외하면 아무 의미도 없기 때문이다. 후기(post) 인상파가 (또는 그것을 대중화한 사람들이) 자신들이 표방하고자 하는 긍정적 대의가 무엇인지를 생각하지 않고 그저 선배들과는 다르게 여겨지기만 바람으로써 저지른 실수는 너무나 자주 되풀이되어왔다. 예술계는 그것을 감내해야 할 수도 있겠지만, 더 넓은 주제를 다룰 때는 그럴 필요가 없다.

모더니즘 자체도 언제나 뒤죽박죽인 관념이었으며, 어떤 구체적 논제나 주의보다는 풍조에 훨씬 중점을 두어 찬양하는 혼란한 용어였다. '모던'이라 불린 갖가지 견해 모두를 새로운 운동 하나로 부정한다는 발상은 무모했다. 그리고 포스트모더니즘 자체의 결점이 뚜렷하게 드러나고 있는 지금, '포스트포스트모더니즘'으로 옮겨갈 필요가 있다는 말이 끊임없이 들려오는 지금은 정말로 저 포괄적 이름을 버릴 때가 된 것 같다. 이 놀음을 끝없이 계속할 수는 없다. 더 쓸모 있고 더 구체적인 언어가 필요하다. 사실 우리는 각 운동이나 예술양식을 의미 있는 이름으로, 정말로 어울리는 이름으로 부를 필요가 있다.

남아 있는 과제

악

『짐승과 인간』에서 남겨진 두 가지 문제는 내게 언제나 더 깊이

Part 2: "Reductive Megalomania", ed. John Cornwell, *Nature's Imagination* (Oxford University Press, 1995), chapt. 9.

다룰 필요가 있어 보였다. 첫째는 바로 도덕적 객관성과 악의 실재에 관한 것이었다. 동물 본성을 논하면서, 우리가 타고나는 동기에 대해 가진 두려움을 줄여야 하고 우리의 구성(constitution)이 용인할 만하다는 것을 보여주어야 한다고 주장함으로써 나는 지나치게 낙관적으로 보일 수 있는 위험과 한편으로 그 어두운 측면을 소홀히 다루는 위험을 감수했다. 나는 도덕을 선택사항으로 보이게 만드는 위험을, 우리 인간은 잘 키워지기만 한다면 사실상 어떤 도덕도 필요하지 않다고 암시하는 (아리스토텔레스가 비교적 무심한 순간에 빠져드는) 위험을 피할 필요가 있었다…. 그리고 니체가 매우 다른 관점에서 바로 이런 의견을 내놓았던 만큼, 또 수많은 대중적 예언자들이 니체를 따라 도덕은 시대에 뒤떨어진 성가신 것이라고 선언하고 있었던 만큼, 사실 무분별하고 독단적인 도덕적 회의주의가 이달의 포스트모더니즘 메뉴였던 만큼 그에 대해 뭔가를 하는 것이 중요해 보였다.

그래서 『마음과 정신』에서 나는 도덕을 너무나 쓸모없어 보이게 만드는 생각과 느낌의 비현실적 구분을 다룸으로써 이 큰 주제에 접근했고, 그 책의 한 장(「새로 마련한 검을 시험해보는 일에 관하여」)에서는 객관성 문제를 직접적으로 다루었다. 그런 다음 『사악』(*Wickedness*)*에서 그 문제를 더 자세히 다루었고, 그 뒤 『우리는 도덕적 판단을 내릴 수 없을까?』(*Can't We Make Moral Judgments?*)**에서 다시 논했다. 만일 내가 지금도 도덕철학 정규 과정을 가르치고 있다면 이 문제로 강의를 시작할 것이다. 오늘날 이것은 분명 핵심적인 문제다.

* Routledge, 1984.

** Bristol Press, 1991.

자유

두 번째 문제는 우리의 자유였다. 우리는 모두 우주를 불가항력으로 움직이는 거대한 기계로 그린 그림을 보고 자란 만큼, 어떤 식으로든 우리와 여타 자연의 연속성을 강조하려 하다 보면 자신을 톱니바퀴로 느끼게 되는 경향이 있어 숙명론으로 이어지는 경향이 있다.

사회생물학자들은 우리는 무력하다는 점을 명시적으로 주장하면서 공공연하게 이런 숙명론적 결론을 끌어냈다. 그러나 그들의 뒷받침 없이도 이런 경향은 한 세기가 넘도록 매우 강하게 작용해왔다. 과학이 저 기계 그림에다 변경 불가라는 도장을 찍어두었으므로, 우리가 가진 자유의 의미를 파악하려 시도할 때마다 지속적으로 우리는 저 그림을 건드려서는 안 된다는 죄의식에 가로막혔다.

물론 오늘날 과학은 사실 더 이상 저 기계 그림에 완전히 만족하지 못한다. 처음에 기계 모델을 끌어낸 물리학은 그 그림이 수많은 목적에서 형편없이 작용한다는 것을 알게 되자 다른 사고 양식을 동원해 보완하는 쪽으로 옮겨갔다. 여기서 이어지는 것은 사고의 모든 연결을 느슨하게 하여 뭐든지 허용되게끔 만드는 모종의 포스트모더니즘적 흙탕물이 **아니다**. 그보다 훨씬 더 흥미로운 것으로, 구체적으로 말해, **타당한 설명이 한 가지만 있는 것은 아니다**라는 것이다. 사물은 목적에 따라 걸맞은 용어로 말해야 한다. 식물학자, 목수, 숲 관리인은 같은 나무에 대해 말할 때 저마다 다른 개념을 사용한다. 이런 차이가 있어도 서로 이해하지 못하게 되지는 않는다. 그러나 각기 다른 종류의 개념을 연관 지음으로써 서로 연결되게 해야 하며, 이렇게 근본적으로 다른 사고방식에 단일한 생각의 틀을 강요해서는 안 된다. 환원을 통해서는 연관을 지을 수 없다.

이것은 언제나 사실이었으며, 철학자들은 어느 정도 그것을 알고 있었다. 그러나 환원으로써 통일하려는 충동은 어마어마하게 강하며, 뉴턴 시대 이후 현대 과학을 통해 그렇게 하려는 유혹은 거의 불가항력임이 입증되었다. 칸트는 그 유혹에 저항하는 방법을 알려주는 데 큰 역할을 했고, 더 근래에는 비트겐슈타인이 힘을 보탰다. 그러나 양측 모두 신조가 너무 단순화되고 운신의 여지를 주지 않는 까닭에, 환원을 시도하는 사람들을 여전히 제대로 공격하지 못하고 있다. 과학적 환원주의는 지금도 자유와 책임에 관한 생각을 방해하는 강력하고 불합리한 힘으로 작용하면서, 우리가 물리적 우주의 능동적 일원이라는 사실을 받아들이기 어렵게 한다. 이런 것이 내가 최근에 내놓은 책 『윤리적 영장류』(*The Ethical Primate*)*에서 논하고자 한 어려움이다.

해야 할 일—건축 현장에서 발생한 문제

그러므로 저 다섯 권의 책은 동기화와 도덕심리학에 관한—사실과 가치의 관계, 우리의 실제 모습과 마땅한 행동의 관계에 관한—내 생각의 핵심을 담고 있다. 이것은 언제나 나의 주된 관심사였다. 이것은 큰 주제이다. 사실 너무나 커서 현대에는 전문화 때문에 학자들이 이 주제를 알아차리기조차 어려운 때가 많다. 이 주제로 연구비를 지원받는 일은 말할 것도 없다. 그러나 이 주제는 일상생활과 깊은 관련이 있다. 생각하기 매우 어려운 주제이기도 하므로 일상적 노력뿐 아니라 전문가의 관심도 필요하다. 이에 관한 연구는 이 두 가지 접근 방식을 합칠 때 가장 잘 진행된다.

* Routledge, 1994.

나는 공장형 양계장 같은 오늘날의 학술 생산 체제가 도입되기 전, 오랫동안 어수선한 생활을 하다가 이 분야에서 연구할 기회를 얻었으므로 특별히 운이 좋았다. 미래의 역사학자들은 이런 체제가 실제로 채택되었다는 사실을, 고도로 세련된 이 시대에 학술 연구가 본질적으로 양적 기준에 따라 출판물 수, 심지어는 출판된 쪽수로 평가되었다는 사실을 실로 믿기 어려울 것이다.

중요한 것은 이런 방식이 평범한 결과를 부지런히 만들어내도록 조장한다는 점만이 아니다. 아무리 재능 있고 독창적인 사람이라도 이런 속도로 출판물을 계속 내야 하는 상황이라면 작은 주제를—대개 부정적 주제를—골라 적당한 정도를 넘어 길게 다룰 수밖에 없다는 점도 문제다. 실제로 논문은 질이 유지되게 한다는 뜻에서 '평판 좋은 학술지'에 발표하도록 요구된다. 그러나 엄청난 양의 인쇄물이 넘쳐나는 나머지 그 대부분은 어차피 독자를 찾을 가망이 없다. 내용이 쓸모가 있다손 쳐도, 그렇게 끝없이 읽을 시간이 있는 사람은 없다. 따라서 많은 학술지가 아무도 먹지 않으리라는 것을 누구나 아는 평판 좋은 달걀의 냉장창고 신세일 수밖에 없다.

비유를 바꿔보면, 현 체제에 대해 내놓을 수 있는 가장 그럴듯한 취지는 벽돌로 설명할 수 있을 것이다. 현 체제를 옹호하는 사람들은 지식이 단위 크기로 개별 포장된 상태로 들어오며 각 단위 지식은 별도의 연구자가 별개의 논문에서 제공하는 방식이 최선이고, 더 여유로운 현자들로 이루어진 별도의 카스트가 그 꼭대기에 앉아 단위 지식을 어떻게 조합할지를 결정한다고 주장할 것이다. 아마도 실제로 이런 식으로 한동안 굴러갈 수 있는 '정상 과학' 영역이 몇 군데 있을 것이다. 그리고 과학 연구에서는 예술에 비해 팀의 협력이 요구되는 일이 더 많은 것이 사실이다. 그러나 이 체제의 성공은 결정적으로

팀을 운영할 자질이 뛰어난 현자들의 공급에 달린 것이 명백하다. 현자 지망생들이 받을 수 있는 훈련이 벽돌 만드는 일밖에 없다면 어떻게 현자 공급을 유지할 수 있을까?

50년도 더 전에 생물학자 C. H. 와딩턴이 이미 현자 공급이 확실히 실패한 듯하다며, 뭔가 조치를 해야 한다고 말했다.

> 과학자들은 나무를 보되 숲을 보기는 거부하는 경향이 있다. […] 벽돌을 층층이 쌓아 올리는 벽돌공뿐 아니라 특급 화장실을 시공하는 배관공, 최신식 설비를 설치하는 난방 및 조명기사까지 지천으로 있었다. 그러나 이들은 모두 힘을 합쳐 건축가를 건축 현장에서 몰아내었고, 그래서 지식의 전당은 보일러에 비해 용광로가 지나치게 크고 조명이 없는 방에 정밀 기구가 설치된 공장처럼 커져가고 있다. 게다가 그 공장에서 제조하려는 것이 무엇인지 아는 사람은 아무도 없다.*

와딩턴의 시대 이후로 사정이 나아졌을까? 그렇지 않다. 아무것도 느끼지 못하는 채 현 체제 안으로 흘러 들어온 우리는 학계를 병들게 할 수 있는 무분별한 현학주의와 상업에 만연한 무분별한 대량생산 숭배라는 두 가지 최악을 놀라운 수준으로 결합하고 있다. 이 체제는 운명적으로 우리에게 강요된 것이 아니다. 바꿀 수 있다. 분명 어딘가에는 뭔가 조치를 할 수 있는 위치에 있는 사람들이 있다. 이 체제 안에서 아직 낮은 위치에 있는 사람들이 항의하기는 매우 어렵

* C. H. Waddington, *The Scientific Attitude*(West Drayton, Penguin, 1941), p. 80. 나는 연관된 내용을 설명하기 위해 다음 책에서 이 구절을 재인용했다. *Science as Salvation*(Routledge, 1992), p. 80.

다. 그러나 더 이상 그 톱니바퀴 안에서 산산조각 날 염려가 없는 우리 같은 사람들은 변화가 필요하다고 반드시 외쳐야 한다.

철학의 역할

(게다가) 오늘날 학계에서 흔히 생각하는 것과는 달리, 큰 문제에 주의를 기울인다고 해서 전문가답지 못할 것은 전혀 없다. 커다란 개념 설계에 해당하는 배경사고와 세부를 다루는 전경사고는 서로 의존한다. 서로를 필요로 한다. 학계의 전문가가 하는 일에서 커다란 질문은 피할 수 없다. (물론) 철학이 특히 그런데, 각 개념 간의 전반적 연결은 철학 영역이기 때문이다. 누군가는 그 질문에 주의를 기울여야 한다. 오늘날 과학에서 제기되는 커다란 질문에 철학이 끼어든다고 불평하는 과학자들은 스스로 과학철학에 관여하고 있는 것이다. 그들이 과학철학을 아주 잘할 수도 있겠지만, 그렇게 큰 분야를 완전히 독차지하기를 기대할 수는 없다.*

과거에 철학을 비롯하여 수많은 주제 영역에서 가장 유용한 발걸음을 내디딘 사람들은 영역의 경계를 넘어서는 탐구를 시작한 사람들이었다. 자신뿐 아니라 어쩌면 다른 누구도 마무리 지을 수 없는 것이 명백할 만큼 거대한 탐구를 기꺼이 시작한 사람들이다. 철학자들이 (제프리 워녹의 말처럼) 자신이 넉넉히 소화할 만한 작은 것만 계속 다룰 필요는 없다. 내가 『지혜, 정보, 경이』(*Wisdom, Information and*

* 다음을 참조. Steven Weinberg, *Dreams of a Final Theory*(Hutchinson Radius, 1993), chapt. 7 "Against Philosophy"; Lewis Wolpert, *The Unnatural Nature of Science*(Faber & Faber, 1992) pp. xiii, 106.

*Wonder)**에서 설명했듯이, 지나친 전문화는 해로웠다. 또 『종교로서의 진화』(*Evolution As A Religion*)**와 『구원으로서의 과학』(*Science As Salvation*)***에서 나는 전문화된 과학자들이 자신의 발상 중 더 넓고 상상력이 더 많이 작용하는 영역에 비판적으로 접근하기를 꺼리는 태도 때문에 몇몇 매우 기이한 통념이 과학의 일부로 받아들여지기에 이르렀음을 지적했다.

지나치게 전문화되는 오늘날 학계의 기괴한 경향이 품고 있는 위험은 이제 현실로 드러나기 시작했다. 분야 간 협력을 더 잘 끌어내기 위한 노력이 이루어지고 있는 것은 확실하다. 인문학과 과학 양쪽에서, 그리고 양쪽의 수많은 분야에서 더 재능 있는 젊은 사람들이 내가 지난 20년 동안 추구하려 노력해온 탐구를 계속해가기를 바란다.

* Routledge, 1989.

** Methuen, 1985.

*** Routledge, 1992.

머리말

우리는 동물과 비슷하기만 한 게 아니다. 애초에 우리는 동물이다. 다른 종과의 다른 점이 두드러져 보일 수 있지만, 우리 자신에 대한 관점에는 다른 종과의 닮은 점이 언제나 결정적으로 중요했고 또 중요할 수밖에 없다. 이 책에서는 그렇게 닮은 점이 어떻게 작용하고 왜 중요한지를 전반적으로 살펴본다. 내가 볼 때 인간과 여타 동물 간의 차이는 전통적인 생각과는 조금 다른 데서 기인할 뿐 아니라 조금 더 제한적이다. 윤리학에서 오가는 논의는 전통적 견해 때문에 왜곡된 것이 확실하며, 인류에게 열려 있는 가능성에 관해 착오를 유발했을지도 모른다.

동물의 행동을 설명하기 위해 만들어진 개념을 가지고 인간의 상황을 묘사하는 것을 혐오하는 사람이 많다. 그렇지만 그런 개념의 첫째 용도가 우리에게 동물 자체에 관해 더 많이 알려주는 것이라는 점에는 논란의 여지가 없다. 이 지식만으로도 우리의 인간 관념이 직접적으로 바뀌는데, 전통적으로 우리의 인간 관념이 여타 종에 대한 너무나도 무지하고 혼란스러운 관념과 대비되게 구성되었기 때문이다. 이제 우리는 이 무지와 혼란을 바로잡기 위해 뭔가를 할 수 있게 됐다. 우리가 익숙해져 있는 우스꽝스러운 모습과 달리, 면밀한 관찰을 통해 우리 앞에 드러나는 동물은 절대로 그렇게나 확연하게 인간과 닮은 데가 없어 보이지는 않는다.

그렇지만 사람에게는 말, 합리성, 문화 등 다른 종에게는 없는 중요한 것이 많이 있다. 동물과의 비교에서는 이런 것을 다루어야 한다. 이 책에서는 그중 가장 중요한 몇 가지를 논하되, 그런 것이 독특하다는 점을 조금도 부정하려 하지 않는다. 다만 어쨌든 기계도 아니고 육체를 벗어난 정신체 유형도 아닌 영장류에 속하는 한 종에게 어떻게 그런 것이 나타날 수 있는지를 파악하려 한다. 나는 그런 역량이 우리가 지닌 동물 본성의 연속선상에 있으며, 우리의 기본적 동기 구조와 연결되어 있음을 보여주고자 한다.

그러자면 당연히 여남은 가지 주제 영역을 침범할 수밖에 없다. 그러나 여전히 이 작업은 철학 영역에 속하는데, 어떤 탐구든 기본 개념이 어떻게 작용하는지를 알아낸다는 것은 철학적 문제이기 때문이다. 물론 그렇다고 해서 이를 위해 언제나 철학자가 동원되어야 한다는 뜻은 아니다. 뉴턴이나 다윈 같은 수준의 과학자는 스스로 철학을 한다. 그리고 우리는 모두 생각하는 과정에서 자신의 개념 체계를 어느 정도 만들어낸다. 말을 할 때는 누구나 산문체를 쓰는 것처럼, 철학은 잘하든 못하든, 의식하든 그렇지 않든 우리가 일평생 해야 하는 것이다. 일반적으로 그것을 의식할 수밖에 없게 하는 것은 충돌(conflict)이다. 그리고 우리의 동물 본성 문제에 관한 충돌은 꽤 엉망진창으로 일어났다. 상식적 전통 속의 여러 요소 사이에서, 상식과 갖가지 학술 연구 사이에서, 학술 연구 자체 내에서, 그리고 이 모든 것과 지난 몇십 년 동안 다른 종들의 행동을 냉정하게 관찰하느라 수고해온 사람들이 밝혀낸 갖가지 주목할 만한 사실 사이에서 충돌이 일어났다.

나는 얼마 전 처음 이 정글 안으로 들어왔는데, 당시 영국 도덕철학이라는 이름으로 가꿔지고 있던 작고 메마른 정원의 담장을 슬쩍 넘으면서였다. 인간 본성과 악의 문제를 생각해보려다 그렇게 한 것이다. 나는 세계 속의 악은 실재한다고 생각했다. 악의 실재는 우리 문화가 우리에게 강요한 상상도 아니고, 우리 의지로 만들어내 세계에 강요한 것도 아니다. 악이 우리 문화나 의지의 산물이라는 의견은 악의적이다. 우리가 혐오할 대상은 선택사항이 아니다. 문화는 세밀한 부분에서 저마다 다르지만, 그래도 우리는 자신의 문화를 비판할 수 있다. 이를 위해 우리는 어떤 기준을 사용할까? 문화로써 완성하고 표현하기로 되어 있는 인간 본성 이면에는 어떤 구조가 놓여 있을까? 이런 얽히고설킨 질문의 정글 속에서, 답이 있을 것 같기는 한데 나로서는 분명해 보이지 않던 원칙들에 관해 프로이트와 융 계통 심리학자들이 땅을 고르게 만드는 작업을 하고 있다는 것을 알았다. 다른 영역에서는 인류학자들이 길을 개척하고 있었다. 그들은 내가 다루는 문제에 관해 얼마간 흥미가 있는 듯했지만, 인간의 공통점은 따지고 보면 그리 중요하지 않으며, 모든 비밀을 풀어낼 열쇠는 문화에 있다고 말하는 경향이 (당시로서는) 있었다. 이것이 나로서는 얕아 보였다. 우리가 이런 질문을 살펴볼 필요가 있는 것은 우리 문화가 너무나 빠르게 변화하고 있기 때문이고, 문화로 모든 것이 해결되지는 **않기** 때문이다. 무엇이 문화를 형성할까, 그리고 무엇이 문화를 형성해야 마땅할까? 그러다가 길이 뚫린 또 한 곳을 발견했다. 이번에는 전통적 경계가 확장된 동물학 영역으로, 다른 동물 종들의 **본성**을 연구하는 사람들이 그 선두에 있었다. 이들은 그런 본성이 무엇인가 하는 질문에 관해 많은 연구를 해냈다. 다윈의, 거슬러 올라가 아리스토텔레스의 전통에 따른 최근 연구는 일찍이 아리스토텔레스가 관심을 가졌으나 오늘날 특히 시급해진 여러 문제와 직접 관계가 있었다. 여기서 내가 알게 된 것은 그때나 지금이나 매우 중요해 보이지만, 우리가 알고 있는 다른 것들과 깔끔하게 연결하되 번지르르하지도 지나치게 단순하지도 않게 연결하는 데는 큰 어려움이 있다. 이 책에서는 그런 연결 고리를 얼마간 찾아내려 한다.

전문용어는 사용하지 않으려 노력했다. 이 주제가 걸쳐 있는 분야가 너무나 많기 때문에 평이한 언어로 논할 필요가 있다고 생각했다. 이것은 학문적 내용을 적합도가 떨어지는 어설픈 용어로 바꿔놓고 생색을 내려는 것과는 거리가 멀다. 분야마다 나름의 전제를 반영하는 전문용어가 발달한다. 해당 분야에서 사용할 때는 적절한 용어라 해도 내용을 이웃 분야로 전달할 때는 제구실을 해내지 못할 수도 있다. 그러므로 매우 일반적인 방법론 차원에서 볼 때 글과 말에서 평이한 언어 사용을 고수하는 것이 중요하다. 학계에 익숙한 사람이라면 누구나 알다시피, 어느 시기든 분야 간 인정되는 경계는 부분적으로 우연에 의해 발달한 것이다. 이런 경계는 탐구를 위한 실제 원칙뿐 아니라 강력한 개척자 격 인물, 가르침을 위한 소소한 편의, 심지어는 연구 자금의 흐름 등에 따라서도 형성된다. 다루고자 하는 문제의 진정한 구조가 이런 경계를 정통으로 가로질러 걸쳐 있을 수도 있는 법이다.

그러나 동기를 논함에 있어서는 이런 일반적 고려 사항 말고도 특별히 고려할 사항이 하나 있다. 도덕철학의 여러 영역과 마찬가지로 이것은 이미 상식에 익숙한 분야다. 이 분야에서 용어를 만들어낸다는 것은 생물화학이나 핵물리학 분야에서 용어를 만들어내는 것과는 완전히 다르다. 새로운 사실을 다루는 게 아니다. 사람들은 수천 년 전부터 자신이나 다른 사람들의 동기를 이해하고자 했다. 그들은 매우 세련된 전문용어를 마련해놓았는데, 그것은 바로 우리가 일상적으로 쓰는 용어다. 물론 다듬고 넓혀나갈 필요가 있기는 하지만, 모조리 무지한 지껄임으로 치부하고 처음부터 다시 시작하는 것은 오만하기도 하거니와 낭비이기도 하다. 스키너는 심리학에서 사용할 완전히 새로운 전문용어를 요구하면서 "일상어는 어설프고 비대하다"*는 이유를 내세웠다. 그렇지만 날씬하고 세련된 전문용어는 그 대가로 편견을 강화하게 마련이다. 특수용어는 언제나 불편한 사실을 진술하지 못하게 만드는 경향이 있다. 누구든 다른 사람들이 쓰는 특수용어를 보면 이것을 알 수 있다. 우리의 용어 역시 마찬가지다. 이 책에서는 동물행동학** 분야에 대해 말하느라 이 분야의 전문용어를 몇 가지 사용했다. 우리 모두에게 유용한 개념을 나타내지만, 새롭고 그래서 설명이 필요하다. 어떻든 그중 몇 가지는 일상 언어 속으로 들어가고 있다. 그 외에는 평범한 언어를 고수하고자 한다.

동기를 고찰하다 보면 자유의지 문제가 제기된다. 동물과의 유사점을 본격적으로 들여다보려는 나의 연구는 자유(freedom)를 다루는 번지르르한 기계론적 내지 결정론적 관점과는 무관함을 지금 이 자리에서 말해두는 것이 좋겠다. 동물은 기계가 아니며, 그런 관념을 물리치는 것은 나의 주요 관심사 중 하나다. 실제로 기계인 것은 기계뿐이다. 인간이 부품을 가지고 전적으로 자신의 목적을 위해 만드는 것은 기계 말고는 없다. 따라서 단순히 설명서에 기록된 부품과 사용목적을 읽어내는 것으로는 기계 이외의 어떤 것도 이해할 수 없다. 기계와 비교하는 모델은 동물의 어떤 단순한 맥락, 특히 곤충의 행동

* 다음을 참조. B. F. Skinner, *The Behavior of Organisms*(New York, 1938), p. 7.

** 동물행동학(ethology)이라는 용어는 콘라트 로렌츠와 추종자들이 자신의 동물행동 방식 연구를 가리켜 붙인 이름이다. 일부 거기 동의하지 않는 학자들은 이 용어를 인정하지 않았지만, 지금은 동물의 행동 방식에 대한 체계적 연구를 가리키는 용도로 매우 일반적으로 쓰이고 있다. 낱말 하나로 표현할 수 있다는 편리함이 있고 논쟁을 가라앉히는 데 유용하므로, 이 책에서도 같은 용도로 쓰기로 한다.

방식을 설명할 때는 유용하다. 그보다 고등한 수준으로 올라가면 그것은 악몽이다. 더 고등한 동물의 동기화*는 전통적으로 생각하는 것보다 훨씬 더 복잡하다. 내가 그것이 인간의 동기를 조명해줄 수 있다고 말하는 것은 그 때문이다. 그러나 동기를 이해하고 설명한다고 해서 자유가 손상되지는 않는다. 행위를 예측하는 것조차 반드시 자유에 손상을 가져오지는 않는다. 정치적 대의에 본격적으로 참여한 사람이라면 선거가 있을 때 예측 가능하고 이해할 수 있는 방향으로 투표할 것이다. 그렇다고 해서 마지막 순간에 동전을 던져 결정하는 사람보다 덜 자유롭게 투표하는 것이 아니다. 따라서 동기를 이해하는 데 동물과의 비교가 도움이 된다 해도 그것이 행위가 자유롭지 않다는 뜻이 되지는 않는다. 그리고 동물은 (데카르트가 생각한 것 같은) 자동기계가 아니기 때문에, 자유라는 문제로 인해 인간과 여타 종을 비교하는 일이 인간의 격을 낮추는 부적절한 행위가 되지는 않는다.

인간에게는 여타 종과는 다른 나름의 본성이 있다. 따라서 비교가 신중하고 정당할 경우 인간이 그 때문에 격하되지는 않는다. 비교를 통해 인간의 특수성이 드러날 것이고, 인간의 독특한 점과 그렇지 않은 점이 보일 것이기 때문이다.** 확실히 인간은 다른 종들에 비해

* 심리학에서 동기화(motivation)는 행동으로 나타나는 심리적 과정을 가리키며, 동기(motive)는 그 행동의 구체적 원인을 말한다.(옮긴이)

** 관련된 비평과 현재 오가는 논쟁에 관한 약간의 언급을 보고 싶으면 참고문헌에 수록된 R. A. 하인드의 각 연구 참조. 로렌츠의 노선에 대한 반대 의견은 거기서도 볼 수 있고 슈나이얼라의 논문에서도 볼 수 있다[T. C. Schneirla, "Some Conceptual Trends in Comparative Psychology", *Psychological Bulletin*(Nov. 1952)]. 대중적 수준에서 다룬 애슐리 몬터규의 연구도 참조. 그러나 나는 몬터규와 아드리의 상충되는 입장을 절충해, 사소한 싸움은 접어두고 우리가 모두 같은 세계를 논하려 한다는 점을 받아들여야 한다고 생각한다.

더 자유롭다. 그러나 그 가외의 자유는 인간이 타고나는* 부분, 즉 특별한 지성과 그에 따른 성격 특성에서 흘러나온다. 자유는 무한하지도 않고 무한할 필요도 없다(사실 무한한 자유는 조리가 맞지 않는 관념이다). 그것은 인간이 태어난 뒤 자신의 의지로 얻은 것도 아니고, 문화라 불리는 외적 힘을 통해 얻은 것도 아니다.

이 주제와 밀접하게 관련된 최근 논쟁 때문에 이 책의 범위와 균형이 달라졌다. 나는 초고를 완성한 뒤 에드워드 윌슨의 주목할 만한 대작 『사회생물학』**을 우연히 접하게 됐고, 그에 대해 내가 얼마간 의견을 첨부해야 하지 않겠느냐는 제안을 들었다.

많은 논점에서 윌슨이 말하는 내용은 내가 말하려는 내용을 훌륭하게 마무리해 완성한다. 그 밖의 논점에서는 의견이 나와는 크게 다르다. 의견이 일치하는 부분도 일치하지 않는 부분도 나의 주제를 조명해준다. 그의 책은 동물계 전체에 걸쳐 사회생활을 매우 광범위하게 다룬다. 넓은 범위를 다루면서도 학문적으로 철저한 태도를 확고하게 유지하고 있어서 더없이 인상적이다. 책이 너무나도 백과사전적이기 때문에, 그리고 아무리 무딘 사람이라도 학문적 수준을 인정할 수밖에 없기 때문에, 동물의 사회적 행동 방식에 관한 연구는 로버트 아드리가 어느 토요일 오후 생각해낸 것이라는 믿음을 아직 고수하는 사람들마저 다수 설득할 수 있었다. 다른 한편으로 그의 책은 정치적 성격의 반대에 부딪혔는데, 능동적, 사회적 성향은 타고난다는 관념을 어떤 식으로든 확장해 인간에게 적용하면 인간의 자유에

* 이것은 영어 'natural'을 옮긴 것이다. 한국어로 이 낱말은 '자연스러운', '본성적인' 등으로 옮기는데, 근본적으로 같은 뜻이지만 일단 옮기고 나면 그런 여러 뜻 중 한 방향으로 한정되는 경향이 있다. 같은 의미의 명사인 'nature' 역시 마찬가지다.(옮긴이)

** Edward O. Wilson, *Sociobiology: The New Synthesis*(Cambridge, Mass., 1975).

위협이 된다고 믿는 사람들이 반대하고 나선 것이다.

나는 이 반대를 지극히 심각하게 받아들인다. 나는 그것이 철저하게 오해이며, 그 자체가 인간의 자유에 매우 위험하다고 믿는다. 우리에게 '본성이 있다'는 관념은 자유 개념을 위협하기는커녕 자유 개념에 절대적으로 필수적이다. 우리가 결정된 바 없이 어떤 모양이든 될 수 있는 상태로 태어난다면, 어떤 모양이든 사회가 원하는 모양대로 우리를 찍어내지 않을 이유가 없다. 성향을 타고난다는 의견이 그렇게나 무조건적으로 혐오받는 이유는, 타고나는 성향 관념을 보수적 이론가들이 개혁에 저항하기 위해 무비판적으로 가져다 쓰면서 오용해온 탓에 사람들이 오로지 그 한 가지 방식으로만 생각하기 때문으로 보인다. 그러나 그런 저항에 맞서 싸우는 진보적 이론가들 역시 타고나는 성향 관념을 똑같이 필요로 하며, 대개는 더 필요로 한다. 현재 우리가 가진 자유 관념을 처음 세운 사람들은 인간 본성을 주춧돌로 삼았다. 루소가 소리 높여 부르짖은 "인간은 자유로이 태어나나 어디를 가도 사슬에 묶여 있다"*는 말은 우리가 타고나는 구성이 긍정적이며 이미 결정되어 있고, 사회가 우리에게 가하는 행동과는 상충하는 것임을 묘사할 때만 말이 된다. 칸트와 밀도 비슷한 입장이었다. 마르크스는 비록 공식적으로는 인간 본성 관념을 버리고 종종 공격했지만, 그럼에도 그에게 결정적으로 중요한 비인간화 관념을 위해 남들과 똑같이 그 발상에 의존했다.

이상하게도 사람들은 유전적 설명과 사회적 설명을 서로 보완하는 용도가 아닌, 서로의 **대안**으로 받아들이기로 작정했다. 따라서 지

* 장 자크 루소, 『사회계약론』, 1권 1장.

금은 그 둘을 허튼소리 없이 결합하기란 끔찍하리만치 어려운 일이 되었다. 그러나 시도를 거부한다면 미래는 없으며, 매번 남들을 따라 술래잡기를 시작한다면 가치가 없다. 윌슨은 동물학자의 관점에서 접근하며, 일반 개념을 단순하게 사용할 때가 많다. 이런 단점을 해결하는 길은 그의 시도를 매도하는 데가 아니라 더욱 잘 해내는 데 있다. 그는 자신의 입장에서만 말하는 것이 아니라, 과학적 훈련을 거친 사람으로서 자신이 알고 있는 방법을 더 넓은 영역으로 넓혀가고 싶어 하는 수많은 이들을 대변한다. 나머지 사람들은 도움이 되는 부분에서는 그런 방법을 받아들여야 하며, 도움이 되지 않는 부분에서는 그 이유를 보여주어야 한다. 개싸움은 불필요하다. 학계에 관한 한, 윌슨이 사회학에 '생물'을 집어넣는 과정에서 윤리학과 심리학을 자신이 다루는 분야에 포함하겠다고 나서면서 반발을 자초하고 있다는 점은 인정해야 한다("심리학을 잡아먹고 나면 이 새로운 신경생물학은 사회학을 위한 변치 않을 제1원리를 밝혀낼 것이다."*). 그러나 한편으로는 그런 모든 주제와 관련된 사람들이 유전학적 측면을 너무 소홀히 다룸으로써 한동안 문제를 자초했다. 그런 만큼 자신들이 남겨둔 공백을 누군가가 채우려 한다고 해서 정말로 불평할 수는 없다.

그러나 정치와 관련된 부분에서 윌슨은 불만의 여지를 조금도 남기지 않는다. 모든 정치적 목적에서, 특히 개혁이나 혁명적 목적에서 우리는 자신의 유전적 구성을 이해할 필요가 있다.** 개혁가가 이것을 이해하지 않아도 된다는 생각은 기괴한 전술적 착오로, 19세기에

* Edward O. Wilson, *Sociobiology*, p. 575.

** 이것은 도브잔스키가 **상속**(inherit)의 모호한 점을 논하면서 훌륭하게 입증했다[Theodosius Dobzhansky, *Mankind Evolving*(New Haven, 1962), chap. 2].

그리스도교회가 진화 이론을 거부한 일이나, 그와 비슷하게 17세기에 갈릴레이를 거부한 일에 비할 만하다. 두 사례 모두 교회는 상상에 지나지 않는 위험을 상대로 싸우려다 자신을 소모하고 왜곡하고 자신의 신용을 떨어뜨렸다. 오늘날 그리스도교인은 대부분 지구가 우주의 중심에 있을 필요가 없으며, 하느님이 생명을 창조할 수 있다면 즉각적 명령으로 창조할 수도 있고 진화를 통해 창조할 수도 있다는 것을 쉽사리 받아들인다. 진화에 의한 방식은 더 복합적이고 유기적인 창조이므로 더 큰 기적이라고 덧붙일 사람도 많을 것이다. 창세기 1장과 2장에 실린 이야기가 문자 그대로의 사실 진술이라는 입장을 고수할 필요가 없어진 지도 한참 됐다. 창세기 이야기는 그 자체로도 모순되지만, 명확하게 믿어야만 하는 여러 가지 다른 것과도 모순된다. 개혁가와 혁명가 역시 이제 인간은 결정되어 있지 않다는 신조를 고수할 필요가 없다. 사실 전혀 필요가 없다. 저 신조의 사회학적 형태, 즉 인간은 전적으로 자신이 속한 사회의 산물이라는 믿음은 앞서 말한 바와 같이 자유에 관한 주요 논의를 모조리 망가트릴 수밖에 없다. 그 실존주의적 형태, 즉 우리가 **무에서** 자신을 창조한다는 믿음은 말이 되지 않는다.

이런 개략적인 설명은 이 책에서 자세히 논할 내용을 압축해 보여준다. 나는 윌슨의 입장과 그에 대한 반박 논의 모두를 진지하게 받아들이고 있다. 반박 논리의 경우 개인적으로 우려되는 부분이 있음을 인정한다. 수많은 좌파 시위에서 시간을 보내고 감기에 걸려본 대부분의 사람들과 마찬가지로, 나는 동지들이 헛되이 막다른 골목의 벽을 허무는 모습을 보면 슬퍼진다. 세상에는 그들의 관심을 요구하는 현실적인 것들이 존재한다. 모두가 고민해야 하는 것은 그렇게 무익한 논쟁으로 인한 낭비와 혼란이다. 상대가 정말로 저 소름 끼치는 반대 세력에 속한다는 것을 입증하기 위해 상대의 진술을 곡해하는 기이한 습관은 윌슨을 상대로 터무니없는 수준까지 발동되었다.* 그의 책에는 잘못된 부분이 많은데, 이는 고도의 사유를 동원해야 하긴 하지만 해명이 가능하다. 또한 올바른 내용도 많다. 원래 곤충 개체군 전문가이던 윌슨이 출생 이후 작용하는 요인을 무시하고 성향의 상속에 주목하는 쪽으로 편향된 것은 사실이다. 그러나 그 편향은 그 반대측 견해에 대한 반론이라 해도 지나치다. 그리고 그는 인간의 사회적 길들이기(social conditioning)**가 중요하다는 것을 인정한다고 거듭 말한다. 실제로 그는 그것을 설명하려고까지 하며, 그 때문에 더욱 곤란에 처한다.

내가 살펴본 그에 대한 공격은 모두 그가 한 "인간은 어이없을 정도로 세뇌하기 쉬우며, 심지어 그것을 추구하기까지 한다"라는 말과 "인간은 알기보다는 믿기를 택한다"***라는 말에 대한 강한 항변이다. 그런데 이것은 그가 소홀히 취급했다고 비난받는 사회적 길들이기의 위력을 명확하게 진술한 것으로 보인다. 사람은 실제로 자신이 속한 사회에 의해 매우 쉽게 세뇌된다. 바로 이것이 다른 종에 비해 인간의 본성을 더 연구하기 어렵게 만드는 원인이다. 그러나 누구든 우리에게 정말로 **본성이 없다**고 여기는 사람이라면 우리를 세뇌하기란 어이없을 정도가 아니라 **무한히** 쉽다고 믿을 수밖에 없는데, 그 과정을 피하거나 거기 저항할 타고나는 성향이 우리에게 있을 수 없

* 이 우울한 주제에 관심이 있는 사람은 다음 글에서 약간의 자료를 찾아볼 수 있다. "Sociobiology—Another Biological Determinism", *BioScience*, 26(1976); *The New York Review of Books*, November 13, 1976, the letters column.

** '사회적 조건화'라고도 한다.(옮긴이)

*** Edward O. Wilson, *Sociobiology*, p. 562.

기 때문이다. **세뇌**(indoctrinate)라는 말이 가혹하게 들리는 것은 사실이다. 문화적 순응이라는 정상적 과정에 대해서라면 우리는 더 온건한 말을 고르고, **세뇌**는 그릇된 의견을 심는 과정을 가리키기 위해 남겨둘 것이다. 그러나 한편으로—세계의 현재 상태에 전적으로 만족하지는 않는 이라면 누구라도 동의할 수밖에 없듯이—사람은 매우 종종 그릇된 의견을 갖는다. 우리 주변에는 사악하고 혼란한 사회가 많이 존재하며, 그런 사회는 사람들이 주변의 믿음을 비판 없이 받아들인다는 사실에 의해 유지된다. 모종의 믿음이 필요하다고 느끼지 않는다면, 눈에 띄는 모든 사람과 의견이 달라 다투는 상황을 꺼리지 않는다면, 또는 어떤 의견을 받아들이기 전에 명확한 증거를 고집한다면 그렇게 하지 않을 것이다. 윌슨은 그저 전반적으로 인간은 현재 퍼져 있는 어떤 믿음이든 받아들이는 성향이 있다는 점을 지적하고 있다. 그는 그것이 불가항력이라고 말하지 않는다. 그러나 사회적 길들이기를 설명하려면 전제되어야 하는 한 가지 조건임이 분명하다. 그리고 이는 **나쁜** 사회, 즉 이웃과 의견이 일치하고 현상 유지를 다 같이 존중하고 지지한다는 느낌보다 더 뚜렷한 어떤 '보답'이 없는 사회가 지속되고 있을 때 특히 더 그렇다. 그럼에도 (윌슨의 말처럼) 우리 안에 있는 바로 그런 개방성과 감응성은 우리가 어떤 식으로든 문화를 건설하기 위한 필요조건이다. 이를 인정한다고 해서 그것은 불가항력이라거나, 절대로 그것에 저항해서는 안 된다거나, 그것이 문화와 관련해 우리가 지닌 유일한 성향이라거나, 그것은 언제나 선(good)이라고 말하는 입장에 서는 것은 아니다. 이것을 인정할 때 우리가 정확히 어떤 입장에 처하는지가 내가 이 책에서 묻고자 하는 종류의 질문이다.

1부에서는 인간은 다른 종과는 너무나 달라 본성이 전혀 없다고 하는 의견을 들여다본다. 이것이 무엇을 의미할 수 있는지 묻고, 종의 장벽을 객관적으로 생각할 때의 어려움을 평가하고, 본능, 목적, 본성 같은 난감한 개념을 깨끗이 정리하려고 시도할 것이다. 제대로 이해하면 우리에게 본성이 있음을 인정하는 것이 인간의 존엄성에 위해가 되지 않는다는 것이 나의 결론이다.

2부에서는 이 본성을 어떻게 연구해야 하는지 묻는다. 여기서 우리는 고맙게도 이 일을 맡겠다고 나선 윌슨을 비롯한 생물학자들의 제안을 고려해야 한다. 괜찮은 수준의 탐구라면 자연과학에 속하며, 따라서 그에 어울리게 수행해야 하지 않겠느냐는 그의 생각을 공유하는 사람이 많다. 나는 여기서 과학을 제대로 해내려면 필요하지만 과학의 일부는 아닌, 그럼에도 그 자체로 엄정하고 체계적이며 적절하다는 뜻에서 '과학적'인 배경사고가 얼마만큼 필요한지 지적할 것이다. 그런 다음 '이기적 유전자'나 '포괄적 유전적 적합성' 등 윌슨의 유용한 책을 망쳐놓고 전반적 진화 이해를 방해하는 뒤엉킨 개념들을 깔끔하게 걷어냄으로써 이 점을 실질적으로 증명한다.

3부에서는 그 실질적 여파로 눈을 돌린다. 우리 본성에 대한 이해가 우리 삶에 영향을 줄 수 있을까? 여기서 나는 진화가 위쪽을 향한다는 뿌리 깊고도 영문 모를 고정관념을 들여다본다. 사회적 다윈주의자들과 '진화 도덕주의자들'은 이 관념을 직접적이고 실천적인 길잡이로 활용할 수 있기를 바랐다. 그러나 진화와 관련된 사실이 우리를 직접 이끌어주지는 못한다. 그것은 우리의 본성을, 우리의 감정적, 합리적 구성을 이해하는 데 도움을 줄 수 있다는 점에서만 중요하다. 그렇지만 그런 사실을 이해하면 우리에게 실천적 길잡이가 생기는 것이 분명하다. 진화에 관한 사실은 가치관과 직접 관련되어 있다. 가치관은 욕구를 반영한다. '본성주의적 오류'(9장) 같은 사고는 잘못이라고 판결하는 어떤 논리적 방벽이 있다고 생각한다면 그것은 오해다. 우리는 육체를 벗어난 지성체도 아니고 그렇게 될 필요도 없다. 우리는 이 지구상에 존재하는 하나의 명확한 종에 속하는 동물이며, 이 사실이 우리의 가치관을 형성한다.

4부가 사실은 이 책의 핵심이다. 여기서는 우리에게 본성이 있다는 전반적 관념이 정당하다는 것이 입증되었다고 간주한 상태에서 우리 본성을 구성하는 여러 부분의 관계를 살펴본다. 말, 합리성, 문화 등 전통적으로 인간과 결부되는 특징을 들여다보고, 우리의 바탕에 깔려 있는 다른 종들과 매우 비슷한 감정 구조를 배타적이거나 적대적 입장에서 바라보는 것이 아니라, 거기서 성장해 그것을 완성해 가는 입장에서 바라볼 수도 있다는 것을 보여주고자 한다. 이성과 감정은 서로 적대 관계가 아니다.

5부는 간략한 결론으로서 앞으로의 연구 방향을 제시한다. 여기서 나는 생물권에 속해 있는 우리 자신의 모습을 있는 그대로 바라보지 못하도록 유지되어온 담장을 몇 군데 더 다소 조급하게 허무는데, 인간을 나머지 생물권으로부터 철저하게 분리하기를 고집하는 것이 우리의 생존뿐 아니라 진정한 존엄성에까지 얼마나 치명적인지를 보여주기 위해서다. 인간은 혼자서는 이해될 수도 구원될 수도 없다는 것이 나의 결론이다.

1부

어느 유별난 종의 개념적 문제

등 널찍한 하마가
진흙 속에 배를 깔고 쉬고 있네
보기에는 그토록 단단해도
그저 피와 살일 뿐.

피와 살은 연약하고,
신경 충격에 예민하나
참된 교회는 절대 무너지지 않지

반석 위에 서 있으니까.

_T. S. 엘리엇, 「하마」(The Hippopotamus)

1장

우리에게 본성이 있을까?

동기 이해하기

시대마다 관심이 쏠리는 모순 명제가 있다. 30년 전 우리는 마르크스와 프로이트를 함께 받아들이면서, 마치 튀르키예 카펫 위에 올라간 카멜레온처럼 삶은 왜 그리 혼란스러울까 의아해하곤 했다. 오늘날에는 인간 본성이라는 것이 있는가 없는가 하는 질문을 두고 그와 비 슷한 고민에 빠져 있다. 한편에서는 동물행동 연구가 폭발적으로 늘어났고 동물과 인간을 비교하는 일이 어마어마한 유행이 되었다. 사람들은 동물로부터 얻은 증거를 이용해 인간이 천성적으로 공격적인지, 천성적으로 영역적인지, 심지어 공격 본능이나 영역 본능이 있는지를 판단하고자 한다. 나아가 우리는 본능(instinct)* 관념에 의존하는 프로이트 심리학의 영향을 여전히 많이 받는다. 다른 한편에서는 많은 사회학자와 심리학자가 백지(blank paper) 이론이라 할 만한 관점, 즉 인간은 본능이 아예 없는 동물이라는 관점을 여전히 유지한다. 실존주의 철학자도 그렇다. 만일 인간에게 본능이 없다면

* 프로이트가 직접 이 용어를 논한 내용을 보려면 그의 논문을 참조. Sigmund Freud, "Instincts and Their Vicissitudes"(1915), *Complete Psychological Works*, tr. & ed. James Strachey et al.(London, 1948-1974), vol. 14. 동물행동학과 관련해 프로이트 학파의 견해를 현대적으로 잘 개편한 내용은 다음을 참조. Anthony Storr, *Human Aggression*(New York, 1968). 나 역시 이 책의 3장에서 본능을 다룬다.

동물과의 어떤 비교도 의미가 없다(이 두 가지 단순한 입장 모두 시간이 가면서 어느 정도 무뎌졌지만, 그럼에도 여전히 영향력이 지대하다).

백지론 관점에 따르면 인간은 전적으로 자기가 속한 문화의 산물이다. 인간은 무한한 형태로 빚을 수 있는 상태로 출발하고, 자신이 자라나는 사회에 의해 완전히 모양이 잡힌다. 그렇다면 문화에는 무한히 다양한 변이가 있을 수 있으며, 우리가 인간의 본능이라고 받아들이는 것은 우리 사회에 뿌리 깊은 편견에 지나지 않는다. 우리가 가족을 이루고, 어둠을 무서워하고, 거미를 보면 깜짝 놀라는 것은 그렇게 길들여진 결과일 뿐이다. 실존주의는 일견 매우 입장이 달라 보이는데, 실존주의자는 인간의 자유를 역설하며 인간이 자신을 어떤 것의 산물이라고 부르는 것을 용납하지 않기 때문이다. 그러나 실존주의 역시 인간에게 본성이 있다는 것을 부정한다. 본성이 있다면 인간의 자유는 완전하지 않을 터이기 때문이다. 그래서 사르트르는 이렇게 주장했다. "인간 본성이라는 것은 없다. … 인간은 우선 존재하고, 자신을 대면하고, 세상 속에 우뚝 나타나고, 그런 다음 자신을 정의한다. 만일 실존주의자가 본 인간이 정의될 수 없는 것이라면 그것은 애초에 그가 아무것도 아니기 때문이다. 인간은 아무것도 아니다가 나중에야 비로소 자신이 만드는 대로 자신이 된다."* 실존주의에서는 인간의 조건만 있으며, 이것은 인간에게 어떤 일이 벌어지는가 하는 문제지 인간이 어떻게 태어나는가 하는 문제가 아니다. 어둠이 무섭다면 그것은 우리가 겁쟁이가 되기를 택하기 때문이다. 남의 자식보다 자기 자식에게 더 신경을 많이 쓴다면 그것은 우리가 편애를 택하기 때문이다. 인간 본성이나 인간 본능 이야기는 절대로 입에 올

* Jean-Paul Sartre, *Existentialism and Humanism*, tr. Philip Mairet(London, 1958), p. 28.

려서는 안 된다. 이런 무조건적 도덕 관념은 지금도 여전히 매우 큰 영향력이 있으며, 본질과 존재라는 형이상학을 다루는 사람들에게만 국한되지 않는다. 그러므로 앞으로 나는 이따금 실존주의자로서가 아니라 자유주의자(Libertarian)로서 본성에 대해 말하고자 한다. 여기서 자유주의는 (우리 모두와 마찬가지로) 자유는 중요하다고만 생각하는 것이 아니라, 자유는 무엇보다도 중요하며 우리에게 본성이 있으면 자유가 침해당할 것이라고 믿는 것을 의미한다.

철학자들은 인간을 이해하려는 노력에서 여타 종과의 세밀한 비교를 아직 그다지 활용하지 않았다. 한 가지 이유는 운명론에 대한 불안임이 확실하다. 또 하나는 **본능**이나 **인간 본성** 같은 용어가 과거에 지독한 방식으로 오용된 것이다. 세 번째 이유는 동물행동학의 일부 어처구니없는 주장이다.

운명론에 대한 불안에 관해서는 할 말이 별로 없는데, 내가 볼 때 여기서 불안을 느낄 이유가 전혀 없기 때문이다. 인간 행동의 유전적 원인이 사회적 원인보다 더 압도적이라고 볼 필요는 없다. 둘 중 어느 쪽이든 우세가 정해져 있다고 여긴다면 위험할 것이다. 그러나 둘 모두 존재한다고 인정한다고 해서 어느 한쪽을 우세하게 여기는 입장이 되는 것은 아니다. 자신의 기질이 천성적으로 나쁘다는 것을 안다고 해서 그 때문에 성질을 부리게 되지는 않는다. 오히려 내가 도덕적으로 분개하고 있는지 성질을 부리고 있는지 구분하게끔 해서 나에게 도움이 될 것이다. 따라서 그것을 인정한다고 해서 나의 자유가 딱히 위협받는 것으로 보이지도 않고, 동물과 비교한다고 해서 어떤 식으로든 내 나쁜 기질의 의미가 나의 자유에 덧씌워지지도 않는다.

어떤 종의 **본능**, **동인(drive)**, **본성** 같은 낱말을 보면, 동물행동학자들은 지리멸렬해졌을 것이 분명한 영역의 언어를 깔끔하게 정리하는 방향으로 많은 일을 해냈다. 더욱 많은 정리가 필요하고, 나 또한 조금이나마 노력을 보태고자 한다. 이런 낱말은 그냥 버릴 게 아니라 어떻게든 다시 정리해야 한다. 다른 종에 대해서든 우리 자신에 대해서든 이야기하려면 필요하다.

이따금 동물행동학을 기이하게 이용하는 사례를 생각해볼 때, 정신 나간 내용을 주장하는 사람들이 있는 분야를 우리가 모조리 거부한다면 도서관은 금방 비워질 것이다. 그럴 때 우리가 해야 하는 일은 옥석을 가리는 것이고, 특히 각 요점이 어떤 종류의 논의에 속하는지, 어떤 일을 하고 있는지를 살펴보는 것이다. 남달리 공정하고 인내심 있는 동물행동학자 하인드는 자신이 다루는 분야의 현재 상태에서 "넓은 범위에서 타당한 피상적 일반화와 제한된 범위에서 정밀한 일반화는 서로 보완적이며, 둘 다 필요하다"*고 논평한다. 나는 그의 말에 동의하며, '피상적'이라는 말에 공격적 의미는 없다(그의 의도 역시 명백하다). 동물행동학은 지금도 **개척 중**이다. '묘사 단계'에 있다. 연구 대상이 무엇이든, 충분한 묘사가 이루어진 다음이라야 쓸모 있는 실험을 시작할 수 있다는 데는 누구나 동의한다. 그리고 어떤 학문 분야이든 '묘사 단계'는 성냥갑 수집가가 성냥갑을 모으듯 틀에 박힌 방식의 맹목적 '사실 수집'을 통해 서둘러 통과할 단계가 아니다. 그보다는 생각에 집중해야 하는 단계다. 개념을 만들어내기 위해서다. **무엇이 사실로서 중요한지는 어떤 개념을 사용하는지, 어떤 질문을 하는지에 달렸다.** 누가 우표를 사면 그 상황은 '우표 구매'라고 묘사할 수 있다. 또는 동전을 계산대 저편으로 내밀고 그 대신 우편물에 붙

* R. A. Hinde, *Animal Behavior*(New York, 1966), p. 8.

일 종이를 받는 것으로—또는 일련의 근육 수축으로—또는 자극-반응의 하나로—또는 역할 연기를 포함하는 사회적 상호작용으로—또는 물리적 질량이 단순히 이동하는 역학의 하나로—또는 경제적 교환으로—또는 구매자가 흔히 지니는 신중한 태도로도 묘사할 수 있다. 이 중 그 어떤 것도 **그 자체만으로 완전한** 묘사가 아니다. 중립적 용어는 없다. 따라서 전적으로 중립적인 사실도 없다. 어떤 묘사든 이런저런 개념 틀에 따른 분류 행위다. 우리는 뒤범벅된 경험 중 현재의 목적에 중요한 것을 골라내기 위해, 또 그것을 세상의 중요한 나머지 것들과 연관시키기 위해 개념이 필요하다. 한 벌만 있으면 모든 일에 사용할 수 있는 만능 '과학적' 개념은 없다. 탐구가 달라지면 세상에서 골라내는 것도 달라진다. 따라서 필요한 개념도 달라진다.

그렇지만 여전히 사람들은 동물의 행동 방식을 묘사하기 위해 개발된 개념이 인간의 삶을 이해하는 데 왜 꼭 필요한지 궁금할 수 있다. 아마도 그 이유는 인간의 동기화를 이해하려 할 때 종종 마주치는 문제, 즉 적절한 개념 틀이 부족하다는 문제를 훑어봄으로써 가장 쉽게 설명할 수 있을 것 같다.

어떤 사람(폴이라고 하자)이 집을 사는 경우를 생각해보자. 그가 형편이 되지 않는데도 4천 제곱미터의 토지가 딸린 집을 산다면, 이것을 우리는 '과학적으로' 어떻게 묘사해야 할까? 그가 무엇을 하고 있다고 표현해야 할까? 다양한 경제적 묘사가 가능하다. 순무를 길러 팔거나 식구들과 먹을 요량일지도 모른다. 집을 되팔 생각으로 하는 투기일 수도 있고, 투자나 인플레이션에 대비한 위험 분산일 수도 있다. 묘사 방향이 모두 경제적인 이 단계에서조차 그중 하나를 고르려면 그의 의도를 알 필요가 있다는 점이 흥미롭다. 동기가 포함되지 않으면 이 거래에 관한 갖가지 '사실'은 이 거래를 심지어 경제적으로 분류하거나 설명하기에도 불충분하다*(동기는 물론 단지 그 개인의 마음 상태가 아니라 그의 삶 속에서 자리 잡은 패턴이며, 그중 많은 부분이 남들 눈에 고스란히 보인다). 우리는 그가 **왜** 그렇게 하는지 알기 전까지는 그 행동이 **무엇**인지 말할 수 없다.

이제 동기가 경제적인 것이 아니라면 어떻게 될까? 알고 보니 폴은 토지를 가지고 돈을 벌 생각이 전혀 없다. 물어보니 사적 영역(privacy)을 보호하기 위해 샀다고 대답한다. 낯선 사람들의 시선이 싫은 것이다. 그의 행위 전체가 이 대답과 일치하기에 우리는 그 말을 믿는다. 그렇지만 여전히 이 동기를 **이해**할 필요가 있다. 즉 우리는 그것이 그의 삶, 나아가 전반적으로 인간의 삶이라는 배경 안에 어떻게 들어맞는지를 보고 싶은 것이다.

단순한 마르크스주의적 해석, 즉 그가 계급 지위를 확립하기 위해 자신의 부를 과시하고 있다는 해석을 받아들여야 할까? 이것으로는 설명되는 것이 많지 않을 것이다. 물론 사람들은 실제로 그런 이유로 과시한다. 그러나 그렇다고 말하는 것만으로 가진 것을 과시하는 구체적 형태가 설명되지는 않는다. 과시하는 부자는 큰 차를 사는데, 대부분의 사람들이 갖고 싶어 하는 것이기 때문이다. 일반적으로 길거리에다 지폐를 쌓아놓고 그 위에서 스스로 불에 타 죽는 방식으로 자신의 지위를 과시하지는 않는다. 그리고 우리가 이해하고자 하는 것은 기본적 취향이다. 과시로 동기를 설명하는 것은 언제나 안에 상자가 들어 있는 상자를 내놓는 것과 같다. 우리는 그다음에 물어야 한다. 왜 **그것**을 과시할까? 이것이 미술품에 큰돈을 지출하는 것이 대중에게 깊은 인상을 주기 위함이라는 소스타인 베블런의 견해가 지

* '사실'이 무엇인가 하는 질문은 보기만큼 간단하지 않다. 218쪽, 320쪽 각주 참조.

닌 약점이었다. 나중에 좀 더 예리한 마르크스주의자들이 지적한 대로, 미술품에 과시할 만한 가치가 있으려면 애초에 진정한 의미가 있어야 한다.* 물론 어떤 과시적 인물이 자기로서는 아무 의미도 없어 보이는 사물을 자랑해 보일 수 있다. 사회 속의 집단이 단체로 그렇게 할 수도 있다. 이런 식으로 많은 로마인이 그리스 미술품을 수집했다. 그러나 이것은 여전히 기생적이다. 의미를 제대로 알아보는 사람들의 권위를 인정하고 그들을 기준으로 대우하는 데 의존한다. 내가 볼 때는 방금 말한 이유로, 그 사물 자체가 실제로 가치가 있다는 명확한 신조 또한 필요하다. 이렇듯 그림이나 말이나 요트나 자신의 영혼을 위해 기도하는 대수도원을 명확하게 찬양하는 사람이 많을수록, 그런 것이 진정한 취향이 아닌 다른 사람들이 그런 것을 바랄 가능성이 크다. 그러나 이런 바람은 찬양의 **부산물**이다. 찬양 자체의 핵심이 아니다. 과시는 사람들이 동기에 관해 내놓는 설명이지만 사실 알고 보면 순환논리인 만능의 정치적 설명 중 하나일 뿐이다. 가장 핵심이 되는 경우는 권력이다. 권력욕은 다른 욕구에 비해 필연적으로 부차적인데, 권력은 특정한 일을 **하기 위한** 권력이며, 그 일을 귀중하게 여기는 것이 더 먼저일 수밖에 없기 때문이다. 정말로 권력 그 자체를 위해 권력을 추구하는 사람은 신경증 환자이며, 습관에 의해 혼란에 빠져들어 자신의 삶을 파괴한다. 홉스는 다음과 같이 깨달았다.

그래서 무엇보다도 먼저 내가 말하고자 하는 것은 끝없는 권력을 향

* 예컨대 다음을 참조. Ernst Fischer, *The Necessity of Art*, tr. Anna Bostock(Penguin, 1963).

> 한 끝 모를 욕구, 오로지 죽음으로써만 사라지는 이 욕구가 모든 인류가 지니는 보편적 경향이라는 것이다. 그리고 이런 욕구의 원인이 인간은 이미 손에 넣은 기쁨을 더욱 강화하고 싶어 한다거나 웬만한 권력으로는 만족하지 못한다는 데만 있는 것은 아니다. 그 원인은 인간은 더 많이 가지지 않고서는 자신이 현재 가지고 있는, 잘 살기 위한 권력과 수단을 확신할 수 없다는 데도 있다.*

이것은 권력의 원래 위치는 보험이라는 의미다. 그러나 홉스는 여전히 권력을 중심에 두었으며, 이런 순환 심리학이 자신의 정치 이론이 지니는 가치를 얼마나 깎아내렸는지 깨닫지 못했을 것이다. 마르크스의 입장도 비슷하지 않았을까 한다. 니체는 권력 의지를 주요 동기의 하나로 지목했을 때 거기에 더 직접적 의미를 부여하려 했다. 그는 권력을 다른 사람에 대한 직접적 지배라고—나아가 더 구체적으로 사람들을 괴롭히는 데 기쁨을 느끼는 것**이라고—생각했는데, 이것은 확실히 더 명확하기는 하지만 사이코패스가 아니라면 해당하지 않는다.

* 토머스 홉스, 『리바이어던』, 1부 11장. 앤서니 포웰의 연작 소설 『시간의 음악에 부치는 춤』(*The Music of Time*)에 등장하는 위드머풀이라는 인물이 "뜻대로 살기"로 굳게 다짐한 뒤로 "웬만한 권력으로는 만족할 수 없는" 사람의 모습을 매우 잘 보여주고 있다. 권력은 실현을 향하는 대기실에 지나지 않는다는 점을 가장 확실하게 밝히는 철학자는 아리스토텔레스이다.

** 예를 들면 Friedrich Nietzsche, *The Genealogy of Morals*, tr. Walter Kaufmann, Essay 2, sec. 6 끝부분 참조. 여기서 니체는 다음처럼 완전히 잘못된 주장을 내놓는다. "유인원은 […] 기괴하게 잔인한 행동을 생각해낸다는 점에서 장차 인간이 될 것이 예상된다. 말하자면 인간의 전주곡에 해당한다." 또한 Friedrich Nietzsche, *Beyond Good and Evil*, sec. 229 참조. 니체는 권력에 매료된 상태를 항상 강함의 표시로 보았다. 다만 홉스 입장에서 그것을 약함의 표시로 보아도 타당해 보인다.

그런데 확실히 폴은 원하지도 않는 토지를 그저 과시하기 위해 샀을 수 있다. 다른 부자들이 그러는 것을 보았기 때문이다. 그러나 만일 그렇다면 그의 경우는 기생적 사례가 될 것이며, 동기를 이해하고 싶다면 우리는 실제로 토지를 원한 부자에게 관심을 돌릴 필요가 있다. 똑같이 인기 있으면서 더 높이 평가되는 단순한 관념에 똑같은 논리가 더욱 강력하게 적용되는데, 바로 동조(conformity) 관념이다. 어떤 사람들은 그가 땅이 딸린 집을 산 것은 그것을 귀중하게 여기도록 사회에 의해 길들여졌기 때문이라고 설명한다. 그리고 (마찬가지로) 일부 사람들은 인습에 정신이 팔린 나머지 이웃과 비슷해지기 위해서라면 무엇이라도 할 것이 확실하다. 그러나 그들은 자신과는 달리 적극적으로 제안하는 이웃이 있어야 존재할 수 있다. 만일 이웃 역시 동조하기만 할 뿐 무엇에도 관심을 갖지 않는다면 모두가 동조하는 기준을 생성해낼 사람이 아무도 없을 것이다. 사회는 자존하는 존재가 아니며 신성한 창조자가 아니다. 모두가 언제나 문화를 수용하는 측에 있을 수는 없다.

실제로 폴을 움직이는 것은 그가 속한 계급이나 사회가 아니라 그가 스스로 밝히는 그 동기이므로 우리는 폴이 스스로 무엇을 하는지 알고 있다고 말할 수 있다. 그런데 실은 계급도 사회도 그의 행동을 비난할 수 있고, 심지어 폴도 자신의 동기가 뜻밖에 강력하며 자신의 가치 체계와 명확하게 연계되어 있지 않다는 점에서 당혹감마저 느낄 수 있다.* 이런 의미에서 그는 스스로 무엇을 하는지 썩 잘 알고 있는 것이 **아니다**. 그는 자신의 동기가 어떤 의미인지 무엇에 해

* 그런 상황은 구소련에서 볼 수 있는데, 이념적으로 올바르지 않은데도 시골 별장에 대한 수요가 여전히 강하다.

당하는지를 더 이해할 필요가 있다. 우리 모두에게는 가끔 이처럼 우리를 곤혹스럽게 하는 동기가 있고, 그래서 동기를 더 잘 이해할 필요가 절실하다.

그렇다면 폴의 동기는 사실 사적 영역 보호다. 그는 '낯선 사람들의 시선이 싫은' 것이다.

내가 이것을 동기로 꼽는 것은 주요한 모든 전통적 동기 이론이 유독 이 동기에 대해서는 도움이 되지 않기 때문인데, 만일 폴이 교양 있는 사람이라면 그는 이 동기에 대해 당혹스러워하고 방어적이게 되며 심지어 동기가 그토록 강하다는 데 부끄러움마저 느낄 것이다. 프로이트는 관음(voyeurism)과 노출(exhibitionism) 관념을 우리에게 제시해준다. 그러나 이 둘은 적극적 취향이다. 이 두 가지 관념을 가지고 타인의 시선을 **싫어하는** 것을 어떻게 설명할 수 있을까? 물론 여기에 역으로 성 혐오가 있을 수 있다. 만일 누군가가 타인의 시선을 과도하게 병적으로 무서워한다면, 우리는 그의 성생활에 문제가 있으리라 추측할 수 있고 여러 방법으로 이 추측을 확인할 수 있을 것이다. 그러나 완전히 정상적인 사람도 사적 영역을 원한다. 실제로 심하게 미친 노출광이 아니라면 모두가 때때로 사적 영역을 원한다. 그리고 우리는 성을 감추는 시대 풍조에 균형을 잡기 위해 (프로이트처럼) 뭔가를 설명할 때마다 성을 억지로 끌고 들어올 필요가 없는 만큼, 설명에 도움이 될 만한 성적 동기가 있는지를 냉정하게 물어볼 수 있다. 이것은 (프로이트 학파가 잘 지적한 것처럼) 대부분의 동기화에서 잘 들여다보면 찾아낼 수 있는 단순한 성적 **측면** 이상의 것임이 분명하다. 애정, 두려움, 공격성, 지배, 성, 게으름 등 인간의 동기화의 모든 주요 부분은 우리 삶에 널리 퍼져 있으면서 우리의 모든 행동이 구체화되는 데 어느 정도 영향을 미친다. 분명히 성 행동 자체에 공격성이나 공포나 지배 측면이 있을 수 있다. 그러나 성적 동기화는 사적 영역 관념을 이해하는 데 도움이 되는 것으로 보이지 않는다.

여기서 프로이트의 약점은 그가 자신의 환자인 늑대인간의 악몽을 놀라우리만치 변태적이고 공감이 결여된 방식으로 해석하는 데서 볼 수 있다.* 이 남자는 다섯 살이 되지 않았을 무렵 꾼 꿈에서 자신이 침대에 누워 있는데 창이 저절로 열리더니 바깥에 있는 호두나무 사이에 선 흰색 늑대 예닐곱 마리가 자신을 빤히 쳐다보는 것을 보았다. 프로이트는 이 꿈은 누군가에게 응시당하는 꿈이 아니라 누군가를 응시하는 꿈이며, 이 아이가 부모의 성행위를 지켜본 (가설이지만) 사건을 나타내는 것이 분명하다는 판결을 내렸다. 빈의 중산층이 아니라 러시아 귀족인 이 늑대인간이 부모 방에서 같이 지내지는 않았을 테니 프로이트가 택한 관점이 틀렸을 가능성이 크다는 사실은 그리 중요하지 않다. 중요한 점은 **남이 나를 빤히 쳐다볼 때**의 그 뚜렷하고도 원초적인 공포를 프로이트가 간과했다는 것이다. 프로이트는 이 환자가 꿈에 관해 두 가지를 강조했다고 말했다. "그가 가장 깊은 인상을 받은 부분은 첫째로 늑대들이 꼼짝도 하지 않고 가만히 있었다는 점, 둘째로 그를 바라보는 늑대들의 시선이 긴장되어 있었다는 점"**이었다. 프로이트는 이 두 가지 모두를 그냥 반대로 뒤집었다. 가만히 있었다는 것은 그와는 반대로 "가장 격렬한 동작" 즉 성교 중인 부모를 나타내는 것으로 보아야 하며, 시선은 부모를 바라보는 아이의 것일 수밖에 없다고 했다. 이런 해석 원칙으로 보면 말 그대로

* *The Wolf-Man and Sigmund Freud*, ed. Muriel Gardiner(Penguin, 1973) 참조.

** Ibid., pp. 196-198.

무엇이든 어떤 의미로도 해석할 수 있다.

프로이트가 거의 도움이 되지 않는 부분을 언급하는 것은 그를 조롱하기 위함이 아니다. 물론 그는 이보다 더 사리에 맞는 때가 많았다. 그러나 난해한 많은 주제에서, 삶의 많은 영역에서 그의 말에는 사실 도움이 될 만한 것이 없었는데, 그는 그런 것 자체에는 관심이 없고 오로지 성에 관한 특정 관점을 설명하기 위해 이용하려고만 했기 때문이다. 그런데 그런 것을 고찰할 때 다른 종에게서 같은 영역을 살펴보는 것이 도움이 될 수 있다. 빤히 쳐다보는 것이 그 한 예다. 작은 문제일 수 있지만, 가장 복잡한 것의 일부분이다.*

남의 시선은 인간뿐 아니라 매우 다양한 동물 종에게 널리 공포를 불러일으킨다. 대부분의 사회적 동물 사이에서 직접 쳐다보는 시선은 노골적 위협에 해당한다. 사회에서 잘 알지 못하는 상대에게 접근하는 정상적 방법은 언제나 어느 정도 간접적이다. 여러 형태의 인사로 우호적 의사를 보이고, 간간이 시선을 돌려 뭔가 다른 데 신경을 쓰는 듯한 태도를 보이는 것이다. 특히 시선 접촉은 처음에는 짧은 순간 시선을 마주치고 떼었다가 다시 잠깐씩 바라보는 식으로 제한된다. 누군가에게 접근하는 동안 상대를 빤히 쳐다보거나 시선이 마주친 후 가만히 서서 쳐다보는 태도는 보여줄 수 있는 최대의 위협이다. **왜** 그럴까 하는 것은 흥미로운 연구 분야다. 포식자가 사냥감을 덮치기 전에 자연히 시선을 고정한 상태를 유지한다는 사실과 관련이 있을 가능성이 크다. 그리고 포식자는 물론 사냥감을 친구가 될 상대가 아니라 하나의 대상물로 간주한다. 이것이 바로 직접적 시선이 인간에게 전달하는 효과다. 원인이 무엇이든 이런 성향은 너무나

* 다른 예로 폐소공포증과 광장공포증이 있다. 이 역시 주로 공간감각 장애로 보인다.

강하고 너무나 보편적이어서, 수많은 동물 종이 신체에 눈처럼 생긴 무늬를 발달시켜 적을 겁줘서 쫓아버리는 식으로 활용해왔다. 많은 나비 종이 저마다 날개에 눈과 매우 비슷한 무늬를 발달시켰다. 포식자들은 실제로 그 무늬를 보고 놀라 달아나며, 그중 일부는 그런 나비를 두 번 다시 공격하지 않는다. 그리고 무늬가 실제 눈과 얼마나 닮았는지에 따라 이 효과가 달라진다는 것이 입증된 바 있다.* 물론 인간은 사물에다 눈을 그림으로써 의도적으로 그와 비슷한 장치를 만든다. "응시하는 눈에는 위협 효과가 있고, 따라서 눈길을 사로잡는 눈 모양 무늬는 제복, 선박, 주택 등에 보호 장치로서 널리 이용된다."** 광고에서도 마찬가지다. 그러나 그림은 가만히 있으므로 우리를 쳐다본다 해도 그리 심하게 불편하지 않다. 살아 있는 인간이 그렇게 행동하면 그것이야말로 가장 거북하다. 시선을 받은 사람은 종종 실제로 욕설을 듣거나 얻어맞은 것처럼 공격당했다고 느낀다. 이것은 문화 문제가 아니다. 나는 8개월 된 아기가 기분 좋게 잘 있다가 낯선 이모들이 빤히 쳐다보자 울음을 터트리고 한참이나 그치지 못하는 것을 본 적이 있다. 이모들은 그저 어렴풋한 호기심에 멍하니 바라보았을 뿐인데도 그랬다. 잘 알려진 대로 개도 마찬가지로 '노려봐서 기를 죽일' 수 있다. 사람들은 가끔 이것을 개가 인간을 우월한 존재로 인식하는 증거라고 받아들이지만, 실제로 알 수 있는 것은 나보다 작은 상대에게 적의를 보이면 상대는 그것을 싫어하고 그 자리를 피할 것이라는 사실뿐이다. 개는 싸움을 걸 때가 아니면 서로 빤

* Niko Tinbergen, *Curious Naturalists*(New York, 1968), pp. 157-171 참조.

** Irenaus Eibl-Eibesfeldt, *Love and Hate*, tr. Geoffrey Strachan(London, 1971), p. 24. 악의적인 눈으로 '노려보는' 마법에 대한 두려움이 널리 퍼져 있는 것 자체가 또 하나의 예다.

히 쳐다보지 않는다. 싸움을 걸 때는 노려보는 것 말고도 털을 세운 채 으르렁거리며 느릿느릿 조금씩 다가감으로써 자연스레 적의를 드러낸다. 그리고 영장류는 직접적 시선을 강하게 피하는 듯 보인다.

따라서 이웃의 시선을 받을 때 그저 호기심에서 그럴 뿐이라는 사실을 알아도 별로 마음이 편치 않을 것이다. 응시하는 행위는 위협에 그치지 않는다. 실질적 침입에 해당한다.

우리는 폴이 무엇을 걱정하는지를 조금은 더 이해하게 됐을까? 나는 확실히 그렇다고 생각한다. 만일 여타 동물과 마찬가지로 사람이 남의 시선을 직접적으로 또 본성적으로 꺼린다면, 이것으로 폴이 이 문제에 예민한 이유가 일부 설명된다. 그러나 좁은 거처에서 남의 시선이 닿는 상태에서 생활하면서도 꺼리지 않는 수많은 사람은 어떻게 설명할지 궁금해질 것이다.

우리는 경각심을 불러일으키는 것은 주로 **낯선 사람**이라는 점을 눈여겨보아야 한다. 소규모 원시 사회에서 사는 사람은 주위 모든 사람을 잘 안다. 마을이나 나아가 낡은 빈민가 같은 현대의 안정된 동네에서 사는 사람 또한 그렇다. 이들이 친밀한 상태를 항상 좋아하지는 않으며, 그 때문에 이사를 나가기도 한다. 그러나 적어도 이들에게는 주위 사람들과 어느 정도 견딜 만한 관계를 이룰 시간이 있었고, 빤히 쳐다본다든가 하는 자극적 행동은 하지 않는다는 암묵적 규칙 같은 것이 있을 가능성이 크다. 더욱이 이들은 이미 서로에 대해 많은 것을 알고 있으므로 호기심은 그다지 문제가 되지 않을 것이다. 그래도 어느 정도의 사적 영역은 대개 제공된다. 그리고 지역사회가 커져가는 곳에서는 더 많은 사적 영역이 당장 필요하다. 중국이나 인도의 도시는 오래전부터 크고 혼란하며 낯선 사람이 가득했다. 그 때문에 주택은 매우 방어적인 형태가 되어 대개 튼튼한 담장으로 둘러싸여 있다. 옷을 더 많이 입었고, 여성은 갇혀 지냈으며, 예절 역시 방어적이게 됐다.

그리고 우리 사회뿐 아니라 어떤 곳에서든 붐비는 도시에서 성공한 부자들은 도시 바깥으로 이사를 나가 자기 주위로 공간을 마련한다.*

사적 공간이라 불리는 이 문제는 지금 영역 본능이라는 큰 항목 안에서 논의되는 일련의 복잡한 패턴 중 일부분에 지나지 않는다. 이에 대해서는 뒤에 가서 더—내가 바라는 만큼 충분히는 아니지만—다루기로 한다.** 지금 나의 관심사는 오로지 여기에는 실제로 묘사가 필요한 현상이 즐비하다는 것과, 동물과의 비교가 도움이 되는데 그 분야에서 이미 비슷한 행동 방식을 묘사하는 개념이 있는 데다 알고 보니 전체적으로 완전히 적용 가능하더라는 사실을 지적하는 것뿐이다. 이전의 여러 본능 이론은 이 문제를 실제로 부정하지는 않으면서 무시했다. 건드리지 않고 둔 이유 중 하나는 이런 측면에서 사람들의 삶을 근본적으로 바꾸려는 사람이 아무도 없어서였다. 그러나 우

* 이 책의 3장 끝부분에서 이 점을 좀 더 깊이 다루었다.

** 나는 적절한 예를 이 책에 넣는 작업에서 상당한 어려움을 겪었는데, 그런 관념이 설명 능력을 지니려면 완전히 체계화된 일련의 개념을 철저히 따라야 하기 때문이다. 어떤 충동에 단순히 '영역적'이라는 꼬리표를 붙이는 것만으로도 '성적'이라는 꼬리표를 붙이는 것과 마찬가지로 그에 관해 매우 많은 것을 전달할 수 있을 것이다. 그러나 영역이 어떻게 작용하는지를 전체적으로 어느 정도 아는 사람이라면 훨씬 더 많은 것을 이해할 수 있고, 특정 종에서 영역이 어떻게 작용하는지, 그들 사이에서 영역이 지배, 애정, 공격성 등 여타 동기와 어떤 관계인지를 안다면 더욱 그렇다. 이런 포괄적 동기는 모두 여러 가지 세부적인 충동을 모은 **묶음**에 해당한다. 사적 공간은 영역의 한 가지 측면일 뿐이다. 그러나 그것은 일정한 집이 없는 동물을 포함해 모든 고등한 사회적 동물에게 매우 중요하다. 그리고 빤히 쳐다보는 행위는 침입의 한 가지 형태일 뿐이다.

리 세기에 일어난 사회적 변화는 너무나 격렬했기 때문에 과거에는 당연하게 받아들였던 우리의 동물 본성에 관한 온갖 종류의 사실—예를 들면 우리는 무한히 많은 군중 속이나 끊임없이 변화하는 조건 속에서는 제대로 살 수 없다는 사실—을 진술할 필요가 생겨났다.

우리가 가진 개념에 대해 할 수 있는 질문

내 말은 인간의 동기화를 묘사할 더 새롭고 적절한 개념이 절실히 필요하다는 것이다.

물론 우려스러운 진실은, 여전히 묘사 단계에 머물러 있는 분야가 동물행동 연구만이 아니라는 것이다. 확실히 최근까지도 그 분야에서는 순진한 무지 속에 유독 깊이 파묻혀 있는 양상을 볼 수 있었다. 사람들은 일반적으로 동물에 관해 그다지 많이 알지 못했다. 그들에게는 그나마 알고 있는 것도 왜곡하려는 갖가지 동기가 있었고, 또 우리 서양 사람들은 지난 두 세기 동안 주로 도회지로 이주해 들어가면서, 만일 도회지로 가지 않았더라면 어쩌면 발견했을 수도 있는 변변찮은 여러 사실로부터 스스로 멀어졌다(그래서 최근 이 주제의 부흥은 우리에게 매우 흥미롭다). 반면 많은 묘사가 이루어진 문제, 즉 인간의 행위에 대해서는 우리가 매우 많이 알고 있는 것으로 보일지도 모른다. 만일 우리가 진실을 알기보다 자신을 속이는 데 더 신경을 쓰지 않고 언제나 핵심을 짚는 질문을 던졌다면 실제로 그렇게 됐을지도 모른다. 새로운 질문은 언제나 환영이다. 니체, 프로이트, 마르크스 같은 사람들은 새로운 질문을 던짐으로써 우리에게 많은 것을 가르쳤고, 더 나아간 질문과 갖가지 질문을 더 지성적으로 연관 짓는 작업은 여전히 필요하다.

실험을 통해 조작될 수도 있는 상세한 예측을 내놓지 않았다는 단순한 근거로 프로이트를 '비과학적'이라며 내쳐서는 안 된다. 그가 제공한 것은 개념이다. 그가 던진 '인간의 본능은 어떤 구조인가?' 하는 포괄적 질문은 전적으로 적절했다. 그의 대답은 지나치게 단순하고 지나치게 자신만만했지만, 여전히 그의 의견은 탐구가 시작될 수 있는—예컨대 틀린 것은 확실하지만 올바른 방향을 가리키는—곳이 어디인지 알 수 있는 훌륭한 지표가 된다. 그는 '좋은 실수'들을 했다. 이것은 무엇보다도 유용한 습관으로, 그 가치는 아마도 과학자보다는 철학자에게 더 익숙할 것이다. 프로이트 덕분에 개념을 만드는 것이 가능해졌다.

개념을 만드는 사람은 종합적 지성이 뛰어나고 관심사가 폭넓어야 한다. 그렇지 않으면 다른 분야와 연결하지 못하고, 그가 만들어내는 틀은 다른 연구 앞에 산산이 부서지기 쉽다. 그러나 그는 또 그만큼 자신의 주제에 빠져들어 있고, 전념하며, 열중하고, 그 주제 전반에 열광하는 사람일 필요가 있다. 자신이 다루는 대상의 형식적 특이점을 제대로 이해하려면, **무엇**을 포착해 묘사해야 하는지를 알아차리려면 깊은 감수성과 진정으로 경이로워하는 마음을 가지고 오랜 기간에 걸쳐 많이 닥치는 대로 관찰하는 단계가 필요하다. 그런 경험으로 이루어진 기초가 콘라트 로렌츠와 니코 틴베르헌과 그들 학파의 강점이다. 이들은 평생 동물을 연구해왔다. 하인드가 잘 말했듯, 이들이 구체적 부분을 다룬 덕분에 "개념에 맞춰 현상을 설명하는 것이 아니라, 연구 중인 현상을 제대로 설명하는 개념이 선택될"* 수 있었

* R. A. Hinde, "Ethological Models and the Concept of Drive", *British Journal for the Philosophy of Science*, 6(1956), 321.

다. 당연히 그래야 하건만 생각보다 보기 드문 장점이다.

그러나 여전히 우리에게는 동물행동 연구를 인간을 연구하는 여타 방법과 연관시키는 문제가 남아 있다. 호모 사피엔스는 동물이다(적어도 기계도, 천사도, 요정도, 벌컨 행성* 출신의 어떤 존재도 아니다**). 그러므로 지구상의 다양한 동물 종을 대상으로 잘 통하는 비교 방법이 갑자기 인간에게는 도저히 적용될 수 없다고 하면 정말 이상할 것이고 정말 많은 설명이 필요할 것이다. 그러나 호모 사피엔스는 이미 사회과학의 소유물이라는 딱지가 붙었다. 그리고 어느 정도는 초기 역사 때문이지만, 사회과학에서는 인간에게는 본성이 아예 없거나 중요할 만한 본성은 없으며, 인간의 행동은 (몇몇 단순한 신체적 욕구를 제외하면) 전적으로 인간의 문화 관점에서 이해해야 한다는 견해를 고수하고 있다.

여기서 염두에 두어야 하는 것은 어떤 방법도 설 자리는 있다는 것이다. 우표 구매라는 간단한 예에서 본 것처럼 인류를 연구하는 어떤 방법도 독점적이지 않으며, 그럴 필요도 없다. 일부 목적을 위해서는 타고나는 요인이 당연하게 받아들여지기 때문에 무시할 수 있으며, 그렇게 한다고 해서 그 요인이 사라지는 것은 아니다.

* 벌컨(Vulcan)은 미국의 텔레비전 시리즈 〈스타 트렉〉에 나오는 행성 이름이자 그곳 사람들을 가리키는 이름이다. 벌컨인은 감정을 배제하고 논리와 이성에 따르는 삶을 추구하는 것이 특징이다.(옮긴이)

** **인간**과 대비되는 **동물**이라는 낱말의 일반적 용법은 불분명하다. 나는 이따금 편의상 그렇게 사용해왔고 심지어 이 책에서도 그렇게 하고 있지만, 인간을 채소나 광물이나 기계와 대비시킬 때와는 달리 **동물**과 대비시키는 데는 명확한 근거가 없다는 사실을 절대로 잊어서는 안 된다. '사람과 동물'의 닮은 점을 끌어낸다는 것은 표면적으로 볼 때 '타지인과 사람'이나 '지성이 있는 존재와 사람'의 닮은 점을 끌어내는 것에 가까울 것이다.

각 방법이 할 일은 쓸모를 입증하는 것이다. 필요를 충족해주어야 한다. 내가 볼 때 우리가 인간의 동기를 더 잘 이해할 필요가 있다는 점은 명백하다. 인간의 동기가 무엇인지와 각각의 동기가 서로 어떻게 연결되는지 둘 다 그렇다. 그에 관해서는 상식적 지식이 많고도 많으며, 그중 일부는 훌륭하고 일부는 혼란스러우며 일부는 무가치하다. 그러나 그것을 정리하려 노력해온 지적 체계는 주로 수많은 동기를 성, 자기 보존, 권력 등 하나 또는 소수의 기본 동기로 **환원하는** 방식으로 작동한다. 그러면 하나의 구역은 정리되지만, 같은 방식으로 전체를 장악하려다 스스로를 왜곡한다. 인간의 삶에는 그런 방식에서 허용하는 것보다 더 많은 동기가 있고, 대분류에도 더욱 많은 가짓수가 필요하다. 우리는 여러 동기의 자연적 관계를 알아내야 하며, 프로크루스테스의 침대에 맞춰 난도질하거나 비틀어서는 안 된다. 다른 종들과 비교해보면 저렇게 일률적으로 환원하는 방법보다는 더 섬세하고 더 유용한 동기 묶음들이 드러날 것이다. 물론 비교 자체를 환원하는 식으로 해서도 안 된다. 우리는 '사실 대학의 여러 학과는 영역일 뿐이다'라고 말해서는 안 된다. '뿐'은 과장이다. 그러나 이 낱말을 빼고 남는 부분은 여전히 유용할 수 있다. 이와 비슷하게, 어느 평론가가 이런 질문을 내놓았다. "데즈먼드 모리스가 쓴 책 『털 없는 원숭이』(*The Naked Ape*)는 저자의 원칙에 비추어 볼 때 열심히 추종자를 모아 무리의 우두머리 자리를 차지하려고 경쟁하는 떠오르는 수컷의 지배력 과시로 보아야 하지 않을까?" 결론적으로 보자면 그렇다. 『빅토리아 시대 명사들』(*Eminent Victorians*)과 『언어, 논리, 진리』(*Language, Truth and Logic*)와 〈아비뇽의 처녀들〉*도, 학회지에

* 이 그림에서 피카소가 일으키려 한 논쟁과 그것이 거둔 성공에 관한 이야기는 다음

실리는 논문 절반도 마찬가지다. 인간이 논쟁적이라는 것은 하나의 사실이다. 우리가 논쟁의 여지를 두는 법을 몰랐다면 왁자지껄한 논쟁 속에서 절대로 냉정을 유지할 수 없을 것이다. 실제로 논쟁에 끌려 들어갈 가능성이 가장 큰 사람은 여기 나열한 것과 같은 작품 속에 논쟁을 유발하는 도발 요소가 의도되어 있다는 사실을 가장 의식하지 못하는 독자들이다. 현재 보여주는 말이나 행동의 가치에 관한 핵심적 질문에 집중하는 게 아니라, 작가가 벌여놓은, 재미있기는 하지만 아무 관계가 없는 술래잡기 판에 끌려 들어가는 것이다. 그럼에도 우리는 이런 동기가 인간에게 속하는 것이라고 말한다. 이를 이해하기 위해 인간 이외의 영역을 들여다볼 필요가 어디에 있을까?

그것은 (방금 말했듯이) 우리 문화가 우리가 물을 수 있는 질문을 너무나 교묘하게 제한하면서, 우리가 타고나는 자기기만 능력을 너무나 강력하게 강화하기 때문이다. 우리 문화에서 정상적인 어떤 것을 우리가 행하는 이유는 무엇일까 하고 물을 때 공식적 대답은 언제나 즉각적으로 나온다. 스페인인은 투우를, 로마인은 검투 경기를, 전체주의자는 고문을, 에러훤 사람은 질병 처벌을 하는 이유가 바닥나지 않는다.* 이 순환 고리를 끊기 위해, 우리의 지엽적 전제가 눈에 띄도록 오래전부터 우화 작가는 동물을 이용해왔다. 그들은 익숙한 패턴이 궁극적으로 눈에 보이게 하려고 색다른 맥락이 가져오는 충격에 의존한다. 이 방법은 종종 잘 통한다. 그러나 물론 그 가치는 우화

에세이를 참조. E. Gombrich, "Psycho-Analysis and the History of Art", *Meditations on a Hobby Horse*(London, 1963). 이 에세이 전체가 나의 주제와 깊은 관계가 있다.

* 에러훤은 새뮤얼 버틀러가 1872년 익명으로 출간한 유토피아 소설 제목이자 소설 속 나라 이름이다. '어디에도 없다'는 뜻인 영어 낱말 'nowhere'를 뒤집어 만든 것으로 이곳에서는 병에 걸린 사람을 처벌해야 하는 대상으로 여긴다.(옮긴이)

작가의 상상력에, 작가 스스로 새로운 관점을 취하는 능력에 의존한다. 이 장치는 허구가 아니라 사실을 활용할 때 색다른 종류의 힘을 갖는다. 예기치 않은 오해의 이면에서 다른 인간 문화가 작용하고 있거나 그 문화의 사악한 측면을 과도하게 부각해 희화화하고 있는 것이 발견될 때 우리는 깊은 인상을 받으며, 또 그러는 것이 매우 당연하다. 여기서 사실 우리는 익숙한 장면을 이해하기 위해 그 장면으로부터 시선을 **돌리는** 행위의 가치를 이미 받아들이고 있다. 원시 민족을 연구하기 위해 처음 만들어진 갖가지 관념이 우리처럼 더 복잡한 사람들을 연구하는 데도 유용하다는 것이 밝혀졌다. 우리는 살펴볼 생각을 한 번도 하지 않았기 때문에 우리 안에 그런 것이 있는 줄 몰랐으나, 그런 관념은 그동안 이미 반쯤 형체가 잡혀 있던 수수께끼의 해답을 제공해준다(예컨대 입회 의례, 위기 시에 하는 의례 전반, 경쟁적 기부, 과시적 지출 등이 있다). 그리고 우리 사회에 대해 반쯤 형체를 갖춘 의심이 낯선 문화와의 비교를 통해 뒤흔들리고 명료해지면서 귀중한 혜안으로 이어졌다.

동물에게서 처음 발견되는 패턴도 그와 매우 비슷하다. 누군가가 동물행동에서 어떤 패턴을 감지한다. 공통으로 나타나는 어떤 일련의 행동에 통일성을 부여해 이해하게 해주는 관념, 예컨대 전위(displacement),* 지배력 과시, 전향(redirection),** 등의 관념을 찾아낸다. 다

* 동물이 여러 행동 방향 사이에서 마음을 정하지 못할 때 완전히 무관한 다른 행동을 취하는 것을 말한다. 예컨대 새가 싸울지 달아날지 갈등할 때 엉뚱하게도 풀을 쪼는 식의 행동을 가리킨다(이 책의 129쪽과 147쪽 참조). 여기에 '전위(轉位)'라는 이해하기 어려운 이름이 붙은 것은 이런 행동이 한 행동 체계 안에 있다가 다른 행동 체계 안으로 위치를 바꾼 것처럼 보이기 때문이다.(옮긴이)

** 간단히 말하면 화풀이다. 방향을 바꿔 노여움의 원인 제공자가 아닌 대상(사물 포함)에게 노여움을 푸는 것을 말한다. 이 책의 129쪽 본문과 각주 참조.(옮긴이)

음에는 인간 경우를 들여다보고 그와 비슷한 것을 알아차린다. 여기까지는 전통적이다. 이 뒤로 필요한 것은, 그리고 지금 왕성하게 개발되고 있는 것은 직접적인 동물 관찰을 정확하게 만들어줄 꼼꼼하고 철저하며 규칙이 잡힌 절차와, 다양한 종에서 나타나는 여러 종류의 차이점을 확인하고 각기 그에 해당하는 원인과 연결 짓기 위한 더 섬세한 비교 기법이다.

여기서 동물 비교가 지니는 가치는 이해란 무엇인가 하는 단순한 점에 달려 있는데, 나는 이것이 이론가들보다 대중에게 훨씬 더 빨리 이해되었다고 생각한다. **이해란 관련 짓기다**. 그것은 사물을 맥락에 맞추는 것이다. 무엇이든 그 자체만으로는 이해되지 않는다. 우리가 우리 말고 다른 살아 있는 생명체를 전혀 알지 못했다면 우리 자신이 보기에 우리는 하나의 종으로서 완전히 불가사의했을 것이다. 그리고 그 때문에 우리가 개체로서 자신을 이해하는 것도 무한히 더 어려워졌을 것이다. 우리를 맥락 속에 두는 것이라면, 우리를 연속체의 일부분으로서, 이해 가능한 원칙에 따라 달라지는 어떤 유형의 한 예로서 보여주는 것이라면 무엇이든 크게 도움이 된다. 사람들은 직접이든 영상으로든 동물의 행동 방식을 보는 것을 좋아한다. 예컨대 혼자 수학이나 무용을 연습하기 시작한 사람이 방식은 다르더라도 이미 그 활동을 하고 있는 다른 사람들을 보는 것을 좋아하는 것과 마찬가지다. 여러 이유로 이제까지 유럽인의 생각 속에 자리 잡은 독단적인 원칙이 하나 있는데, 오로지 인간이 하는 활동만 이런 식으로 우리와 관계가 있을 수 있다는 것이다.* 그것은 틀렸다. 그 원칙은

* 많은 사람은 이것이 우리의 전통이라는 이유로 당연한 상식이라 생각한다. 그렇지만 이것은 동물에 대한, 나아가 자연 전반에 대한 자연스러운 존중심을 미신이라고 본

올빼미, 수달 등 각종 동물과 관련된 분야 사람들을 텔레비전에서 인터뷰할 때 흥밋거리로서 나타난다. 마무리할 때쯤 그들에게 상당히 엄숙하게 묻는다. "그러면 이런 동물에게 시간을 들이는 데 어떤 의미가(또는 **명분**이) 있다고 생각하세요?" 다음과 같은 대답은 나오지 않는다. "당신이 이곳을 찾은 것과 같은 이유죠—전 얘들이 좋아요. 저와 비슷한 삶을 살지만 달라요—얘들은 제가 세상 속에서 더 편안하게 느끼게 해준답니다—저와 제가 다루어야 하는 죽은 것들 사이의 틈을 채워줘요—저 자신을 이해하는 데 도움을 주죠." 이와는 완전히 달리, 대개 그런 동물이 어린이 교육에 좋다고 대답한다(그렇지만 방금 언급한 것을 빼면 무슨 이유에서?). 또는 지금까지 이 위도에서 해당 동물을 양식하는 데 아무도 성공하지 못했기 때문이라고 대답하는데, 희한하게도 이것은 전적으로 훌륭한 대답 취급을 받는다. 실존주의에서도 정말로 소름 끼치는 것은 세계 한편에는 오로지 죽은 것(사물)만 있고 또 한편에는 전적으로 합리적이고 교양 있는 어른만 있다는 듯이, 마치 다른 생명체는 없다는 듯이 논리를 풀어나간다는 것이다. 실존주의자들이 **벗어났다거나 포기했다는** 인상을 주는 것은 신을 배제했기 때문이 아니라 식물, 동물, 어린이 등 생물권 거의 전체를 이처럼 경멸적으로 무시하고 있기 때문이라고 나는 확신한다. 생명이 도시의 방 몇 개로 쪼그라드는 것이다. 터무니없어지는 것도 당연하다.

그리스도교 사상가들이 존중심을 짓뭉개기 위해 합리주의 철학자들로부터 그러모은 매우 이상한 자료를 이용하여 계획적이고 지속적으로 전쟁을 벌인 결과 전통이 된 것이다. 존 패스모어(John Passmore)는 저서에서 이 기이한 과정을 꼼꼼히 흥미롭게 이야기한다[*Man's Responsibility for Nature*(London, 1971)]. 내가 늘 이해할 수 없었던 많은 것에 대한 설명을 거기서 볼 수 있었다.

사람이 백지가 될 수 있을까?

나는 그래서 동물행동학이 기여하는 부분이 유용하며, 사회과학에서 보존할 가치가 있는 그 어떤 것도 손상하지 않으면서 맞춰 들어갈 수 있다고 확신한다. 그렇지만 아직 영향력을 발휘하고 있는 백지 이론과 상충하는 것은 확실하다. 이 이론은 처음에 로크가 대중화시켰지만, 행동주의(behaviorism)를 창시한 존 왓슨에 의해 극단적 형태로 발전했으며, 행동주의의 원형을 이루는 주춧돌이었다. 로크는 백지라는 말을 단순히 우리는 **지식** 없이 태어난다는 뜻으로 사용했다. "그러면 마음이 아무 글자도 아무 사상도 없는, 말하자면 흰 종이 상태라고 가정하자. 그것은 어떻게 채워지는 걸까? […] 이에 대해 나는 한 낱말로 대답한다. '경험'. 우리의 모든 지식이 거기에 기초하고 있다."* 그는 우리에게 **본능**이 있음을, 즉 우리가 특정 방식으로 행동하고 느끼도록 적응한 상태로 태어난다는 것을 한 번도 의심한 적이 없다. 그렇지만 로크가 한 걸음을 더 나아갈 언어를 제공한 것은 사실이고, 왓슨은 그 한 걸음을 내디뎠다. 왓슨은 인간에게는 본능이 없다고 선언했다. 이 불가사의한 소식은 대단히 널리 퍼졌다. 두 차례의 세계대전 사이에 영어를 쓰는 나라에서 어떤 종류의 사회과학이라도 공부한 사람 중 이것을 진리로 배우지 않은 사람은 없는 것 같다. 그렇지만 의미가 모호한 탓에 점점 더 골칫거리가 됐고, 연구에는 어떤 식의 도움도 되지 않았다. 사람이 한 번도 길들여진 적이 없는 방식으로 행동하고 느낀다는 것뿐 아니라, 인간처럼 복잡한 존재가 무엇이든 될 수 있는 동시에 아무 구조도 없을 수 있다는 생각 자체가 이

* 존 로크, 『인간 지성론』, 2권 1.2.

해하기 어렵다. 설사—터무니없는 가정이지만—사람에게 온순하고 모방적이며 돈을 좇는 전반적 성향 말고는 아무 성향도 없다 해도 그런 성향 역시 타고난 것일 수밖에 없고, 따라서 그런 갖가지 성향 사이의 관계를 지배하는 구조가 있어야 할 것이다.

그에 따라 현명한 심리학자들은 사람에게 유전적으로 정해진 성향이 분명히 있다는 것을 점점 더 인정하는 경향이 있었다. 그렇지만 이런 유전적 성향을 고찰할지 외적 조건을 고찰할지를 두고, 즉 충성스러운 선천주의자가 될지 충실한 후천주의자가 될지를 두고 **양자택일**해야 한다는 인상이 여전히 매우 강한 터라 이를 인정하기 어려웠다. 이 양극화는 식품의 질은 구매할 때의 상태에 달렸거나 아니면 구매한 다음의 조리 방식에 달렸을 뿐 둘 다에 달린 것은 아니라는 입장과 매우 비슷해 보인다. 스키너는 초기 연구에서는 타고나는 결정 인자를 그냥 무시했다가* 이제는 그것이 존재한다고 인정한 지 꽤 되었지만, 그렇다 한들 바꿀 방법이 없다는 이유를 들며 여전히 연구되기를 바라지 않는다. 그는 이렇게 말한다. "그에 관한 지식은 실험 분석에서 가치가 거의 없는데, 개체가 수태되고 나면 그런 조건을 조작할 수 없기 때문이다. 이에 대해 할 수 있는 말은 유전적 인자에 관한 지식이 있으면 여타 원인을 더 잘 활용할 수 있게 될지도 모른다는 것뿐이다." 또 이렇게 말했다. "유기체로서는 주어진 종을 바꿀 수

* B. F. Skinner, *The Behavior of Organisms*(1938). 이 책의 찾아보기에는 '본능', '타고난', '상속된', '유전적' 등과 비슷한 용어는 수록되어 있지 않으며, 책에 동인(drive)을 다룬 절이 있기는 하지만 그 개념은 빈도와 강도 관념으로 축소되어 있다. 그렇지만 이 책에서 행동을 논한 동물은 거의 전적으로 시궁쥐였고, 따라서 그런 개념을 인간에게 적용하는 데 대한 반대 논의는 어떻든 타당하지 않았다. 단순하고도 대중적인 왓슨의 신조가 이 주제에 대한 관심을 완전히 다른 데로 돌려버린 것이다. 평온한 나날이었다.

없기 때문에 이 변수[특정한 종]는 우리의 통제를 확장하는 데 중요하지 않지만, 특정한 종에 관한 정보가 있으면 특징적 행동을 추측할 수 있고 그에 따라 여타 통제 기법을 더 성공적으로 활용할 수 있다."*

우리에게 바꿀 능력이 없다는 사실이 어떻게 날씨나 심지어 화학 법칙을 연구하지 않을 이유로 받아들여지는가? 물론 자신의 지식이 쓸모가 있기를 바라는 데는 아무 잘못도 없다. 그러나 바로 그 관점에서, 바꿀 수 **없음**을 안다는 것은 바꿀 수 있음을 아는 것만큼이나 중요하다. 스키너가 앞의 두 인용문 끝부분에서 이 점을 너무나도 확실히 인정하는 것으로 보이기 때문에, 뒤이어 심리학에서 둘 다 연구해야 한다고 말할 거라는 생각마저 든다. 그러나 그는 절대 그러지 않는다. 『자유와 존엄을 넘어서』(*Beyond Freedom and Dignity*)(1971)에서 그는 저 두 가지에 상호 보완적 측면이 있음을 인정한 뒤인데도 둘을 두고 실로 이해하기 어려운 선택을 해야 하는 괴로운 입장에 매여 있는 듯 보인다.

> 동물행동학자들은 종의 유전적 자질에 이런 특징[공격적 본능]이 포함되게 할 만한 생존 정황**을 강조해왔으나, 개체가 일생을 살아가는 동안의 강화 정황 **또한** 중요한데, 공격적으로 행동해 남에게 해를 입히는 사람은 누구든 다른 방식으로도, 예컨대 재화를 점유하는 등의 방식으로도 강화될 가능성이 크기 때문이다. 강화 정황은 공격적 행동을 설

* B. F. Skinner, *Science and Human Behavior*(New York, 1953), pp. 26, 157.

** 생존 정황(contingencies of survival)은 자연선택에 영향을 주는 갖가지 정황을 말한다. 정황에 맞는 조건을 갖춘 개체가 더 많이 생존하고 더 많이 번식한다.(옮긴이)

명해주며, 어떤 공격적 상태 내지 느낌이라든가 자율적 인간의 개시 행위*와는 **완전히 별개로** 설명된다. [185-186쪽, 강조 표시는 내가 했다]

명확하게 공격적 행위가 **반복될** 때에 한해 그리고 애초에 보상이 있었던 행위에 한해 통할 수 있는 설명을 조용히 확대하여, 반복되지 않은 원래 행위까지 포함해 그런 **모든** 행위를 설명하는 데 적용하고 있다. 더 일반적으로 표현하자면 'y뿐 아니라 x도'가 '그러므로 y는 아니다'로 슬쩍 넘어가는 방식이 끊임없이 나타난다. 예를 들면 다음과 같은 식이다. "'본능'은 '습성' 항목을 읽어보라. 흡연 습성은 어떤 사람에게 그 습성이 있음을 보여주는 것으로 알려진 행동 이상일 것이다. 그러나 그 외에 우리가 아는 유일한 정보는 사람이 담배를 많이 피우게 만드는 강화 일정 및 강화 요인에 관한 것이다"(196쪽). 더 많은 정보가 명백히 존재한다. 예컨대 한편으로는 니코틴이 인체에 미치는 효과에 관한 정보가 있을 수 있고, 또 한편으로는 사람이 타고나는 성향 중 물건을 빠는 성향에 관한 정보가 있을 수 있다. 그렇지만 이 정보는 심리학자와 관계가 있을 것으로 간주되지 않는다. 그는 다시 이렇게 말한다. "말로 전달되는 정황에서 생기는 인식과 앎은 환경의 산물임이 더욱 명백하다. […] 추상적 사고는 특정 종류의 환경의 산물이며 인식 기능의 산물이 아니다"(188-189쪽). 그러면 심리학자의 앵무새가 심리학을 논하지 못할 이유가 무엇일까?

타고나는 요인과 외적 요인을 놓고 애초에 이런 식으로 편을 고를 필요가 없다. 양쪽 모두 검토할 수 있다. 여전히 행동주의는 교조

* 개시 행위(initiating act)는 예컨대 악수를 위해 손을 내미는 행위처럼, 어떤 식으로든 대응이 요구됨으로써 일련의 행위가 오가는 시작이 되는 행위를 말한다.(옮긴이)

적, 전투적, 형이상학적 신조를 벗어나 편견 없는 연구 방법 쪽으로 변신을 완성할 필요가 있어 보인다. 행동주의의 강점은 일종의 경험주의라는 점, 즉 우리의 지식 형성에 있어 교조적, 이론적 원칙보다 경험에 우선권을 부여한다는 점이다. 그러므로 널리 퍼져 있는 명백한 경험적 측면을 인지하지 못하도록 가로막고 있는 어떤 교조적, 이론적 원칙이 눈에 띄면, 행동주의로서는 그 원칙이 설혹 스스로 만들어낸 것일지라도 내다 버리는 쪽이 이익이다. 사적 경험에서 얻는 자료를 인정하는 문제를 두고 이미 이렇게 한 적이 있다. 일찍이 왓슨이 '의식의 통념'이라는 형이상학적 근거로 금지했던 부분이다. 『자유와 존엄을 넘어서』에서 스키너는 이 부분에서 현실을 훌륭하게 인정하고 "사적 영역은 논란의 여지가 없는 사실"이라며 이렇게 말한다. "인간의 피부가 에워싸고 있는 것은 우주의 작은 일부분이다. 저 사적 세계의 존재를 부정한다면 어리석을 것이다"(191쪽). 그가 이어서 말하는 것처럼, 문제는 그것을 어떻게 잘 묘사하고 어떤 개념 틀 안에 맞춰 넣을지뿐이다. 그리고 이것은 타고나는 성향에 대해서도 마찬가지다.

여기서 스키너 말고도 수많은 사람을 방해하는 것 하나는 단일 원인이라는 혹할 만한 관념이다. 어떤 현상—예컨대 근무 태만, 아내에 대한 폭력, 현대 극장의 쇠퇴—의 원인에 관해 논할 때, 있을 수 있는 여러 대안적 원인을 열거하는 것으로 시작해 그중 하나만 남기고 나머지는 모두 소거하는 식으로 이어지는 경우가 많다. 이제는 열거하는 원인 목록에 '유전적 원인'이 종종 포함된다. 그렇지만 그것만으로 그런 효과가 적절히 나타나지 않기 때문에 일찌감치 목록에서 탈락하고 그 뒤로는 언급되지 않는다. 그러나 사람이 하는 **모든** 행동에는 환경적 측면뿐 아니라 내적 측면도 있고, 따라서 인간 외부뿐 아니라 본성에도 그 원인이 있다. 스키너가 말한 대로, '바로 그 원인'을 찾아낸다는 것은 우리가 바꿀 수 있는 뭔가를 찾는다는 뜻일 때가 많다. 그러나 무엇을 바꾸는 것이 우리에게 조금이라도 도움이 될지 알려면 **언제나** 내적 요인을 마땅히 탐구해야 한다. 그것이 홀로 떨어져 있지 않고 우리가 어떤 일을 하면 이러저러한 방식으로 반응할 복잡한 체계와 연결되어 있기 때문이다. 실제로 바꿀 수 없다고 해서 무시한다면 날씨나 지구의 생김새를 무시하는 것과 비슷할 것이다.

잠정적인 판단이지만 나는 **행동주의**라는 낱말의 의미가 조용히, 그러나 전체적으로 좋은 쪽으로 바뀌었다고 본다. 현재 스스로 행동주의자라고 말하는 사람들은 종종 그 말을 그저 행동을 연구하고 있다는 뜻으로 쓰는 것으로 보인다. 어떤 신조를 수호한다는 뜻인 **주의**(ism)가 연구 주제를 가리키는 좀 더 온건한 이름인 **학**(ology)으로 성숙한 듯 보인다. 이런 점진적 변화가 좋은 것은 대중의 항의를 받지 않고서도 어설픈 입장을 좀 더 섬세하게 만들 여유를 주기 때문이다. 그러나 입장을 명확하게 할 수 있는 변화라면 더욱 좋다. 만일 행동에 영향을 줄 수 있는 유일한 요인은 더 많은 행동이라는 전체적 신조를 버린다면, 행동에 영향을 주는 요인이 상속되지 못할, 타고나는 성향이 존재하지 **않아야** 할 이유는 사실 없다. **존재하는가** 하는 문제는 경험적 질문이며, 어떤 주의에 대한 충성 문제가 아니다.*

행동주의자들은 덜 방어적이어도 된다. 그러면 지금 분쟁 중인 영역 탐사를 위해 필요한 다양한 학문 분야의 공동 조사에 크게 도움이 될 것이다. 현재 사회과학자들은 이런 기회가 있을 때 전문용어, 불

* 이 책의 5장에서 행동주의를, 특히 행동은 무엇인가 하는 질문을 조금 더 다루기로 한다.

필요한 억측, 타당성이 의심되는 대조군 실험 같은 무기와 방호복으로 무장한 채 등장하는 경향이 있는 반면, 로렌츠는 대개 일상 언어를 말하고 매우 넓은 기준틀을 사용하면서 입장한다. 말하자면 쌍안경과 청바지와 낡은 테니스화 차림이지만 집에서 만든 훌륭한 지도를 든 셈이다.* 나는 이런 광경에서 느끼는 반가움 때문에 편견을 갖지 않도록 노력한다. 나는 그가 어떤 면에서 지나치게 단순하며, 실수도 했음을 알고 있다. 그러나 여전히 그가 직면한 문제가 어떤 **종류**인지를 현재 활동하는 대부분의 사람에 비해 훨씬 잘 안다고 생각한다. 현재로는 무엇이든 최종적으로 보이게 하려는 노력이 소용없다는 것을 그는 이해했다. 그리고 전문가의 엄정함에 대해 그가 취하는 관점은 올바르다. 엄정함은 자신의 주제가 갖는 전제 안에 엎드려 사방의 공격으로부터 그 전제를 방어하기만 하면 되는 문제가 **아니다**. 다른 탐구를 위해 필요한 전제와 관련지을 수 있을 정도로 완전히 이해해야 하는 것이다. 자신의 가설을 꼼꼼하게 입증할 뿐 아니라 가설을 영리하게 세우기도 해야 한다. 우리가 세운 가설은 우리가 아직 알지 못하는 문제뿐 아니라 나아가 인간 사고의 전반적 구조와 엮이지 않을 수 없으므로 협력이 필요해진다. 단일 주제의 한계 안에 머무르며 한목소리를 내는 동료들끼리 비공개로 해서는 제대로 수행할 수 없다.

그렇지만 로렌츠와 그 일행에게는 방법에 관한 어려움이 한 가지 있는데 이 책에서도 나를 끊임없이 괴롭히는 문제다. 내 논의의 요점

* 특히 로렌츠가 쓴 『솔로몬 왕의 반지』가 이에 해당한다. Konrad Lorenz, *King Solomon's Ring*(New York, 1952). 일부 사람들은 전문적이지 않으며 재미있다는 이유만으로 이것이 본격적이고 중요한 책이라는 것을 인정하지 못한다. 로렌츠는 전문적 논문을 쓸 때는 여느 과학자나 다름없이 이해하기 어렵게 쓸 수 있다.

은 인간과 여타 종의 비교가 어떤 경우 어떻게 타당한 의미를 갖는지를 보여주는 것이지만, 그 과정에서 이따금 그런 비교를 활용해야 한다. 그렇지만 이 순환논리는 다음 규칙을 지킨다면 선순환이 될 것이다. 그것은 해당 종의 전체 특성이라는 맥락과, 알려진 원칙에 따라 종 간의 닮은 점을 다룬다는 맥락 속에서 이루어질 때만 비교가 의미있다는 것이다. 그러므로 나그네쥐의 자살이나 햄스터의 새끼 살해를 **그 자체만** 가지고 인간의 자살이나 영아 살해와 비교한다면 타당성이 없다. 그러나 그 행위가 연관된 다른 습성이나 욕구와 어떤 관계에 있는지를 살펴본 다음이라면, 그 종의 전체적 성격을 고찰한 다음이라면 비교는 가능할 것이고 유용할 것이다.*

만일 '인간에게는 본능이 없다'는, 인간 행동을 결정하는 타고나는 요소는 없다는 백지 관점이 옳다면 앞의 논의는 옳지 않을 것이다. 그러나 백지 관점은 옳을 수가 없다. 그것은 의미가 있을지조차 분명하지 않다.**

* 내가 인용하는 현장 관찰자들이 자신의 결론을 뒷받침하고 설명하는 데 사용하는 정성스럽고 철저한 배경 조사는 내가 하는 말을 보충하는 데 필요한 부분이다. 나는 간단히 다루기 위해 몇 가지만 언급하지만, 지금은 훌륭한 보고서가 매우 많이 있다. 나그네쥐에 관해서는 이 책의 142쪽 참조. 종의 비교를 위한 원칙에 관해서는 이 책 13장 중 지성과 본능에 관한 부분에서 조금 더 다룬다. 본격적으로 훌륭하게 다룬 논의는 다음을 참조. Irenaus Eibl-Eibesfeldt, *Love and Hate*, chap. 13; Konrad Lorenz, *On Aggression*(New York, 1963), chaps. 4-6. 또한 다음 책에 실린 수많은 관찰 기록도 빈틈이 없다. Niko Tinbergen, *Study of Instinct*(Oxford, 1961).

** 이 문제를 훌륭히 잘 다룬 논의는 다음을 참조. Irenaus Eibl-Eibesfeldt, *Love and Hate*, chap. 2.

2장

동물과 악의 문제

전통과 현실

그러면 훈련받은 동물학자들이 우리 세기에 진이 빠지도록 해온 세밀하고 체계적인 동물행동 연구, 동물행동학이라는 이름이 붙은 이 연구에서 드러나는 요점은 무엇일까?

전반적 요점은 다른 동물들은 사람들이 익숙하게 생각해온 것보다 훨씬 더 체계적이고 덜 혼란한 삶을 꾸리며, 따라서 특정한 면에서는 인간과 다른 점이 우리가 상상해온 것보다 훨씬 적다는 것이다(여전히 다른 점이 많고도 많지만 그것은 다른 면에서 다른 점이다). 전통적으로 사람은 자신이 혼란의 바다 가운데 있는 질서의 섬에 해당하는 존재라며 자랑스러워했다. 로렌츠와 동료들은 이것이 모두 눈속임이라는 것을 보여주었다. 그에 따라 인간에 대한 우리 관점에 갖가지 변화가 일어나는데, 애초에 있는 그대로의 모습이 아니라 우리가 가진 두려움과 욕망을 동물에게 투사해 인간과 대비시킨 상상을 토대로 한 관점이기 때문이다. 언제나 우리는 늑대를 양떼 사이에서 새끼 양을 덮치는 순간 양치기의 눈에 보이는 그 모습으로 생각해왔다. 그러나 이것은 양치기가 새끼 양을 결국 양고기로 만들기로 결정하는 순간 양에게 주는 인상에 따라 양치기를 판단하는 것과 비슷하다. 최근 동물행동학자들이 식사시간이 아닐 때의 늑대들을 체계적으로 관찰하는 수고를 들인 결과, 늑대가 인간 기준으로 착실하고 훌륭한 행동의 귀감임을 알게 됐다. 늑대는 짝과의 관계를 평생 유지하며, 충실하고 다정한 배우자이자 부모이고, 속한 무리에 굉장한 충성을 보이며, 어려움에 맞서 굉장한 용기와 인내를 발휘하고, 서로의 영역을 세심하게 존중하며, 자기네 굴을 깨끗하게 유지하고, 식사에 필요하지 않은 것을 죽이는 일은 극히 드물다. 다른 늑대와 싸움이 일어나면 대결은 한쪽이 굴복함으로써 끝나는 것이 정상이다.* 이들에게는 애원하는 상대를 죽이는 행위와 암컷이나 새끼를 공격하는 행위에 대한 억제가 있다. 또한 다른 모든 사회적 동물과 마찬가지로 상대에게 인사를 건네고 안심시키는 미묘하게 다른 다양한 의식을 비롯해 상당히 정교한 예절이 있어서, 우애를 강화하고 협력을 이끌어내며 전반적으로 사회생활이라는 바퀴가 잘 굴러가게 하는 윤활유로 작용한다. 이러한 행동에 관한 우리 지식은 우연한 여행자가 받는 낭만적 인상에 바탕을 둔 것이 아니다. 그것은 훈련받은 동물학자들이 긴 세

* 여기서 **정상**이라는 말을 눈여겨보기 바란다. 이 낱말은 동물이든 식물이든 생물의 삶을 묘사할 때 언제나 예외가 있다는 뜻으로 사용되고 이해되어야 한다. 그것을 줄마다 적으면 지루해지기 때문에 가끔은 생략하는데, 로렌츠가 동물은 같은 종의 다른 동물을 절대 살해하지 않는다고, 또는 적어도 늑대는 절대로 그러지 않는다고 말한 것으로 굳게 믿는 사람이 많은 것은 바로 이 때문인 것으로 보인다. 이것은 완전히 오해다. 로렌츠는 그런 억제가 **적절히** 작용할 필요가 있다고(즉 멸종 방지라는 목적을 위해) 묘사하면서 억제가 **가장 잘 작용하는** 예를 "가장 피에 굶주린 포식자들"에게서 볼 수 있다고 말한다. 그러나 무엇이든 "가장 잘 작용하는" 예라 해서 반드시 작용한다는 뜻은 아니다. 그리고 그는 실제로 "이런 억제가 절대적으로 작용하는 것은 아니며, 이따금 무너지기도 한다"(*On Aggression*, p. 129)고 분명히 강조하면서 여우들의 새끼 살해(p. 119)를 비롯한 여러 사례를 제시한다. 이와 비슷하게 그는 "동물이 자신의 무기를 동족에게 **무차별적으로** 사용하지 않도록 막아주는 본능적으로 타고난 고정불변한 억제"(*King Solomon's Ring*, p. 196, 강조는 내가 넣었다)에 관해 말한다. 노루나 단독 행동하는 육식동물은 자신의 무기를 무차별적으로 사용한다. 늑대는, 심지어 하이에나도 그러지 않는다.

월 면밀하게 탐구한 결과를 기초로 하며, 방대한 필름과 도표와 지도와 개체 수 조사와 분변 분석과 그 밖에 현재 사용되는 모든 도구로 뒷받침된다. 더욱이 이런 조사는 늑대에게 다소 적대적이며 갖가지 문제를 늑대 탓으로 돌릴 수 있기를 바라는 경향이 있던 정부 당국이 수행한 경우가 많았다. 캐나다 북극 지방에서 이 연구를 진행하던 팔리 모왓이 내놓은 조사 결과는 여러 차례나 거부당했는데, 사슴 개체 수가 갑자기 줄어든 것이 몇 세기 동안 사냥 기법이 바뀌지 않은 늑대 때문이 **아니라** 기법을 바꾼 사냥꾼들 때문임을 증명해서였다.*

그렇다면 실제 늑대는 민속에 등장하는 모습과는 그다지 비슷하지 않으며, 유인원 등 그 밖의 동물 또한 마찬가지다. 그러나 **철학자들에게 인기가 있었던 것은 바로 민속에 등장하는 모습이다**. 이제까지 그들은 대개 '맹수 같은', '야수 같은', '짐승 같은', '동물적 욕망' 등의 용어에 깔린 무절제한 잔인성이라는 대중적 관념을 가져와 비판 없이 대비시킴으로써 인간의 본성을 조명하는 데 이용해왔다. 대체로 통념을 기준으로 인간을 가늠해온 것이다. 이 습관은 너무나 오래되었고 너무나 뿌리 깊기 때문에, 우리가 다루려는 문제에 대한 여러 철학적 논의를 살펴보기에 앞서 그것이 얼마나 기이한지를 조금 더 자세히 들여다보는 것이 좋겠다.

예전에 나는 늑대에 관해 두서없이 일지처럼 적은 책을 읽은 적이 있는데, 중세 프랑스에서 덫에 걸린 늑대들을 갖가지 섬뜩하고 치밀한 방법을 동원해 산 채로 가죽을 벗긴 방식이 자세히 묘사되어 있었다. 이를 두고 저자는 이렇게 논평했다. "아마도 꽤 잔인해 보이겠

* 다음도 참조. Farley Mowat, *Never Cry Wolf* (Boston, 1963); Richard Fiennes, *The Order of Wolves* (London, 1976); Lois E. Butler, *Wild Dogs of the World* (London, 1974).

지만, 그렇다 해도 늑대 자체가 잔인한 동물이다." 너무나도 당연하게 느껴지는 말이어서, 늑대는 실제로 사람을 산 채로 가죽을 벗길까 하는 질문을 떠올리거나 이런 행동을 하는 동물은 호모 사피엔스뿐이라는 사실을 받아들이기가 매우 어렵다. 저자가 늑대들에 대해 내놓은 또 다른 불만은 교활하다는 점이었다. 그는 늑대들이 사람에게 몰래 다가가 갑자기 공격하기 때문에 희생자는 방어할 시간조차 없다고 했다. 매번 정정당당하게 경고한다면 늑대들이 굶을 거라는 생각은 그에게 조금도 떠오르지 않았다. 늑대들은 사실 전통적으로 육식동물이라는 이유로 **비난받았는데**, 이것은 늑대를 비난하는 사람들도 보통은 고기를 먹었던 데다, 늑대와는 달리 위장에서 강제로 시킨 것도 아니어서 두 배로 더 놀랍다.

늑대에게서 나타나는 억제는 대부분의 사회적 육식동물과 무기를 잘 갖춘 초식동물에게서도 발견되는 것으로 보인다. 살해하기가 너무 쉬운 상황에서 동물 종은 그것을 막기 위한 적절한 억제를 반드시 갖추어야 하며, 그러지 못하면 멸망한다*(**물론** 이 억제는 도덕이 아니지만, 여러 면에서 도덕처럼 작용한다). 단독 생활하는 동물과 강하게 무장하지 않은 동물에게는 이런 방어 장치가 필요하지 않다. 로렌츠는 노루와 비둘기의 섬뜩한 예를 든다. 두 종 모두 갇힌 환경에서는 강한 쪽이 약한 쪽을 서서히 살해하는데, 자유로운 상태라면 강자의 억

* 여기서도 **적절한**은 **완전한**이라는 뜻이 아니다. 로렌츠의 발표 이후로 사자에 대해 많은 관찰이 이루어졌는데, 이들은 억제가 훨씬 약한 종이지만 사회성도 약하다. 그 밖의 육식동물과 그들의 풍습에 관해서는 다음을 참조. Edward O. Wilson, *Sociobiology*, pp. 246-247. 늑대와 들개는 어느 정도 특수한 것이 분명하다. 그러나 여기서 요점은 주어진 어떤 육식동물 종에서 억제가 얼마나 널리 작용하는지가 아니다. 요점은 인간에게서는 적절히 작용하지 **않는다**는 것이다. 적절히 작용했더라면 폭력을 억제하기 위한 법이나 도덕이 필요치 않았을 것이다.

제에 의해서가 아니라 약자가 달아남으로써 목숨을 유지하기 때문이다. 어떤 면에서 볼 때 인간은 분명 늑대보다는 이쪽 부류에 더 가깝다.

도구를 사용하기 이전의 인간은 무장이 부실했다. 갈고리발톱도 부리도 뿔도 없었으므로 인간은 살해를 지루하고 진이 빠지는 일로 받아들였을 것이 분명하다. 따라서 존속을 위해 살해를 막는 억제를 타고날 필요는 없었다. 무기를 발명한 무렵 인간은 본성이 바뀌기에는 너무 늦은 상태였다. 인간은 위험한 짐승이 되었다. 전쟁과 복수는 원시 사회 인간의 제도이며 인간이 근래에 와서 그렇게 타락한 것이 아니다. 창세 신화는 대부분 하늘에서 벌어지는 싸움을 배경으로 삼으며, 유혈극은 성서의 판관기나 『일리아스』나 북유럽 전설에서 똑같이 당연하게 받아들인다. 인류학자들이 증언하는 것처럼 공격적이지 않은 사회도 있겠지만 그런 사회는 하얀 흑조에 해당하며, 어쩌면 겉보기만큼 희지 않을지도 모른다. 다른 대부분의 포유류 종에 비해 인간이 자기와 같은 종을 **더** 야만적으로 대하고 있을 가능성도 있어 보인다.* (로렌츠가 언급하는) 시궁쥐는 확실히 인간의 경쟁자이다. 시궁

* 공격성이 없는 사회에 관해서는 이 책의 130쪽 참조. 윌슨은 인간이 야만성을 더 많이 보인다는 지적에 대해 다음처럼 말하며 단호하게 거부한다. "동족 살해는 수많은 척추동물 종에서 인간보다 훨씬 더 흔하며 따라서 정상적이다. […] 우리가 간간이 벌이는 전쟁까지 넣어서 평균을 내도 그렇다"(*Sociobiology*, p. 247). 그런 것을 어떻게 확인할까? 확실히 로렌츠의 발표 이후로 일부 동물은 이제껏 생각한 것보다 더 잔인하다는 증거가 나타났다. 인류로서는 이것이 고무적일 수밖에 없을 것이다. 그 밖에 윌슨은 화성인 동물학자가 "임의의 인간 집단"을 방문한다 해도 폭력은 거의 보지 못할 것이라고 말한다. 그러나 도둑질이나 성행위 역시 그다지 많이 보지 못할 테지만 둘 다 계속 일어난다. 안전한 삶을 영위하는 사람들은 아내나 아이를 대상으로 한 심각한 구타가 일어난다고 믿기가 쉽지 않지만, 그런 행동이 매우 흔한 것은 분명하다. 그리고 사람이 전쟁은 차치하더라도 폭동, 습격, 학살을 당할 가능성을 어떻게 계산

쥐는 다른 부족에 속하는 시궁쥐를 만나면 보통 죽이려고 하지만, 반대로 동족 시궁쥐는 절대로 죽이지 않고 심하게 싸우지도 않는 것으로 보인다. 시궁쥐는 따라서 카인이나 로물루스에 견줄 수 없고,* 기드온의 아들로서 자기 형제 70명을 **모두** 한 바위 위에서 죽인 아비멜렉(판관기 9장 5절)에게는 상대도 되지 않는다. 이것과 조금이라도 비슷한 행동을 한 동물이 있다면 (너무나 당연하게도) '위험'하다는 꼬리표가 붙을 것이다.

현재의 풍조에서는 그런 행위는 본성이 아니라 사회에 기인한다고 판결함으로써 인간에게 위험하다는 꼬리표를 붙이려는 생각을 떨쳐내고 있다. 이것은 본질을 놓치는 것이다. 우리는 지금 특정 인간 또는 특정 집단이 어떤 관습을 다른 이들로부터 받아들였을까 아니면 스스로 만들어냈을까 하는 작은 질문을 하는 것이 아니다. 우리는 훨씬 더 큰 질문을 하고 있다. 인류 전체로 볼 때 그런 행동이 어떻게 생겨났을까? 그런 행동이 어떻게 심리적으로 가능하며, 또 문화적으로 유발된 수많은 것이 대수롭지 않게 나타났다 사라지는데도 그런 행동은 왜 그렇게 근절하기가 어렵고, 또 그 밖의 수많은 것은 최선의 노력과 선의를 동원해도 문화적으로 유발되지 않는 이유는 무엇

할까? 이런 상황은 그냥 평균에 넣을 수는 없다. 질적으로 특수하기 때문이다. 그렇지만 요점은 누가 더 나은가를 따지자는 것이 아니라, 인간이 여기서 해결해야 할 심각한 문제가 있다는 점에서 다른 종들과 닮았음을 분명히 밝히자는 것이다. 빈번한 폭력을 그저 시인들과 역사학자들이 꾸며낸 것이라고 주장하면서 그런 생각에 저항하는 사례가 오늘날 비교적 흔하다. 이것이 사실이라면 참으로 터무니없을 것이다. 그런 소름 끼치는 거짓을 꾸며낸 이유로 공격성 자체 말고 도대체 어떤 동기가 있을 수 있을까?

* 성서 창세기에 나오는 카인과 전설상의 로마 건국자 로물루스는 둘 다 동생을 죽인 인물이다.(옮긴이)

일까? 이 의문에서 본성과 문화는 전혀 상반되지 않는다. 우리는 천성적으로 문화를 건설하는 동물이다. 그러나 우리가 문화에 엮어 넣을 대상은 우리의 천성적 동기 패턴을 충족시켜야 한다.

우리가 다른 종들보다 더 야만적인 것은 단지 문화와 기술을 동원해 모든 것을 그들 이상으로 해낼 힘이 전반적으로 있기 때문이라는 의견도 있다. 우리는 벌이나 비버보다 더 완벽하게 더 잘 짓는다, 그런 만큼 죽이는 데도 더 완벽하다. 이 의견에는 많은 것이 담겨 있는 것이 확실하다. 그러나 질문은 여전히 남는다. 이런 식으로 발전시킬 대상으로 우리는 **어떤** 것을 고를까? 모든 활동이 이런 식의 관심을 받지는 않는다. 예를 들면 의학에 필요한 자연과학은 최근에야 발달했다. 그러나 싸움에 대한 찬양은 지극히 널리 퍼져 있고 또 오래되었다. 이제 인간의 삶에서 이 두 가지 활동이 지니는 가치를 비교해보면 그렇게 찬양하는 이유가 뭔지 설명이 필요해진다. 어떤 문화에 자기 문화의 위대한 치유사, 아니면 공학자나 건축가나 발명가가 이룬 업적을 칭송하는 서사시가 있을까? 이렇게 편향된 동물에게 '위험'하다는 꼬리표를 붙이는 것이 마땅하지 않을까?

그런데도 인간은 항상 그렇지 않다고 믿어왔다. 인간, 문명화한 서양인은 피에 굶주린 세계 안에서 자신만 상대적으로 무해하다는 입장을 늘 유지해왔다. 빅토리아 시대 사냥꾼들이 전한 아프리카 밀림 풍경을 생각해보자. 사냥꾼은 마주치는 모든 동물이 자신을 공격할 것이라 보고 그에 따라 눈에 띄는 족족 총을 쏘았다. 물론 그는 그 동물을 먹을 마음이 없었지만, 언제든 (자신의 인간 적들 앞에서 뽐내기 위해) 박제로 만들 수 있었고, 또 어떻든 그 동물이 유해하다고 생각했다. 그의 회고록에서 그 동물은 '맹수'로 묘사될 것이다. 대왕판다가 이처럼 전혀 설득력 없는 역할을 맡은—그에 따라 판다에게 총이 발사되는—그림까지 존재한다.* 그렇지만 오늘날 수렵 감시관들과 사진작가들은 사자를 커다란 개처럼 익숙하게 다룬다. 잘 먹이고 화를 돋우지 않는다면 우리를 공격할 가능성은 평범한 독일셰퍼드보다 높지 않다는 것을 이해하고 있다. 코끼리를 비롯한 그 밖의 대형 사냥감에 대해서도 비슷한 인식이 있는 것 같다. 이런 동물은 나름의 관심사가 있고, 그래서 심각하게 불안해지지만 않으면 싸움을 일으키지 않는다. 특히 고릴라는 평화를 사랑하는 짐승이다. 조지 숄러는 여섯 달 동안 어느 고릴라 집단을 방문했는데, 거친 소리를 들은 적도 없고 이렇다 할 다툼도 보지 못했다.** 이 경우, 그리고 짐작하건대 그 밖의 경우에도 빅토리아 시대 사람은 위협 행동과 공격을 혼동하는 착각을 저질렀다. 고릴라도 분명히 위협을 하지만, 요점은 바로 격투를 피하기 위해서라는 것이다. 고릴라 집단의 우두머리는 충분히 무서운 모습을 보여줌으로써 실제로 싸우는 수고나 위험 없이 침입자를 몰아내고 가족을 보호할 수 있다. 나머지 진원류 동물, 특히 무시무시한 고함으로 백인 사냥꾼의 간담을 서늘하게 만들던 고함원숭이도 이런 경우로 보인다. 고함 덕분에 격투는 최소화되고 또 가장 만족스러운 방식을 띠게 되었다. 두 집단이 한 영역을 두고 경쟁할 때 양측은 모두 자리에 앉아 힘껏 고함을 지르는데, 더 크게 소리를 지르는 쪽이 이긴다. 혼비백산해 손가락을 방아쇠에 걸친 저 겁먹은 백인은 밀림에서 가장 위험한 생물 중 하나였다. 그의 무기는 적어도 가장 큰 동물의 무기만큼 강력했고, 동물은 먹을 수 있는 대상

* Ramona Morris & Desmond Morris, *Men and Pandas*(London, 1966) 참조. 대왕판다는 물론 전적으로 채식을 하며, 궁지에 몰렸을 때만 자신을 방어한다.

** George Schaller, *The Year of the Gorilla*(Chicago, 1964) 참조.

이나 정말로 신경을 긁는 대상만 공격하는 반면 사냥꾼은 겨냥할 수 있을 만큼 큰 동물이면 무엇이든 총을 쏘려 했다. 왜 그는 동물이 자기보다 더 야만적이라고 생각했을까? 문명화한 서양인은 왜 늘 그렇게 생각해왔을까?

고대인이 늑대를 **싫어했다는** 것은 놀랍지 않다. 나나 내 먹을거리를 먹으려 드는 동물을 좋아하기를 바랄 수는 없다. 아주 드물게 불교도만 늑대의 요구에 응할 것이다. 그런데 인간은 왜 그렇게나 도덕적으로 우월하다고 느꼈을까? 늑대가 인간을 사냥하는 것이 인간이 사슴을 사냥하는 것과 똑같다는 것을 왜 알아차리지 못했을까?(그런 식으로 생각하는 부족들이 있지만, 내가 탐구하는 것은 서양인의 사고다.) 그리고 우월감은 지속된다. 로렌츠가 말한 대로, 사람들은 육식동물이 사람이 아닌 다른 동물을 먹을 때도 못마땅해하는 경향이 있다. 마치 사람 이외의 동물은 모두 같은 종에 속하며 육식동물이 동족을 잡아먹는 것처럼 취급한다. 그는 이렇게 말한다. "평범한 인간은 토끼를 죽이는 여우를 정확하게 같은 이유로 토끼에게 총을 쏘는 사냥꾼과 같은 기준으로 판단하지 않고, 습관적으로 농부들을 총으로 쏘아 저녁 식사로 튀겨 먹는 사냥터지기에게나 적용할 법한 가혹한 기준으로 비난한다."* 이런 비난은 여우가 정말로 재미나 연습 삼아 동물을 죽일 때, 먹을 수 있는 만큼보다 더 많은 닭을 해치는 상황일 때 매우 뚜렷해진다. 그런 때 사람들이 하는 말을 듣다 보면 인간이 여우를 사냥한 적이 있다는 것은 조금도 생각나지 않을 것이다. 마찬가지로, 제인 구달이 관찰한 침팬지들이 이따금 어린 개코원숭이나 콜로부스 원숭이를 잡아먹었다고 보고했을 때도 매우 나쁜 인상을 자아냈다.

* Konrad Lorenz, *King Solomon's Ring*, p. 183.

침팬지는 개코원숭이나 콜로부스원숭이와 모두 대체로 평화롭게 어울리고 나아가 어린 새끼들은 같이 놀기도 하는데도 그랬다.*

그런데 전통적 농장에서는 또 어떤 일이 벌어지고 있을까?

노래 불러라, 뒤뚱뒤뚱 새끼오리야, 와서 죽어라
네 배 속을 채워야 내 손님 배가 부르니까**

그런 역지사지를 보기 어려운 이유는 내가 볼 때 **인간은 언제나 자신의 흉포함을 인정하기를 꺼렸고**, 그래서 동물을 실제보다 더 흉포하게 그림으로써 관심을 다른 데로 돌리려 했기 때문이다. 이따금 동물을 탓하고 벌을 주기도 했다. 늑대의 가죽을 벗기는 등의 풍습은 필시 벌을 주려는 의도였을 것이다. 다만 이 의도를 마법과 분리하기는 어렵다. 그리고 동물이 사악하다는 점은 동물을 죽이거나 다른 식으로 마구 다루는 것을 정당화하는 데 종종 이용되었음이 확실하다. 이것은 짐승들이 고의로 사악해질 수 있다는 전제가 없다면 완전히 잘못된 정당화이다. 우리가 다른 동물보다 우월하다는 추상적 관념에 기대기보다는 우리 종에 대한 타고나는 충성심을 끌어다 쓰는 쪽이 더 나을 것이다. 그런데도 사람들은 어떻게든 저런 식으로 생각한다. 그 논리를 늘 이해하기란 확실히 쉽지 않다. 라모나 모리스와 데즈먼드 모리스는 중세 사람들의 태도에 관한 매우 흥미로운 조사연구에서, 어떻게 유인원들이 그저 섬뜩한 것이 아니라 "사악하고 우스

* Jane Goodall, *In the Shadow of Man*(Boston, 1971). 찾아보기에서 '포식자 행동(Predators' Behavior)' 항목 참조.

** 영국 전래 동요의 한 구절이다.(옮긴이)

꽝스러운", 퇴화한 인간 실패작으로 여겨졌는지를 보여준다. 나아가 "유인원의 모방 능력 때문에 그들이 사실 사람과 같은 족속이라고 믿게 하려고 인간 행동을 의도적으로 따라 한다는 희한한 관념이 생겨났다. […] 유인원은 위장자, 가짜, 위선자, 아첨꾼의 원형이 되었다".* 어떤 것이 특정 성질의 **원형**으로 일단 받아들여지고 나면 그것은 그 원형의 한 **예**가 아니라고 설득하기가 어렵다. 그런 점을 명확히 하기 위해 사람들이 노력을 기울인 것 같지도 않다. 모리스 부부는 동물을 특정 유형의 범죄자와 함께 처형하는 흥미로운 의식을 예로 든다. 예컨대 중세에는 유대인이 처형될 때 교수대에 유인원과 개를 한 마리씩 매달아 죽이는 관습이 있었다.** 처형된 동물이 딱히 어떤 죄를 저질렀기 때문은 아닌 것이 분명하다. 그러나 동물들은 그 형벌이 마땅한 사람들과 같은 범주 안으로 노골적으로 엮여 들어갔고, 동물은 원래 사악하다고 간주되었다. 그리고 그 반대급부로 미덕의 상징이 된 동물에게 **보상**하는 사례는 없는 것 같다. 비둘기, 새끼 양, 밤꾀꼬리를 비롯한 각종 동물을 상징적 가치가 있다고 해서 사람들이 잡아먹기를 주저하는 것처럼 보이지도 않는다.

동물이 악으로 간주되었다는 나의 의견이 옳을 수 없다며 다양한 철학자들이 항의했다. 그들은 어떤 것을 악의 **상징**으로 이용하는 일과 그것에 실제로 악을 결부시키는 일을 혼동한다면 중대한 착오일 것이며, 동물에게는 덕을 행할 능력이 없는 것과 마찬가지로 악을 행할 능력도 없다는 것을 누구나 알고 있다고 매우 지당하게 지적한다. 왜 사람들이 정말로 그만큼이나 어리석었다고 생각해야 할까? 지금

* Ramona Morris & Desmond Morris, *Men and Apes*(London, 1966), pp. 28, 35.

** Ibid., p. 31.

은 혼동의 증거가 혼동되는 경향이 있기 때문에 이런 종류의 의심을 걷어내기가 언제나 쉽지는 않다. 내가 정말로 틀렸을까 되짚어보다가, 틀리지 않았겠다는 생각이 드는 근거를 두 가지 발견했다. 첫째는 상어에 관한 어느 텔레비전 다큐멘터리였는데, 전체적으로는 완전히 온당했지만, 다음과 같은 단호한 말로 시작했다. "이들은 세계에서 가장 흉악한 살인자들입니다." **흉악한?**(참고로, 다큐멘터리에서 상어가 허기나 자기방어 외의 이유로 사람을 죽인다는 것을 알 수 있는 증거는 보여주지 않았다. 전 세계를 통틀어 상어가 죽이는 사람 수는 연간 26명이었다. 사람이 죽이는 상어 수는 제시되지 않았지만 훨씬 많은 것이 분명하다.) 두 번째는 더 심하고 더 상세했는데, 어느 저널리스트가 악어 사냥꾼과 함께 탐사에 나섰던 일에 관해 들려준 이야기로 그 내용은 다음과 같았다.

"잡았어요." 그가 소리쳤다. 그는 자신의 머리칼과 턱수염에 묻은 물을 털어냈다. "놈에게 작살이 두 개 박혔어요. 이제 물고기처럼 다루면 돼요. 힘을 빼는 거죠." 마침내 우리는 악어가 배를 끌고 가게 만들었다. 녀석은 숨 돌릴 틈이 없었다.

"저 갈고리가 놈의 배에 정통으로 박혔어요. 조심해야 해요. 안 그러면 놈이 죽을 테니까요!"

동이 터오자 악어는 물속 깊이 들어가려고 했다. "이제 놈이 물밑에서 안 올라오려고 해요." 크레이그가 말했다. "놈은 낮이라는 걸 좋아하지 않아요. […] 이런 식으로 애를 먹이면 반 시간 정도마다 위로 올라오지 않을 수 없을 거예요."

"**놈은 도덕 수준이 레이저빔이나 마찬가지예요.**" 우리가 앉았을 때 크레이그가 말했다. […] "**알에서 나오는 악어는 움직이는 건 뭐든 덥석 물거든요. 그게 거머리든 사람 다리든.**" 그렇게 말하면서 작살줄을 세게 당겨 물밑에 있는 저 짐승을 **살살 꾀어** 움직이게 만들려고 했다. "놈은 죽이는 데 **특화된** 기계예요. 물고기든 동물이든 새든, 뭐든지."*

이것이 오늘날 평범하고 전형적이며 일상적인 말과 생각이다. 영화 〈조스〉에 열광한 대중에게서 이런 말과 행동이 매우 많이 나타났다. 누구든 여기서 단순하고 원시적인 육식동물을 데려다 오로지 인간의 허영심을 부추기려고 고의적 범죄자로 각색한다는 것 이외에 납득할 만한 의미를 찾아낼 수 있다면, 나로서는 마음이 놓이고 기쁠 것이다. **기계**나 **레이저빔** 같은 용어가 그런 생각을 배제해주어야 한다. 그렇지 않다는 것이 내가 불평하고 있는 바로 그 혼동을 가리킨다. 악어, 특히 새끼악어는 실제로 썩 고등한 동물이 아니며 상어 또한 그렇다. 여느 육식동물과 마찬가지로 이들에게 사냥감은 단순한 먹이일 뿐이며, 적이나 희생자가 아니다.** 그리고 이들이 덥석 무는 반사행동을 **기계적**이라고 표현하는 것은 그다지 틀린 말이 아닐 것이다. 그러나 내가 강조 표시한 낱말로 볼 때 사냥꾼의 생각은 의심의 여지 없이 명확하다. 동물이 자신의 의사에 따라 일부러 남의 알려진 권리를 유린한다고 보는 것이다. 그리고 **사람 다리**를 언급한 이유로 생각해볼 수 있는 것은, 갓 부화한 악어라도 심하게 타락하지만 않았으면 이 선을 넘지 않으리라고 기대된다는 확신밖에 없다. 물론 어리석은 확신이다. 내 말의 요지는 이런 어리석음이 드물지 않거니와 중요하지 않은 것도 아니라는 점이다. 1976년 10월 4일자 『가디언』에

* *Observer*, 15 February 1976, 컬러 부록. 강조 표시는 내가 했다.

** 포식(predation)과 공격성(aggression)의 근본적 구별에 관해서는 다음을 참조. Konrad Lorenz, *On Aggression*, p. 24.

실린 매우 평범한 기사 한 꼭지를 다시 생각해보자. 「'짐승 같은' 어머니, 교도소에」라는 제목의 기사는 이렇게 시작한다. "어린 세 자녀를 잔인하게 구타한 어느 미혼모에게 판사는 '피고는 야생동물처럼 행동했다'며 폭행치상으로 2년간 교도소 수감을 판결했다." 판사가 "야생동물도 이따금 피고와 같은 행동을 한다"는 뜻으로 그 말을 했을 리 없다는 점을 눈여겨보아야 한다. 판사는 '이따금'이 아니라 '대체로'라는 뜻으로 말한 것이 분명하다. 하지만 만일 야생동물이 대체로 그렇게 행동했다면 그들의 진화는 오래전에 멈췄을 것이다.

혹시라도 무지한 대중만 이렇게 생각하는 것 같다면 비트겐슈타인의 「윤리학 강의」*에 나오는 구절에도 주목하는 것이 좋겠다. 비트겐슈타인은 웃어넘길 수 있는 사소한 비난과 그렇게 회피할 수 없는 극히 중대한 비난을 대비시킨다. 중대한 경우는 이런 식이다. "내가 여러분 중 어떤 사람에게 터무니없는 거짓말을 했는데 그가 나를 찾아와 이렇게 말했다고 하자. '당신은 짐승처럼 행동하고 있다. […]'"

상징을 상징 대상과 혼동하는 일, 상상을 투사하는 일에는 특별할 것이 없다. 너무나 흔하며 그럼에도 너무나 치명적인 잘못이라서 우리 생각 속에 그런 것이 있는지 끊임없이 살필 필요가 있고, 아무리 살핀들 충분하지 않을 것이다.** 우리는 우리와는 다른 사람들을 항상 위협 또는 괴물로 보고 있다. 우리는 아이들을 희망의 상징으로 보고, 그래서 아이들이 희망적이기를 기대하며, 아이들이 그러지 못할 경우 속상해하는 경향이 있다. 그런데 어떤 때는 아이들을 위협으

* Ludwig Wittgenstein, "Lecture on Ethics," *Philosophical Review* 74(1965), pp. 3-12.

** 아이리스 머독은 이 잘못을 훌륭하게 논한다. Iris Murdoch, *The Sovereignty of Good*(London, 1970), essay 2, 3.

로, 우리를 필요로 하지 않는 세계의 상징으로 볼 수도 있고, 그런 경우 아이들에게 적대적 동기를 결부시키는 경향이 있다. 부모 역시 개인으로 여겨지기보다 억압이나 안전을 나타내는 살아 있는 상징 취급을 받는다. 그리고 그리스도교 교부 이후의 여성혐오 문헌은 이런 식의 혼란을 담고 있는 귀중한 박물관이다. 실제로 상징을 속성과 혼동하는 일은 생각이 깊지 못한 것이 언제나 보통이라는 의미에서 보통이다. 인간들 사이에서는 그런 혼동의 피해 당사자에게 확인하는 방법이 가장 좋은 경우가 많다. 그러면 걸어 다니는 상징인 그는 다음처럼 말할 수 있을 것이다. "이보세요, 저는 그런 사람이 아니에요, 저는 저라니까요." 동물도 자신의 서식처를 찾아오는 수고를 마다하지 않는 사람들이 있다면 같은 점을 분명하게 보여줄 수 있겠지만, 우리 도시인이 그러는 경우는 그리 많지 않다.

나아가 동물을 악의 상징일 뿐 아니라 악의 실제 사례로 몰아넣는 데는 특별한 이유가 있다. 우리는 미덕을 생각할 때 당연하게 우리 종의 미덕과 연결 지어 생각하는데, 우리 종의 미덕은 우리와 관계가 있는 미덕이기 때문이다. **인간적**이라거나 **인도적**이라는 것은 칭찬하는 낱말이다. **비인간적**이라는 것은 끔찍한 것이다. 여기까지 오면 악 관념을 다른 종들과 쉽게 연결할 수 있다. **맹수 같은**, **야수 같은**, **짐승 같은** 등의 낱말의 용법을 보면 우리가 얼마나 쉽게 그렇게 하는지 알 수 있다. 그리고 상징을 속성으로 취급하려는 유혹은 그만큼 더 큰데, 그런 성질로부터 거리를 두면 우리의 자부심을 지킬 수 있기 때문이다.

이런 사고방식은 물론 **호의적** 상징을 통해, 악어라든가 나아가 사자 같은 동물을 용기와 인내를 비롯한 미덕의 화신으로 보는 사례를 통해 상쇄될 수도 있었을 것이다. 그러나 호의적 상징 역시 속성으로 읽히고 또 짐승 숭배로 이어지는 경향이 있으며, 이에 대해서는 유일신교인 유대교와 그리스도교에서 늘 맹렬하게 저항해왔다. 유일신교에는 비교적 동물에 우호적인 측면이 한 가지 있는데, 동물을 함께 하느님을 섬기는 동료 하인으로 여기거나 하느님의 영광이 드러난 모습으로 볼 수 있다는 전통이다. 그러나 극명하게 배타적이고 파괴적인 전통도 있는데, 하느님은 어떤 것도 우리 인간의 경쟁자가 되도록 용납하지 않는다는 것이다. 이런 분위기에서 교회는 모든 동식물은 단순한 도구로서 인간에게 주어졌다고 보아야 하며, 어떤 식으로든 그것들을 그 자체로 존중하는 것은 죄이며 어리석은 미신이라고 빈번하게 노골적으로 주장했다. 흥미로운 것은 가장 단호하게 그리스도교를 거부한 저 과학적 인본주의자들 중에 이 두 번째 전통을 이은 사람들이 많다는 점인데, 다만 질투하는 하느님 대신 인간 자신이 그 자리를 차지한다. 그에 따라 마르크스는 『정치경제학 비판 요강』에서 "문명화를 가져오는 자본주의의 거대한 영향력"은 "자연의 신격화"를 거부하는 데 있다고 말했다. 따라서 "사상 처음으로 자연은 단순히 인류를 위한 사물이 되고 순수한 효용 문제가 된다"*는 것이다.

그 결과 동물 상징은 비대칭적이게 되었다. 호의적 상징은 짐승이 처음에는 하느님과, 다음에는 인간과 경쟁하지 않도록 꼼꼼하게 비신화화된다. 하느님의 어린 양이나 유다의 사자 때문에 우리가 실제 사자나 새끼 양을 존중하거나 다정하게 대해야 한다는 공식적 입장은 없다. 그러나 이 전통 안에서 호의적이지 않은 상징에 관해 그와 비슷한 수고를 들이는 일은 없다. 내 말은 이제 학식 있는 수많은

* John Passmore, *Man's Responsibitity for Nature*, p. 24 재인용. 이 과정에 대한 그의 설명은 우울하기는 하겠지만 매력적이다.

사람이 17세기 작가 에드워드 톱셀처럼 "뱀은 가장 상스럽고 야만적인 동물이다"*라고 말할 것이라는 뜻이 아니다. 그러나 일상 차원에서 상어와 악어에 관해 내가 방금 언급한 것과 같은 말은 매우 흔하고 매우 비슷하게 나타난다. 나아가 그것이 표현하는 사고의 균열 내지 단층선은 훨씬 더 거창한 사상의 매우 많은 부분을 관통하고 있다. 인간을 다른 종과 어떻게 연관 지을 것인가 하는 문제는 악 문제와 자연스레 이웃해 있는 어둑한 영역 안에 고찰되지 않은 채로 남아 있다. 거기서 나온 수증기는 거의 눈길을 끌지 않고 비판받지도 않은 채 아무 관계도 없는 여러 논의 안에서 떠돈다. 흔한 예로, 모종의 이유로 인생의 특정 측면을 찬양하거나 강조하려는 작가들이 종종 그것이 '우리가 동물과 구별되는 점'이라고 말하면서도 그런 비교가 사실인지 확인하려는 엉성한 시도조차 하지 않는다. 이에 관해서는 이 책의 10장에서 더 다루기로 한다. 지금으로서는 우리 바깥의 짐승에 대한 우리의 태도보다 우리 내면의 짐승(Beast Within)을 철학에서 어떤 식으로 쓰는지에 더 관심을 가지고 살펴보고자 한다.

내면의 짐승

철학자가 말하는 내면의 짐승은 아무것도 금지되어 있지 않은 무법적 괴물을 가리킨다. 그것에 반대하는 플라톤 같은 도덕주의자도, 찬성하는 니체 같은 도덕주의자도 그렇게 표현한다. 다음은 『국가』 9권의 전형적 부분을 발췌한 것으로, 플라톤은 우리의 상대적으로 불쾌한 욕망에 관해 말한다.

* Ramona Morris and Desmond Morris, *Men and Snakes*(London, 1965), p. 41 재인용.

이것은 영혼의 점잖은 쪽이 잠들고 이성의 통제가 물러난 꿈속에서 고개를 든다. 그러면 우리 안에 있는 야수가 술과 고기로 배를 가득 채운 채 일어나 잠을 떨치고 자신의 본능을 채워줄 것을 찾아 나선다. 다들 알다시피 그것은 그런 순간 모든 수치심과 분별을 벗어던지고 어떤 것도 주저하지 않는다. 환상 속에서 그것은 어머니나 다른 누구와도, 남자와도, 신이나 금수와의 성교도 피하지 않을 것이고, 금지된 음식도, 피를 뿌리는 그 어떤 행위도 겁내지 않을 것이다. 아무리 파렴치하고 어리석은 일이라도 할 것이다.*

이 이미지가 익숙함에도 얼마나 기이한지 생각해보라. '할 일이 없을 때 **내가** 이런 생각을 한다'고 왜 말하지 않을까? 적어도 내면에 있는 '다른 사람'이 그런다고 왜 말하지 않을까? '짐승'을 내세워 얻는 것은 무엇일까?

다음은 니체가 인습이라는 굴레를 벗어던지려면 사자가 될 필요가 있다며 하는 말이다.

새로운 창조를 위한 자유를 스스로 창조하는 것—이것은 사자의 힘으로 충분하다네.

자유를 스스로 창조하는 것, 그리고 의무에게조차 거룩한 아니요로 답하는 것, 그러므로 형제들이여, 이를 위해 사자가 필요하다네.

한때 그것은 계명을 더없이 거룩한 것으로서 사랑했다네—이제는 더없이 거룩한 상태 안에서도 허상과 전횡을 알아차려야 한다네. 자신의 사랑에게서도 자유를 낚아채려면 말이지—

* 플라톤, 『국가』, 9. 571c.

이를 위해 사자가 필요하다네.*

그러나 세상에는 그런 짐승이 없다. 짐승에 대해 말하는 것은 나름의 법을 가지고 있는 사물에 대해 말하는 것이다. 만일 사자들이 정말로 어디에서도 선을 긋지 않는다면—돌아다니며 악어와 짝짓기를 하고, 영역을 무시하고, 독사를 먹고, 자신의 새끼를 죽인다면—그들은 사자가 아닐 것이고 하나의 종으로서 오래 이어나가지도 못할 것이다. 이 추상적 짐승은 고귀하든 아니든 야만인에 대해 18세기에 품고 있던 수준의 상상이다.

'야만인'을 진지하게 받아들인다는 루소의 말에 18세기의 분별 있는 사람들이 보인 반응은 오늘날 분별 있는 많은 사람이 동물을 진지하게 받아들인다는 생각에 보이는 반응과 매우 비슷했다. 그들은 그것을 명백하게 터무니없다고 생각했는데, 그들의 '야만인' 관념은 완전히 비현실적이었고, 추상적 개념이 표준으로 굳어 있었기 때문이었다. 그들은 그런 신화적 존재와 진짜 사람 사이에 연관성이 있다고는 믿을 수 없었다. 신화적 존재란 진짜 사람과 연관성이 없는 존재이기 때문이었다. 논리 유형 차원에서 서로 다른 것이다.

존슨 박사**의 소견 몇 가지를 여기 소개한다.

야만인은 자기 몫의 고기를 이곳 식탁에서 먹든 주방에서 받아먹든 똑같이 상관하지 않을 것입니다. 훌륭한 취향을 보여주는 갖가지 양식

* Friedrich Wilhelm Nietzsche, *Thus Spake Zarathustra*, Pt. 1, "Discourse of the Three Metamorphoses", tr. Tille & Bozman.

** 새뮤얼 존슨(1709-1784)은 영국의 시인, 작가, 평론가이다.(옮긴이)

은 인간이 문명화하면서 발명된 거지요.

동정심은 인간의 천성이 아닙니다. 아이들은 언제나 잔인합니다. 야만인은 언제나 잔인합니다. 동정심은 후천적이며, 이성을 배양함으로써 습득되고 향상됩니다.

[결혼이 본성적인가 하는 질문에 대해] 야만인 남자와 야만인 여자가 우연히 만납니다. 남자는 더 마음에 드는 다른 여자를 만나면 처음 만난 여자를 떠날 것입니다.

그리고 다음에서는 비교적 자세히 논한다.

한 신사가 오타헤이티*나 뉴질랜드에 가서 3년 동안 지내고 싶다는 바람을 표했다. 우리가 이제까지 알던 모든 사람과 아주 다른 사람들에게 완전히 친숙해지고, 순수한 본성이 인간에게 어떤 영향을 줄 수 있는지 이해하고 싶다는 것이었다. **존슨**. "뭘 배울 수 있습니까? 야만인들이 자신이 직접 본 것 말고 뭘 알려줄 수 있습니까? […] 오타헤이티나 뉴질랜드 주민은 순수한 본성 상태가 아닙니다. 어떤 다른 사람들로부터 갈라져 나온 것이 빤하니까요. 그들이 땅에서 자라났다면 순수한 본성 상태라고 판단할 수 있었겠지요. 공상을 좋아하는 사람들은 그들의 신화에 대해 말하지만, 만들어낸 게 확실합니다. 한때 그들에게 종교가 있었고, 그것이 조금씩 변질된 거죠. 그런데 야만인에게서 그들의 종교에

* 타히티의 옛 이름.(옮긴이)

관한 어떤 이야기를 알아낼 수 있다고 생각합니까?"*

존슨에게 '야만인'은 단순히 사회에 어울리지 않는 사람을 뜻했다. 예의도, 미덕도, 우호적 인맥도, 기술도, 동정적 감정도 없고, 그가 알기로 사람이 지니는 훌륭하고 흥미로운 어떤 면모도 없었다. 이 묘사가 실제로 모든 원시 부족에게 적용되는 것은 그가 보기에 당연했다. 그렇지만 사실은 누구에게도 적용되지 않았다. 마지막 인용문은 혼란의 핵심을 보여준다. 그것은 본성적인 부분은 격리 실험에서 발견해야 한다는 생각으로, 기존의 사회적 행동 중 선천적 요소와 후천적 요소를 지성을 동원해 가려내는 것이 아니라 '땅에서 자라난' 동물들을 관찰함으로써 발견한다는 생각이다. 다른 문화와의 비교는 유용한데, 이에 대해 『사랑과 미움』(*Love and Hate*)에서 아이블아이베스펠트는 다음과 같이 말한다.

> 바뀔 수 있는 것이라면 무엇이든 문화적으로 변화시키는 것이 인간의 성향임을 출발점으로 삼을 수 있을 것이다. 뉴기니섬에서만 수백 가지 방언이 사용된다. 이것은 인간이 스스로 소규모 집단으로 떨어져나가려는 성향과 밀접한 관계가 있다. […] 그러나 서로 지극히 다른 무리에 속하는 사람들임에도, 주고받는 인사나 자녀를 대하는 어머니의 행동 등 특정 상황에서 똑같은 행동 패턴이 반복적으로 나타난다면, 그런 것은 선천적 행동 패턴일 가능성이 매우 크다. [13쪽]

이것은 원초적인, 또는 길들이지 않은 통념적 인간을 찾아낼 수

* James Boswell, *Life of Johnson* (Everyman ed.), 2, 253; 1, 271; 1, 241; 2, 34.

있다고 기대하는 것과는 판이하다.

인류학이 이 통념을 상대로 한 일을 지금은 동물행동학이 짐승 통념을 상대로 하고 있다. 키플링이 말하는 정글의 법칙은 도덕주의자들의 그런 공상보다 훨씬 더 현실에 가깝다. 짐승은 악의 화신도, 기본 욕구의 집합체도, 어설픈 기계식 장난감도, 백치 어린이도 아니다. 짐승은 짐승이며, 저마다 나름의 매우 복잡한 본성을 지닌다. 그들 대부분은 대부분의 측면에서 통념에서 말하는 고정관념에 들어맞지 않는다. 이것은 성적 탐닉 문제에서 매우 두드러지는데, 사람들은 통념적 짐승이 그것에 중독되어 있다고 생각한다. 동물 종 중에서 호모 사피엔스만이 성생활에 이례적인 양의 시간과 관심을 쏟는다는 점을 데즈먼드 모리스가 지적할 필요는 사실 없었을 것이다. 대부분의 동물 종에게는 짤막한 짝짓기 철과 단순한 본능적 패턴이 있어서, 크리스마스 쇼핑처럼 정해진 틀이 있는 계절적 소동으로 끝난다. 좋든 나쁘든 성이 훨씬 더 본격적이고도 중심적 역할을 하는 것은 인간의 삶이다. 다른 종들을 대상으로 삼았다면 프로이트의 이론은 시작조차 하지 못했을 것이다. 특히 고릴라는 로버트 아드리가 충격을 받았을 정도로 성에 대한 관심이 너무나 적다. 그는 고릴라라는 종이 쇠락 단계에 접어들었다고 결론짓는다.* 그런데도 톨스토이는 체계적으로 성을 탐닉하는 삶에 대해 말하면서 그런 삶을 "원숭이나 파리지앵의 이상"이라 불렀다.**

* 다음도 참조. Robert Ardrey, *African Genesis*(London, 1967), pp. 126-127; George Schaller, *Year of the Gorilla*, p. 122.

** 레프 톨스토이, 『크로이체르 소나타』에서. 인간의 성과 다른 영장류들의 성을 더 자세히 비교한 내용은 다음을 참조. Wolfgang Wickler, *The Sexual Code*(London, 1969); Wolfgang Wickler, "Socio-Sexual Signals", *Primate Ethology*, ed. Desmond Morris(Lon-

그래서 인간 바깥에 무법자 짐승이 없다면, 인간 안에 무법자 짐승이 있다는 결론은 매우 이상해 보인다. 우리 내면의 짐승이 우리에게 부분적 명령을 내리고 있다고 하는 쪽이 더 자연스러울 것이다. 개념 사고(conceptual thought)가 할 일은 그 나머지를 채우는 것뿐이다. 그러나 그 반대인 선험적 추론이 우세를 차지해왔다. 사람들은 만일 내면의 짐승이 온갖 악행을 저지를 수 있다면 외부의 짐승 또한 필시 그럴 것이라고 추론했다. 이 관념 때문에 인간은 다른 모든 동물과 자신의 차이점을 열심히 과장하고, 정당한 증거가 있든 없든 자신이 귀중히 여기는 모든 활동은 동물에게 없는 능력에 기인한다고 보게 되었다. 어떤 면에서 보면 이러한 회피가 인간 종의 체면을 세워준다. 우리가 자신의 행동에 기겁한다는 사실을 반영하기 때문이다. 인간은 자신의 죄의식을 두려워하여, 그것을 명백히 이질적이고 외부적인 것에 아등바등 갖다 붙인다. 내면의 짐승은 악 문제를 해결한다. 이 잘못된 해법은 인간의 양심이 지니는 힘을 보여주기 때문에 인간의 체면을 세워주지만, 그럼에도 위험한 거짓말이다. 인간이 악한 이유로 내면의 짐승을 속죄양으로 내세우는 바람에 (중요하지 않을 수도 있겠지만) 짐승에 대해서만이 아니라 사람에 대해서도 나쁜 혼란이 생겨난 것이다. 나는 남자가 "여자가 저를 속였고, 그래서 제가 먹었습니다"라고 말한 시점부터, 그리고 그 여자가 뱀을 탓하며 똑같이 말한 시점부터 인간이 스스로를 망치기 시작하지 않았을까 생각한다.

원시인의 상황을 생각해보자. 그에게는 타고난 억제가 없지 않지만 약하다. 비둘기나 노루와 마찬가지로 그는 이유 없이 냉혹하고 쾌

don, 1967).

활하게 자기 가족을 난도질하지 못한다(그럴 수 있었다면 확실히 무기가 발명된 뒤로 오래 생존하지 못했을 것이고, 오랫동안 관심을 요구하는 인간 아기들을 견뎌낼 수 없었을 것이다). 인간에게는 그런 행동에 대한 타고난 혐오가 있지만, 그것은 허약하고 종종 억눌려 있다. 인간은 끔찍한 일을 저지르고 그런 다음 가책을 느낀다. 이런 충돌은 합리 이전의 것이다. 이 충돌은 인간의 이성과 원시 동기 사이에 있는 것이 아니라, 두 부류의 원시 동기 사이에 있다. 이 충돌은 생각의 결과물이 아니며, 그보다는 애초에 인간이 생각하게 된 계기 중 하나였을 가능성이 크다. 이 충돌은 사회적 길들이기의 결과물이 아니라, 그 원인의 일부다. 지성은 어려운 문제에 대처하는 한 가지 방편으로서, 문제를 걷어차고 지나갈 수 있는 힘이나 문제를 피해 숨을 수 있는 무기력의 대안으로서 진화했다. 그리고 노여움은 무엇에도 뒤지지 않을 만큼 풀기 어려운 수수께끼다. 유혈극과 죄의식과 복수에 몰두하는 우리의 고대 문학은 이런 문제가 매우 일찍부터 인간을 괴롭혀왔음을 암시한다. 나는 이처럼 약하지만 **진정한** 억제를 가진 중간 위치의 동물이라야 도덕을 발달시킬 가능성이 있었을 것이라고 덧붙이고 싶다. 개념 사고는 본능에서 시작된 것에 형식을 부여하고 확장한다.

고대인에 관한 이런 생각이 완전히 초점을 벗어난 것이 아님을 확인하기 위해 『일리아스』에 나타난 청동기 시대의 행동을 들여다보자. 『일리아스』를 고른 이유는 역사적으로 이것이 플라톤 이전 것이고, 플라톤은 내가 한탄하는 현대의 전통 배후에 있기 때문이다. 나는 『일리아스』가 '고대인을 있는 그대로' 들여다볼 수 있는 진정한 원시 시대 문서라고 보는 실수는 하지 않는다. 그러나 우리에게 무슨 수가 있을까? 이 작품은 우리가 이해할 수 있는 형태로 된 가장 오래된 문서에 속하며, 그 전통은 우리 자신의 전통이다.

이제 굴복할 때의 의례 문제로 돌아가, 자신이 정복한 적을 물어뜯을 수 없는 늑대를 보자. 로렌츠는 이렇게 말한다. “호메로스의 영웅들은 확실히 휩스네이드 동물원에 있는 늑대들처럼 마음이 여리지는 않았다. 시인은 탄원하는 사람을 거리낌이 있든 없든 학살하는 사건을 무수히 나열한다.” 이것은 사실인데, 흥미로운 점은 탄원을 했다는 것이다. 잘 세어보면 탄원이 성공할 가망은 정말 없다는 것을 알게 된다. 『일리아스』에서 탄원한 사례는 여섯 번인데 모두 실패로 끝난다. 나아가 탄원하는 쪽은 모두 트로이아 즉 ‘저쪽 편’ 사람들이며, 그런 사례가 분명하게 보여주는 요점 하나는 권력을 그리스인들이 쥐고 있으며 비굴한 적 앞에서 의기양양하다는 것이다. 여기까지는 별다를 게 없다. 그러나 이것이 전부가 아니다. 아킬레우스는 자비를 거절하면서, 파트로클로스라는 친구가 살해되기 전에는 포로를 생포해 파는 쪽을 **선호**했다고 설명한다. 더 이상 그러지 않고 죽이는 것은 슬픔과 복수심 때문이다. 실제로 그런 사건은 대부분 전쟁이 최고조에 달했을 때 일어나는데, 호메로스가 노래할 가치를 찾지 못한 시시한 단계도 더 있었음이 당연하다. 탄원하면서 거액의 몸값을 제시한 사람이 둘 있고, 그중 하나는 흥정이 거의 성사되었지만 그를 포로로 잡은 사람의 형제가 끼어들어 흥정을 막는다. 『일리아스』는 물론 귀족적 문서이며, 그래서 이런 흥정 이면의 장삿속에 대해서는 거의 언급하지 않지만, 여기서 장삿속이 문명의 원인 안에서 왕성하게 작용하고 있었던 것은 분명하다. 탐욕과 나태는 종종 폭력으로 치우치지 않게 막아주는 훌륭한 균형추였다. 균형추는 이 두 가지뿐이었고, 무력한 대상을 죽이는 데 대한 직접적 반대는 없었다고 보아야 할까? 나는 그럴 수 있다고 생각하지 않는데, 이유는 다음과 같다. 호메로스의 분위기는 절대로 위선적이지 않고 지극히 솔직하다. 누구도 허울

만을 위해 고상한 감성을 표방하지 않고, 누가 그렇게 한다 해도 아무도 믿지 않을 것이다. 그런데도 전쟁과 폭력에 대한 더없이 상반된 태도가 『일리아스』 전체를 관통한다. 그 두 가지가 인간의 가장 고귀한 활동이기는 하지만, 끔찍하고 비참하고 통탄스럽고 불쌍하며, 인간에게 저주이자 재앙이라는 것이다. 그리고 이 역시 완벽하게 진실한 감성이라는 울림을 준다. 전쟁의 신은 역병이자 불행을 가져오는 자로서, 그가 없다면 모든 것이 잘될 것이라며 지속적으로 비난받는다. 또 전장에서 탄원이 성공을 거두지 못하기는 하지만, 탄원자의 권리에 대해, 그런 권리를 짓밟는 자에 대한 신들의 분노에 대해 많은 언급이 있다. 그리고 후대 그리스의 저작물을 보면 이런 생각이 헛소리를 의도한 것도 아니고 헛소리로 받아들여지지도 않았다는 것을 알 수 있다. 탄원자의 권리는 비극 작가들이 극도로 중하게 다루는 문제다. 그리고 사회계약 논의나 분별을 내세우는 것이 아니라 행위 자체의 잔혹성을 역설함으로써 그 권리를 보호하려 한다. 호메로스의 글에서는 소용없는 탄원조차 극도로 감동적인 때가 많다. 사실 『일리아스』를 도살자의 작업명세서가 아니라 위대한 서사시로 만드는 것은 바로 이 양가감정이다. 간단히 말해 이 서사시는 두 개의 목소리로 말하고 있다. 자랑하면서 그것을 개탄하고, 그래서 그 탓을 돌릴 대상이 있어야 하는 것이다.

『일리아스』에서 이 역할을 위해 짐승은 필요하지 않다. 악 문제에 대한 답은 언제나 단순하다. 적을 탓할 수 없으면 신들을 탓한다. 나는 신들의 이런 속죄양 기능이 매우 중요한데도 종교사에서 어느 정도 간과되었다고 생각한다. 한 사람이 죄의식을 느끼고 자신이 해친 사람들에게 진정으로 사과하고 싶은 상황이면, 거역할 수 없는 외력에 잘못 이끌렸다는 취지로 할 수 있는 말이 많다. 이렇게 하면 그의 자존심뿐 아니라 피해자와의 우호적 관계도 유지된다. 오늘날 우리는 이렇게 말한다. "내가 무엇에 홀렸는지 도무지 모르겠어." 그러나 호메로스의 그리스인들은 무엇에 홀렸는지 알았다. 그들은 제우스나 아레스를 지목할 수 있었다. 『일리아스』 최악의 악행과 어리석은 행위는 모두 신들의 암시에서 비롯되었고, 정말로 사과하고 싶은 사람은 누구나 그냥 그렇게 말한다. 그것을 가장 투박하게 보여주는 예는 아가멤논으로, 그는 마침내 아킬레우스와의 바보 같은 싸움을 그만두고 싶어졌을 때 제우스가 자신을 미치게 했다고 설명하며 사과한다. 이 장면에서 주의 깊은 독자라면 눈이 뜨일 것이다. 시에서는 그 싸움의 시초에 관해 모든 것을 묘사하는데, 이것은 어떤 신도 개입하지 **않은** 소수의 사례 중 하나이기 때문이다. 그렇지만 아가멤논의 논리는 단순하다. 내가 그랬다면 미쳤던 것이 분명하고, 왕을 미치게 만들 수 있는 자는 제우스뿐이라는 것이다. 쾜 데우스 불트 페르데레, 프리우스 데멘타트(Quem deus vult perdere, prius dementat).* 아가멤논에게 벼락이 떨어지지는 않는다. 이것이 보편적으로 받아들여지는 해명이기 때문이다.

종교와 도덕이 발달하면서 이처럼 편리한 사고방식에 종지부가 찍혀야 했다는 사실은 거의 애석하기까지 하다. 그렇지만 이 사고방식은 사라졌고, 그리스의 신 관념이 점점 더 존귀하고 위엄 있는 쪽으로 변화하면서 '내 잘못을 누구 탓으로 돌릴 수 있을까?' 하는 문제가 다시금 절실해졌다. 내가 생각하기에 신들은 선하다는 말로 일관한 최초의 그리스인인 플라톤이 내면의 짐승을 적극적으로 내세운 최초의 인물이었다는 것이 조금도 우연이 아니다. 그가 악이라는 주

* "신은 파멸시키고픈 사람을 먼저 미치게 한다."

제를 언급할 때마다 검은 말, 늑대, 사자, 매, 당나귀, 돼지가 등장한다. 이 동물들은 그가 악에 대해 말할 수 있는 유일한 조건을 제공해준다. 이것은 문체를 위한 한가로운 장치가 아니다. 플라톤에게는 그런 것이 없다. 그의 본격적인 관점은 악은 영혼에 이질적이라는 것이다. 뭔가 다른 것, 즉 본능적 본성에 스며든 이질적 요소가 가져오는 타락 효과라는 것이다. 이 위험한 요소는 인간 본연의 부분에 속할 수 없는 것이 분명하며, 그래서 동물을 가지고 묘사해야만 한다. 그것도 구체적 동물은 모두 결점을 보완하는 장점이 있으니 구체적 동물이 아니라 모든 악이 뭉쳐 합성된 무시무시한 괴물이어야 한다. 간단히 말해 '합리적 영혼' 말고는 적수가 없는 내면의 짐승이다. 물론 가끔 좋은 감정도 불러일으키고 선한 짐승으로 구현되기도 하지만, 그 선함은 그 자체로 어떤 것에 기여함으로써가 아니라 이성에게 복종함으로써 비롯된다고 간주된다. 흰 말은 전사를 기꺼이 따르면서 전사가 검은 말을 제압하도록 돕는다.* 이것은 위험을 무릅쓰고 스스로 의견을 내놓는 발람의 나귀**가 아니다. 따라서 이와 관련하여 거론되는 감정은 수치심, 야망, 명예심이며, **육체가 영혼에게 선한 의견을 내놓는다고 여겨질 만한 감정, 예컨대 동정심이나 애정 같은 감정은 절대로 거론되지 않는다.** 플라톤의 생각에서는 그런 가능성이 배제되어 있다. 이렇게 배제된 결과는 도덕적으로도 심리적으로도 처참했다. 감정에 대한 두려움과 경멸로 만들어진 불합리한 편견이 유럽인의 합리주의 구조 안에 자리를 잡은 것이다.***

* 플라톤, 『파이드로스』, pp. 254-257.

** 구약성서(민수기 22장)에 나오는 이야기다.(옮긴이)

*** 이에 관해 이 책의 11장에서 더 자세히 다루기로 한다.

아리스토텔레스와 칸트의 짐승

아리스토텔레스는 플라톤보다 인간과 물리적 세계의 연속성을 전반적으로 훨씬 깊이 확신했지만, 그럼에도 인간과 짐승의 대비를 비슷하게 기묘한 방식으로 활용한다. 『니코마코스 윤리학』(1.7)에서 그는 인간의 행복이 무엇으로 이루어지는지를 알아보기 위해 인간의 진정한 기능이 무엇인가 물은 다음, **이성적 삶은 인간에게만 특유하기 때문에** 인간의 기능은 이성적 삶이라고 결론짓는다. 일단 그의 결론은 제쳐두고 논의만 따지고자 한다. 만일 인간에게만 특유하다는 것이 요점이라면, 기술이라든가 데즈먼드 모리스가 말한 성행위에 관한 각별한 관심, 심지어 자기 종에 대한 이례적 잔인성을 인간의 기능이라고 말하지 않을 이유는 무엇일까? 이 모든 측면이 인간에게만 나타나는 것으로 보인다. 이런 특이성이 그 자체로 최고의 인간 특성이라는 생각, 바로 이런 부분에서 인류가 예외적일 뿐 아니라 뛰어나다는 생각은 **별개로** 증명되어야 한다. 그리고 인류가 뛰어난 부분이 전적으로 인류에게만 특유하지는 **않은** 것도, 적어도 그중 어떤 측면은 다른 존재들과 공유하는 것도 선험적으로 충분히 가능하다. 내 생각에 이 논의에서 동물은 대비를 통해 이성의 가치를 강조하기 위해, 우리에게 명백하게 나빠 보일 불합리한 행위의 예를 들기 위해 이용된다. 그러나 이성이 행위에서 차지하는 중요성에 관한 특정한 관점에서 출발하지 않는다면 우리가 그에 꼭 동의하지는 않을 것이다. 만일 우리가 인간과 인간 사이에서 냉정한 계산보다 충동에서 우러난 너그러운 행위를 선호한다면, 그 너그러운 행위가 동물에 더 가깝다고 생각한다 해도 우리의 선호는 달라지지 않을 것이다. 달라져야 하는 것도 아니다. 이성의 주장은 어쨌든 인간의 삶이라는 테두리 안에서 성립해야 한다. 그런 주장은 간혹 보이는 의견처럼 다른 종은 예외 없이 사악하다는 의견이 사실일 때만 대비를 통해 강화될 수 있을 것이다.

그렇지만 이런 형식의 논의는 제지되는 일 없이 흘러왔다. 그중 하나는 칸트가 초기에 쓴 『윤리학 강의』에서 사용되었는데, 여기서 그는 성에 관해 비교적 신랄한 의견을 내놓는 과정에서 이렇게 말한다. "성은 인간을 짐승과 동등한 위치에 놓일 위험에 노출한다."* 그런데 어떻게 그런 위험이 있을 수 있을까? 이렇게 한탄하는 논리는 들여다볼 필요가 있다. 짐승과 **닮았다**는 것이 언제나 나쁘다고 여겨지지는 않는데, 몸을 씻고 둥지를 짓고 새끼를 돌보는 등 우리가 짐승과 공유하는 많은 습성은 누구나 좋다고 보기 때문이다. 요점은 짐승은 사람에 비해 성에 더 많은 관심과 시간을 들인다거나 더 난잡하다는 말일 것이다. 그러나 만일 이것이 사실이라 해도 이 사실 **자체만으로** 짐승의 행위가 잘못이라거나 사람들이 그것을 모방하면 잘못이라는 것이 증명되지는 않는다. 동물은 항상 **잘못되었다**거나 사람은 동물을 절대로 모방해서는 안 된다는 것이 별도로 입증되지 않았다면 그렇다. "게으른 자는 개미에게 가서 그 사는 모습을 보고 지혜를 깨쳐라"나 "너희는 뱀같이 슬기롭고 비둘기같이 양순해야 한다"** 같은 충고를 볼 때 그것을 입증하기란 어려울 것이다. 예컨대 바나나를 먹는 것처럼 "너는 동물처럼 굴고 있다"는 지적을 듣고 "그렇지만 나는 **동물이잖아**" 하고 제대로 맞받아칠 수 있는 활동이 많이 있다. 특

* Immanuel Kant, "Duties towards the Body in Respect of Sexual Impulse", *Lectures on Ethics*, tr. Louis Infield(London, 1930), p. 164.

** 둘 다 성서(각각 잠언 6:6, 마태오의 복음서 10:16)에 나오는 구절이다.(옮긴이)

정 활동이 사람에게는 **왜** 부적절한지—마찬가지로 별개로, 또 인간의 삶이라는 맥락 안에서—그 증거를 가져와야 한다. 그러지 않고서 여기서 동물을 언급하는 것은 통속 도덕에서 열등하다고 간주되는 어떤 집단에 대해 말할 때 종종 쓰이는 형식을 따르는 것이다. 예를 들어 그 집단을 공크라고 한다면 논의는 다음과 같이 흘러간다.

공크의 일부 관습은 혐오스럽다
이것은 공크의 관습이다
그러므로 이 관습은 혐오스럽다.

이 논의에서 정직하게 주장할 수 있는 유일한 것은 진정으로 보편적인 대전제일 것이며, 동물의 경우 그런 전제는 종종 반쯤 무의식적으로 받아들여졌다. 만일 동물이 하는 **모든 것**이 악하다거나 열등하다고 여긴다면 이 논의는 어느 정도 설득력이 있다. 내면의 짐승이라는 괴물의 악이 실제 동물에게 투사되는 것이다.

사실 칸트에게는 이 논의가 전혀 필요하지 않다. 그가 성에서 보는 위험은 그의 윤리학에서 더 중심에 있는 논리로 훨씬 잘 표현될 수 있고 실제로 훨씬 잘 표현된다. 그것은 사람을 물건으로 취급하고, 존중 없이 대하며, 그 자체로 목적이 아니라 수단으로 이용하는 위험이다. 이런 것은 이해할 수 있는 개념이다. 그러나 칸트가 이런 개념을 전개할 때 동원하는 인간성 관념은 기묘하며, 그 기묘함은 동물에 대한 그의 태도에서 다시금 드러난다. 그는 우리가 인간을 존중하기를 바라는데, 인간은 의식이 있기 때문이 아니라 합리적이기 때문이다. 정신이상자, 노인, 아기는 어떨까 궁금해진다. 칸트는 인간 형태를 띠는 모든 것이 존중되어야 한다는 입장을 철저히 고수하지만, 인간에게 그런 자격이 있을까? 동물 경우를 생각해보면 흥미롭다. 우리는 동물을 물건으로 취급할 수 있을까? 아니면 동물 역시 그 자체로 목적일까? 칸트는 동물은 합리적이지 않기 때문에 그 자체로 목적이 아니며, 따라서 우리에게는 동물에 대한 의무가 있을 수 없고 그저 우리의 목적을 위한 수단으로 취급할 수 있다고 말한다. 이것은 동물을 잔인하게 대해도 된다는 뜻은 아니다. 그렇지만 잔인하게 대하지 않는 이유는 잔인하게 대할 경우 우리 본성이 타락하기 때문이다. 따라서 이 타락을 피하는 것이 우리가 자신에게 지니는 의무다. 그러나 그것이 **왜** 타락인지 우리는 모른다. 칸트가 스피노자처럼 동물은 의식이 있지만 전적으로 인간의 처분에 달려 있으며 얼마든지 인간의 목적에 맞게 이용될 수 있다고 말하지 않아야 할 공식적 이유는 전혀 없어 보인다. 만일 이때 인간의 목적이 다른 면에서 중요하다면, 그 때문에 동물에게 커다란 고통이 가해진다 해도 스피노자의 원칙에서는 반론이 있을 수 없으며, 내가 보는 한 칸트의 원칙에서도 마찬가지다.* 따라서 고통을 가하는 것을 즐겨도 그에 대해 반론이 없을 듯싶다. 반론이 빈약할 것이라는 뜻이 아니다. 무의미할 것이라는 뜻이다. 이 관점은 매우 무리해 보인다. 동물은 실제로 의식이 없다는 데카르트의 주장만큼이나 무리해 보인다.** 잔인한 행동은 전반적으로 잘못되었다고 생각하는 사람이라면—칸트가 확실히 그랬는데—동물에 대한 잔인한 행동은 사람에 대한 잔인한 행동과는 완전히 다른 이유로 잘못이라는 말은 교활한 것 같다.

* Immanuel Kant, "Duties towards Animals and Spirits", *Lectures on Ethics*. 스피노자에 관해서는 이 책 13장 576쪽 이하 참조. 칸트가 제기한 이 논점은 매우 중요하며, 아울러 10장 380쪽 이하에서도 다룬다.

** 데카르트에 관해서는 이 책의 10장 2절 참조.

지금까지 플라톤과 아리스토텔레스와 칸트에 대해 다룬 내용을 통해, 동물을 악의 상징으로 이용하는 것이 윤리학에 아무런 도움도 되지 않았으며, 그것을 바탕으로 한 논의는 타당하지 않다는 것이 입증되었기를 바란다. 그런데 그들은 적극적으로 오도하고 있을까? 나는 그렇다고 본다. 우선 타당하지 않은 논의 자체가 엉뚱한 곳으로 주의를 끌어 오도한다. 사람들이 전혀 변화시킬 수 없는 자신의 동물 본성 안에서 악의 근원을 찾는 한, 이길 수 없는 경주에 열중하는 셈이었다. 그들은 자신의 그림자를 떼어버리려고 에너지를 쏟거나, 아니면 자신의 입장이 성립하기 어렵다는 사실에 점점 더 소침해져 아예 포기하고 말았다. 이 결함은 플라톤주의, 스토아철학, 그리고 이들이 그리스도교에 미친 영향에서 뚜렷하게 나타난다. 문제는 동물 본성이 특정 위험을 안고 있다고 여겨질 뿐 아니라, 철저하게 악하다거나, 적어도 완전히 혼란하며 질서를 위한 유용한 원칙이 전혀 없다고 간주된다는 것이다. 그렇다면 동물 본성을 그 자체가 지닌 원칙을 바탕으로 체계화하려 해도 의미가 없고, 그런 원칙이 무엇일지 알아내기 위해 동물 본성을 연구하는 것도 의미가 없다. 질서는 이성 또는 은총에 의해 외부에서 강제해야 하는데, 이 역시 가망이 없다. 혼란한 동물이 은총이나 이성에 주의를 기울일 이유가 없기 때문이다. 그러나 물론 그런 동물 본성은 실재하지 않는 추상 개념이다. 존재하는 모든 동물 종은 **나름의** 본성을, 나름의 본능 위계를 가지고 있다. 어떤 면에서 나름의 미덕을 가진 것이다. 우리나 늑대 같은 사회적 동물의 경우 애정과 소통을 중시하는 성향을 타고나는 것이 분명하고, 또 우리는 진화 과정에서 무기를 갖추는 데 실패하기는 했어도 혼자나 무질서하게 살기보다 사회적으로 교류하며 사는 데 훨씬 어울리는 것이 명백하다. 우리의 직업 중 가장 흥미로운 것은 대부분 사회적 직업이다. 루소나 홉스가 말하는 자연 상태는 지성이 있는 악어가 있다면 그들에게나 괜찮을 것이다. 사람에게는 근거 없는 환상이다.

우리에게 공격성이 다분하다고 해서 앞의 주장이 틀렸다고 증명되는 것도 아니다.* 자기 종을 향해 공격성을 가질 수 있는 동물만 애정을 가질 능력이 있다는 것은 로렌츠가 내놓은 가장 흥미로운 의견 중 하나다. 자기 종의 일부를 친구로서 구별하려면 동시에 다른 이들을 적으로서 구별할 필요가 있을 것이다. 가장 단순한 차원에서, A를 향한 사랑을 표현하려면 이따금 B를 공격하거나 적어도 위협할 필요가 있을 것이라는 말이다. 양가감정은 그 역사가 실로 오래되었을 것이다. 어떻든 간에 공격성이 우리가 가치를 두는 대부분의 활동과 직접 결부되어 있다는 그의 말은 명백하게 옳고, 그래서 낡은 양말처럼 간단히 버릴 수는 없다. 공격성은 우리 본성에 속한다. 그러나 그의 말은 우리가 피를 쏟지 않고는 살아갈 수 없다는 뜻은 **아니다**. 우리 본성은 플라톤이나 니체의 무법자 짐승이 아니기 때문이다. 그것은 복잡한 균형을 이루고 있는 것으로, 다른 짐승들 내면의 짐승과 구조가 비슷하며, 수많은 법칙의 지배를 받고, 또 짐승보다 오히려 더

* 최근 이 주제에 관한 논의가 **공격성**(aggression)이라는 낱말에는 원래 정치적 의미밖에 없다는 의견 때문에 곁길로 빠졌다. 정식으로 벌어지는 공식적 침략 전쟁에만 의미가 통한다는 것이다. 이것은 용법과 전혀 어울리지 않아 보인다. 이 낱말은 20세기 내내 하나의 동기 즉 공격하려는—사적이든 공개적이든, 물리적이든 정서적이든, 문자 그대로든 비유적이든—바람 내지 성향을 나타내는 명사로 널리 쓰여왔다("그는 공격성으로 가득 차 있다"). 이것이 내가 이 낱말을 사용하는 방식이다. 윌슨은 **공격성**이라는 명사를 공격 행위("남의 권리를 침해하는 것")를 가리키는 용도로 남겨두고 그 동기는 **공격적임**(aggressiveness)이라 부르자고 제안한다(22, 242, 578쪽). 이것은 들어맞지 않을 텐데, 그 이유는 (a) 동기가 없으면 해를 입히는 행위는 공격에 해당하지 않고(예컨대 사고나 정당방위일 수 있으므로), (b) 동기가 있으면 해를 입히지 않는다 해도 몸짓 등으로 공격성을 보일 수 있기 때문이다. 나아가 '권리'는 매우 모호한 관념이다.

잘 적응하는데, 짐승이 뿔과 가시를 기를 때 우리는 매우 효과적인 적응 장치인 지성을 기르기 때문이다. 싸우기가 여의치 않을 때 우리는 체스를 두거나 서로를 고소할 수 있다. 다른 짐승들 내면의 짐승도 이런 점에서는 이제껏 우리가 생각해온 것보다 훨씬 더 잘 적응한다. 특히 짐승은 바라는 것을 얻지 못할 때 그 대신으로 다른 것을 받아들일 것이다. 피에 굶주렸으나 적을 붙잡지 못할 때 허공이나 나뭇조각이나 주위 경관을 향해 모의 공격을 하거나 소음을 내거나 이웃이나 무심하게 지나가는 다른 동물을 쫓아냄으로써 해소하며 대개는 그 대상을 해치지 않는다. 이것을 **전향**이라고 한다.* 또는 관계가 없어 보이는 다른 활동에 열심히 관심을 기울이는데, 이것은 **전위**라고 한다.**

이런 장치가 없었다면 지금 살아 있는 동물들은 대부분 오래전 싸워 없어졌거나 낙담 때문에 견디지 못했을 것이 분명하다. 세상에서 바라는 것을 실제로 손에 넣는다는 것은 몹시 드문 경험이기 때문이다. 물론 이런 행동은 사람도 할 수 있고, 우리 모두 끊임없이 한다(어떤 것을 조급하게 기다리는 사람의 행동이 그 훌륭한 예가 될 것이다).

* Konrad Lorenz, *On Aggression*, 찾아보기에서 '전향 행동(Redirected Activity)' 항목 참조. 내가 접한 모든 동물행동학 개념 중 이것이 정치적으로 가장 의미 있어 보이는데, 우리 안에 있는 이것을 대체로 어떤 식으로든 인정하지 않고 우리의 화풀이 대상이 사실은 정말 가증스러운 사람이라고 스스로 타이르기 때문이다. 그렇지만 곁에서 구경하는 사람들에게는 우리의 자기기만이 명백하게 드러나 보인다. 우리의 화풀이 희생양은 지나가는 동물과는 달리 도망치지 못하는 경우가 많은데, 인간 사회가 그들을 뿌리내린 곳에서 벗어나지 못하게 하기 때문이다. 그래서 아내를 때리는 것에서부터 인종차별에 이르기까지 인간의 수많은 악행이 노여움을 전가하기 때문에 생겨난다.

** Niko Tinbergen, *The Herring Gull's World*(London, 1953), chap. 7 참조. 전위는 또 명확한 의미로 당혹감을 설명해준다는 점에서 전반적으로 매우 흥미롭다. 당혹감을 설명하는 것은 본질적으로 중요한데 내가 볼 때 이전에는 제대로 설명되지 않았다. 나는 또 우리가 하는 행동 중 많은 것이 만족스럽지 않은 이유는 그것이 사실은 전위 행동이기 때문이지 않을까 생각한다. 과식이나 많은 성적 활동이 그 예가 될 것이다.

그러나 내면의 짐승이 피를 보아야 한다는 것은, 즉 욕을 하거나 접시를 깨거나 스쿼시를 하거나 신문에 독자 편지를 보내는 행동으로는 만족하지 않는다는 것은 내면의 짐승에 대한 통념적 자연사에 속한다. 인간이라는 종의 전위와 전향 한계가 어디까지인지는 불분명하다. 우리는 그 한계가 매우 드넓을 수 있음을 다들 보아왔다. 인류학자들이 열거하는 '비공격적' 문화가 좋은 예가 된다. 예컨대 마거릿 미드가 관찰한 아라페시족은 삶의 많은 부분을 적대적 주술을 예방하는 조치에 할애한다.* 루스 베네딕트가 본 주니족 인디언은 그보다 덜 사악한 형태의 주술을 다루는 한편 그것을 공격성을 다스리는 수단이자 구실로서 공개적으로 활용하는데, 공격성을 다스리는 것은 애초에 공격적이 되지 않는 것과는 다소 달라 보인다**("그들의 성자들에게는 재임하는 동안 근본적 금기가 있는데 노여워한다는 의심을 받지 않는 것이다"). 주술로 벼락이 치게 하는 그런 방식이 바로 로렌츠가 우리에게 연구하기를 바라는 종류의 것이다. 그는 그저 그런 것을 전위 활동으로서 **바라보면** 더 잘 이해할 수 있을지도 모른다고, 여기서 심리학과 인류학 연구는 당연하며 동물행동학 연구를 곁들이면 충분히 유용할 수 있을 것 같다고 말할 뿐이다. 그러나 이 목적을 위해 우리는 자신의 호전성을 정직하게 인식하고, 일반인에게도 철학자에게도 모두 받아들여진 인간의 특징이라는 관념을 수정해야 한다. 외부의 짐승도 내면의 짐승도 이제까지 그려진 것만큼 짐승 같지는 않다.

* Margaret Mead, *Sex and Temperament in Three Primitive Societies*(New York, 1935).

** Ruth Benedict, *Patterns of Culture*(Boston, 1934), chap. 4.

3장

본능, 본성, 목적

닫힌 본능과 열린 본능

이제까지 나는 동물의 삶이 전통적으로 암시된 것보다 훨씬 더 질서 잡혀 있고 인간의 패턴에 훨씬 더 가까운 방식으로 정돈되어 있다는 내용을 다루었다. 사람들은 이것을 인정하면서도 질서의 근원을 본능에서 찾는 것이 무슨 의미인지 물을지도 모른다. 이 질문을 다룬 다음이라야 본능이라는 낱말을 사람에게 제대로 적용할 수 있다. 광범위한 주제지만, 적어도 명백한 혼란 몇 가지는 제거할 수 있을 것이다.

우선 '본능(instinct)'이라는 **낱말**이 싫은 사람은 원하는 경우 **동인**(drive)이나 **프로그램**(program)으로 바꿔 읽을 수 있다. 둘 다 지금 매우 널리 쓰이는 낱말이다. 이렇게 바꾸면 우리가 다루고 있는 것이 내면의 목소리나 어떤 초자연적 존재나 실체가 아니라 기질, 일련의 인과적 속성임을 더 분명히 이해하는 데 도움이 될 것이다. 여기서 사람들은 오컴의 면도날을 다소 격하게 휘두르는 경향이 있는데, 온갖 추상 용어 이면에 도사린 실체의 냄새가 난다고 생각하기 때문이다.* 과거에 '본능'이라는 말이 사용된 몇몇 예를 볼 때 이것은 놀랄

* 오컴의 면도날은 (중세) 경험주의 철학자들의 원칙으로, 어떤 것을 설명할 때 필요한 것보다 많은 종류의 실체를 동원해서는 안 된다는 것이다. 그렇지만 무엇이 실체에

일이 아니다. 그러나 여기서 **사회**나 나아가 **행동** 같은 추상 용어보다 더 신경을 쓸 필요는 없다. 스키너는 이따금 유기체가 기체인 양 "행동을 발산한다"는 말을 쓰기도 한다.* 그가 문자 그대로 받아들이라는 뜻으로 쓴 말이 아닌 것은 분명하다.

내가 보기에 또 한 가지 문젯거리는 본능에 따라 행동하게 될 동물은 태어난 직후부터 그렇게 행동하기 시작해야 한다는 관념이다. 일부 본능적 행동, 예컨대 인간이 울고 젖을 빨거나 갓 태어난 캥거루가 주머니까지 기어가는 신기한 행동은 정말로 그런 식으로 작동한다. 대부분은 그렇지 않다. 대부분은 상황이 발생할 때, 동물이 충분히 성장했을 때 일어난다. 성적 행동, 꿀벌의 춤, 새의 노래, 보통이 아닌 극도의 위협에 대한 모든 반응은 나중에야 나타난다. 타고나는 기질이 이처럼 행동으로 나타나기까지 시간이 걸리는 데는 이해하지 못할 것이 없다. 나무가 여러 해 동안 활동하지 않는 듯 보이다가 갑자기 밤이 열린다거나, 인체가 어떤 시점에 다다라 성장을 멈추는 것

해당하는지는 전혀 명확하지 않다. 이 조건이 물리학의 중력 인력이라든가 보이지 않는 입자 같은 데도 적용되는가에 대해 오래전부터 의심이 있었다(예컨대 다음을 참조. George Berkeley, *Principles of Human Knowledge*, p. 102-117). 경제적 요인은 '실체'일까? 우리는 누구나 추상명사를 사용할 필요가 있고, 그래서 어떻게 사용할지를 두고 주의를 기울여야 한다. 그러나 추상명사가 모두 무의미한 것은 아니다. 202쪽 각주 참조.

현대 동물학에서 본능의 용법이 매우 분명하고 필수불가결하다는 점에 대해서는 훌륭한 저서 Niko Tinbergen, *The Study of Instinct* 참조. 그 철학적 문제점을 철저하게 비형이상학적으로 논의하는 내용은 다음을 참조. Konrad Lorenz, "The Great Parliament of Instincts", *On Aggression*; R. A. Hinde, "Ethological Models and the Concept of Drive".

* B. F. Skinner, *The Behavior of Organisms*, p. 20. 여기서 스키너는 이 구절을 중요한 전문용어로 소개한다. '강화 행동'에 관한 내용 역시 행동이 실행과 실행 사이에 콘크리트 같은 영구적 물질로서 존재한다고 암시하는 것으로 보인다. 그러나 그렇게 보면 실제로 있는 것은 어떤 기질 내지 인과적 속성을 지닌 하나의 유기체뿐이다.

과 마찬가지다. 의학 분야에서 이런 타고나는 장기적 프로그래밍에 놀라는 사람은 아무도 없다. 그리고 분비샘, 뇌, 분비물 등은 누가 보아도 물리적 물체인 만큼, 행동 맥락에서 똑같은 프로그래밍을 뜻밖이라고 받아들인다는 것은 이상해 보인다.

내 생각에 어떤 사람들은 둥지 짓기나 상당히 표준화된 성적 행위처럼 완전히 구체적인 본능 행동에 대해서는 이 설명을 받아들일 것이다. 그들이 염려하는 것은 공격성이나 성적 행동 전반 등 더 포괄적 행동 양식을 본능이라 불러야 한다는 관념이다. 그러나 이 두 가지는 서로 위배되지 않는다. 구체적 행위는 일정한 맥락 안에서만, 삶의 특정 방식에서만 이해되는 것이다.

여기서 유용한 용어 하나는 닫힌 본능(또는 프로그램)과 열린 본능(또는 프로그램)이다. 닫힌 본능은 세밀한 부분까지 전부 유전적으로 정해져 있는 행동 양식이다. 꿀벌의 춤이나 일부 새의 노래, 피리새가 둥지를 짓는 방식 등이 이에 해당한다. 자기 종의 모든 구성원으로부터 격리된 상태로 길러져 길들이기 과정의 도움을 전혀 받지 못한 동물도 이처럼 복잡한 행동 양식을 모든 세부 사항까지 정확하게 똑같이 수행할 것이다. 그런 유전적 프로그래밍은 지성을 대신한다. 성숙이 곧 배움이다. 반면 열린 본능은 빈 곳이 남아 있는 프로그램이다. 행동 양식의 일부는 선천적으로 결정되어 있지만, 나머지는 비어 있어 경험으로 채워진다. 그래서 어린 새들은 자기 앞에 무엇이 있든 그것을 어미로서 따르고 찾아다니고 복종하도록 구성되어(또는 '프로그래밍되어') 있지만, 프로그램 안에 어미의 실제 생김새는 없다. 경험으로 그것을 '각인(imprinting)'시켜야 한다. 이것은 '열린' 본능 중 가장 단순한 형태이며 매우 흔히 나타난다. 아주 단순한 동물이라도 경험으로 채울 빈 곳이 훨씬 더 커야만 할 수 있는 활동을 하며, 그런데도 전체적 목표는 여전히 선천적으로 결정되어 있다. 예를 들어 **집으로 돌아가는** 일반적 이동 성향은 일부 매우 단순한 동물을 비롯하여 많은 동물에게 공통으로 나타나는데, 이를 위해서는 일정하지 않고 예측할 수도 없는 다양한 이동 방법과 경로와 있을 수 있는 장애물의 종류 등이 제공되어야 한다. 그러면서도 여전히 지배적인 전반적 동기가 그 동물에게 있어야 한다. 뭔가에 의해 움직임이 '강화'될 때까지 아무렇게나 헤매고 다닐 수는 없다. 그것은 일찍 죽게 될 가장 확실한 방식이기 때문이다. 동물은 종류에 따라 적절한 생활 방식의 범위가 매우 제한되어 있고, 그 범위를 빨리 찾아내 그 안에 머물러야 한다. 그러므로 '프로그램'에는 집으로 돌아가고, 물을 찾고, 낮 동안에는 숨고, 탁 트인 공간을 피하는 등 강한 **전반적** 성향이 다수 포함된다. 그리고 동물이 더 복잡하고 더 지성적일수록 철두철미하게 세밀한 방식보다는 이런 전반적 방식으로 더 많이 프로그래밍된다. 종의 레퍼토리에 속하는 특정 행위가 여러 가지 일어나지만, 이런 전반적 지침의 맥락에서만 작용한다. 이런 열린 본능은 사냥, 나무 타기, 씻기, 노래하기, 새끼 돌보기 같은 특정 **종류**의 행동으로 이어지는 전반적 성향이다. 예를 들면 고양이는 천성적으로 사냥하는 성향이 있다. 고양이는 본보기가 전혀 없어도 그렇게 할 것이다. 먹이가 필요하지 않은 새끼일 때도 그렇게 하고, 먹이를 충분히 공급받는 때조차 계속 그렇게 할 것이다. 목적을 위한 수단만이 아닌 것이다. 그러나 고양이의 사냥은 틀에 박힌 단일 양식이 아니라 다양한 레퍼토리의 동작을 동원한다. 살아가는 동안 고양이는 사냥에 동원하는 동작을 고르는 능력이 크게 향상될 것이다. 새로운 동작을 궁리해낼 수 있고, 다른 고양이들을 따라 할 수 있다. 이런 의미에서 사냥은 배우는 것이다. 여기서 선천과 후천을 서로 반대 명제로 보는 것은 매우 잘못되었고 도움이 되지 않는다. 고등 동물의 활동이 대부분 그렇듯 사냥은 타고나는 **동시에** 배우는 것이다. 동물은 특정 능력과 그 능력을 쓰려는 강한 바람을 가지고 태어나지만, 그 능력을 제대로 발달시키려면 시간과 연습과 (종종) 약간의 모범이 필요할 것이다. 그 밖의 능력이나 바람은 가지고 있지 않으며 습득하기 어려움을 알게 될 것이다. 예를 들면 고양이나 유인원의 경우 헤엄은 일반적 범위를 벗어나는 능력이다. 이들은 매우 재빠른데도, 인간이나 하마만큼 헤엄에 적합하지는 않다. 본보기가 있어도 대개는 물에 들어가지 않으며, 먹을거리가 물 건너에 있으면 굶을 것이다. 그리고 아프리카들개는 대부분의 개 부류와는 달리 지배 행동을 보이지도 않고 하나의 짝짓기 상대를 고수하지도 않는다. 전체적으로 이들은 대부분의 개에 비해 덜 독자적이고 더 철저하게 사회에 녹아들어 있다. 이것이 이 종의 성격이다. 그리고 모든 종에 이런 식의 성격이 있다.*

이제 이 맥락에서 공격성 관념은 전반적 본능이자 열린 본능 내지 성향으로서 전적으로 이치에 닿는다. 어떤 종이 공격적인지 아닌지는 그 종이 굴을 파는지 둥지를 짓는지만큼 명확한 문제다. 해당하는 행동의 범위가 더 넓지만 여전히 매우 뚜렷하다. 공격성은 자기 종의 구성원들을 공격하는 전반적 성향이다. 이것은 대상을 죽이려는 훨씬 더 구체적인 성향과는 다르다. 공격성은 대상을 쫓아내는 것으로 충족된다. 다만 저항에 부딪히면 싸움이 일어날 수 있고 부상이나 죽음이 뒤따를 수 있다. 공격성이 조금이라도 있는 동물 종이라

* George Schaller, *Year of the Gorilla*, pp. 58, 103; Lois E. Bueler, *Wild Dogs of the World*, pp. 231-234 참조. 이에 관해 전반적으로 다룬 내용을 더 많이 보려면 11장 516쪽 이하 참조.

면 공격하고 위협할 때 사용하는 특정한 행동 양식이 있다. 개는 제비갈매기나 호저와 같은 방식으로 공격하지 않는다. 그러므로 공격 자체는 일반화되고 표준화된 것이 아니다. 그러나 통일적 요소가 하나 있는데, 위협은 (반드시) 종의 장벽을 넘어 이해된다는 것이다. 고도로 사회적인 종에서는 위협 해석이 정밀하고 너무나 잘 발달해서, 물리적 공격은 가능성이야 항상 있지만 실제로 그럴 필요가 생기는 경우는 매우 드물다. 따라서 모든 행동이 어떤 구체적 행위 즉 대상을 죽이는 행위로 이어지는 경향은 (사람들이 이따금 생각하는 것과는 달리) 공격 사례에서 나타나는 통일적 요소가 **아니다**. 거기서 통일적으로 나타나는 요소는 공간 및 지배와 연계된 다른 동기들과의 관계다. 공격성이 있는 동물은 보통 자기 주위에 공간을 원하며, 다른 동물을 일단 그 공간 밖으로 내보내면 대개 만족하고 잊는다. 그 동물을 죽이는 것이 내쫓는 한 가지 방식임은 분명하지만, 자연 상태에서 그런 일은 비교적 드물게 일어난다. 훨씬 더 흔한 방식은 굴복을 요구하는 것이다. 가벼운 공격에 굴복하는 동물은 **몸을 움츠리기만** 한다면 실제로 떠날 필요가 없는 경우가 많다. 어떤 식으로든 몸을 굽혀 굴복하고 승자를 둘러싼 공간을 침입하지 않는다는 뜻을 표하는 것이다. 굴복이 받아들여지면 떠날 필요가 없다. 승자는 종종 우호적 몸짓을 통해 이를 알리고, 그것으로 싸움은 '원만히 끝난다'. 이 행동의 전체 범위는 극도로 복잡하다. 그러나 그런 행동을 할 능력은 종이 타고나는 것이며 종 성격의 일부가 된다.

이런 종류의 열린 본능은 고등한 동물의 주요 자질이다. 늑대는 온갖 복잡한 행동 덕분에 매우 성공적인 사회생활이 가능한데, 그런 행동이 가능한 요인이 바로 이 열린 본능이다. 일부일처, 청결, 새끼 돌보기, 무력한 상대를 공격하지 못하는 것은 개별적 패턴이지만 타고나는 것이다. 그렇지만 열린 본능과 닫힌 본능은 서로 다른 종류에 속하지 않는 것이 분명하다. 둘은 같은 척도의 양극단이며 그 사이에 많은 중간 단계가 있다. 예를 들면 조류에는 지저귀는 양식이 정해져 있는 새도 있지만 다양한 모방 능력이 있는 새도 있다. 흉내지빠귀는 다른 새의 노래뿐 아니라 새와 무관한 소리도 모방한다. 이 새의 프로그래밍은 뻐꾸기보다 더 복잡한 것이 명백하며, 선택 능력을 어느 정도 포함한다. 그러나 이 새에게 모방 자체는 본능이다. 훈련 없이도 모방할 테지만, 모방 대신 창작하도록 가르치지는 못한다. 고등한 동물이 둥지를 짓는 것도 비슷하다. 그런 동물은 베짜기새와는 달리 정해진 틀이 없지만 둥지를 갖게 될 것이고, 지을 재료가 없으면 없는 대로 최선을 다할 것이다. 시궁쥐는 자신의 꼬리를 자꾸 구석으로 가져가는데, 이 특이한 동작은 제대로 된 재료를 운반할 때와 똑같다.* 이처럼 틀에 박힌 형태에서부터 매우 전반적인 성향에 이르기까지 갖가지 중간 단계를 모두 볼 수 있다.** 그 좁은 쪽 극단에서 우리는 아마도 어떤 본능도 완전히 닫힐 수는 없다고 할 수 있을 것이다. 베짜기새조차 자신이 택한 나뭇가지와 재료에 따라 조금씩 다르게 할 수밖에 없다. 춤추는 꿀벌도 벌집의 상태와 자신의 소화 정도에 따라 적응한다. 넓은 쪽 극단에 대해 우리는 무엇을 말할 수 있을까? 열린 본능이라는 관념을 사람에게 적용하면 말이 될까? 아니면 그쯤이면 너무 넓어져 의미가 없어진다고 해야 할까?

* W. H. Thorpe, "Introduction", Konrad Lorenz, *King Solomon's Ring*. 소프는 글에서 이런 종류의 예를 몇 가지 소개한다.

** 주어진 맥락에서 열린 프로그래밍이 나타날지 닫힌 프로그래밍이 나타날지를 결정하는 원칙에 대해서는 다음을 참조. Ernst Mayr, "Behavior Programs and Evolutionary Strategies", *American Scientist*, 62(1974).

왓슨 같은 사람들이 인간에게는 본능이 없다고 말할 때 가리키는 것은 언제나 닫힌 본능이다. 그들은 인간은 표준적인 거미줄을 만들거나 표준적인 꿀벌의 춤을 추지 못한다는 점은 지적하면서 인간의 동기화 패턴이 일정하다는 점은 무시한다. 왜 사람은 가족을 이룰까? 왜 사람은 자신의 가정을 보살피며 영역을 두고 다툴까? 왜 재산을 소유할까? 왜 그렇게 말을 많이 하고 춤을 추고 노래할까? 왜 아이들은 놀고, 아닌 게 아니라 왜 놀까? 왜 아무도 플라톤의 국가에서 살고 있지 않을까?

백지 이론에 따르면 문화적 길들이기 때문이다. 그러나 이것은 물체가 낙하할 때마다 다른 뭔가가 그것을 밀었다는 말로 중력을 설명하는 것과 같다. 그것이 사실이라 해도 도움이 되지 않을 것이다. 누가 시작했을까? 백지 이론은 사람들이 왜 자기 가족에게 **저항하는지**, 모두가 하지 말라고 문화적으로 길들이는 행동을 그들은 왜 하는지 말해주지 **않는다**. 나는 백지 가설에서 그에 대한 제대로 된 답변을 한 번도 본 적이 없지만, 짐작하건대 하위문화와 문화적 양가감정, 사회가 속죄양을 필요로 한다는 면에서 표현될 것 같다. 재미있는 그림이다. 모든 18개월 아이들은 지금이 하위문화에 참여할 때라는 소식을, 그래서 가구를 타고 올라가고, 집 밖으로 아장아장 걸어 나가고, 불장난하고, 유리창을 깨고, 물건을 산산조각 내고, 흙장난을 치고, 오리를 쫓아다닐 때라는 소식을 어떻게 전달할까? 이런 것은 그러도록 길들지 않은 상태에서도, 나아가 온갖 방법으로 제지당하는데도, 건강한 어린이라면 누구나 할 것으로 기대되는 완전히 구체적인 행동이기 때문이다. 바로 그래서 촘스키는 스키너에게 어린아이들은 어떻게 제멋대로인 문법으로 말하는지, 이전에 들어본 적이 없고 그렇게 말하면 바로잡아주는데도 왜 그러는지 묻는다. 이런 질문을 대할 때 백지론자들은 **선험적** 전제 때문에 속수무책이 된다.

반면 동물행동학자들은 경험적으로 접근한다. 자신이 연구하는 종 안에서 어떤 활동이 일어나는 것이 발견되면 그는 그저 지켜보면서 사진을 찍고 메모를 적기 시작한다. 맥락을 세밀하게 관찰하고 다른 활동들과 비교하면서, 일어난 다른 일들과 연관 지어 설명하는 방향으로 조금씩 나아간다(예를 들면 재갈매기들은 자기 영역의 경계에서 서로 만나면 끊임없이 상대를 외면하면서 풀을 뽑는다. 둥지를 짓는 행동 같지만, 이들은 뽑은 풀을 이용하지 않는다. 그게 아니라, 이들은 싸울 때 일반적으로 나타나는 다른 행동 양식을 따르는 것이며, 이따금 정말로 싸운다. 동물행동학자는 이들이 하는 일을 모두 철저히 연구하고 다른 상황에서 하는 행동을 비교한 끝에, 이것이 두려움과 공격성이라는 두 가지 동기 사이의 갈등을 누그러트리기 위해 하는 전위 행동의 하나라는 가설을 적용해본다. 그러나 동물행동학자는 여러 가지 다른 전위 행동과 면밀하게 비교하고 그 조건과 그 생리학적 의미를 완전히 분석한 다음에야 가설을 받아들인다*).

종의 본성이란 무엇일까?

관찰하는 방법, 그리고 한 가지 설명만을 추구하지 않는 태도 덕분에 동물행동학자는 '인간 본성'이라는 용어를 전부터 사용해온 많은 사람에 비해 더 유리하다. 확실히 이 용어는 인간은 기본적으로 성적이다, 기본적으로 이기적이거나 탐욕스럽다, 기본적으로 악하다, 기본적으로 선하다는 식의 만병통치약 같은 설명을 암시하기 때문에

* 틴베르헌은 다음 책에서 이 점을 지극히 꼼꼼하고 조리 있게 설명한다. Niko Tinbergen, *The Herring Gull's World*, chap. 7.

의심스러운 용어다. 이런 이론은 물이 차오르는 사태를 해결하기 위해 물이 새어드는 곳이 한 군데라 생각하고 찾아내려는 단순한 사람처럼, 동기화의 원천은 하나라고 보고 그것을 찾아 인간의 행위를 설명하려고 시도한다. 누수에 대처하는 식의 이런 접근법은 마르크스주의 이론이 예술을 설명할 때나 프로이트 심리학이 정치를 설명할 때 볼 수 있듯이, 이론가가 자신이 잘 아는 분야를 일단 벗어나면 언제나 믿기 어려운 수준의 왜곡으로 이어진다. 반면 동물행동학자는 인간 본성은 기본적으로 어떠하다고 말하고 싶어 하지 않는다. 그보다는 인간 본성이 무엇으로 이루어져 있는지를 보고 싶어 한다(로버트 아드리조차 인간은 **기본적으로** 영역 동물이라고 주장하지 않는다). 동물행동학자는 골짜기의 지도를 그리는 측량사처럼 일을 진행한다. 이곳의 샘에 주목하고, 저곳의 샘을 눈여겨보고, 그중 몇몇은 정말로 한데 모여 흐르는 경향이 있다는 것을 알아낸다(예컨대 고양이는 사냥할 때도, 발정하여 짝을 찾아 울 때도 나무를 타는 행동을 한다). 관찰 중인 동물의 나머지 습성과 아무 관련도 없이 단편적으로 보이는 활동을 발견하면 연관성이 나타날 때까지 그저 정보를 축적한다. 이런 식으로 나그네쥐의 '자살'은 다른 것과는 무관한 소름 끼치는 동인 때문이 아니라, 개체 수 과밀에 대응하는 복잡한 이주 패턴의 한 부분임이 밝혀진다.* 마찬가지로 갈매기가 풀을 뽑는 행동은 파괴적 동인 때문이 아니라 두려움과 공격성이라는 두 가지 동기화 패턴이 서로 맞물려 나타나며, 이 두 패턴은 둥지를 짓는 맥락에서 어떤 명확한 방식으로 그들의 삶과 연관되어 있어서 이 종의 전반적 성격을 보여주는 특징

* Walter Marsden, *The Lemming Year*(London, 1964); Charles Elton, *Voles, Mice and Lemmings*(Oxford, 1942) 참조.

으로 활용할 수 있다. **어떤 습성을 이해한다는 것은 그 습성과 함께 있는 것이 무엇인지 보는 것이다.** 의미는 즉 용도이다. 여기서 가정하는 유일한 것은 생물학자의 일반적 가정으로, 유기체 안에는 **어떤** 체계가 있다는 가정, 널리 퍼져 있는 모든 동식물의 습성에는 어떤 취지가 있다는 가정이다. 이 전제는 성공적으로 설명될 때 타당함이 입증된다.*

그러므로 한 종의 본성은 상당히 확고한 성격 패턴을 형성하는 상속되는 레퍼토리 즉 일정 범위의 능력과 성향으로 구성된다. 다만 출생 이후 조건에 따라 세밀한 부분은 매우 많이 달라진다. 이렇게 볼 때 개코원숭이는 '본성적으로 위계적 동물'인데, 우두머리와 원로원이라는 재미있는 이름이 붙은 장로들을 따라 무리 지어 이동하며, 가장 신분이 낮은 어린 원숭이까지 세심하게 나뉜 등급에 따라 지배 행동을 보이기 때문이다. 이것은 한 집단에 가차 없는 '먹는 순서'가 없다거나 종 또는 상황에 따라 위계의 세밀한 부분이 크게 달라진다는 것이 드러난다고 해서 '틀렸음이 입증'되지는 않는다.** 이런 미묘한 부분을 조사한들 본성적으로 위계적 성향이 있다는 생각이 더 강화되고 더 잘 설명될 뿐이다. 또한 이따금 태도가 불경하거나 해이한 개코원숭이가 발견된다고 해서 틀렸음이 입증되지도 않는다. 개코원숭이는 '본성적'으로 털이 나 있으며, 털이 빠지는 개체 몇몇을 발견한다고 해서 그것이 틀렸다고 입증되지는 않는 것과 마찬가지다.

이 비유를 염두에 두고 요즘 유행하는 질문을 생각해보자. 인간

* 이 가정에 대해서는 이 장의 마지막 절에서 더 다루기로 한다. 또한 282-283쪽도 참조.

** 다양한 양상에 관해서는 다음을 참조. T. E. Rowell, "Variations in the Social Order of Primates", *Primate Ethology*, ed. Desmond Morris.

은 본성적으로 공격적일까? 먼저, 본성적으로 공격적이라는 말은 무슨 뜻일까? 동물행동학자가 볼 때 이것은 인간이 기본적으로 공격적이라는, 공격성이 인간의 유일한 동기라거나 모든 것을 압도하는 동기라는 뜻은 분명 **아니다**. 이것은 인간의 여러 특징 중에 공격적인 면도 있다는 뜻이고, 인간이 타고나는 여러 성향 레퍼토리 안에, 배우지 않은 상태에서, 다른 목적을 위한 수단으로서 그럴 필요가 있지 않은 상태에서, 그럴 만한 도발이 있어 보이지 않는 상태에서 때때로 자기 종의 다른 개체를 공격하는 성향도 있다는 뜻이다. 이 의견은 격렬한 반대에 부딪혔다. 그래서 이제 동물행동학자는 다른 여느 종들을 대할 때와 똑같은 방식으로 인간을 연구해야 한다. 먼저 행동을 있는 그대로 살펴본 다음, 그런 행동의 원인과 연관성을 찾는 것이다. 이 연구는 행동학자 자신이 인간이 아니라 다른 종에 속하는 존재로서 이곳에 관찰자로 와 있다면 더할 나위 없이 쉬울 것이다. 그러므로 우리는 그가 센타우루스자리 알파별 출신이라고 생각하고 센타우루스인이라고 부르기로 한다. 이 센타우루스인은 수백 년 동안 호모 사피엔스를 관찰한 기록을 활용할 수 있다. 그에게 인상적인 것 하나는 이 동물이 종종 고의로 자기 종의 다른 개체들을 죽이거나 다치게 한다는 점이다. 물론 항상 그러는 것은 아니지만, 이 행성에서 사는 다른 동물들보다는 훨씬 더 자주 그렇게 한다. 그는 백년전쟁, 칠년전쟁, 삼십년전쟁을 비롯한 모든 전쟁과 아르메니아인 집단학살, 의례적 살인, 식인, 사형, 고문, 민족 학살, 유대인 대학살에 관한 확실한 기록을 가지고 있다. 다른 종들에 관해서는 그런 기록이 없다. 그가 볼 때 이 모든 것은 이 종에게서 뚜렷이 나타나는 여타 특징만큼 매우 특이하며, 그래서 그는 사회학자 인간(편의상 존스라고 부르기로 한다)에게 설명을 청한다. 대화는 다음처럼 진행된다.

존스 공격성은 모두 문화적 길들이기에 기인합니다.*

센타우루스인 뭐라고요?

존스 부모가 그러라고 시켰기 때문에 그런다는 겁니다.

센타우루스인 인간은 늘 부모가 시키는 대로 합니까?

존스 부모의 확신이 강할 때는 그렇습니다.

센타우루스인 그러면 **부모**는 왜 그렇게나 강하게 폭력이 필요하다고 확신합니까?

존스 부모는 전쟁이 자신에게 이익이라고 보는 사악한 지배자에게 현혹되어 있습니다. 현대의 세뇌 기술로 이런 식의 속임수는 매우 쉽지요.

센타우루스인 그러면 이런 살육에는 문화적으로 강요된 활동의 모든 흔적이 남아 있겠군요? 종잡을 수 없고, 의례가 넘쳐나고, 마지못한 태도 말입니다. 신앙심 없는 사람들이 교회에 가는 것처럼요. 현대의 기술에 관한 당신의 말에 비추어 볼 때 그것은 이런 기록에서 나타나는 것보다 훨씬 더 근래에 생겨났겠군요? 생계를 유지하고 권력자를 만족시키기 위해서일 뿐이니까, 실행에 옮길 때는 지루한 태도가 역력히 나타나겠군요? 입맛에 맞게 만들려면 뭔가 더 매력적인 것과 연관시킴으로써 위장할 필요가 있겠군요? 조금이라도 방해를 받으면 즉시 팽개쳐질 것이고, 젊은 층보다는 노인들에게 더 인기가 있겠군요? **자, 그러면 각종 살육을 담은 필름과 기록을 보여주시지요. 이런 점이 분명하게 나타나는 것들로요.**

존스 당신의 접근 방법은 투박한 데다 사회가 길들이기를 실행하는

* 존스의 논의는 예컨대 '인간과 공격성(Man and Aggression)'이라는 이름의 심포지엄에 모인 유명 반동물행동학자팀의 논문집에 잘 나타나 있다. *Man and Aggression*, ed. Ashley Montagu(Oxford, 1968). 또 애슐리 몬터규의 저술 전체에도 잘 나타나 있다.

교묘한 방식을 이해하지 못하는군요. 그 대부분은 무의식적입니다. 사람들은 자발적으로 행동하고 있다고 생각합니다.

센타우루스인 그렇지만 당신이 지구인의 심리를 다루는 다른 학파들을 논할 때 그들이 무의식적 과정에 관한 가설에 의존한다고 불평하는 것을 들은 것 같은데요? 그런 가설은 검증 불가능하며 따라서 의미가 없고, 그런 가설을 사용하는 것은 과학적이지 않다고 일축하지 않았나요?

존스 확실히 그랬지요. 그렇지만 보다시피, 그들의 가설은 저의 가설과는 달리 **틀렸습니다**. 저의 가설은 단순한 가설이 아니기 때문에 과학적이에요. 저의 가설은 제가 다루는 분야의 원칙입니다.

이것은 있을 수 있는 대화 방식의 하나다. 또 하나는 다음처럼 존슨이 폭력은 문화적 길들이기가 아니라 **좌절**의 결과라고 말하는 것이다.* 인간은 좌절하지 않으면 절대로 공격성을 표출하지 않는다는 말이다.

센타우루스인 그런데 좌절 없는 삶을 사는 인간이 있기는 합니까?

첫 번째 대안

존스 (단호하게). 절대 없지요. 그런 삶은 불가능합니다.

센타우루스인 그러면 그렇게 살 경우 그들이 할 행동을 어떻게 압니까?

* 이런 측면은 다음에서 훨씬 더 체계적으로 다루고 있다. John Dollard et al., *Frustration and Aggression*(New Haven, 1939).

존스 본성적인 것은 좋고 공격성은 나쁘기 때문입니다.

센타우루스인 그렇지만 종들은 이따금 본성적으로 자신에게 나쁜 습성을 갖게 됩니다. 아일랜드 사슴이나 청란*에 대한 여러분의 기록에서도 볼 수 있는 것처럼 말이지요. 어쩌면 공룡도 그럴 겁니다. 상황은 변하고, 선택 메커니즘은 오작동할 수 있고, 특성은 기후가 바뀌거나 종들이 무기를 발명할 때 과도해지거나 더 이상 적응하지 않게 됩니다.

존스 당신은 인간의 존엄을 제대로 알지 못하는군요. 인간은 그런 오류를 초월합니다.

센타우루스인 사과드립니다. 인간이 좌절하지 **않으면** 어떻게 될까 하는 질문은 제쳐두는 게 좋겠군요. **좌절했을 때 인간의 반응 또한 인간의 본성에 속하지 않나요?** 다른 종들은 전위 행동을 충분히 활용합니다. 갈매기는 풀을 뽑고, 늑대는 으르렁거리고, 고릴라는 고함을 지르고, 큰가시고기는 머리를 아래로 하고 몸을 세운 채 자갈을 파냅니다. 이렇게 하면 대부분은 실제 살육을 회피할 수 있습니다. 인간에게도 전위 행동이 있지만(그 자체가 공격적 바람이 있다는 증거로 보이지만) 살육을 피할 수 있을 정도는 아닙니다. **왜 그럴까요?**

존스 그런 상황은 아마도 '공격적 본능'이라는 말로 묘사할 수 있을 것 같습니다. 그러나 그것이 좌절과 도발이 먼저 있어야만 작용하는 **조건부** 본능이라는 것을 분명히 해두는 경우에만 말이죠.

센타우루스인 어떤 의미에서 **모든** 본능은 조건부입니다. 모두 적절한 상황이 필요합니다. 배고픔과 목마름조차 동물의 건강 상태가 정상이고

* Edward O. Wilson, *Sociobiology*, pp. 132, 262, 315, 548; Konrad Lorenz, *On Aggression*, p. 40 참조. 거기서 비적응형 특성이 어떻게 진화하고 허용될 수 있는지에 관한 논의 전체가 다음 절에서 내가 논할 내용과 관련되어 있다. 164쪽 참조. 더 자세한 내용, 특히 아일랜드 사슴에 관한 내용은 252쪽(각주)과 276쪽 참조.

두려움 같은 더 강한 동기에 주의가 쏠리지 않아야 느낍니다. 당신이 생각하는 조건이 불가피한 수준의 일상적 좌절과 성가심이라면 그것은 거의 아무런 의미가 없습니다. 그러나 당신의 말은 그게 전부가 아닌 것 같습니다. **도발**이 언제나 필요하다는 말은 확실합니까? 공격성은 언제나 반작용이라는 말입니까? 다른 동물들과 마찬가지로 인간이 나가서 싸움을 거는 듯 보이는 것은 언제나 착각이라는 말입니까? **만일 사람들이 도발이 있을 때만 공격한다면, 누가 그들을 도발하는 겁니까?**

두 번째 대안

존스 사람들은 좌절로부터 좀처럼 벗어나지 못하는데, 그것은 거의 모든 부모와 교사가 저지르는 잘못 때문입니다. 인간은 대부분 그 때문에 어릴 때 일그러집니다.

센타우루스인 그러면 그런 잘못을 저지르기 쉬운 경향, 그리고 그 때문에 그렇게나 쉽게 일그러지는 경향은 외부에서 일어나는 사고에 휩쓸리는 것이라기보다 인간 종의 본성에 속하는 것이 아닙니까? 그리고 예외적으로 비공격적인 사례에 대해 더 들려주시기 바랍니다. 인간은 얻을 수 없는 것을 원하는 일이 **절대** 없습니까? 그리고 그럴 경우, 그 좌절이 공격적 행동으로 이어지는 일은 절대 없습니까?

존스 있을지도 모르죠. 그렇지만 방금 말한 잘못된 교육은 본성적이지는 않지만 언제나 어느 정도 저질러집니다.

센타우루스인 그렇게 말하는 것과 문제의 잘못이 본성적**이라고** 말하는 것의 차이는 뭔가요? 본성적이라고 말한다면 어떤 교육 방법을 사용해 그것을 억제하도록 권장할 테고, 물론 그런 방법 자체도 본성적이지 않다는 뜻일 필요는 없지요. 그 동물의 본성 한 부분을 이용해 다른 부분을 통제하는 거니까요. 아이의 본성적 분별력을 길러줌으로써, 위험을 무릅쓰는 본성적 성향에 맞대응하게 할 때처럼 말이죠. 교육이란 그렇게 작용하는 법이니까요. 교육이 가능한 종은 모두 복잡합니다. 여담으로, 센타우루스의 교육 문제를 말하자면….

'생물학적 결정론'의 의미

최근 다음처럼 다소 형이상학적으로 변형된 논의가 새로 등장했다.

존스 공격성은 타고난다는 관념은 생물학적 결정론입니다. 용납할 수 없을 정도로 인간의 자유에 위협적이에요.

센타우루스인 당신은 결정론 전반에 반대하는 건가요, 아니면 생물학적인 결정론만 반대하는 건가요?

첫 번째 대안

존스 생물학적인 것만입니다. 물질적 결정론은 용인할 수 있습니다. 경제적 결정론과 사회적 결정론은 적극적으로 환영합니다.*

센타우루스인 계속해주세요. 살아 있는 세포의 행동이 결정되어 있지 않다면, 경제적 또는 사회적 예측이 어떻게 가능할까요? 현재 우리는

* 마르크스주의가 견지하는 최소한의 입장으로 보인다. 이것은 대개 결정론 전반을 열정적으로 지지하는 방향으로 확장된다. 그 예로 Friedrich Engels, *Anti-Duhring*, Pt. 1, 도덕과 법률, 자유와 숙명에 관한 절 참조. "자유는 숙명을 인식하는 것이다. […] 자유는 자연법칙으로부터 독립을 꿈꾸는 데 있는 것이 아니라 자연법칙을 아는 데 있으며, 그에 따라 자연법칙이 명확한 목적을 향해 체계적으로 작용할 가능성이 생겨나는 데 있다." 엥겔스는 이것이 생명 없는 물질만큼이나 인간의 마음에도 적용된다고 밝힌다.

작물의 생육이나 사람의 소화 능력을 비롯한 인체 대사작용을 당연한 패턴으로 받아들입니다. 그렇지만 이런 것은 생물학의 관심사가 확실하지요? 또는 만일 물리 입자들의 행동이 결정되어 있다면, 어느 단계에서 불확정성이 끼어들까요? 아메바의 행동은 결정되어 있지 않은 상태인가요?

존스 아니, 그게 아닙니다. 저의 반론은 물론 인간의 상황에 국한된 거예요. **유전적** 결정론을 겨냥한다고 말하는 게 더 나을지도 모르겠군요. 저는 한 인간의 삶을 두고 개인이 사회를 만나기도 전에 유전자를 통해 완전히 예측할 수 있다는 의견에 저항하는 겁니다.

센타우루스인 그런 의견이 있습니까?

존스 당신이 말하는 공격성은 타고난다는 관념이 그것을 암시하고 있습니다.

센타우루스인 아뇨. 우리가 선천적으로 사회적이라는 말이 인생을 파티에 다니며 보내야 한다는 뜻이 아니고, 우리가 선천적으로 암시에 쉽게 걸린다는 말이 무슨 말을 들어도 그대로 믿어야 한다는 뜻이 아닌 것과 마찬가지입니다. 또는 우리가 잠을 잘 능력이 있다는 말이 늘 잠을 자야 한다는 뜻이 아닌 것과 마찬가지입니다. 이런 것은 **전반적** 기질입니다. 기질 사이에서 구체적으로 변화가 일어나고 협상이 벌어질 여지는 어마어마합니다.

존스 그렇다면 당신은 유전적 인자를 원인으로서 중요하게 받아들이지 않는 겁니다.

센타우루스인 유전적 인자는 더없이 중요합니다, 그렇지만 범위가 넓고, 여러 원인 중 한 묶음일 뿐입니다. 어떤 원인 묶음이든 하나만으로 '완전히 결정할' 수는 없습니다. 바로 이것이 **수식어가 붙은** 모든 결정론이 가진 약점이에요. 경제적, 사회적, 물질적, 나아가 유전적 결정론도 마찬가지입니다.

여기서 우리는 두 번째 대안, 즉 결정론을 아예 배제할 가능성으로 넘어가게 된다. 그러면 어떻게 될까?

센타우루스인 결정론은 실제로 무엇입니까? 당신의 생각은 원인에는 굳은 것과 무른 것, 결정적인 것과 경향을 띠는 것, 완전한 것과 불완전한 것이라는 두 종류가 있다는 뜻으로 보입니다. 당신은 유전적 원인을 불완전하고 무른 종류로 분류하고자 합니다. 그렇지만 확실히 결정론은 **모든** 원인에 관한 견해입니다. 그리고 모든 원인은 불완전합니다. 만일 우리가 그중 한 묶음을—경제적, 환경적, 심리적 등 무엇이든—고른다면 그것은 그냥 거기 존재하는 것이 분명한 방대한 묶음 중에서 도움이 되었으면 하는 마음으로 하나를 고르는 것일 뿐입니다. 우리는 전체의 원인이 되는 비밀의 샘을 찾아냈다고 주장하고 있는 것이 아닙니다.

그렇지만 우리는 각 묶음을 어느 정도는 진지하게 받아들여야 하며, 그러지 않으면 그것은 우리에게 소용이 없습니다. 원인은 효과가 나타나도록 **강제하지** 않습니다. 그런 관점은 미신적입니다. 그러나 어떤 효과가 나올지 이해하고 예측하는 데 도움을 주는 것은 분명합니다. 그러므로 우리가 그것을 이해하려면, 아마도 **이론적 목적**을 위해 인간 행동이 예측 가능하다고 생각해야 할 것입니다. 그렇지만 저 흥미로운 인간 철학자 버트런드 러셀이 분명히 말한 것처럼, 실제로 예측이 가능해지게 할 만한 정보를 가진 사람이 있다고는 생각할 수 없습니다. 그는 결정론을 정의하며 이렇게 말합니다. "아무리 짧은 기간이라도 **어떤 한정된 기간에 우주 전체의 상태**가 주어져 있을 때, 이론적으로 이전 사건과 후속 사건은 모두 그 기간에 주어진 갖가지 사건을 변수로 하는 수학적

함수로서 결정될 수 있다."* 누군가 그 정보를 가졌을 가능성이 있다고 생각하지 않는 한, 결정론은 대단히 이론적이며 가능성이 희박한 상태를 벗어나지 못합니다. 질문에는 답이 있다고 가정하는 것과 마찬가지로, 결정론은 조사를 위한 하나의 도구이지 사실 진술이 아닙니다. 그러나 그 반대의 가정, 즉 우리 행동은 미리 결정되어 있지 않다는 가정은 가능성이 그보다 훨씬 덜 희박합니다. 우리는 무엇을 할지 생각할 때마다 이렇게 가정해야 합니다. 이런 가정은 다른 목적에 사용되는 또 하나의 도구로서 꼭 필요합니다. 바로 인간의 자유를 위해 필요한 도구지요. 그리고 당신은 그것이 유전적 원인과 마찬가지로 다른 모든 종류의 원인에 대해서도 똑같은 종류의 어려움을 안겨준다는 것을 알게 될 것입니다.**

존스 과연 그럴까요. 유전적 원인은 저를 **구성**한다고 여겨지는 유일한 원인입니다. 제가 속한 사회가 제게 떠안기는 조건에 자율적으로 대처하려면 저는 길들지 않은 존재로서 자유를 유지해야 합니다.

센타우루스인 (실례되는 질문이겠지만) 무가 어떻게 유에 맞설 수 있나요? 유전적 원인으로부터 자유롭기를 바란다면 자신이 전적으로 자기 사회의 산물일 뿐이라고 선언하는 것이 아닌가요?

여기서 당신이 주장하는 것은 유전학이라는 좁은 범위에 국한되는 문제가 아니라 매우 전반적인 형이상학 문제로 보입니다. 그 문제를 풀

* "On the Notion of Cause", *Our Knowledge of the External World*(London, 1914), p. 221. 강조는 센타우루스인이 넣었다.

** 여기서 너무하다 싶을 정도로 짤막하게 그린 약간은 칸트적인 입장이 센타우루스자리 알파별에서는 인기가 있을지 몰라도 모두의 마음에 들지는 않을 것이다(결정론은 사실 사람들이 종종 생각하는 것보다 훨씬 모호한 관점이며, 훨씬 표현하기 어렵다). 그렇다고 해서 요지 즉 원인에 관해 전반적으로 어떤 관점을 취하든 유전적 원인을 예외로 칠 이유가 있을 수 없다는 점에는 변함이 없다.

려면 원인, 필연, 행위, 일반 원칙의 지위 같은 관념을 면밀하게 연구할 필요가 있을 것입니다. 센타우루스의 형이상학자들이 내놓은 의견 중 당신에게 유용한 것이 있을지도 모릅니다.

존스 저는 형이상학에는 관심이 없습니다.

센타우루스인 그러면 그 대신 당신이 의학 맥락에서 제기할 것 같은 몇 가지 실질적 어려움에 대해 질문해도 되겠습니까? 제가 보니 당신은 의학에 바탕을 두고 말할 때 생물학적 문제에서조차 결정론에 상당히 만족하는 것으로 판단됩니다. 범죄자가 분비샘이나 뇌에 뭔가 문제가 있어 보일 때는 그가 저지른 나쁜 행위를 기꺼이 용서하지요. 여기서 당신은 모든 행위를 이해하는 데 필요해 보이는 가정을 하는데, 그것은 사람의 육체적 측면과 정신적 측면은 서로 밀접한 관계에 있다는 것입니다. 그러고는 육체적 과정이 결정되어 있다고 받아들입니다.

그러나 분비샘과 뇌는 상속됩니다. 그 인과에 관한 이야기는 건강한 사람과 환자 모두에게 똑같아야 하지 않을까요? 차이점은 건강한 사람의 경우 할 수 있는 행위의 범위가 달라 보인다는 점이고, 우리는 그 이유를 두고 떠오르는 여러 가지 매우 뚜렷하게 구분되는 질문에다 훨씬 많은 관심을 쏟을 수 있습니다. 행위를 설명하는 방식으로 이유와 원인은 양립이 가능합니다. 둘은 서로 경쟁 관계가 아닙니다. 그렇지만 그 점은 확실히 형이상학적입니다.

그러면 실질적으로 따져보죠. 저는 자유의지 문제에 대한 가장 좋은 **실질적** 해법은 자신은 자유롭고 나머지 사람들은 결정되어 있다고 보는 것이라는 의견을 지구 어느 곳에서 들은 적이 있습니다. 당신이 의학적 사례를 대할 때 취하는 원칙이 바로 이것일 수 있습니다. 아마도 좋은 방책일 겁니다. 그러나 몇 가지 이론적 질문이 제기되는 것으로 보입니다.

센타우루스인과 내가 가공의 인물을 상대로 논쟁을 벌인다고 생각한다면, 스티븐 제이 굴드가 『사회생물학』을 공격하며 쓴 글을 들여다보아야 한다. 유전학자인 굴드는 원칙적으로 유전적 인자가 우리의 사회생활에 영향을 줄 여지를 인정하지만, 다음처럼 대단히 포괄적인 방식으로만 영향을 미칠 수 있다는 의견을 내놓는다.

> 우리가 광합성을 했더라면 (우리의 사회적 진화를 이끈 주요 결정 요인인 농업, 채집, 사냥은 없을 것이다), 또는 우리의 한살이가 특정 혹파리와 같았다면, 우리는 매우 다른 사회생활을 영위하고 있을 것이다. […] 인간 행동의 여러 '흥미로운' 속성이 구체적인 유전적 통제를 받지 않는 한, 사회학은 자기 영역을 침범당할까 두려워할 필요가 없다. 여기서 흥미롭다는 말은 공격성, 사회계층, 남성과 여성의 차이 등 사회학자와 인류학자가 가장 자주 싸우는 주제라는 말이다. 만일 유전자가 규정하는 것이 우리가 중력 세계에서 살 만큼 몸집이 크고, 수면으로 신체를 쉬게 할 필요가 있으며, 광합성을 하지 않는 것뿐이라면, 그렇다면 유전적 결정론이라는 영역은 상대적으로 시시할 것이다.*

그리고 만일 유전자가 규정하는 것이 그뿐이었다면 신생아는 한때 새끼 곰이 그렇다고 생각되었듯 무형의 동물성 원형질 덩어리일 것이고, 어른이 핥아서 형태를 잡아줄 필요가 있을 것이다. 현실을 보면 아기는 종 특유의 신경계통을 갖춘 채 삶을 시작하며, 신경계통은 명확한 뇌와 연결되어 있고 그 반대쪽에는 갖가지 구체적 장기와 근

* Stephen Jay Gould, "Biological Potential vs. Biological Determinism", *Natural History*, May 1976, pp. 16, 18.

육과 표현 장치가 달려 있다. 신경계통은 분비물을 내놓는 분비샘과 연결되어 있는데, 이런 분비물은 행위에 크게 영향을 미친다는 것이 잘 알려져 있다. 이것이 어째서 '구체적인 통제'에 해당하지 않을 수 있는지는 불분명하다. 다만 이것이 사회적 행동에 영향을 주는 **유일한** 종류의 통제가 아니라는 것은 명백하다.

굴드가 이 영역의 원인을 고찰하고 싶어 하지 않는 데는 두 가지 이유가 있다. 하나는 성향을 타고난다는 것을 인정하면 꼼짝없이 파시즘과 연결된다고 생각하기 때문이다. 하지만 그렇게 믿는 일부 사람들과는 달리 굴드는 그런 생각을 자신의 주춧돌로 삼는 것을 달가워하지 않는다. 한편 그는 사실에 관한 가설을 **단지** 그것을 받아들이면 사람들이 나쁘게 행동하게 될 가능성이 있다는 근거만으로 내쳐서는 안 된다는 것을 알고 있다. 그는 증거가 타당하다는 것도 알고 있다. 그래서 이렇게 말한다. "우리가 이해하는 그대로의 과학적 진실이 우리의 일차적 기준이 되어야 한다. [...] 만일 유전적 결정론이 사실이라면 우리는 그것을 안고 살아가는 법을 익힐 것이다." 이것은 지당하다. **그러나** 그는 계속해서 말한다. "나는 그것을 뒷받침하는 증거가 존재하지 않는다는 나의 진술을 다시 한번 되풀이한다."*

만일 그의 말이 유전적 원인**만이** 행동을 결정한다는 관점에 대한 증거를 뜻한다면, 그 관점은 일관성이 없고 누구도 그렇게 주장하지 않기 때문에 당연히 증거를 찾지 못할 것이다. 만일 행동에 **얼마간** 영향을 준다는 관점에 대한 증거를 뜻한다면, 그것은 다른 가정으로는 간단명료하고 적절하게 설명할 수 없는 매우 광범위한 활동에서 찾아낼 수 있다. 간단한 예를 들자면, 소극적 측면에서는 어린아이들의

* Ibid., p. 22.

행동 중 부모가 싫어하고 깜짝 놀라게 되는 모든 행동이 있는데, 이것은 길들이기의 결과물이 **아닌** 것이 자명하기 때문이다. 적극적 측면에서는 가르치기는커녕 전반적으로 억제하는 환경임에도 때때로 사람들이 스스로 발견할 수 있는 성적 행동의 모든 측면과, 주위 사람들이 눈살을 찌푸리거나 전혀 알지 못하는 활동을 자연스럽게 하면서 뛰어난 능력을 보여주는 어린이들에게서 가끔 발견되는 특수한 재능(여러 가지가 있지만 특히 수학적 재능)을 들 수 있다.

이것은 '유전적 결정론의 **증거**'일까? **증명**일까? 굴드는 무엇을 증거로 볼 것인가 하는 질문을 두고 우려하는 것이 분명하다. 때로 그는 양쪽 모두 증거가 없다고 말하고 싶은 것처럼 보인다. 여기서 파악해야 하는 첫 번째 요점은 매우 일반적인 원칙은 통제된 실험으로는 증명되지 **않는다**는 것인데, 지금 많은 사람이 이런 식의 증명을 기대하는 듯하다. 실험은 상대적으로 작은 논점만 해결할 수 있으며, 이미 고안되어 넓은 범위의 경험을 설명하는 데 도움을 주는 전반적 사고 체계 안의 공백을 채울 뿐이다. 백지 이론 자체는 그에 반대하는 여타 이론과 마찬가지로 이 검증에 따라 입증되거나 무너진다.

이처럼 유전적 설명이 가능한가 하는 문제는 실험을 통해 해결할 수 있는 종류의, 자세한 사실관계에 관한 질문이 아니다. 이것은 우리가 사고하는 **방식**, 즉 우리가 실험 결과를 해석하는 원칙, 그리고 그보다 더 중요한 것으로서 우리가 질문을 고를 때의 가정과 관계된다. 이런 사고 양식은 단번에 무너뜨리지도 세우지도 못한다. 알고 있는 사실의 전반적 모양새와 현재 사용되는 다른 사고 양식에 얼마나 잘 들어맞느냐에 따라 복잡한 원칙을 바탕으로 점진적으로 검증된다.

나는 '유전적 결정론'이라는 질문이 제기하는 형이상학적 부분이, 배경에서 맴돌고 있기는 하지만 본질과는 무관하게 주의를 끄는 문제라고 생각하는 편이다. 사람들은 특히 **공격성**이 타고나는 것이라는 생각에 반대할 때, 보통 인간 본성은 선하며 따라서 만일 살육이 악하다면 인간 본성이 아닌 다른 데서 생겨나는 것일 수밖에 없다는 가정을 바탕으로 삼는다. 그러나 이것은 인간 본성이라는 것은 애초에 존재하지 않는다는 공식 노선과는 매우 다른 입장이다. 그래서 로렌츠를 가장 격렬하게 반대하는 쪽에 속하는 애슐리 몬터규는 인간에게는 본능이 없고, 반면 기본 욕구라 불리는 복잡한 체계가 있으며 그중 가장 중요한 것은 사랑이라는 두 가지 입장을 **모두** 견지한다. 몬터규는 인간의 본성적 욕구는 모두 선하며, 모든 형태의 물리적 격투를 포함하여 악한 모든 것은 인간에게 이질적이고 외부에서 들어왔다고 말한다. 하지만 인간에게는 확실히 욕설을 하려는 기본 욕구가 있다. 욕설은 건전하고 올바른 활동이며, 타락한 상태의 문명에서 욕설이 변질되어 물리적 폭력으로 나타날 가능성이 있다.*

그런 논의는 본능 자체에 대한 어떠한 공격과도 대립되는 것이 분명하다. 게다가 (비록 비행을 저지른 사람을 관대하게 대할 핑계를 제공할 때 유용한 때가 많았지만) 가만히 생각해보면 무의미하다. 악은 어디에서 올까? 비행을 저지른 사람이 아니라 사회 탓이라고 말한다면 탓할 대상을 한 무리의 인간에서 다른 무리의 인간으로 바꾸는 것밖에 되지 않는다. 만일 나아가 그 어떤 인간도 악에 대한 욕망이 **없다**고 말한다면, 악은 누가 시작했을까? 루소는 어설펐던 초기 저작에서 있을 수 있는 유일한 대답을 내놓았다. 그는 악은 사람들이 뭉치는 데서 비롯된다고 했다(타인은 지옥이다…). 사람들이 홀로 있던 때에는

* Ashley Montagu, *Man in Process*(New York, 1961), p. 161; *The Anatomy of Swearing*(London, 1968).

모든 것이 괜찮았고 그것이 그들의 본성적 상태였다. 자연 상태의 인간은 "정해진 집이 없었고, 서로를 필요로 하지 않았다. 아마도 평생 두 번쯤 만났을 것이고, 서로 알지도 못했고 말을 하지도 않았다".* 사회가 생겨나고 그와 아울러 악이 존재하게 된 것은 그들이 그 단계를 벗어나 말을 발명했을 때였다. 그런데 이 순수한 개개인에 대한 루소의 묘사는 사실 영장류에게서 전형적으로 볼 수 있는 행동 방식과는 거의 정반대다. **영장류**는 거의 일평생을 집단 속에서 지내며, 평생 두어 번 집단을 벗어난다. 그들은 끊임없이 서로를 필요로 하며, 서로에 대해 친밀하게 알고, 항상 서로 의사를 주고받는다(로버트 여키스가 말한 대로 "한 마리의 침팬지는 침팬지가 아니다"). 어떻게 보면 정해진 집도 있다. 그들은 돌아다니지만 정해진 범위를 벗어나지 않고, 철마다 잘 알고 있는 장소로 돌아간다. 인간의 언어와 지성은 그런 맥락에서 진화했다. 홀로 지내는 종이라면 그런 것은 절대로 만들어지지 않았을 것이다(루소는 그 부분에서 어려움을 느꼈다. 그의 생각은 어떤 일반적이지 않은 자연적 비상 상황에서 사람들이 서로에게 도움을 청했다는 것이다. 그렇다면 의장이 이제까지 말이 없던 장로들을 회의에 소집해 언어를 발명할 때가 됐다는 안건을 내놓았을 것이 분명하다…. 다윈 이후 사람들은 이런 식으로 말해서는 안 된다). 사회는 인간이 본성대로 생존하는 조건임은 물론 인간이 생존하는 것 자체의 조건이기 때문에, 그리고 어느 사회에나 얼마간 악이 (즉 적어도 불화는) 있기 때문에 악 역시 어떤 면에서 인간이 타고나는 것이다. 여느 종과 마찬가지로 인간도 타고나는 악이 있는 것이다. 이 발상은 인간이 천성적으로 속속들이 선하지 않다

* Jean Jacques Rousseau, *Discourse on Inequality*, Pt. 1 (Everyman ed.), tr. G. D. H. Cole, p. 188.

면 천성적으로 (속속들이) 악한 것이 분명하다는 흑백논리로 접근하기를 고집할 때만 이해하기 어렵다. 이 극단 논리는 도덕주의자들에게 언제나 인기가 있었다. 헨리 필딩은 『버려진 아이 톰 존스 이야기』(*The History of Tom Jones, A Foundling*)에서 이렇게 묘사했다. "스퀘어는 인간 본성은 모든 미덕의 완성이며, 악덕은 우리 본성에서 벗어나는 것이라고 보았다. 육체적 결함이 우리의 본모습이 아닌 것과 마찬가지였다. 반면 스왜컴은 인간의 마음은 타락 이후 은총으로 정화되고 구제될 때까지는 악의 소굴에 지나지 않았다는 입장이었다." 그러나 왜 둘 중 하나를 골라야 할까? 인간의 본성, 인간의 원래 구성은 선도 악도 아닌 단순히 선택을 위한 원재료로 취급하는 쪽이 더 합당해 보인다. 인간은 자신의 선택에 따라 선하거나 악한 것이다.*

어떻든 이것이 동물행동학자의 입장이다. 인간의 살육 습성을 마주할 때 동물행동학자는 두 손 들어 비난하지 않는다. 그는 나그네쥐들을 상대로 했던 그 방식대로 행동한다. 즉 맥락을 이해하기 위해 관련된 모든 행위 패턴을 연구하는 것이다. 예를 들면 로렌츠는 먼저 살육은 인간 본성에서 가장 귀중한 요소 중 몇 가지, 구체적으로는 충성 및 우정과 연결된 경우가 많다는 점에 주목한다. 사람은 친구나 가족을 지키다가 다른 사람을 죽이는 경우가 많다. 사람의 호전성은 종종 애정의 한 측면이며, 누군가를 친구로 보게 되면 호전성은 녹아 사라진다. 또 사회뿐 아니라 인간의 본성 안에도 살육과는 반대되는 여러 가지 경향이 있다. 질서를 바라는 것 역시 본성적이다. 학살을

* 이 말은 진실의 한쪽 면만 보여줄 뿐이다. '본성'은 모호하기 때문에 이것을 최종적이라고 받아들여서는 안 된다. 약한 의미에서 말하는 '우리 본성'은 여기서처럼 우리가 지닌 가능성의 범위 전체를 가리킨다. 더 강한 의미에서 그것은 그런 가능성 중에서도 우리가 선택할 때 길잡이가 되어주는 패턴을 가리킨다. 462, 500, 543쪽 참조.

끔찍하게 여기는 것도 마찬가지다. 그 문제에 관해 우리는 사회의 뜻을 기다릴 것 없이 자신 안에서 충돌을 겪는다. 그렇지 않았다면 어떤 사회도 존재할 수 없었을 것이다.

그다음에는 공격의 가벼운 형태, 즉 문명사회 내의 공격성을 들여다보아야 한다. 여기서 로렌츠는 공격성의 **가치**에, 줄기찬 노력과 호전성의 관계에, 진실을 위해서나 힘없는 사람들을 지키기 위해 "부단히 싸우는" 사람들에, 개혁을 위한 투쟁과 악 전반에 맞서는 싸움에 크게 흥미를 갖는다. 이 말을 하는 것은 하나의 연구 분야를 가리키기 위함일 뿐이다. 그러나 이는 공격성은 질병이며 알약 같은 것을 이용해 화학적으로 치료해야 한다고 말하는 아서 케스틀러 같은 사람들을 마땅히 경계하게 한다. 그런 치료를 시도한다면 인간의 삶에서 얼마만큼이 함께 사라질지 아무도 모른다.*

나는 따지고 보면 인간에게 본성이 있고 심지어 인간에게 본능이 있다는 말이 이치에 닿는다는 것을 설명했다. 이것이 철학자들에게 왜 중요할까? 윤리학에 미치는 여파에 대해서는 잠시 후 다시 다루기로 하고, 먼저 심리철학 중 그 영향을 받는 것으로 보이는 다양한 범위의 질문을 잠깐 들여다보기로 하자.

전통적으로 인간의 특징이자 인간 특유의 장점으로 꼽는 것이 합리성이다. 이것은 쉬운 개념이 아니다. 합리성은 지성과는 다른데, 인간은 매우 불합리한 어떤 것을 추구하면서 뛰어난 지성을 보일 수 있기 때문이다. '합리적'에는 수단뿐 아니라 목표에 관한 부분도 포함

* 양가감정에 관한 입장을 더 균형 잡힌 관점에서 더 자세히 다룬 내용은 다음을 참조. Irenaus Eibl-Eibesfeldt, *Love and Hate*; Anthony Storr, *Human Aggression*. 스토는 누군가는 누군가에게 사납게 굴고 싶을 수도 있다는 발상에 충격을 받는 수많은 인도적인 저자에게서 보이는 비현실적 성향을 지니고 있지 않아서 감탄스럽다.

된다. 이것은 '정신이 온전한'과 거리가 멀지 않다. '지성적'도 때로는 목표에 관한 어떤 것, 생각의 단순한 일관성을 넘어서는 어떤 것을 가리킬 때 사용된다. 만일 누군가가 시종일관 모든 것의 파괴나 있을 수 있는 최대의 혼란을 목표로 삼는다면 사람들은 그 사람을 두고 제정신이 아니다, 불합리하다, 나아가 어쩌면 어리석다고까지 할 것이다(하지만 이런 목표를 추구하도록 컴퓨터를 프로그래밍할 수는 있을 것이다). 그 이유는? 우리의 모든 실제적 개념과 마찬가지로 합리성은 특정 욕구를 지닌 특정 종의 어휘에 속하기 때문이다. 실존주의자는 **완전한** 자유에 대해 말하면서, 우리에게 공간적 한계를 초월하여 편재하라고 말하는 사람만큼이나 마구 과장한다. 우리는 육체를 갖춰보면 어떨까 생각 중인 육체 없는 지성체가 아니다. 우리는 이미 고도로 구체적이고 정확하게 한정된 욕구와 가능성을 가지고 있다. 물론 그런 제약의 대가로 변변치 못하나마 실제적인 만족을 얻는다는 이점을 누린다. 그런 존재로서 합리적일 수 있는 부분에는 매우 좁은 제약이 있다. 있을 수 있는 구체적 욕망에 대한 제한이라기보다, 욕망을 짜 넣을 수 있는 삶의 방책, 삶의 얼개에 대한 제한이다. 예컨대 보비 피셔*는 체스 말고는 아무것도 택하지 않는다는, 인간으로서는 불가능한 방책을 시도한 것으로 보인다. 우리가 하는 활동이 대부분 그렇듯 체스 역시 외부의 협력뿐 아니라 **내면의** 협력이 필요하다는 사실만으로도 이것은 불가능하다. 특정 극단적 금욕주의자들은 완전히 홀로 생활하는 종교를 시도하면서 그와 비슷하게 행동했다. 강박적으로 씻는 사람도 그렇다. 주어진 종 안에서 모든 형태의 삶이 이

* 미국의 전설적인 체스 선수로 1972년부터 1975년까지 세계 체스 챔피언 타이틀을 차지했다.(옮긴이)

해되는 것은 아니다. 우리의 자유는 소극적이다. 우리는 우리의 본성적 미덕과 관심사를 거부하는 한편 새로운 미덕과 관심사를 갖지 않을 수 있다. 그리고 나아가 칸트처럼 인간 특유의 구성을 부수적 문제로 취급한다 해도, 여전히 (칸트가 잘 알고 있었던 것처럼) **모종의** 욕구 체계, 형상에 질료를 주기 위한 모종의 구체적 구성을 전제로 삼아야 한다.* ** 도움, 위해, 간섭, 억압, 기만 등에 해당하는 것이 있을 수밖에 없다(여기서 하느님과 여타 영적 존재의 위치는 언제나 문젯거리였는데, 그들에게 욕구가 있다는 발상이 기묘하다고 느껴졌기 때문이다. 그러나 그들의 취향이 제멋대로라고 말하는 것은 훨씬 이상해 보인다. 이 골치 아픈 문제는 신학자들에게 맡기기로 한다).

목적에서 출발하는 추론

합리성 관념은 그 밖에 전통적으로 인간의 특징으로 꼽는 특징 몇 가지와 아울러 이 책의 4부에서 논할 것이다. 여기서는 윤리에 관한 몇 가지 질문과 실천적 사고 전반에 대해 다루어야 한다.

만일 우리가 행동할 때 우리 본성에 관한 증거를 길잡이로 활용한다면, 이것은 목적에서 출발하여 거꾸로 주장하는 것일까? 이것은 미신적이고 비과학적일까? 이로써 우리는 창조하는 하느님을 꼼짝

* 아리스토텔레스 철학의 개념인 형상과 질료에 대해 칸트는 인식적 경험의 질료는 감각적 인지로부터 나오고 형상이나 구조는 알고 있는 주제에 의해서 부과된다고 구분했다. 형상과 질료에 대해서는 이 책 437쪽을 참조하라.(옮긴이)

** 예를 들면 인간의 의지를 거룩한 의지와 구별할 때 칸트는 도덕 조건은 인간에게만 적용되며 따라서 모종의 주관적 제한이 있을 때만 이해된다고 설명한다. 하느님의 입장은 우리와는 **형식 면에서** 다르다[*Grundlegung zur Metaphysik der Sitten*, *tr. H. J. Paton as* *The Moral Law*(London, 1948), chap. 2, secs. 75, 85, pp. 95-96, 100-101].

없이 믿게 되는 걸까?

먼저 우리는 항상 이 길잡이에 의지하고 있음을 주목하는 것이 좋다. 예를 들면 소크라테스는 불편한 질문을 계속하기로 한 근거로 **질문하지 않는 삶은 인간이 살아갈 방식이 아니다***라고 스스로 변론했을 때, 전적으로 평범한 방식으로 추론했다. 그의 말은 우리가 실제로 저절로 의문을 갖는 동물이라는 뜻일 뿐 아니라, 탐구는 우리에게 좋은 일이며 따라서 탐구를 추구해야 한다는 뜻으로 이어진다. 이것이 틀렸을까? 아니면 정말로 인간은 원래 그렇게 만들어졌으므로 질문을 해야 한다고 말할 수 있을까?

여기 사용된 낱말은 사람들의 태도에 큰 차이를 만들어낸다. 이와 비슷한 간단한 예를 보자. 물 밖으로 나온 물개를 본 사람이 그 생김새에 어리둥절해져 물개는 **왜** 저렇게 생겼을까 하고 묻는다. 우리는 물개는 물속에서 빨리 움직이도록 **설계되었다** 또는 **적응했다** 또는 **프로그래밍되었다**고 대답한다. 그리고 이 때문에 물은 물개에게 적합한 장소다. 물은 좋고, 물이 없는 곳의 생활은 나쁠 것이다. 이제 **설계**라는 낱말은 사람들을 긴장하게 할 텐데, 전통적으로 하느님과 연관되기 때문이다.** **적응**은 아마도 그렇지 않을 텐데, 19세기에 진화를 논하면서 분명한 의미가 부여된 다윈의 낱말이기 때문이다. 이는 설계자가 없다고 생각되지만 자연선택을 통해 일어나기 때문에 종에게 유리한 변화를 나타낸다. **프로그래밍**은 최근 대중 속으로 흘러든 말

* 플라톤, 『소크라테스의 변론』, 38a.

** 그러나 동물학자 조지 윌리엄스는 진화와 관련된 여러 개념을 더없이 흥미롭고 영리하게 논하면서, 설계자 없이 일어나는 적응을 적절하게 나타내는 용어로서 확고하게 이 낱말을 고른다. George C. Williams, *Adaptation and Natural Selection*(Princeton, 1966), chaps. 1, 9 참조.

로서, 많은 사람에게 더욱 과학적이라는 느낌을 주는 용어이다. 이것은 컴퓨터가 유용한 과학 도구이자 대중적 숭배 대상이 된 최근에 유전학이 극적으로 발전했기 때문임이 분명하다. 게다가 유전학에서는 종종 프로그래밍 언어를 사용한다. 어떻든 이 용어는 실제로 지금 우리가 다루고 있는 요지, 즉 설계자를 암시하지 않는다는 점에서는 **적응**보다 덜 명확하다(만일 우리가 하느님을 믿는다면 물론 여기서 하느님의 역할에 대해 갖가지 흥미로운 질문을 제기하고 싶을 것이다. 그러나 그런 질문을 현재의 논의로 가지고 들어오는 것은 바람직하지 않다. 과학에서는 하느님을 가설로 활용할 수 없다).

그렇지만 설계자가 없다는 것이 합의된 상태에서 이런 낱말을 모두 **적응**과 같은 방식으로 사용하는 데 우리가 동의한다고 하자. 흥미로운 것은 우리는 여전히 설계자가 있는 것처럼 논해야 한다는 점이다. 물개에 대해 우리가 말하고 싶어 하는 것은 물개는 물을 가르고 나아가는 데 **잘 맞춰져** 있다는 것이고, 이 사실은 우연이 아니며 실제로 물개의 생김새를 결정하는 요인이라는 것이다. 이 점을 명확히 하려면 장인의 설계라는 비유를 사용하지 않을 수 없다(**맞추다**는 내가 언급한 여타 낱말과 마찬가지로 장인의 낱말이다). 물개라는 동물은 정확하게 물을 가르고 나아가는 일을 위해 설계된 것**처럼** '만들어져' 있다. 이것은 물개의 생김새를 설명하는, 따라서 물개에 관한 몇 가지 본질적 사실을 표현하는 유일한 방법이다. 물개가 왜 저렇게 생겼을까 물을 때와 같은 의미의 **왜**는 생물학에서 대단히 흔히 쓰이며 전적으로 타당하다.* 그것은 '무슨 좋은 점이 있는가?'라는 뜻이다(물론 때로는

* 아리스토텔레스가 말한 것이 바로 이런 식의 설명이며, 이것을 번역자들은 '최종 원인'이라고 잘못 옮겼다. '기능에 따른 설명'이 그가 말하는 의미에 훨씬 더 가까울 것

그 답을 찾아내지 못하며, 때로는 가장 먼저 떠오르는 대답이 인간의 맹장 경우처럼 '지금으로서는 없다'가 될 것이다. 그러나 이 질문은 항상 제기되며, '지금으로서는 없다'는 절대로 최종적 대답이 아니다*). 우리는 지금 **기능** 즉 **용도**에 대해 질문하고 있다고 할 수 있다. 그러나 이것은 여전히 비유이다. 식물은 동물과 마찬가지로 기능적 생김새를 하고 있지만, 우리가 이 점에 주목한다고 해서 그것을 이용하는 누군가가 있다고 말하는 것은 아니다. 기능 관념은 명확하고 유용하다. 그러나 이 역시 만일 누군가가 어떤 식물이나 동물을 만들거나 이용**했다면** 그가 만들거나 이용할 이유는 이 생김새에 있다는 약간은 복잡한 관념을 담고 있다. 오해하지 않도록 주의하면서, 우리는 유기체를 어느 정도는 인공물처럼 생각할 필요가 있다.

사람들은 이 요구조건을 우려한다. 그들은 이 구도를 없애기 위해 다양한 노력을 기울였다. 그렇지만 없앨 수 없는 것이 '이것이 x의 좋은 점이다'라는 가치 판단이다. 물개는 물을 가르며 나아가도록 잘 적응했다고 말하는 것은 물을 가르고 나아가는 데 좋고 나쁨을 구분하는 견해일 뿐 아니라, 물을 가르고 나아가는 것이 유익하며 동물에게 가치 있는 행동일 수 있다고 말하는 것이다. 우리는 동물이 절벽 아래로 떨어지는 데라든가 구멍에 끼이는 데, 나아가 새끼를 소홀히 하는 데 잘 적응했다고는 말하지 않는다. 적응에 관한 말을 중립적으

이다. [Max Hocutt, "Aristotle's Four Becauses", *Philosophy*, 49(1974) 참조.] **목적론**이라는 용어는 사람들에게 너무나 많이 두들겨 맞았기 때문에 나는 아예 쓰지 않는다.

* 아일랜드 사슴의 뿔 같은 경우에는 '좋음'의 **충돌**이 개입된다. 사슴의 삶에서 한 측면에는 진정으로 이익이 되지만 다른 측면에는 손해가 되기 때문이다. 상황 역시 바뀌어 한 측면의 이익이 더 이상 중요하지 않게 될 수 있다. 맹장이 이런 경우다. 이런 충돌은 9장과 11장에서 더 살펴보기로 한다. 사슴에 대해서는 252쪽 각주 참조.

로 보이는 'x를 자주 한다'거나 '그렇게 하는 데 어려움을 겪지 않는다'는 표현으로 바꾸면 설명의 요지를 잃는다. 길들인 양은 야생에서 살던 조상과는 달리 종종 절벽 아래로 떨어지며 그렇게 하는 데 어려움을 겪지 않는다. 그렇다고 해서 그 습성이 적응에 해당하지는 않는다. 양들이 왜 그런지를 이해하려면 그와 관련된 설계자인 사육자 인간을 들여다보아야 하고 그의 목적을 이해해야 한다. 야생 양에게는 설계자가 없다. 그러나 기능 논의를 이용하려면 여전히 우리는 설계자가 있는 것처럼 말해야 한다. 각 종에게 무엇이 유리할 수 있을지를 두고 분명한 관념이 형성될 만큼은 그렇게 해야 한다. 이것은 무엇보다도 우리 종의 경우 무엇이 이익이고 무엇이 손해인지에 대한 생각이 어느 정도 있어야 한다는 뜻이다.

그런 관념이 없다면 우리는 완전히 진퇴양난에 빠질 것이다. 생물학 연구를 하는 방법에 국한하지 않고 행동하는 방법 전반에 관해서 그럴 것이다. 만일 우리가 외계 종과 마주친다면 실제로 이 문제에 부딪힐지도 모른다. 이 문제를 푸는 것은 이제까지 대부분의 과학소설에서 다룬 것보다 훨씬 더 어려울 것이다. 그러나 우리는 지구의 종에 대해서라면 그런 관념을 가지고 있다. **유익**(advantage)은 불가사의한 외계인의 관념도 아니고 지금까지 확인되지 않은 성질을 가리키는 명사도 아니다. 이것은 번성과 번영을 가리키는 보통명사로서, 우리를 비롯한 생물 종이 정말로 바라고 귀중하게 여기는 모든 것을 가리킨다. 유익함을 확인할 수 없는 부분에서는 기능이나 적응에 대해 말할 수 없다. 종마다, 문화마다, 나아가 개체마다 지구 전체의 메뉴에서 나름의 것을 고르고 자신에게 유리한 조건으로 흥정한다. 그러나 타고나는 본능적 취향이 있기 때문에, 적당히 정상적인 개체라면 누구도 이 흥정을 시작하는 방법에 대해 형편없이 무지하지는 않도록 보장된다.

우리가 이 부분에서 구제 불가능할 정도로 완전히 무지하다는 기묘한 생각은 (어떤 20세기 도덕철학에서 나왔는데) 9장에서 다루기로 한다. 여기서 나의 요점은 전체적으로 우리의 본능 구조가 우리에게 좋고 나쁨을 알려준다는 상식적 관념이다. 내 말은 만일 소크라테스가 사실관계에서 옳다면 논증에서도 옳다는 것이다. 즉 만일 사람은 본성적으로 탐구하는 동물인 것이 **사실**이라면, 그래서 그 탐구 성향이 사람의 본성적 취향 구조에서 상당히 중심 자리를 차지하고 있다면, 그렇다면 당연히 탐구는 인간에게 중요한 좋은 것이고, 그렇게 하지 못하도록 서로 막아서는 안 되며(막아야 할 때를 제외하고), 인간이 할 필요가 있는 나머지 것들과 같은 정도만큼 스스로 해야 한다. 그리고 우리의 여타 성향도 마찬가지다. 물론 그런 갖가지 성향 사이에 충돌이 있다. 이에 대해서는 잠시 후 다루기로 한다. 그러나 충돌을 해결하는 과정에서 우리는 추상적 추론이나 의지의 독단적 행위만으로 사물을 판단하지 않는다. 사실을 들여다보고, 관련된 여러 본성적 취향의 강도와 중요성을 가늠한다. 이것이 예컨대 플라톤이 『국가』에서 제시한 가족 제도의 약점을 우리가 알아차리는 방식이다. 플라톤은 사유재산을 없앰으로써, 무엇보다도 그 중심에 있다고 정확하게 본 가족에 대한 애착을 없앰으로써 경쟁이라는 악을 제거할 수 있기를 바랐다. 그러나 인간은 정말로 정치적 동물이기는 하지만, 단지 정치적이기만 한 동물이 될 수는 없다. 삶의 두 측면인 공과 사의 자연스러운 균형이 있으므로, 그 균형이 극단적으로 왜곡되면 그에 저항한다. 물론 사를 희생할 수 있는데, 종교 생활이나 키부츠 같은 곳을 예로 들 수 있다.* 내가 지적하는 것은 그것은 희생이며, 한쪽의 비중을 무한정 높이겠다고 결정하면서 반대쪽에서 문제가 없기를 기대할 수는 없다는 것이다. 그렇게 해서 확보되는 이점이 관련된 모두에게 정말로 가치가 있어 보인다면 대가를 치를 수 있다. 그러나 이 흥정에는 끊임없는 관심이 요구될 것이므로 대가를 치르기 위해 애를 써야 할 것이며, 정서 성장발육 저해와 자기기만이라는 특수한 위험이 있을 것이다. 이는 우리가 자녀에게 갖는 강하고 특별한 애정 같은 본성적 감정은 우리에 관한 단편적 사실 이상이기 때문이다. 그것은 우리에게 중심이 되는 좋음을 구성하는 것에 속한다. 그런 감정을 위험하다는 이유로 도려내고자 하는 도덕적 외과의사들은 그 기능을 잘못 생각하고 있다. 우리는 그것을 더 나쁘지 않을 다른 것으로 대치할 수 있는 위치에 있지 않다. 우리가 가진 선택지는 그것을 더 또는 덜 잘 표현하는 여러 방법 가운데 있다. 완전히 버린다는 선택은 없다.

그런 감정의 한 가지 중요한 예를 고찰하기 위해—중요한 이유는 이 감정이 너무나 강력하기 때문이고 또 그 존재가 최근 뜨겁게 논란이 되었기 때문이다—다시금 폴의 경우를 들여다보자. 전반적으

* 플라톤의 생각을 모두 착실하게 실행에 옮기려 한 사람은 없다. 가장 과감한 개혁자도 주저하는 부분을 꼽자면 1) 부모는 자기 자식이 누구인지 절대로 알아서는 안 되고, 어머니는 어떤 경우든 자신에게 맡겨진 어떤 아기에게도 차별 없이 젖을 물리되 한 사람이 같은 아기에게 계속 젖을 물려서는 안 된다는 것(『국가』, 5. 460d에서 제안하는 내용), 2) 시민은 국가가 번식 상대와 대면시킬 때마다 지체 없이 성행위에 들어가지만 그 외에는 평생 금욕해야 한다는 것이다[그 바로 직전(460a)에 제안하는 내용]. 이 두 가지 요구가 모두 특히 **부자연스러운** 점은 강력한 정서적 성향 한 가지를 억압할 뿐 아니라 무례하고 경멸적으로 **왜곡**한다는 것이다. 그 성향을 공익에 기여하고 유용하게끔 사용하도록 요구하는 반면, 그것이 개인의 삶에서 마땅히 차지하는 본연의 자리를 박탈한다. 더 많은 내용은 이 책의 13장 참조.

로 그는 사적 영역을 위해, 특히 남의 시선이 싫어서 땅을 산다. 그는 그 점을 더욱 일반화해, 자기 주위로 약간의 공간이 있으면 좋겠다고 말한다. 그런데 이것은 인간에게 매우 흔한 요구다. 우리 서양 문화나 다른 어떤 도시 문화에 속하는 사람이 주택이나 아파트나 휴양지나 사무실이나 소풍 장소를 고를 때나 버스나 도서관에서 자리를 잡을 때 (여러 고려 사항 중에서도) 거의 매번 작용한다. 아마존 우림지대의 외딴 마을 사람들 사이에서는 영향을 덜 미친다면, 대체로 그들에게는 이미 공간이 있기 때문이다. 사람은 과밀 상태를 싫어한다. 이에 따라 과밀은 사람에게 나쁘다고 볼 수 있을 것이다. 그러나 이 발상에는 강한 저항이 일었다.

과밀이 다른 사회적 종들에게 나쁘다는 것은 여러 차례 실험적으로 증명되었다. 그리고 사람들이 이 진술을 의심하는 것으로는 보이지 않는다. 과밀은 정상적 사회적 패턴의 붕괴를 가져오고 지속적 공격성, 동족 잡아먹기, 새끼 살해 같은 일을 조장한다. 물론 이 단계에서 가치 판단을 그만두고 엄격하게 '객관적' 노선을 취하며 이런 것들은 나쁘다는 판단을 부정할 수 있을 것이다. 그러나 이 입장은 설득력이 없고, 이 입장을 채택하면 생물학은 불가능해질 것이며, 사람들이 그렇게 하지 않는 것도 이 때문일 것이다. 그래서 그들은 동물에게 일어나는 상황과 사람에게 매우 비슷한 악영향이 미치는 상황을 두고 어떤 비교도 거부하면서, 사람에게는 문화 능력이 있으므로 물리적 피해를 주지 않는 그런 종류의 본성적 악에 영향받지 않는다는 것을 근거로 내세운다. 사람은 자신의 문화에서 훌륭하다고 하는 것은 무엇이든 받아들여도 해를 입지 않는다고 간주한다.

사람은 비교 불가하다는 입장의 전반적 문제점은 이 책 전체에 걸쳐 다룬다. 그러나 이 입장의 한 가지 특별한 점은 지금 이 자리에서 살펴보아야 한다. 그것은 과잉과 욕망의 관계에 관한 것이다. 나는 사람에게든 다른 종에게든 과유불급이 적용되지 않는 어떤 것이 있다고는 생각하지 않는다. 주변에 사람이 너무 많은 상황 역시 예외가 아닐 것이다. 사람은 군중을 상당히 잘 받아들일 수 있고, 종종 일부러 군중을 찾기도 하며(나는 사람들과 함께하는 것은 **본성적** 좋음의 하나라는 점을 열심히 지적하고 싶다), 문화적 길들이기에서 그것이 모두 완벽하게 정상이라고 우리에게 가르치고 있어서 더욱 잘 견딘다는 것은 사실이다. 그렇기는 하지만 이것은 사람에게 해를 입히는 여러 가지 다른 과잉에도 적용된다. 문화는 우리가 과도한 일이나 냄새나 기타 자극을, 변화나 고요함을 받아들이는 데 도움을 주겠지만, 그런 것 자체를 좋게 만들어주지 않을 뿐 아니라 아무래도 상관없게 만들어주지도 않는다. 어떤 것을 과도하다고 말하는 것은 우리가 본성적으로 받아들일 수 있는 수준 개념을 동원하는 것이다(우리는 모두 이 개념을 사실상 당연시한다). 자극에는 그런 본성적 수준이 있고, 다른 사람들과 함께 있는 상태는 필연적으로 우리를 자극한다. 우리는 그에 반응한다. 우리의 반응 능력은 바닥나게 되고, 그 수준을 넘어서면 문화가 지니는 어떤 힘으로도 우리가 움츠러들거나 뚝 부러지는 것을 막지 못한다. 비클러는 이와 관련된 한 가지 실험을 소개한다.

> 헛과 베이지는 세 살부터 여덟 살 사이 어린이들을 상대로 놀이방 과밀 효과를 면밀하게 연구했다. 인원이 제각각인 세 개의 놀이집단에서 어린이 한 명 한 명을 관찰했다. [⋯] 놀이방은 언제나 같은 크기였다. [⋯] 이 실험은 놀이방에 사람이 많아져 밀도가 높아질수록 아동 간 사회적 접촉 횟수가 줄어들었음을 보여주었다. 사실 그럴 때 사회적 접촉 기회가 가장 많은데도 그랬다. 그래서 어린이들은 서로를 피했다. 어린

이 수가 11명을 넘어가자 싸움이 눈에 띄게 늘어났고, 공교롭게도 장난감을 학대하고 부수는 사례도 늘어났다. 이것은 공격적 성향을 이웃 대신 장난감에 발산하는 상황이 공공연하게 표현된 것으로 해석되었다.*

이 패턴은 일상생활에서 완전히 익숙하며, 그 효과는 세상 모든 도시의 설계에서, 폐쇄적이고 방어적인 건물에서 볼 수 있다. 그처럼 널리 퍼져 있는 것을 단순한 문화 문제라고 말함으로써 얻는 것은 무엇일까? 개인에 관해 생각할 때는 그 개인의 본성에서 비롯된 것은 무엇이고 문화에서 비롯된 것은 무엇일까 하는 질문이 충분히 의미가 있을 것이다. 그러나 집단에 적용할 때 이 질문은 의미가 없다. 집단의 구성원들이 쌓아온 것은 그들 자신의 본성에서 생겨났을 수밖에 없다. 다른 어떤 곳으로부터도 왔을 수가 없다. 이것이 우리가 문화를 거론한다고 해서 본성적 선악 관념이 배제되지는 않는 이유다. 그 구체적 형태가 아무리 중요해도 그렇다.

좋은 것도 과유불급이 될 수 있음을 알 때, 그리고 사람들의 흔한 생각과 달리 우리의 본성적 요구는 만족을 모르지도 한도가 없지도 않다는 사실을 알 때 또 한 가지 유용한 점이 나타난다. 만족도 한도도 없다면 그것들을 서로 저울질해 홍정을 성사시키기란 불가능할 것이고, 그럴 경우 이성이나 의지를 휘적휘적 장내로 들어와 모두를 위협해 굴복시키는 독단적인 단장이나 외지인 식민지 총독처럼 묘사하는 전통적 그림에 대해 뭔가 할 말이 있을지도 모른다. 그렇지

* Wolfgang Wickler, *The Sexual Code*, p. 60. C. Hutt & M. J. Vaizey, "Group Density and Social Behavior", eds. D. Starck, R. Scneider, H. J. Kuhn, *Neue Ergebnisse der Primatologie*(Stuttgart, 1967) 재인용. 로렌츠는 다음 책(특히 2장)에서 이 주제를 흥미롭게 논한다. Konrad Lorenz, *Civilized Man's Eight Deadly Sins*(New York, 1974).

만 실제로 본성적 취향에는 저마다 매우 두드러진 특징이 있는데, 조지프 버틀러 주교의 표현을 빌리자면 "본성적 한도와 한계"*가 있다는 것이다. 이성 또는 의지가 개입해 완성할 수 있는 대략적 균형점이 본성적으로 주어져 있다. 아무것도 없는 상태에서 만들어낼 필요가 없는 것이다. 본성적 취향은 전체의 일부분으로서 전개된다. 뭔가가 잘못된 상태가 아니라면 주도권을 완전히 독차지하기 위해 취향끼리 서로 경쟁하는 일은 없다. 제각기 어떤 한도가 있다. **본성적**이라는 것은 실제로 예컨대 탐구나 자기 주위의 공간이나 성적 활동이나 아이들과 놀기 같은 상태나 활동만이 아니라, 그 상태나 활동이 삶의 나머지 부분에 비례하여 일정한 **수준**을 차지한다는 것을 가리킨다. 이 발상은 단순한 도덕주의자들을 물리치는 데 중요하다. 그리고 언젠가는 평범한 애정이 없는 삶 역시 인간이 살아갈 방식이 아니라는 말을 소크라테스나 적어도 플라톤에게는 해줄 필요가 있을지도 모른다.**

이 점을 파악하면 많은 사람이 쓸모없다고 생각한 **본성적** 같은 개념을 둘러싼 어려움을 타개할 수 있다. 그런 개념에는 뭔가를 권장한다는 강한 의미 말고도 뭔가를 권장하지 않는다는 약한 의미가 있다.

* Joseph Butler, Sermon 11, sec. 9. 각 취향 사이의 맞물림은 물론 매우 엉성하며, 그것이 우리에게 도덕이 필요한 이유다. 이 주제에 관한 더 자세한 논의는 9장 첫 3개 절과 11장 끝 2개 절 참조. 식민지 총독 역할을 하는 이성에 관해서는 11장 440쪽 참조.

** 예외가 존재한다고 해서 틀렸음이 증명되지는 않는다는 점에 유의하는 것은 매우 중요하다. 어떤 기준을 배제하고 싶어 하는 사람들은 보통 기준이 **잘못** 선택됐다고 말한다. 그들 역시 내가 여기서 하는 것과 같은 말을 하고 있는지도 모른다. 즉 정상은 한 점이 아니라 하나의 **범위**이며, 한 점에 고정된 것이 아니라 그 범위 안에서 오르락내리락하는 것이라는 말이다. 한 점에서 움직이지 않는 것 자체가 비정상적 극단에 해당한다.

약한 의미에서 가학성은 본성적이다. 이는 단순히 가학성이 나타난다는 뜻이며, 우리는 그 점을 인식해야 한다(우리는 종종 어떤 것을 두고 '당연하다'고 말함으로써 이 생각을 표현한다. 그럴 것으로 예상해야 하며, 아마도 탓할 필요가 없으리라는 뜻이다). 그러나 강하고 완전히 좋은 의미에서 우리는 가학적 행동을 **본성적이지 않다**고 할 수 있다. 즉 이 본성적 충동을 바탕으로 하는 정책은, 그리고 이 정책이 확장되어 누군가의 삶을 통해 실행되는 조직적 행동은 버틀러의 말처럼 "저 본성의 전체 구성을 거스른다".* 가학성애자들이 이 관점은 용납할 수 없다며 분개하기 전에 분명하게 해두자. 성인들이 합의하에 침대에서 서로를 깨문다면 모든 의미에서 본성적이다. 학교 교사가 성적 만족을 위해 어린이들을 괴롭힌다면 그렇지 않다. 이 행동에는 실제로 가해지는 위해를 뛰어넘는 잘못된 부분이 있는데, 예컨대 어린이들이 부주의 때문에 예기치 않게 고통을 겪는 상황에는 그런 문제가 없다. 이런 식의 잘못된 부분, 본성적이지 않은 부분은 예컨대 극도의 자기애, 자살, 강박, 근친상간, 서로 추어올리는 배타적 사회 등 다른 사람이 피해자가 되지 않는 상황에서도 볼 수 있다. 우리가 '그런 삶은 본성에 어긋난다'라고 말하면 그것은 중심이 잘못 잡혔다는 뜻이다. 실제로 다른 사람이 피해자가 되는 예를 들자면 화풀이, 장애인 기피, 배은망덕, 앙심, 존속살해 등이 있다.** 이런 것들은 모두 인간 본성

* Joseph Butler, *Sermons*, Preface, sec. 15.

** 전통적으로 드는 사례다. 이런 **예**에 이의가 있는 사람, 여기 거론된 것이 본성에 어긋난다는 비난의 대상이 될 수 없다고 주장하고 싶은 사람은 그 주장과 그런 비난은 있을 수 없다는 관념을 분리하여 생각해야 한다. 근친상간은 흥미로운데, 흄이 존속살해와 아울러 인간이 만들어낸 인위적 범죄의 예로 제시했기 때문이다. 그렇지만 침팬지는 근친상간을 피하는 것으로 보인다(Jane Goodall, *In the Shadow of Man*, p. 182 참조).

안에 이를 향하는 충동이 있다는 사실이 잘 알려져 있다는 점에서 **본성적**이다. 본성적이라는 점을 근거로 비난을 억제할 때, 우리는 얼마간 창의력이 요구되는 악행, 다소 인위적일 만큼 의도적이고 용의주도하게 실행하는 악행을 이런 충동과 구분하여 바라보는 셈이다. 또는 너무나 섬뜩한 나머지 제정신인 사람이라면 누구든 느끼자마자 삶에 끼어들 자리가 없다며 곧장 폐기할 **비정상적** 충동과도 구분하는 것이다. 그러나 본성을 부분의 총합이 아니라 통합된 전체라는 더 완전한 의미로 생각할 때 화풀이 등은 **본성적이지 않다**고 보는 것이 합당하다. 그런 것은 어떤 의미로든 주도권을 쥐도록 두면 전체의 생김새를 망가트릴 부분이다.*

이처럼 모든 정념에는 제각기 한도와 한계가 있다는 관념은 다른 종들의 행동으로 잘 입증된 것으로, 본성의 역설을 이해하면서 악을 더 분명하게 이해하게 해준다. 악은 어떤 면에서 우리 본성의 일부분일 수밖에 없는데, 조금이라도 본성 밖으로 벗어난 것은 우리에게 유혹이 되지 못하는 데다 우리의 능력 밖에 있을 터이기 때문이다. 악은 우리에게 가능한 것, 우리에게 그럴 소양이 있는 것, 우리가 이끌리는 어떤 것일 수밖에 없으며—그렇지만 전체의 올바른 조합에 터무니없고 해로운 것이다. 만일 악이 우위를 차지한다면, 더 중심적인 부분을 파괴하는 어마어마한 대가를 치르게 된다. 그리고 아마도 악이 우위를 차지해야 한다는 의도의 방책이 우리가 말하는 악 자체일 것이다.

* 아리스토텔레스의 나쁜 쾌락 논의는 이런 충돌을 생각하는 데 속속들이 유용하다(『니코마코스 윤리학』, 10.3, 7.14).

로렌츠의 책 『이른바 악』(*Das Sogenannte Bose*)*(영어로는 『공격성에 관하여』*On Aggression*라는 오해하기 쉬운 제목으로 번역됨)**의 요점은 공격성이 그런 위치에 있다는 생각을 부정하는 것이다. 그는 전반적 공격 성향을 뜻하는 공격성은 파괴 성향이 절대 아니라고 말한다. 정상적 조건일 때 공격성이 파괴에 다다르는 일은 사실 드물다. 주된 행동은 **쫓아내기**로서, 보통 자신과 자신에게 속하는 이들을 대신하여 공간을 요구하는 것이다. 그리고 이것은 가장 고등한 동물들에게 필수적인 부분이며, 사회적 감응성뿐 아니라 애정, 충성, 끈기, 열의 등 더 고도로 발달한 감정과 밀접한 관계가 있다. 누가 가까이 있는지 신경을 쓰는 이들은 동료를 의식하고 그들 사이에 차별을 두기 시작한 것이다. 더 이상 가까이 있는 이들을 무시할 수 없으며, 적의로든 우의로든 반드시 대응해야 한다. 종종 두 가지가 섞이거나 둘 사이를 오락가락하기도 한다. 로렌츠는 이런 양가감정이 우리 본성 깊이 자리 잡고 있다고 말한다. 이것을 뿌리 뽑으려는 시도는 잘못이며 헛수고이다. 우리가 할 일은 우리의 공격성을 의식하고, 그 갖가지 형태를 연구하며, 가장 덜 해롭고 가장 이로운 쪽으로 그것을 돌리는 일이다. 그는 공격성을 예컨대 가학성처럼 우리 본성의 가장자리에 있는 것이 아니라, 의심할 바 없이 귀중한 수많은 부분의 발달에 관여하는 중심적 요소이자 구조적 요인으로서 보여주고 있다. 그것을 제거하려는 것은 칼을 든 적이 있다는 이유로 손을 잘라내려는 것과 비슷하다.

* Konrad Lorenz, *Das Sogenannte Bose*(Vienna, 1963). '공격성의 자연사에 관하여*Zur Naturgeschichte der Aggression*'라는 부제가 붙어 있다.

** 한국어판 역시 영어판과 제목이 같다.(옮긴이)

우리 안의 여러 중심적 요인은 **반드시** 받아들여야 하며, 인간 행동의 올바른 노선은 그런 요인이 허용하는 범위 안 어디엔가 있는 것이 분명하다.* 모두를 차별 없이 동등하게 한결같이 사랑하고 그 누구도 쫓아내고 싶어 하지 않는 존재는 우리로서는 어떤 면에서 생각은 할 수 있겠지만 확실히 상상하기 어렵다. 그렇게 행동하려 하다 보면 우리 감정의 중심 구조를 무시할 때 항상 찾아오는 엉망인 상태에 빠질 것이다. 공격성에 수반되는 활동력은 없앨 수 있겠지만 나쁜 감정은 없애지 못한다. 이런 식으로 공격성을 받아들인다고 해서 공격적 행동을 모두 찬성한다는 뜻이 되는 것은 물론 아니다. 우리가 성이나 권력욕이나 쾌락을 전반적으로 받아들인다고 해서 그쪽에 있는 모든 것에 찬동한다는 뜻이 아닌 것과 마찬가지다. 이런 전반적 동기는 타고나는 것이지만 그 범위는 넓다. 다양하게 표출될 수 있는 그런 동기를 올바른 우선순위 체계에 비추어 자신의 여타 동기와 균형을 맞춤으로써 그 한도 안에서 길을 찾아 나아간다.

지금까지 우리 본성을 파악하는 데 필요한 여러 개념을 정리하기 위한 중요한 단계의 하나로서 생물학에서 목적 논의를 어떻게 사용하는지를 들여다보았고, 목적 관념이 그 자체로 수상한 것은 아니라는 의견을 내놓았다. 목적 관념은 잘못 사용될 수 있지만 제대로 다루면 가치 있고 필요한 도구다. 내 논의의 다음 단계에서는 목적 관념을 제대로 사용하는 데 따르는 일정한 어려움, 특히 목적 관념을 송두리째 배제하고 싶은 마음이 가장 간절한 자연과학자들을 괴롭히

* 우리의 그림자를 인정할 필요가 있다는, 우리 본성의 그런 무섭고 때로는 부끄러운 측면을 거부하려 해도 소용없다는 융의 말은 타당해 보인다.

는 어려움에 관해 논할 것이다.

2부

심리학에서
기예와 과학

책을 쓸 시간이 있다면
나는 인간의 마음을 채링크로스 역에서
세인트폴 대성당까지 가는 길처럼
알기 쉽게 만들 것이다.

_제임스 밀

4장

지휘자 없는 지휘

과학적이라는 것

모종의 인간 본성 관념은 우리에게 꼭 필요하다. 지금까지 나는 이 발상에 대한 전반적 반대에 부딪혔고, 인간 본성 관념을 어떻게 형성할 것인가 하는 문제를 둘러싼 몇 가지 어려움을 걷어내려 노력해왔다. 이런 문제는 3부에서 다시 살펴보면서 우리 본성이라는 발상이 실천적으로 어떻게 우리의 길잡이가 될 수 있는지, 우리가 어떻게 살아야 할지를 결정할 때 왜 필연적으로 그것을 불러내야 하는지에 대해 더 자세히 논할 것이다.

그렇지만 먼저 그와는 약간 다른 부류의 어려움을 처리해야 한다. 우리에게 본성이 있다고 할 때, 그것을 어떻게 연구해야 할까? 가져다 쓸 수 있는 과학이 있을까? 이제까지 논한 모든 것을 비과학적이라고 볼 사람들이 있다.

모든 것은 과학이 무엇을 뜻하는지에 달렸다.

나는 동물행동학에서 연구한 동물과의 비교를 활용하자는 의견을 내놓았다. 즉 동물을 관찰하고 그 결과를 설명하는 데 숙련된 사람들이 개개의 동물을 관찰한 결과물을 활용하자는 것이다. 그들이 알아낸 내용이 인간의 삶과 관련성이 있다는 말은 그것이 우리를 연구하는 적절한 방법이기도 하다는 뜻이다. 그리고 실제로 그렇다. 우리는 사람을 질적으로뿐 아니라 양적으로도, 개별적으로뿐 아니라 통계적으로도, 자연적 조건에서뿐 아니라 실험적으로도 연구할 필요가 있다. 이런 목적을 위해 우리는 누구나 할 수 있는 종류의 평범한 관찰을 이용할 필요가 있다. 그러나 물론 벼리고 거르고 깊이를 더하고 정리하여 동기에 대한 제대로 된 심리학을 끌어내야 한다. 이런 종류의 심리학 분야는 앞서 내가 암시한 대로 크게 보아 프로이트, 융, 에리히 프롬, 멜라니 클라인, 에릭 번 같은 사람들이 관여한 분야이다. 또 자연과학에서 발견한 사실뿐 아니라 인류사가 시작된 이래로 인간의 본성을 이해하려고 분투해온 수많은 소설가, 극작가, 역사학자, 시인, 예언자, 현인이 기여한 부분도 당연히 활용한다. 질문은 어디에서도 가져올 수 있다. 다만 이미 다루고 있는 것과 관련이 있어야 할 것이다. 그리고 누군가의 질문을 가져온다고 해서 그가 내놓은 답까지 그대로 받아들인다는 뜻은 절대 아니다.

자, 그러면 그런 연구는 과학일까?

그것이 **기예**(art)라는 점에는 의심의 여지가 없다. 기예는 과학에 속할 수 없다고 생각하는 사람들도 있으므로 그 점을 먼저 고려해야 한다. 내가 말하는 기예는 한 묶음의 기술로서, 어느 정도 후대로 전할 수 있지만 개인의 능력과 통찰력과 경험과 개성에 크게 좌우된다. 그것은 (물론 관련된 과학 법칙을 이해하는 기술이 포함되지만) 한 묶음의 기본 법칙이나 한 개의 기본 방법으로 환원하지 못한다. 법률과 의학, 언어학, 역사학, 지리학은 이런 의미에서 기예이다. 철학도 그렇다. 그렇다고 해서 이런 것들이 체계적이고 효과적이며 다른 분야의 발견과 잘 연결된다는 뜻에서 **과학적**이 되지 못하지는 않는다. 물리학과 비슷해 보인다는 뜻의 '과학적'인 것은 분명 아니지만, 그것은 사소한 의미다. 연구마다 나름의 방법이 있고, 다른 연구를 모방하면 형태가 일그러진다. **기예와 대비시키는 방법으로는 과학을 정의하지 못**

한다. 어떤 과학이든 제대로 실행하는 일은 기예다.* 깊이 경의를 표하려 **과학적**이라는 표현을 사용할 때, 그 의미는 '세계에 대한 우리의 이해를 넓혀주는 것'이다. 기예뿐 아니라 사회과학도 그렇게 하며, 사회과학이 과학이라 불리는 진정한 의미는 이것이다. 사회과학은 확실히 기예이기도 하다(독일어처럼 모든 본격적 연구를 가리키는 중립적 낱말이 있다면 더 나을 것이다. '비센샤프트Wissenschaft'는 어느 쪽 편도 들지 않는다). 모든 '기예 분야'는 지금 자신의 주제에 맞게 발전시킨 고유의 독특한 사고방식을 버리고 더 멋진 '과학적' 모델을 쫓아가려는 유혹에 저항해야 한다. 과학적인 것은 자연과학처럼 **보이는** 것이 아니라, 하고자 하는 일에 잘 맞는 방법을 사용한다는 뜻에서 자연과학과 **닮은** 것이다. 인구 전체를 대상으로 하는 대규모 조사에는 정량화가 적당하며, 그래서 개체로서는 거의 기능하지 않는 곤충은 대부분 이 방법으로 연구할 수 있다. 그러나 많은 연구 목적에서 이 방법은 전혀 도움이 되지 않는다.

에드워드 윌슨은 인간 연구가 여타 종 연구와 연결되기를 나만큼이나 원하긴 하지만, 그 결과 만들어지는 주제를 배타적 의미의 '과학'으로 바꿔놓고 싶어 한다.** 『사회생물학』에서 그는 다루는 주제에 맞게 연구자의 개념을 정리하는 기예의 필요성을 경시한다. 인간

* 원한다면 과학과 기예를 '대상을 알기'와 '방법을 알기'로 구별할 수 있다. 그러나 방법을 알기가 더 근본 개념인데, 단순히 명제를 기계적으로 읊는 것은 가치가 없기 때문이다. Gilbert Ryle, *The Concept of Mind*(London, 1949), chap. 2 참조.

** 윌슨은 이 문제에 접근하면서 수많은 유명 인물을 설명하며, 그중 많은 수를 인용하고 요약한다. 그러나 여기서 나는 복잡해지는 것을 피하기 위해 윌슨을 그들의 대변인으로 취급할 수밖에 없다. 나는 이것이 모든 의견에 대해 원래 출처를 정확히 밝히는 것이 매우 중요한 특정 분야들의 관행을 어기는 것임을 알고 있다. 그 관행을 따를 때의 문제점은 수많은 이름 속에 논의가 파묻히고 얼버무려지기 쉽다는 것이다.

심리학은 거의 언급하지 않는다. 그러나 동물행동학은 중요성이 과대평가되었다며 거듭 언급한다. 그는 여러 종에 대한 비교심리학과 아울러 동물행동학에 대해 이렇게 말한다. "동물행동학은 한쪽 끝에서는 신경생리학과 감각생리학에게, 반대쪽 끝에서는 사회생물학과 행동동물학에게 잡아먹힐 운명이다. […] 현재의 동물행동학과 비교심리학 대부분에서 나타나는 특징은 임시변통 용어와 조잡한 모델과 곡선 맞추기인데, 이런 것에는 미래가 없는 것이 분명해 보인다"(6쪽). 그 까닭은? 전리품으로서 손에 넣는다는 의미의 미래는 누구에게도 '있지' 않을 것이기 때문이다.* 여러 가지 방법이 필요하다는 점은 달라지지 않을 것이며, 본격적인 모든 작업이 정량적으로 이루어지는 유사물리학적 천국 안으로 녹아들 것이다.

윌슨은 이런 조잡한 모델을 그가 생각하는 것으로 대치해야 한다고 분명하게 말한다. "흰개미 군체와 히말라야원숭이 무리를 분석하기 위해 똑같은 변수와 정량 이론을 사용할 때 우리는 사회생물학이라는 통일된 과학을 갖게 될 것이다"(4쪽). 여기서 통일을 바라는 열망은 좋지만 정량화를 강조하는 데는 큰 문제가 있다. 외과 수술과 마찬가지로 정량화는 제대로 사용하면 훌륭하지만, 강박이 되면 매

* 미래를 이처럼 소유한다는 태도는 흥미롭다. 윌슨은 다음처럼 예언할 정도로 자신만만하다. "**아마 21세기 후기일 텐데**, 인류가 생태학적으로 안정된 상태에 다다랐을 **때**, 사회적 진화의 내면화는 거의 완성**될 것이다**. **이 무렵이면** 생물학은 최고조에 달해 있을 것이다. […] 스키너의 꿈인 행복을 위해 미리 설계된 문화는 분명 이 새로운 신경생물학이 나올 때까지 **기다려야** 할 것이다. 유전적으로 정확하고 따라서 **완전히** 공정한 윤리 강령 역시 **기다려야** 한다" (574-575쪽, 강조는 내가 넣었다). 만일 윌슨이 정말로 이 모든 것을 알고 있다면 우리에게 그 증거를 공개해야 한다. "스키너의 꿈"을 비롯하여 그와 비슷한 관념이 어떻든 무의미하다는 것을 그가 직접 보여주었기 때문에 더욱 그렇다.

우 나쁜 원칙이다. 세고 있는 것이 정확히 무엇인지 알지 못하고, 그것을 셀 필요가 있는지 판단하는 방법에 관한 원칙을 제대로 파악하지 못한다면—센 것이 표준 단위라는 확신이 없다면—그리고 그렇게 센 결과 무엇이 증명되는지 이해하지 못한다면, 정량화는 과학이라는 겉치레에 지나지 않는다. 그것은 신기루이지 절대로 오아시스가 아니다. 사회과학에는 그런 연구 과제의 잔해가 여기저기 흩어져 있다. 나아가 윌슨은 노동 분담을 변수의 하나로 꼽음으로써 문제를 하나 더 보탠다. 그는 이것을 흰개미와 원숭이의 공통점으로 본다. 그렇지만 원숭이는 노동하지 않는다. 수고도 하지 않고 길쌈도 하지 않는다. 윌슨의 논의(300쪽)를 생각해보면 그들이 분담하는 것은 결국 **역할**임이 드러나며, 표에서 퍼센트로 표시된 항목은 영역 과시, 경계와 감시 행동,* 우호적으로 접근하는 상대 맞이하기, 상대에게 우호적으로 접근하기, 집단 내의 공격성 처벌, 집단적 움직임 이끌기이다. 이제 역할 분담에 대해 전반적으로 다룰 수 있겠지만, 이런 식의 왜곡으로 시작할 수는 없다. 나아가 "노동 분담" 같은 묘사는 노동하는 흰개미와 노동하는 사람 사이의 근본적 차이를 설명하지 않고서는 흰개미에게조차 적용할 수 없다.

사람들이 종종 생각하는 것과는 달리, 문제는 인간의 개념을 다른 종에게 확장할 수 없다는 것이 아니다. 그런 확장을 예민하게 해야 한다는 것이 문제다. 패턴이 비슷하다 해도 종에 따라 삶 속에서 매

* 원숭이가 파수를 세우는 일차적 목적은 포식자가 있음을 경고하는 것이 아니며, 늘 그렇게 하는 것도 아니라는 점에 주목해야 한다. 이들의 주요 관심사는 다른 무리에 속하는 원숭이들에게 싸움을 거는 것이다. 이 습성에는 개체 수를 분산하는 **기능**이 있는 것이 분명하다. 그러나 이것은 **일**이 아니다. 어린 남자아이들이 하는 이와 비슷한 행동이 일이 아닌 것과 마찬가지다.

우 다른 역할을 할 수 있는 것이 분명하다. 그러나 종의 장벽을 넘어 정량화를 추구하는 사람이라면 이런 차이를 제대로 다룰 수 없다. 실제로 윌슨은 매우 자주 그런 차이에 주목하지만, 정량적이지 않은 접근법이 얼마나 강하게 요구되는지 알아차리지 못한다. 동물행동학자와 비교심리학자는 이런 차이점을 이해하는 데 특화되어 있다. 이들에게 이런 차이점을 파악하는 것은 통일된 연구를 가로막는 방해물이 아니라 통일된 연구의 한 가지 조건이다.

이런 모든 문제점은 사회적 동물로서 인간의 진화를 다루는 여러 연구를 가지고 윌슨이 정리하고자 하는 "새로운 종합"과 연관되어 나타난다. 여러 연구를 서로 연관 지어 종합한다는 것은 훌륭하다. 이 책의 머리말에서 언급한 것처럼 분야와 분야 사이의 경계는 종종 잘못 그어져 있으며 우연의 산물에 지나지 않을 때도 있다. 그러나 그런 혼란을 걷어내고 싶어 하는 사람이라면 누구든 실제 무슨 일이 벌어지고 있는지 알아낼 필요가 있다. 원주민들을 문명화하겠다는 굳은 의도로 시작해서는 안 되며, 그들을 잡아먹겠다*는 생각이라면 더더욱 안 된다. 그는 자신이 다루는 일반 개념을 최고로 잘 준비해둔 상태라야 한다. 그러나 자연과학을 모방하자고 굳게 결심한 사람이라도 사회 진화에 대해 이치에 닿는 의견을 내놓을 수 없게끔 가로막는 해묵은 혼란이 얼마간 있다. 이런 혼란에 대해 앞으로 다섯 장에

* 이 의견은 『사회생물학』 575쪽에서 반복된다. 이 참혹한 과정을 보여주는 도표가 5쪽에 실려 있는데, 2000년에 이르면 이 이무기가 비교심리학을 흔적도 남지 않게 소화를 끝낼 것이고, 동물행동학은 지푸라기 다발로 쪼그라들 것이며, 남은 심리학은 모두 생리학이 되는 것으로 보여준다. 세포와 뉴런 연구가 완성될 것이고 사회 연구도 그렇게 될 것이지만, 그 중간 부분에는 거의 아무것도 남지 않는다. 이 책의 8장 2절 참조.

걸쳐 다룰 것이다. 혼란의 핵심에는 윌슨의 목표와는 전혀 무관하리라 생각되는 것이 자리 잡고 있는데, 바로 목적 관념이다. 앞서 말한 대로 이 발상은 문전에서 공식적으로 퇴짜를 놓았을 때 놀라울 정도로 저항력이 강해서, 창문을 통해 다시 들어오는 경향이 있는 것으로 나타난다. 이것이 사회생물학의 얼개에 어떤 손상을 입히는지가 내가 다룰 다음 주제이다.

유전자 떠받들기

목적 언어에서는 기정사실처럼 말하는 것이 끝없는 문제를 낳는다. 희한하게도 그것을 문자 그대로 받아들이지 않기가 어렵다. 따라서 설계자 역할을 맡을 새로운 존재가 만들어진다. 쇼펜하우어의 살려는 의지, 버나드 쇼를 통해 생명력이라는 용어로 널리 퍼진 베르그송의 엘랑비탈(élan vital) 등이 설계자의 유력한 후보였다. 그러나 지금은 훨씬 더 기묘한 것, 구체적으로 말해 유전자와 DNA라는 것이 그 자리를 차지해가고 있다. 그래서 윌슨은 『사회생물학』을 「유전자의 도덕성」이라는 장으로 시작한다. 거기서 그는 유전자에 대해 이렇게 말한다. "개개의 유기체는 유전자의 전달 수단으로서, 생화학적 교란을 최소화한 채 유전자를 보존하고 퍼트리기 위한 정교한 장치의 일부에 지나지 않는다. 닭은 달걀이 또 하나의 달걀을 만드는 방법일 뿐이라는 새뮤얼 버틀러의 유명한 경구가 현대적 형태로 바뀌었으니, 유기체는 DNA가 더 많은 DNA를 만들기 위한 방법일 뿐이다. 더 정확히 말해, 시상하부와 둘레계통(변연계)은 DNA를 영속시키기 위해 조종된다"(3쪽). 윌슨 본인은 이것이 DNA가 조종한다는 뜻으로 해석되기를 바라지는 않으리라고 나는 확신한다. 그러나 읽는 사람은 그런 인상을 받고, 현재 이런 식의 맥락에서 끝없이 인용되고 있는 새뮤얼 버틀러의 말에는 실제로 다른 의미가 있을 수 없다. 이것은 버틀러가 쓴 책 『생명과 습성』(*Life and Habit*)에서 가져온 것으로, 진화는 노력에 의해 일어난다는 라마르크의 관점을 거리낌 없이 본격적으로 옹호하는 내용의 일부다. 버틀러*는 이 관점을 지지하면서, 더없이 단순한 유기체에도 의식적 생각과 노력과 기억이 존재하며, 의식의 연속성을 통해 한 세대에서 다른 세대로 전달된다고 생각했다. 이 맥락에서 본다 해도 그 과정에서 유전자가 구체화된 개체보다 개체 안의 유전자가 **더** 큰 역할을 맡는다는 말은 모순적이다. 윌슨을 비롯한 집단생물학자들이 개체보다 유전자와 DNA가 원인으로서 더 큰 영향을 미친다고 말하는 데는 그만한 이유가 있다(이에 대해서는 곧 다루기로 한다). 그러나 여기서 보는 것처럼 그들의 언어는 줄곧 이 선을 넘어선다. 그들의 언어에는 유전자나 알 자체가 조종자라는 의미 말고는 없을 것이다. 그러다 보니 자연스럽게 이 과학자들은 전체 작용의 요점이 유전자에 있다고 취급하는 쪽으로 슬그머니 기울어진다. 대개 조종되는 대상보다 조종자가 더 중요하고 가치 있으며, 조종자가 지니는 특질이 조종 대상을 가치 있게 만든다고 보기 때문이다.

그런 언어는 생명력 관점보다도 오히려 더 이상하고 더 옹호하기 어렵다. 생명력은 신비롭고 광대하며 구조적인 어떤 것을 가리키는 이름이었다. 그에 대한 언급은 명확하게 우주의 보편적 작동 방식에 대한 언급이었다. 그와는 대조적으로 유전자와 DNA는 복잡한 덩어리를 이루는 특정한 작은 조각들을 정확하게 가리켜 과학자들이 붙

* 참고로, 이 사람은 조지프 버틀러 주교도, 17세기에 풍자시 『휴디브래스』(*Hudibras*)를 쓴 새뮤얼 버틀러도 아닌, 『에러훤』을 쓴 19세기 수필가 새뮤얼 버틀러이다.

인 이름이다. 덩어리의 작은 조각들인 만큼 아무리 복잡해도 어떤 것을 설계하거나 조종하지 못한다. 물론 이 탁송물 덩어리가 일반적 기준에서 매우 특별하고 중요하다는 것은 확실한 사실이지만, 그 이유는 오로지 그것이 유기체로 바뀔 수 있기 때문이고, 일반적 기준에서 유기체는 중요하기 때문이다. 실제로 유기체라는 점은 바로 어떤 것이 중요하기 위한 조건이다. 만일 생명이 여전히 살아 있으나 곧 사라질 세계와, 현재 생명이 영구적으로 말살되었으나 씨앗 저장고와 정자은행이 영원히 그대로 보존된 세계를 대비시킨다면, 진정한 가치는 후자 쪽에 있다고 명확하게 말할 수 없다. 잠재력이 중요한 것은 오로지 그것이 실현될 때 일어날 일 때문이다. 건물보다 청사진이, 푸딩보다 반죽이, 불보다 성냥이 더 중요하다고 생각할 수 있을까?

다른 존재도 개입된다. 윌슨은 이렇게 말한다. "인간 같은 사회적 종의 시상하부-둘레계통은 여러 행동 반응을 [제대로] 조율할 때만 그 기저의 유전자가 최대한 확산되리라는 것을 '안다'. 또는 더 정확히 말해 아는 것처럼 행동하도록 프로그래밍되어 있다."(4쪽) 더욱 정확히 말하자면 그것은 프로그래밍되지 않았고, (기체가 한다는 그런 지루한 의미의 행동 말고는) 행동할 수 없으며, 뭔가를 안다고 볼 수 없는 종류의 사물이다. 그러므로 뭔가를 아는 것처럼 행동하지도 못한다. 우리의 간과 마찬가지로 그것은 **작동한다**. 목적과 행위라는 언어는 전체 안에서 작동하는 각 부분의 움직임을 묘사하는 용도로는 절대로 타당할 수 없다. 자기 고유의 영역에서—의식이 있는 능동적 존재의 행동을 묘사하는 용도로—타당하든 그렇지 않든, 다른 어디에서도 타당하지 않다.

그렇지만 윌슨과 새뮤얼 버틀러는 여기서 어떤 훌륭한 것을 말하고 있으므로 지적할 필요가 있다.

첫째로, 이들은 정말로 잘못된 위험한 것을 **공격하는데**, 그것은 바로 우주 안에서 우리 자신의 개인적 중요성을 엄청나게 부풀려 생각하는 태도다. 우리 각자는 확실히 모든 것이 우리를 위해 만들어졌다고 생각하며, 따라서 형편없이 만들어졌다고 불평하는 경향이 있다. 우리는 또 마치 스스로 창조한 것인 양 자신의 인격과 재능을 자신의 공로라고 생각하는 경향이 있다. 이런 '유아의 전능감'* 같은 태도는 정말 어리석다. 모든 것이 유전자를 영속시키기 위해 만들어졌다는 관점은 모든 것이 우리 개개인의 감성을 만족시키기 위해 만들어졌다는 관점만큼이나 말이 되지 않는다는 역설로써 그 어리석음을 지적한 것은 매우 합당하다. 나아가 윌슨은 우리의 감정적 구성에 대해 더 구체적이고도 지극히 탄탄한 논점을 내놓는다. 그는 우리의 취향과 욕망이 처음부터 완벽하게 조화를 이룬 상태이기를, 그리고 그 취향과 욕망이 모두 만족 가능한 상태이기를 당연한 권리로서 기대할 수는 없다고 말한다. 감정적 구성이 오로지 개인의 행복에만 맞춰 진화하고 적응했다면 그렇게 기대할 수 있을 것이다(그랬다 해도 우리에게 완벽을 기대할 권리는 없을 것이다). 그러나 실제로 선택은 수많은 다른 방향으로도 적어도 그와 똑같은 정도만큼은 작용했다. 종은 단순히 구성원들이 행복함으로써 살아남는 것이 아니라 다음 세대를 위해 뭔가를 하는 구성원들이 있음으로써 살아남는다.

그는 감정을 지배하는 뇌 영역이 해야 하는 조율에 대한 설명을 계속한다. 그런 뇌 영역은 "개인의 생존과 번식과 이타주의를 효과적

* 부모의 세심한 보살핌을 받는 아기는 모든 것이 욕구에 따라 이루어지는 경험이 반복되면서 뭐든지 할 수 있을 것 같은 전능감을 갖기도 하는데 이를 유아의 전능감(infantile omnipotence)이라 한다.(옮긴이)

으로 버무려야 한다. 결과적으로 [그런 뇌 영역은] […] 유기체가 긴장되는 상황에 부딪힐 때마다 양가감정으로 의식적 마음에 부담을 준다. 사랑과 미움을, 공격성과 두려움을, 대범함과 소심함을 배합하되, 개인의 행복과 생존을 촉진하는 것이 아니라 지배 유전자가 최대한 전달되는 데 유리하도록 설계된 비율에 따라 배합한다."(4쪽) 감정적 충돌은 사실 종 고유의 것이며 완전히 만족스러운 해법은 절대 있을 수 없다.* 이에 대해 우리의 평범한 도덕 전통이 취하는 '우리는 삶의 여러 측면 중 선택해야 하며, 심리학도 사회공학도 우리를 충돌 없는 단순한 길로 이끌어주지 않는다'는 입장은 진화 측면에서 이치에 닿는다. 공리주의자를 비롯하여 그저 행복하라고 우리에게 조언하는 사람들은 도움이 되지 않는다. 우리는 거의 언제나 여러 종류의 행복—행복을 **주는** 여러 가지 것들—중에서 선택하거나, 행복과는 아무 관계가 없으나 우리가 바라는 다른 것 중에서 선택해야 하기 때문이다.

충돌이 불가피하다는 것은 반대 논점을 내놓을 수 있는 좋은 이유가 된다. 즉 진화의 목적은 우리의 개인적 행복을 확보하기 위함이—또는 위함만이—아니라는 것이다. **그러나 진화에 그런 배타적 목적이 필요할까?** 목적은 유전자의 확산이라고 말하는 것이 더 나을 이유가 무엇일까? 종이 존속하는 동안의 어느 한 단계를 지목해 모든 것의 의의가 거기 있다고 하는 것 역시 똑같이 불합리해 보인다. 유전

* 이처럼 충돌이 불가피함을 강조하는 것은 도덕과 관련하여 윌슨이 내놓는 가장 귀중한 논점 중 하나다. 그의 논의 중 특히 개인 간 충돌, 그중에서도 세대 간 충돌을 논한 부분과, 진화를 통해 충돌이 무마되리라 기대할 이유가 없다는 것을 보여주는 부분이 흥미롭다(311, 341-344쪽). 진화는 그저 충돌이 심각한 실질적 손해를 입힐 만한 수준 아래로 유지되게 해줄 뿐이다.

자는 작은 인간이 아니다. 우리는 매우 복잡한 과정을 묘사하고 있고, (번식 단계만이 아니라) 과정 속의 모든 단계가 동등하게 전체에 기여하도록 진화를 통해 다듬어졌다. 전체 주기에서 개인의 만족은 필요한 요소다. 불만이 깊은 동물은 번식할 수 없다. 갇혀 있는 동물에게서 그 예를 종종 볼 수 있다. 그리고 번식만 만족에 달린 것이 아니라, 먹기, 씻기, 둥지 짓기 등 종의 생존에 필요한 다른 모든 활동도 그렇다. 사실 우쭐해진 개인을 상대로 윌슨이 충고하듯 우쭐해진 유전자를 상대로 생존법에 대해 충고해달라고 누군가에게 부탁한다면, 그는 윌슨과 매우 비슷한 맥락으로 유전자에게 진화 주기에서 자신이 유일한 요소인 양 행동하지 말라고 타이르며 이렇게 말할 것이다. "유전자 여러분의 안녕은 여러분의 화신인 개개인의 안녕에 달려 있다는 것을 기억하세요. 여러분은 그들이 계속 살아갈 보람을 느끼게 해야 합니다. 지나치게 우울하게 만들거나 불가능한 문제를 안겨주면 그들은 죽어버릴 것이고 그러면 여러분도 함께 죽습니다. 자업자득이죠." 이처럼 건전한 충고를 들을 위치에 있는 유전자가 없다는 것이 안타깝다. 유전자는 결정을 내리지 않으며, 따라서 충고를 받아들일 수 없다. 같은 이유에서 유전자는 도덕을 가질 수도 없다. 유전자가 트롬본을 연주하거나 사회생물학에 관한 책을 쓰지 못하는 것과 마찬가지다.

장기적 시각의 필요성

윌슨의 요지는 유전자 관점이 개체 관점보다 더 **중요하다**는 것이다. 그는 이렇게 말한다. "진화 시간에서 개체는 거의 아무것도 아니다." 그런데 중요성은 목적에 따라 달라지고, 또 이처럼 광대하고 아득한 시각이 모든 목적에서 가장 중요할 수는 없다. 그렇지만 이런 시각이 정말로 매우 중요한 어떤 목적이 있고, 그런 점에서 윌슨이 강조한 것은 마땅하다. 예를 들면 다음과 같다.

1) 인류 전반에 관한 지식을 확장하고 따라서 인류가 어떻게 발달해왔는지를 이해할 과학적 필요성. 사회과학은 자기 분야의 문제를 다루면서 현재 상황에서 필요한 모든 사실을 다 갖추었다고 생각하고 유전자에 대한 고려를 배제했을 때 스스로 어리석음을 드러냈다. 현재의 딜레마와 마주친 **존재가 어떤 부류인지를** 이해하려면 진화 사고가 필요하다.

2) 서서히 퍼지고 있는 유아론 즉 "우리가 개개로 독립된 존재라고 생각하는 사변적 불합리"*를 피해야 할 도덕적, 심리적 필요성. 이 질병은 윌슨이 생각하는 것만큼 철학자들 사이에 널리 퍼져 있지는 않지만 정말로 많은 문제를 일으켰다. 홉스, 데카르트, 프로이트, 그리고 카뮈도 감염의 중심이었다(칸트에게 치료제가 있었지만 모두가 받아들이지는 않았다). 여기에는 일반적으로 인간은 본성적으로 절대적 이기주의자라는 믿음이 개입되어 있다. 이에 대해 윌슨은 완전한 이기주의는 유전적으로 매우 심한 '대가'를 치른다는 것을 설득력 있게 보여준다. 형제자매와 자식을 모두 희생하는 대가로 자신의 만족을 한껏 이룬다면 자신의 유전자는 없어질 것이고 자신의 훌륭한 특질은 후손으로 이어지지 않을 것이다. 시종일관 이기적인 종은 혼자이거나 멸종될 것이다. 따라서 우리는 사회적이며 멸종되지 않았으므로 스스로 본성적 이기주의자라고 볼 수 없다. 우리가 이기주의자여야 한다는 말은 더욱 이치에 닿지 않는다.

* Joseph Butler, Sermon 1, sec. 10.

3) 신비적 관점. 윌슨은 유전자를 어떤 의미에서 불멸의 존재로서, 우주 전체의 핵심 관심사로서 나머지 존재가 마땅히 희생할 대상으로 보는 것 같다. 여기에는 내가 크게 우러러보는 면이 있으며, 그런 사고 안에는 확실히 장기적 시각이 자리 잡고 있다. 그러나 그 가치는 유전자 같은 구체적 실체가 우주 전체를 대신할 때 허무하게 무너져내리는 것으로 보인다.

첫째로, 과학적 측면 즉 진화라는 장기적 시각의 필요성을 생각해 보자. 이것은 아마도 『사회생물학』이 동물학자가 아닌 사람들에게 보내는 메시지의 중심일 것이며, 가장 꼼꼼하고 세밀하게 다뤄진다. 인간은 사회적 종이다. 인간이 다른 모든 사회적 종과 분리되어 이해될 수 있을까? 인간이 그들과 닮아 보이는 것이 사실은 외적인 면일 뿐이며, 그 때문에 오해가 생겨나는 걸까? (예컨대) 새와 비행기, 트랙터와 코끼리, 별과 다이아몬드가 닮은 것과 비슷하게? 아니면 인간은 광대하지만 일관된 진화 범위 안에서 볼 수 있는 수많은 변이 중 두드러진 하나로서 자리를 차지하고 있는 걸까?

진화의 범위가 얼마나 광대하고 일관되었는지를 제대로 이해하기 시작하면 이런 질문을 두고 망설이기는 거의 불가능하다. 사람들이 자신을 만물의 일부로 보는 데 어려움을 겪는 것은 만물의 나머지를 바라보는 관념이 조잡하고 편협하며 대단히 추상적이기 때문이다. 윌슨은 저 광대함과 일관성을 잘 전달한다. 그는 사회적 행동을 가능하게 하는 성향이 어떻게 매우 다양한 종류의 동물 안에서 독자적으로 진화했는지, 그런 성향이 집단에 따라 얼마나 크게 다른지, 그럼에도 그런 변이가 어떻게 일정한 패턴, 즉 이타주의나 새끼 보살피기처럼, 이해 가능한 이유로, 종의 생존에 보탬이 되는 행동 양식으로 수렴하는지 보여준다.

이처럼 거대한 배경에 비추어, **인간은 사회에 의존하기 때문에** 인간 행동에는 유전적 요인이 없다는 말은 무슨 뜻일까? 첫째로, 사회는 인간에게만 있는 것이 아니다. 사회적인 모든 종에서 개체는 사회를 필요로 하고, 사회 없이 자랄 수 없으며, 삶의 세밀한 부분 모두가 사회에 의해 채워진다는 의미에서 '사회에 의해 형성'된다. 개체는 자신이 속한 사회가 가능하게 하는 길을 따라간다. 둘째로, 사회는 유전적 프로그래밍의 **대안**이 아니다. 사회는 유전적 프로그래밍을 요구한다. 어떤 종류의 사회든 그 사회의 일원이 되려면 유아는 거기 반응하도록 프로그래밍되어야 한다. 다른 이들이 유아에게 신호를 준다. 그러나 유아는 그 신호를 받고 대화를 완성할 수 있어야 한다.

이 상호작용은 많은 동물 종을 대상으로 한, 낯선 환경에서 새끼를 키우는 실험에서 반복적으로 입증되었다. 어디서나 우리는 한 종류의 사회에서는 사리에 맞지만 다른 종류의 사회에서는 그렇지 않은 타고나는 성향을 보게 된다. 닫힌 본능 즉 세밀하게 정해져 있는 행동 양식뿐 아니라, 열린 본능 즉 각인된 새끼 오리에서 볼 수 있는 것 같은 행동 양식도 그렇다. 새끼 오리는 어미의 모습을 바깥으로부터—'사회로부터'—첫눈에 받아들인다. 그러나 시야에서 그 모습을 고르는 능력과 그 모습을 따라다니고 달라붙는 등의 행동에 필요한 매우 복잡한 운동 성향을 스스로 발휘해야 한다. 개구리나 강아지나 인간의 아기는 이런 식으로 각인시키려 해보아도 소용이 없다. 강아지와 아기는 사회적 유대를 형성하는 방식이 더 느리고 더 미묘하다. 그러나 이들 역시 연장자에게 능동적으로 **반응**하는 행동이 따른다. 아기는 생존하려면 젖을 빨고 울기만 해서는 안 된다. 시간이 가면서 미소 짓고 말하고, 웃고 울고, 주위 사람들과 눈을 맞추고, 부모를 찾고 따라다니고, 주위 사람들을 애정으로 대하고, 그들과 어울리며 그들에게 인정받기를 원하고, 놀면서 세상을 탐험한다. 이런 행동을 하지 못하는 아기는 사회에 합류하지 못한다. 그러나 이런 행동은 힘없는 어린 새끼가 연장자의 보살핌과 관심을 확보하고 그들의 사회에 통합되어 들어가는 다른 종에서도 완전히 전형적으로 나타난다. 사회적 동물의 정상적 행동 양식인 것이다. 그러므로 진화 시각에서 사회와 유전적 프로그래밍은 서로의 존재를 암시한다. 그리고 사회가 복잡할수록 유전적 프로그래밍은 더 풍부해야 한다.

저 유전적 프로그래밍을 참조하지 않고 인간 사회를 연구하려 할 때 우리는 당연하게 여기는 종 레퍼토리를 가지고 추상화하고 있는 것이다. 너무나 익숙하기 때문에, 그에 관해 우리가 당연시하는 견해가 우연히도 상당히 이치에 맞기만 하다면, 그리고 특히 급격한 변화가 다가오고 있지 않다면 그것을 충분히 무시할 수 있는 경우가 많다. 그러나 변화가 일어나면 우리 본성 안에 잠재해 있으나 우리 문화에 억눌려 있어서 알지 못했던 성향이 언제라도 끌려 나올 수 있다(물론 나쁜 성향만 그런 것이 아니다). 정체된 시기라면 역사와 유전학을 고려하지 않는 심리학과 사회학이 어느 정도 성공을 거둘지도 모른다. 그러나 상황이 변화할수록 진화 시각을 더 활용할 필요가 있다.

진화 시각의 어마어마한 변이 범위에 비하면 인간 종은 (윌슨이 보여주듯) 그다지 놀랍지 않다. 다양한 능력을 전문화한 갖가지 종 가운데 잘 배우는 능력과 지성을 개발하는 쪽으로 전문화한 사회적 종이, 열린 본능을 사용해 여타 종보다 더 다재다능한 사회를 만든 사회적 종이 없을 이유가 어디 있을까? 매우 단순하게는 촘촘하게 연결된 산호충 군체부터 훨씬 더 복잡하고 독립적인 개미와 벌, 그리고 각종 조류와 포유류에 이어 우리 인간의 영역에 이르기까지 사회적 종의 복잡성은 이미 매우 넓은 범위에 걸쳐 분포되어 있다. 각 종에는 나름의 특수성과 나름의 특별한 구조가 있고, 각기 그것을 유지하기 위해 상속된 특별한 성향 묶음이 있을 수밖에 없다.

여기서 월슨이 기여한 부분은 우리의 시각을 바로잡는 것과 관계가 있다. 그는 유전적 원인을 생각하지 않으면 시야가 제한된다고 지적한다. 그것을 고려하기를 거부하면 사회적 행동 양식에 너무 가까이 다가서게 되어, 사실은 우리 사회를 지나치고 있을 뿐인 특징을 절대적인 것으로 받아들이고, 근원적 구조인데도 거기 쉽게 맞춰 넣을 수 없으면 상대적인 것으로 받아들이게 된다는 것이다. 이런 식으로는 우리 자신을 알 수 없다. 그리고 우리가 이 실수를 고집한다면 진화는 실제로 우리를 원숭이로 만들 것이다.

개인을 잊는 어리석음

이런 점을 고려하다 보면 자연히 그다음 문제인 개인 개념에 유전적 시각이 미치는 효과를 생각하게 된다. 인간이 본성적으로 사회와 별개라고 생각할 수 있을까? 인간은 그렇게 자신을 분리할 수 있을까? 원래 본성은 전적으로 자기중심적인데 '사회'가 인간을 형성하면서 그 본성을 거스르고 있을까?

이기주의에 대한 이 질문은 많은 사람이 까다롭다고 생각해온 문제다. 월슨은 이 문제를 쉽게 만들지 않는데, 판이한 데다 더 포괄적인 문제인 감정과 생각의 충돌과 뒤섞기 때문이다. 그는 다음과 같이 시작한다.

카뮈는 철학적으로 유일하게 중대한 문제는 자살이라고 말했다. 이

> 것은 가장 엄밀한 의미에서 한 말이라 해도 틀렸다. […] 존재 또는 존재를 끝내는 자살은 철학에서 중심적으로 다루는 질문이 아니다. 시상하부-둘레계통 복합체는 그런 논리적 축약을 죄책감과 이타적 감정으로 받아침으로써 자동으로 거부한다. 이 방식 하나만 봐도, 진화 시간에서 개체는 거의 아무것도 아니라는 것을 '아는' 철학자의 감정 조절 중추는 유아론적인 그의 의식보다 더 지혜롭다. [3쪽]

아마도 카뮈를 찬양하는 사람들을 공격하는 말일 것이다. 그러나 그들이라 해도 문제를 구분하는 편이 좋을 것이다. 그는 실제로 다음처럼 두 가지 전적으로 사리에 맞는 것을 말하고 있기 때문이다.

1) 전반적으로 우리는 우리 자신을 이해하기 위해 고안한 지성적 틀이 종종 작동하지 않는 것을 보게 되는데, 그 틀이 우리의 복잡한 감정적 욕구를 고려하지 못하기 때문이다. 그리고

2) 특히 만일 우리의 틀이 유아론적이거나 이기주의적이라면, 그것은 우리의 사회적 본성과 맞지 않을 터이기 때문에 문제에 부딪힐 것이다.

그러나 이 둘을 섞음으로서 그는 마치 **모든** 지성적 틀은 필연적으로 유아론만큼이나 어리석고 잘못되어 있으며, 그것을 바로잡는 일은 외부에서만 즉 의인화한 시상하부-둘레계통 복합체만 가능하다는 뜻으로 들리게끔 말한다. 이처럼 그는 개인인 자기 즉 '철학자'를 자신의 감정 중추로부터 분리되어 있으며 감정 중추와 반목하는 모습으로 그린다. 그러나 개별 인간인 우리는 감정을 우리의 일부로서 **포함**하고 있다. 감정을 파악하지도 고려하지도 못하는 한 우리는 혼란한 개개인이자 형편없는 철학자이다. 윌슨이 유전자, 감정 중추를 비롯한 여러 주인공과 대립시키는 '개인'은 사악한 추상 개념인 '지

성'이다. 이는 여기서 생각과 감정에게 맡겨진 역할이 쉽게 뒤집힐 수 있다는 사실로 미루어 쉽게 알 수 있을 것이다. 이기심은 합리적이고 이타심은 감정적이라고 묘사하는 것은 **가능하다**. 그러나 대본을 뒤집어, 일반 도덕에 관하여 자신을 유일하게 중요하게 취급하는 것은—물론 우리 감정은 우리가 자신을 그렇게 취급하게 하려 애쓰겠지만—불합리하다거나 미친 짓이라고 말하는 것 역시 가능하다. 사실 생각과 감정 둘 다 양쪽 모두에 개입한다. 카뮈가 말하는 내용은 생각만큼이나 감정에 대한 표현임이 자명하다(워즈워스가 말한 것처럼 "우리의 생각은 우리의 지난 감정을 대변한다"*고 말할 수 있다).

그렇지만 둘을 구별할 수 있는 한, 분명 우리는 종종 감정이 생각보다 더 건전하다거나 더 중요하다고 말할 필요가 있다. **그러나 그렇게 말하기 위해 일상적 의식 영역을 벗어나 신경학적으로 따지기 시작할 필요는 없다**. 이것이 시상하부-둘레계통 복합체와 대뇌겉질 사이에서 벌어지는 논쟁이라고 표현한들 (신경학자들이 어떤 완전히 다른 기관이 개입되어 있음을 곧 발견하지는 못하리라고 우리가 확신한다 해도) 우리에게 도움이 되지 않는다. 만일 진화의 결과 우리가 어떤 감정이 드는 경향이 있다면 우리에게 그런 감정이 있는 것이다. 우리에게 필요한 것은 그런 감정을 인정하지 못하게 막는 비뚤어진 지성 체계로부터 해방되는 것뿐이다. 이기주의는 확실히 그중 하나다. 우리의 의식은 유아론적이지 않다. 그럴 까닭이 없다. 유아론은 철학적 난장판이며 혼란한 사고의 산물이다. 우리는 평생을 공공 세계에서 살아왔다. 우리는 그에 적응해 익숙해져 있다. 다른 곳에서는 살지 못한다. 그러나 그 세계는 유전자와 시상하부-둘레계통 복합체로 이루어진 세계

* William Wordsworth, *Lyrical Ballads*, 머리말 첫 부분.

가 아니다. 그것은 다른 사람들로 이루어진 세계이다. 그리고 그 안에서 살아가는 것은 우리이다. 우리의 시상하부-둘레계통 복합체가 아니다.

내가 말하는 요점은 존재론과는 무관하다.* 영혼을 착탈식 예비부품으로 추가하고 싶어 하는 것과는 아무 관계가 없다. 내 말은 범주 논리에 관한 것이며 개념을 올바로 사용하자는 것이다. 전체로서만 해낼 수 있다고 판단되는 어떤 것을 작은 한 부분이 해내고 있다고 말하는 사람은 논리 변속 기어를 무리하게 넣어 자신이 말하려는 모든 내용을 알아들을 수 없게 하는 소름 끼치는 굉음을 만들어내는 것이다(자신의 자동차를 자신의 개념 틀만큼 심하게 다루는 과학자는 매우 드물다). 만일 내가 이 기화기가 몬테카를로 자동차경주에서 승리했다거나 경주마 이클립스의 왼쪽 무릎이 더비 경마에서 이겼다고 주장한다면, 만일 나의 작은창자가 내 점심을 소화했다고 말한다면, 만일 보이소프라노의 가족이 방금 자기네 아들이 합창곡 〈메시아〉를 불렀다고 말한다면, 혼란하게 말하는 것이다. 동사에는 올바른 주어가 있어야 한다. 루비콘강을 건넌 것은 카이사르의 뇌가 아니라 카이사르였다. 그리고 강을 건너기로 결정한 것 역시 카이사르의 시상하부-둘레계통 복합체나 대뇌겉질이 아니라 카이사르였다.

사람들은 비과학적이라는 생각 때문에 이 점을 잘 이해하지 못한

* 존재론에 집착하는 것, 우주 속에 있는 품목 목록을 만드는 데 집착하는 것은 실제로 그다지 쓸모가 없다. 철학자들이 존재론을 이전보다 덜 중요시하는 것은 당연하다. 그런 품목이 너무 많이 모였을 때 잘라내는 용도로 사용하는 원칙인 오컴의 면도날은 그런 만큼 비교적 투박한 도구이다. 세계 안에 (예컨대) 마음, 꿈, 목적, 생각 등의 포함 **여부**를 묻기 전에, 우리는 사람이 마음에 둔다, 꿈꾼다, 의도한다, 생각한다는 말이 무슨 뜻인지 물을 필요가 있다. 133쪽 참조.

다. 그들은 벌어지고 있는 일에 대한 **현실적** 설명은 물리적인 설명이어야 하지 않느냐고 말한다. 어떤 사건을 전자의 이동이 아닌 다른 방식으로 묘사할 때마다, 우리는 미신적인 정도는 아니더라도 간접적 또는 피상적으로만 말하는 것이 아닐까? 그 밖의 모든 것은 어떤 면에서는 **비현실적**이지 않을까?

질문의 종류에 따라 매우 다른 **종류**의 답이 나온다. 대개는 한 종류의 질문을 다른 종류로 환원할 수 없다. 다만 양립하는 것은 분명하다.* 세계를 다른 방향으로 자르면 다른 모양이 드러난다. 롤케이크를 수직으로 자르면 나선 구조가 나타난다. 수평으로 자르면 줄무늬가 드러난다. 줄무늬는 나선으로 환원되지 않고 나선 역시 줄무늬로 환원되지 않으며, 더 깊이 분석한다 해도 그렇게 되지 않는다. 둘 모두 현실이며, 자른 두 각도의 관계를 이해하면 두 무늬를 연관 지을 수 있다. 마찬가지로 전자뿐 아니라 그 밖의 사물도 현실이다. 뇌 역시 현실이다. 그렇지만 우리 눈에 보이는 색깔도 우리가 느끼는 통증도 비록 물리학이나 신경학 책에서는 중요하게 다루지 않겠지만 똑같이 현실이다. 그리고 도덕적 충돌을 느끼는 사람은 그것이 비현실적일 수 있는 (즉 허구이거나 상상이거나 스스로 유발한) 충돌이 아니라면 **현실적** 충돌을 겪는 것이다. 세계의 현실적 특징은 모두 그 자체의 조건에 따라 직접 연구할 수 있다. 물리학자들의 연구 패턴 안에서 똑같이 생긴 것을 찾는 식으로 간접적으로 접근할 필요가 없다.

이 질문 즉 평범한 삶의 시각을 진지하게 받아들일 절대적 필요가 있다는 점에 대해서는 나중에 진화라는 거시적 전망과 신경학자

* 흔한 상황이며, 다음 책에서 잘 논하고 있다(특히 5, 6, 7장). Gilbert Ryle, *Dilemmas* (Cambridge, 1964).

의 미시적 관점을 살펴보면서 다시 다루기로 한다. 그렇지만 지금은 저 평범한 시각을 제쳐놓도록 만드는 다른 발상을 먼저 검토해야 한다. 이 발상은 내가 언급한 세 번째 요점으로, 어떤 면에서 유전자나 DNA가 평범한 개개인 대신 진화 과정에 의미를 부여하는 존재가 되어야 하며, 나아가 그것을 불멸의 존재로, 숭배받을 자격이 있는 존재로 볼 수 있다는 발상이다.

그렇다면 유전자를 불멸의 존재로 본다는 것은 어떤 걸까?

여기서 윌슨이 표현하는 매우 존경스러운 것 하나는 단순한 경외심과 놀라움이다. 연구 대상이 복잡하고 그 적응 구조가 믿기 어려울 정도로 정교하다는 점 자체로 그것을 굉장히 놀랍고 기적적인 것으로서 대하는 것은 전적으로 적절한 반응이다. 좋은 과학자는 누구나 그런 경이를 동기로 삼는다. 그런 경이를 모르는 사람은 하잘것없고 편협하다.* DNA는 확실히 그런 반응을 유발한다. 여기에 있는 일련의 분자들은 공통 요소의 배열에 따라 길이가 변화무쌍하다. 그렇지만 그 안에는 코끼리의 구석구석을 위한 청사진 전체가 들어 있고 (적절한 영양분 등이 주어지면) 코끼리를 만들어낼 능력이 있다. 나아가 이 청사진의 각 부분은 흩어졌다가 다시 조합되어 그 코끼리의 후손에게 전달된다. 각 부분은 (모든 일이 잘 풀리면) 그 코끼리가 죽은 뒤에도 살아남아 끝없이 전달되어 이야기가 끝날 때까지 더욱 많은 코끼리를 생성해낸다. 말로는 이루 표현할 수가 없다. 그럴 수밖에 없다.

그러나 그렇게 말하는 것과, 우리가 여기서 하나의 **존재자**를 다루

* 경이가 동기로서 지니는 가치는 아리스토텔레스, 『형이상학』, 머리말(1권 2장 982b11) 참조.

고 있고 그 존재를 그 존재에서 생겨날 구체적 개개인보다 더 존경해야 한다고 말하는 것은 완전히 다르다(처음 느끼는 경이에서 출발해 명백하게 종교적 맥락 안으로 들어가면 하느님을 그 존재로 보게 될 것이다. 그렇지만 그런 맥락이 갖춰져 있지 않을 때는 유전자 자체가 그런 존재라는 생각으로 이어질 수 있다. 여기서 내가 말하고 있는 것은 바로 그 생각이다).

첫째로, 앞서 말한 것처럼 우리가 유전자에게 느끼는 경이는 그것이 전래되는 것에서 느끼는 경이에 **달려 있다**. 둘째로, 우리는 그것을 불멸한다는 이유로 존경할 필요는 없다. 유전자는 아메바가 불멸한다는 것과 같은 따분한 의미에서만 불멸한다. 아메바는 분열법으로 번식하며, 따라서 실제로 죽지는 않는다. 그러나 더 복잡한 유기체가 살아간다는 것과 같은 온전한 의미에서 볼 때 아메바는 사는 것도 아니다. 개인으로서 찬란하게 빛나는 알찬 한 시간의 삶은 유전자로서 한 시대를 보내는 것만큼 가치가 있다. 유전자를 영혼이라 볼 수 있을까? 윌슨은 책 머리말에서 「바가바드기타」를 인용한다. "이 자아를 살해자라고 생각하는 사람은, 그리고 이 자아를 살해당하는 자라고 생각하는 사람은 모두 깨닫지 못한다. 영혼은 살해하지도 살해당하지도 않기 때문이다." 나는 무해한 종교적 발상처럼 보일 만한 것에 대해 계속 말하고 싶지는 않다. 거기 연관된 동기가 훌륭할 때는 특히 더 그렇다. 그러나 공교롭게도 이 문제는 우리와 여타 종 사이의 관계라는 문제와 심리학에 어떻게 접근할 것인가 하는 문제 전체를 제기한다. **우리에게는 유전자가 아닌, 개개인을 위한 심리학이 필요하다.**

일상의 온갖 세세한 부분이나 개개인의 운명 전체의 중요도가 무시해도 될 수준으로 쪼그라들어 보이는 시각이 존재한다. 방금 언급한, 사회의 움직임과 발전을 커다란 역사적 척도에서 이론적으로 연구하는 사변적 관점이 거기 포함된다. 또 영원에 비추어 사물을 바라보는 데 대해 스피노자가 한 말의 의미처럼, 그리고 「바가바드기타」에서 논한 것처럼 사람들이 어떤 관조적 인간 상태에 다다르는 입장 역시 거기 포함된다. 창조자가 있다면 이 두 가지 입장 모두를 충분히 취할 수 있을 것이다. 그러나 거기에는 우리가 일상에서 우리 자신을 발견하는 입장은 포함되지 **않는다**. 우리는 우리가 연구하는 종의 구성원이고, 지금 여기에서 살고 있으며, "개체는 거의 아무것도 아닌" 진화 시간에서 살고 있는 것이 아니다. 자신을 영원한 설계자로 간주하고 주위의 다른 인간들을 렌즈에 묻은 먼지로 간주하기 시작한다면 우리는 우주의 옥좌에 앉는 것이 아니라 정신병원에 들어가게 될 것이다.

생명력 관념을 만들고 지지한 사람들은 그것을 불의한 감정적 용도로, 진정한 가치를 알지 못하는 주위 군중을 경멸하는 태도를 정당화하기 위한 장치로 사용한 것이 분명하다. 인간과의 접촉을 극도로 두려워한 까다로운 사람이었던 버나드 쇼는 그 두려움을 합리화하기 위해 멀리서 바라보는 시각을 이용했다. 시간이 갈수록 그는 점점 더 사람들을 꼭두각시로 보기를 좋아했는데, 사람은 사실 생명력이 잠시 구체화된 것에 지나지 않는다는 관념 덕분에 그로서는 그렇게 보기가 쉬웠다. 그는 극작가라는 위치를 이용해 인류 전체로부터 거리를 두었고, 생명력을 동료 극작가이자 협력자로 보았다(이것은 『므두셀라에게 돌아가다』(*Back to Methuselah*)와 『인간과 초인』(*Man and Superman*)에서 특히 잘 드러난다). 새뮤얼 버틀러와 쇼펜하우어 역시 외롭고 소심한 사람들로, 그들의 시각에서 자신에게 허용되는 신과 유사한 지위에 의해 전인류적 삶과 일체감을 갖는 데 이끌렸고, 그것을 핑계로 주위 사람들을 주목할 가치가 없다고 여겼다. 나는 최근 어느 유명 저자가

'이기적 유전자'라는 별스러운 제목의 텔레비전 방송에서 진화에 대해 말하는 것을 듣고 이런 습관이 또렷이 생각났다. 방송에서 그 저자는 새뮤얼 버틀러가 달걀을 두고 한 말을 즐겨 되풀이하면서, 청중을 향해 **사실** 여러분은 유전자가 더 많은 유전자를 만들기 위한 방편일 뿐이라고 힘주어 말하며 즐거워했다. 그의 어조는 (윌슨과는 달리) 우리가 죽고 나서도 이어지는 영광에 대한 경외심의 발로가 아니었다. 그저 자신이 만나는 대중을 깎아내릴 방법을 찾아낸 지식인의 기쁨만 표출될 뿐이었다. 애석하게도 그런 종류의 동기는 사람들이 생각하는 것보다 더 강하다. 이것은 일상의 모든 관심사는 어떻든 '비과학적'이며, 언제나 어떤 극도로 아득한 시각을 찾아내 거기서 보이는 것만 현실로 취급하는 것이 우리가 할 과학적 행동이라고 주장하는 굳은 믿음으로 놀라우리만치 쉽게 이어질 수 있다. 우리가 살아가며 늘 대해야 하는 것과 같은 중간 규모의 현상은 설명할 가치도 없다고 일축하면서, 과학자는 빛의 속도로 달아나 전자현미경으로 궁극의 입자들을 들여다보거나 망원경으로 머나먼 곳을 바라본다. 그 기준으로 보면 개인은 정말로 거의 아무것도 아니다. 그런데 이 두 가지 일은 모두 필요하지만, 우리 바로 앞에서 일어나는 현상에서 보이는 패턴에 대한 연구보다 **더** 과학적이지는 않다. 과학적 기질은 각 분야에서 적절한 방법을 찾고, 처리 방식에 따라 질문의 종류를 신중하게 구별하는 것이다. 방법 자체를 위해 방법에 집착하고 적절하지 않은 곳에 그 방법을 사용하려 하는 것은 철저하게 비과학적이다.* 그리고 궁극적으로 모든 **설명**의 목적은 실제로 우리를 둘러싸고 있

* "각각의 주제에 대해 그 주제에서 허용하는 최대한의 정확성을 기대하는 것이 교양인의 표식이다."(아리스토텔레스, 『니코마코스 윤리학』, 1.3).

는 혼란한 세계를 밝히는 것이어야 한다. 바로 그것이 우리가 설명해야 하는 대상이다.

5장

동기를 진지하게 받아들이기

행동에는 동기가 포함된다

내가 여기서 공격하는 대상은 현재 자신이 다루는 심리학이 과학적이기를 바라는 사람들 사이에 깊이 뿌리 내린 매우 전반적인 관념이다. 그것은 동기는 **동기로서** 고찰하고 설명해서는 안 되며, 언제나 뭔가 다른 것으로 환원해야 한다는 관념이다. 설명을 위한 '다른 것'으로 뇌와 신경 내부의 활동을 고르는 사람들은 물리학주의자이다. 겉으로 드러나는 신체 활동을 고르는 사람들은 행동주의자이다. 이 둘은 같은 이유로 실패한다. 이들은 자신이 설명해야 하는 대상을 왜곡한다. 이들의 분석은 자신이 공식적으로 논파하고 있다고 주장하는 개념에 남몰래 의존할 때만 그럴듯해 보일 수 있다. 앞서 나는 윌슨의 물리학주의적 의견이 이렇게 되는 방식을 약간 언급했다. 이제는 행동주의자들의 꽃봉오리 안에 있는 비슷한 벌레를 들추어내고, 이 두 가지 신조의 운명이 얼마나 비슷한지를 보여주지 않을 수 없다. 내가 여기서 행동주의에 대해 말하는 내용은 앞서 내가 한 비판을 보충하기 위한 것이다. 전과 마찬가지로, 더 극단적이고 더 독단적 형태의 견해를 비판 대상으로 삼는다. 그런 비판에 대항하도록 고안된 교묘한 견해라면 빠져나갈 수 있을 것이다. 그러나 과학이라는 발상에 헌신하는 많은 사람과 마찬가지로 윌슨은 물리학주의만큼이나 자주 행동주의로 흐르고, 그럴 때는 행동주의를 다음에서 내가 보여주다시피 어설프고 다듬어지지 않은 형태로 사용한다.

동기의 핵심적 중요성을 논하면서 나는 인간과 여타 종을 특별히 구별하지 않을 것인데, 양쪽이 똑같은 문제라고 생각하기 때문이다. 동물의 동기화에 관해 말할 때 의인화되는 부분은 없다. 사자를 짐승의 왕이라 부르는 것은 의인화지만, 사자가 지금은 두려움으로, 지금은 호기심으로, 지금은 영역에 대한 노여움 때문에 움직인다고 말할 때는 그렇지 않다. 이런 것은 가정된 내면 상태를 가리키는 이름이 아니라 모든 동물의 삶에서 나타나는 주요 패턴이며, 그 징후는 규칙적이고 가시적이다. 사자를 대해야 하는 사람은 누구라도 그런 징후를 읽는 법을 배우고 그럼으로써 살아남는다. 동물을 대할 때든 인간을 대할 때든 우리는 상대방의 행위 자체뿐 아니라 그 행위에서 읽어내는 감정과 의도에 대응한다.*

그렇지만 심리학에서는 이런 방법이 어떤 면에서 비과학적이기 때문에 쓰지 말아야 한다는 생각이 상당히 널리 퍼져 있다. 이는 혼동하는 것이다. 감정에 **관해** 말하는 것은 비과학적이지 않다. 비과학적인 것은 감정에 과도하게 영향을 받는 것이다. 과학자는 물론 자신의 연구에 대해 지나치게 감정적이어서도 안 되고 그것을 논할 때 지나치게 감정을 자극해도 안 된다. 주제가 무엇이든 그렇다. 그러나 그것이 감정에 **관한** 탐구를 금기시할 이유는 되지 못한다. 마찬가지로, 사고하는 주체가 겉으로 보이는 행동과 아울러 그의 경험에 관해 이야기하는 것은 **주관적인** 것과는 매우 다르다. 우리는 사고하는 주체의 경험을 여느 것과 똑같이 객관적으로 연구할 수 있고, 반면 석유 무역의 상태에 대해 극도로 편향적이고 주관적이며 감정적일 수

* 의인화에 관해서는 13장 참조.

있다.

행동주의자들은 내적 경험을 묘사 불가능하다고 생각하기 때문에, 행동하는 행위자의 어떠한 경험과도 거리를 두면서 겉으로 드러나는 행동만 묘사하려고 시도해왔다. 이 실험은 흥미로우며 충분히 가치가 있다. 그런데도 실패한다. 행동을 효과적으로 묘사할 수 있는 용어 대부분이 행위자의 경험도 가리키기 때문에 실패는 필연적이다. 어떤 예방 조치를 해도 의식 주체를 가리키는 말이 언제나 끼어드는데, 단순히 언어는 그런 뜻을 담도록 틀이 잡혀 있기 때문이다. 그런 말을 모두 제대로 걸러내고 나면 행동에 대한 묘사는 대부분 오해를 불러일으키거나 이해할 수 없게 될 것이다. 인간이나 동물이 뭔가를 뒤지거나 찾거나, 공격하거나 방어하거나, 먹거나 마시거나, 웃거나 울거나 하는 모습에 대해 말할 때 우리는 겉으로 보이는 표준적인 동작만 묘사하는 것이 아니라—마음 상태**만** 묘사하는 것이 아닌 것과 마찬가지로—특정 종류의 감정이나 의도를 가지고 하는 동작을 묘사하는 것이다. 종종 그런 동작은 표준과는 거리가 멀고 여러 동작이 뒤섞이는데, 공통점이라고는 모두 특정 마음 상태에 있는 누군가가 자연스레 할 법하다는 사실밖에 없다.

웃음을 생각해보자. 스미스가 누군가를 보고 비웃었다는 말은 무슨 뜻일까? 주관을 배제하고 겉으로 드러난 것만 바라보면 웃음은 특이한 소리를 발작적으로 내는 것에 지나지 않는다. 톱 같은 물리적 물체나 하이에나나 쿠카부라새 같은 동물도 매우 비슷한 소리를 낼 수 있다. 그러나 톱질을 하면서 이런 소리를 내는 사람은 누군가를 보고 웃는 것이 아니며, 하이에나도 쿠카부라도 마찬가지다. 반대로, 아무도 이런 소리를 내지 않고 모두가 감정을 완벽하게 억누른 미소를 지은 채 표면적으로 완전히 정중하게 대했는데도 "그들은 모두 나를 비웃고 있었다"라고 누군가 말해도 전적으로 타당할 수 있고 또 그것이 사실일 수 있다. 또한 비웃었다고 생각한 상대가 이렇게 말하는 것도 충분히 가능하다. "그래, 내가 웃기는 했지만 너를 비웃은 건 아니야." 그리고 이것은 참일 수도 거짓일 수도 있다.

그런 관념을 이해하고 싶으면 전형적으로 그런 소리를 내는 주관적, 의식적 상태를 파악하는 것 말고는 방법이 없고, 그러려면 직접 그 비슷한 행동을 할 능력을 갖출 필요가 있다. 그 상태를 전혀 이해하지 못하는 사람은 웃음의 취지와 의미를 해석하는 것은 고사하고 알아보는—기침, 흐느낌, 콧바람 등의 소리와 확실하게 구별하는—것조차 불가능할 것이다. 초보적인 방식으로만 파악하는 사람은 그것이 정확히 어떤 **종류**의 웃음인지를 판단할 때 끊임없이 실수를 저지를 것이다. 그리고 우리는 유머 감각이 특이하거나 결여된 사람들에게서 이런 일이 일어나는 것을 본다.

웃음의 예에서 벌어지는 일은 표현 행동이라 불릴 만한 것을 묘사하는 매우 넓은 범위의 용어와 관련해 흔히 일어난다. 인상을 쓴다, 흐느낀다, 미소를 짓는다, 손을 흔든다, 입을 삐죽거린다, 고개를 숙인다, 고개를 끄덕인다, 발을 구른다, 어깨를 축 늘어뜨린다, 끙끙거린다 등은 신체적 동작만 가리키는 것이 **아니라**, 특정 종류의 감정이나 의도를 담은 동작도 가리키는 말이다. 종종 이런 동작은 관습에 의해 양식화하여 기호로 인식되고, 그러면 우리는 그것을 언어와 마찬가지로 의식이 있는 다른 존재가 우리에게 보내는 메시지로 해석해야 한다. 자기도 모르게 그런 동작을 보일 때도 종종 있는데, 그 사람은 자신의 마음 상태를 의도적으로 전달하는 것이 아니라 **무심코 드러내는** 것이다. 그러나 동작이 통제를 완전히 벗어난 것임이 드러나면—예컨대 근육 경련 때문이라면—그 의미는 크게 달라진다. 그런 동작을 의식이 있는 존재가 했다는 사실이 더 이상 문제되지 않는 유일한 상황이다. 그리고 그 경우 우리는 그 동작이 보기에는 같더라도 진정한 미소나 웃음이 전혀 아니라고 말할 수 있다(릭투스* 같은 전문용어는 특히 이처럼 중요한 차이를 분명히 구별하기 위해 만들어졌다).

자기 할아버지를 비웃었다고 꾸중을 듣는 아이는 어떻게 보였든간에 "안 그랬어요" 하고 아주 정당하게 대꾸할 수 있다. 어떤 경우에는 아이의 말이 사실일 가능성이 작을 수 있다. 그러나 그때 어떤 느낌이었는지는 주위에서 지켜보는 사람들보다 아이가 더 잘 알 수 있으므로 여전히 일말의 진실이 있다.** 이로 인해 우리가 완전히 고립되어 서로를 이해하지 못하게 되지 않는 이유는 본성적으로 서로 충분히 비슷해서 대부분의 경우 비슷한 내적 상태를 비슷한 외적 신호를 사용해 나타내기 때문이고, 또 내적 경험이 있을 뿐 아니라 자신이 하는 외적 행동의 많은 부분을 볼 수 있기 때문이다. 히스테리를 부리는 아이를 지켜보는 사람 중 우연히 히스테리를 경험해본 사람이 있다면 그는 그 아이에 대해 아이 자신이 모르는 것을 많이 알고 있다. 그리고 정상적인 사람이라면 누구든 어느 정도 공통 경험이 있기 때문에, 어떤 구체적인 외적 행동이 가리키는 내적 상태가 어떤 종류인지를 적어도 대략적으로라도 판단할 수 있으며, 종종 놀라울 정도로 예리하게 판단하기도 한다. 그런 상관관계가 더 이상 들어맞

* 릭투스(rictus)는 병이나 중독 등으로 얼굴 근육에 경련이 일어나 미소처럼 보이는 표정을 가리킨다.(옮긴이)

** 스키너가 말한 대로 "인간의 피부가 에워싸고 있는 것은 우주의 작은 일부분이다"(B. F. Skinner, *Beyond Freedom and Dignity*, p. 191). 그러나 언어는 인간의 피부를 매우 잘 통과한다. 경험은 사적 영역이며 사람은 저마다 다르다는 점을 강조하는 버지니아 울프 같은 사람의 소설조차 언어가 공공의 것인데다 우리가 **정말로** 서로를 이해하는 덕분에 통한다. 이 책의 568쪽도 참조.

지 않을 때는—표현 행동에서 그 사람의 마음 상태를 짐작할 만한 어떤 실마리도 더 이상 찾아낼 수 없을 때는—겉으로 일정한 양상을 볼 수 있다 해도 우리는 그 사람을 더 이상 이해할 수 없다고 말하면서 도움을 받을 방법이 있는지 주위를 둘러본다.

모든 행동이 표현과 연관되지는 않는다. 그렇다 해도 그중 많은 부분에는 목적이 있다. 우리가 행위자에게 어떤 목적이나 의도가 있다고 가정할 때만 그 행동이 이해될 수 있다는 뜻이다. 서두르다, 가져가다, 뒤지다, 찾아내다, 두다, 제공하다, 부르다 등 행동을 묘사하는 수많은 동사는 어떤 목적을 위해 실행되는 의식적이고 의도적인 행동을 묘사하는 데 지극히 자연스레 사용된다. 예컨대 태풍이나 나무 같은 물리적 사물이 저런 어떤 행동을 했다고 말한다면 이상하게 들린다. 그것은 재담이거나 비유이거나 상징이다. 그리고 이런 낱말에 내포된 목적을 없애기는 정말로 어렵다. (예컨대) 불법 행위로 고발된 사람이 자신이 무슨 행동을 하고 있는지 몰랐음을 입증함으로써 죄를 면하고자 하는 상황을 생각해보면 분명해진다. (예컨대) 그가 문서를 **뒤졌고**, **찾아냈고**, 죄를 뒤집어씌울 사람의 아파트까지 **가져갔고**, 금고 비밀번호를 **알아냈고**, 금고를 **열었고**, 그 안에 있는 다른 서류 아래에 **숨겼다**는 것이 입증될 수 있다면 자신이 무슨 행동을 하고 있는지 몰랐다고 주장하는 것은 납득하기 어렵다. 이런 부류의 낱말은 의식적 행위자에 대해 쓰일 때만 뜻이 통한다. 그리고 그 밖에 접근하다, 잡다, 모으다 같은 수많은 낱말은 눈사태나 쓰러지는 나무 같은 사물에 대해서도 쓰일 수 있지만 일차적 의미는 사람에 대해 쓰일 때 지니며, 그런 의미에는 의도라는 관념이 들어 있다.

언어가 이런 식으로 작용한다는 것은 오래전부터 행동주의자들의 불만거리였다. 그래서 스키너는 "일상어는 어설프고 비대하다"고 불평하는데, 우리 앞에 실제로 있는 것을 기록하는 데서 끝나지 않기 때문이다. 그는 『유기체의 행동』(*The Behavior of Organisms*)에서 이렇게 말한다. "일상어에 들어 있는 많은 용어에 개념 틀이 함축되어 있다. […] '시도하다'라는 용어는 배제되어야 하는데, 주어진 행동 표본이 과거와 미래 사건들과 관련되어 있다는 의미가 함축되어 있기 때문이다. 그러나 '걷다'라는 용어는 남겨둘 수 있는데 그러지 않기 때문이다. '보다'라는 용어는 배제해야 하지만 '~쪽을 바라보다'는 남겨둘 수 있는데, '보다'는 자극원 쪽으로 눈을 돌리는 것 또는 자극을 단순히 받아들이는 것 이상의 의미가 함축되어 있기 때문이다"(7-8쪽). 그러나 이것은 깃털 빗자루로 바닷물을 바다로 쓸어내는 것과 같다. 이 목적을 위해 '걷다'는 '시도하다'보다 나을 것이 없다. 이전과 나중의 걷기가 함축되지 않은 채 어떻게 걷는다고 말할 수 있을까? 우리는 한 인물이 특정한 자세를 취한 것을 보고 "그는 걷고 있다"고 말한다. 이것은 그를 걸을 **수 있는** 사람으로 분류하고(따라서 예컨대 나중에 다른 상황에서 그가 걷지 못한다는 이유를 들어 걷지 않았다고 해명한다면 거짓말을 하는 것이다), 그가 A에서 B로 가고 있는 것으로 판정하는 것이다(만일 나중에 그가 사실은 '걷는 사람'이라는 조각상을 위해 자세를 취하고 있었을 뿐이라는 것을 알게 되면 우리는 우리의 판단이 실수였다고 말할 것이다). 이처럼 우리는 그의 행동을 과거와 미래의 여러 사건과 관련짓고 있다. 그렇지만 거기에서 그치지 않고 우리는 그것을 그의 의도와도 관련짓는다. 부주의 때문에 걷기는 거의 불가능하다. 만일 그의 동작이 중요하다면—예컨대 그가 친구를 밀고하기 위해 길을 건너가고 있다면—그가 누군가에게 떠밀리거나 들려 가거나 위협받는 게 아니라 혼자 **걸어가는** 것을 우리가 보았다면 그로서는 강요에 의해 그렇게 행동했다고 주장하기가 쉽지 않을 것이다. 만일 그가 몽유병이나 협박을 내세우고자 한다면 마찬가지로 과거와 미래를 언급해 그 이야기를 완성함으로써 일반적으로 '걷기'에 함축되는 의미에 답해야 한다. 똑같은 방식으로 '~쪽을 바라보다'도 '보다'보다 낫지 않다. 거기에는 과거와 미래가 함축되어 있는데, 전부터 눈이 없었다면 어디도 **볼** 수 없는 데다 뭔가를 보고 싶지 않은데 그쪽을 본다고 말하는 것은 이해하기 어렵기 때문이다. 여기서도 다시 의도가 개입된다. 그리고 사실 의식이 있는, 의도를 지닐 수 있는 동물만 문자 그대로의 의미에서 어떤 **쪽을 바라본다**고 말할 수 있다. 이 용어의 비유적 의미 중 가장 일반적인 것은 사람이 특정 방향을 바라볼 수 있게 해주는 창이나 망원경과 연관되어 사용될 때의 의미이다.

함축된 이런 의미를 피하려면 훨씬 철저한 노력이 필요하다. 될 수 있는 대로 사람보다는 물체에 자연스레 적용되는 낱말을 사용하는 쪽으로 나아가야 할 것이다. 그래서 "그는 길을 건너 걸어갔다"가 아니라 "수직으로 1.76미터에 이르는 원형질 덩어리가 평면상 x 지점에 있는 건물 구멍에서 오후 2:06에 나왔고, 원형질 덩어리의 말단이 아래에 깔린 콘크리트 면을 번갈아 짚으며 북쪽으로 이동했고, 결국 평면상 y 지점에 있는 건물 구멍으로 오후 2:09에 들어갔다"는 식으로 말해야 할 것이다. 이런 식의 표현에서 얻는 효과는 실망스러운데, 듣는 사람이 조금이라도 알아들을 유일한 가능성은 쓸 만한 개념 틀을 암중모색으로 찾는 것뿐이기 때문이다. 마침내 찾아내면 그는 이렇게 소리칠 수 있을 것이다. "아, 알았어. 어떤 사람이 길을 건너 걸어갔다는 말이구나."

묘사라는 것

어설픈 것은 일상어가 아니다. 오도된 것은 스키너의 **묘사** 관념이다. 묘사에는 무엇이 중요한지를 선택하는 과정이 개입되며, 이 중요한 무엇은 언제나 우리가 지금 보는 것보다 더 많은 것을 알려준다. 묘사는 우리 앞에 있는 것을 모두 기록한다는 의미가 아니다. 실제로 묘사가 기록하는 것은 매우 적다. 우리에게 훨씬 더 많은 것을 알려주는 개념 틀을 가지고 들어올 만큼만 기록한다. 이것이 묘사의 목적이다. 우리는 보이는 것을 소 또는 탁자라고 묘사한다. 그러나 우리는 그것이 무엇인지 알기 때문에, 이 묘사로 그것에게 소나 탁자에 해당하는 복잡한 역사 전체와 미래의 잠재력 전체를 단숨에 결부시킨다. 이렇게 덤으로 딸려오는 부분은 금지 품목이 아니다. 우리의 이전 경험과 추론 능력이 만들어낸 정당한 결실이다.

물론 원한다면 우리는 여러 가지 있을 수 있는 묘사 중 대상의 과거와 미래에 대해 덜 말하는 묘사를 택할 수 있다. 예컨대 각 부분의 색깔을 가지고 말할 수 있다. 그러나 그렇게 한다고 해서 중립적인 것은 아니다. 그것은 다른 방향의 편향, 다시 말해 소가 아니라 지나가는 경험 자체에 초점을 맞춘 편향을 보여준다. 그런 방식으로 말하면 소의 과거와 미래에 관한 암시가 모양과 색의 관계, 시각, 우리 눈과 우리의 지각력 등 시야에 관한 내용으로 대치된다. 화가, 지각을 다루는 심리학자, 광학 연구자에게는 이런 것이 특정 이유에서 매우 흥미로울 수 있다. 그들 각자에게는 세부가 들어맞는 개념 틀이 있기 때문이다. 각 부분의 색깔을 단편적으로 알려주는 듯한 묘사라도, 그 틀 안에서는 묘사 자체에 명확히 드러난 것보다 훨씬 더 많은 내용을 말해줄 것이다. 선택이 필요하기 때문에, 특별한 질문에 답하는 것도 아니고 특별한 각도에서 바라보는 것도 아닌 완전히 중립적인 묘사는 있을 수 없다. 묘사하는 사람이 생각할 질문은 언제나 이것이다. 어떤 개념 틀이 필요한가?

이제 우리는 인간 행동을 다룰 때 의도와 동기와 감정이 매우 중요하다는 것을 알았다. 여기서 한 인간의 외적 행위를 정확히 세밀하게 아는 것은 대개 중요하지 않다. 그러나 그의 의도를 아는 것은 결정적으로 중요할 수 있다. 우리는 그의 행위를 본다. 그는 집을 나섰다. 그런데 그는 화가 나 있을까? 영영 떠날 생각을 하고 있을까? 그는 우리가 한 말을 오해했을까? 그는 우리를 밀고할까? 아니면 그냥 뭔가를 사러 나간 걸까? 이런 것이 우리 언어를 이루는 종류의 질문이다. 우리가 인간 행동에 관해 말하는 용어에는 **모두** 이런 편향이 있다. 실제로 **행동**이라는 용어 자체도 그렇다. 만일 누가 "그녀는 회의에서 어떻게 행동했나요?" 하고 물으면 중립적 장광설로는 제대로 대답할 수 없다. "먼저 그녀는 왼쪽 문으로 들어왔고, 그러고 나서 커다란 의자에 앉았습니다" 하는 식으로 마지막까지 속속들이 설명한다 해도 그렇다. 여기서 요구되는 종류의 대답은 잘 또는 나쁘게, 오만하게, 외교적으로, 야만적으로, 나약하게, 혼란스럽게 등이 될 것이다. 게다가 이런 언어는 조금도 **불명확**하지 않다. 스키너는 그렇게 생각하지 않는 것 같다. 『자유와 존엄을 넘어서』에서 그는 이렇게 쓴다. "자기 인식은 사적 영역인 만큼 내밀한 성격을 띠는 것으로 보이며 이 때문에 언어 공동체는 정황을 정확하게 유지하기가 불가능해진다. 자기 관찰적 어휘는 본래 부정확하다"(192쪽). 그러나 누군가가 야만적으로 행동했다, 또는 내가 야만성을 느낀다고 말하는 것은 사과는 녹색이라고 말하는 것보다 더 **불명확**하지 않다. 녹색에도 야만성에도 여러 정도가 있다. 녹색이 노란색으로 바뀌고 야만성이 짜증으로 바뀌는 등 경계 영역도 있다. 이런 용어는 일반적 용어다. 더 구체적으로 말하고 싶으면 더 말하면 된다. 이런 용어를 **부정확**하다고 보는 것은 더욱 이상하다. 정확해지는 것이 가능하지 않은데 어떻게 부정확할 수 있을까? 특정한 고약한 경험을 한 사람은 어떤 소설가가 그것을 겪는 느낌을 묘사한 부분이 정확하다고 충분히 말할 수 있다('자기 관찰'이라는 바보 같은 말은 도움이 되지 않는 것이 확실하다. 자신의 감정을 느끼는 것이 아니라 감정을 보는 것을 가리키는 듯한데, 그렇다 해도 우리에게 필요하지 않다). 앞서 말한 대로 외적 행동과 내적 경험을 놓고 우리가 **양자택일**해야 하는 상황이 된다면, 둘 다 취할 수 없다면 곤란한 문제가 생길 것이 확실하다. 그렇지만 우리는 둘 다 가지고 있다. 사람에게는 내면도 있고 외면도 있다. 사람은 주체이기도 하고 객체이기도 하다. 그리고 이 두 측면은 함께 작용한다. 둘 중 어느 쪽이든 이해하려면 양쪽 모두를 바라볼 필요가 있다. 그리고 일반적으로 행동 묘사에는 둘 다 포함되어 있다. 이것은 외적 행위를 있는 그대로 전달하는 듯 보이는 묘사를 꾸준히 사용해 지루하고 무의미한 표면적인 것뿐 아니라 중요하고 흥미로운 것을 말해줄 수 있다는 뜻이다. 만일 우리가 회의 동안의 행동에 관한 질문에 "그녀는 모든 안건에 이의를 제기했습니다"라거나 "그녀는 회의 내내 머리를 탁자에 댄 채 앉아 있었습니다" 또는 "그녀는 자기 신발을 회장님에게 던졌습니다"라고 대답한다면, 동기와 의도와 마음 상태에 관해 매우 분명하고 확실한 정보를 전달하는 것이다. 이것은 전혀 세밀하지 않지만, 그렇게 보면 외적 행동에 대한 정보 역시 마찬가지다. 그리고 더 자세한 내용은 언제든지 더할 수 있다.

동기를 연구하려는 노력에는 수상한 데가 없으며, 오히려 그것을 외면하려는 노력에 수상한 구석이 매우 많다. 동기화는 인간에게 크게 중요하며, 이것이 이해되지 못할 때 항상 문제가 생긴다. 그리고 동기화를 이해하는 '과학적' 방법은 다른 모든 것과 마찬가지로 그것을 있는 그대로 가져와 그 전형적 패턴을 이끌어내기에 적합한 개념을 찾아내는 것이다. 우리는 모두 두려움과 노여움, 흥미와 욕망, 희망과 억제 같은 용어를 필요로 하고 사용한다. 우리는 모두 겉으로 드러나지 않은 동기를 찾고 동기화의 주된 패턴을 찾는다. 따라서 우리에게 필요한 것은 이런 작업을 더 명확하게 더 조직적인 방식으로 하는 것이지, 금지하거나 외적 행동에 대한 보고로 격하시키려는 시도가 아니다. 그런 작업은 요약하기 위해서가 아니라 설명하기 위해 존재하기 때문이다. 그것을 신경과 뇌에서 벌어지는 일에 대한 신경학적 보고로 대치하는 것 역시 조금도 도움이 되지 않는다. 그런 보고는 흥미롭고 유용하기는 하지만 (마찬가지로) 어떤 다른 것에 관한 묘사다. 실제로 심리학이라는 분명한 주제를 벗어나 그처럼 극단적인 방향으로 도피할 필요는 없다. 그런 묘사를 통해 한 일이라고는 그 주제를 거세하는 것뿐이었다. 50여 년 동안 심리학은 찻주전자 연구에 관여하는 사람들 가운데 절반은 전문가의 자존심을 걸고 찻주전자 안을 절대로 언급하지 않기로 맹세하고, 나머지 절반은 똑같이 찻주전자 바깥을 절대로 언급하고 싶어 하지 않았을 때 나타날 법한 상태로 추락했다.

소통과 의식

윌슨은 『사회생물학』에서 앞의 두 가지 태도 중 첫 번째를 택해 목적, 동기, 마음, 의식, 감정, 의도, 그 밖에 이런 것과 관련된 어떤 관념도 논하지 않으며, 주도면밀하게도 책의 찾아보기에서도 이 항목들을 누락한다. 그렇지만 언급하지 않는다고 해서 꼭 사라지지는 않는다. 이 방법은 흔히 보이는 결과를 가져온다. 이따금 논의에 이상한 공백이 나타나고, 또 어떤 때는 축출된 개념이 어쩐지 어렴풋한 형태로 비판 없이 나타나는 것이다. 이는 그가 중심적이라고 보는 이타주의 문제에서 가장 심각하다. 그렇지만 이 문제는 항상 불쑥 나타난다. 주목할 만한 한 가지 예는 그가 소통에 관해 다룬 부분이다. 그는 소통을 "한 유기체(또는 세포)가 다른 유기체(또는 세포)의 행동 확률 패턴을 바꿔놓는 작용이며, 둘 중 한쪽 또는 둘 모두에게 적합한 방식으로 일어난다"(10쪽)라고 정의하며, 나중에 "이 정의는 소통에 대한 우리의 직관적 이해와 그 과정을 수학적으로 분석하는 절차 모두와 잘 맞아떨어진다"(176쪽)며 만족스럽게 말한다. 그런데 이 정의는 사실 너무나 포괄적이어서, 세포나 유기체 간에 일어나는 거의 모든 종류의 상호작용이 포함된다. 나귀가 엉겅퀴를 뜯을 때, 엉겅퀴가 나귀를 찌를 때, 또는 나귀의 소화기관 일부가 다른 부위에 영향을 미칠 때도 소통의 조건이 충족되는 것으로 보인다. 그런데 윌슨이 우려하며 지적한 것처럼 인간의 소통이 이 조건을 반드시 충족하지는 **않는다**. "인간의 소통은 받는 쪽에서 겉으로 나타나는 행동 변화 없이 일어날 수 있다. 사소하거나 쓸모없는 정보는 받아들여 마음속으로만 살핀 다음 전혀 활용하지 않을 수 있다. 그러나 동물행동 연구의 경우 겉으로 드러나는 행동 패턴의 변화 외에는 적용 기준이 아직 개발되지 않았고, **정신적 기준을 추가하려 한다면 신비주의로 물러나는 셈이 될 것이다**"(176쪽, 강조는 내가 넣었다). 하지만 사소하거나 쓸모없는 정보는 문제의 언저리에 지나지 않는다. 인간의 소통을 이런 식으로 취급하면 전적으로 막다른 길밖에 남지 않는다. 출구 없는 벽으로 이어지는 큼지막한 이정표일 뿐이다. 말은 **이해될** 때만 사람의 행동 "확률 패턴을 바꿔"놓는다. 이것이 감염, 타격, 벼룩에 물림 등 유기체가 상호작용하는 대부분의 방식과 소통이 구별되는 점이다.* 그래서 소통 같은 용어를 주목할 필요가 있다. 그리고 우리가 동물 간의 상호작용 중 일부를 소통이라고 구별하는 이유는 그들에게도 마찬가지이기 때문이다. 위협, 인사, 유아의 호소, 복종하는 몸짓 등이 통하려면 그렇게 **이해되어야** 한다. 때로는 잘못 해석되기도 한다. 그에 대한 반응을 설명하려면 항상 그것이 **무엇으로** 이해되고 있는지, 신호를 보낸 쪽의 동기와 의도에 대해 상대가 받은 인상이 무엇인지를 알아야 한다. 감염이나 벼룩에 물리는 것이나 어떤 식으로든 세포 사이에서 일어나는 상호작용은 이에 해당하지 않는다. 그리고 타격은 무엇보다도 그것이 일종의 소통일—때린 쪽의 사회적 태도를 나타낼—경우에만 그에 해당한다. 따라서 소통을 이해한다는 것은 **해석**인 반면, 인과적 상호작용을 이해한다는 것은 해석과는 무관하다. 소통은 정보와 사회적 태도를 **전달**하는 것이다. 그리고 이것은 의식이 있는 존재가 하는 행동으로 다룰 때만 이치에 맞는 것이다.

윌슨의 괴상한 정의는 그에게 별다른 해를 입히지 않는데, 매우 현명하게도 그가 그것을 무시하고 상식에 따라 소통인 것과 아닌 것을 판단하기 때문이다. 그러나 그는 인정하지 않아도, 의식이 있고 서로의 신호에 주의한다고 볼 만한 존재가 하는 것으로 한정한다는 일상적 원칙을 따름으로써만 그렇게 판단할 수 있다. 신비주의로 물러나기는커녕, 이렇게 하면 소통 같은 낱말이 어떤 종류든 의미를 가질 수 있는 유일한 맥락이 마련된다. 진심으로 동물은 의식 없는 자동기

* "식사 벨을 **먹는** 실험동물은 신호를 잘못 해석했다." 맥스 블랙. 이 책 404-411쪽 참조.

계라고 생각하는 사람이라면 동물이 하는 행동을 더 이상 소통이라고 말해서는 안 될 것이다. 그렇게 하면 우리로서는 가장 귀중한 구별 하나가 사라질 테니 누구도 그것을 시도할 것 같지 않다.

6장

이타주의와 이기주의

이기심의 다양한 관념

지금까지 의식이 있는 존재의 행동을 이해하려면 그들의 동기를 진지하게 다루어야 하며 다른 어떤 것으로 환원해서는 안 된다는 내용을 전반적으로 다루었다. 이제 이것을 한 가지 중요한 사례를 통해 설명하고자 한다. 그것은 바로 이타주의와 이기심이다.

많은 사람이 이타주의가 문제가 된다고 생각했고 윌슨도 거기 속한다. 실제로 그는 이타주의를 "사회생물학의 중심에 있는 이론적 문제"라면서 "정의상 개인의 적합도를 낮추는 이타주의가 어떻게 자연선택에 의해 진화할 수 있을까?"(3쪽)라고 말한다. 그러나 완전히 다른 두 가지 문제가 여기서 결합된다. 첫째, 인간의 삶 속 이기심이라는 전통적 문제가 있는데, 이것은 동기에 관한 문제다. 이런 식이다. "의식이 있는 행위자가 보상이 돌아오지 않으리라 **생각되는** 행동을 일부러 택할 수 있을까?" 이 문제는 동기를 진지하게 다룰 용의가 있는 사람들만 고찰할 수 있다. 둘째로 진화에 관한 문제가 있는데, 이런 식이다. "종의 각 구성원이 (**실제로**) 보상이 돌아오지 않는 행동을 때때로 한다면 그 종은 살아남을 수 있을까?"

두 문제 모두 사람은—동물도 마찬가지로—종종 정말로 보상이 없는 일을 하는 것처럼 보인다는 명백한 사실에서 생겨난다. 첫 번째 연구자는 그들은 자신이 무슨 행동을 하는지 알 수 있을까 하고 묻는다. 어쩌면 그들은 자신의 이해관계를 관찰자와는 다르게 이해하고 있지 않을까? 연구자는 그들의 행동을 있을 수 있는 또 다른 행위자의 관점에서 내면으로부터 상상할 수 있다는 의미에서 **이해할 수 있게** 만들어 이유를 파악하고 그들이 무엇으로 움직이는지 알아내고자 한다. 반면 두 번째는 행동을 바깥으로부터, 매우 먼 관점에서 바라본다. 연구자가 그것을 이해하고자 한다는 의미는 진화라는 이론 틀에 맞춰, 즉 자연선택에 맞춰 이해한다는 뜻이다.

따로 두고 보면 이 두 문제는 어느 쪽도 지나치게 어렵지는 않다. 그러나 한 덩어리로 놓고 보면 풀어내기가 거의 불가능하다.

두 문제가 서로 다른 이유는 서로 다른 탐구에서 생겨나 서로 구별되는 의미로 용어를 사용하기 때문만이 아니라, 서로 확실히 구별되는 범위의 예를 가리키고 있기 때문이기도 하다. 의식이 있는 행위자가 보상이 있으리라 믿는 행동은 분명히 실제로 보상이 있는 때가 많을 것이다. 분별력을 동원하여 온갖 노력을 기울이는 것도 보상을 위해서다. 그러나 보상은 언제나 불확실하다. 도박사가 큰돈을 딸 수도 있는 반면, 더없이 꼼꼼한 회계사가 과로하다 혈전증으로 죽을 수도 있다. 그리고 외부에서 일어나는 일은 예상대로 돌아간다 해도 감정은 그렇지 않을 수 있다. 성공한 (살아남은) 회계사와 성공한 도박사 모두 자신이 이룬 성공으로 무엇을 하면 좋을지 모르겠다는 생각이 들 수도 있다. 자칫하면 달갑지 않은 결과로 이어질 수도 있다. 그러므로 '정말로 보상이 있는' 것이 무엇일까 판단하는 데 늘 어려움이 따른다. 그리고 인생의 어떤 시기나 어떤 상황에서는 보상이 따르던 일이 다른 때에는 큰 손해가 될 수도 있다. 보상을 챙길 시점은 언제일까? 사람들은 솔론의 역설에 빠져 "죽기 전에는 누구도 행복한 사람이라 말하지 말라"고 말하게 되고, 그러다 보면 죽은 다음 역시 그렇게 말할 때는 절대 아니라는 데 생각이 미친다.*

이제 두 질문을 따로 생각해보자. 첫째, 의식이 있는 행위자가 보상이 돌아오지 않으리라 생각되는 행동을 일부러 택할 수 있을까?

이에 대한 답은 우리가 말하는 '보상'(또는 이점, 이익 등 비슷한 어떤 말을 생각하든)이 무슨 뜻인지에 따라 달라진다. 만일 우리가 그런 낱말을 매우 넓은 의미로 사용한다면 그 답은 그럴 수 없다는 것일 수밖에 없지만, 요점은 비교적 사소해진다. 우리가 일부러 택하는 것은 **어떤** 의미에서 우리에게 기쁨과 만족을 주어야 한다. 그런데 먹고 마시는 것만큼이나 자살, 순교, 알코올 중독, 무익한 복수도 이에 해당한다. 우리가 선택하는 것은 어떤 식으로든 우리가 끌리는 것일 수밖에 없다. 그러나 정상적인 의미의 보상이 돌아올 필요는 없다. 그럴 필요가 있다고 말한들 큰 의미는 없는데, 그렇게 하면 **보상** 같은 낱말의 의미가 역설을 위해 정상적 용법을 넘어 무리하게 확장되기 때문이다.

이 질문에서 **보상** 같은 낱말을 직접적이고 명백한 의미 즉 '겉으로 드러나는 경쟁 우위를 가져온다'라는 의미로 사용하면 훨씬 더 거창하고 흥미로운 점이 있다. 비용편익 분석에서 이 낱말을 이런 방식으로 사용한다. 이제 우리는 이렇게 묻는다. 사람은 자신의 수명이 짧아지거나 수입이 적어지거나 건강을 해치거나 힘이 줄어들 것이라고 믿는 행동을 일부러 할 수 있을까? 다시 말해 사람은 한 가지 이점을 다른 것으로 바꾸는—예컨대 더 건강해지기 위해 수입을 희생하는 식으로—것이 아니라 모든 이점을 진정으로 무시하고, 그 행동 자체를 위해 일부러 그렇게 행동할 수 있을까? 이 질문에서 앞서 말한

* 아리스토텔레스, 『니코마코스 윤리학』, 1.10.

사소한 부분을 배제하려면, 대중적으로 인정되는 갖가지 이점을 목록으로 만들어야 한다. 필시 우리의 기본 욕구 목록에서 가져와야 할 것이다.

이제 이것은 사실에 관한 질문이다. 그리고 주위를 잠깐 둘러보면 그 답은 그럴 수 있다는 것이다. 사람은 때때로 정말로 고의로 자살한다. 때로는 다칠 것이 분명한 복수나 탐구나 오락을 추구한다. 담배를 피운다. 확률적으로 가망이 없다는 것을 잘 알면서도 도박을 한다(도스토옙스키를 생각해보자). 사람은 헛된 경쟁에 탐닉한다. 사실 우리는 모두 때때로 얼마간 이런 일을 한다. 분별력은 보편적이지 않다. 물론 언제나 무분별한 사람은 없다. 그러나 만일 무분별한 태도가 매우 드물다 해도, 그런 태도가 존재한다는 것만으로도 철학적 이기주의라는 입장은 무너질 것이다. 이기주의는 바라거나 택한다는 관념에는 겉으로 드러나는 완전한 의미의 '보상을 기대'하는 것이 필수적이라고 보며, 뭔가를 바란다는 것은 필연적으로 '개인적으로 거기서 이익을 얻을 것이라고 믿는다'는, 비용편익 분석 결과 유리하다는 **의미**라고 보기 때문이다.

그런데 우리의 이기심은 그런 식으로 작용하지 않는다. 우리는 그런 계산을 하기에는 마음가짐이 너무나 게으르다. 대부분의 경우 우리는 해야 하는 일이나 하고 싶은 일을 한다. 그리고 하고 싶은 일이 다른 사람들을 돕거나 기쁘게 하는 일일 때가—물론 그들이나 방관자들이 바라는 것만큼은 아니겠지만—매우 많다. 만일 우리에게 그렇게 하고 싶은 마음이 절대로 들지 않았다면 **이기적**이라는 낱말은 생겨나지 않았을 것이다. 이 낱말은 그런 감정이 없거나 그런 감정에 이끌려 행동하지 않는 사람을 묘사하며, 그런 감정에 이끌려 행동하는 다른 사람들과 구별하기 때문이다. 그러나 가장 먼저 강조할 부분은 우리가 실제로 계산을 거의 하지 않는다는 점이다.

예컨대 먹는 행동처럼 확실하고 가시적인 이익으로 이어지는 경우조차 우리를 움직이는 것은 대개 편익 계산이 아니라 직접적 욕망이다. 질병이나 다른 데 정신이 팔려 식욕이 사라질 때면 우리는 먹기가 정말로 어렵다는 것을 분명하게 알게 된다. 그리고 건강을 위한 식이조절도 꾸준히 하기가 매우 어려울 수 있다. 그러나 이것은 예컨대 사교성, 우정, 호기심, 음악적 취향, 복수, 범죄 등 더 복잡한 욕망에도 똑같이 적용된다. 마음에서 우러나는 진정한 취향 없이 그저 사회적 이점 때문이라든가 의사가 시키기 때문에 이런 것을 추구하는 사람은 실패할 것이다. 성공에 이르는 희망은 오로지 진정한 취향을 어떻게든 **일깨우는** 데서 나온다.

우리나 여타 종이 즐겨 하는 일 중 많은 부분이 결국에는 보상으로 돌아오는 것이 사실이며, 이는 진화론자들이 크게 흥미로워하는 부분이다. 그리고 우리가 자신의 이해관계를 계산하려 한다는 것도 사실이다. 이런 식의 계산은 비현실적 수준까지 계산하는 일부 사람들에게서 볼 수 있듯이 우리 취향에 맞는 것 중 하나다. 우리는 본성적으로 미래에 흥미가 있는 동물이며, 그것은 우리의 합리성에 속한다. 그러나 우리의 합리성도 동기화도 이 성향에만 국한되지는 않는다. 미래의 안전을 챙기는 취향은 여러 취향 중 하나이며, 종종 억눌려 있는 취향이다.

사람들이 각기 살아가는 방식을 어떻게 선택하는지 생각해보면 똑같은 사실이 분명해진다. 아무리 제약이 많은 삶이라 해도 피하고 싶은 더 나쁜 것이 있으므로 이 선택은 현실적이지만, 생각할 수 있는 모든 삶의 방식을 목록으로 만든 다음 생겨날 법한 결과를 놓고 중립적으로 비용편익을 분석하고 나서 선택하는 것은 절대 아니다.

우리에게 떠오르지 않는 삶의 방식은 무수히 많고, 떠오르는 것 중에서도 '내게는 해당 없음'이라는 딱지가 붙는 것이 많다. 우리는 애초에 가능할 법하면서 대등해 보이는 것들을 놓고, 선택할 때만 그 결말을 두고 계산한다.* 여기에는 비합리적인 것이 없다. 우리는 미래가 아니라 현재에서 살아야 한다. 동기화에서 보상 패턴, 수단과 목적의 관계는 사람들이 생각하는 것보다 훨씬 덜 중요하다. 중요한 것은 부분과 전체의 관계다. 삶에 의미를 부여하기 위해, 우리는 자신이 하는 행동을 전체적으로 우리를 만족시키는 어떤 것의 한 요소로 보기를 바란다.

물론 이 '어떤 것'이 고상한 것일 필요는 없다. 복수나 파괴 역시 우정이나 발견만큼이나 쉽게 이 어떤 것이 될 수 있다. 그러나—이는 이기주의에 대한 내 논의의 요점이기도 한데—우리 자신의 삶보다 큰, 참여할 만한 가치가 있는 것이어야 하기 때문에 여기에는 거의 필연적으로 타인들이 관여한다. 아무리 악착같은 자본가라도 보통은 자신의 부를 나눌 누군가를 필요로 한다. 누군가를 찾지 못하면, 또는 잘못된 부류의 사람들밖에 찾아내지 못하면 그는 좌절한다. 아무리 고독한 예술가나 사상가라도 결국에는 자신을 이해하는 대중을 찾아낼 수 있기를 바란다. 물론 일부 사람들은 본성적으로 은둔자지만—그들이 자신의 삶을 실제로 마음에 들어 하는지를 알아내는 어려움은 일단 차치하고—어느 정도 비정상적으로 보이는 것은 사실이다.**

* 버나드 윌리엄스의 매우 흥미로운 논의 참조. J. J. C. Smart & Bernard Williams, *Utilitarianism: For and Against*(Cambridge, 1973), pp. 82-92.

** 스스로 철저한 은둔자였던 프루스트는 이렇게 말한다. "고독한 자의 경우 그 은둔이 삶 자체가 끝나야 끝나는 절대적 은둔이라 해도 그 일차적 원인은 군중에 대한 혼란한 사랑일 때가 많다. 그것이 다른 모든 감정을 너무나 강하게 짓누르는 나머지, 밖

나는 그들을 비판하는 것이 아니라, 그 나머지 우리 같은 사람들이 사회적 종 고유의 딜레마에서 벗어날 탈출구를 그들이 제공해주지는 않는다는 점을 지적하는 것이다. 타인들이 끔찍할 수도 있지만, 우리가 정말로 중요하게 생각하는 활동에는 대부분 반드시 타인들이 관련된다. 고독은 우리 인생의 많은 부분에서 필요하지만 전체적 기조가 될 수는 없다. 또한 고양이가 발톱을 가는 기둥처럼 단순히 자신의 의식 상태를 조정하기 위한 **수단**으로서 타인들이 필요한 것도 아니다. 우리의 본성이 그 자체의 성취 목적을 위해 우리 바깥에 놓인 것들을 향하도록 요구한다.

이기주의의 용도와 오용

이 시점에 이르면 철학적 이기주의를 주장하는 사람들은 '헛소리!'라 소리치며 더 이상 듣지 않는 경향이 있다. 그다지 영리한 행동은 아닌데, 내가 방금 주장한 내용은 훌륭하고 영웅적인 동기만큼이나 복수 같은 사악한 동기에도 굳건하게 적용되기 때문이다(사실 복수가 그처럼 위험한 동기인 것은 겉으로 드러나는 실제적 행동을 요구하기 때문이다. 복수에 열중하는 사람들은 심리요법을 받아들이게 하거나 계몽된 자기 이익*을 추구하게 할 수 없다). 그러나 헛소리 문제는 해결해야 하는

으로 나가서 호텔 급사의, 행인의, 그가 손을 흔들어 세운 택시 기사의 선망을 얻지 못하는 까닭에 그는 아예 그들 눈에 띄지 않는 쪽을 택하며, 그에 따라 문 밖으로 나갈 수밖에 없는 모든 활동을 포기한다"[Marcel Proust, *Within a Budding Grove*, tr. C. Scott Moncrieff(London, 1924), Pt. 2, p. 123].

* 윤리학에서 계몽된 자기 이익(enlightened self-interest)은 타인들의 이익을 위한 행동은 궁극적으로 자신의 이익을 위한 것이라는 입장을 가리킨다.(옮긴이)

데, 이기주의를 평가하는 데서 가장 큰 어려움은 사람들이 이 문제를 전혀 현실적 문제로 보지 않고 단지 방식과 태도의 충돌로 본다는 데 있기 때문이다. 윌리엄 제임스는 우리가 논의를 강경파와 유화파 간, 파벌 간, 말하자면 과학파와 공감파 간의 충돌이라는 극적 형태로 표현하는 일이 얼마나 많은지를 지적했다. 이 해묵은 습관은 특정 철학 논쟁, 특히 결정론, 쾌락주의, 이기주의, 행동주의 등 강경해 보이지만 혼란에 빠진 입장에 널리 퍼져 있어 논의를 왜곡한다. 취할 입장이 이미 정해져 있는 이런 종류의 역할놀이는 사고가 불필요해 보이게 만들기 때문에 우리의 사고를 마비시킨다. 사람들은 일단 자신이 강경파라고 상상하고 나면 아무리 허술하고 공허한 발상이라도 적절한 경멸적 어조로 주장되기만 하면 비판 없이 받아들이기가 매우 쉽다. 반면 스스로 유화적 역할을 맡은 사람들은 익숙하고 전통적으로 보이기만 하면 매우 잔인한 제안도 때때로 받아들인다. 그러나 잠깐만 생각해보면 알겠지만, 과학과 공감은 서로 대안이 될 수 없고 대립 관계는 더더욱 될 수 없다. 그 둘을 그렇게 취급하는 사람은 누구든 둘 다의 취지를 잊어버린 것이다. 둘은 삶의 다른 측면이며, 누구나 둘 다 필요로 한다.

이런 편견 없이 들여다보면 이기주의는 동기화에 대한 그럴듯한 설명이 아니다. 그리고 우리가 이기주의를 받아들이기를 거부하면 이기심과 관련된 전통적 문제는 그다지 어렵지 않다. 우리는 이렇게 묻는다. 누구든 일부러 오로지 타인의 이익을 위해 행동할 수 있을까? 사람이 행동하는 이유는 오로지 자신의 이익뿐이라고 이미 결론을 내린 사람에게는 그런 행동이 이상해 보인다. 그러나 앞서 살펴본 것처럼 사람은 항상 다른 이유에서 행동할 수 있고, 실제로 그렇게 행동한다. 심지어 자신의 이익에 직접적으로 반하는 행동을 하기까지 한다.

그렇지만 위선에 관한 의견은 중요하다. 위선적 왜곡은 확실히 우리에 대한 타인들의 권리 주장을 **과장**하고 자기실현을 위한 권리 주장을 깎아내리기 때문이다. 이 왜곡이 철학적 이기주의자들이—대표적으로 홉스가 있지만 아리스토텔레스, 스피노자, 니체도—항변하는 부분이다.* 이들은 균형을 바로잡기를 바란다. 홉스는 정치적으로 중요한 주장이 있었기 때문에 특히 확고한 입장이었다. 그는 만일 사람들이 과시하기보다 자신의 이익을 더 챙긴다면 끔찍한 일 중 상당수를 저지르지 않을 것이며, 특히 종교 전쟁을 완전히 포기할 것이라고 보았다. 따라서 기사도라는 헛소리가 홉스의 주요 공격 대상이었으며, 특히 그의 『리바이어던』(*Leviathan*)은 그 시대의 『캐치-22』(*Catch-22*)**였다. 그는 이렇게 말한다. 현실을 보라. 죽음은 웃을 일이 아니다. 그것은 너의 끝이다. 따라서 그 밖의 모든 가치는 죽음을 피하는 너의 능력에 달려 있고 또 어쩌면 그 능력으로 귀결되지 않을까?

그런데 계몽된 자기 이익이 가식이나 마초(machismo)보다 정치에서 훨씬 더 나은 길잡이가 되는 때가 많다는 것은 틀림없는 사실이다. 우리 자신과 남의 이익 둘 다를 위해서 그렇다. 자기 보존은 우리가 가지고 있는 강한 전반적 동기 중 하나일 뿐 아니라 적극적 의무이기도 하다. 그러나 우리의 유일한 의무나 유일한 동기가 될 수는 없다. 생존하는 상태에서 우리는 뭔가를 **해야** 한다. 그리고 나아가

* 지극히 흥미롭게도 아리스토텔레스는 우리가 타인들에게 느끼는 사랑을 자기애에서 도출하려고 시도했다(『니코마코스 윤리학』, 9.4, 8). 이것은 철학자들에게 크게 인기를 끌어왔지만, 내가 보기에 궁극적으로 잘못되었다. 이 책 13장 마지막 2절 참조.

** 미국인 작가 조지프 헬러가 1961년 발표한 소설이다. 제2차 세계대전을 배경으로 전쟁의 부조리를 풍자하는 내용으로 큰 반향을 일으켰다.(옮긴이)

우리가 하는 모든 것의 취지가 (더 교묘한 '강경파' 이론가들의 의견처럼) 자신의 의식 상태를 조종하는 것일 수는 없다. 정치에서조차 생존이나 자기 자극을 위한 최선의 수단을 찾는 것 말고도 신경 쓸 것들이 있다. 사적 영역에서는 더욱 명백히 그렇다. 사람들이 '그 자체를 목적으로' 하는 것의 범위는 어마어마하게 넓은데, 다시 말해 다른 어떤 것을 위한 수단이 아니며, 자신의 의식 상태를 조정하기 위한 것은 더욱 아니다(의식 상태 조정은 섬세한 작업이며, 효율적으로 해내려면 약사나 최면술사의 도움을 받아야 할 것이다). 축구 선수들은 경기에서 이기기를 바라며, 응원하는 관중도 선수들이 이기기를 바란다. 경기에서 이기는 게 아니라 **경기에서 이긴 기분**을 제공하겠다는 제안이 있을 때, 아무리 능숙한 약사나 최면술사를 통한다 한들 선수들도 응원하는 이들도 받아들이려 하지 않을 것이다. 복수자는 복수하는 기분을 바라지 않는다. 그들은 사람들의 피를 바란다. 그리고 그와 비슷하게 (진정한 의미의) 구조자나 후원자는 구조하고 후원하는 기분만을 바라는 것이 아니다. 그들은 사람들을 돕기를 바란다. 거기에는 실제로 사람들이 도움을 받기를 바라는 마음이 개입된다. 만일 다른 누군가가 먼저 그렇게 하면 그들은 대개 매우 만족할 것이다.

여기서 위선 문제를 생각해야 하는데, 우리에게는 이 사람들이 모두 그러는 척을 하고 있다는 일종의 의심이 있기 때문이다. 그러나 이 의심이 옳을 가능성은 거의 없다. 페르메이르가 그린 진품이 없다면 위조품이 있을 수 없다. 본보기가 없으면 베끼기가 **어렵기** 때문이 아니라, 베끼기를 바라는 사람이 있을 수 없기 때문이다. 가짜 구조자나 후원자의 존재는 진짜가 존재하지 않는다는 증명이 되기는커녕 실제로 존재한다는 증명이 된다.

다시 예술을 생각해보자. 진정한 연기자나 음악가는 자신의 주관적 상태를 만지작거리려는 것이 아니다. 그는 자신의 기예를 올바르게 실행하려 한다. 그가 누군가의 마음 상태를 바꿔놓는 데 관심이 있다면 그것은 청중의 마음이다. 청중의 반응에 그는 기뻐하겠지만, 자신의 의도가 제대로 전달된 데 따른 반응일 때만 그럴 것이다(만일 그가 바라는 것이 그저 갈채를 받는 기분이라면, 가장 간단한 방법은 다른 누군가의 훌륭한 공연 녹음을 틀어놓고 공연 동작을 하는 방법일 것이다. 여기에 무슨 문제가 있을까?). 여기서 보상 패턴은 전혀 적합하지 않다. 이런 행위는 외부를 향하고 있을 뿐, 외부에서 돌아오는 반응은 보장되지 않는다.

예술과 스포츠 역시 인간의 동기화 이해에서 부분과 전체 패턴보다 수단과 목적이라는 보상 패턴이 얼마나 더 얄팍하고 무익한지 잘 보여주는 분야이다. 전반전 경기는 후반전 경기를 위한 수단일까? 아니면 경기의 모든 부분이 득점을 위한 수단에 지나지 않는 걸까? 골을 바로 넣고 시간을 절약하는 쪽이 낫지 않을까? 리그 순위가 중요하다면, 확률을 계산해 결정하거나 무작위로 결정하지 않을 이유가 있을까?* 〈열정〉 소나타의 첫 몇 마디는 마지막 몇 마디를 위한 수단일 뿐일까? 마찬가지로, 운동선수나 연기자, 음악가는 인생의 어느 시점에 이르러 보상을 챙겨야 할까? 만일 〈햄릿〉 첫 장면의 단역을 맡은 배우들이 제각기 언젠가는 햄릿 역을 맡기 위한 수단으로서만 연기한다면 그들의 연기는 형편없을 것이다. 단역은 출연료를 받는 수단임이 분명한 것과 마찬가지로, 주인공을 맡는 수단이 **될 수도** 있다. 또 극의 후반에 이르러 꼭 알맞은 감정적 효과를 만들어내게 될

* 마이클 프레인은 이 가능성을 소설에서 교묘하게 이용했다. Michael Frayn, *The Tin Men*(London, 1972).

기괴한 분위기를 퍼트리는 수단도 될 수 있다. 그러나 만일 연출가가 그 문제를 공포 영화를 편집할 때처럼 다룬다면, 전후관계를 무시하고 실질적인 감정 조종 문제로 다룬다면 실패할 것이다. 중요한 것은 골임을 이해한 화성인이 아이스하키 경기 준비를 맡아, 경기장 한쪽 끝으로 퍽 스무 개를 가지고 가서 대포로 골문에 쏘아 넣는 경우와 매우 비슷한 방식이 될 것이다. 그에게—또는 우리 자신에게—도 대체 어디가 문제인지 설명하기는 쉽지 않을 것이다. 그러나 활동 그 자체를 위한 활동은 인간의 삶에 널리 퍼져 있는 패턴이다. 매스터스와 존슨 같은 연구자는 성행위 전체를 단순히 빠르게 오르가슴에 다다르기 위한 수단으로 취급할 때 사람들의 성생활에 주는 슬픈 효과를 상세하게 기록했다. 한편 성행위를 빠르게 후손을 낳기 위한 수단으로 취급할 때도 사정이 그다지 나아지지 않는다는 것이 잘 알려져 있다. 보상은 우리 삶의 한 부분이지만, 보기만큼 중요한 것은 절대 아니다. 아마도 오해를 일으키는 점은, 시간 축을 따라 전체가 펼쳐져 있을 때 우리가 자연히 주목하는 부분은 우리가 여전히 영향을 줄 수 있는 부분, 다시 말해 미래일 것이다. 그러나 보상을 챙길 수 있는 순간은 없으며, 그런 순간을 찾으려는 노력은 혼란과 절망으로 이어진다. 존 스튜어트 밀이 청년기에 겪은 신경쇠약은 공리주의의 이런 특징에 갇힌 결과로 보인다.* 내가 볼 때 시종일관 보상 패턴만 사용하려고 하면 이런 식의 허무한 결말로 이어질 뿐이다. 이기주의의 매력

* "그 질문을 내게 직접 적용해보자는 생각이 들었다. '나의 모든 인생 목표가 실현되었다고, 내가 고대하는 제도 변화와 생각 변화가 모두 이 순간 완전히 이루어질 수 있다고 생각해보자. 이것은 나에게 크나큰 기쁨이고 행복일까?' 그랬더니 억누를 수 없는 자아의식으로부터 뚜렷한 대답이 들려왔다. '아니다!'"(John Stuart Mill, *Autobiography*, chap. 5).

은 실제로 시종일관 이기주의적이 되면 사라진다. 단편적인 헛소리를 무너뜨리는 의견들이 일시적 영향을 남길 뿐이다. 이기주의의 가장 득의만만한 주장은 종종 매우 다른 방향을 가리키는 다른 주장과 결합되어 있다. 예컨대 니체는 이기주의를 그렇게나 자주 설파하면서도 여전히 이렇게 말한다. "남자는 전쟁을 위한 훈련을 받아야 하며, 여자는 전사의 오락을 위한 훈련을 받아야 한다. 그 나머지는 모두 어리석은 행위이다."* 여자는 무엇을 얻는다는 말일까?

이타주의를 오해하는 방법

그렇다면 인간 동기화의 넓은 영역에 대해 이기주의자는 자신의 설명을 왜곡할 뿐 아니라 무의미하게 만들 수밖에 없다.

홉스와 아리스토텔레스는 반복적으로 그렇게 한다. 두 가지만 예를 들기로 한다. 아리스토텔레스는 친구를 구하기 위해 죽는 사람 경우를 생각하면서, 이것을 친구를 위해 하는 행동으로 보아야 하는지 묻고 그렇지 않다고 대답한다. 그는 친구보다 더 큰 이익, 다시 말해 영광이라는 이익을 확보했을 뿐이라는 것이다. 그는 "오랫동안의 가벼운 즐거움보다 단기간의 강렬한 쾌락을 선호한다".** 그러나 만일 이렇게 믿는다면 우리는 그가 그런 행동을 했다고 해서 특별히 감명받을 것이 없고, 그래서 그가 추구하는 영광은 절대로 그의 행동에 부여되지 않는다(물론 그가 이 점을 미처 생각하지 못한다 해도 그의 비용편

* Friedrich Wilhelm Nietzsche, *Thus Spake Zarathustra*, Pt. 1, "Of Womankind". 그는 심지어 이렇게 덧붙인다. "남자의 행복은 나의 뜻이다. 여자의 행복은 남자의 뜻이다." 아마도 이기주의는 사실 언제나 성과 연관된 신조인 모양이다.

** 아리스토텔레스, 『니코마코스 윤리학』, 9.8.

익 분석은 빈약하기 이를 데 없다. 남은 시간에 그것을 충분히 즐길 수 있을지 어떻게 확신할 수 있을까?).

마찬가지로, 홉스는 동정심을 "다른 사람의 불행에 대한 슬픔으로, 비슷한 불행이 자신에게 떨어질 수 있다는 상상에서 생겨나는 것"이라고 정의한다.* 그러나 만일 다른 사람의 재난을 보고 우리가 느낀 것이 두려움뿐이라면 우리의 행동에서는 두려움만 나타날 것이다. 그러면 동정심 같은 것이 없을 테니 그것을 가리키는 낱말도 없을 것이다. 그리고 홉스 또한 그것을 정의할 필요를 느끼지 못했을 것이다.**

이것이 전통적 왜곡 패턴이다. 이 왜곡이 얼마나 강력한지 의심스러운 사람은 윌슨이 바로 이 함정에 빠지는 것을 지켜보면 흥미로울 것이다. 『사회생물학』에서 그는 물에 빠진 낯선 사람을 구하려고 물에 뛰어드는 사람 경우를 생각하면서 다음과 같이 말한다.

> 이것은 인간의 눈에 '순수한' 이타주의로 보이는 전형적인 반응이다. 그러나 생각해보면 선한 사마리아인은 자신의 행위로 얻는 것이 많음을 알 수 있다. […] 만일 그런 사례가 드물다면 다윈주의적 계산법에서 이득이 전혀 또는 거의 없다고 예측할 것이다. […] 그러나 물에 빠진 사람이 미래에 보답하고 익사 위험은 그대로라면, 구조자 역할을 수행한 것이 두 사람 모두에게 이익이 되었을 것이다. 각자 2분의 1인 죽을 확률을 10분의 1 정도가 되게 거래한 셈이다. [120쪽]

* 토머스 홉스, 『리바이어던』, 1부, 6장.

** Joseph Butler, Sermon 1, sec. 6와 Sermon 5, sec. 1에 딸린 매우 치밀하고 긴 각주들 참조.

그런데 이 인용문은 그저 그들이 **사실상** 대체로 이익을 얻었다거나 아무런 해를 입지 않았을 것이라는 뜻에 지나지 않을 수도 있다. 곧 살펴보겠지만, 이것이 이 논의에서 끌어낼 수 있는 최대한이다. 그러나 사용된 언어는 끊임없이 그 이상을 암시한다. 의심의 여지 없이 동기화를 가리키며, 이기주의자의 전통적 방식대로 왜곡하여 분석한다. 앞의 인용문에서 가장 명백하게 왜곡하는 낱말은 **거래**이다. **거래**는 의도적으로만 할 수 있는 어떤 것을 가리키며, 걸맞은 동기가 개입된다. 거래 당사자들은 자신이 무엇을 하는지 알고 있을 수밖에 없다. 어떤 행동을 했으나 단순히 결과적으로 자신에게 이익이 된 경우는 거래가 아니지만, 거래를 한 경우에는 그 결과가 나쁘다 해도 거래를 한 것이다. 결말이 어떻게 나든 구조자의 동기가 이익 계산이 아니었다면 그는 '거래'한 것이 아니다. 물론 이익 계산이 있었을 수도 있다. 그러나 사람들은 실제로 낯선 사람을 구조할 때 계산하지 **않는** 경우가 꽤 많다. 건장하고 의리 있고 같은 편으로서 쓸모가 있어서 역으로 자신이 구조를 받아야 하는 상황이 될 때까지 곁에 있어줄지를 먼저 확인하지 않는 것이다. 수영할 줄 모르는 노신사를 물 밖으로 끌어내고 보니 먼 곳에 사는 사람이라는 것을 알게 된 구조자가 위스키 상자를 건져 올리기 위해 많은 시간을 들였으나 내용물이 비어 있다는 것을 알게 된 때와 반드시 똑같이, 다시 말해 도로 물속으로 던져넣는 식으로 반응하지는 않는다. 구조자는 여전히 자신이 할 일을 했다고 생각할 것이다.

'거래'라는 낱말은 혼자서는 성립되지 않는다. 윌슨의 핵심 용어는 모두 의식적 동기화의 언어에서 가져온 것이다. **이타주의**, **이기심**, **앙심**은 각각 남에게 이익을 주는 활동, 행위자에게 이익을 주는 활동, 누구에게도 이익을 주지 않는 활동을 가리켜 그가 사용하는 명사다

(남에게 이익인, 자신에게 이익인, 순전히 해롭기만 한 활동이라고 표현했다면 더 나았을지도 모른다). 그렇지만 사전에서는 이타주의를 "하나의 행위 원칙으로서 타인을 배려하는 것"이라고 정의하는데 이것은 동기에 해당한다. 그리고 확실히 이것이 이 낱말의 정상적인 용법이다. 이기심과 앙심은 더욱 명백하게, 실제로 일어나는 것을 가리키는 명사가 아니라 행위자의 마음 상태나 마음의 습성을 가리킨다. 앙심에서 한 행위가 원하는 결과를 얻지 못한다고 해서 더 이상 앙심이 아니게 되지는 않으며, 뜻하지 않게 누군가에게 상처를 입힌다고 해서 앙심인 것도 아니다. 이와 비슷하게, 윌슨은 스스로 "상호적 이타주의"라고 이름 붙인 것을 다루는 부분의 시작에서 노여움보다는 슬픔을 담아 말한다. "집단 선택 이론*은 이타주의에서 선의를 대부분 제거해버렸다. 이타주의를 DNA가 친족 네트워크를 통해 스스로 증식하는 장치로 이해할 때 정신적 측면은 또 하나의 다윈주의적 생존 도구에 지나지 않게 된다"(120쪽).

대통령 후보자가 자선 사업을 벌이면서 친인척을 몰래 채용한 일을 폭로하는 데나 어울리는 이 준엄한 어조는 모든 구조자의 동기를 검토했더니 보기와는 달랐다는 것을 발견했음을 암시한다. 그러나 이런 동기가 주목받은 일은 없다. 집단 선택 이론이 어떤 의미에서 "이타주의에서 선의를 제거"할 수 있을까? 그 특성이 집단에게 이익이 될 때만 살아남는다는 것을 입증하면 그렇게 된다고 한다. 그러나 선의가 진화하는 방식을 입증함으로써 "선의를 제거"하지는 못한다. **선의**는 그것이 발생함으로써 우리가 뭔가를 시작하게 되는 일종의

* 동물의 이타 행동을 설명하기 위해 생겨난 개념으로, 종 내에 서로에게 이타적인 집단과 그렇지 않은 집단이 있을 경우 이타적인 집단이 살아남는다는 것이다.(옮긴이)

동기화를 묘사하는 용어이다. 사람들은 때때로 자신에게 이익이 될 수 없는 사람들을 구조한다. 집단 선택은 그런 동기가 만일 집단의 생존에 불리하게 작용했다면 후대로 전달될 수 없었을 것임을—어쩌면 그런 동기가 있어서 생존에 유리했음이 분명하다는 것을—입증하기 위한 이론이다. 이것은 그런 동기가 실제로는 전혀 발달하지 않았음을, 그렇게 보이지만 사실은 잘 위장한 형태의 계산일 뿐임을 입증하는 것과는 완전히 다르다. 만일 이것이 사실이라면 다른 종들은 물론이고 인간 경우에도 결과를 계산하는 능력이 어마어마하게 발달하고 지금보다 더 흔하며 더 효율적이었어야 한다는 점에 주목하는 것이 중요할 것이다. 홉스의 그림은 우리가 지닌 실제 미덕을 박탈하는 것으로 끝나지 않는다. 우리가 실제로 절대 볼 수 없는 미덕, 예컨대 언제나 확고한 분별력, 끊임없는 계산, 지적으로 엄격한 정직성과 일관성, 극도로 낮은 확률에도 당장 행동에 나설 수 있는 자세 등 우리에게 없는 다른 미덕을 적어도 필요한 만큼은 가지고 있는 것으로 치부하기까지 한다(우리가 얼마간 능력을 발휘할 수 있는 이런 미덕은 정말로 중요하기 때문에, 이기주의의 매력은 위선을 공격할 뿐 아니라 부분적으로 이런 미덕을 찬양하는 데도 있다). 만일 홉스의 그림이 정확했다면 인간에게서 볼 수 있는 현상은 완전히 달랐을 것이며, 계산을 덜 하는 다른 종들의 '이타주의 문제'는 전혀 풀어낼 수 없는 상태로 남았을 것이다.

이로써 우리는 이 장 첫머리에서 다룬 내용 즉 우리 앞에는 서로 별개인 두 가지 문제가 놓여 있다는 내용으로 돌아간다. 지금 극도로 널리 퍼져 있는 윌슨식 설명은 진화 논의와 무관한 이기주의를 비판 없이 그런 논의 안으로 지속적으로 끌고 들어간다는 점에서 취약하다. 이기주의는 공식적으로는 동기를 무시하지만 실제로는 계속해서 동기를 언급하며, 이렇게 언급하면서 인정하지 않기 때문에 그 오류가 바로잡히지 않은 채 지나간다.

이타적 행동의 유전에 관해 정말로 풀기 어려운 수수께끼가 하나 있다. 그러나 이 수수께끼는 그것이 자신의 동족과 자신의 집단에게 이익이 된다는 것을 입증함으로써 해결된다. 거기서 더 나아가 이타적 행동이 행위자 자신에게 이익을 주는 것처럼 보일 만한 어떤 방식을 꾸며내는 문제는 오로지 이기주의자들에게만 부과되는데, 그들만이 인간은 이익이 있어야 행동한다는 판결을 내렸기 때문이다. 그렇지만 윌슨과 그 동료들은 이익을 얻는 사람들이 종종 행위자의 친족이라는 점을 지적하고, 그에 따라 행위자는 어떻게든 자신을 친족과 동일시하는 것이 가능해진다고—행위자가 살아서 직접 자신의 유전자를 퍼트리지 못할 경우 친족이 대신 퍼트릴 것이기 때문에*—봄으로써 이기주의자 입장을 취한다. 이처럼 그들은 자신의 논의에서 친족 선택을 집단 선택보다 훨씬 더 돋보이는 위치에 둔다. 자신을 친족과 동일시하는 것의 전반적 의미에 대해서는 곧 다루기로 한다. 그러나 여기서 이타적 행동이 친족을 넘어 훨씬 멀리까지 확장될 수 있다는 점은 지적할 가치가 있다. 한 동물을 둘러싸고 있는 동물들은 친족일 때가 매우 많고, 이것이 그 동물의 유전자가 실제로 유전되는 데 큰 영향을 미치는 것은 사실이다. 그러나 주위의 동물들이 전

* 당장 여기서 이것이 **이기심**이라는 일반적 관념으로부터 얼마나 멀어지는지에 주목하기 바란다. 만일 누군가가 "그는 완전히 이기적이어서, 자기 친척의 번영 말고는 아무것도 생각하지 않는다"거나 (다음처럼 곧장 바꿔) "그는 5세기 뒤 자기 후손이 몇 명일지 말고는 아무것도 생각하지 않는다"라고 말한다면, 우리는 다음과 같이 대꾸하지 않을 수 없을 것이다. "그런데 그게 뭐가 **이기적**이라는 거지? 네 말은 분명히 그 사람이 1)족벌주의자라는 또는 2)미쳤다는 뜻이지?"

혀 친족이 아닌 때에도, 예컨대 짝짓기 이전에 자기 집단을 떠나 다른 집단에 합류한 경우에도 그 동물의 행동이 체계적으로 바뀌지는 않는다. 그리고 그 동물이 자기 집단을 떠나지 않는다 해도 그 행동의 많은 부분은 친척이 아닌 대상에게 이익을 주며, 그중 일부는 애초에 친척이 아닌 대상에게 이익을 주기 위한 행동이다. 사회적 곤충은 정말로 특별한 사례다. 그들에게 집단과 친족은 사실상 동일하다. 그러나 바로 이 때문에 사회적 곤충은 두 개념의 전체적 관계 연구에서 오해를 불러일으키는 모델이 된다.

그렇지만 이 점을 제외하면 동일시라는 관념 전체가 불필요하고 쓸모도 없다. 매우 지성적이고 해박한 행위자라야 자신의 유전자가 가장 잘 퍼지도록 행동하기 위한 **계획**을 제대로 세울 수 있다. 그러나 인간 구조자를 비롯해 우리가 다루는 행위자는 대부분 전혀 계획을 세우지 않는다. 그런 행위를 깔끔한 이론에 맞게끔 왜곡하기보다, 행동할 때의 실제 동기와 아울러 있는 그대로 이해하는 것이 중요하다. 동기는 계획 세우기와는 별개로 기능할 수 있어야 한다.

어쩌면 직접적 사회적 충동이 전혀 발달하지 않은 채 모든 사회활동을 결과 계산에 의존하는 지성적 종이 어딘가에는 있을지도 모른다. 우리는 그 종이 아니다. 그 종은 우리가 하는 일 중 많은 것을 했겠지만 완전히 다른 이유에서 했을 것이다. 나머지 일은 절대로 하지 않을 뿐 아니라 이해조차 하지 못했을 것이다. 그러나 지성을 모든 사회 발전의 원천이라 생각하는 사람들이 요구하는 것이 바로 이 외계 종이다. 그래서 윌슨은 다음처럼 말한다. "척추동물의 진화에서 한 가지 강한 추진력이 사회적 행동을 생성하는 것으로 보인다. […] 나는 이 힘을 보다 큰 지성이라고 말하고 싶다. 지성에는 더 복잡하고 더 적응력이 높은 행동과 개인화한 개별적 관계에 기반을 둔 더 세련된 사회조직이 수반된다. 척추동물 사회의 각 구성원은 **이기적 행동을 계속할** 수 있다. […] 그러나 그들은 또 더욱 많이 협력할 **여유**도 있다"(381쪽, 강조는 내가 넣었다). 만일 지성이 정말로 유일한 '추진력'이었다면 그에 수반되는 그 밖의 것은 대부분 필요하다고 여겨지지 않았을 것이다. 애정이 왜 필요할까? 시간을 잡아먹는 인사 절차, 서로 털 손질해주기, 지배와 복종 표시, 영역 과시, 의례적 충돌이 왜 필요할까? 놀이는 왜? 왜 (인간의 경우) 잡담, 성행위, 스포츠, 웃음, 노래, 춤, 이야기, 싸움, 예식, 애도, 울음 등 온갖 종류의 비생산적 소통에 그렇게나 시간을 많이 들일까? 지성만으로는 이런 목적이 생성되지 않을 것이다. 지성은 그저 수단만 계산할 것이다. 그러나 이런 행위는 그 자체를 위해 하는 행위이다. 이런 것은 각 종 고유의 삶을 이루는 활동의 일부분이다. 하나의 '추진력'이 있다면 그것은 사교성이다. 거기서부터 소통 능력이 증대되고, 그것이 다시 지성을 위한 기반을 만든다.

불가사의한 무의식적 이타주의자

이제 두 번째 질문 즉 진화와 관련된 질문을 들여다보자. 종의 각 구성원이 **실제로** 보상이 돌아오지 않는 행동을 때때로 한다면 그 종은 살아남을 수 있을까?

여기서도 '보상'이라는 낱말은 일반적인 의미 즉 주관적 만족이 아니라 겉으로 드러나는 경쟁 우위를 가리키는 것으로 받아들여야 한다. 이번에도 우리는 현상에서 출발해야 한다. 그런데 어떤 현상에서 출발해야 할까? 무엇이 보상인가 하는 관념은 범위를 정하기가 어렵다.

동물은 완전하고도 자연스러운 의미에서 **이타적**이라고 할 만한 행동을 매우 많이 하는데, 정말로 다른 동물들에게 도움을 주는 것이 **목표인** 행동이기 때문이다. 많은 동물이 새끼를 기르는 데 큰 수고를 들이고, 새끼를 철저히 보호하며, 때로는 그러다가 죽기도 한다. 자기 새끼가 아닌 새끼들을 보호하고 구조하기도 하며, 일부는 고아를 양자로 받아들인다.* 또한 어떤 동물은 (예컨대 돌고래나 코끼리는) 곤경에 처한 자기 종의 어른들을 돕고 구조하며, 들개 같은 일부 종은 병들거나 다친 어른들을 먹이기도 한다. 남의 새끼를 일시적으로 돌보는 동물이 많고, 또 일부 동물은 (들개 등은) 남의 새끼를 돌보는 동물에게 먹을 것을 가져다준다. 그렇지만 이런 사례 말고도 행위자가 아니라 남에게 보상이 돌아가는 것으로 보이는 행동이 매우 넓은 범위에서 매우 다양한 유형으로 나타난다. 예를 들면 힘을 합쳐 포식자에게 맞서고, 경고 소리를 지르고, 위험을 무릅쓰고 새로운 서식지나 먹을거리를 찾아 나서는가 하면, 심지어 개미는 부상을 입었을 때 동료 일개미들이 (결과적으로) 자신의 시신 때문에 불편을 겪지 않도록 둥지를 떠나기까지 한다.** 경계에 있는 사례도 있지만 이런 행동 중에는 남을 돕는다는 관점에서 이루어지지 **않았음**이 분명한 것이 많다. 그러나 윌슨의 방법에서는 이런 것을 모두 이타주의로 뭉뚱그린다.

그런데 동물들이 위험을 무릅쓰고 이런 갖가지 행동을 한다는 것

* 사회적 동물이 자기 새끼가 **아닌** 새끼들을 돕고 호의를 베풀고 좋아하는 성향은 널리 퍼져 있는데, '이기적 유전자'라는 관념과는 정말 잘 맞아떨어지지 않는다. 만일 우리가 정말로 우리 자손이 경쟁에서 이기는 데만 관심이 있다면 다른 경쟁자들을 방해하느라 바빠야 하지 않을까? 사실 그런 일은 일어날 때마다 반드시 설명이 요구될 정도로 드문 습성이다. Niko Tinbergen, *The Herring Gull's World*, p. 169 참조.

** Edward O. Wilson, *Sociobiology*, p. 121.

은 분명한 사실이다. 진화 관점에서 수수께끼는 위험한 행동은 자연 선택에 의해 스스로 제거되는 경향이 있다는 것이다. 포식자를 탐구하는 성향이 있는 호기심 많은 토끼는 후손을 많이 남기지 않는다. '이타주의적' 성향은 마찬가지 방식으로 제거되었어야 하지 않을까? 설명할 수 없을까?

그렇게 보이게 만들 수 있는 것이 두 가지 있다. 하나는 이기주의 모델에 대한 집착이다. 애초부터 모든 동기화는 행위자 자신의 이익만을 노리고 있다고 확신하고 있다면 다른 누군가의 이익을 위한 행동은 도무지 이해할 수 없다. 그러나 나는 이 모델이 틀렸음을 논했다.

또 하나는 충동을 세분하는 접근법이다. 만일 어떤 구체적 행위로 이어지는 성향이 모두 따로 상속된다고 본다면, 개체에 위험을 초래하는 성향이 남아 있다는 것은 놀랍다. 나머지 성향은 모두 보존되는 반면 위험한 성향은 제거되었어야 하기 때문이다. 그러나 그런 조합이 게임이론가들에게는 편리해 보일지라도, 실제로 성향이 그렇게 작은 단위로 나뉘어 상속된다고 생각할 이유는 없어 보인다.

이기주의를 보자면, 집단 선택 관념과 친족 선택 관념 때문에 이기주의는 완전히 불필요해지며, 따라서 논의에서 배제되어야 마땅하다. 선택은 개체 사이의 흉악한 경쟁에 의해 작용하는 것이 아니라, 무엇이든 집단에게 유용한 행동이 유리하기 때문에 작용한다. 어설픈 '다윈주의' 관념을 가진 사람들은 여기서 흥미로운 실수를 저지른다. 이들은 **경쟁이라는 단순한 사실** 즉 자원을 공유할 필요가 있다는 사실을 **경쟁심의 동기** 또는 언제든 싸울 태세와 혼동한다. 동물들이 (하나의 사실로서) 경쟁할 때 성공 여부는 어떤 성향이든 자신이 처해 있는 곤경에서 가장 유용한 성향에 의해 결정된다. 그것이 꼭 호전성일 필요는 전혀 없다. 좋은 먹을거리를 더 잘 찾아내거나, 더 풍부한 먹을거리로 전환하거나, 보호색을 갖추거나, 또는 오히려 호전성을 **줄이고** 더 협력함으로써 경쟁에서 이겨나갈 수 있다. 가장 좋은 수단은 ('우세'로 판단되든 아니든) 옆으로 비켜 약간 다른 서식지나 먹을거리나 탈출 방법을 찾아내는, 다시 말해 생태계 안에서 새로운 자리를 스스로 만들어내는 것인 경우가 매우 많다. 경쟁에서 이기는 여러 방법 가운데 싸움이 포함되는 것은 확실하다. 그러나 그 쓸모에는 상당히 확실한 한계가 있고, 대개는 다른 방법이 사용된다. 종 사이의 '경합'은 일반적으로 완전히 비유적이다. 관련된 동물들이 무슨 일이 벌어지고 있는지조차 모를 수도 있다. 먹을거리가 늘 있던 곳으로 갔더니 아무것도 없을 수도 있고, 낳아둔 알이 사라졌을 수도 있고, 자신도 모르게 뻐꾸기를 키우는 수도 있다. 동물이 하는 행동은 행동 자체를 위한 것이지, 도전에 대한 응답의 일환이 아니다.

그러므로 동기의 하나로 볼 때의 경쟁심은 종 사이의 '경쟁'에 개입될 필요가 전혀 없다. 그리고 경쟁심이 개입한다 해도 분별력과 상식에 의해 크게 제한될 수밖에 없다. 동물에게는 의사가 없으니 큰 부상으로 이어질 만한 싸움은 피해야 한다. 그래서 배가 매우 고픈 사자라도 불리한 상황에서는 잡은 동물을 하이에나들에게 넘겨야 하고, 그 반대도 마찬가지다. 종 안의 경쟁심은 더 그렇다. 경쟁심에는 나름의 용도가 있지만 너무나 쉽게 매우 나쁜 결과로 이어질 수 있다. 사슴은 경쟁자들과의 싸움을 위해 뿔이 진화했는데, 이런 싸움은 새끼를 위해 강한 아버지를 선택하기 때문에 유용하다. 그러나 이 체제가 발달해 가장 강한 소수의 수사슴이 짝짓기를 독점하기 시작하면 사정은 좋게 흘러가지 않는다. 유전자군이 불필요하게 줄어들고, 새끼들을 보호하는 일이 더 어려워진다. 더 심각한 문제는 모든 방면에 능력이 뛰어난 사슴이 아니라 싸움에 뛰어난 사슴을 만들어내는 쪽으로 선택이 작용한다는 것이다. 이 선택에서는 크기, 특히 뿔의 크기가 큰 쪽이 유리하다(사슴은 자기 종이 아닌 적에게는 뿔을 사용하지 않는다. 그들을 몰아낼 때는 앞발을 사용한다). 포식자나 다른 선택 방식이 끼어들지 않으면 수사슴은 저 거대한 아일랜드 사슴이 휩쓸린 것으로 보이는 운명을 향해 나아가는데, 바로 2.1미터 너비까지 커진 뿔과 멸종이다.* 경쟁심이라는 동기가 강할 때는 그런 막다른 길에서 빠져나오기가 어렵다. 싸움에 강한 수사슴들이 다른 수사슴들에게 짝짓기 기회를 주지 않기 때문이다.

따라서 자연선택에 개입되는 종류의 '경쟁'은 동기에 대한 이기주의자의 설명을 뒷받침하지 못한다. 어떻든 여기서 있을 수 있는 동기에 관한 어떤 개념은 필요하다. 어떻게 동물이 자기 종의 다른 동물을 구조하게 될 수 있을까, 또는 경고 소리를 지를 수 있을까 하는 질

* 이 흥미진진한 주제에 관한 여러 관점은 굴드의 다음 글을 참조. Stephen Jay Gould, "The Origin and Function of 'Bizarre' Structures", *Evolution*, 28(1974), pp. 191-220. 굴드는 다음처럼 매우 정확하게 지적한다. 1)저 커다란 동물은 한동안 매우 번성했다. 만화에 나올 법한 말도 안 되는 동물이 아니었다. 2)뿔의 크기는 신체에 비해 불균형한 정도는 아니고 사슴의 평균에 가깝다. 그는 흥미로운 사실을 덧붙인다. 3)뿔은 실제 싸움보다는 과시를 위해 적응한 것으로 보인다. 그는 뿔이 사실은 전혀 비실용적이지 않았으며, 그냥 평범하게 쓸모 있게 적응한 것일 뿐이라고 결론짓는다. 이제 그는 지당하게도 **정향진화**(orthogenesis)라는 관점을 거부하는데, 정향진화는 그런 신체적 특징은 그 가치와 무관하게 어떤 신비한 힘 때문에 일정한 방향으로 발달한다는 관점이다. 그런 힘은 무의미하다. 그러나 뿔이 큰 쪽이 비실용적이게 되는 (먹을 거리가 부족해졌든 숲이 더 울창해졌든) 시점에 이르자 뿔이 큰 쪽이 유리한 성 선택은 더 이상 **계속될** 수 없었다고 추정할 수 있을까? 이런 식의 변화는 조류에게 실제로 일어난다(Edward O. Wilson, *Sociobiology*, p. 132의 찌르레기, Konrad Lorenz, *On Aggression*, p. 40의 청란 사례 참조). 멸종을 미루는 데 필요한 변화가 그 때문에 일어나지 못할 수 있다는 설명은 그럴듯해 보인다.

문은 의미가 있으며, 유전적으로 이치에 닿는 대답을 요구한다. 우리는 이런 행위를 그저 훈계나 모범을 통해 유도되는 문화 현상으로 다룰 수는 없다. 그런 행위를 그냥 모방할 수 있을까? 경고 소리의 경우, 이것은 특정 종의 모방 능력에 관한 경험론적 질문에도 해당한다. 어떤 종은 모방 능력이 없다. 그러나 그것은 또 동물이 지니는 의식의 종류, 주의하는 대상의 종류, 취할 수 있는 반응의 종류에 관한 질문이기도 하다. 구조의 경우 이 점은 더욱 명백해 보인다. 어떤 모범을 보여준다 해도 절대 구조할 생각을 하지 못하는 종이 많이 있다. 여기서 우리는 여러 종의 감정적 **범위** 차이를, 과감한 조치를 할 정도로 남을 깊이 염려하는 가장 사회적인 종에서만 볼 수 있는 능력을 다루고 있다(이런 감정적 범위 차이를 알 수 있는 한 가지 익숙한 예는 개와 고양이로, 문화적으로 간섭해도 달라지지 않는다). 그런데 이 차이는 사실 진화를 거치며 어느 정도 줄어들었고, 남을 위한 이런 종류의 적극적 염려가—여러 집단에서, 별개로—어느 정도 가능해졌다. 그리고 이처럼 차이가 줄어드는 과정은 대부분 인간이 등장하기 훨씬 이전 단계에 이루어졌거나 인간과는 완전히 무관하게 진행되었기 때문에 인간과 같은 유형의 의식적 계산에 의한 것이 **아니라** 적응에 의한 것이다. 그러므로 선택에서 유리한 점이 있었을 가능성이 충분해 보인다. 물론 인간은 모범과 훈련을 통해 그런 반응을 더 잘 끌어내고 훨씬 더 흔하게 만들 수 있다. 그러나 애초에 그럴 능력이 없었다면 그렇게 할 수 없다. 돌고래와 코끼리는 그럴 능력이 있지만, 북극곰과 햄스터는 없다. 순수하게 문화 발전만으로는 그것이 생겨났을 수 없다.

동기 연구 전체를 불가능하게 만드는 방법

그런 능력은 필연적으로 복잡하다는 사실은 충동을 세분하는 접근법이 잘못되었음을 강조한다. 사람을 구조하는 성향이 유전자 하나로써 전달될 수 있다고 말하는 것은 현실적이지 않아 보인다. 경고 소리를 지르는 성향 같은 것은 그럴 수 있을지도 모른다. 그러나 구조는 그런 식으로 이루어지기에는 너무나 복잡한 것이 명백하다. 위험의 종류, 그에 따라 가능한 구조의 종류가 단일 양상으로 전개되지 않는다는 점에서도 그렇고, 어느 정도 복잡한 동물이 위험한 행위를 하려면 문제의 충동 말고도 성격에 다른 특성이 있어야 한다는 점에서도 그렇다. 전체적으로 그것을 허용하는 성격이라야 가능한 것이다. 그런 행동은 단독으로는 존재할 수 없다.

윌슨은 사실 이것을 매우 잘 알고 있고 때로는 언급하기도 한다. 그러나 여전히 충분히 중요하게 다루지는 않는데, 그는 최근 게임이론가들이 이런 주제에 관해 내놓은 대량의 추측에 지나치게 관심을 기울이고 있기 때문이다(이런 추측이 모두 쓸모가 없다는 말이 아니라, 모든 특질을 고정된 상수로 둔 상태에서 따로 상속되는 단일 특질 하나를 놓고 승패만 따지는 이항모델을 적용할 수 있는 한에서만 유용하다는 말이다. 그런데 이는 초파리보다 복잡한 어떤 동물 경우에도 그다지 쓸모 있어 보이지 않는다*). 이처럼 그는 비평자들이 불평하는 것처럼 앙심, 이타주의 등

* 포드는 "집 안에 앉아 진화가 어떻게 작용해야 하는지를 추론하는 수학자들"이 하는 선험적 유전학의 절망적 약점을 분명하게 지적한다[E. B. Ford, *Ecological Genetics*(London, 1964), pp. 9-10]. 또한 그는 또 검은배초파리에 관한 몇몇 표준화된 탐구 노선에 집착하는 방식을 초파리철학이라 부르면서, 연구실 실험자들의 연구조차 그 철학 때문에 극심한 제한을 받는다고 지적한다. (유전학에서 오랫동안 실험동물로 이용

이 단일 유전자를 통해 따로따로 상속된다고 가정하는 큰 실수를 실제로 저지르지는 않지만, 행동을 그저 따로따로 상속되는 별개 단위가 모인 덩어리로 취급하는 사람들의 언어를 너무나 쉽게 받아들인다.* 이것은 전혀 필요하지 않은 여러 문제를 제기한다. 그는 이렇게 말한다. "상호적 이타주의가 유지되게 하는 메커니즘이 있다고 할 때, 그 행위가 제일 처음 어떻게 시작되는가 하는 문제는 여전히 남는다. 선한 사마리아인이 희귀한 돌연변이로서 처음으로 나타나는 인구 집단을 상상해보자"(120쪽). 이어 그는 "이타주의적 유전자가 폭발적으로 퍼지기 시작하는 임계 빈도"를 계산한 연구를 인용하고 이렇게 덧붙인다. "무에서 출발하여 어떻게 임계 빈도에 다다를지는 여전히 알지 못한다. 협력하는 개개인이 일종의 죄수의 딜레마 게임을 벌여야 한다."

문제가 무엇일까? 적극적 이타주의가 발달할 수 있다고 보는 것

해온) 초파리는 확실히 실험 관점에서 일정한 장점이 있지만, 어떤 종이든 한 종만 가지고 이런 식으로 원래의 야생 생태계로부터 격리한 채 다른 종과의 비교 없이 연구하면서 전형적 사례라고 보아서는 안 된다는 점을 강조한 포드의 지적은 분명히 옳다.

* 하나의 유전자가 여러 특질에 영향을 줄 수 있고 하나의 특질이 여러 유전자에 의해 결정되는 등 이 상황이 매우 복잡한 양상을 띤다는 점은 다음 예시 참조. Theodosius Dobzhansky, *Mankind Evolving*, chap. 2. 복잡하다는 점을 강조해두지 않으면 요점의 신뢰성에 의심을 불러일으킬 수 있다. 그럼에도 자연선택은 어떻게든 일어나며, 때로는 목적에 맞게끔 가장 정교하게 적응한 것으로 보이는 수단을 만들어낸다는 요점은 여전히 유효하다.

'슈퍼유전자'(DNA가 꼬여 서로 맞물린 유전 물질 블록)와 '유전자 스위치'(진화 방향에서 일종의 도약이 가능하게 하는 유전적 인자)에 관한 문제는 E. B. Ford, *Ecological Genetics* 참조. 그의 지적처럼 이런 것은 때로는 진화 속도를 현저하게 높이는 효과를 낼 수 있다. 어떤 경우든 그 속도를 선험적으로 추정하는 것은 아무 쓸모가 없는데, 그 이유는 그의 말처럼 "조건이 일정한 상태에서 자체적으로 번식하는 커다란 공동체의 행동을 검토하는 것은 완전히 비현실적이다. 자연에서는 그런 상황이 실현되기는커녕 그런 상황에 근접하지도 않으니까!"(33쪽).

이 합당한 동물들은 모두 이미 자기 새끼를 돌보고 있다. 그리고 부모의 보살핌에서 가장 먼저 발달하는 요소는 위험으로부터 보호하고 구조하는 것이다(사회적 곤충뿐 아니라 일부 어류와 파충류도 이렇게 한다). 필요한 것은 이 패턴을 어른들에게로 확장하는 것뿐이다. 사교성은 어떤 경우든 털 손질, 입맞춤, 포옹, 보호하고 복종하는 몸짓, 먹을거리 주기 등 주로 부모와 자식 사이에서 먼저 발달한 행동을 어른들에게까지 확장함으로써 발달한다.* 사실 더 넓은 사회성은 본질적으로 단순히 어른들이 서로를 명예 부모와 명예 자식으로 취급하는 능력이다. 이것은 나중에 주로 유아 **사이에서** 일어나는 상호작용에서 가져온 다른 패턴들이 추가되면서 확장된다. 놀이가 사회적 교양의 원천으로서 어마어마하게 중요한 것도 이 때문이다. 그러나 부모와의 상호작용과 유사한 상호작용이 먼저다. 이것이 잘 통하는 이유는 위로하고 달래고 유대를 형성하도록 적응했기 때문이다. 일단 유대가 형성된 다음 유대에 흔히 따르는 보호적 태도가 생겨나지 말아야 할 이유가 어디에 있을까? 그 밖에도 안정적인 집단에서는 어른들이 실제로 다른 어른들의 후손일 것이고, 다른 어른들은 그들을 어릴 때부터 알았을 테니 부모와의 유대와 유사한 유대가 이미 형성되어 있다(자기 자식이 **아닌** 새끼들에 대한 우호적 행동은 매우 흔하다). 또 이유가 무엇이든 새끼들을 특히 잘 보호하고 잘 기르는 어른들은 실제로 출생한 개체 수 대비 상대적으로 많은 후손을 남길 가능성이 높다. 마찬가지로, 위험에 처한 동물이 도움을 청하며 지르는 소리는 새끼 동물이 지르는 소리를 닮을 가능성이 크다. 닮게 만드는 선택이 없었다

* 다음 두 책 모두 중점적으로 다루는 주제의 하나다. Irenaus Eibl-Eibesfeldt, *Love and Hate*; Wolfgang Wickler, *The Sexual Code*.

해도, 그 동물은 갑자기 새끼 동물처럼 무력한 상태에 빠졌음을 깨닫는다. 그러므로 새끼 동물 같은 행동을 내보이지 않을 무슨 이유가 있을까? 여기에 급작스러운 돌연변이가 왜 필요할까? 무슨 압력이 있어서 죄수의 딜레마 게임을 할까?

죄수의 딜레마 게임은 사회적이지 않은 종, 예컨대 대구라든가 심지어 햄스터 사이에 '이타주의적' 돌연변이가 나타난 상황이라면 잘 설명해줄 것이 분명하다. 이 돌연변이가 하는 독특한 행동의 효과는 전적으로 운에 달려 있을 것이다. 그는 다른 게임 참가자들로부터 어떠한 이해도 협력도 기대할 수 없기 (이것이 게임의 요점이므로) 때문이다. 윌슨이 "그는 구조하지만 구조되지는 못한다"고 말한 대로 그가 아주 많은 후손을 남길 가능성은 낮다.

그렇지만 그런 돌연변이가 존재할 수 있었을까?

만일 있었다면 단일 유전자보다는 훨씬 많은 유전자가 돌연변이를 일으켰을 것으로 보인다. 사회적이지 않은 종의 감정적 소양대로 원래 냉정한 상태였다가, 구조 같은 복잡한 행위를 하는 데 필요한 모든 능력을 어떻게 단번에 갖출 수 있었을지는 분명하지 않다. 그런 변화가 일어나려면 전반적 프로그래밍 체계의 변경, 다시 말해 새로운 행동 패턴(예컨대 경고 소리를 지르는 행동) 하나만이 아니라, 새로운 삶의 방식에 맞도록 조정된 일련의 행동을 통째로 만들어내는 돌연변이의 돌연변이가 필요해 보인다. 만일 그런 변화가 (일부 사람들이 확신하는 것처럼) 가능하다면 이 사실은 매우 중요하며 논의가 필요하다. 이것은 특히 이 분야의 게임이론에 대한 게임의 규칙을 송두리째 바꿔놓을 것이다.

이 가정으로 부각되는 것은 이타주의를 동기화의 한 측면으로, 따라서 주어진 감정적 구성이라는 맥락에서만 이해되는 것으로 취급해야 한다는 절대적 필요성이다. 이타주의를 단순히 결과만 가지고 정의한다면 제대로 다룰 수 없다. 사회적 곤충과는 아마도 다르게, 더 고등한 동물에게는 성격 특질이 있고 자기 종에게 전형적인 삶의 형태가 있다. 그들의 구체적 행동 패턴은 거기에 들어맞아야 한다. 어떤 종이 어떤 것을—예컨대 지배, 영역, 새끼 보살피기 등을—우선순위 체계에서 높은 순위에 두면 그 종은 그 때문에 위험을 마주할 것이다. 많은 종이 기꺼이 위험을 감수할 수 있는 것을 적어도 하나는 가지고 있고, 그렇지 않은 종은 달아나서 다음을 기약하는 쪽으로 전문화한다. 어떤 구체적 동기를 이해한다는 것은 그것이 어떤 동기 묶음에 속하는지, 그리고 그다음에는 그 묶음이 그 종의 삶에서 어떤 중요성을 지니는지를 아는 것이다. 그러므로 각 요소가 어떻게 발달할 수 있었는지를 알아내려면 그 묶음이 전체적으로 어떻게 발달했는지 생각할 필요가 있다. 포유류가 새끼를 보살피는 것 같은 복잡한 패턴이 형성되기까지는 분명 많은 돌연변이가 필요했을 테지만, 다른 요인들, 예컨대 새로운 유전자 조합이 만들어지는 단순하고 일상적인 유전자 교환,* 더 나은 먹이, 더 심한 위험, 새로운 환경의 자극, 그 밖의 변화가 그 동물의 삶에 가져오는 효과 등도 작용한다. 그리고 우리는 구체적 행위 하나뿐 아니라 묶음 전체가 집단과 종의 생존에 미치는 효과에 관해서도 질문해야 한다. 심각한 위험에 빠진 남을 구조

* "인류 집단 내의 변이 유전자 수는 아무리 적게 잡아도 수백 가지에 달할 텐데, 이것은 현재 살아 있는 사람들이나 미래에 태어날 사람들에게서 나타날 수 있는 유전자 조합의 가짓수보다 훨씬 더 많은 유전자 조합을 충분히 만들 수 있는 숫자이다. 살아 있는 종은 이처럼 유전자가 멘델의 법칙에 따라 재조합되는 방식 덕분에 언제나 새로운 유전적 자질을 매우 풍부하게 만들어낼 역량이 있다"(Theodosius Dobzhansky, *Mankind Evolving*, p. 31).

하는 능력이 한 종의 생존에 직접적으로 큰 영향을 줄 것 같지는 않지만, 규모가 작은 집단에는 그럴 수 있는 것이 확실하다. 그렇지만 정말로 어마어마한 영향을 끼치는 것은 구조를 가능하게 만드는 강력한 사회적 유대를 형성하는 능력이다. 발육이 느린 종에서 부모와 자식의 관계에 무엇이 개입되는지를 생각할 때, 그리고 이 유대가 그 종의 구성원 모두의 초기 경험을 형성한다는 점을 기억할 때, 이를 바탕으로 어른들이 서로 돕는 쪽으로 점점 더 나아가는 것은 상상하기 어려워 보이지 않는다. 그리고 그 맥락에서 구조는 충분히 이해할 만하다. 이것은 단편적 도박으로서가 아니라, 전체적으로 유리한 동기 패턴 묶음 전체의 일부분으로서 설명해야 한다. 이것을 설명한다는 것은 이것과 함께 있는 것이 무엇인지 보여주는 것이다.

윌슨은 그러나 그런 습성을 훨씬 더 간단하고 야심 찬 방식으로, 다시 말해 그가 자명하다고 받아들이는 이기주의 모델에 어떻게든 맞춰 설명하고 싶어 한다. 그는 이타주의적 행동이 그 행동을 보이는 개인에게 어떤 식으로든 이익을 준다는 것을 입증할 필요가 있다고 느낀다. 이를 위해 그는 그 행동이 그 개인의 **유전적 적합성**에 기여한다고 해석하는데, 유전적 적합성이란 그저 오로지 후손을 남길 가능성을 말한다.

이것은 큰 실수임을 즉각 알아차려야 한다. 적합성 관념은 오래전부터 진화에 관한 논의에서 엉성한 톱니바퀴였다. 윌슨은 적절한 보강 조치도 취하지 않은 채 그 톱니바퀴에 가해지는 부담을 크게 높이고 있다. 그가 이 개념을 너무나도 중심적으로 다루며 널리 동원하고 있으므로, 그의 논리가 안고 있는 위험을 분명히 짚어둘 필요가 있어 보인다.

이런 논의에서 '적합(fit)' 같은 낱말의 문제점은 넓은 의미로 받아들일 때는 무의미해지기 쉽고 좁은 의미로 받아들일 때는 편향되기 쉽다는 것이다. 그래서 '적자생존' 같은 어구는 '생존 가능성이 가장 높은 개체의 생존'을 뜻할 뿐이라면 별다른 의미가 없다. 반면에 '우리가 가장 대단하다고 여기는 개체의 생존'이나 그 비슷한 뜻이라면 다른 현상을 묘사하는 것이고, 또 일어나는 현상이 이것이라고 설득하려면 다른 논의가 필요할 것이다. 마찬가지로, 윌슨은 '적합'하다는 것은 누구에게나 유리한 것이라는 관념으로 얼버무린다. 만일 그것이 '건강하다'나 '하고 싶은 것을 할 수 있다'는 뜻이라면 대개는 그의 말대로 유리하다. 그러나 그것이 '후손을 많이 남길 가능성이 크다'라는 뜻뿐이라면 그것을 이점으로 취급할 이유가 전혀 없다. 그런데도 윌슨의 경우 후자의 의미는 곧 **하나의** 이점일 뿐 아니라 유일하게 중요한 이점이 된다. 이처럼 그는 이기심을 "남의 적합성을 낮춤으로써 자신의 적합성을 높이는 것"(117쪽)으로 정의하는데, 여기서 말하는 적합성은 유전적 적합성이다. 마찬가지로, 고약한 맛을 지녀 포식자들의 의욕을 꺾지만 그 과정에서 죽지 않으면 고약한 맛을 보여줄 수 없는 곤충에 관해 그는 이렇게 쓴다. "최대한 오래 버티면서 새끼들을 먹지 않도록 포식자들에게 가르치면 보상이 돌아온다. 이와는 대조적으로, 보호색이 있는 산누에나방과는 번식 이후의 생명이 짧다. 자기 친척들이 먹기 좋다는 것을 포식자들에게 가르쳐도 보상이 돌아오지 않는 것이다"(125쪽). 누구에게 보상이 돌아오거나 돌아오지 않는 것일까? 보상을 얻을 문제의 동물은 더 이상 살아 있지 않다. 하나의 특질이 살아남는 조건이라는 완벽하게 이해 가능한 내용을 이처럼 고도로 비유적인 방식으로 표현하는 것은 적절하지 않다. 앞서 살펴본 것처럼 이것은 계획하는 쪽과 보상을 얻는 쪽의 자리가 비어 있기 때문에, 그 자리를 채우기 위해 유전자나 DNA 자체를 의인화하게 될 수 있다. 그렇지만 개체 자체를 계획하는 역할로 지명하는 사례도 똑같이 흔히 볼 수 있다. 그리고 몇몇 상당히 놀라운 종들에서:

> **자발적** 개체 수 조절을 찾아볼 수 있는 가장 유망한 상황 한 가지는 진화를 통한 기생충의 독성 감소다. 독성은 급속한 증식 능력에 기인하는 때가 많다(항상 그런 것은 아니다). 그런 만큼 이 조건은 개체 선택에 의해 진화할 가능성이 크다. 그러나 독성이 너무 높으면 숙주를 죽인다. 어쩌면 다른 숙주들을 감염시키기 전에 그렇게 될 수도 있는데, 그러면 그 독성은 개체군 선택에 의해 저지될 것이다. **이타주의적 박테리아나 자신을 희생하는 주혈흡충을 상상한다면 신빙성이 떨어지겠지만**, 다른 유전자형과 경쟁해야 하는데도 먹이를 먹는 능력이나 번식이 줄어든다는 의미에서 기생충은 이타주의적이게 될 수 있다. [116쪽, 강조는 내가 넣었다]

떨어지는 것은 신빙성이 아니라—묘사된 사실이 전적으로 믿고 이해하기 쉬우므로—'이타주의적'과 '자발적' 같은 낱말의 용법이다.

이 그림에서 또 한 가지 난감한 결함은 한 개체가 자신의 후손이 아닌 다수의 개체와 유전자를 공유한다는 점이다. 공유 유전자의 확산 역시 그에게 이익이 된다고 보기 때문에 단순한 유전적 적합성이라는 관념은 **포괄적 적합성** 관념으로 확장된다. 이것은 "개체 자신의 적합성에다 모든 친척의 적합성 중 그것과 연관된 부분에 미치는 효과의 총합을 더한"(118쪽) 것이다. 이로써 친척을 보살피거나 구조하는 일은 이기주의와 모순되지 않는다. 다음처럼 숫자 계산이 제대로 이루어질 경우 그렇다. "만일 사촌(r =⅛)만 이익을 본다면 자식을 남기지 않는 이타주의자는 사촌의 적합성 8을 곱하고, 삼촌(r=¼)이라면 4를 곱하는 식으로 계속해야 할 것이다"(118쪽). 그러나 만일 이 '포괄적 적합성'이 **정말로** 우리 자신의 이익에 해당한다고 본다면, 이런 흥정을 애초에 이타주의적이라고 할 수 있을까? 그 대답은 그때그때 달라지는 것으로 보이며, 그래서 그는 그 앞 쪽에서 이렇게 말한다. "자식의 이익을 위한 자기희생은 전통적 의미에서는 이타주의적이지만 엄밀한 유전적 의미로 보면 그렇지 않은데, 개체의 적합성은 살아남는 자식 수로 측정되기 때문이다. 그러나 육촌의 이익을 위한 자기희생은 두 의미 모두에서 진정한 이타주의다." 머릿속이 빙글빙글 돈다. 우리와 똑같은 유전자가 우리의 모든 친척 사이에 퍼져 있다. 실제로 소규모의 안정적 집단이라면 전체 인구에 퍼져 있다. 우리 후손에 전해진 유전자 표본은 무엇이 특별할까? 우리가 그것과 일체감을 가질 수 있도록 유전자 표본을 한 **덩어리**로 유지할 수 있는 것도 아니다. 유전자 덩어리가 얼마나 빨리 흩어지는지는 인간의 상속 체계 때문에 잘 드러나지 않는다. 대왕 루이 14세가 죽고 증손자에게 왕위를 넘겼을 때 그의 유전자 중 8분의 1이 남아 자기 나라를 다스리는 데 도움을 주었다. 70년 뒤 루이 16세는 그의 유전자 중 32분의 1 정도를 단두대로 가지고 갔다.* 이런 변화를 거쳐도 자신의 지분은 그대로 유지된다며 따로 구분하려는 사람이 있다면, 그는 자신의 유전자가 모든 단계에서 유전자가 섞이는 다른 사람들에게 얼마나 철저하게 의존하는지를 잊어버린 것이다. 그런 만큼 윌슨이 육촌

* 또는 훨씬 적을 수도 있다. 두 부모로부터 절반씩 물려받는 유전자에 조부모 네 사람의 유전자가 똑같이 4분의 1씩 들어 있는 것이 아니라 차지하는 비율이 천차만별이기 때문이다.

을 언급한 다음 "그리고 완전히 낯선 사람이 대상일 때 그처럼 자신의 이익을 버리는 행동은 모종의 이론적 설명이 요구될 정도로 놀랍다(즉 '고귀하다')"(117쪽)라고 말하는 것은 다소 독단적 주장으로 보인다. 어떤 인간도 고립되어 있지 않다. 우리는 누구의 삶이 우리 삶과 밀접한 관계였는지, 또는 앞으로 밀접한 관계가 될지 전혀 분간할 수 없다. 그러나 문화에 좌우되는 지역적 친족 체계 말고, 사람을 구조하기 위한 동기화가 사촌, 육촌, 낯선 사람에 따라 어떻게 **종류**가 달라질 수 있을까? 따지고 보면 사촌은 낯선 사람이 될 수 있고, 삼촌도 형제자매도 마찬가지이다(윌슨은 『사회생물학』 247쪽에서 모르는 친척 문제를 건드리지만 그 폭발력은 알아차리지 못하는 것으로 보인다*). "모종의 이론적 설명"에 대한 요구는 이기주의자 입장에서만 생겨난다. 그리고 이기주의자 입장에서 '포괄적 유전적 적합성'을 높여주겠다고 제안한다면 마땅히 경멸적 반응을 보게 될 것이다. 행위자 자신은 어떤 종류의 이익도 얻지 못한다.

이 책의 2부에서는 (1부에서 논한 바와 같이) 인간 본성이라는 것이 실제로 있다고 할 때 그것을 이해하기 위한 가장 좋은 방법은 무엇일까를 논했다. 인본적 사고방식을 지닌 사람들이 지금까지 우리에게 정말로 본성이 있다는 것을 받아들이기 꺼린 주요 이유 하나는 통찰력이 결여된 어설픈 심리학에 대한 두려움이었다.

우리의 심리학이 어떤 중요한 의미에서든 '과학적'이 되기를 바란

* 예를 들면 침팬지 같은 종의 경우 짝짓기가 중복으로 이루어지기 때문에 아버지와 자식이 서로 친족 관계임을 알아보기가 원칙적으로 불가능하다는 점을 주목할 만하다. 그리고 많은 종에서 개체는 자신의 부모나 한배에서 태어난 혈육 말고는 누구도 친족인지 알지 못한다.

다면 피상적으로 자연과학을 닮을 것이 아니라 하나의 뚜렷한 주제에 맞게끔 우리의 개념을 영리하게 다듬는 것을 목표로 삼아야 한다. 그리고 하나의 단일한 학문을 세우기를 기대할 것이 아니라, 서로 영리하게 연관된 여러 접근법을 동원해야 한다.

그런 심리학이라면 윌슨이 말하는 것처럼 진화 시각을 그 배경에 두고 완전히 활용해야 마땅하다. 그러나 전경에 있는 것을 다룰 능력, 다시 말해 장기적인 시각을 버리고 개개인의 동기를 직접 들여다보는 능력 또한 똑같이 필요하다. 따라서 우리는 그런 동기를 그 자체로 진지하게 받아들여야 하며, 신경학적 현상이나 행동 패턴으로 환원하려고 시도해서는 안 된다. 그런 식으로 환원하면 언제나 실패할 수밖에 없는데, 주제의 본질적 특징을 왜곡하기 때문이다. 평범한 동기 개념을 슬쩍 이용해 부자연스러운 얼개에다 살을 입힌다 해도 보기에만 설득력이 있을 뿐이다.

동기는 진화와 동기의 진화사에서 나름의 중요성을 지닌다. 그러나 동기는 또 각기 나름의 내면적 의미가 있지만, 그것이 어떤 진화 사건, 예컨대 자신의 자손 수를 최대화하는 식의 사건을 일으키겠다는 바람과는 사실상 아무런 관계가 없다. 개체의 목표와 진화의 목표를—진화의 '목표'라는 것이 있다고 말할 수 있다면—혼동하면 파멸적 결과를 낳는다.

다음 장에서는 진화 자체가 어디까지 목표를 가지고 있다고 말할 수 있을까 하는 질문을 다루기로 한다.

3부

이정표

날개 달린 깃털 족속은 공중을 스쳐 지나가고—
고등어는 그러지 아니하고, 곰은 더더욱 아니어라
그러나 각기 자신의 초라한 영역에 만족하며
오고 가는 해 내내 소박하게 다니누나
자기 족속의 운명을 잊는 법 없고
소나무도 자기 자리를 버리거나 바꾸려 애쓰지 않는도다
아! 그 누가 보았으랴, 갑옷 입은 바닷가재가 일어나
하늘을 차지하려 넓은 날개를 펄럭여 솟구치는 것을?

_조지 캐닝, 「인간의 발걸음」(The Progress of Man)

7장

위와 아래

진화의 사다리라는 것이 있을까?

어떤 의미에서 진화에 방향 또는 목적이 있다고 말할 수 있을까? 그런 의미가 있기는 할까? 창조주를 지목하지 않는다면 그런 목적을 누가 부여했는지는 알기 어렵다. 그렇지만 어떤 의미에서 '진화'라는 낱말은 일어나고 있는 일, 또는 적어도 그 많은 부분을 **순리**로서 받아들인다는 말이 된다. 진화한다는(evolve) 것은 **펼친다**는 뜻이다. 두루마리가 펴지거나 꽃봉오리가 벌어져, 그 안에 잠재되어 있던 것이 발휘된다는 의미가 전형적이다. 나타날 것의 가능성을 크게 제한하는 어떤 명확한 잠재력이 처음부터 존재하고 있었다는 뜻이자, 확실히 일어날 수 있었던 수많은 변화 중에서도 지금까지 일어난 변화가 어떤 의미에서 올바른 내지 적절한 후보였다는 뜻이다. 벌레에게 먹힌 싹은 그 잠재력을 얼마간 실현한 셈인데, 잠재적으로 언제나 벌레의 먹이였기 때문이다. 그러나 그 싹 본연의 가장 중요한 잠재력을 실현한 것은 아니다. 이와 마찬가지로 만일 진화가 다른 길을 따라갔다면 실패했거나 부족했거나 비껴갔을 거라고 말해야 할까? 만일 예컨대 새나 개미나 뱀이나 사람이 애초에 발달하지 않았다면 뭔가가 잘못된 것일까?*

* **발달**이라는 낱말 자체에 여러 가지 연관된 문제가 있는 것이 명백하다. 그리고 **성장**,

이것은 문제가 있는 질문이다. 그러나 우리는 **고등** 또는 **하등** 생명체를 언급할 때마다 스스로 이 질문에 모종의 답을 하고 있는 셈이다. 그리고 『사회생물학』에서 윌슨이 한 것처럼 여러 종류의 사회를 두고 상대적인 높낮이를 구별하면서 다음과 같은 말을 하기 시작하면 문제는 훨씬 더 심각해진다.

> 네 집단이 나머지보다 더 높은 정점을 차지하는데, 군체 무척추동물, 사회적 곤충, 인간을 제외한 포유류, 그리고 인간이다. 이들은 사회생활에서 각기 특유한 기본 특성이 있다. 그런데 역설은 이렇다. 방금 나열한 순서는 의심의 여지 없이 더 원시적이고 더 오래된 형태의 생물로부터 더 고등하고 더 근래에 나타난 생물로 나아가지만, 단결성, 이타주의, 협동성을 비롯한 사회적 존재의 핵심 속성은 줄어든다는 것이다. 마치 유기체 개개의 신체 구조가 더 정교해지면서 사회적 진화가 느려진 것처럼 보인다. [379쪽]

무엇이 **사회적 존재의 핵심 속성**인지는 어떻게 결정할까? 인간과 포유류를 제외하면 이들 중 어느 집단도 상대 집단의 후손이 아니고, 따라서 실제 발달 과정을 따라가고 있는 것이 아니다.* 삶에서 완

진보, **발전**, **현대성**, **원시적**, **전위** 같은 온갖 개념도 마찬가지다. **미래**도 감탄을 내포한 용어로 쓰인다면 마찬가지다(이 책 290쪽 참조).

* 윌슨이 조류를 고도로 발달한 동물에 포함하지 않은 데는 매우 주목할 만한 이유가 있다. 148쪽에서 그는 사회적 동물이라는 측면에서 조류를 개미보다 아래로 평가하는데, 카스트를 형성하지 못했다는 것이 그 이유다. 인간은 물론이고 다른 어떤 동물도 곤충과 같은 의미의 카스트를 형성하지 못했으므로, 이 기준에서는 곤충이 단연 압승이다. 조류의 사회생활이 풍부하고 복잡하다는 것이 의심스럽다면 다음 두 책에서 각각 갈까마귀와 거위에 대해 논하는 부분을 읽어보기 바란다. Konrad Lorenz,

전혀 다른 역할을 맡는 여러 패턴을 어떻게 서로 비교, 평가할 수 있을까? 단결해야 하는 갖가지 종류의 동물을 기준으로 삼지 않는다면 서로 다른 종류의 단결성에 등급을 매기는 것은 무의미해 보인다.

벌, 산호충, 사람, 그리고 그 밖의 포유류는 개체 간 이해관계의 충돌이 있을 때 대안적 해결 방법을 제공하지 않는다. 이 문제는 사람과 그 밖의 포유류에게 공통적이다. 벌과 산호충은 이런 문제가 일어날 수 있는 단계에 다다르지 않았다. 벌은 실제로 서슴없이 위험에 뛰어들고 그럼으로써 자기 공동체에 이익을 준다. 벌이 그렇게 하는 이유는 자신이 그렇게 하고 있다는 것을 아는 능력이 애초에 발달하지 않았기 때문이다. 애벌레를 위해 쉼 없이 수고하는 벌은, 또는 침을 도로 빼낼 수 없는데도 침입자에게 곧장 날아가 침을 쏘는 벌은, 또는 자신이 낳은 알을 여왕벌에게 먹이로 제공하는 벌은 충돌을 겪지 않으며 미덕을 발휘하는 것이 아니다. 그저 페로몬에 반응할 뿐이다(이것은 이런 습성이 쉽게 왜곡되어 쓸모없어지거나 해로워질 수 있는 것을 볼 때 매우 분명하다. 예컨대 개미의 경우 둥지에 기생하는 벌레는 개미의 행동 방식을 이용하여 애벌레를 바꿔치기하고 때로는 먹기도 한다*).

자신의 사적 이익을 거슬러 그렇게나 정교하게 행동하는 동물이 어떻게 진화할 수 있었는지 묻는다면, 대답은 그들의 번식 방식에 있다. 일벌은 대부분 불임이다. 선택은 보통 공동체 전체 단위로 이루어진다. 공동체의 번영은 일벌의 능률에 달려 있다. 협력성이 없는 갈래는 단순히 그 곤충이 처음 출발한 때와 똑같은 단독 생활로 되돌아

King Solomon's Ring; Konrad Lorenz, *On Aggression*, chap. 11. 또는 그냥 이주를 준비하는 새 떼의 움직임을 지켜보는 것도 좋다.

* Edward O. Wilson, *Sociobiology*, pp. 375–376.

갈 것이고 지금도 많은 곤충이 그렇게 살고 있다. 그렇게 되면 그들은 먹이 저장, 새끼 보호 등 어마어마한 이점을 놓칠 것이다. 그러므로 식물의 진화를 바라볼 때와 마찬가지로 벌들의 진화는 벌 하나하나의 계획이나 바람과는 무관한 것으로 이해하는 것이 자연스럽다.

그러나 철저한 이기주의자라면 다르게 바라볼 수도 있다. 유전적 이점이라는 관념은 해당 동물이 실제로 다다른다고 말할 수 있는 목표를 상정한다. **만일**—논의를 위해 편의상—그 동물이 지적 동물이고 바라는 것은 그저 자신의 유전자를 퍼트리는 것이라면, 현재 하고 있는 바로 그대로 행동할 것이다(그럴 것으로 보인다). 윌슨의 말에 따르면 벌이 사용하는 번식 체계에서는 "독자적으로 번식하는 기능을 맡는 쪽보다 불임 카스트에 합류해 자매들을 기르는 쪽이 유전적으로 이점이 더 크기"(381쪽) 때문이다. 이것은 자식보다 자매와 공유하는 유전자가 더 많기 때문이다(비율은 대략 2분의 1 대 4분의 3이라는 차이지만, 416쪽에서 설명하는 매우 복잡한 계산도 참조하기 바란다. 이런 식으로 계획을 세운 벌이 정말로 있다면 상당히 우수한 통계학자일 것이 분명하다). 이 논의를 전개하는 내내 **거래**, **선호**, **이점**, 심지어는 **투자** 같은 낱말이 끊임없이 되풀이된다. 진화에서 일어나는 것으로 보이는 일이 완전히 다른 원인으로 인해, 즉 왕조 건설이라는 야심에 빠져 철저하게 한 가지에만 열중하는 의식적 행위자가 세운 계획으로 인해 생겨날 법한 결과물로 각색되어 묘사될 수 있다는 것이 드러난다.

이 평행선상의 상상에도 나름의 용도가 충분히 있을 수 있다. 그러나 선택에 관한 논의에는 도움이 되지 않는다. 선택 논의는 그 자체로 사리에 맞아야 한다. 그리고 그런 사회를 다른 동물 사회와 비교하기 시작하는 순간 우리는 이 상상 때문에 심하게 오도될 가능성이 있다. 곤충의 유전적 표준화가 충돌 문제에 대한 모종의 해법이

이정표

라고 암시하기 때문이다. 이것은 현실과 완전히 동떨어졌다. 윌슨은 이렇게 말한다. "유전적으로 완전히 동일하면 이타주의가 무한정 진화할 수 있다"(380쪽). 그러나 그가 다른 부분에서 말하듯 그것은 또한 이타주의를 완전히 무의미하게도 만든다. "유전적으로 동일한 개체에게는 이타주의가 쉽다. 사실 그들에게 그런 행동은 엄밀히 말해 이타주의에 해당하지도 않는다"(33쪽). 유전적으로 **동일한** 개체는 사실 곤충보다 더 단순한 수준에서만 발견된다. 산호 군체나 작은부레관해파리 같은 군체 해파리가 그 예다. 윌슨은 이들을 "완벽한 사회"(379쪽)라 부른다. 이것은 도덕적 판단이라기보다 원이 완벽하다고 말할 때의 의미에 더 가까울 것이다. 하지만 계속해서 그는 인간은 "협력성에서는 곤충 사회에 근접하며 소통에서는 곤충을 훨씬 능가"하기 때문에 "생명의 역사에서 10억 년이 넘도록 이어져온 하향세를 뒤집었다"고 말하고 "전체적 추세는 왜 하향이었을까?"(380쪽) 하고 묻는다.

다윈은 현명하게도 '고등'이나 '하등' 같은 낱말을 사용할 때 주의하라는 내용을 쪽지에다 적어 붙여놓고 스스로 경계했다. 개미나 벌과 비교해 코끼리, 침팬지, 늑대, 돌고래, 갈까마귀를 만들어낸 추세의 어떤 점이 **하향**일까? 이 그래프에서 상향은 한 가지 가치, 조화만을 나타낼 뿐이다. 요점이 그저 살아남는 것일 수는 없고, 많은 수가 살아남는 것조차 아니다. 순수하게 숫자로 밀어붙이는, 야심이 훨씬 덜한 동물도 생존은 똑같이 잘 달성한다(사실 자신이 할 일을 제대로 이해하는 유전자가 비용편익을 의식했다면 아메바 같은 것에 올라탄 채 머물러 있었을 것이 확실하다. 아메바는 최후까지 살아남는 동물에 속할 가능성이 크다). 하나의 사회로서 살아남는 것 또한 요점이 아닌데, 다툼이 많은데도 이를 달성해내는 동물이 많이 있기 때문이다. 요점은 마찰 제거로 보인다. 그러나 얼마나 잘 달성할 수 있는지는 부분들의 복잡성에 달려 있을 수밖에 없다.

결국 무엇을 위해서일까, 우리는 어느 쪽으로 가고 있을까, 무엇이 '상향'에 해당할까 같은 질문에 의미가 있을까?* 과학자들은 이런 질문을 정통으로 마주치면 아마도 옆으로 쓸어버리고 타당하지 않은 질문이라고 주장하고 싶어 할 것이다. 탐구에는 가치 판단이 개입되어서는 안 된다고 보기 때문이다. 그러나 우리는 그럴 수 없다. 진화라는 사고 틀은 우리가 무엇을 이점으로 간주할지에 대해 어중간한 태도를 취하는 순간 더 이상 작동하지 않는다. 지구상에서 생명이 불가능해져가는 미래의 상황을 생각해보자. 만일 '진화'가 그저 '무엇이든 변화가 일어난다'는 뜻이라면 저 시대에 일어나는 변화 역시 진화로 보아야 할 것이다. 이런 취지에서 쇼펜하우어는 모든 것의 목적은 그 끝에 오는 것이며, 따라서 생명의 목적은 죽음이라고 말했다.** 앞서 말한 대로, 진화를 논하는 취지는 유용한 변화와 해로운 변화를 구별하는 데 도움을 얻자는 것이다. 무엇이 '이점'에 해당하는가 하는 관념이 어느 정도 갖추어지지 않고서는 그런 구별을 할 수 없다. 그보다 훨씬 익숙한 두 가지 상황에서 그 관념이 필요하다는 것이 명백해지는데, 하나는 동물학자들이 **부적응**으로 보이는 (즉 그 종에게 불리해 보이는) 변화를 논하는 때이고, 더욱 뚜렷한 또 하나는 여기서 윌슨

* 진화 전체를 관통하는, 또는 예컨대 말 같은 특정 동물 집단의 역사를 관통하는 한 방향을 향한 꾸준한 움직임을 가리키는 '정향진화' 관념에 들어 있는 혼란과 모호함에 대해서는 다음을 참조. George Gaylord Simpson, *The Major Features of Evolution*(New York, 1953), pp. 268-269.

** 프로이트는 죽음을 바라는 심리를 논하면서 이 생각을 인용했으나 효과는 엉망이었다(*Beyond the Pleasure Principle, Complete Psychological Works*, vol. 18, p. 49).

이 하고 있다시피 진화에 어떤 위계가 있다는 관점, 어떤 것이 다른 것보다 **고등**하다거나 **하등**하다는 관점을 취하는 때이다.

전자는 생존을 언급하면 꽤 쉽게 얼버무릴 수 있다. 부적응은 그 종의 생존 가능성에 악영향을 미친다고 말하면 되기 때문이다. 그런데 우리가 목표로 삼는 생존은 어떤 수준일까? 여기서조차 가치 판단이 개입되지 않는 기준, 중성적이며 중립이 보장되는 기준을 찾을 수 없다. 매우 널리 퍼지는 종은 상대적으로 일정한 수를 유지하는 종보다 더 많이 살아남아 있지만, 얼마나 오랫동안 계속 그럴 수 있을까? 여기서 그 가능성을 계산할 수 있다는 듯 말해봐야 무익하다. 종 자체 외부의 상황 변화 때문에, 한 단계에서는 완벽하게 안전해 보였을 '계산'이라도 다른 단계에서는 비참한 결과로 이어질 수 있다. 지금은 공룡에게 일어난 문제는 크기에 잘못 투자한 탓에 자초한 모종의 인과응보가 아니었다는 의견이 널리 지지받고 있다. 공룡이 사실은 비대하고 신체 구조가 좋지 않았던 것이 전혀 아니라, 매우 전반적이면서도 예견할 수 없는, 매우 작고 변변찮은 동물 말고는 모두 종말을 맞이할 수밖에 없는 기후변화에 휩쓸렸기 때문이라는 것이다.* 그래서 여기서 우리는 아메바에 관한 나의 요점으로 돌아간다. 만일 편견을 배제하고 한결같은 이점이라고 판단되는 '목표'가 그냥 살아남는 것이라면, 아메바가 되어야 할 것이다. 그러나 진화는 도저히 그쪽을 향해 가고 있다고 볼 수 없는데, 대체로 그쪽에서 멀어지는 방향으로 나아가고 있기 때문이다.

내 생각에 동물학자들이 이기주의로 기울어지는 까닭은 이점을 찾아내기가 이처럼 어려워서일 것이다. 이기주의는 인간의 삶에서

* George Gaylord Simpson, *Major Features of Evolution*, pp. 292, 302 참조.

익숙하게 보는 패턴이며, 진화에서 '목적을 찾으려는' 노력을 슬쩍 미뤄도 괜찮을 것처럼 보이게 해준다. 자신을 위해 행동하는 각 동물의 성향을 그냥 받아들여, 그 총합이 전체 목표를 구성한다고 보면 된다. 그런데 그렇게나 충돌이 잦다면 하나의 총합을 이룰 수 있을까? 게다가 앞서 살펴본 대로 동물에게는 각자 자신을 위해 행동한다는 그 단순하고 고상한 성향이 없다. 동물은 생존을 '극대화'하지도 않고, 어떤 명확한 의미에서 그것을 목표로 하지도 않는다. 살아남거나 그렇지 않을 뿐이다. 이것이 전부라면 우리는 아마도 진화 위계를 끌어들이는 습관을 버려야 할 테고, '고등'이나 '하등' 생물체라는 말을 그만 사용해야 할 것이다.

우리가 ("사회적 진화"를 탐구하면서 윌슨이 하는 것처럼) 고등 동물과 하등 동물, 상향 추세와 하향 추세, 진화에 역행, 부적응 등을 말할 때 그것은 무슨 뜻일까? 즉각적 대답은 이 질문은 **복잡성**에 대한 질문의 하나일 뿐이며, 더 고등하다는 것은 더 복잡하다는 뜻일 뿐이라는 것이다. 이 설명은 요점의 일부이기는 하지만 전부는 될 수 없다. 특정 종류의 복잡성에만 이 설명이 타당하기 때문이다. 어떤 종류에든 타당하다면 일부 식물도 해당할 것이고, 나아가 그 어떤 것의 복잡성도 무한하다고 볼 수 있다. 생물 중에서는 흰개미가 높이 평가되고, 작은 부레관해파리 같은 일부 군체 해파리는 타의 추종을 불허하는 것으로 보인다. 그러나 우리에게는 생물에게서 전형적으로 나타나는, 그리고 전통적으로 '하등'하다고 분류되는 동물이 '고등' 동물보다 단순한 위치에 놓이는 종류의 복잡성이 필요하다. 그런데 이 속성을 나타내기 위해 선호되는 기준이 **지성**이며, 윌슨의 의견이 그렇게나 흥미로워지는 것은 바로 이 때문이다. 그는 벌과 개미를 인간을 제외한 모든 종보다 더 고등하다고 보는데, 이들에게 지성이 결여되었는데도, 게다가 "5천만 년 전부터 1억 년 전 사이에"(434쪽) 진화가 완전히 멈춘 요인으로 지성의 결여를 지적하면서도 그렇게 본다. 그가 **사회적** 진화에 대해서만 말하고 있는 것은 물론 사실이다. 그러나 그것을 어떻게 따로 취급할 수 있을까? 사회를 구성하는 개체의 종류에 일어나는 변화를 언급하지 않으면서 '사회의 진화'를 논한다는 것은 정당화가 필요한 방식으로 한 묶음의 패턴을 뽑아내 관심과 승인을 요구하는 것이다. 개체의 종류에 따라 다른 종류의 구성이 요구될 것이다. 예컨대 대부분의 시간에 각자 자신의 관심사를 추구하나 심각한 마찰을 피하기 위한 장치를 갖춘 개체들이 느슨하게 모인 집단과 완전한 조화와 협력성을 갖춘 집단이 있을 때, 전자에 비해 후자가 그렇게나 좋은 점은 무엇일까? 나는 이 질문에 대답이 있을 수 없다고 말하는 것이 아니다. 이 질문이 떠오른다는 점을, 따라서 우리는 가치판단이 개입되지 않는 중립적이고 중성적인 문제를 다루는 것이 아니라는 점을 지적하는 것이다. 소통(우리가 곤충보다 훨씬 뛰어난 측면이라고 윌슨이 말하는 부분)은 또 어떨까? 소통이 그렇게나 좋은 점은 무엇일까? 어떻게 이것이 뛰어난 점에 해당한다고 확신할 수 있을까? 이 점에서 우리가 **정말로** 산호나 군체 해파리보다 뛰어나다는 것이 확실하기는 할까? 그들에게는 내부 장벽이 없다. 정보는 필요한 곳이 어디든 단위체로부터 단위체로 자유로이 흐른다. 이런 **제약 없는** 소통은 사람 사이의 소통보다 훨씬 뛰어나다. 우리는 왜 여기서 깊은 인상을 받지 못할까?

이런 질문을 대할 때 곧장 나오는 반응은 인상적 요소는 소통 **내용**에 있으며 단순히 소통한다는 사실 자체에 있지 않다는 것이다. 우리는 말을 가장 많이 하는 사람이나 따로 헤아릴 수 있는 정보 '조각'을 가장 많이 전달했다고 보이는 사람에게서 가장 깊은 인상을 받지는 않는다. 그런 사람은 골칫거리일 수 있다. 그저 혼란을 심각하게 키우는 사람에 지나지 않을 수 있다. 우리가 가치를 두는 것은 소통 자체가 아니라 예컨대 사랑, 우정, 탐구, 놀이, 예배, 탐험, 웃음, 애도, 위험 대처, 예술과 공예 등 소통이 필수 요소인 특정한 인간 활동이다. 이런 활동은 함께 해야 하기 때문에 빛이나 소리가 필요하듯 소통이 필요하다. 소통할 수 없는 인간은 가장 깊은 감정적 욕구 측면에서 청각장애인이나 시각장애인만큼이나 지장을 받는다. 그는 **자신의 기능을 사용할 수 없어서** 고충을 겪는다. 기능이 **활성화되지 않는** 것이다. 그래서 온전한 삶을 송두리째 박탈당하거나, 자신의 기능이 부분적으로만 작동해 소통에 실패한다면 불행하다. 그러나 본성적으로 혼자 생활하는 동물, 예컨대 햄스터나 북극곰 경우에는 이런 일이 일어나지 않는다. 고독은 그 동물의 천성이다. 그가 사용하지 않는 기능은 없다. 그 동물에게 삶의 풍부함은 다른 데 있다.

북극곰이 산호충보다 낮게 평가되는 사다리를 만드는 것은 가능하다. 그 반대인 사다리를 만들 수 있는 것과 마찬가지이다. 여기에는 이미 확립된 기준에 따라 일방적, 일차원적 등급 매기기로 나타나는 시험 제도 같은 (학자들에게 너무나도 소중한) 단순한 패턴이 없다. 우리는 여러 기준을 적용한다. 그 기준들은 더 나뉠 수도 있고 때로는 충돌하기도 한다.

생존만으로는 불충분하다

그런 모든 기준을 생존의 효율성이라는 기본적 기준 하나로 환원할 수는 없다. 존재하는 모든 종은 생존하고 있다. 그들을 구분할 때 우리가 관심을 갖는 부분은 이 사실이 아니라, 그들의 삶은 **무엇인가**,

이정표

생존하는 동안 그들 각자가 무엇을 **하는가**이다. 이 점은 다윈 이후 한동안 그럴듯하다고 받아들여졌던 관점에 의해 가려졌는데, 우리가 가장 큰 가치를 부여하는 종류의 삶은 생존을 확보할 가능성이 가장 높은 삶이기도 하다고 교묘하게 단순화한 관점이었다. 이 관점에서는 인간이 최고의 생존자이고, 그 나머지는 이처럼 중요한 기예의 선행자이며 아마추어일 뿐이다. 그러나 이것은 자기 기만적 환상에 지나지 않았다. 생존과 우리가 좋다고 여기는 특질 사이의 관계는 훨씬 복잡하다. 다음 세 가지 사항에서 분명해진다.

1) 인간은 최고의 생존자가 아니다. 인간이 잘 살아남든 제대로 살아남지 못하든, 시궁쥐나 거미, 흰개미, 개미, 지렁이, 민달팽이, 따개비가 인간보다 오래 살아남을 것이 거의 확실하며, 아메바는 그들보다 더 오래 살아남을 것이다. 나아가 인간은 자신이 가장 떠받드는 바로 그 특질을 발휘함으로써 자신의 생존 기간을 단축시킬 가능성도 크다. 모든 가치를 생존에다 두는 사람들은 다음처럼 질문해야 한다. 만일 우리가 먼저 없어진다면, 따지고 보니 시궁쥐를 비롯한 그 나머지 동물이 더 고등한 종이었다고 증명되는 걸까?* 시궁쥐는 흥미로운 사례인데, 인간의 성공에서 핵심이 되었다고 널리 인정되는 특질을 공유하고 있기 때문이다. 그것은 적응력이 극히 뛰어나다는 특질이다. 멸종해가는 동물을 두고 종종 우리가 깔보듯 내리는 판단, 구체적으로 말해 그들은 지나치게 전문화되었다는 판단을 시궁쥐에 대해서는 내릴 수 없는 것이 확실하다. 매머드와 큰바다쇠오리는 멸

* 무어가 아메리카 인디언을 예로 들며 지적한 것처럼, 고등하다는 것이 "그들이 우리를 죽일 수 있는 것보다 우리가 그들을 더 쉽게 죽일 수 있다"는 **의미**만 있을 수는 없다[G. E. Moore, *Principia Ethica*(Cambridge, 1948), p. 47].

종했고, 고릴라와 대왕판다와 바다소는 멸종 위기에 처해 있다. 이들 경우에는 지나친 전문화가 관련된 것이 틀림없다. 여기서 시궁쥐는 이런 동물보다 '고등'하다는 논리를 끌어낼 수 있을까? 동물은 (예컨대 고릴라처럼) 전문화된 서식지 때문에 위험에 취약하면서 한편으로 고도로 발달할 수는 없을까?

2)여기서 우리는 생존하지 못한 동물 모두가 명백하게 '하등'하지는 않았다는 사실에 주목해야 한다. 예컨대 공룡을 깔보는 것은 이제 더 이상 사리에 맞지 않는다. 오늘날 연구 결과 상대적으로 작은 공룡들은 수많은 포유류만큼이나 민첩하고 활동적이었고, 그중 일부는 적어도 매우 지능이 높았던 것으로 보인다. 지금 우리로서는 공룡들이 어떻게 살았는지 자세히 알 수 없다. 그러나 그중 많은 수가 우리가 어떤 동물을 하등하다고 평가할 때 주로 생각하는 식의 단조롭고 무미건조하며 호기심도 진취성도 없는 삶을 살지는 않았을 것 같다.

3)끝으로, 최고의 생존자는 실제로 매우 '하등'할 수 있다. 보잘것없지만 자족적인 개맛(Lingula)이라는 완족류 동물은 캄브리아기부터 지금까지 사실상 변하지 않은 것으로 나타난다. 아메바의 경우 하나의 족(族)으로서 오랫동안 변하지 않았을 뿐 아니라, 이분법으로 번식하는 만큼 어떤 의미에서는 최초의 구성원들이 지금도 여전히 살아 있는 셈이다. 이런 게 생존이라는 것이다. 우리의 관심사가 이것이라면 진화의 사다리를 타고 올라갈 필요가 전혀 없다. 진화에 관한 많은 논의에서 사용되는 극적 언어 때문에 이 점이 가려진다. 무자비한 행진, 가차 없는 압력, 잔인하고 처절한 경쟁을 비롯한 온갖 언어를 보면 저 사다리를 타고 올라가지 않으면 반드시 멸망하게 되어 있다는 듯 들린다. 그렇지 않다. 그냥 밑에 머물러 있을 수도 있다. 따라

서 사람들이 진화 과정에서 종종 발견하는, 관성에 대한 벌은 멸종이라는 시적 정의 같은 것도 없다. 수많은 종이 멸망했고, 그중 일부가 관성에 빠져 있었던 것은 확실하다. 그러나 **정말로** 활발하게 삶의 방식을 발달시킨 수많은 종 역시 멸망을 맞이했다.

여기에는 심각한 걸림돌이 있어서 생물학의 기능적 사고 전체에 영향을 준다. **우리에게는 최상을 찾을 권리가 있지만 그것을 기대할 권리는 없다**. 우리가 보는 구성이 언제나 있을 수 있는 최상의 것으로 보이지는 **않는다**. 우리는 끊임없이 "x의 좋은 점은 무엇일까?"라는 질문을 던지며 나아가야 하는데, 이는 곧 답이 있을 것이라고 가정하는 것이다. 그렇지만 라이프니츠처럼 "모든 것은 있을 수 있는 모든 세계 중 최선의 세계에서 최선이다"*라고 전제하는 것은 아니다. 그러나 진화 논의는 종종 이런 극단적 전제를 바탕으로 진행되는 듯하다. 이것이 제대로 작동하려면 무엇이 가능한지와 무엇이 최상인지에 관한 분명한 정보를 모두 가지고 있어야 한다. 우리는 어느 쪽도 가지고 있지 않다. 먼저 가능성을 다루기 위해 다음 질문을 생각해보자. 현실은 가능성에 얼마나 미치지 못할까? 진화를 가로막는 것은 무엇일까?

짐작조차 가지 않는 때가 매우 많으며, 이것은 다시 진화에 대해서는 지금보다 훨씬 조심스럽게 생각해야 하는 때가 많다는 뜻이다. 최상을 나타내는 **최적화**나 **최대화** 같은 표현은 가능성의 범위 전체

* 이 원칙은 사실 보이는 것처럼 알맹이 없는 유쾌한 허풍이 아니다. 그저 있을 수 있는 다른 세계는 모두 더 나쁠 수도 있다는 말일 뿐이다. 그러나 우리가 생물을 다룰 때, 있을 수 있는 갖가지 대안적 구성을 제쳐두고 현재의 구성에 다다른 만큼, 권장할 만한 **어떤 것**이 있으리라고 기대할 권리가 있다는 타당한 논점을 모호하고 과장된 방식으로 표현하고 있는 것은 사실이다.

가 알려져 있을 때만 분명한 의미를 지닌다. 가능성에 한계를 가져오는 것은 무엇일까? 윌슨은 대답이 아닌 듯 보이는 것을 대답으로 내놓는다. 그는 적응에 실패하는 원인은 "계통발생적 관성"에 있다면서 다음과 같이 말한다. "그것은 물리학의 관성과 비슷하게 […] 진화가 빨라지고 느려지는 정도뿐 아니라 진화가 나아가는 방향이 구부러지는 정도를 결정하는 개체 집단의 더 심오한 속성들로 구성된다."(32쪽). 만일 진정으로 물리학과 비슷한 그런 속성이 있다면 그것은 직접 검증할 수 있을 것이고 지극히 흥미로울 것이다. 그렇지만 윌슨이 인용하는 예에서는 그런 것이 언급되지 않는다. 그가 인용하는 예의 요지는, 한 동물이 생식계통 때문에 적절한 적응 구조가 발달하기 어려워지는 경우를 이따금 볼 수 있지만, 대부분은 문제의 동물이 그저 우연히 해당 유전자를 가지고 있지 않는 듯 보인다는 것이다.* 그리고 그 유전자를 **왜** 가지고 있지 않은지를 설명하려면 물리학과의 비유에서 암시되는 것처럼 원인을 세밀하게 조사해야 할 것이다. 그러나 이것은 사례에 따라 매번 달라질 것이다. 설명에서는 필요한 적응 구조를 갖추지 않는 것이 그 동물에게 얼마나 가치 있는지가 아니라, 그저 운이 나빠 그런 구조를 갖출 능력이 없음을 보여주어야 할 것이다. 결국에는 수많은 종이 멸종에 이른다. 누구든 실패의 여지를 두어야 한다. 그리고 이것이 우리가 가장 우러러보아야 하는 가장 고등한 특질은 언제나 생존을 최대화하는 것이라는 생각에 대한 최종적이고 결정적인 반론이다. 이 생각을 믿으려면 최적화 체계에 대한 라이프

* 심프슨은 여기서 도움이 될 만한 여러 가지 설명을 논한다(George Gaylord Simpson, *Major Features of Evolution*, p. 298). 그러나 너무나 다양하기 때문에 '관성'이라는 이름으로 뭉뚱그리면 명확해지는 것이 아니라 흐려진다. '전문화'는 진화 함정으로 이해될 때 뜻이 모호해진다는 그의 지적은 특히 유용하다.

니츠식의 터무니없는 믿음과, 생존만이 유일하게 중요한 것이었다는 너무나 라이프니츠답지 않은 확신이 동시에 필요할 것이다.* 무엇이 누군가를 이런 입장에 이르게 할 수 있는지는 분명하지 않다.

그래서 진화 차원에서 무엇이 가능한가 하는 질문에 대해 어떤 종류의 분명한 답을 얻는 방향으로 나아갈 길은 보이지 않는다. 그리고 유사물리학적 힘이 진화를 위해 작용한다는 관념은 다소 무의미하다. 그렇다면 유사물리학적 관성이 개입해 진화를 멈춘다는 관념은 더욱 그렇다. 아편의 효과를 설명할 때 최면 작용은 그다지 도움이 되지 않는 것처럼, 계통발생적 관성 역시 여기서 도움이 되지 않는다. 사실 유사물리학은 이제 누구에게도 도움이 되지 않는다. 그러면 가능성에 관한 질문은 그대로 두고, 남은 질문을 생각해보자. 여기서 우리가 '최상'이 무슨 뜻인지에 대해 뭔가 말할 수 있는 것이 있을까?

진화 관념에는 항상 가치에 관한 모종의 전제가 따랐다. 이것은 여러 형태의 '진화윤리학'에서 어설프게 표현되었는데, 그 대부분은

* 이것은 윌슨이 우리의 감정적 구성에 관해 내놓은 다소 모호한 의견에 암시된 것으로 보인다. "유전 이론에 따르면 바람직한 정도는 유전적 적합성 단위로 측정되고, 감정 중추는 그에 따라 프로그래밍되었다"(Edward O. Wilson, *Sociobiology*, p. 551). 이것은 우리는 각 욕망을 그것의 효용이 생존에 기여한 정도에 정확히 비례하는 만큼 느낀다는 뜻일 수밖에 없다. 그러나 그런 단위가 있다 해도 우리의 구성 중 어떤 부분도 이런 식으로 단독으로 검증되지 않는다. 선택은 이쪽의 강점이 저쪽의 약점을 보충하는 식으로 동물 전체에 작용한다. 대왕판다는 약점이 많지만, 지금까지 경쟁자가 거의 없는 외진 곳에서 서식함으로써 약점을 보완해왔다. 윌슨이 다른 부분에서 거리낌없이 말하는 것처럼, 진화는 세밀한 부분에서는 물론이고 그런 전체적 흥정을 보장하는 데서조차 완벽하지 않다. 여기서 그는 정확하고 귀중한 논점 하나를 크게 과장한다. 우리의 감정적 본성은 우리의 나머지 능력과 아울러 자연선택의 지배를 받아왔으며, 우리는 그것을 이해하기 위해 이 사실을 활용할 수 있다는 것이다. 그러나 과장하지 않는다는 조건에서만 그럴 수 있다.

G. E. 무어에 의해 『윤리학 원리』(*Principia Ethica*)에서 박살이 났고 그런 대접을 받아 마땅하다.* 진화윤리학 연구자들은 진화에서 추적할 수 있는 수천 가지 패턴 중 마음에 드는 어떤 하나를 골라 미래를 가리키는 지표로 이용하는 식으로 진행한다. 사건이 x 방향으로 움직였으므로 그 방향으로 더 나아갈 것이 분명하며, 그래서 우리는 실패가 일어나지 않도록 가능한 모든 조치를 해서 사건을 그쪽으로 밀고 가야 한다고 주장한다. 이런 이론의 문제점은 (무어가 말한 것처럼) 자연에서 나타나는 사실을 가치에 접근하는 길잡이로 삼는다는 데 있지 않다. 문제는 전혀 적절하지 않은 자연적 사실을 골랐다는 데 있다.** 그들은 진화에 관한 사실로만 한정할 뿐 아니라, 진화와 관련된 광범위한 사실 중 자신이 다른 이유에서 이미 받아들였고 비판하지 않는 기준에 따라 독단적으로 한 갈래만 선택한다. 그렇게 하지 않으면 조치에 나서야 한다는 주장을 끌어낼 수 없다. 진화 추세를 편견 없이 성실하게 분석하면 예측으로 이어질 수밖에 없다. 그런 추세가 있다면, 그것은 날씨처럼 우리가 어떻게 하든 정해진 길을 갈 수밖에 없다. 필연적이라 생각되는 것을 **촉진**하려는 광적인 열망은 우리가 편을 들고 있다는, 다시 말해 우리가 고른 추세는 경쟁하는 수많은 추세 중 하나일 뿐이며 절대로 확실한 우승 후보가 아니라는 불편한 의식이 있어야만 나올 수 있다. 우리가 그것을 뒷받침하려 한다면 그것

* G. E. Moore, *Principia Ethica*, pp. 46-58.

** 적절한 사실에 대해서는 9장 참조. 직관주의자들은 어떤 사실도 타당하지 **않으며**, 사실을 바탕으로 추론할 때 언제나 '본성주의적 오류'가 개입된다고 보는데 이것은 매우 비논리적이다. 지금은 많은 사람이 이 점을 명백히 보여주었는데, 아마도 그 시작은 다음의 훌륭한 책일 것이다. A. N. Prior, *Logic and the Basis of Ethics*(Oxford, 1949). 나 역시 이 해체 작업에 참여해 다음과 같은 논문을 썼다. "The Neutrality of the Moral Philosopher", *Proceedings of the Aristotelian Society*, 74(1974).

이 필연적이기 때문이 아니라 우리에게 그것을 선호할 어떤 이유가 있기 때문이며, 그 이유가 진화에 대한 믿음일 수는 없다. 다른 근거가 필요하다(마르크스주의가 빠지는 것과 같은 종류의 딜레마이다. 혁명이 필연적이라는 점 자체가 혁명을 촉진해야 하는 이유가 되기는 어렵다).

그래서 자신을 진화의 선봉이라 생각한 고삐 풀린 19세기 자본가는 자연선택에서 경쟁이 차지하는 위치에 관해 들은 몇 가지 내용이 마음에 들기 때문에 그렇게 생각했다. 당신은 유전적 상황에 영향을 주지 않는다, 또는 당신이 말하는 경쟁은 종들 간의 경쟁과는 비교할 수 없다, 또는 종 내의 협력은 인간 특유의 강점이다, 또는 진정한 진화에서 당신이 말하는 것에 가장 가까운 것은 아일랜드 사슴이다 하고 누군가가 지적했다면 그는 그냥 그때부터 귀를 기울이지 않았을 것이다. 그리고 스스로 선봉이라고 주장하는 그 밖의 사람들은 비록 세밀한 부분에서는 그와 다르지만, 마찬가지로 확실하게 무의미하거나 전혀 신빙성이 없거나 두 부류 중 하나에 속한다.

진화 맥락에서 가치에 관한 논의가 모두 이런 식이어야 할까? 진화의 사다리를 가지고 무엇이든 더 나은 것을 끌어낼 수 있을까?

이런 사다리의 한 가지 특징은 센타우루스인의 흥미를 끌지도 모른다. 희한한 우연의 일치겠지만, 진화의 사다리는 모두 그 끝에 인간이 있다. 꼭 그래야 할까? 자신이 만드는 진화의 사다리 꼭대기에 자신을 두지 **않는** 종이 있을 수 있을까? 사람들은 아마도 애초에 이 생각을 하려면 지성이 있어야 하므로 다른 종이 문제 삼을 일이 없다고 말할 것이다. 그러나 지성이 있고 서로에 대해 아는 종이 둘 있으라는 법은 없을까? 원칙적으로 우리는 지성이 있는 외계 생물을 만날 수 있다. 우리는 우리를 기준으로 그 생물을 어느 자리에 놓을지 알 수 있을까? 나아가 지성의 종류가 우리와는 다른, 관심사가 우리와는 다른 동물들이 지성을 내보일 때 그것이 지성임을 우리가 언제나 알아차릴 수 있다고 확신할 수 있을까? 예컨대 고래는 지성 등급에서 어디를 차지할까 하는 질문을 우리는 제대로 다룰 수 있을까? 인간의 삶에서조차 여러 종류의 지성을 합리적으로 비교하기는 어렵다. 지능검사는 그런 비교에 쓰기에는 절망적으로 무딘 도구인지라 투박한 목적에만 쓸모가 있다. 너무나 많은 종류의 기능과 관심사가 모여 인간의 지성을 이루기 때문이다. 예술가와 과학자, 농민, 할머니, 어린이, 공학자, 공무원, 에스키모, 탐험가는 서로의 지성을 가리키는 증거를 엉뚱한 곳에서 찾기 때문에 늘 못 보고 지나친다. 그리고 지능검사가 집중하는 종류의 지성은 검사를 고안하는 사람들, 다시 말해 실험학자와 통계학자가 필요로 하는 쪽으로 기울어질 수밖에 없다. 지성이 있는 동물은 모두 우리가 취지를 알 수 있는 일을 해야 하고 우리가 알아차릴 수 있는 방식으로 지성을 보여야 할까?

종류가 다른 지성을 비교하는 데 따르는 이런 어려움에 모두가 공감하지는 않을 것이다. 그러나 이런 문제에 무감각한 사람이라도, '지성'이 무엇이든 간에 그것이 진화의 등급을 매기는 데 요구되는 유일한 종류의 뛰어난 점이라고 말하는 데는 불편함을 느낄 것이다. 이런 점은 H. G. 웰스의 소설 『우주 전쟁』(*The War of the Worlds*)에서 파생된 수많은 과학소설에서 잘 표현되고 있다. 이 소설에서 인류는 지성은 훨씬 뛰어나지만 '인간성', 다시 말해 전반적으로 사회성, 감정, 상상력 면에서는 열등한 외계인들에 맞선다. 그러나 이런 특질은 지성보다 더 측정하기 어렵고, 우리와 많이 다른 동물들을 파악하기란 훨씬 어렵다. 따라서 우리를 최상위에 둔다는 판단은 내리기 어려울 뿐 아니라 더더욱 무의미해진다. 그것은 사람들이 음악가와 공학자, 활동적 성격과 사색적 성격, 청년과 노년, 남성과 여성 등 여러 부류

이정표

의 인간을 두고 시도하는 식의 부실하기로 악명 높은 등급 매기기에 가까울 것이 명백하다.

높이라는 은유 이해하기

진실은 진화의 사다리는 있을 수 없다는 것이다. 동물은 분화한다. 각기 나름의 삶의 방식을 향해, 각기 특유한 종류의 성취를 향해. 그러면 사다리가 아니라 큰키나무라고 해야 할까? 사람들은 이 그림을 받아들이려는 경향이 있을 것이다. 큰키나무는 분명하게 수직축이 있고, 우리는 여전히 우듬지 자리를 차지할 것이라고 느끼기 때문이다. 우리 말고 누가 꼭대기에 있겠는가? 그러나 내가 묻는 것은 바로 이 수직축의 의미다. 중심 줄기도 없고 따라서 주된 성장 방향도 없는 떨기나무를 생각해보자. 이 떨기나무의 **꼭대기**를 특별히 중요하게 취급할 이유가 있을까?* 또는 옆으로 뻗어나가는 딸기처럼 수직 방향으로 성장하지 않는 어떤 것을 생각해볼 수 있다. 또는 아예 수많은 방향으로 수많은 종류의 생물을 만들어내는 생물권 자체도 가능하다. 이것은 진화를 나타내는 더 나쁜 그림일까?

우리는 **높이**라는 상징을 내려놓아야 한다. 그러자면 높이가 어쩌다가 진화 관념에 얽혀들었는지를 알아볼 필요가 있다.

높이는 가치를 나타내는 자연스러운 상징이다. 아무도 진화를 떠올리지 못한 시절에는 '존재의 거대한 사슬'이라는 발상으로 표현되었다. 이것은 중요도가 가장 낮은 동물부터 가장 높은 동물까지 나열

* 이 떨기나무를 제안해준 고생물학자 A. L. 판첸에게 감사한다. 더없이 유용하면서 사고를 자유롭게 해준 상징적 식물이다.

하는 등급표였다. 이 사슬은 무생물에서 시작해 단순한 생물을 지나 더 복잡한 생물로, 이어 인간을 지나 천상의 존재들과 하느님에게까지 이어졌다. 이것은 영원불변했다.

그러다가 진화에 대해 생각하기 시작했을 때 사람들은 (흔히 그러는 대로) 어쩔 수 없는 부분 말고는 사고방식을 바꾸지 않았다. 존재의 거대한 사슬은 폐기되지 않았다. 그러기보다는 천상부터 위쪽 끝부분을 떼어내 미래 쪽으로 앞부분에다 비끄러매었다. 이제 시간이 사슬의 축이 되었다. 그러나 가치와의 연관성은 사라지지 않았다. 좋은 이유에서도 나쁜 이유에서도 그것은 끈질기게 버텼다.

좋은 이유 중에는 어딘가에 가치를 두고자 하는 욕망이 있었다. 변화하는 시대였던 만큼 가치를 과거에다 두기는 점점 더 어려워졌다. 사람들은 이제 더 이상 "아버지 시대에 그렇게 했으니 그것은 좋은 것이다"라고 자신만만하게 말할 수 없게 되었다. 그러자 이렇게 말하기 시작했다. "우리 후손이 그렇게 할 테니 그것은 좋은 것이다." 그래서 미래 자체를 가치를 모시는 일종의 신화적 실재 영역으로서 기괴하게 숭배하게 되었다. 이 숭배는 니체가 고안하고 웰스와 미래주의자들이 내용을 채웠으며, 지금도 강력하게 영향력을 발휘하고 있다.*

나쁜 이유 중에는 인간의 순수한 오만과 야심과 탐욕이 있었다. 사슬 전체를 지배하던 하느님이 폐위된 지금 자연을 완전히 '정복'하

* C. S. 루이스는 사람들이 갖가지 사건이 형성되는 데 대한 책임을 외면하기 위해 이 발상을 이용하는 방식과, 미래를 실체가 있는 것으로—"무엇을 하는 사람이든 어떤 사람이든 누구나 한 시간은 60분이라는 속도로 다다르는 것이 아니라, 혜택받은 주인공들이 도달하는 약속의 땅"으로—취급하는 기이한 현상에 대해 몇 가지 훌륭한 의견을 내놓았다(C. S. Lewis, *Screwtape Letters*, XXV).

고 싶어 하는 인간이 다른 생명체에 대해 갖는 (불운하게도 일부 그리스도교 사상에 의해 장려된) 경멸이었다.* 만일 여타 생명체로부터 멀어져 **배타적으로** 인간의 가치를 향해 일직선으로 나아가는 것이 가치의 위계라면 다른 생물체에 대한 존중은 시간 낭비였다. 여타 생물체들은 '과거에 속했으며', 과거라는 말은 이제 불명예를 나타내는 표현이 되었다.

시간과 높이와 가치라는 발상이 이처럼 손쓸 수 없을 정도로 뒤엉키는 바람에 일어난 중요한 결과를 여기서는 다룰 수 없다. 현재 나의 주제는 어떤 의미에서 우리 자신이라는 종을 가치의 모범으로 보아야 하는가 하는 질문이다. 물론 우리는 다른 종이 아니라 우리 종의 가치에 따라 살아야 하므로 어떤 의미에서는 그렇게 해야 한다. 우리가 나무 꼭대기 자리에 모셔놓고 모방할 수 있는 **다른** 후보는 없다. 우리에게 **인간성**은 우리가 높은 가치를 부여하고 목표로 삼아야 하는 모든 것을 매우 적절하게 요약하는 용어다. 인간성은 그 떨기나무에서 우리가 차지하는 영역을 나타낸다. 그러나 그렇다고 해서 우리가 높은 가치를 부여하는 것을 다른 데서는 찾아볼 수 없다거나, 높은 가치를 부여해야 마땅한 것을 우리가 모두 정리하고 이해했다는 뜻은 절대로 아니다. 친절이나 애정처럼 높은 가치를 지니는 요소를 우리가 독점하지 않는다는 것은 명백하다. 인간성의 모든 측면을 우리가 직접, 아무 도움도 받지 않고 발명하지는 않았다. 인간성의 많은 부분은 공통의 원천에서 끌어왔고, 돌고래성, 비버성, 늑대성과 겹친다.**

* 이 책 432쪽과 586쪽 참조.

** 비버에 관해서는 다음을 참조. Lars Nilsson, *My Beaver Colony*(New York, 1968); Ed-

이 질문을 제기할 수 있는 동물이라면 누구든 이 의미, 이 한도에서 자신을 '꼭대기 자리'에 둘 필요가 있다고 보는 것도 충분히 가능하다. 그런 욕구는 우연이 아니며, 우리가 그 의미를 분명히 이해하는 한 분개할 일도 아니다. 그 때문에 우리가 다른 종들의 독특한 본성을 이해하지 못하게 되지는 않는다. 우리가 기꺼이 노력을 기울이기만 한다면 그렇다. 만일 우리 삶에서 뛰어나다고 간주되는 특질이 그들의 삶과는 정말 아무런 관계도 없다면 사정은 다를 것이다. 예컨대 우리가 완전히 이질적인 행성의 식민지 정착민이었다면, 또는 동물계 전체에서 인간의 영혼은 전적으로 이질적이라고 본 데카르트의 추측이 옳았다면 그럴 것이다. 그러나 데카르트는 틀렸다.

사실 떨기나무 이미지는 여러 면에서 유용하다. 첫째, 가지가 분화할 여지를 준다. 둘째, 여전히 모두 똑같은 밑동에서 자라기 때문에 가지들이 서로 연결되어 있고, 서로 의존하며, 서로 연관되었다는 점이 강조된다. 셋째, 진화를 한 방향으로 곧게 나아가는 것으로 취급하는 진화윤리학에 본질적 오류가 있다는 점을 잘 보여준다. 진화윤리학은 도로를 금방 찾아냈으므로 우리는 최대한 빨리 자동차를 몰고 달리기만 하면 된다고 상상한다. 그러나 가지는 분화하고 이곳저곳으로 매우 갑자기 구부러질 수 있다. 나아가 가장 곧게 뻗은 가지라 해도 어딘가에서는 끝난다. 그러지 않으면 부러질 것이다.

이것은 우리가 진화에서 알아낸 것을 훨씬 더 잘 나타내는 그림이다. 구부러진 곳이 끊임없이 나타난다. 어떤 집단이라도 '진보' 내

ward O. Wilson, *Sociobiology*의 찾아보기에서 '비버(Castor)'의 하위 항목들. 비버는 특히 흥미로운데, 설치류인 까닭에 우리가 보통 고등하다고 보는 대부분 동물보다 지성이 떨어지지만 그럼에도 인간성에서 중심적이라고 생각되는 특성을 많이 가지고 있기 때문이다. 이런 전반적 문제에 관해서는 이 책 10장과 11장 참조.

지 '발전'하면서 구불구불 꼬부라지기도 하고 자꾸자꾸 되돌아가기도 한다. 예컨대 뱀은 도마뱀으로 살던 조상으로부터 '되돌아'갔다. 귀뿐 아니라 다리마저 버리고 구석진 곳으로 미끄러져 들어갔다. 그렇지만 뱀이 자신을 대단한 존재로 만들었음을 부정하기는 어려울 것이다. 비단뱀이나 코브라는 절대로 깔볼 수 있는 대상이 아니다. 이들은 도마뱀보다 고등할까, 하등할까? 또 한 가지 흥미로운 사례는 포유류의 눈이다. 영장류의 지능이 크게 발달한 것은 아마도 시각 의존도가 치솟은 결과일 것이다. 나무 꼭대기 사이로 이동한다면 시력이 좋아야 살아남을 수 있으며, 그러자면 대뇌겉질이 커야 한다. 그러나 최초의 포유류들은 그렇게 발달하기 오래전에 후각을 위해 시력을 거의 포기했던 것으로 보인다. 모든 포유류의 눈은 조류나 파충류에 비해 퇴화했다. 적응을 위한 완벽하게 좋은 장치를 어쩌다가 잃어버렸고, 나중에 아주 많이 부족한 장치로 대치했다. 포유류의 진화는 대부분 후각에 의존하는 동안 일어났다. 그러면 더 나은 시력은 진보에 해당한다고 해야 할까, 아니라고 해야 할까?

그런 질문을 다룰 현명한 방법은 그런 모든 것을 어떤 구체적인 어려움이나 기회에 대한 반응으로 취급하는 데 있는 것으로 보인다. 나무 꼭대기에서는 시력이 필요하며, 저물녘에 수풀이 우거진 곳에서 기어 다니려면 후각이 필요하다. 한쪽이 그처럼 강하게 발달하면 다른 쪽은 뒤처지는 경향이 있다. 그리고 다음에서 보듯 누구든 모든 방면으로 전문화할 필요는 없다.

인간에게는 왜 현미경 눈이 없을까?

그 이유는 뻔하다. 인간은 파리가 아니니까—*

사실 추상적 의미의 적합성 같은 것은 없으며, 오로지 특정 조건에 대한 적합성만 있을 뿐이다. 그리고 조건은 변할 수 있다.** 더욱이 그런 모든 발달에는 저마다 한계가 있고, 또 어떤 종이든 취합할 수 있는 전문화에는 한도가 있다. 모든 방향으로 나아가는 것은 물론이고, 어떤 방향으로든 무한히 나아가는 일은 없고 가능하지도 않다. 크기가 크면 이점이 많으며, 종은 그쪽으로 진화하는 경향이 있다. 그러나 거기에는 나름의 한계가 있고, 특히 (아일랜드 사슴처럼) 실용적이지 않은 생김새와 결합하면 더욱 그렇다. 이 문제는 예컨대 포식자와 피식자가 속도 경쟁을 통해 서로 완벽해지게 하는 경우처럼 진화의 가장 단순한 사례에서도 뚜렷이 드러난다. 치타는 단거리를 전력 질주하는 능력이 뛰어나 시속 백 킬로미터가 넘는 속력을 낼 수 있지만, 그럼에도 가젤 사냥에 늘 성공하지는 못한다. 피와 살로 이루어져 있으면서 삶의 다른 측면도 가지고 있는 동물이 이 방향으로 더 전문화할 가능성이 있어 보이지는 않는다(실제로 치타는 홀로 생활하기 때문에 암컷에게 임신은 심각한 문제이며, 저 작고 예쁜 머리는 단거리 선수의 균형을 해치지 않으면서 뇌가 조금 더 커지는 식으로 모양이 바뀌지는 않을 것이다). 인간의 대뇌겉질이 전형적으로 비대해지는 것은 이런 종류의 적응이 아니며, 그로 인해 다른 기능에 피해가 가지 않고, 따라서 무한

* Alexander Pope, *Essay on Man*, Epistle 1, lines 193-194.

** '포괄적 유전적 적합성' 관념은 사실 **적합성** 관념과는 아예 무관하고 그저 장기적 번식력 또는 그 비슷한 것을 가리키는 듯하다. 그러므로 이 맥락에서 '적자생존'은 후손이 가장 많은 동물이 실제로 다른 동물보다 후손이 많을 것이라는 뜻밖에 없어 보인다. 그다지 깊은 내용이 담긴 명제가 아니다.

히 커질 수 있다고 주장하는 사람들이 있다. 나는 이것을 놀라운 신앙심의 발로라고 본다.* 그러나 설사 그것이 사실이라 하더라도 그것이 그 동물에게 일어날 수 있는 **최선의** 일이라는, 그 동물이 나아갈 올바른 방향이라는 증거는 되지 않는다. 진화의 어떤 지점에서든 이제까지 유익했던 발달이 한계에 다다를 수 있고, 그동안 방치되었던 여타 발달이 진행됨으로써 균형을 잡을 필요가 생길 수 있으며, 그 종이 방어 수단을 갖지 못한 위험을 스스로 만들어내기 시작할 수도 있다.

내가 볼 때 사람들은 뇌는 예외라는 결론이 나기를 바라는 것 같은데, 뇌의 발달은 만능이어서 나머지 모두와는 차원이 다르고, 우리의 나머지 모든 능력에 치우침 없이 도움을 주며, 따라서 균형을 무너뜨리지 않는다고 보기 때문이다. 그러나 지성은 진정으로 치우침이 없어서, 우리는 그것에 의지할 수 없다. 지성은 유용한 성향뿐 아니라 위험한 성향도 더 키운다. 영구적인 손상을 입히기도 더 쉬워진다. 지금쯤이면 알겠지만, 지능이 매우 높은 사람이라도 매우 파괴적일 수 있다. 뇌만으로는 조화가 이루어지지 않으며, 또 충돌을 훨씬 더 위험하게 만든다.**

윌슨이 사회적 진화를 더 큰 조화를 향한 행진이라고 묘사한 이유도 여기에 있는 것이 분명하다. 지성에 대한 집착을 바로잡고 싶어

* 나는 조지 윌리엄스 역시 "우리는 인간의 뇌가 비대해진 것이 무슨 기능을 하는지 정말로 이해하고 있을까?" 하고 물었다는 것을 알고 반가웠다(George C. Williams, *Adaptation and Natural Selection* p. 14). 큰키나무 그림에서 바로 그런 동물이 만들어지는 것이 처음부터 진화의 목표였음이 분명하다고 가정한다면 너무 단순한 생각이다. 그 결과는 너무나 빤해서, 그저 자연적으로 위쪽으로 가기만 하면 다다르게 되어 있다.

** 시간과 능력을 지속적으로 낭비하는 멍청함을 예방하지도 못한다. 지성 자체만으로는 합리성에 다다르지 못한다. 11장 참조.

한다는 점에서 그는 확실히 옳다. 그러나 **모든** 집착에 저항해야 한다. 진화 전반과 마찬가지로 사회적 진화에도 단일 방향은 있을 수 없다. 따라서 우리는 어떤 것 하나를 '추진력'이라고 지목할 수 없다. 그러므로 그것의 성공이 제한적임을 설명하기 위해 '계통발생적 관성'이나 다른 어떤 유사물리학적 힘에 대해 사리에 맞게 논할 수도 없다. 어떤 종은 사회적이게 되고 어떤 종은 그러지 않는다. 그들이 그렇게 될 가능성이 컸던 이유와 그것이 그들에게 어떤 좋은 결과를 가져왔는지를 어느 정도는 알 수 있다. 그러나 이 상황은 밀고 당기는 힘의 작용을 다루는 물리학의 질박한 언어로 다루기에는 너무나 복잡하다. 일반적 힘에 대한 논의는 구체적 관찰을 다루는 더 섬세한 조건에 아무런 보탬도 주지 않는다. 그래서 "관성이 높다는 것은 진화의 변화에 저항한다는 의미이며, 관성이 낮다는 것은 변화 가능성이 상대적으로 높다는 의미이다"(32쪽)라는 윌슨의 말은 알맹이가 없다. 그것은 **의미하는** 것이 아니라 그것을 가리키는 이름이다. 그는 다음처럼 계속한다. "사회생물학자들은 갖가지 진화 노선 간의 관성 차이에 따른 결과에 해당하는 계통발생적 다양성의 예를 발견했다. 가장 놀라운 것 하나는 곤충 사이에서 고등한 사회적 행동이 제한적으로 나타난다는 것이다." 그러나 이것은 **올바른** 발달, 기대해야 하는 발달은 더 복잡한 사회를 향한다고 당연하게 받아들이는 것이다. 그리고 이 논의 내내 윌슨은 동물이 명백하게 생존에 도움이 될 변화에 실패한 사례와 그저 사회 형성에 실패했을 뿐인 사례를 '관성'에 해당하는 예로 뭉뚱그린다. 그런데 왜 그럴까? 다시 말하지만 나는 곤충 모델이 오해를 불러일으키고 있다고 본다. 인간이 보기에 곤충 사회는 뚜렷하게 눈에 띈다. 곤충 사회는 혼자 살아가는 곤충보다 '눈부시게' 뛰어나 보인다. 곤충이 표면적으로 우리와 비교적 가깝다는 사실을 빼면 이것은 무슨 의미일까? 우리에게 더 가까운, 상상이 더 잘 통할 수 있는 예를 보면 그 의미를 분명하게 드러낼 수 있을까? 북극곰보다는 늑대가, 나그네앨버트로스보다는 갈까마귀가, 또는 이런 모든 동물보다는 인간이 되는 것이 **나을까**? 아마도 우리는 인간이 되는 쪽이 확실히 더 흥미롭다고 말할 것이다. 그런데 누구에게 흥미로울까? 여기에는 한 가지 대답밖에 없다. 그것은 애초에 내가 누구냐에 달려 있다는 것이다. 이런 동물의 삶은 어떤 시험에서 떨어졌을까? 당황스럽기는 하지만 그 대답은 간단해 보인다. 그들이 떨어진 것은 우리를 더 닮는 시험이다. 만일 인간이 인간 닮기 경연대회를 열고 자신에게 상을 준다면 아무도 그와 다투지 않을 것이다. 그런데 그것은 무슨 뜻일까? 인간이 이런 우회적 방법을 통해 할 수 있는 것은 아마도 **인간**의 삶에서 가장 중요한 것에 관한 가치 판단을 내세우는 것뿐이리라. 그러나 언제나 그렇듯 이제 그런 가치 판단에 도달할 수 있는 올바른 길은 인간의 삶 자체 내에서 생겨나는 매우 복잡한 주장들을 주의 깊게 따져보는 것뿐이다.

8장

진화와 실천적 사고

진화가 타당한 자리

진화는 우리의 가치 충돌을 해결하기 위한 평가 기준을 제공해주지 못한다. 진화를 연구하는 이유는 단순하게 한 방향을 가리키는 지침을 찾아내기 위해서가 아니라, 우리의 본성을 이해하는 데 필요한 배경을 얼마간 채워 넣기 위해서다. 그렇게 하면 우리는 본성을 애초 생각보다 **더** 복잡한 것으로 보게 되는데, 어떤 문화든 관심사는 고려 중인 여러 선택사항을 시대에 가장 필요한 것으로 좁히고 단순화하는 것이기 때문이다. 이 점은 최근 인간 진화와 동물 연구에 대한 관심이 급부상하는 동안 논란거리에 집중하는 비평가들의 자연스러운 경향 때문에 가려졌다. 누가 인간 본성은 복잡하다는 점을 주로 강조하는 책을 쓰되 특정 충동은 그 복잡한 가운데서도 다소 예상치 못한 역할을 한다고 말하면, 머리기사를 장식하고 이어지는 논란을 양극화하는 것은 두 번째 부분이다. 그러나 관심이 필요한 대상은 여전히 첫 번째 부분이다. '적대적'으로 접근하는 쪽은 나쁜 사람들이고, (윌슨이 암시하는 것처럼) 과학적이며 편견이 없는 쪽은 좋은 사람들이라는 문제가 아니다. 어딘가 출발점이 있다는 점에서, 강조할 대상을 고른다는 점에서 윌슨 자신을 포함해 모든 사람이 편파적이다. 치명적인 문제는 이것이 아니다. 문제는 자신이 그렇게 하는 이유를 제대로 이해하지 못한다는 것이다. 탐구의 구체적 발상과 원칙은 여러 가지 다른 대안이 있을 수 있다는 맥락 안에 두어야 한다. 누군가가 다른 선택과 강조점을 가지고 다른 출발점에서 시작할 만한 이유를 이해하고 그에 대해 해명해야 한다. 불리한 증거를 처리해야 한다. 이런 것은 매우 어려운 요구사항이다. 학자가 이웃 분야 사람들과의 대화를 쉽게 회피할 수 있는 고도의 전문화 시대인 만큼 아예 불가능한 요구사항이라고 생각하는 사람이 많을 것이다. 균형 면에서 볼 때 나는 자신을 주로 '과학적'이라 생각하는 사람들이 대중에게 인기 있는 저자들보다 딱히 낫다고 생각하지 않는다. 대안적 입장을 다루지 않는 것은 대안적 입장을 부당하게 깎아내리는 것보다 나을 것이 없다. 그리고 그 결과는 더욱 나쁜데, 부당하게 깎아내리는 대상은 그나마 알려지기라도 하기 때문이다.

『사회생물학』은 여기서 올바른 쪽인 것이 확실하다. 광범위하게 다루기 위해 어마어마한 노력을 기울이는 데다 많은 부분이 쉽게 읽히기 때문이다. 이 책은 상당히 일반적 독자를 대상으로 하고, 동물 본성과 진화가 작용하는 방식에 대해 동물학자들이 얻은 혜안을 일반 독자들이 공유할 권리가 있음을 인정하고 있다. 그런데 단순한 이정표를 넘어, 그런 지식이 우리의 실천적 사고에 기여하는 부분은 무엇일까?

내가 볼 때 그 대답은 명백하다. 모든 도덕론, 어떻게 살 것인가에 대한 모든 실천적 견해는 인간 본성은 어떻다 하는 믿음에 의존한다(여기에는 우리에게 '본성이 없다'는 주의도 포함되는데, 그것은 우리는—본성적으로—매우 성형하기 쉽다는 뜻이기 때문이다). 이런 믿음은 틀린 경우가 매우 많다. 틀린 믿음은 종종 진화 측면에서 설명하기 어렵다. 따라서 하나의 동물 종으로서 우리에 대한 약간의 이해가 있으면 그런 믿음을 받아들이지 않는 데 도움이 된다. 인간의 삶에는 충돌이 가득하다. 그에 대처할 때 우리는 종종 삶의 한 측면과 깔끔하게 결별하고 그것을 송두리째 제거하라는 조언을 듣는데, 여기서는 그렇게 말하는 사람들을 도덕적 외과의사라 부르기로 한다. 그리고 일반적인 신체적 외과의사와는 달리, 그들은 그것을 비상시에만 취하는 비정상적이고 다소 유감스러운 조치라고 생각하지 않는다. 더 단호한 부류의 도덕적 외과의사는 자신의 처방은 비상시를 위한 것만이 **아니라** 감춰진 우리의 본질적 본성을 드러내기 위함이며, 자신이 못마땅해하는 대상은 사실 우리 본성에 덧붙은 것으로서 우리의 진정한 일부가 아니고 이질적인 것이라고 말한다. 이렇게 해서 테르툴리아누스는 전반적으로 세계는 인간의 영혼이라는 한 알의 진주가 들어 있는 오물더미이며, 영혼을 오염된 육체에서 끄집어내 천국을 위해 구원해야 한다고 보았다. 그리고 이렇게 해서 오늘날 우리를 걱정하는 사람들은 우리가 내면에서 느끼는 공격적, 소유적 충동을 이질적인 부착물로 취급하고 버리기를 바라며, 융의 말처럼 그런 충동이 우리 자신의 그림자임을 인식하고 인정하고 이해하기를 바라지 않는다.

그런 충고에 저항하기 위해 진화를 끌어올 필요는 없다. 진화 없이도 사람들은 테르툴리아누스에 저항할 수 있었다. 우리 자신이 온전하다는 감각은 우리에게 본성적이기도 하고 우리 문화에서도 표현된다. 그렇지만 충돌은 고통스럽기 때문에 테르툴리아누스 같은 사람들이 정도 이상으로 영향을 미친다. 게다가 이런 신조에는 대답할 필요가 있다. 세계나 우리 자신을 다른 어떤 식이 아니라 이런 식으로 보는 것이 **왜** 옳을까? 여기서 논의가 필요하고 여기서 도덕철학이 출발한다. 도덕철학은 충돌 문제를 다루기 위해 논의를 이용한다는 점에서 직접적 훈계와는 다르고, 결론이 잘못되는 부분에서조차 이 차이 덕분에 훨씬 덜 위험하고 더 유용하다. 논의에는 언제든 대답할 수 있다. 직접적 훈계와는 달리 도덕철학은 가치관이 다양하다는 데서 생겨나고 왕성하게 성장한다.* 그렇지만 어쩌면 도덕철학조차 너무 쉽게 도덕적 수술에 찬성해왔고 인간을 단순화하려고 너무 열심이었는지도 모른다. 이미 논한 것처럼 이기주의의 어설픈 점들이 좋은 예이다. 인간은 개개인이 별개의 존재라는 점을 강조할 좋은 이유가 있었고, 그런 점의 강조가 필요한 정치적 목적도 있었다. 그러나 그렇다고 해서 부분적 관찰을 과도하게 일반화해, 인간은 자신의 이익 말고는 아무것도 추구할 수 없다고 말하는 것이 정당화되지는 않는다. 그런데 우연하게도 진화와 관련된 여러 가지 생각이 이 점을 강력하게 뒷받침한다. 홉스의 가정대로 행동하는 종이 어떻게 진화할 수 있을지, 그리고 사회성을 갖추기 전에 어떻게 계산적인 존재가 될 수 있을지는 분명하지 않다. 이 점은 앞서 이미 다루었다. 내가 지금 강조하고 싶은 것은 홉스가 인간의 상황에 대한 분석을 내놓을 때 인간 본성과 초기 인류사 이야기로 뒷받침할 필요를 얼마나 느꼈을까 하는 것이다. 자연 상태와 사회계약은 단지 문학적 장치이기만 한 것이 아니며, 사람들의 현재 심리를 나타내는 은유에 그치는 것도 아니다. 그것은 인간의 기원에 관한 어떤 것을 암시한다. 즉 사회계약 이야기는 사실이며 따라서 우리는 (예컨대) 그 반대 방향에서 진화했을 수 없다는 **듯이** 말한다. 그것은 그 한도 안에서 과거에 관한 경험적 가설을 이루며, 이 가설은 틀렸음이 입증되었다. 마찬가지로 루소

* 도덕철학이 크나큰 고난과 정치적 혼란을 겪던 시기의 그리스에서 생겨난 이유도 여기에 있다. 단순하고 일방적인 도덕적 태도는 모두 유지할 수 없는 상황이 되었기 때문이다. 소크라테스는 기성 가치를 따지고 들어 그 이면의 모순을 드러내는 습관을 만들어낸 것이 아니다. 그저 그렇게 하기 위한 더 나은 방법을 찾아내고자 했을 뿐이다.

가『인간 불평등 기원론』에서 원시인은 다른 인간을 "아마도 평생 두어 번 만났을 것이고, 서로 알지도 못했고 말을 하지도 않았다"라는 등 홀로 살았다고 한 말 역시 정치적 의무를 분석하면서 그저 이해하기 쉽도록 설명을 덧붙인 것이 아니었다. 그가 한 말은 가장 깊은 동기화 면에서 사람들이 지금 어떠한가에 관한 주장인 만큼, 일차적으로 불변의 심리학을 담으려는 의도가 확실하다. 그러나 거기에는 또 문자 그대로의 역사적 의미도 있었는데, 사람들이 지금 어떠한가에 대한 그런 설명은 사람들이 과거에 어떠했다는 여느 이야기와 양립할 수 없기 때문이다.

더 많은 예를 들 수 있다. 물론 하느님의 창조에 관한 그리스도교의 이야기도 그중 하나이며, 홉스와 루소는 은연중 그 이야기에 저항했다. 그러나 전반적 요점은 분명할 것이다. 도덕의 주요 혜안은 사람이 본질적으로 어떤지에 관한 견해를 나타내는 만큼 심리학과 무관하지 않다. 그리고 이런 심리학적 견해는 아무리 일반적이라 해도 모두 우리가 어쩌다가 그렇게 되었는지에 관한 견해를 나타내는 만큼 역사와 무관하지 않다. 그러므로 이 주제를 논쟁 속으로 끌고 들어오는 것은 진화를 연구하는 사람들이 아니다. 진화 연구자들은 그것을 더 잘 다룰 방법을 내놓을 뿐이다. 그리고 그들이 오늘날 주로 강조해야 하는 내용은, 도덕적 외과의사들은 환원해서 단순화하는 것을 그렇게나 소중히 여기지만 그것으로는 해결되지 않는다는 점이다. 살아 있는 동물의 동기화는 어떤 단일한 기본 원인으로 환원되지 않는다. '자기 보존 본능'으로도 좁혀지지 않는다. 그것은 별개의 여러 요소로 이루어진 복잡한 패턴으로, 종 안에서 얼추 균형을 이루도록 구성되어 있지만, 언제든 조정이 필요한 상태로 빠져들 수 있다. 동물에게는 실제로 서로 충돌을 일으키는 다양한 욕구가 있다. 그들의 뚜렷한 동기는 (대체로) 생존이나 생존 수단에 대한 바람이 아니라, 생존하는 동안 실행하고 얻고자 하는 여러 가지 구체적인 것에 대한 바람이다. 그리고 이런 것은 언제나 충돌을 일으킬 수 있다. 동기화는 근본적으로 복수형이다. 그럴 수밖에 없는 것이, 진화에서는 온갖 종류의 정황과 필요가 생겨나 온갖 종류의 반응이 요구되기 때문이다. 변함없이 한 종류의 동기에 지배되어 집착하는 동물은 생존하지 못할 것이다. 실제로 프로이트 학파의 그림이 절망적으로 잘못된 한 부분이 이것이며, 권력에 마음이 완전히 쏠린 어떤 종에 대한 니체 학파의 그림 역시 마찬가지다. 앞으로 계속 나아가고자 한다면 그것만이 아니라 더 넓은 감정적 레퍼토리가 있어야 한다.

그러면 그다음 단계는 이렇게 묻는 것이다. 인류가 진화한 무렵에 이르러 이 요구사항이 떨어져나갔다고 생각할, 불필요해졌다고 생각할 이유가 있을까? 그런데 우리는 진화가 어디까지 가능한지를 선험적으로 알지 못한다. 그러나 한편으로 이처럼 복수형으로 존재하는 매우 깊고 오래된 전반적 패턴을 없애기는 무엇보다도 어렵다는 것을 알고, 한편으로 우리 종이 지금 어떤 종류의 인상을 주는지도 알고 있다. 일단 후자를 먼저 생각하면, 이렇게 물을 수 있다. 우리가 보기에 우리 종에게는 본성적으로 충돌이 없는가? 그렇지 않다. 우리의 진화에서 충돌 문제를 해결할 만한 어떤 합리화 작용이 있었던 것으로는 보이지 않는다. 구체적으로 말해 예컨대 미래의 쾌락에 대한 욕망 같은 어떤 커다란 동기가 있었다면 경쟁 관계에 있는 모든 욕망을 자동으로 배제했을 것이다. 그 대신 발달한 것이 우리의 지성이다. 그리고 어떤 면에서 사정이 더 악화되는데, 애초부터 우리가 알고 있던 욕망의 가짓수만 해도 적지 않은데, 지성이 있으면 원래는 생각하지 못했을 욕망을 많이 알게 되기 때문이다. 그렇지만 그 보상으로 지성

이정표

은 우리가 충돌을 중재하는 데 도움을 준다. 규칙과 원칙, 기준과 이상이 우리가 정글을 헤치고 나아가는 데 사용하는 우선순위 체계의 일부로 나타난다. 어떤 욕망에 낮은 순위를 부여한다 해도 그 욕망이 사라지지는 않으므로 일이 쉬워지는 것은 절대 아니지만, 가능하게는 된다. 그리고 도덕철학은 우리가 그런 개념을 더 완전히 알아내는 데서, 그 유용성을 확장하려 노력하는 데서 시작한다. 충돌이 있지 않았다면 도덕철학은 절대로 생겨날 수 없었다.

신경학이 도덕철학을 대체할 수 없는 이유

전통적으로 도덕철학이 하는 일은 우리 본성의 여러 측면에서 생겨나는 주장을 되도록 잘 이해하고 명확히 하며 연관 짓고 조화시키기 위해 노력하는 것이다. 여기서 나는 우리가 갖가지 분야에서 얻는 혜안과 아울러 진화 맥락에서 제공되는 여러 혜안의 도움을 받을 수 있다고 믿는다. 그러나 다른 수많은 과학자와 마찬가지로 윌슨은 이것이 신경학자가 할 일이라고 믿는다. 그는 이렇게 말한다. "과학자들과 인문학자들은 윤리학을 철학자들의 손으로부터 당분간 떼어내 생물학화할 때가 왔다는 의견을 함께 고려해야 한다"(562쪽). 그리고 더욱 열정적으로 다음과 같이 말한다.

> 사회생물학이 순수 현상학으로부터 근본 이론으로 넘어가는 것은 인간의 뇌를 뉴런 차원에서 완전히 해석할 때까지 기다려야 한다. 뇌라는 장치를 세포 차원에서 이론적으로 해체하고 다시 조립할 수 있는 때가 되어야 감정과 윤리적 판단의 속성이 분명해질 것이다. 그러면 시뮬레이션을 사용하여 행동 반응의 전체 범위와 그에 대한 항상성 조절의 정

밀도를 추정할 수 있을 것이다. 스트레스는 신경생리학적 교란과 이완 시간으로 평가될 것이다. 인지는 신경망으로 해석될 것이다. 학습과 창의성은 정서 중추에서 보내는 신호로 조절되는 인지 장치의 특정 부위에서 일어나는 변화로 정의될 것이다. 심리학을 잡아먹고 나면 이 새로운 신경생물학은 사회학을 위한 변치 않을 제1원리를 밝혀낼 것이다. [575쪽]

그리고 마찬가지로, 덜 열띤 어조이긴 하지만 그는 책 첫머리에서 이렇게 말한다. "무엇이 […] 시상하부와 둘레계통을 만들었을까? 이것은 자연선택에 의해 진화했다. 이 간단한 생물학적 진술은 윤리학과 윤리철학자들을—인식론과 인식론자들은 아니라도—모든 깊이에서 설명하기 위해 탐구되어야 한다"(3쪽).

그런데 이런 의견이 낭만적 공상인 이유는 그다지 널리 알려지지는 않았으나 비교적 단순하다. 어떤 행동을 하는 사람의 신체를 파헤치는 방법으로는 그 행동을 **설명할** 수 없다. 더 직접적 방식으로 설명을 시도하다가 그런 정보가 필요한 시점에 다다르지 않는 한 그렇다. 이것을 검증하는 첫걸음으로, **윤리**라는 낱말을 모두 **수학**이라는 낱말로 바꿔 이 인용문을 다시 찬찬히 읽어보면 좋을 것이다. 그래도 똑같이 설득력이 있어 보일까? 수학 역시 인간 사고의 한 갈래로서 행위에 영향을 미치며, 뇌의 특정 부분이 필요한 것이 분명하다. 그리고 그 부분이 유전적으로 결정된다는 증거는 윤리학 경우보다 더 명백하고 더 뚜렷한데, 수학은 신동들이 특히 주목받는 분야로서 (종종 볼 수 있듯이) 교육받지 못한 가족 출신인데도 특별한 재능을 보이는 어린이들이 나타나기 때문이다. 따라서 이런 능력은 자연선택을 거친 결과물이다. 이만큼은 사실이다. 그러나 이것이 수학과 수학자를 '설명'하는 **올바른** 방법은—'근본적' 방법은—뇌를 해부해 뉴런을 지켜보는 것이라는 논리로 이어지지는 않는다. 그런 연구는 물론 그 자체의 목적에 중요할 수 있다. 뇌 자체에 대한 우리 이해의 일부로서 무엇보다도 중요할 수 있다. 또 그런 연구는 수학 기능이 다른 기능에 미치는 인과관계, 간혹 다른 형태의 지성과는 거의 완전히 분리된 형태로 발견되기도 한다는 사실, 나이가 들면서 감퇴하는 일이 잦다는 점 등에서 수학심리학과도 흥미로운 관계가 있을 수 있다. 그러나 이것을 가지고 수학 자체에 대한 설명을 만들어낼 방법은 없다. 수학을 이해하려면 첫째로 수학 즉 수학적 추론을 할 수 있어야 하고, 둘째로 수학을 지배하는 기준을 파악할 수 있어야 하며(이따금 신동들의 능력 밖에 있는 단계), 셋째로 수학적 기준을 다른 사고 기준과 연관시키고 삶에서 수학의 자리를 찾아낼 수 있어야 한다. 이런 종류의 설명을 뇌 검사보다 덜 근본적이라고 말하는 예를 흔히 볼 수 있지만, 이것은 **근본적** 같은 낱말의 충격적 오용이다. 탐구에는 각기 나름의 목적이 있고, 그에 따라 던지는 질문이 결정된다. 그 각각의 '근본적 이론'은 정확히 그런 질문이 요구하는 종류의 설명을 내놓는 이론이다.

수학을 예로 든 설명이 분명히 이해된다면 이쯤에서 낱말 바꾸기 놀이를 한 번 더 하는 것이 도움이 될 것이다. 그러나 이번에는 **윤리학**이라는 낱말을 윌슨이 좋아하는 주제인 **신경학** 또는 **사회생물학**으로 바꿔 읽기로 한다. 신경학자가 다른 사람의 활동을 '설명'한다는 의미에서 자신의 활동도 설명할 수 있기 때문이다. 신경학 역시 윤리학과 마찬가지로 행위에 영향을 줄 수 있는 사고의 한 갈래다. 그리고 일하는 신경학자의 뇌 속에서도 흥미진진한 진화는 진행되고 있다. 그러므로 바라는 것이 신경학에 대한 설명이라면, 우리는 그가 스스로 하고 있다고 생각하는 것에 대한 관심을 버리고 생리학적 이야기에 초점을 맞춤으로써 "신경학과 신경학자들을 모든 깊이에서 설명"할 수도 있지 않을까? 다만 옆에 서서 조사하는 신경학자 역시 똑같은 방식으로 취급되어야 하므로, 최종적으로 나타나는 것은 설명이라 할 만한 것이 못 될 수도 있다.

프로그램에 문제가 있다는 것이 명백할 것이다. "인지"는 "신경망으로 해석"될 수 없다. 학습과 창의성은 "인지 장치의 특정 부위에서 일어나는 변화로 정의"될 수 없다. 그럴 수 없는 것은 **해석**과 **정의**는 생각하는 사람의 뇌 속에 있는 세포가 아니라 언어를 대상으로 행해지는 작업이기 때문이다. 배우기, 알기 등은 생각하는 주체(전체)와 그가 생각하고 말하는 대상 간의 관계를 묘사하는 낱말이다. 이런 낱말을 정의하는 것은 올바른 용법을 분명하게 함으로써 거기 따라붙을 수 있는 모호함과 혼란을 제거하기 위해서다. 이런 낱말은 생각하는 주체 전체의 기능을 묘사하기 때문에, 그런 기능을 실행할 때 사용하는 "인지 장치 부위"에서 일어나는 변화를 묘사하는 데는 사용할 수 없다. 이 역시 자동차나 운전자가 아니라 기화기가 경주에서 우승했다는 말과 비슷할 것이다. 기화기는 경주에서 이기기는커녕 참가 방법조차 모른다. 우승자에게는 기화기가 필요하고, 생각하는 사람(신경학자 포함)에게는 뇌세포가 필요하다. 그렇지만 이것은 또 다른 이야기다.

이제 우리는 "윤리학과 윤리철학자들을 설명"하는 원래 문제로 돌아갈 수 있다. 어떤 사람이 한 가지 도덕적 문제를 두고 고민한다고 하자. 예컨대 완강하게 자기 파괴적인 친구나 친척에게서 가서 네 일이나 신경 쓰라는 말을 방금 듣고서 그를 어떻게 도울 수 있을지 고민한다고 하자. 그는 생각한다. 내가 무슨 일을 더 할 수 있을까? 어쩌면 간섭할 권리가 사실은 없는 게 아닐까? 그리고 권리가 있다

해도, 신경 써야 할 다른 일도 있는데 괜히 헛수고하는 게 아닐까?

그는 이에 대해 생각한다. 그리고 이번에도 뉴런 안에서 활동이 일어나고 있을 것이다. 또 여기서 (윌슨의 지당한 말처럼) 그 활동이 일어나려면 상속받은 기관이 필요할 것이다. 친구에게 도의적 애착을 느끼는 능력이 모든 동물에게 있는 것은 아니며, 그것을 느끼는 동물도 대부분 그에 대처하기 위한 계획을 의도적으로 세우지 못한다. 그런데 그 기관이 존재한다 해도, 이번에도 역시 그 기관을 탐구한다 해서 문제를 이해하거나 해결하는 데는 조금도 도움이 되지 않을 것이다. 이해하고 해결하기 위해 필요한 것은 (사실에 대한 지식 말고도) 공감하고 그에 관련된 원칙과 기준과 이상을 확실히 파악하는 일이다. 누구나 그런 원칙과 기준과 이상을 가지고 있다. 혼란하고 미혹된 것이라 해도 그렇다. 그러나 이와 같이 어렵고 특이한 경우에 부딪히면 이미 선명해진 부분을 넘어 그렇지 않은 부분까지 다루어야 한다. 생각해보지 않았던 여러 가능성을 두고 두려운 질문을, 예컨대 그가 정말로 자기를 파괴하기를 바란다면 놓아주어야 하지 않을까 같은 질문을 생각해보아야 한다. 우리 자신의 뉴런에 관한 정보를 수집하는 방법으로 이 질문에 대답하려 한다면 염소 내장을 살펴 길흉을 점쳤던 로마의 점술가만큼이나 소용이 없을 것이다. 우리가 찾아내려는 것은 우리 자신에 관한 어떤 사실이 아니며, 그렇다고 다른 어떤 사람에 관한 사실도 아니다. 그것은 우리 자신뿐 **아니라** 관련된 누구에게나 구속력이 있다고 받아들여지는 어떤 기준, 원칙, 이상과 제안된 행동 사이의 관계다.* 이것이 이 도덕적 문제가 공공의 것인 이유이며, 딜레마에 처한 사람뿐 아니라 다른 누군가가, 친구나 도덕철

* 이런 문제에 대해서는 다음을 참조. Gilbert Ryle, *Dilemmas*, chap. V, VI, VIII.

학자나 나중에 완전히 다른 기분일 때의 본인이 이에 대해 생각할 수 있는 이유다(이것은 예컨대 음식 취향이나 견딜 수 있는 소음 수준에 관한 질문에는 해당하지 않는다). "윤리철학자들을 설명"한다는 것은 이 사실을 파악한다는 뜻, 이처럼 지극히 개인적인 문제를 일반적, 공개적으로 논하는 것이 어떻게 가능해지는지를 안다는 뜻일 것이다. 이것은 **실제로** 가능하다. 그리고 술집에서 강단까지 모든 곳에서 공개적으로 논해지는데, 그 기준과 이상이 공공물이기 때문이며 우리 모두 그것을 함께 풀어낼 필요가 있기 때문이다. 그런데 공공성에는 윌슨이 지당하게 강조하는 또 다른 측면이 있는데, 그것은 우리의 감정적 구성이 닮았다는 점으로, 이 때문에 우리는 서로의 딜레마에 어느 정도 공감할 수 있다. 우리는 누구나 존경심, 죄의식, 공포, 감탄, 후회 같은 것을 느낄 수 있다. 그리고 이런 것을 모든 사람이 일제히 느끼지는 않지만, 이 문제에 관해 우리는 서로 충분히 가까운 거리 안에 있기 때문에 노력하면 서로의 반응을 이해할 수 있고, 그중 어떤 반응이 적절하다고 생각하는 이유를 서로 주고받을 수도 있다. 여기서도 나는 우리가 전반적으로 기꺼이 이런 식으로 생각하고 말하려는 자세를 갖추고 있다는 점에서 공동으로 물려받은 신체적 기반이 있음을 알 수 있다는 윌슨의 의견에 동의한다. 이런 감정을 전혀 느낄 수 없는 동물들이 있으니 말이다. 그러나 여기서도 우리가 의존해야 하는 것은 주관적 경험이며, 관련된 신체 기관에 대한 조사가 아니다. 만일 해부를 통해 양심이 자리 잡고 있다는 신체 부위의 생김새가 똑같다는 사실이 드러났으나 사회적 경험에서는 도대체 누구를 비난하고 칭찬할지에 대한 의견이 일치하지 않는다면, 도덕은 불가능할 것이다. 만일 신체 부위의 생김새가 다르다는 사실이 드러났지만 의견 일치가 우세하다면 도덕은 앞으로 나아갈 수 있을 것이다. **윤리학**

을 이해한다는 것은 우선 수학 경우와 마찬가지로 윤리적 논의를 이해할 수 있다는 뜻이다. 그다음에는 수학처럼 관련된 기준을 진술하고 일반화할 수 있다는 뜻이다. 세 번째는 그런 기준을 그 밖의 사고 형식과 연관시킬 수 있다는, 삶에서 윤리학이 차지하는 자리에 관해 뭔가를 말할 수 있다는 뜻이다. 두 번째 단계는 윤리철학으로 이어지며, 세 번째 단계에서 그 여정이 완성된다. 그러므로 가장 자연스럽고 유용한 의미에서 "윤리학과 윤리철학자들을 설명"하고자 하는 사람은 저 프로그램을 따를 필요가 있다. 물론 그와는 달리 인과관계를 따짐으로써 이 과정이 물리적으로 어떻게 가능한지를 설명하는 방법도 있다. 그렇지만 그것은 쓸모가 없다. 만일 우리가 바라는 것이 어떤 주제를 **점령하는** 것이라면, 그 발생 원인을 파악한다고 해서 점령이 가능해지지는 않는다(나아가 그 게임에서 진화론자들에게는 독점권이 없다. 진화론자들이 자신의 취지를 강요하면 역사학자들과 생리학자들이 우리 모두를 점령할 수 있다. 서로 잡아먹는 게임에는 둘 이상이 참가할 수 있다).

그렇다면 윤리학은 철학자나 생물학자의 소관이라고 말해야 할까? 앞에서 본 글에서 윌슨이 하는 식의 영역 주장은 완전히 무의미하다. 철학과 생물학은 서로 경쟁 관계가 아니다. 같은 탐구의 다른 측면이다. "윤리학의 생물학화"는 윤리학을 "철학자들의 손으로부터 떼어내는" 작업과는 무관하며, 철학을 더 잘 한다는 뜻이다. 우리에게 필요한 것은 도덕을 논할 때 생물학적 사실에 더 주의를 기울이는 것이다. 그러나 이로써 철학이 불필요해지지는 않는다. 더 힘들어질 뿐이다. '철학'은 매우 일반적인 개념을 정리해 유용한 틀로 체계화하는 일이다. 생물학적 사실과 어떻게 행동할 것인가 하는 질문 간의 관계는 단순하지 않다. 본성, 의무, 자유, 동기, 창의성 같은 개념은 분석하고 깨끗하게 손질할 필요가 있다. 이것은 신경학에 속하는 작업이 아닌 것이 명백하다. 그렇다고 신경학자는 이에 기여할 것이 없다는 말은 아니다. 그들이 다루는 주제가 여타 방식의 사고와 어떤 관계에 있는지에 관심이 있으면—아마도 마땅히 그래야겠지만—당연히 기여할 수 있다. 그러나 그들이 기여한다면 그들이 하는 것은 철학이다. 생물학에서 중요하고 독창적인 사고에는 모두 어느 정도 철학이 연관된다.

이런 분야에서 철학이 필요한 것은 개념이 심하게 헝클어진 상태이기 때문이다. 그리고 '철학'은 누가 하든 그저 그것을 효과적으로 정리하는 작업을 가리키는 이름이다. 이 점을 일단 짚어두고, 나나 다른 수많은 전문 철학자들은 20세기 전반부 동안 여러 면에서 도덕철학이 형편없었다는 점을 기꺼이 인정한다. 아니, 오히려 강력하게 주장하는 쪽이다. 급격한 문화적 변화에서 나타나는 갖가지 도덕적 문제는 다루기가 매우 힘들었다. 어떤 분야에서는 철학자들이 문제를 해결하기 위해 합리적 노력을 기울였지만, 너무나 많은 분야에서 철학자들은 사소한 부분을 따지며 문제를 회피하는 쪽으로 후퇴했다. 문제는 (영어권 국가 경우) 20세기 초에 직관주의가 잠깐 유행하면서 시작되었다. 직관주의는 옹호의 여지가 없는 관점으로, 도덕적 진리는 즉각 알 수 있고, 따라서 견해 차이가 있으면 그것은 부정, 게으름, 또는 질문의 혼란 때문일 수밖에 없다는 관점이다. 윤리학의 성격에 관한 윌슨의 논의를 파악하기 어렵게 만드는 한 가지는 그가 도덕철학자들은 언제나 저렇게 믿는다고 명백히 확신한다는 점이다. 사실 직관주의는 (지지자들의 전투적 언어에서 분명히 드러나듯) 완전히 새로운 시작으로 의도된 특수한 일탈로, 그때까지 알았던 도덕철학을 완전히 몰아내기 위한 것이었다.* 그리고 그 인기는 오래가지 않았다. 잠깐 직관주의는 도덕 추론 중 전통적으로 비교적 적극적 형태인 것들을 때리는 막대기 역할을 했다. 그러나 그 대신 내놓을 적극적 제안이 너무나도 명백하게 부족했기 때문에 이내 더 원기 왕성한 후계자인 정서주의에게 자리를 내주었다. 정서주의는 적어도 견해 차이는 존재한다는 현실을 진지하게 받아들였다. 그러나 정서주의 역시 사실에서, 특히 우리의 본성에 관한 사실에서 가치를 분리하려는 무익하고 건강하지 않은 시도에 몰두했다. 이것이 왜 무익한지는 다음 장에서 논한다.

* 무어는 이것을 다음 책의 머리말에서 명백하게 말했다. G. E. Moore, *Principia Ethica*, p. ix. 프리처드도 이 운동의 다른 선언서인 다음 글에서 똑같이 말했다. H. H. Prichard, "Does Moral Philosophy Rest on a Mistake?", *Mind*, 21(1912). 이처럼 그들은 '그 여명기를 살 수 있어서 행복했다'는 분위기를 만들어냈는데, 이 때문에 그들의 주장이 무의미하다는 측면이 한동안 관심을 받지 못했다.
윌슨이 칸트를 직관주의자로 생각하고(이것은 다윈을 창세기의 천지창조 이야기를 옹호하는 투사라고 부르는 것과 얼추 비슷하다) 직관주의를 사회계약 윤리학과 동등하게 놓는(Edward O. Wilson, *Sociobiology*, p 562) 듯하다는 것을 알았을 때 나는 멍해졌다.

9장

사실과 가치

좋음과 바람

우리 본성은 어떻게 우리의 길잡이가 될 수 있을까?

사실 전달과 가치 판단이 결합된 듯 보이는 **본성** 같은 개념은 도덕철학자들의 고민거리였다(그 밖에도 중요성, 더러움, 위험, 손상 등 알기 쉬운 예가 많이 있다).* 뭔가가 **본성적**이라는 말은 원래 그렇다는 뜻일 때도 이따금 있지만, 대개는 그것을 다루는 방법도 암시한다. 일종의 수용을 권하는 때가 많고, 때로는 강한 승인을 권유한다. 다르게 표현하면 우리 모두는 우리가 본성적으로 무엇에 적합한지, 무엇을 할 수 있는지, 무엇에 적응해 있는지를 이해하면 우리에게 무엇이 좋은지, 따라서 무엇을 해야 할지를 알아내는 데 도움이 될 것이라고 믿는다는 뜻이다. 상식은 이 관점을 취하며, 프로이트 심리학도 마찬가지다. 전통적 도덕철학도 그렇다. 그래서 버틀러 주교는 도덕에서 경험주의적 방법론에 대해 이렇게 말한다. "그것은 사실관계에서 출발한다. 다시 말해 인간 특유의 본성, 본성의 각 부분, 본성의 조직 또는 구성

* **손상**과 **위험**에 관한 논의는 푸트가 쓴 다음 글이 훌륭하다 "Moral Beliefs", *Theories of Ethics*, ed. Philippa Foot(Oxford, 1967), pp. 87-90. 코베시가 다음 책의 첫 몇 장에서 그런 용어의 논리를 예리하게 정리한 내용은 다른 철학자들에게 모범이 될 만하다. Julius Kovesi, *Moral Notions*(London, 1967)(38쪽에서 **더러움**에 대해 다룬다). 나는 이 장의 3절에서 **중요성**에 대해 논한다.

은 무엇일까 하는 데서 출발하며, 거기서 나아가 그 본성 전체에 상응하는 삶의 행로는 어떠한지를 판단한다."* 그리고 이 방법이 통하는 이유는 실제로 우리의 바람에 관한 주어진 사실을 먼저 파악해야만 우리가 어디에 가치를 두는지를 이해할 수 있기 때문이다.

그렇지만 20세기 전반부 동안 도덕철학자들은 이런 전후관계를 전제로 삼는 추론을 모조리 깎아내리는 데 큰 노력을 기울였다. 이 논란에서 생겨난 문제의 절반은 **사실**(facts)이라는 관념을 오해한 결과였다. 사실을 쉽게 정의되는 단순하고 중립적인 것이라고 가정했고, 일종의 실용적 편의나 나아가 사치로서 별개로 생겨난 기준들을 언급하지 않은 채 보이는 그대로 틀린 점 없이 묘사된 것이라고 생각한 것이다. **묘사**에 관해 논하면서 이미 살펴보았지만, 실제로 우리는 '보는' 것에서조차 절대로 중립적이지 않다. 언제나 선택하고 해석하고 분류해야 한다. 일반적 관찰자든 과학적 관찰자든 마찬가지다. 우리는 **사실**이라는 말을 보통은 그저 '자료'라는 뜻으로 쓴다. 다시 말해 우리 앞에 놓인 구체적 문제의 일부분으로 치지는 않지만, 그 문제를 푸는 데 의심하지 않고 받아들여도 안전하며 그에 필요하다고 본다. 그러나 **사실**이 감각으로 들어오는 원천 자료로 국한되는 경우는 절대 없으며, '물리적 사실'(물리학으로 진술될 수 있는 부류의 것)로 한정되는 경우는 거의 없다. 이것은 음식이거나 독이다, 이것은 위험하다, 더럽다, 독특하다 또는 합법적이다, 이것은 고대의 토템폴이다 또는 우리나라 국기이다 등은 **사실**이다. 그러나 이런 사실을 '볼' 수 있으려면 물리학과는 완전히 다른 기준을 파악하고 있어야 한다. 따

* Joseph Butler, *Sermons*, Preface, sec. 12.

라서 어떤 '평가'로부터 논리적으로 분리하기는 절대로 불가능하다.*

이 철학자들은 그럼에도 평가를 언제나 모든 사실 판단으로부터 분리된 별개의 과정으로—둘 사이에 논리적 또는 개념적 연결 고리는 절대 없으며 외적 연관관계만 있을 뿐이라고—보았다. 우리는 어떤 것에 가치를 둘 때 (그들의 말에 따르면) 그것을 추상적으로 승인하는 것이다. 다른 무엇이라도 똑같이 추상적으로 승인할 수 있는 것과 마찬가지다. 논의는 무의미하다.**

이 직관주의 운동의 취지는 본질적으로 소극적인 것이었다. 직관주의자들은 사실에서 출발하여 가치로 이어지는 오늘날의 특정 추론 방식이 지닌 약점을 드러내고 싶었다. 특히 공리주의에 대해 그랬다. 그러나 그들은 늘 그렇듯 과장을 통해 자신들의 요지를 부풀려, 도덕 추론 모두를 싸잡아 추방했다. 그래서 G. E. 무어는 『윤리학 원리』에서 윤리학이 할 일은 '이것은 좋다'는 형식의 도덕적 판단을 검토하는 것과 이때의 '좋다'는 정의할 수 없음을 입증하는 것으로 한정되어야 한다고 선언했다. 이것은 그런 판단을 위한 "타당한 증거를 내놓을 방법이 없다"***는 뜻이다. 증거를 내놓으려는 어떤 시도도 무익하며 오해를 가져온다. 무어는 그런 시도에 대해 "본성주의적"이라는 낙인을 찍었다. 그는 우리를 둘러싼 잘못된 논의의 잔해를 치워내고 나면 노란색 초록색이 눈에 보이듯이 좋고 나쁜 것이 직접 눈에

* G. E. M. Anscombe, "Brute Facts", *Analysis* 19(1958); Geoffrey Warnock의 명저인 소책자 *Contemporary Moral Philosophy*(London, 1967); Julius Kovesi, *Moral Notions* 참조. 또 내가 쓴 다음 글도 참조. Mary Midgley, "The Neutrality of the Moral Philosopher," *Proceedings of the Aristotelian Society*, 74(1974).

** G. E. Moore, *Principia Ethica*; H. H. Prichard, "Does Moral Philosophy Rest on a Mistake?" 참조.

*** G. E. Moore, *Principia Ethica*, Preface, p. viii.

보일 것이라고 말했다.

그의 뒤를 이은 정서주의자들은 이런 자신만만한 결론을 두고 논쟁을 벌였다. 정서주의자들은 저 대담한 '보는' 것을 단순한 느낌이나 태도로 격하시켰다. 그러나 도덕적 판단을 모든 종류의 증거로부터 분리하는 것을 받아들였고 또 그렇게 해야 한다고 주장했다. 윤리학의 시야는 기묘하게 좁아졌다. 목적과 동기와 욕망에 대한, 행위가 좋고 나쁜 이유에 대한, 자유와 책임에 대한, 사회와 인간 본성에 대한 전통적 관심을 모두 단순히 사실관계에 대한 관심이거나 형이상학적 관심일 뿐이라고 치부했다. 정의, 행복, 인간성 같은 관념은 사실 판단과 가치 판단이 뒤얽혀 서로 구분되지 않아 혼란스러운 사례에 지나지 않는 것으로 취급되었다.

최초의 직관주의자들은 일단 가치에 관한 질문을 제대로 이해하고 정면으로 마주하고 나면 견해 차이는 사라질 것으로 보았다. 이런 노선을 취함으로써 그들은 사실 각기 자신이 품고 있는 도덕관에 대한 깊은 자신감을 표현했을 뿐이었다. 프리처드의 경우는 자신감의 대상이 잘못되었다. 그는 자신의 알맹이 없는 관습을 유용하게 만들어줄 만한 어떤 의견도 가지고 있지 않았던 것으로 보인다. 그렇지만 무어는 예술에 중요한 의미를 부여하는 나름의 사색적, 미학적 입장이 있었다. 지극히 흥미로운 의견이었다. 그러나 인상적이기는 하지만 그것으로 그의 직관주의가 뒷받침되지는 않는다. 살아가면서 항상 마주칠 수밖에 없는 견해 차이 앞에서 무어의 가치 기준을 받아들이는 사람들이 여느 사람들보다 더 잘 대비하고 있는 것은 아니다. 그들은 전반적 견해가 자신과 다른 사람들뿐 아니라 견해가 같은 사람들과도 논쟁을 벌여야 한다.* 그리고 무어의 견해 자체도 여러 가지 심리학적 사실을 언급하지 않고서는 뒷받침되지 못한다. **만일** 무어의 의견대로 사색이 무엇보다도 중요한 것이 맞는다면 그 까닭은 오로지 인간이 본질적으로 사색적 동물이기 때문일 수밖에 없다. 이런 입장은 간단히 승리를 굳힐 수 있는 것이 아니다. 비교적 지엽적인 온갖 소소한 주장은 물론이고, 선의를 높이 평가하는 칸트의 관점과 행동에 대한 아리스토텔레스의 관점에 비추어서도 변론이 이루어져야 한다. 색상을 가리키는 낱말과 같은 방식으로 '단순'하고 정의 불가능한 것과는 완전히 다르게, 좋음은 가장 철저하게 일반적이고 추상적인 발상과 같은 방식으로만 단순하다.** 그리고 이것은 논쟁을 없애는 종류의 단순함이 아니다. 사람들은 무엇이 좋은지를 두고 의견 차이가 있다. 실제로 사람들이 논쟁하게 되는 대상은 이런 종류의 것이다.

직관주의는 견해 차이라는 현실 앞에서 무너졌다. 직관주의에 이

* 무어 자신은 한 번도 그런 적이 없다. 자신의 관점을 의심 없이 당당하고 단순하게 주장하기만 했고, 그것만으로 언제나 큰 영향력을 발휘했다. 수많은 사람이 그의 메시지를 통째로 삼켰으며, 미술 평론 분야에서 특히 그랬다(클라이브 벨의 『예술』(*Art*)은 『윤리학 원리』 6장에서 제안하는 주제를 길게 늘여 쓴 찬가이다). 그렇지만 일부 신봉자들은 나중에야 그것이 얼마나 기이한지 깨달았다. 그중 가장 예리하고 불만족한 편이었던 케인스는 D. H. 로런스의 비평에 답하면서 이 문제를 매우 흥미롭게 논했다[John Maynard Keynes, *Two Memoirs*(London, 1949)]. 직관주의 전통 **안에서** 논의할 때의 어려움을 유쾌하게 묘사한 내용을 보려면 케인스의 책 pp. 84-88 참조.

** 무어가 좋음과 마찬가지로 현실을 단순하면서 정의 불가능한 관념으로 취급하자고 제안했다는 것도 주목할 만하다[G. E. Moore, "Objects of Perception," *Philosophical Studies*(London, 1948), pp, 72-78 참조]. 이 혼란의 뿌리는 필시 로크에 있을 것이다. 로크 역시 파인애플 맛처럼 구체적으로 지각되는 특질과 존재처럼 더없이 추상적 구조적 특질을 "단순한 발상"이라고 뭉뚱그린다[John Locke, *Essay Concerning Human Understanding*, Bk. 2, chaps. 1-8]. 완전히 다른 두 종류의 "단순성"이 연루된 것이다.

어 정서주의가 나타났는데, 가치에 대한 견해 차이는 현실적이고 중요하지만 비합리적이라는 관점이다. 그것은 그저 감정과 태도의 충돌에 지나지 않는다. 해결하는 과정에 어떤 논리 기준이나 타당성도 개입하지 않으며, 따라서 본질적으로 설득 문제 즉 감정 공학 문제라는 것이다. 이 입장은 1930년대에 확립되었으며,* 제2차 세계대전 이후 보기에는 매우 다른 입장인 실존주의와 합쳐졌다. 두 입장의 공통 요소는 논의를 거부한다는 것이다. 도덕적 딜레마와 마주칠 때 정서주의도 실존주의도 선택할 수 있는 방향 사이의 거리를 강조한다. 둘 다 양극단의—찬성하는가 아니면 반대하는가, 자유프랑스 군대에 들어갈 것인가 아니면 어머니를 구할 것인가**—결정에 집중하며, 그보다 덜 극적이지만 더 복잡한 시도 즉 살아가면서 너무나 흔히 경험하는 **생각을 통해** 제3의 방향을 찾아내려는 시도는 언급하지 않는다. 둘 다 추론에 의한 해결은 다루지 않는다. 두 입장의 가장 큰 차이는 관점이다. 실존주의는 관계자의 입장을 1인칭으로 바라본다. 추론이 나에게 도움이 되지 않는다면 나는 어떻게 해야 할까? 나는 어둠 속에 뛰어든다. 정서주의는 다소 덜 과격한 사례에 적용되는 2인칭 또는 3인칭 관점의 해법이다. 당신이 그를 설득하거나 그가 당신을 설득한다. 그들이 서로 설득하게 한다. 우리는 히틀러에 반대한다. 당신도

* 주로 C. L. 스티븐슨에 의해서였으며, 비트겐슈타인이 특히 「윤리학 강의」에서 내놓은 의견을 바탕으로 삼았다. 그렇지만 직관주의의 문제점은 아마도 노웰스미스가 가장 잘 지적했을 것이다[P. H. Nowell-Smith, *Ethics*』(Penguin, 1954)]. 에어는 더 극적이고 무모한 형태의 정서주의를 선보였다[A. J. Ayer, *Language, Truth and Logic*(1935)]. 내가 볼 때 스티븐슨이 말하는 "정서적 의미"의 핵심 관념은 맥스 블랙이 사실상 논파했다[Max Black, "Some Questions about Emotive Meaning," *Philosophical Review*, 57(1948). Max Black, *Language and Philosophy*(Ithaca, N.Y., 1949)에 재수록].

** Jean-Paul Sartre, *Existentialism and Humanism*, p. 35.

그렇게 하라.* 당신은 그를 설득하지 않으며, 그 역시 당신을 설득하지 않는다. 목표는 만장일치다. 그것은 '이해'라 불릴 수 있지만, 인식적이라는 뜻은 아니라는 조건에서만 그렇다. **타당성**은 설득력을 가리키는 명사일 뿐이다.**

이 두 입장 모두 마찬가지로 독립성 내지 관대한 '이해'가 중요하다는 도덕관과 확신을 표현한다. 또 마찬가지로 사람들이 이런 확신에 공감하면 그에 따른 '도덕적 판단' 분석을 받아들이게 될 수도 있다. 그러나 그렇게 해서는 안 된다. 두 입장이 변화하는 세계에서 도덕적 추론이 갈수록 어려워지는 데 대한 반응임은 두말할 필요도 없다. 수고로운 작업이 요청되고, 전통적으로 유용한 수많은 입장을 손질할 필요가 있다. 그러나 이 두 입장은 우리에게 아예 생각을 그만두라고 말하고 있다. 이것은 무의미하다. 우리는 생각하고 있다고 생각했지만 사실은 생각하고 있지 않았다는 의견 역시 무의미하다. 도덕 문제에서 효과적으로 추론할 수 없다는 주장에 걸맞은 반응은 승무원으로부터 "손님, 여기서 토하시면 안 됩니다"라는 말을 들은 승객의 대꾸와 같다.*** 그리고 미덕의 가능성을 부인하는 데는 뭔가 특별한 미덕이 있다거나, 도덕적 판단을 내리는 것은 잘못이라는 것이 유일하게 안전한 도덕적 판단이라는 희한한 입장인 실존주의를 둘러싼 낭만적 분위기에 감명받을 이유는 전혀 없다. 생각은 우리가 의연하게 삼가야 하는 사치가 아니다. 삶의 본질적 부분이다.

앞서 나는 어떤 것이 좋은지 아닌지 궁금할 때 우리는 상식에 따

* "히틀러는 악하다"를 스티븐슨식으로 표현한 것이다.

** 이것은 스티븐슨이 거듭 명확하게 주장하는 부분이다. 예컨대 다음을 참조. C. L. Stevenson, *Facts and Values*(New Haven, 1963), pp. 4, 85.

*** 승객: "뭐, 안 된다고요!"(이미 토하고 있다).

라 자연스레 **바람**(wants)에 관심을 돌리게 된다고 말했다. 그리고 우리에게 문제가 되는 것은 우리의 여러 바람이 서로 충돌을 일으킨다는 점이다. 우리는 종종 "둘 다 나름의 방식으로 좋지만, 이쪽 좋음이 저쪽 좋음보다 더 중요하다"라고 말할 수 있는 우선순위 체계가 필요하다. 따라서 **좋음**(good) 같은 용어의 의미를 이해하려면 충돌에 관련된 사실을 완전히 아는 것이 필수적이다. 그래서 **그런** 사실은 가치와 무관하지 않다. 우리가 어떤 것이 인간에게 좋다 또는 나쁘다고 말한다면, 우리 종의 실제 욕구와 바람을 기정사실로서, 주어진 것으로서 받아들이고 있어야 한다. 그리고 이것은 우리가 다른 종들에 대해 말할 때도 똑같이 적용될 것이다. 살아 있는 어떤 동물도 필요로 하지 않고 바라지 않는 어떤 것을 좋다고 말한다면 그것이 무슨 뜻일지 알기 어렵다. 그러면 우리가 바라는 모든 것은 좋다고 말해야 할까? 최소한의 의미에서는 맞는다. 우리가 바라는 모든 것에는 뭔가 좋은 것이 있을 수밖에 없다. 그렇지 않다면 바랄 리가 없을 것이다. 그러나 물론 그것으로 끝날 수는 없다. 거기서 끝난다면 **좋은** 것은 그냥 **바람**의 대상이라는 뜻이 될 것이다. 우리는 충돌 때문에, 우리의 다양한 바람이 서로 부딪치고 경쟁하기 때문에 더 캐고 들어가야 한다. 더 강하고 더 깊이 생각한 의미에서 좋은 것은 바람의 대상이되 단지 누군가가 일시적 충동으로 바라는 것이 아니라, 주위 사람들에게 전달할 수 있는 근거에 따라 그 **사람**이 전적으로 바라는 것이어야 한다.

나아가 우리 바람의 기본 레퍼토리는 주어져 있다. 우리는 개인적 발명으로든 문화로든 바람을 마음대로 창조하지도 없애지도 못한다. 발명과 문화는 바람을 분류하고 반영하고 유도하고 돌리고 발전시킨다. 그러나 바람을 실제로 생산하지는 않는다. 그래서 20세기 사람들이 초음속 비행기를 바란다면 그것은 에스키모나 부시맨과 공통된 바람 때문이다. 빠르게 움직이기를, 일을 빠르게 처리하기를, 존경과 두려움과 찬양의 대상이 되기를, 수수께끼를 풀기를, 뭔가 밝고 반짝거리는 것을 갖기를 바라는 것이다. 우리는 그런 것을 바라고 좋아하도록 태생적으로 '프로그래밍'되어 있다. 그리고 그런 바람은 여기저기 흩어져 있지 않고 한 인격의 표현으로서 한데 묶여 있다. 그 때문에 우리가 사실관계는 단지 밝혀낼 뿐이고, 그런 다음 완전히 별개로 그것을 좋다거나 나쁘다고 보는 태도를 취한다는 말은 잘못이다. 생각과 느낌은 처음부터 끝까지 함께 관여할 수밖에 없다. 우리 모두는 바람이 서로 연관되어 있는 개념 틀을 가지고 있기 마련이다. 우리는 바람을 아무 가치나 부여하고 마음대로 만들고 버려도 되는 우연한 항목으로 취급할 수 없다.

바람은 서로 충돌할 수밖에 없으므로 처음부터 우리에게는 바람에 대해 생각할 때 도움이 될 우선순위의 틀 내지 체계가 필요하다. 그리고 우리는 그런 체계를 형성할 능력을 갖추고 태어난다. 어린아이의 초보적 인격 안에도 이미 선택을 위한, 갖가지 바람을 비교하기 위한 방침이 마련되어 있다. 그리고 문화는 그런 체계를 조정하고 고치고 발전시키는 장치다(문화 없이는 어떤 어린이도 발달할 수 없다). 따라서 자신이 원하는 것에 대한 아무런 생각 없이 난생처음으로 밖에 나가 가치를 구입하는 상황은 어떤 인간에게도 올 수 없다. 인간은 창조에 앞서 자기 안에다 어떤 바람을 창조할지 결정해야 하는 창조자가 될 수 없다('가치 창조' 관념은 말도 안 되는 소리다. 사람이 할 수 있는 일은 가치들을 조정하고 발전시키고 확장하는 것뿐이다). 문제는 어떤 바람을 가질 것인가가 절대 아니다. 언제나 문제는 가지고 있는 여러 바람 사이의 충돌에 대해 무엇을 할 것인가이다. 이 문제는 언제나 생겨나고, 이 맥락에서만 **좋음**과 **가치**에 관한 논의에 의미를 부여할 수 있다. 그러나 이 문제는 이미 어떤 방침을 만들어낸 사람에게만, 실천적 사고를 시작한 사람에게만 생겨날 수 있다.

바람은 아무렇게나 일어나는 충동이 아니다. 바람은 삶의 측면으로서 뚜렷이 구별되고 인식되며, 우리의 성격을 이루는 가장 깊은 구조 요소이다. 임의의 충동 두 개를—예컨대 어떤 작업을 끝내려는 충동과 달아나려는 충동을—가지고 있는 사람은 아직 충돌이 없다. 충돌은 그가 그 둘 중 하나로 결정하려 할 때만 일어나기 시작한다. 결정에는 생각이 필요한데, 이쪽으로나 저쪽으로 그냥 뛰어든다는 뜻이 아니기 때문이다. 그것은 두 행동의 의미와 그런 행동에 무엇이 수반되는지를 분명히 알고, 그 의미 안에서 자신의 이전 방침과 일관된 연장선상에 있는 어떤 것을 찾아낸다는 뜻이다. 하기로 결정한 일을 **자신의** 행동으로—스스로 달라지기를 얼마나 바라든 간에 지금 그대로의 자신이 하는 행동으로—볼 수 없으면 그는 **결정**한 것이 아니며, 여전히 표류하는 중이다. 아무렇게나 움직이는 것도 여전히 표류이다. 결정하지 않으면 남는 것은 인격 분열이다. 이것은 일종의 자살이며, 권장할 만한 점이 거의 없다.

선택에서 일어나는 일은 따라서 여러 감정 사이의 말로 표현할 수 없는 무자비한 충돌이 아니다. 처음에는 충분히 그럴 수 있다. 그러나 그것은 문제이지 해결이 아니다. 해결에는 명확한 사고가 필요하다. 우리가 노력해야 하는 일은 먼저 자신의 바람과 남들의 바람에 관련된 사실을 알아내고 있는 그대로 이해하는 것이다. 그런 다음 우리의 일생 전체 맥락에서 이해되는 어떤 우선순위를 매겨야 한다. 이 시점에서 우리는 가치를 따지고 있다고 말할 수 있다. 예를 들면 여기서는 명예보다 애정이, 안전보다는 과학이 중요하다고 결정한다. 그리고 이것은 편을 드는 것이다. 그러나 우리의 가장 깊은 곳에 필요한 것이 무엇인지에 관한 사실 판단을 형성하는 것이기도 하다.

이런 충돌은 너무나 복잡하기 때문에, 순위가 정해지지 않은 갖가지 감정이 서로 끌고 당기는 작용만으로 해결된다고 본다면 비현실적이다(흄이 이성을 **정념**의 노예로 보는 그림에는 뭔가 우스운 데가 있다. 여러 정념 중 어느 것에 순종할지 이성이 어떻게 아는 걸까? 노예는 그런 상황에서 곤욕을 치르게 된다). 맹목적 추진력이라는 의미의 '의지'로 해결될 가능성은 더욱 낮다. 이런 의미의 의지는 대상을 결정하기 전에는 발휘할 수 없다. 물론 굳은 결심이라는 의미의 의지를 활용하면 도움이 될 수 있고, 생각으로는 더 이상 진행이 불가능할 때 나머지 부분을 두고 일부러 도박을 벌이는 실험도 가능하다. 그러나 그러기 위한 초기 작업에는 생각을 동원해야 한다. 상황을 더 알기 쉽게 만들어줄 우선순위를 많은 노력을 기울여 체계적으로 찾아내야 하는 것이다.*

지식 활용에 관하여

관련된 바람을 더 자세히 탐구하는 방법 말고는 그런 충돌을 어떻게 해결할 수 있을지 알기가 사실 어렵다. 어떤 것이 좋은지, 어떤 이유에서 얼마나 좋은지 궁금할 때 우리는 그것을 외부에 있는 '좋다'는 추상적 속성과 연관 짓는 것이 아니다. 우리는 가외의 사실이라는 의미에서 그것이 좋은 증거를 원하는 것이 아니다. 어떤 사람이 피 묻은 칼을 가지고 있는 것을 보았다는 증언을 그가 살인을 저질렀다는 증거로 인용하는 때와는 다르다. 우리는 그것을 어떤 구체적 바

* 의지는 이 작업에 적절하지 않다는 점에 대해서는 다음을 참조. Iris Murdoch, *The Sovereignty of Good*, essay 1.

람과 연관 짓고자 **내역**을 원하는 것이다. 어떤 식으로 좋은가? 어떤 부분이 좋은가? 어떤 종류의 좋은 점이 있는가? 이렇게 해서 (일단 좋은 행위의 경우만 생각해보면) 그것은 예컨대 우정에서 우러난—다시 말해 정의나 분별력이나 용기나 전반적 자비심에서가 아니라—행위라는 것이 적절한 대답이 될 수 있다. 그렇다면 우정에서 우러난 어떤 종류의 행위인가? 친구의 어려움을 나누는 행위다. 더 자세히 말하자면? 벤윅 대령이 바다에 나간 사이에 연인이 죽었다. 드디어 그들이 결혼할 수 있게 된 때였다.

> "그 친구에게 소식을 전해야 하지만, 누가 말하지? 나는 아니야. 나라면 곧장 활대 위로 도망갔을 거야. 아무도 해낼 수 없었지만, 저 좋은 친구 (웬트워스 대령을 가리키며) […] 저 친구는 […] 휴가 신청서를 내고, 신청 결과를 기다리지도 않고 포츠머스까지 밤낮으로 달려간 다음, 거기 도착하자마자 곧장 노를 저어 그래플러호로 건너가, 한 주 동안 그 불쌍한 녀석 곁에서 한 번도 떨어지지 않았어. 저 친구는 그랬어. 다른 누구도 불쌍한 제임스를 구하지 못했을 거야." [제인 오스틴, 『설득』(*Persuasion*), 12장]

여기서 **사실**을 나열하고 있다는 점을 주목해야 한다. 그러나 이 사실들은 **좋다**라는 용어와는 논리적 연결이 느슨하지만 '친구의 어려움을 나누는 행위'라는 묘사와는 연결이 느슨하지 않으며, 그 바로 상위 항목인 '우정에서 우러난 행위'라는 묘사와도 연결이 느슨하지 않다. 나열된 사실들은 이 항목에 자연스레 포함되는 종류의 것이다. 그와는 대조적으로, 잦고 기운차고 시끄러웠으므로 그것이 좋은 행위였다거나, 친구를 놀라게 했으므로 우정에서 우러난 행위였다거나,

친구의 이름을 반복적으로 적었으므로 친구의 어려움을 나누는 행위에 해당한다는 등의 방식으로 말한다면 소용이 없을 것이다. 이런 예는 뭐가 뭔지 알 수 없는 말이다. 그러나 이런 것을 횡설수설이라고 말하는 것 자체가 여기에 어떤 분명한 의미 기준이 있다고 인식하는 것이다. 내가 볼 때 흄이나 벤담이 논의의 종착점에 다다랐다고 말하는—즉 누군가가 '내가 그러는 것은 그것이 즐거움을 주기 때문이다'라고 말하는*—시점에 이르러 자연스레 이 기준이 똑같이 작용하기 시작한다는 것은 중요하다. **'어떤 종류의 즐거움인가?'** 우리는 묻는다. 그리고 우리는 그 대답을 듣기 전까지는 그 사람을 제대로 이해하지 못한다. 즐거움은 추상적인 것이 아니다.

사람들이 곤경에 처했을 때 (실제로) 친구들이 곁에 있기를 **바라지** 않는다면, 가까운 사람과의 사별에도 개의치 않거나 절망에 잘 빠지지 않는다면, 또는 그런 절망을 겪을 때 누가 곁에 있어도 도움이 되지 않는다면 웬트워스 대령의 행동은 우정에서 우러난 행동이 아닐 것이다. 곁에 있어주는 것이 언제나 쉽고 유쾌하다면, 우리가 감정적 평화와 위안을 좋아하지 않는다면 그 반만큼도 감명을 주지 않을 것이다("나라면 곧장 활대 위로 도망갔을 거야"). 마찬가지로, 사람들이 전반적으로 친구를 바라지 않고 필요로 하지도 않는다면 우정에서 우러난 행동이라는 관념 자체가 무의미할 것이다. 인간 본성을 알지 못하는 컴퓨터는 그 관념에 다다를 수 없고 그 내용을 구체적으로 제시하지도 못할 것이다. 이것이 바로 이런 종류의 사실을 이해하는 것이

* 예컨대 다음을 참조. David Hume, *Enquiry Concerning the Principles of Morals*, Appendix 1, sec. 244; Jeremy Bentham, *Principles of Morals and Legislation*, chap. 1, sec. 244, chap. 4, sec 8.

인간에 해당하는 여러 종류의 좋음에 관한 인식을 쌓는 데 절대적으로 필요한 이유이며, 또 이 작업이 완료되기 전에는 **좋다**는 일반 용어가 전적으로 무의미한 이유다.

본성 같은 용어의 이중적 기능 문제로 돌아가서, 만일 내가 예컨대 정보 전달 목적이 아닌 대화를 나누는 행동이나 자식들과 노는 행동을 두고 본성적이라고 말하면, 그저 하나의 행동을 묘사한 다음 한 박자 쉬고 나서 "만세"라거나 "그리고 참고로 나는 찬성이야, 너도 그렇게 해"라고 덧붙이는 것이 아니다. 본성적인 행동이 지니는 장점의 **종류**와, 그것을 금하거나 소홀히 할 때 뒤따를 가능성이 큰 위험의 **종류**에 주목하는 것이다. 강한 의미에서 본성적이라면 하나의 욕구를 충족시키는 것이며, 대체물로는 쉽게 채울 수 없는 욕구를 충족시키는 것이다. 우리의 욕구라는 것이 그것을 충족하지 못하면 우리가 죽는다는 뜻일 필요는 없다. 그러나 충족하지 못하면 상황이 나빠질 것이다. 너무 바빠 놀거나 대화할 틈이 없다고 생각하는 사람들은 애정이 위축됨을 느낄 것이고, 우리의 사회적 기능이 자유로이 작용할 때 생겨나는 지혜와 활력의 원천을 잃을 것이며, 우정을 키울 능력을 잃을 것이다. 이렇게 말하는 것이 그런 사람들의 방침을 **전반적으로 반대**하는 것과 같을까? 전혀 그렇지 않다. 그들에게 대안이 무엇인지 묻지 않았기 때문이다. 우리는 종합에 포함된 한 가지 요소만 거론했을 뿐이다. 다른 요소가 많이 있을 수 있다.

그렇다면 견해 차이는 전반적 찬성과 반대를 이리저리 날리는 것으로는 해결되지 않는다. 윽박지르든 구슬리든 감정적으로 해결해야 하는, 알맹이 없는 단순한 태도 충돌로 취급할 수 없다. 우리는 **딱 맞는** 해결책을 바란다. 그것을 찾아내기 위해 타당한 증거를 바라는데, 타당하다는 것이 그저 설득력이 있다는 뜻만은 **아님**을 알고 있기도

하다. 우리는 알맹이 없는 태도 충돌을 궁극적이라고 받아들이지 않는다. 양측 모두 그저 시도할 마음이 들지 않아 포기할 수도 있는 시시하고 부수적인 의미의 충돌이라면 그렇다. 물론 이런 의미에서는 구체적 논쟁을 더 이상 진행할 수 없으며, 그 답은 그저 출발점이 어디냐에 달렸다고 확실히 말할 수 있다. 그러나 이것은 논쟁이 아니라 논쟁자에 관한 사실임이 명백하며, 가치에 관한 논쟁에서만 볼 수 있는 특징은 전혀 포함되어 있지 않다. 정확히 똑같은 일이 '사실관계'의 차이에서도—예컨대 다른 학파에 속한 두 경제학자나 심리학자나 역사학자 사이에서, 또는 마르크스 학파와 프로이트 학파의 동기 설명 사이에서—일어난다. 이런 어긋남이 논리적으로 필요하다거나, 논쟁자들이 사실은 같은 세계를 논하는 것이 아니라고 보는 사람은 없다. 그들은 아직 서로 제대로 연관되지 않았지만 연관되어야 마땅한 뚜렷하게 다른 개념 틀을 가지고 있다. 그들의 입장은 지도책 첫머리에 나오는 다양한 세계지도를 보고 그중 하나는 옳고 나머지는 모두 틀렸다고 보는 사람의 입장과 비슷하다. 그런 다음 서로 연관 지어보려 하는 게 아니라, 자연지리적 경계를 옹호하며 정치적 경계를 배척하고, 등압선을 옹호하며 등온선을 배척한다.

가치 충돌이 궁극적이며 이성이 통하지 않는다고 받아들이는 입장에 대한 절대적으로 반박 불가능한 반론은 가치 충돌이 사람들 **사이에서**만 일어나는 것이 아니라 사람 **안에서**도 일어난다는 것이다. 일반적으로 우리 내면 무대에 등장하는 배우들은 찬 씨와 반 씨다.* 우리 각자는 충돌을 일으키는 것으로 보이는 여러 이상을 어떻게든 스

* 찬 씨(Mr. Pro)와 반 씨(Mr. Con)는 스티븐슨의 글에서 논쟁을 벌이는 등장인물들이다. C. L. Stevenson, *Facts and Values*, p. 85.

스로 조화시켜, 용납할 수 없는 거악과 용납되는 악 사이에서 어떤 길을 찾아내야 한다. 우리는 모두 어느 정도 앤서니 포웰의 등장인물 X. 트래프널과 같은 궁지에 빠져 있다.

> 트래프널은 무엇보다도 작가, 멋쟁이, 연인, 동지, 괴짜, 현인, 음악의 대가, 좋은 사람, 명예를 아는 사람, 굳센 사람, 씀씀이가 헤픈 사람, 기회주의자, 이성적인 사람, 어마어마한 부자, 어마어마하게 가난한 자이기를 바랐고, 천 명의 정부를 거느린 남자가 되기를, 자신이 언제나 신의를 지키는 단 한 연인의 마음을 얻기를, 모든 남자와 최고로 친하게 지내기를, 아무리 가벼운 모욕이라도 잔인하게 복수하기를, 백 살까지 충실하고 명예로운 삶을 누리기를, 무명으로 요절하지만 그다음 날 당대에 가장 무시되었던 천재로 인정받기를 바랐다. 이런저런 각도에서 보면 야심마다 각기 내세울 만한 부분이 있었다.*

트래프널이 유일하게 비범한 점은 우리 같은 사람들은 이런 것을 결합하기가 불가능하지만 그에게는 불가능한 정도가 그보다 한두 단계 덜 또렷하다는 점이었다. 우리는 대부분 어떤 수준에서 선택해야 한다는 것을 알고 있다. 그렇지만 어떻게 선택할까? 이 문제를 풀기 위한 결정 과정의 하나로 볼 때 자기 설득은 터무니없다. 우리는 누군가를 설득하기 이전에 결정을 해야 한다. 설득 대상이 자신일 때조차 그렇다. 일부 실존주의자라면 우리는 그저 말로 표현할 수 없는 선택에 직면해 있을 뿐이며 용기를 내어 합리화 없이 선택해야 한다고 스스로 타이르겠지만, 그것도 그다지 도움이 되지 않는다. 이런 조

* Anthony Powell, *Books Do Furnish a Room*(Boston, 1971), pp. 144-145.

이정표

언 역시 어떻게 할지 이미 정했거나, 어떻게 하든 상관없지만 실제로 실행에 옮기지 않고 망설이고 있는 사람에게만 해당한다. 여기까지 가려면 어떤 이유를 좋은 이유라고 받아들인 다음이라야 한다. 전형적으로 그런 사람들에게는 개인적 신의와 정치적 신의, 일과 가족, 사랑과 자존심 등 서로 제대로 맞물리지 않는 개념 틀이 둘 이상 있다. 이들이 다음에 할 일은 그것을 서로 잘 맞물리게 하는 것이다.

결정을 위해 '도움을 바랄' 때 우리는 누군가가 그 책임을 대신 뒤집어쓰기를 바라거나 정답을 찾아 읽기만 하면 되는 규정집을 바라는 것이 아니다. 우리가 도움을 바라는 것은 더 넓은 개념 틀을 구축해, 주의를 산만하게 만드는 불완전한 개념 틀을 그 안에서 서로 연관 짓는 것이다. 이런 더 넓은 틀을 구축할 수는 있지만 금방 되지는 않는다. 시간과 수고와 상당히 많은 협력이 필요하다. 언어와 마찬가지로 순전히 사적 영역의 일이 아니며, 구축해두면 모두에게 소용이 된다. 우리 역사를 돌이켜 보면 몇 번이고 볼 수 있듯이 결국에는 효과를 발휘할 수 있다. 알기 쉬운 한 예는 17세기 수많은 비극의 기본이 되었던 딜레마, 사랑과 명예의 갈등이다. 이것은 이상과 이상의 고통스러운 충돌이었으며, 그로 인한 압박 때문에 마침내는 두 관념 모두 수정되면서 부분적으로 해법이 만들어졌고, 그로 인해 사랑과 명예를 더 잘 이해하게 되었다. 물론 이런 종류의 수정은 충돌을 없애지 못한다. 이상은 실로 다양하다. 그러나 열심히 사고하면 여러 갈림길을 나타낼 더 나은 방법을 찾아낼 수 있고, 관련된 여러 가치를 표현할 때 오해가 덜한 기호를 고를 수 있다. 이런 일을 괜히 더 어렵게 만드는 관습(예컨대 결투, 중매결혼, 엄격한 복수 규정 등)을 바꾸는 데도 도움이 된다.

본성은 하나의 전체다

다시 말하지만 그런 충돌을 다룸에 있어 인간의 바람과 욕구에 관한 사실을 가지고 추론하는 것 말고는 선택의 여지가 없다. 우리는 "이런 관습을 어떻게 바꿔야 할까?" 하고 물을 때 한 걸음 더 나아가 "인간 본성은 무엇을 요구할까?" 하고 물음으로써만 그 대답에 다가갈 수 있다. 사랑과 명예는 어느 곳에서나 삶의 본질적 요소이다. 모두에게서 멸시받거나 무시당하거나 미움받는다는 말이 누군가의 비참한 신세를 가리키는 명확한 설명이 아닌 사회는 없다. 그 이유는 우리의 감정적 구성에 달려 있다. 필연적으로 우리는 더 많고 단순한 좋음을 위한 수단으로서뿐 아니라 그 자체로서 사랑과 명예를 필요로 하고 가치를 둔다. 삶에는 그와 마찬가지로 더 이상 환원할 수 없는 독립적 요소가 많다. 넓게 말하자면 웃음, 지식, 예술, 놀이, 질서, 자유를 비롯한 수많은 예가 있다.* 이처럼 요소가 다양하다는 사실은 합리성은 목표가 단순한 데 있다고 보려는 사람들을 종종 괴롭혔다. 이들은 때때로 사랑이나 명예를 실제로 삶의 요소에서 빼버리려고 노력하기도 했다. 그래서 홉스는 이렇게 적었다. "무엇을 소유하든, 어떤 행위, 어떤 특질이든 **명예롭다**는 것은 권력의 한 요소이자 표시다. […] 명예는 오로지 권력의 견해에 따라 성립되기 때문이다."

* 쉽게 비교 가능한 예를 일부러 고르지 않았는데, 우리가 필요로 하는 것들의 논리 유형이 다양하다는 점을 강조하기 위해서이다. 특히 우리는 물질뿐 아니라 **형식**도 필요로 한다. 특정 방식으로 마련되어 있는 삶을 필요로 할 수도 있다. 이것이 아리스토텔레스가 말한 대로 모든 범주에서 좋은 것을 발견할 수 있는 이유이며(『니코마코스 윤리학』, 1.6), 무어가 좋음을 노란색처럼 단순하고 기초적인 특질로 취급한 것이 틀린 이유다. 가시적 표면만 노란색이 될 수 있다.

그의 설명에 따르면 권력의 중요성은 우리를 안전하게 지켜주는 데 있다. 따라서 여느 곳과 마찬가지로 여기서 "예상해야 할 정념은 두려움이다."* 마찬가지로 조나단 스위프트도 (스토아학파를 따라) 이야기 속의 '순수하게 합리적인 말' 종족을 묘사할 때 모든 개인적 애정을 무의미한 약점이라고 일축하며 그에 영향받지 않는 모습으로 그린다.**

그러나 복잡한 주제에 단순한 전제를 사용하는 것은 합리적이지 않다. 자기 앞에 놓인 사실의 절반을 무시하고 그 나머지를 바탕으로 성급한 논의를 끌어냈으므로 특히 합리적이라거나 논리적이라는 주장을 일상에서 자주 본다. 이것은 물리쳐야 하며, 경험주의자라면 특히 더 그렇다. 우리 문제를 왜곡하는 단순한 전제는 불합리와 혼란만 낳을 뿐이다.

인간의 욕구는 다수이다. 좋음은 다양하다(Bonum est multiplex).*** 우리에게는 많은 종류의 좋음이 있는데, 바람이 많기 때문이다. 그렇지만 우리는 어떤 틀 또는 우선순위를 통해 그 모두의 의미를 어떻게든 이해해야 한다. 그 복잡성을 무시하거나 하나로 환원하는 척해서는 아무것도 해결되지 않는다. 그러기보다는, 다행히 다양한 욕구의 중심에서 찾아낼 수 있는 통일을 바라는 깊은 욕구의 작용을 따라가야 한다. 사람에게는 자신을 통합하려는 본능적 바람과 능력이 있고

* 토머스 홉스, 『리바이어던』, 10장.

** 조너선 스위프트, 『걸리버 여행기』, 4부(후이넘) 8장.

*** G. E. M. Anscombe, *Intention*(Ithaca, N.Y., 1957), sec. 39 참조. 여기서 앤스컴은 "악이여, 그대가 나의 선이 되어라" 같은 어구를 흥미롭게 논한다. 무어보다 성 토마스가 더 나은 경험주의자일 것이라는 말이 어떤 사람들에게는 뜻밖이겠지만 실제 입장이 그렇다. 성 토마스는 현상에 관심을 더 많이 기울였다. 좋음은 단순하지 **않다**. 그 복잡성에 대해 11장에서 얼마간 더 논하기로 한다.

완전히 파편화되는 데 대한 본능적 공포가 있어서, 자신의 삶에 형체를 부여하기 위해 끊임없이 흥정하고 희생하는 것이 가능하다. 이런 흥정을 우리는 최대한 완전히 이해할 필요가 있다. 예를 들면 사랑과 명예, 예술과 부, 자유와 질서 중 정말로 하나를 골라야 하는 사람은—엉터리 부분을 어느 정도 뜯어내거나 새로운 해결책을 고안해 양쪽을 결합하는 방법을 찾아낼 수 없는 사람은—양쪽 모두 정말로 좋은 점이 있다는 것을 깨달을 때만 제대로 된 선택을 할 수 있다. 그는 실제로 자기 인생과 남들 인생의 일부분을 위해 다른 부분을 희생해야 할 것이다. 그리고 그렇게 할 수 있는 유일한 근거는 그 한쪽 바람이 다른 쪽 바람보다 그에게 또 인류에게 더 근본적이고 더 중심적이라는 것이다. 그는 사실상 자신과 타인들이 어떤 종류의 인간이 되기를 바라는지, 자신의 삶과 자신의 사회가 어떤 모습이어야 하는지를 결정해야 한다. 그러나 혼자 결정할 필요는 없다. 자신이 속한 사회가 마련해둔 경험 전체와 주변 사람들의 반응을 활용함으로써, 따지고 보면 자기 혼자만의 문제가 아니라 모두가 관계되는 문제 즉 그런 바람을 연관 지을 우선순위의 틀 문제를 해결할 수 있다. 그리고 더 일반적이고 더 비중이 큰 의미의 **좋음**과 **나쁨**이 개입되기 시작하는 곳은 바로 이 지점이다.

바람의 가짓수가 많다는, 따라서 좋음의 가짓수가 많다는 점을 무시하고 가치를 단순히 일차원의 양적 문제처럼 다루면 두 가지 나쁜 결과를 낳는다. 첫째, 논의가 너무나 비현실적이 되고 우리의 실질적 문제를 이해하는 데 조금의 쓸모조차 없어서, 멀리서 벌어지는 게임처럼 된다. 심지어 스스로는 그러한 초연함에 뿌듯한 마음마저 들지도 모른다. 둘째, 중립적 분석이라는 깃발을 내걸었음에도 그저 우리가 선호하는 좋음을, 인생에서 우리가 택한 측면을 추구할 수 있다.

좋음의 충돌이 우리 문제의 핵심이다. 사랑이 명예와 충돌하고, 질서가 자유와, 예술이 우정과, 정의가 분별력과, 다정함이 정직과 충돌한다.* 그것도 중요한 결정에 대한 신파극적 사례에서 드물게 겪는 것이 아니라 일상생활에서 소리 없이 지속적으로 부대끼는 것이다. 우리는 어떻게든 흥정, 타협, 승화, 부분적 조합, 희생을 통해 여러 좋음의 요구에 균형을 맞춘다. 다소 극적인 결론을 좋아하는 사람이라면 이런 방법은 최종 승부에서 경쟁자 하나가 철저히 패배하는 상황보다 덜 인상적일지도 모른다. 그런 식의 절정은 문학에서 종종 사용되지만, 삶에서는 사용될 수 없기 때문에 최고의 문학에서는 쓰이지 않는다. 언급한 경쟁자 중 그 어떤 것이라도 완전히 단념하려면 우리 본성의 한 부분을 잘라내야 한다. 이것은 단순한 금욕주의적 해법이며, 시도된 예는 많지만 절대로 성공을 거두지 못한다(흥미롭게도 지금 서양에서 종교를 내세워 이를 시도하는 것을 좋게 보는 사람은 거의 없는 반면, 예술이나 자유의 이름으로 시도하는 것을 매우 희망적이라고 받아들이는 사람은 많아 보인다). 금욕주의의 악명 높은 문제는 무엇을 문밖으로 내던지면 그것이 더욱 나쁜 형태가 되어 창문으로 들어온다는 점이다. 그래서 스위프트의 작품에서 다룬 개인적 애정을 제거하는 문제에 관해 버틀러는 다음처럼 말한다.

음식에 대한 자연적 식욕 부족이 어떤 신체적 질병을 상정하며 그에

* 우리는 그런 좋음의 범위를 어느 정도 짐작하고 있기 때문에, 헤어가 예로 든 트럼펫 연주자나 나치 같은 편협한 광신자들의 주장에 맞설 때 (헤어의 의견처럼) 무력하지 않다[R. M. Hare, *Freedom and Reason*(Oxford, 1963), p. 112]. 광신자들은 자기네가 무시하려는 (완전히 잘 알려진) 좋음이 왜 더 이상 중요하지 않은지 그 이유를 제시해야 한다.

> 기인하듯, 스토아학파가 말하는 부동심도 마찬가지로 도덕적 품성에서 마음의 건강에 해당하는 부분 어딘가가 잘못되었음을 상정하거나 그에 딸린 현상임을 경험으로 알게 될 것이다. 일찍이 철학의 발치에서 이것을 목표로 삼았던 사람들은 자만과 분노라는 정념보다 다정과 연민이라는 애정을 뿌리 뽑는 데 더 성공한 것으로 나타난다. 자만과 분노라는 정념은 기껏해야 감출 수 있을 뿐이었고, 그마저도 불완전했다.*

이 방법으로 바랄 수 있는 최선의 결과는 부분적 죽음이다. 이를 피하기 위해 우리는 버려야 하는 것들을 어떻게든 올바르게 평가하려고 노력한다. 완전한 전문화를 피하는 것이다. 그런 시도를 할 때 우리는 항상 어떤 균형 내지 비례 개념에 의지한다. 그렇지만 사람들은 이론을 만들 때 이 점을 필연적으로 제한적이고 부르주아적이며 인습적인 것처럼 여기며 고려하지 않고 한옆으로 밀쳐버리곤 한다. 그것은 잘못이다. 부르주아가 된다는 것은 (나쁜 의미에서) 한 가지 특별한 종류의 균형을 목표로 한다는 뜻이다. 구체적으로 말해 개인이나 사회가 가진 모든 역량을 정당하게 평가하는 쪽이 아니라, 모든 것을 희생하고 검약을 추구하도록 설계된 균형을 목표로 하는 것이다. 잘 알려져 있듯 이것은 종교적 금욕주의만큼이나 과격한 위축을 뜻할 수 있으며, 그 끝은 수전노이다. 인습적이라는 것은 (나쁜 의미에서) 무엇이든 이미 우세를 차지하고 있는 쪽으로 균형을 고수한다는 뜻이다. 이 균형은 애초에 잘못 설계되어 있을 수 있고, 외부의 변화에 따라 더욱 나빠질 수도 있다. 이 두 정책을 잘 알 수 있는 좋은 예시가 너도밤나무를 다듬어 산울타리를 만드는 것이다. 강풍이 불 때

* Joseph Butler, Sermon 5, sec. 11.

아무래도 자연스레 자라는 너도밤나무보다 쓰러질 가능성이 작겠지만, 그럼에도 균형과 비례가 훨씬 덜 잡혀 있다. 실제로 균형은 넘어지지 않는다는 소극적 관점만 있는 것이 아니라, 완전한 성장에 다다른다는 적극적 관점도 있다. 미덕을 수단으로 삼는다는 아리스토텔레스의 학설을 논할 때 대개 바로 이 점을 놓친다. 아리스토텔레스는 확실히 조심스럽거나 관습적인 정책을 권장한 것이 아니다. 그는 중도는 안전하게 갈 수 있는 길이라거나 다른 모든 사람이 있는 곳이라고 말한 적이 없다. 그러나 친구를 위해 죽는 행위가 미덕에 포함될 수도 있다고 분명하게 말했다.*

균형과 비례 관념이 어떤 최우선 목표에 바치는 삶을 배제하는 것도 아니다. 사실 이 관념은 그런 삶에 특히 적절하다. 아무리 전문화한 사람이라도 여전히 사람이기에, 가지고 있는 모든 범위의 기능을 동원할 수 있다. 그래서 수도사는 사랑을 완전히 거부하지 않으며, 후이넘이 되고자 애쓰지 않는다. 그는 하느님의 사랑과 그 피조물인 인류의 일반적 사랑에 특히 열렬히 집중한다. 그는 자유를 거부하지도 않으며, 수도원 생활의 순종을 받아들이는 것은 세상과 육신과 악마의 노예가 되지 않기 위해서다. 인간 본성이 그런 홍정에 반응하는 방식은 사실관계 문제다. 그에 관한 증거는 선택에서 매우 본질적으로 중요하다.** 그리고 사실관계에 관한 질문에는 물론 저마다 철학

* 아리스토텔레스, 『니코마코스 윤리학』, 3.9, 9.8.

** 그 대가를 중압감과 노력으로만 치르지는 않는다. 대안적 삶의 방식, 즉 우리가 집중하는 기술이나 특질과 결합하는 데 어려움이 따르는 기술이나 특질에 집중하는 삶의 방식을 단념하는 것도 포함된다. 그리고 일이 '본성을 벗어날' 정도로 힘들어지면 어쩔 수 없이 다소 미심쩍은 동맹들에 기대기 마련이다. 큰일을 해내려면 필시 허영심, 자만심, 공격성, 미련한 고집, 맹목적 습관 같은 협력자가 필요할 것이다. 이런 것은 우리가 인식하고 있는 한 거의 해를 끼치지 않을 것이다. 그러나 상황이 매우 어려워

적 관점이 있다. 어떤 개념 틀을 쓸까? 사랑이나 자유 같은 관념은 여기서 어떻게 작용할까? 문제를 가장 이해하기 쉽게 상황을 묘사하는 방식은 무엇일까?

이런 덤불 속을 헤쳐나가려 노력할 때 우리는 앞에서 말한 것처럼 대개 어떤 것이 어떤 식으로 좋은지, 또는 (좋거나 나쁜) 여러 가지 중 무엇이 더 **중요한지** 판단하려고 한다. 그리고 물론 중요성 자체는 추상적이고 알맹이가 없는 '단순한' 특질이 아니라 우리 삶과의 관계이다. 어떤 것이 중요하다는 말은 그것이 우리와 깊은 **관계가 있다**는 뜻이며, 우리에게 필수적인 어떤 것을 **의미**하거나 **내포**한다는 뜻이고, 우리 본성의 중심부와 이어져 있다는 뜻이다. 따라서 무엇이 더 중요한지 판단하려면 본성에 관한 여러 사실의 경중을 따져야 하며 본성이 중심적으로 필요로 하는 것이 무엇인지 찾아내야 한다.

질문이 (비교를 위해) 신체적인 것이라고 생각해보자. 누군가가 인체에 잠이 더 중요한지 햇빛이 더 중요한지 묻는다. 물론 대답은 둘 모두 다른 방식으로 중요하다는 것이다. 끄집어내 측정할 수 있는 중요성이라는 이름의 중립적 요소는 없다. 그러나 두 가지 욕구가 충돌한다면, 어느 한쪽이 없으면 어떻게 될지에 관한 사실을 생각함으로써 실천적인 목적을 위해 우선순위를 판단할 수 있다. 사랑과 명예, 예술과 우정, 질서와 자유 경우도 마찬가지다. 우리 본성의 여러 측면에서 저마다 다른 것을 요구하고, 그것이 충족되지 않을 때 일어나는 재앙도 저마다 종류가 다르다. 충돌이 일어나면 우리는 어떤 재앙이 우리 존재의 핵심에 더 가깝게 타격을 주는지 판단해 해결해야 한다.

지면 이런 것이 주도권을 쥐게 되는 경향이 있다. 이것이 바로 '본성적'인 균형을 벗어나는 정도에 한계가 있는 이유다.

이것이 우리가 개별적 좋음과 개별적 욕구를 이해하는 데서 출발하여, 비교를 위해 필요한 더 일반적인 관념을 거치고, 그리고 가장 일반적인 **좋음** 관념을 이해하는 데까지 나아가는 방법이다. 이로써 형식적 틀이 완성되고 방향이 잡힌다. 플라톤이 잘 말한 것처럼 이것은 중심적 관념이다. 우리가 좋음이라고 말하는 여타 모든 것이 어떤 식으로든 어떤 먼 지점에서 **수렴**한다는 우리의 믿음을 표현하기 때문이다. 즉 충돌이 있음에도, 우리 본성은 철저하게 가망 없이 최종적으로 복수형이 아니라, 본질적으로 하나라는 믿음이다.* 좋다는 관념은 우리에게 중심적인데, 그것이 구조에서 차지하고 있는 위치 때문이다.

이것이 좋다는 관념에 주목해야 할 이유지만, 고립되어 있다는 점만을 근거로 그것을 찬양하는 무어나 그 이후 도덕철학자들이 내놓은 이유와는 전혀 다르다. 그들은 그것을 어떤 신비롭고 이국적인 분홍빛 풍선처럼 자유로이 떠 있는 것으로 묘사한다. 어떤 개념 틀을 사용해서든 붙잡아 삶과 연결하려는 온갖 시도가 닿지 않는 외떨어진 서술어로 표현하는 것이다.

이 장에서 나는 '사실에서 출발해 가치를 추론하는' 데는 (사람들의 의견과 달리) 어떤 특별한 어려움도 없다는 점을 논했다. 그러므로 인간 본성에 대한 우리의 이해를 실천적으로 활용하지 못할 이유가 없다. 현재 우리는 어떻게 할까 생각할 때 인간의 본성적 바람과 욕구에 관한 광범위한 사실을 그냥 당연히 받아들인다. 또 실천적 결론을 내릴 때 그것이 진정으로 타당하고 때로는 반박할 수 없는 논리적

* 플라톤, 『국가』, 6.501-끝. 또 Iris Murdoch, *The Sovereignty of Good*의 마지막 에세이도 참조.

근거를 마련해준다는 점 또한 당연히 받아들인다. 이 부분에서 우리는 옳다. 그러나 다른 종류의 삶, 여러 욕구 사이의 균형이 다른 삶이 문제가 될 때는 이제까지의 가정을 의식해야 한다.

우리는 이곳의 여행객이 아니다

지금까지 사실에서 출발해 가치를 추론하는 여러 가지 방법과 그 당위성을 간단하게 훑어보았는데, 이 이야기를 마무리하려면 현재 우리가 가지고 있는 심각한 오해 한 가지를 더 생각해보아야 한다. 이것은 우리가 이 세계 또는 우주 안에서 **마음이 편안하다**는, 또는 편안하지 않다는 감각과 관계가 있다. 코페르니쿠스 혁명 이후 우리가 세계 안에서 마음이 편안하지 않다는 낭만주의적 생각이 흔해진 지 꽤 오래되었다. 그것은 모든 것이 어떤 의미에서 우리를 위해 만들어졌다는 확신을 주었던 중세의 우리 중심적 세계관을 잃어버렸기 때문이다.

그런데 사실 나는 저 세계관이 지식인 계층 이외에 큰 영향을 준 적이 있었을지 의심스럽다. 대부분의 사람은 대부분의 경우 하늘의 별 생각보다는 자기 주위 것들 걱정만으로도 벅차다. 그러나 지금 나의 요점은 그보다 훨씬 더 넓다. 세계 안에서 편안함을 느끼기 위해 필요한 것은 세계가 우리를 위해 만들어졌다는 믿음이 아닌 것이 확실하다. 우리가 이 세계 안에서 편안함을 느끼는 것은 **우리가 세계에 맞게 만들어졌기 때문이다**. 우리는 여기서, 이 행성에서 발달했고 이곳에서 살도록 적응했다. 우리의 감정적 구성은 그 적응의 일부분이다. 우리는 다른 어떤 곳에서 살기에도 적합하지 않다(턱없이 비싼 비용을 들여 우주선 같은 곳에서 잠시 생존할 가능성은 기생적일 따름이다. 그것은 우

이정표

리가 익숙해져 있는 조건을 몇몇 색다른 장소로 확장할 수 있느냐에 달렸으며, 우리가 **다른** 조건에서 살 수 있는 능력에 달린 게 아니다).

이 우주가—그 전부가—**우리를 위해** 만들어졌다는 주장은 언제나 유치하고 과대망상적인 관념이었다. 물론 이 문제에 관한 그리스도교 사상은 사실 과대망상이 아니었는데, 다른 동물과 마찬가지로 인간을 하느님의 감독에 따라 하느님의 영광을 위해 존재한다고 보았기 때문이다. 따라서 인간은 천국의 모든 천사보다 아래에 놓였고, 나아가 인간이 지구를 지배하는 틀은 하느님 것이지 인간 것이 아니었다. 인간의 자만에는 엄격한 한계가 정해져 있었다. 그러나 우리가 중심에 하느님을 두지 않고 그 틀을 유지하려 한다면 미친 짓을 하는 셈이다. 그것을 시도하는 사람들이 혼란과 괴로움에 빠지는 것도 놀랍지 않다. 맞춤 제작된 개인화한 세계를 기대하는 사람은 누구든 기존 세계를 불합리하게 여길 가능성이 크다.

편안함을 느낀다는 관념은 사실 그보다 훨씬 더 소박하다. 그것은 나를 위해 특별히 설계된 환경을 갖는다는 뜻이 아니다. 그것은 나에게 맞는 환경을 갖는다는 뜻이다. 그리스도교 사상에서는 우리는 이 땅에 속하지 않는다고—"이곳에는 영속하는 도시가 없도다"*—강조하는 요소가 강하다. 그렇게 강조하는 근거는 우리에게 어울리는 곳은 다른 어디라는 데 있다. 우리는 천국에서 왔고, 그곳으로 돌아갈 수 있으며, 거기에 맞게 적응했다는 것이다. 천국을 믿지 않는 사람들은 이 사고방식을 받아들이지 않는다. 그들은 우리가 어디에서 왔다고 생각할까?

* T. S. 엘리엇의 희곡 『대성당의 살인』(*Murder in the Cathedral*)에 나오는 구절이다.(옮긴이)

나는 이 질문이 우리의 복잡한 본성에 관한 실제적 어려움을 강조하고 있다고 생각한다. 우리가 지닌 기능의 특정 측면은 우리에게 정말 어려운 문제를 안겨준다. 특히 우리는 상황이 조화롭지 않을 때 그것을 우리에게 문제가 되는 방식으로 주목하고 고찰할 수 있다. 그런 부조화가 다른 많은 종을 괴롭히는 부조화보다 더 심해 보이지 않는데도 그렇다. 예를 들면 평생 애정을 지닐 수 있는 동물이 죽음으로 인한 괴로움에 대해 갖는 공포는 동물 중에서도 평생 반려 관계를 맺는 수많은 조류나 수많은 갯과 동물과 우리가 공유하는 특징이다. 상심과 쓸쓸함은 우리가 만든 것이 아니다. 그러나 우리는 그것을 예상할 수 있고 생각할 수 있으며 상상 속에서 폭넓게 경험할 수 있기 때문에 문제가 더 심각하다. 물론 이것은 상상력을 활용하고 그 기쁨을 누리는 대가의 한 부분에 해당한다. 그러나 우리의 진정한 자아는 영혼 내지 지성이라고만 규정하고 우리 본성의 이쪽 측면과 나머지 측면을 연결하는 사다리를 치워버리는 이원론적 방법은 이 문제를 직면하는 방법이 될 수 없다. 우리는 본성 중 감정 등 지성과 무관한 부분과 더불어 그것들에 맞춰진 신체와 세상을 이질적이고 부차적인 것이라고 일축할 수 없다. 우리 존재의 연속성을 보존하려면 우리는 어떻게든 전체로서 작동해야 한다.

이것은 우리가 다른 생물계와 동류임을 인정한다는 뜻이다. 우리가 이곳에서 완벽하게 마음이 편안하지 않다면, 결국 우리가 이곳을 취급해온 방식과 관계가 있을지도 모른다. 아무리 마음 편안한 집이라도 살기에 부적합한 곳으로 만들 수 있다. 우리 문화에서는 자연을 **정복**한다는 관점에서 말하는 경우가 너무나 많았다. 이것은 물여우가 자신이 사는 연못을 정복한다고 말하거나 주정뱅이가 자신이 누워 있는 침대에 싸움을 거는 것만큼이나 사리에 맞지 않는다. 우리의 존엄은 자연 **안에서** 생겨나는 것이지 자연을 거슬러 생겨나는 것이 아니다.

앞서 나는 우리가 동물계에 속한다고 해서 존엄에 위협을 느껴서는 안 된다고 말했다. 그리고 사람들이 여기서 느끼는 위협을 코페르니쿠스 혁명과 진화론 때문에 그리스도교 사고가 느낀 위협과 비교했다. 이 세 가지 위협은 실제로 모두 연결되어 있다. 모두 우리가 상징을 문자 그대로 받아들인 데 따른 혼란에서 비롯된다. 코페르니쿠스로 인해 생겨난 뒤로 내내 사라지지 않는 악몽 하나는 **위**와 **아래**가 더 이상 제대로 기능할 수 없다는 두려움이었다. 우리가 어쩌면 자유낙하하는 중일지도 모른다는 관념에서 멀미가 생겨난다. 그러나 그래서는 안 된다. **위**와 **아래**는 우리가 이 행성과 맺는 관계와 관련이 있다. 이곳이 우리가 있는 곳이다. 우주선 안에서 우리가 멀미를 느낄지도 모른다는 것은 우리에게 위협이 아니다. 우리는 배를 타고 나가서도 멀미를 느낄 수 있고, 그 사실에 우주적 의미를 부여하는 사람은 아무도 없다. 그리고 지구 반대쪽에서도 삶은 그럭저럭 계속된다.

그렇지만 **위**와 **아래** 관념에는 상징 기능도 있다. 경배한다는 것은 위를 우러러보는 것이다. 그리고 우리가 중심을 차지하고 있는 우주를 하느님이 하늘에서 내려다보고 있다는 것은 확실히 만족스러운 상징이었다. 코페르니쿠스 혁명 이후와 마찬가지로 이전에도 이것은 문자 그대로 받아들일 진리가 아니라 임시적이었으며, 인간이 생각할 수 있는 하느님의 모든 이미지가 그렇듯 하느님의 영광뿐 아니라 인간의 무지도 표현한다고 여겨졌다. 그러므로 코페르니쿠스 혁명은 종교에 해를 끼치는 것이 아니어야 했는데, 그럼에도 해를 끼쳤다. 교회가 갈릴레이를 박해하는 쪽을 택했기 때문이기도 하고, 사람들이 너무나 쉽게 상징에 의존하기 때문이기도 했다. 거기서 헤어나려면 시간과 보살핌과 도움이 필요하다. 하느님의 섭리로써 모든 것이 포용되고 설명된다는 감각은 이것을 비롯한 여러 이유로 크게 약화되었다.

그러나 사람들은 하느님의 섭리를 버리고 계몽운동이 조언한 대로 인간의 삶이라는 것 자체로 설명되고 정당화되는 삶으로 만족하는 법을 전혀 배우지 못했다. 그러는 데 성공하지 못한 것이 진화 관념이 그렇게나 열정을 불러일으킨 한 가지 이유다. 진화 관념은 한편으로는 인간이 멸시하던 동물, 악이나 결함 또는 기껏해야 정념의 상징에 지나지 않는다고 보았던 동물에서 인간이 자연적으로 발달해 나오는 모습을 보여주었다. 진화 관념은 인간을 더욱 확고하게 지구와 연결했는데, 지구는 반박의 여지 없이 아래쪽이었다. 그렇지만 다른 한편으로는 위 방향을 미래로 이어지는 것으로 새로 제시해주었다. 그리고 이것이 새로이 유력한 상징이 되었다.

진화 이론에서는 실제로 동물과 아래 방향에 관한 상징주의 신화를 없애고 나아갈 것이 요구되지만, 사람들은 그러지 않았다. 오히려 어떤 대가를 치르더라도 진화에 저항하거나, 미래에는 인간의 과거를 오염시켰다고 인정되는 저열한 동반자들에게서 빠져나와 위로 올라가리라는 조건부로 진화를 받아들였다. 미래는 인간이 자연의 나머지 부분으로부터 최대한 빨리 멀어지게 하고 마침내는 자연과의 연관성에서 벗어날 수 있다는 희망을 주는 것으로 여겨졌다. 다른 동물들과 동류라는 생각에 오염된 느낌을 받은 사람들은 동물과 덜 닮게 된다는 희망에 빠져들 수 있었다. 동물도 지구도 여전히 완전히 무비판적으로 악과 결함 **그리고** 감정의 상징으로 사용되고 있었으므로, 이처럼 거리를 둔다는 것은 대개 덜 감정적이고 더 지성적, 기술적이 된다는 뜻이었다. 격렬한 시적 상상을 지닌 니체 안에서는 이 메마른 지적 마초가 어느 정도 감정도 강조함으로써 균형이 잡혔다. 그러나 쇼나 웰스가 상상한 미래에서는, 그리고 그들의 뒤를 이은 대부분의 과학소설에서는 감정이 의미심장하게 날뛴다. 본성적 감정이 제거된 로봇 세계가 피와 살을 대신한다. 그리고 우주여행이라는 발상 자체가 천국으로 돌격하는 상징으로 작용한다. 자기 세계 '정복'을 끝낸 인간은 일어나 하늘까지 정복할 것이고, 그렇게 천상의 존재든 지상의 존재든 경쟁자들을 쓰러뜨릴 것이다. 그러나 만일 하느님이 살아 있다면 광선총이 하느님에게 통할까? 그리고 하느님이 죽었다면 굳이 하느님 옷차림으로 변장할 이유가 무엇일까?

하느님이 되고 싶다는 유혹은 이따금 무신론자들이 빠지는 것으로 보이는데 나중에 다시 논할 주제다.* 현재 나의 관심사는 공식적으로 진화를 믿는 수많은 사람이 그 결론을 받아들이기 힘들게 만드는 견고한 상징적 장벽이다. 그것은 인간과 그 나머지 종들이 동류라는 사실로, 일단 양쪽 모두를 냉정하게 관찰하기 시작하면 너무나 명백해진다. 동류라는 것은 동일하다는 뜻이 아니다. 그러나 상대방을 본질적으로 악이라고 확신하면, 또는 자신이 구원으로 나아갈 유일한 길은 최대한 빨리 상대방에게서 멀어지는 것뿐이라고 생각하면 상대방을 동류라 인정하는 것조차 어려울 것이다. 우리의 구원이 정말로 그쪽 길에 있을까? 우리가 허겁지겁 달려가고 있는 더 나은 미래를 위해 인간의 정상적 애정을 소멸시키는 것이 정말로 필수 조건일까?(쇼, 웰스, 그리고 때로는 니체도 그렇다고 보았다). 그런 애정으로 우리와 동물이 연결된다. 그리고 동물은 항상, 그리고 아마도 필연적으

* 11장, 432쪽.

로 애정의 상징으로 이용된다.

카뮈는 이렇게 말한다. "착시와 빛을 없앤 우주에서 인간은 이방인이라는, 외부인이라는 느낌이 든다. 인간의 귀양살이에는 가망이 없다. 잃어버린 고향의 기억 내지 약속의 땅에 대한 희망을 빼앗겼기 때문이다." 이것은 생부모에게 실망한 어린이가 자신을 납치되어 계승권을 박탈당한 왕자라고 생각하기로 마음먹고 하는 상상에 지나지 않는다. 우리는 하느님이라는 발상을 받아들이거나 받아들이지 않거나 둘 중 하나를 택해야 한다. 받아들이지 않으면 세상의 빛은 착시가 아니다. 세상의 빛은 우리가 엉뚱하게도 천국에 투사한 현세의 현실이다. 카뮈처럼 두 가지 대안 중 자화자찬하는 측면을 골라 우리의 입장을 극적으로 과장하는 것은 자기기만이다. 카뮈의 소설에 등장하는 '낯선 사람'이나 '외부인'은 실제로 일종의 이방인이다. 그러나 그가 이방인인 것은 인간적 감정을 공유할 능력이 없음이 분명한 감정적 장애인이기 때문이다. 내가 그 책을 처음 읽은 때조차 그는 감정 공유를 위해 그다지 애쓰는 것처럼 보이지 않았다.* 그는 남의 이상이 될 수 있는 부류의 사람이 아니다. 그와 같은 불리한 조건이 없는 사람들이 그를 모방하면 그들은 실존주의의 정말로 뛰어나고 중

* 작품 속의 이방인이 인상적인 것은 어쩔 도리가 없는 자신의 불리한 조건을 받아들이는 용기와 정직 때문이다. 그러나 그런 불리한 조건이 없는 우리 같은 사람들의 정직에는 그와 똑같이 어렵지만 완전히 다른 것이 요구되는데, 그것은 바로 우리가 정상적인 힘과 감정을 가지고 있음을 인정하는 것이다. 장애인인 **척하는** 데는 금욕적인 면이 없다. (정신적으로) 실제보다 더 장애인인 척하는 것은 바이런적이다. 『이방인』 같은, 나아가 헤르만 헤세의 『황야의 이리』 같은 소설을 **쓴다**고 해서 반드시 바이런적이지는 않다. 누군가는 그런 이야기를 들려주어야 한다. 그러나 장애가 없는 사람들이 이런 인물을 숭배하고 자신과 동일시하는 것은 바이런적, 다시 말해 가짜로 낭만주의적이다. 평범한 도덕과 종교 이면에 나쁜 동기가 깔려 있는지 매서운 눈으로 살필 때는 이처럼 눈에 덜 띄는 형태의 위선에도 주의하는 것이 좋겠다.

이정표

요한 취지, 즉 거짓 핑계를 대기를 거부하고 자신이 만든 그대로의 자신을 책임진다는 취지를 잃는다.

우리 앞에서 우주가 캄캄해지고 침묵했을까? 파스칼은 그렇게 생각했다. 그는 이렇게 말했다. "이 무한한 우주의 영원한 침묵이 무섭다."* 그럴 이유가 있을까? 침묵은 탁아소나 식당이나 새들이 지저귀어야 하는 숲속 등 소리가 나야 하는 곳에 흐를 때 무섭다. 우리는 하늘에서 살고 있지 않다. 그렇지만 하늘에서 살아야 한다면 죽게 될 테니 정말로 매우 무서울 것이다. 많은 과학소설이 이런 악몽에 빠져들도록 두려움을 주는 것으로 구성되어 있다. 그러나 우리가 그곳으로 갈 필요는 없다. 우리가 하느님의 자리를 인계받으라는 요청을 받았다는, 그리고 하느님이 살던 곳이 저 위에 있다는 발상이 없다면 그렇다.

우리는 천구의 음악**을 잃었다. 천구의 음악은 확실히 매우 우아한 상징이었다. 그러나 만일 하느님이 있다면 저 상징은 하느님에게 전혀 필요가 없고, 만일 하느님이 없다면 우주의 음악의 원형인 실제 삶의 음악이 여전히 땅 위에서 우리를 위해 존재한다.

우리가 하늘을 무서워할 이유는 없다. 하늘을 신이 사는 교회나 악마 외계인들의 집이나 우리가 살 수 없는 무서운 고향으로 생각하지 않고 그저 있는 그대로, 우리 세계가 온전히 속해 있는 광활하고

* 블레즈 파스칼, 『팡세』, 3장 206절.

** '천구의 음악(music of the spheres)'은 '우주의 음악(musica universalis)'이라고도 하며, 고대 그리스의 우주론에서 비롯된 철학 개념이다. 지구를 우주의 중심에 둔 이 우주론에서는 여러 개의 수정구가 지구를 양파처럼 겹겹이 싸고 있고, 각 수정구에는 행성이 하나씩 걸려 있으며, 수정구가 움직이기 때문에 행성이 움직인다고 생각했다. 별은 모두 가장 바깥 수정구에 걸려 있었다. 천구의 음악은 이 수정 천구들의 조화로운 운행을 음악에 비유한 개념이다.(옮긴이)

찬란한 배경으로 생각한다면 무엇이 그리 위험할까? 우리가 관심을 가질 만한 것은 하늘이 찬란하다는 것뿐이다.

4부

인간의 표식

그자는 첫눈에 자신과 사랑에 빠졌어.

그리고 자신에 대한 연정을 지키며 한 번도 한눈을 팔지 않았지.

—앤서니 포웰, 『어음 세계』(*The Acceptance World*)

10장

말을 비롯한 인간의 뛰어난 특징

단순한 구분의 유혹

인간은 언제나 자신을 좋게 생각해왔고 그럴 만한 이유가 있다. 그러나 그 근거는 본질적으로 무엇일까? 인간이 결정적으로 동물과 다른 점은 무엇일까?(하는 생각이 들 수 있다).

이 질문은 거의 모든 면에서 잘못되었다.

첫째—이제까지 논한 것처럼—인간을 기계나 천사로 생각하지 않는다면 이 질문은 "동물 **중에서** 인간"에 대한 것이어야 하고, 동물 중에서도 종교의 온갖 제약은 다 안겨주면서 그 혜택은 하나도 주지 않는 말도 안 되는 외계의 존재들은 다 빼고 우리 지구상의 동물이어야 한다.

둘째, 일반적으로 이 질문은 그 답으로 최종적으로 다른 간단한 특징 하나, 그것도 인간에게 찬사를 안겨주는 특징 하나를 요구한다. 내가 볼 때 이것은 사물을 종류(genus)와 종차(differentia)로 정의하는 오랜 전통의 결과물이다. 먼저 각 사물이 속하는 종류의 이름을 붙이고, 그다음 그 종류에 속하는 여타 구성원과 구별되는 특징을 대는 것이다. 이 분류 틀에는 각 사물의 (또는 그보다는 자연 속 각 종류의) 본질을 진술하는 공식을 찾아낼 수 있으리라는 약간의 희망이 담겨 있다. 그리고 이때 종차는 사실 ("깃털 없는 두발짐승" 같은) 부수적 특질이 아니라 어떤 면에서 그 사물의 뛰어난 특징이나 중심적 기능이어야 하는데, 그쪽이 우리가 그 사물을 잘 분간하고 그에 따라 정말로 무엇인지 아는 데 유용하기 때문이다. 인간은 합리적 동물이라는 다소 아리스토텔레스적인 옛 정의는 이 양식을 따르고 있고 또 가장 잘 알려진 예이기도 하다.*

그런데 오늘날 대부분의 사람들은 이 틀은 인간 세계 외부에 적용하기에는 지나치게 야심 차다는, 지당한 이유로 거부할 것이다. 인간이 만들지 않은 사물이 우리가 파악할 수 있는 본질과 우리가 취지를 알 수 있는 단순하고 뛰어난 특징을 반드시 가지고 있으리라고 기대할 수는 없다(그들은 동의할 것이다). 달팽이를 인간 관점에서 평가하는 것은 오류를 낳기 쉬운 방식이며 그렇게 받아들여야 마땅하다. 우리가 달팽이를 분류하고 이해하는 데 도움이 될 표식을 찾아낼 수 있는 것은 확실하다. 그러나 그럼으로써 드디어 달팽이의 진정한 본성을 간단한 공식으로 표현했다고 주장해서는 안 된다.

그렇지만 **인간의 뛰어난 특징은 무엇일까?** 하고 물을 때 똑같은 장애물이 가로막고 있음을 사람들이 알아차리는 것은 그보다 더디다. 만일 이것이 '인간이 아닌 관찰자가 볼 때 인간은 어떤 점이 두드러져 보일까'라는 뜻이라면 먼저 그 관찰자의 기준틀과 그가 볼 때 어떤 점이 뚜렷하게 대비되어 보일지 알 필요가 있을 것이다. 만일 이것이 '인간의 삶에서 가장 좋고 가장 중요한 것은 무엇일까'라는 뜻

* 아리스토텔레스는 이렇게 정의하지 않았으나, 『니코마코스 윤리학』, 1.7을 비롯한 여러 곳에 이런 논의가 암시되어 있는 것은 사실이다. 또 (확실히) 그는 모든 것은 위에서 설명한 방식으로 정의해야 한다고 선언한 적도 없다. 그는 그런 무차별적 틀을 싫어했고, 사물을 어떻게 정의해야 하는가 하는 질문을 받으면 필시 다음과 같이 대답할 것이다. "각각의 주제에 대해 그 주제에서 허용하는 최대한의 정확성을 기대하는 것이 교양인의 표식이다"(『니코마코스 윤리학』, 1.3).

이라면 현실적 질문이니 답을 찾으려 시도할 수 있다. 그렇지만 이것은 생물학적 분류 문제가 아니다. 도덕철학 질문이다. 그리고 그 답은 종차라는 말의 의미대로 다른 종들과 공유하지 않는 간단한 특징 하나여야 한다고 미리 정해둔다면 답을 찾아내는 데 전혀 도움이 되지 않을 것이다. 좁은 범위의 도덕이 꼭 정답일 이유가 있을까? 우리의 뛰어난 특징에 우리 본성 전체가 포함되지 않을 이유가 있을까? 지성을 우리의 나머지 모든 기능보다 추앙하는 플라톤적 태도는 구체적 도덕적 입장의 하나이며, 여타 입장의 검증을 통과해야 한다. 분류법이라는 투박한 방법의 등에 업혀 받아들여질 수는 없는 것이다.

사실 단순함이 지나치면 본질 관념을 망가트린다. 갖가지 특질을 두고 **더** 또는 **덜 본질적**이다, 다시 말해 해당 종에게 더 또는 덜 중요하다고 등급을 매기는 것은 전혀 어리석은 일이 아니다. 아리스토텔레스는 다리가 둘이라는 점이 인간에게 적절한 종류 구분이라는 주장을 거부할 때 바로 이렇게 했다. 그것은 해당 종의 삶에서 중심적인 특징이 아니었다. "예를 들면 새와 인간은 다리가 둘이지만, 이들의 다리가 둘이라는 특징은 다양하고 차별화되어 있다."* 사실 조류와 인간이 앞다리로 몸을 지탱하지 않게 된 것에는 비슷하면서도 서로 다른 이유가 있다. 만일 그런 이유를 언급하면서 새들을 날개 달린 동물 또는 공중을 나는 동물이라 부르고 인간을 손이 달린 동물 또는 손재주가 좋은 동물이라 부른다면, 훨씬 더 중요한 것을 말하는 것이다. 공중을 나는 것과 손이 있는 것은 해당 동물 특유의 삶에 큰 차이를 만든다는 점에서 상당히 본질적인 속성이다. '다리가 둘'이라는 소극적 특징과는 달리, 해당 동물의 삶을 설명하는 데 도움이 된

* 아리스토텔레스, 『동물의 각 부분에 관하여』, 1.3.

다. 마찬가지로, 로렌츠는 데즈먼드 모리스를 이렇게 비판한다. "그는 저서 『털 없는 원숭이』에서 인간의 동물성을 지나치게 강조한다. [···] 인간 특유의 속성과 기능을 최소화해 사실상 오해하게끔 한다. 눈에 띄면서 생물학적으로 의미 있는 인간 종의 속성은 부분적으로 털이 없다는 점도 아니고 '성적 매력이 있다'는 점도 아니다. 그것은 개념 사고 능력이 있다는 점이다."*

로렌츠의 말은 개념 사고는 **구조적** 속성 즉 해당 종의 삶의 조직 전체에 영향을 주는 속성이며, 털이 없고 '성적 매력이 있다'는 특징은 그가 볼 때 사소하고 비교적 지엽적인 속성으로서 삶에 미치는 영향이 훨씬 덜 전체적이라는 뜻이다. 그리고 각 종은 살아가는 나름의 방식이 있기 때문에 구조적 속성은 정말로 해당 종에 특유할 수 있다. 그러나 구조적 속성 전부가 그렇지는 않으며, 특유한 속성이라 해도 그것이 뛰어난 속성이라는 증거는 되지 않는다. 해당 종의 관점에서 볼 때조차 그렇다. 어떤 종이라도 특징적인 나쁜 습성이 고루 배어 있을 수 있다. 반대로, 좋은 점이 반드시 그 종만의 특징일 필요는 없다. 예를 들면 비버를 묘사할 때 우리는 확실히 공학 능력이 비버의 가장 뛰어난 특징 중 하나라고 말해야 할 것이다. 그러나 이것이 그들만의 특징은 아니다. 이 능력 요소는 비버가 속한 계통 안에 존재한다. 비버는 설치류이며, 쏠고 굴을 파고 부지런히 둥지를 짓는 것은 설치류가 살아가는 방식의 일부다. 흰개미는 둥지를 짓고, 두더지는 굴을 파고, 벌은 부지런한 것과 마찬가지다. 비버를 특별하게 만드는 것은 이런 기본 기능의 특정한 **조합과 그것이 더욱 발달한 결과물**이

* Konrad Lorenz, *Studies in Animal and Human Behaviour*, tr. R. D. Martin(London, 1970), vol. l. p. 14.

다. 마찬가지로, 유달리 예리하고 효과적인 맹금류의 눈을 생각할 때도 그것을 맹금류만의 특징이라고 보지 않는다. 우리는 새는 모두 시력이 상당히 좋다는 사실을 알 필요가 있는데, 공중을 나는 데 필요하기 때문이다. 그리고 포식동물은 전반적으로 사냥감보다 더 예리하고 더 뛰어난 신체적 조건을 갖추어야 한다는 사실도 알아야 한다. 또는 마찬가지로 코끼리에 관해 이야기한다면, 우리는 코가 있는 동물이 코끼리뿐인 척하지 않고서도 코끼리 코의 기적을 정당하게 평가할 수 있다.

그러므로 구조적 속성이 독점적이거나 반드시 뛰어날 필요는 없다. 또 옳다-그르다 내지 그렇다-아니다를 따지는 문제일 필요도 없다. 그리고 확실히 그런 여러 특징 중 어떤 것도 단독으로 하나의 종을 정의하거나 설명하기에는 불충분하다. 우리는 보통 그런 특징을 한 묶음씩 동원하며, 그 배합이 **더** 또는 **덜 본질적**인지는 그때그때 수많은 이유로 바뀔 수 있다. 그리고 정말로 특징적인 것은 그 묶음 전체의 모양새이다.

개념 사고나 이성, 언어, 문화, 자아의식, 도구 사용, 생산성, 웃음, 미래 감각 등 이제까지 인간의 종차라고 제시된 다양한 특징은 그런 묶음의 일부분을 이루지만, 그중 어느 것도 그것을 독점하거나 최종적으로 규정하지 못한다. 아직 언급할 생각을 하지 못한 것이 언제나 남아 있고, 그중에는 더없이 명백한 것도 있을 것이다. 방금 언급한 특징을 모두 갖추고 있지만 인간의 정상적인 애정은 하나도 없는 사람에 대해 우리는 뭐라고 말할 수 있을까? 물론 인간의 애정은 두말할 것도 없이 다른 수많은 종의 애정과 매우 비슷하며, 따라서 종차로 거론되지 않는다. 그러나 애정 결핍은 사람을 비인간적이라고 부르는 가장 흔한 이유이다. 이런 이유로 인해 **어떤** 동물인지 구체적으로 말하지 않고서 인간을 '동물'과 구별하는 표식을 찾아낸다는 것은 실제로 가능하지 않다. 우리는 다양한 방식으로 다양한 동물과 닮았다. 또한 동물들이 서로 얼마나 심하게 다른지 기억하는 것도 필수적이다. 특정 핵심 측면에서 우리를 포함해 사회적 포유류는 모두 뱀이나 대구, 나아가 벌보다 훨씬 서로 비슷하다.

논리적 요점은 그저 일반적으로 말해, 살아 있는 동물은 실제로 간단한 정의로써 본질을 표현할 수 있는 수학적 관념과는 완전히 다르다는 것이다. 세 변이 없는 삼각형은 더 이상 삼각형이 아니다. 그러나 날지 않는 새가 더 이상 새가 아니게 되지 않고, 공중을 나는 물고기도 더 이상 물고기가 아니게 되지 않는다. 각 동물의 특별한 점은 한 가지 고유한 특질이 아니라 여러 능력과 특질이 다채롭고 복잡하게 배합된 묶음이며, 그중 일부는 이웃과 공통될 것이 확실하다. 그리고 종이 복잡할수록 더 그렇다. 단일 종차를 기대하는 것은 불합리하다. 게다가 그것은 진정으로 풍부하고 다재다능한 특징을 가리기 때문에, 사실상 그 종을 돋보이게 하는 것도 아니다.

따라서 사람들은 전적으로 인간에게만 있다고 생각되던 특성이 다른 동물 안에서 탐지될 때마다 위협당한 것처럼 행동할 필요가 없다. 그런 기준이 설정되던 당시 널리 퍼져 있던 다른 동물에 대한 무관심과 진정한 무지를 생각할 때, 그리고 지금도 그들을 냉정하게 들여다보기를 꺼리는 태도를 생각할 때, 그런 특성은 계속 발견될 것이 분명하다. 동물이 통과할 수 없기를 바라며 만든 기준을 매번 재설정하는 식으로 상황을 피하다 보면 인간의 종차는 결국 핵심적 기능으로부터 점점 더 멀어진다. 언어, 도구 사용, 선견 등의 측면을 가지고 오로지 인간만 통과할 수 있는 시험을 얼마든지 고안할 수 있다는 것을 의심하는 사람은 아무도 없다. 단지 이미 확인된 것처럼, 어떤 시험일지 미리 알 수 없을 뿐이다. 그러나 그런 시험을 통과하는 데 필요한 기능이 인간의 가장 중요하고 핵심적인 기능이라고 생각할 어떤 이유가 있을 수 있을까? 어쩌면 인간은 핵심적 기능이 시험에 통과하는 것인 동물일까? 일부 문헌을 읽어보면 그렇다는 생각이 들지도 모른다.

인간의 이런 종차 관념은 갖가지 방식으로 오용되어왔다. 예를 들면 마르크스는 『독일 이데올로기』의 앞부분에서 이렇게 말했다. "인간은 의식이나 종교, 그 밖에 여러분이 원하는 어떤 기준으로도 동물과 구별할 수 있다. 인간은 생계 수단을 **생산**하기 시작하면서부터 스스로 자신을 동물과 구별하기 시작한다. […] 인간은 자신의 생계 수단을 생산함으로써 자신의 물질적 삶 자체를 간접적으로 생산하고 있다. […] 인간은 개인으로서 자신의 삶을 표현하고 그러므로 존재한다. 그들의 존재는 따라서 그들의 생산과 일치한다." 다른 동물은 어떤 의미에서 자신의 생계 수단을 생산하지 **않을까? 생산**에 대한 두 가지 해석이 저절로 떠오른다. 첫째는 재료를 그저 채집하는 것이 아니라 가공하는 것이다. 둘째는 채집이든 가공이든 다른 어떤 것이든, 자신이 하는 일을 자유로이 의도적으로 계획하는 것이다. 첫째 기준에서 보면 벌과 비버, 흰개미는 적어도 수렵 채집하는 비교적 단순한 인간 부족만큼은 생산하며, 이번에도 자신을 **어떤** 동물과 구별할지를 고려해야 한다는 것을 알 수 있다. 둘째 기준에서 보면 인간은 정말로 특별한 위치에 있지만, 생산뿐 아니라 모든 일에서도 그렇다. 마르크스의 말은 무슨 뜻이었을까? 그의 『파리 초고』*를 보아도 똑같이

* 마르크스가 1844년 쓴 토막글을 모은 것으로 그의 사후 『1844년 경제학-철학 수고』(*Ökonomisch-philosophische Manuskripte aus dem Jahre 1844*)라는 제목으로 출간되었다.(옮긴이)

모호하다. "생산하는 삶은 종의 삶이다. […] 한 종의 성격 전체, 그 종의 일반적 성격은 생명 활동 방식 안에 포함되어 있으며, 자유로운 의식적 활동은 인간의 종 특징이다." 그렇지만 이 구절이 주로 강조하는 대상은 생산이 아니라 자유로운 의식적 선택이다. 단순한 생산과 비교할 때 이것은 훨씬 넓은 범위의 활동에서 볼 수 있는 것이며 인간의 구조적 특징 중 하나이기는 하지만, 유일한 특징은 절대 아니다. 의식적 선택은 마르크스가 인간이 "자신을 동물과 구별하기 시작"하는 것과 외부의 어떤 분류자의 특별한 관심에 맞춰 단순히 구별되는 것을 대조한 요점으로 보인다. 그렇지만 마르크스는 칸트적인 이 일반론과 아울러 훨씬 더 구체적인 것, 다시 말해 만드는 자로서의 인간에 집중하고자 했다. 이러한 주장은 앤서니 퀸턴을 인용한 것으로, 그는 다음처럼 말한다. "인간의 본질에 대한 이러한 관념은 인간은 본질적으로 합리적 존재라는 이상주의적이자 다소 아리스토텔레스적인 헤겔의 관념을 마르크스가 물질주의적으로 수정한 것이다. 마르크스가 볼 때 실제로 인간은 본질적으로 합리적이지만 인간의 이성은 생산 활동에서 실현된다."* 이것은 확실히 옳지만, 나는 요지를 조금 더 넓게 두어야 한다고 본다. 아리스토텔레스 이후 이런 식의 정의를 제안한 사람은 모두 아리스토텔레스와 논쟁하고 있었고, 인간은 합리적 동물이라는 정의에 대해 이런저런 식으로 논평하고 있었으며, 이전 논의를 당연하게 받아들이고 있었다. 마르크스는 합리성을 부정하고 싶지 않았으며 다른 식으로 풀어내고 싶었다. 그러나 그러자면 우리에게는 완전히 다른 논의 틀이, 구체적으로 말해 인

* Anthony Quinton, "Has Man an Essence?", *Nature and Conduct*, ed. R. S. Peters(London, 1975).

간의 삶에서 본질적이라고 인정되는 수많은 요소를 모두 함께 명시적으로 고려해 분명한 우선순위를 부여하는 논의 틀이 필요하다. 그러자면 종차라는 단순한 틀을 버려야 하고 다른 종과의 구별에 관한 모든 질문을 곧장 논의에서 제외해야 한다. 그러면 만일 마르크스가 말하는 바로 그 생산을 하는 다른 종이 실제로 발견된다 해도 인간의 삶의 구조에 관한 그의 논의에는 전혀 손상이 가지 않을 것이다. 이제까지 배타적 특징을 고집하는 데 너무나 많은 지적 자본이 투자되었지만, 논의에는 어떠한 영향도 주지 않는다.*

데카르트—이성과 언어

그렇지만 한 가지 형이상학적 틀이 매우 지대한 영향을 미쳤기에 종차라는 발상을 배제하기가 불가능하게 된 지 오래다. 그것은 데카르트의 관점으로, 마음과 몸은 철저하게 분리되어 있으며 인간이 아닌 동물에게는 마음이 있을 수 없다는 것이다. 이 틀에서는 가치 있는 모든 것이 마음에 들어 있기 때문에 인간의 종차는 논의에 꼭 필요한 도구가 된다. 그리고 마음 또는 영혼은 불멸하다는 그의 관점이 이 틀을 통해 널리 살아남았는데, 기계론자들에게 매우 매력적이었기 때문이다.

데카르트는 체계적 의심을 거친 끝에 자신은 (생각할 수 있으므로) 존재한다는 결론에 도달하면서, 이어 자신은 **무엇**일까 질문했다. 그

* 사르트르는 "실존주의자가 바라보는 인간은 인간이 자신을 정의하기 전에는 정의될 수 없다"고 말함으로써 같은 판에서 또 다른 수를 두고 있는 것으로 보인다(Jean-Paul Sartre, *Existentialism and Humanism*, p. 28). 여기서 **정의한다**라는 관념은 매우 모호해 보인다.

는 '합리적 동물'이라는 생각을 즉각 거부했다. "그러면 나는 이전에 내가 무엇이라고 생각했을까? 인간이다. 그러면 인간은 무엇일까? '합리적 동물'이라고 해야 할까? 아니다. 그럴 경우 나는 계속해서 동물은 무엇인가 또 '합리적'은 무엇인가 물어야 하고, 따라서 질문 한 개에서 출발하여 더 어려운 질문 여러 개를 떠안게 된다."* 그는 **자신**은 단지 생각하는 존재이며, 절대로 동물이 아니라는 결론을 내렸다. 어떤 면에서 그의 몸은 이 영혼 또는 자아에 부착되어 있지만, 그 일부분이 아니라 별개의 물리적 장치였다. 그러나 동물 안에서 일어나는 물리적 과정은 모두 그 동물의 몸에 속했다. 따라서 정확히 말해 동물은 **생각**하지 않으므로 동물에게는 영혼이 없다는 것이다.

그래서 데카르트는 동물을 의식 없이 작동하는 자동기계로 보았다. 동물은 실제로 전혀 스스로 **행동**하는 것이 아니며 행동의 대상이라고 했다. "동물의 장기 배치에 따라 동물 안에서 행동하는 것은 자연이다. 톱니바퀴와 스프링만으로 이루어진 시계가 어떻게 시간을 측정할 수 있는지를 우리가 아는 것과 마찬가지다."** 그는 두 가지 이유에서 이 관점을 취한다고 설명했는데, 동물이 말을 하지 못한다는 점과, 지성을 발휘하는 것처럼 보이지만 한결같지 않다는 점이었다. 두 번째 이유를 먼저 살펴보자.

데카르트는 동물이 지성을 발휘하는 듯 보여도 진정한 지성에서 비롯된 것은 아님을 입증할 수 있다면서, 똑같은 동물이 다른 때에는 어리석게 행동할 수 있기 때문이라고 했다. 그러나 물론 그와 똑

* Descartes, *Meditation 2*, in *Philosophical Writings*, tr. P. T. Geach & G. E. M. Anscombe(London, 1954), p. 67.

** Descartes, *Discourse on Method*, Pt. 5, in ibid., p. 43.

같이 한결같지 않은 특징을 사람들에게서도 볼 수 있다. 영리하게 집을 찾아가는 말*이 위험하지 않은 사물 때문에 바보같이 겁을 먹기도 한다. 거짓 위험을 영리하게 잘 꿰뚫어보는 인간이 집으로 가다가 바보같이 길을 잃기도 한다(데카르트 모델을 활용하는 다른 사람들과 마찬가지로, 데카르트는 인간이 **더** 지성적인 종의 구성원들에게 시험을 받으면 어떤 성적을 보일지 전혀 생각해보지 않는 것 같다. 인간은 이상적 인간의 성적으로 평가되고, 동물들은 실제 동물의 성적으로 평가된다**). 상당히 지성적인 존재가 몸 상태가 좋지 않은 날 하는 비교적 바보 같은 행동은 기계의 '바보 같음'과는 조금도 닮은 데가 없다. 자동차는 집을 찾아가려는 노력조차 할 수 없다. 시계는 위험을 잘못 알아차리는 것조차 하지 못한다. 해결책이 바보 같다 해도 그것은 문제를 의식하고 있음을 나타낸다.

이를 비롯해 연관된 여러 이유 때문에 오늘날 사람들은 대부분 동물에게는 의식이 없다는 데카르트의 생각을 따르지 않을 것이다(만일 의식 자체가 모호한 관념이라고 생각하는 행동주의자 부류라면 사람에 대해서도 그렇게 생각할 것이다). 그럼에도 많은 사람이 여전히 동물은 사람이 하지 않는 방식으로 자동적이라 생각한다. 데카르트가 "동물

* 말에 관해서는 다음 에세이를 참조. Bernhard Grzimek, "On the Psychology of the Horse", *Man and Animal*, ed. Heinz Friedrich(London, 1972). 일반적으로 다양한 종의 지성을 비교하려 시도하는 사람들은 지성의 종류가 너무 다르기 때문에 양만 다를 뿐 똑같은 것이라고 생각하면 오해의 소지가 있다는 데 동의한다.

** 뒤뚱뒤뚱 하마 걸음으로
물질적 목적을 이루지 못하는 때도 있지만
참된 교회는 꼼짝하지 않아도
자기 몫을 거둬들이지.
-T. S. 엘리엇, 「하마」

은 지식이 아니라 자신의 장기가 배치된 대로 행동한다"*고 말한 것과 같다.

데카르트의 이 말은 무슨 뜻일까?

"자신의 장기가 배치된 대로"가 원칙적으로 원인 설명으로서 주어질 수 있다는 것만 의미하지는 않는다. 많은 사람이 동의하겠지만 이것은 사람 경우에도 똑같다. 그렇지만 사람이 관련되면 아무리 엄격한 결정론자라도 다른 종류의 설명도 동원해야 한다. 만일 우리가 어떤 여자가 왜 갑자기 집 밖으로 급히 뛰쳐나갔을까 묻는다면 다음과 같은 설명이 있을 수 있다. "어린 아들을 붙잡으려고. 방금 빙판 위에 있는 것을 보았으니까." 이 설명은 그녀에게 이성을 부여한다. '지식을 바탕으로' 행동했기 때문이다. 이것은 그녀의 이력**을 바탕으로 하는 원인 설명을 부정하지도 그와 대립하지도 않는다. 그러나 그 설명보다 선행해야 한다. 아들을 빙판에서 구하려고 급히 나간 데 대한 설명이기 때문이다. 그런데 불어난 강물에 새끼와 함께 꼼짝할 수 없게 된 어미 코끼리가 물에 쓸려가려는 새끼를 몇 번이고 구하려 애쓴 끝에 마침내 겨우겨우 코로 들어 물 밖 바위 위에 올려놓는 행동은 어떨까?*** 마찬가지로, 첫 번째 설명은 어미가 하려는 행동에 관한 것, 즉 새끼를 물에서 구해내려는 행동에 관한 것이어야 한다. 그러는 과정에서 어떻게 '지식을 바탕으로 행동'하지 않을 수 있을까? 다시 말해 새끼가 위험에 처했다는 것과 바위 위가 더 안전할 것이라는 지식이다. 두 경우 모두 원인에 대해 말하기 전에 동기와 또 어떤

* Descartes, *Discourse on Method*, p. 42.

** 호르몬 등 "그녀의 장기 배치" 포함.

*** Richard Carrington, *Elephants*(London, 1958), p. 60.

의미에서 이유를 먼저 언급해야 한다.

이에 대해 어떤 사람들은 명백하게 사리에 맞는다고 보는 반면, 또 어떤 사람들은 어떤 깊은 원칙이 위배되고 있다고 느낀다. 내가 볼 때 문제는 데카르트의 이성 관념에 있는 것이 확실하다. 그는 이성을 더 이상 쪼갤 수 없는 단일체로, 정도가 다른 것이 아니라 있거나 없는 관념으로 본다. "짐승은 인간보다 이성이 적은 정도가 아니라 아예 결여되었다"고 주장하는데, "이성은 모든 종류의 상황에서 쓸모가 있는 만능 도구"*인데도 이성을 사용하지 못하는 것을 보면 이성이 없음을 알 수 있다는 것이다. 그러나 물론 만능 도구를 가지고 있는 것과 그 도구를 만능으로 사용하는 것은 다르다. 그리고 원칙적으로 이성은 실제로 어느 곳에서나 어떤 것에 대해서나 사용할 수 있지만, 애석하게도 누구나 실제로 그렇게 사용할 수 있다는 논리로는 이어지지 않는다. 수학이나 러시아어에 무지하거나 서툰 사람이라면 특히 어려운 문제를 풀거나 번역하지 못한다. 편견이 있거나 격노한 사람은 자신의 목표를 냉정하게 비판하지 못한다. 물정에 어두운 사람은 수도관이 터졌을 때 지성적으로 대처하지 못하고, 지구가 평평하다고 믿는 광신자는 일식을 이해하지 못한다. 그리고 어느 때건 인간이 풀 수 없는 문제가 있다. 논리라는 의미의 이성은 확실히 만능 도구라 할 수 있다. 그러나 우리가 타고난 **기능**이라는 의미에서 이성은 전혀 그렇지 않다. 그것은 각양각색인 실질적, 이론적 정신 능력의 집합체로, 인간 사이에 불균등하게 분포되어 있으며, 인간별로 따로 취급할 수 있고, 삶을 통해 각기 다른 방식으로 형성되어 있다. 이 집합체는 논리에 대한 완전하고 의식적이며 비판적인 이해

* Descartes, *Discourse on Method*, p. 42.

로 축소되거나 이에 대한 이해로부터 파생될 수 없다. 논리라는 의미의 이성은 인간의 종차가 아니라 논리학자의 종차이며, 그들조차도 이것을 완전히 갖추고 있지는 않다. 확실히 문제는 데카르트가 플라톤처럼 논리학자나 수학자가 지니는 것과 같은 순수한 사변적 이성이 인간 삶의 중심에 자리 잡고 있다고 보았고, 그래서 사실상 인간을 의식이나 전반적 지성보다 수학 능력으로 정의했다는 데 있었다. 그러나 이 역시 삶에서 **중요한** 것은 무엇인가, 우리의 포부는 무엇이어야 하는가에 대한 한 가지 특수한 관점이며, 이성의 일반적 의미가 아니다.

사실 일반적 맥락에서 이런 사변적 능력은 이성 관념의 중심 요소가 아니다. 정확하고 나아가 독창적이기까지 한 수학 연구를 아무렇지도 않게 내놓는 사람이라도 우리가 보기에 과연 합리적인지, 혹은 이성적인지 궁금해질 만한 행동을 할 수 있다. 앞서 말한 대로 합리나 이성 같은 낱말은 '조리 있다'보다 훨씬 많은 의미를 담고 있다. 조리 있게 추론하지만 자기 혼자만 중요하다는 전제로 추론하는 사람은 그런 비이성적 유형에 해당한다. '불합리'는 다소 넓은 의미의 용어로, 내가 볼 때 주로 어떤 사람의 우선순위 체계에, 무엇이 중요한지를 판단하는 감각에 문제가 생겼다는 것을 말하는 용도로 쓰인다. 물론 단순한 사변적 추론에 실패한 것을 가리키는 데도 쓰일 수 있다. 예컨대 우리가 환경에 무슨 짓을 해도 아무 문제가 없을 거라는 근거 없는 기대 같은 것이다. 그러나 그런 잘못된 태도를 **단순히** 사실 파악에 실패한 것으로 분류하는 데 저 용어를 쓰지는 않는다고 생각한다. 그런 경우에는 어리석다고 표현한다. '불합리'는 좀 더 일반적 비판이며, 국소적 실패를 무엇이 중요한지에 대한 일반적 혼란과 결부시킨다. 그것은 단순한 계산 능력뿐 아니라 가치 체계도 뭔가 잘못되었음을 암시한다.

이 의미는 11장에서 더 자세히 다루기로 한다. 여기서 중요한 것은 이런 비판을 사람뿐 아니라 동물에 대해서도 할 수 있다는 점이다. 합리성에는 건전한 정신이 포함된다. 그리고 미친 사람과 정신이 온전한 사람이 다른 것과 마찬가지로 미친 개는 정상 개와 다르다. 자신의 머릿속을 아는 문제, 자신이 무엇인지 이해하는 문제에 관한 한, (데카르트의 말에서 연상되는 것과는 달리) 가장 지능이 똑똑한 인간에서 시작해 가장 어리석은 인간에서 딱 끝나고 짐승들은 모두 똑같이 어디에도 나타나지 않는 단일 척도는 없다. 사람과 동물 모두 여러 위치에서 다양하게 나타날 수 있는 척도가 많이 있고, 사람에게만 국한된 척도도 있으며, 다양한 종류의 동물에게 특정된 척도도 분명히 있을 것이다. 지성적이지 않은 수많은 인간뿐 아니라 수많은 코끼리와 고릴라에 대해서도 우리는 충분히 다음처럼 말할 수 있다.

> 그는 뭐가 뭔지 알지, 그리고 그건
> 형이상학적 지혜의 정점이지—*

이것은 모든 학자에게 할 수 있는 칭찬이 아니다. 이성이라는 **낱말**의 용도에 대해 말한다면, 의식적이고 의도적인 선택의 중요성을 강조하고자 할 때 인간에 국한해야 하는 경우가 있다. '언어'라는 낱말을 관습적 기호(conventional signs)의 집합으로 국한하면서 은유적인 경우를 제외하고는 '눈의 언어'나 그 밖의 자연스러운 소통 방식으로 확장하지 않는 것이 그런 좋은 예다. 그렇지만 이성과 온전한 정신은

* Samuel Butler, *Hudibras*, 1.1.149.

거의 동의어인 경우가 많다. 제인 구달은 스트레스를 받는 침팬지를 묘사하면서 이렇게 말한다. "지배력 확립을 위한 이 싸움이 시작되려 할 무렵 휴고와 내가 골리앗의 정신 상태를 걱정하던 때가 있었다."* 나는 여기서 "이성을 걱정하던"이라는 표현을 사용하지는 않으리라고 생각한다. 그러나 이런 예에서는 두 관념의 차이가 그리 크지 않다.

대체로 일상어에서 '이성이 있다' 또는 '합리적이다'라는 표현은 '망치가 있다'와 같은 식의 유무 문제가 아니다. 통찰력이나 에너지나 독창력이나 상상력 같은 것이 있는 경우에 훨씬 더 가깝다. 다시 말해 다양한 정도로 있을 수 있고, 매우 다른 형태를 취할 수도 있는 것이다. 그러므로 코끼리에게 모종의 지식이나 이성, 지성, 목적이 있다고 인정할 때, 그다음 순간 그 코끼리가 베토벤의 소나타를 썼다거나 정부를 장악했음을 우리가 알게 되리라 기대한다는 뜻은 아니다. 물론 코끼리가 상아 무역에 대해 법적 행동을 취할 것으로 기대한다는 뜻도 아니다.

사람들은 여기서 정말로 위협을 느낀다. 그것은 무엇일까? 인간이 이룩한 업적은 확실하다. 비할 데 없는 업적이며, 우리 주위 사방에서 볼 수 있다. 의심의 여지가 없다. 인간의 업적은 그 뿌리와 요소와 기원을 탐구한다고 해서 흔들리지 않는다. 그런데도 사람들이 확고하고 단순한 종차를 고집하는 데는 자신이 먹던 샐러드에서 벌레를 발견한 사람의 혐오감에서부터 뒷마당에서 킹콩을 발견한 사람의 공포에 이르기까지 다양한 정도의 노여운 감정이 있는 것이 확실하다. 모든 논의를 불필요하게 만든다는 느낌이 종종 드는 노여움이다.

* Jane Goodall, *In the Shadow of Man*, p. 115.

어쩌면 여기서 실제로 누가 누구를 위협하고 있는지 묻는 것이 타당하지 않을까? 매우 냉정하게 추산해볼 때 우리는 지금 아마도 돌고래를 제외하고 참고래, 유인원, 코끼리, 모든 대형 포식동물 등 가장 지성적인 다른 종들을 **모두** 지구상에서 말살하는 방향으로 꾸준히 나아가고 있다. 그러는 동안 이 종들이 우리에게 할 수 있는 것은 야후 종족이 걸리버에게 한 것 말고는 없(어 보인)다. 우리가 그다지 보고 싶어 하지 않는 본모습을 거울에 비춰주는 것이다(옷이 낡아가면서 자신의 종차가 사라지기 시작하는 것을 보고 걸리버가 기겁하는 장면에서 상황이 잘 요약된다). 그러나 우리의 죄의식은 이런 폭로를 예상하고 문제를 왜곡한다. 어떤 동물도 인간의 비열함이 그대로 투사된 야후와는 다르다. 동물은 종마다 인간과는 다른 나름의 본성이 있고 저마다 다른 방식으로 우리의 본성을 비춰준다. 우리가 소중하게 여기는 요소는 모든 동물 안에서 발견될 것이다.

이제 언어로 돌아가보자. 데카르트는 언어를 전반적 지성적 행동과 나란한 위치에 있는 별개 능력으로 생각한 것으로 보인다. 그러나 어쩌면 언어는 지성이 드러날 수 있는 수많은 영역 중 하나에 지나지 않을 것이다.

언어는 아마도 인간을 구별하는 표식으로 우리가 가장 선호하는 특징일 것이다. 한편으로 언어는 오해의 여지가 없는, 더 이상 쪼갤 수 없는 단일 속성으로 보인다. 걸리버에게 너무나 중요했던 옷과 마찬가지로 언어는 눈에 띄지 않을 수 없다. 또 한편으로 언어는 옷과 달리 우리에게 정말로 귀중하고 본질적이다. 명백하게 언어는 우리 삶의 주요한 구조적 속성과 연결된 타고난 능력을 요구한다. 인간의 말에는 개념적으로 사고하고, 없는 사물에 대한 감각을 지니며, 추상적으로 계산하고, 자아를 의식하는 등 모든 능력이 동원된다. 따라서 우리는 자연히 언어를 우리의 성곽 문을 여는 열쇠로 바라본다.

물론 어떤 의미에서 침팬지들에게 언어를 가르쳤음이 분명한 최근의 여러 실험을 사람들이 그렇게나 불쾌해한 이유도 바로 이것이다. 사실을 간단히 요약하면 다음과 같다.* 워쇼라는 침팬지가 한 살 나이이던 1966년부터 1971년까지 미국 수화를 배웠는데, 수화는 보통 청각장애인이 손짓을 사용해 의사를 전달하는 언어로, 대략 손짓 하나가 낱말 하나에 해당한다. 워쇼는 마치 오리가 헤엄을 배우듯 수화를 익혔다. 5년 만에 수화 낱말 150개 정도를 익혀 구사할 수 있었고, 그 밖에도 200낱말 정도를 이해할 수 있었다. 나아가 워쇼는 시험 때나 보상이 있을 때뿐 아니라 일상 대화에서도 수화를 마음대로 자연스레 항상 사용한다. 그 뒤로 다른 침팬지들에게도 수화를 가르쳐 워쇼와 비슷한 정도의 성공을 거두었다. 지금은 그중 네 마리를 어느 섬의 워쇼와 같은 공동체 안에 두었으며, 관찰은 하지만 간섭은 하지 않는 상태다. 이들은 항상 미국 수화를 자연스레 사용하며 서로 이야기한다. 그리고 수화를 점점 더 많이 사용하고 있다. 더욱이 혼잣말도 하고, 가르치지도 않았는데 욕설도 한다(가장 즐겨 하는 욕은 '더럽다'는 뜻의 미국 수화다). 앨리라는 침팬지는 미국 수화와 영어 구어에 의도적으로 노출되었는데, 현재 그 자리에 없는 사물의 이름을 들으면 그에 해당하는 수화를 보여줄 수 있다. 이렇게 할 수 있으려면 언어학자들이 말하는 '감각 방식 간 전이(cross-modal transfer)'가 필요한데, 이것은 이제까지 동물에게는 불가능하다고 생각되던 것이다.

* 이 책이 나오는 사이에도 여러 사건이 벌어졌을 것이 확실하다. 나로서는 지금 가지고 있는 정보만 활용할 수 있을 뿐이며, 주로 유진 린든이 이해하기 쉽게 쓴 통찰력이 돋보이는 소책자에서 가져왔다. Eugene Linden, *Apes, Men, and Language*(New York, 1974).

이전에도 유인원에게 말을 가르치려는 시도가 있었으나 실패했고, 여러 해 동안의 노력 끝에 낱말 몇 개만 아는 정도에 그쳤다. 이것은 유인원들의 지성이 전반적으로 떨어지기 때문이라고 생각되었다. 그러나 그런 실험의 결과와 수화 실험 결과가 이렇게나 다른 것을 보면, 문제는 지성이 아니라, 말하는 데 필요한 뇌와 후두 사이의 신경자극 전달이 이루어지지 않아서가 아닐까 하는 생각이 드는 것이다.

이것은 언어 또는 언어를 말하는 능력은 사람들의 생각과는 달리 더 이상 쪼갤 수 없는, 단일한, 오해의 여지가 없는 기능이 아니라는 뜻이 될 것이다. 그렇지만 언어는 그러하다는 발상에 매우 많은 지적 자본이 투자되었다. 따라서 그 성곽을 방어하는 사람들은 적어도 침팬지들이 쓰는 미국 수화는 실제로는 전혀 언어가 아니라고 반박한다. 그들은 수화에는 제대로 된 구조적 속성이 없으며, 따라서 일반적으로 언어에서 요구된다고 생각되는 이성적 능력이 없어도 수화를 사용할 수 있다고 말한다. 침팬지가 열쇠를 건네받았을지는 몰라도 그 열쇠를 돌리지는 못한다는 뜻이다. 여기서 논의는 주로 어순을 중심으로 전개되며, '통사론' 같은 추상 용어의 정의에 크게 의존하는데, 이런 용어는 애초에 언어학자들이 전적으로 인간의 맥락에서 사용하기 위해 만들어낸 것으로서 이런 새로운 영역에는 적용하기가 쉽지 않다(이런 식의 논의는 따지고 들어가면 말을 하지 않는 인간도 많다는 것을 입증하는 결과로 이어지기 십상이다). 워쇼의 수화 실험이 발표된 뒤로 이런 성격의 반론이 다수 나왔지만, 워쇼의 성과와 인간 어린이들의 성과에 대한 후속 연구 이후 반론자들 본인에 의해 이미 철회되었다.* 연구는 계속되고 있고 또 그래야 마땅하며, 침팬지들이 넘어야

* Eugene Linden, *Apes, Men, and Language*, pp. 54, 74 참조.

할 더 세밀한 기준이 새로 마련되었다.

그러나 우리는 또 완전히 다른 질문도 몇 가지 물을 필요가 있다. 첫째, **침팬지가 어떤 의미에서 말을 할 수 있다면 그다음은 어떻게 될까?** 이것이 왜 그렇게 중요할까? 커다란 질문이 **오로지** 이런 실험의 결과에 달렸을 수 있다는 발상에는 수상하기 그지없는 구석이 있다. 이런 실험은 세계에 관해 널리 퍼져 있는 중요한 사실이 우리 눈에 띄게 만들 때만 중요하다. 그 사실이 눈에 띈다면 그것을 뒷받침하는 여러 가지 다른 증거도 있을 수밖에 없다. 이 배운 침팬지들이 어떻게든 인간의 우월성을 떠받치는 구조 전체를 위협한다는 것은 인간의 우월성 관념 자체가 심하게 혼란한 상태라는 뜻일 수밖에 없다. 언어학도 인간의 존엄도 언어가 인간에게만 국한된다는 것을 선험적으로 보증해주지 못한다. 그것이 명확히 경험론적 질문이든 아니든.

이 질문을 논한 다음에는 그런 실험이 어떤 결과를 낳든 똑같이 필요하면서 이 질문을 보완하는 질문으로 넘어가고자 한다. 그 질문은 이것이다. **침팬지들이 말을 하는 게 아니라면 무엇을 하는 걸까?** 또는 좀 더 일반화해, 고등 동물이 하는 행동이 지성적으로 보여도 실제로는 절대로 그렇지 않다면 그 행동은 무엇일까? 이런 논의의 배경에는 마치 당연하고 간단하다는 듯이 대개 기계적이다, 모방이다, 반사적이다 등의 관념이 개입되는 설명이 붙는다. 내가 볼 때 그런 설명은 실제로 벌어지는 일에 대한 설명으로 보기에는 일관성이 없고 모호하다. 이미 받아들인 이론이 무너져내리는 일을 막기 위해서가 아니라면 절대로 나오지 않았을 설명이다.

그러면 첫째, 선험적으로 인간만 말을 할 수 있어야 하는 이유는 무엇일까? 그 대답은 언어학이나 인간의 존엄이 아니라, 단순히 잘못된 형이상학이다. 구체적으로 말해 세계는 한편은 생명이 없는 객체로, 또 한편은 인간적이고 완전히 합리적인 주체로 선명하게 양분되어 있으며 그 나머지는 없다는 데카르트의 이원적 관점이다. 이 입장은 어떤 경우에도 진화와 양립할 수 없다. 만일 이 관점이 옳다면, 동물 진화에서 의식이 없는 단순한 객체이던 부모가 갑자기 완전히 의식을 갖춘 주체인 자식을 낳는 매우 큰 진보가 일어난 지점이 있었을 것이다. 그러나 그런 상황은 말이 되지 않는다.

언어와 도덕

그렇지만 저 잘못된 형이상학을 풀어내기 더 어렵게 만드는 것은 이 관점이 전통적으로 도덕과 얽혀 있다는 사실이다. 따라서 나는 이 혼란을 논해야 한다. 다만 지금부터 설명하겠지만 사실 언어가 개입될 필요는 전혀 없다.

우리에게는 사람에 대한 의무가 있을 수 있지만 사물에 대해서는 없다. 그러므로 만일 동물이 사물이라면 우리가 그들을 어떻게 대하든 상관없다. 이처럼 투박하고 단순한 추론이라도 형이상학적 이원론의 문제점을 보여주기에 충분하다. 논의가 스스로 뒤집힌다. 우리가 동물을 어떻게 대하느냐는 중요하기 때문에—학대는 사람에 대한 학대로 이어질지도 모르기 때문만이 아니라 그 자체로도 악하기 때문에—객체와 완전히 합리적인 주체로 선명하게 양분하는 것은 옳을 수 없다. 그리고 사람에 대한 우리의 의무 상당수는 사람이 합리적인지 아닌지와는 무관하기 때문에 이원론은 성립되지 않는다.

그러나 전통은 그 반대쪽 길을 택했다. 칸트의 도덕철학에서는 **사람**과 **사물**의 구별이 핵심적이며 그 구별을 훌륭하게 활용한다. 그의 주된 도덕적 취지는 그 둘을 구별해야 한다는 것이다. 우리는 사람을 조종 대상이 되는 단순한 사물로 취급해서는 안 되며, 그 자체가 목적인 자유로운 존재로서 존중해야 한다. 이 존중이 칸트 체계의 중심에 있는 원동력이다. 그러나 그는 그것을 단순히 사람의 합리성에 대한 경의라 생각했다. 비록 다소 일반화해 "나의 자기애를 방해하는 가치를 의식하는 것"*, 다시 말해 단순히 어떤 것이 자신과 무관하게 가치가 있다는 감각이라고 정의했지만, 그는 합리적 존재만 그런 종류의 무조건적 가치를 지닐 수 있다고 생각했다. 그러므로 그것은 동물에게까지 확대될 수 없었다. 상반된 두 힘 사이에 있는 동물의 위치는 간과되었고, 그래서 체계가 복잡해지지 않도록 하느라 동물은 사물이라는 부류 안으로 그냥 쓸려 들어갔다.

이 문제에 관한 칸트의 논의는 흥미로운데, 그가 자신의 공식적 관점을 훨씬 벗어나는 측면에 민감하다는 것이 너무나 분명하기 때문이다. 예를 들면 그는 이렇게 말한다. "동물과 접촉하고 그 행동을 관찰하면 할수록 우리는 동물을 더 사랑하게 되는데, 새끼를 얼마나 지극히 보살피는지 알 수 있기 때문이다. 그러고 나면 우리는 늑대에게조차 잔인한 생각을 하기 어려워진다."** 이것은 이 책의 11장에서 다룰 내용과 통하는 점이 있다. 그것은 우리가 보통 어떤 대상을 존중할 만하다거나 합리적이라고 생각하는 데는 단지 안정적이고 변함없으며 구조적이고 좋다는 감정이 중요하게 작용한다는 점이다. 또 한 가지 예는 여기서 더 나아간다. 칸트는 이렇게 말한다. "라이프니

* Immanuel Kant, *Grundlegung zur Metaphysik der Sitten*, chap. 1, sec. 16, note(H. J. Paton tr., pp. 66-67). 또한 이 책 580쪽 참조. 최근 이 문제를 훌륭하게 논한 글로는 다음을 참조. Peter Singer, *Animal Liberation*(London, 1976); Stephen Clark, *The Moral Status of Animals*(Oxford, 1977).

** Immanuel Kant, "Duties towards Animals and Spirits," *Lectures on Ethics*, p. 241.

츠는 작디작은 벌레를 관찰 목적으로 쓰고 나서 나무 잎사귀에 조심스레 올려두었는데, 그의 행동 때문에 그 벌레가 해를 입지 않도록 하기 위해서였다. 그런 동물을 아무 이유 없이 죽였다면 미안했을 텐데, 그것은 인정 있는 인간으로서 본성적인 감정이다."* 이것은 칸트가 말하는 **존중**에는 해당할 수 없으나, 알베르트 슈바이처의 '생명 존중' 같은 관점으로 묘사하면 자연스러울 것이다.

확실히 이것은 "본성적인 감정"이며, 본격적, 합리적 동기를 가려내는 칸트의 시험을 통과한다. 이것은 단순한 성향에서 그치지 않는다. 특정 사물을 파괴**해서는 안 된다**는 감정이며, 별개로 격리된 감정이 아니라 우리의 중심에 있는 기준 체계의 일부분인 감정이다. 합리적 동물에 대해서만 이런 종류의 감정을 가질 수 있다는 칸트의 생각은 내가 볼 때 틀렸다. 원시 이교 사상을 말살하고 싶은 마음이 간절했던 그리스도교는 적극적 선전을 통해 그런 감정 영역으로부터 동식물을 제외하기 위해 많은 노력을 기울였다. 그래서 성 아우구스티누스는 이렇게 썼다. "동물을 죽이거나 식물을 해치는 행위를 삼가는 것은 미신의 극치임을 그리스도께서 보여주신다. 짐승이나 나무의 권리가 우리와 똑같지 않다고 판단하시고 악마들을 돼지 떼 안으로 보내셨고 열매가 열리지 않은 나무를 저주하여 말려 죽이셨기 때문이다." 계속해서 아우구스티누스는 예수가 다음과 같은 것을 우리에게 일부러 보여주려 했다고 말한다. "우리가 인간에 대한 행동에 적용하는 도덕률을 동물에 대한 행동에 적용할 필요는 없다. 바로 이것이 그분이 악마를 쉽게 죽일 수 있었음에도 그렇게 하지 않고 일부러

* Ibid.

돼지에게 옮기신 이유다."* 칸트 자신은 이런 스토아학파와 그리스도교 전통 안에서 생각했는데, 이 전통에서 인간이 자연보다 우월하다는 점과 자연에 진 빚이 없다는 점을 인식하는 것은 다음처럼 인간의 적극적 의무이다. "지구상에서 이해력을 지닌 유일한 존재로서 확실히 인간은 자연의 지배자이며, 우리가 자연을 목적론적 체계로 여긴다고 가정할 때 인간은 그 궁극적 목적이 되도록 타고났다."** 그러나 생물에 대한 무차별적 파괴는 실제로 악이라는 인식을 이런 식으로 일축할 수는 없다. 이 인식은 우리 문화뿐 아니라 다른 문화에서도—특히 불교에서—'인류애'의 필연적 귀결로서 끊임없이 나타난다. 아무리 잔인한 사회라 해도 어디엔가는 선을 긋는다. 거의 모든 곳에서 **특정** 동물이나 지나치게 많은 동물 또는 특정 상황에 있는 동물을 죽이는 행위를 혐오한다. 토템 동물이 좋은 예지만 그뿐만이 아니다. 서양 문화에조차 성 프란체스코나 성 위베르 같은 예가 가득하다.*** 특히 대중이 개입된 사례를 보자면, "기원전 55년 폼페이우스가 개최한 [로마] 축제에서 코끼리 여러 마리와 사자와 표범 수백 마리를 경기장에 들여보냈는데, 코끼리를 공격하게 했다는 이유로 군중이 야유하면서 폼페이우스에게 욕설을 퍼부었다는 기록이 있다. […] 키케로

* St. Augustine, *The Catholic and Manichean Ways of Life*, chap. 17. John Passmore, *Man's Responsibility for Nature*, p. 111에 주석과 함께 인용된 것을 재인용. 오늘날 그리스도교인은 거의 이렇게 생각하지 않는 것이 분명하지만, 이 전통은 그 시대에 더없이 큰 영향을 미쳤고 그 여파는 세속화된 형태로 지금까지 우리에게 남아 있다.

** Immanuel Kant, *Critique of Judgement*, Pt. 2, sec. 431. 이 책 13장의 마지막 두 절 참조.

*** 아시시의 성 프란체스코(1181경-1226)는 그리스도교의 성인으로서 동물들을 상대로 설교했다고 한다. 성 위베르(656경-727) 역시 그리스도교의 성인으로, 원래는 사냥꾼이었으나 숲속에서 수사슴을 사냥하다가 환상을 경험한 뒤 사냥을 그만두고 사제가 되었다고 한다.(옮긴이)

는 친구에게 보낸 편지에서 이 사건을 언급하면서 군중은 동정심 때문에 흥분했고 '왜인지 코끼리를 인간과 같은 편이라고 느꼈다'라고 썼다."* 또 앤터니 알퍼스는 오피아누스가 쓴 『할리에우티카』를 이렇게 인용한다. "돌고래 사냥은 부도덕하며, 이제 제물을 바치는 환영받는 인간으로서 신들에게 다가갈 수도, 깨끗한 손으로 신들의 제단을 만질 수도 없다. 한 지붕 아래에 있는 자들을 더럽히게 되니, 돌고래를 죽이는 일에 기꺼이 나서는 사람은 그렇다." 매우 광범위하게 조사한 자료를 바탕으로 알퍼스는 이렇게 말한다. "알려진 모든 사실로 볼 때, 비록 그리스 작가 중 돌고래에 가해지는 잔학 행위에 대해 그렇게나 열정적으로 견해를 표명한 사람은 오피아누스 혼자뿐이지만 그의 견해는 상당히 널리 퍼져 있었으리라고 생각된다."** 또 "몽테뉴는 「레이몽 스봉을 위한 변론」에서 인간이 스스로를 동물보다 높이 두는 것은 터무니없이 주제넘은 행동이라고 주장했다. 「잔인함에 관하여」에서는 '우리에게는 그처럼 생명을 지닌 동물뿐 아니라 나무와 식물까지도 자비롭게 대할 전반적 의무가 있다'고 결론을 내렸다."*** 그리고 윌리엄 블레이크는 「순수의 전조」에서 이렇게 읊었다.

> 새장 속 울새 한 마리
> 천국을 온통 분노케 하는구나—

* Ivan Sanderson, *The Dynasty of Abu*(London, 1960), p. 272. 더 자세한 내용은 키케로, 『가족에게 보내는 편지』, 7.1과 플리니우스, 『박물지』, 8.21 참조.

** Antony Alpers, *Dolphins*(London, 1965), p. 36. 또 오스트레일리아 원주민들이 돌고래 도살을 금한 내용에 관해서는 p. 151 참조.

*** John Passmore, *Man's Responsibility for Nature*, p. 114.

이 구절 말고도 이 시의 곳곳에 비슷한 언급이 있다. 서양 문화에조차 그런 사상이 가득하다고 한 말은 물론 흔하며 어디에서나 찾아볼 수 있다는 뜻이다. 하나의 신조로서 조직적으로 정립되었다는 뜻은 아니다. 그렇게 정립되지 않은 것은 교회와 주요 합리주의 전통 양쪽에서 동물을 그렇게 대하게 하지 않으려는 강력하고 적극적인 저항이 있었기 때문이다. 그런 사상은 단편적 관념 상태에 머무르며 양심의 가책 형태로 느껴지고 전달되었지만, 어떤 공식적 틀로 뒷받침되지는 않았다. **그러나 우리의 전체 도덕은 이런 가책으로 이루어져 있다**. 가책은 도덕의 원재료다. 아직 틀이 규정되지 않은 것을 '감상적'이라며 일축하는 것은 매우 큰 잘못이다. 그것은 사상일 뿐 아니라 **감상** 또는 감정이기도 하며, 거기 포함된 개념이 발전해 하나의 온전한 틀을 이루기 전까지 사상으로서 갖는 지위는 약간 허약하다. 그것을 우리 도덕의 나머지 부분과 연관시키는 작업이 남아 있는 것이다. 이런 식으로 연관시킨 사람이 벤담이며, 그가 우리의 의무는 불완전하게 합리적일 가능성이 있는 수많은 **사람**, 다시 말해 원시인, 노예, 여성 등 이전에는 가책을 느끼면 감상적이라 보았던 대상에게까지 연장된다고 주장하는 맥락에서 그렇게 했다는 점은 주목할 만하다. 그는 이렇게 말했다. "검은 피부색이 인간을 변덕에 따라 마음 내키는 대로 괴롭힐 이유가 되지 않는다는 것을 프랑스인들은 이미 발견했다. 마찬가지로 다리 개수 … 또는 엉치뼈 말단부의 생김새가 감수성이 있는 존재를 같은 운명 앞에 내버려두는 이유로는 불충분하다는 것을 언젠가는 인식하게 될지도 모른다."*

* Jeremy Bentham, *Introduction to Principles of Morals and Legislation*, chap 17. sec. 4, note b.

그렇지만 주류 전통에서 우위를 차지한 것은 칸트의 공식적 관점으로, 권리와 의무는 언어로 표현 가능한 사회적 관습이 있는 곳에서만 의미가 있다는 다소 계약적 관점이었다. 따라서 칸트는 중심적 예에서 다음처럼 말한다.

> 만일 개가 주인을 오랫동안 충실하게 섬겨왔다면 그 수고는 **인간의 수고에 비추어볼 때** 보상받을 자격이 있고, 개가 너무 늙어 주인을 섬기지 못하면 주인은 개가 죽을 때까지 데리고 있어야 마땅하다. 그런 행위는 **인간에 대한 의무가 본분인 곳에서 우리가 그 의무를 수행하는 것을 뒷받침하는 데 도움이 된다**. [⋯] 만일 자기 개가 더 이상 섬길 능력이 없다는 이유로 인간이 그 개를 쏘아 죽인다면, **개는 판단을 내릴 수 없으므로** 주인이 개에 대한 의무를 저버린 것은 아니지만, 그의 행동은 비인간적이며 그가 인류에게 보일 의무가 있는 내면의 인류애에 손상을 입힌다.*

그러나 이런저런 이유로 판단을 내릴 수 없는 인간도 많다. 예를 들면 아기가 그렇다. 그리고 판단을 내린다 해도 그들의 판단은 실제로 우리가 그들에 대해 의무가 있는지를 판정하기에 불충분하고 그 의무의 근거가 되지도 못한다. 이런 계약적 내지 법률주의적 태도는 칸트의 가장 약한 측면이다. 그의 가장 뛰어난 도덕철학은 모두 이런 태도 없이 전개되며, 그와 정반대인 경우도 많다. 진정한 자율성은 우리가 상대의 태도를 참고하지 않고 판단하기를 요구한다. 그러나 그의 계약적 접근법은 널리 모방되어왔다. 사람들은 의무의 기본을 축

* Immanuel Kant, "Duties towards Animals and Spirits", *Lectures on Ethics*, pp. 239-240, 강조 표시는 내가 했다.

소해 제도 형태로 만드는 것이 깔끔하고 간단하다고 생각한다. 그리고 주어진 어떤 문명 안에서 많은 의무가(모든 의무가 그렇지는 않지만) 제도 형태를 취한다는 점에는 의심의 여지가 없다. 당연한 신뢰가 계약에 의해 강화되며, 부모가 아이에게 지는 의무는 대강 사회계약으로부터 나온다고 표현할 수 있는데, 사회계약이 그 의무를 떠받치기 때문이다. 정치적 목적으로 생각할 때 종종 사물을 이런 식으로 바라보는 데는 의미가 있다. 정치는 집행 가능한 것을 고수해야 하기 때문이다. 그러나 만일 이것을 **포괄적** 설명이라고 간주한다면 어리석고 무익하다. 우리가 자식에게 지는 의무 중에는 사회와 무관하거나 사회의 결정과 충돌을 일으키는 것이 많이 있다. 그리고 사회 바깥에서 자식을 두고 있는 사람이라도 자식에 대한 의무가 없어지지는 않는다. 마찬가지로, 선한 사마리아인 이야기의 의미는 전적으로 이웃에 대한 우리의 의무를 논할 때 계약 관념을 배제하는 데 있다. 칸트는 개에 대한 의무는 전적으로 계약적임을 암시함으로써, 또 은연중 개에게 친절한 행동은 실제로 친절한 행동이 아니라 사람에게 실제로 친절하게 행동하기 위한 연습일 뿐이며 개 자체에 대한 우리의 의무는 있을 수 없다고 암시함으로써 자신의 한계를 내보인다.* 그러나 적어도 그는 이 문제가 우리와 관계가 있으려면 언어가 있어야 한다고 보는, 그리고 그것 말고는 사실 인간이 아닌 모든 동물을 이유 없이 잔인하고 파괴적으로 대하거나 종들을 멸절시키지 못하게 저지하는 것이 없다고 보는 더 불행한 실수는 저지르지 않는다. 이 입장은

* 칸트가 예술품에 대한 우리의 '의무'에도 이와 똑같이 예비적 지위만 부여한다는 점은 흥미롭다. 그의 입장을 따라 오늘날 일부 사람들은 동물에 대한 우리의 마음은 '미학적'일 수밖에 없으며, 그것이 도덕적일 수는 없기 때문이라고 말한다. 이 주장은 통하지 않는다. 이 책의 결론 부분 참조.

내가 볼 때 마찬가지로 너무나 명백하고 노골적으로 비도덕적이어서 그것을 옹호하려는 의도의 도덕 이론의 신빙성마저 떨어뜨린다. 벤담이 정확하게 지적한 것처럼, 누구에게 상처를 입혀도 괜찮을지 궁금해질 때 물어야 할 질문은 상대가 말을 할 수 있는가가 아니라 상대가 고통을 느끼는가 하는 것이다.

사람들은 동물에 대해 어떤 의무가 있을 수 있다는 의견을 접하면 곧장 의심을 품는데, 자신이 의무라는 짐을 무한정 지게 될 가능성이 크다고 보기 때문이고, 또 당연하게도 무한정한 의무는 의미가 없다고 생각하기 때문이다.* **마땅하다**에는 **가능하다**가 암시되어 있다. 막연한 죄책감은 무력하게 만든다. 그렇지만 이 입장은 사실 우리가 사람과 관련해 이미 취하고 있는 입장보다 더 나쁘지 않다. 이미 우리는 어떤 인간에 대해서든 모종의 의무를 지고 있다는 발상을 가지고 있다. 그러나 이 의무가 무한정하지는 않은데, 우리 각자가 마땅히 해야 하는 것이 자신이 택할 수 있는 대안에 의해 제한되기 때문이다. 우리는 우선순위를 고려해야 한다. 인간이라는 종 안에도 밖에도 이해관계의 충돌이 있다는 것을 인식해야 한다. 우리는 편을 정해야 하고, 우리 종을 가장 중요시할 권리가 있다. 모든 종이 그렇게 한다. 사실 어떤 동물도 다른 동물을 죽이지 않고서는 살아갈 수 없다. 먹을거리를 놓고 경쟁하는 것조차 그렇다. 요점은 우리가 동물이든

* 실제로 알베르트 슈바이처가 우리는 "살아 있는 모든 것에 대해 무한한 책임"이 있다고 말했다[Albert Schweitzer, *Civilization and Ethics*, C. T. tr. Campion(London, 1946), p. 244]. **책임**, **권리**, **의무** 같은 낱말과 관련하여 큰 어려움이 있는데, 때로는 최소한의 의미로 쓰이고("그는 자신의 의무 이상을 하지 않았다") 또 때로는 여기서처럼 더 느슨하고 넓은 의미로 쓰이기 때문이다. 예컨대 후자의 의미인 "인간의 의무 전체" 또는 "나는 그에게 책임이 있다"는 말에는 온갖 주장이 따를 수 있다. 논의가 유용하려면 이런 의미를 구별해야 한다.

사람이든 해치는 일을 피하기를 바랄 수 있다는 것이 아니다. 요점은 그런 위해가 중요하다는 점을 인식하고, 위해를 정당화할 적절한 이유가 없을 때는 피하고자 노력해야 마땅하다는 것이다. 예를 들어 실험 동물에게 고통을 가하는 것은 도덕이라는 방정식에서 곧장 빼버릴 수 있는 무의미한 조건이 아니다. 거기에는 어떤 무게가 있고, 그 무게는 그 연구의 입증 가능한 가치에 비례해 따져야 한다. 모든 것이 절대적으로 정당화되지는 않는다. 잔인한 과학자들이 있을 수 있지만, 그렇다고 해서 잔인함이 과학적이 되지는 않는다.

그렇지만 이런 도덕적 어려움에 언어가 얽혀 있다는 점이 사람들이 침팬지 실험에 관해 불편함을 느끼는, 불편한 나머지 결과가 그냥 부정적이어야 한다고 느끼는 한 가지 이유라고 생각된다.* 이 특수한 불안감은 내가 볼 때 부적절하다. 이미 우리는 유인원은 복잡하고 감수성 예민한 동물로서 완전한 사회생활 및 밀접한 개인적 유대를 누리고 있고 따라서 큰 고통을 느낄 수 있다는 증거를 가지고 있다. 그것도 오래전부터 가지고 있었다. 언어학자들이 특히 관심을 보이는 언어 사용 시험에서 유인원이 통과할 능력이 있다고 판명된다 해도 이와 같은 결론에는 아무 영향도 주지 않을 것이다. 그들이 복잡한 존재라는 사실은 오랜 기간 야생에서 그들과 함께 지내면서 자연 상태에서 살아가는 모습을 관찰한 사람들이 기록한 꼼꼼한 설명에서 명백하게 드러나며, 지금쯤은 그런 기록이 매우 많아졌을 것이다. 그 전에 이 사실을 설명한 것이 쾰러와 여키스 같은 사람들인데, 이들은 연구를 위해 침팬지들을 우리에 가두었으나, 그저 뭔가를 입증하기

* 린든의 말을 빌리면, "[워쇼가] 말을 할 수 있다면 말 못 하는 짐승으로 취급할 무슨 권리가 우리에게 있을까?" Eugene Linden, *Apes, Men, and Language*, p. 197.

위한 원재료로 바라보는 게 아니라 그들의 복잡성을 **찾아내려** 관심을 가졌다. 구조적 특징은 단편적 실험에서는 드러나지 않을 터이기 때문이었다. 어떤 간단한 틀 안에서 '동물행동을 설명'하려고 작정한 사람들은 단편적인 성과가 아무리 인상적이라 해도 기계적이다, 모방적이다, 우연의 일치다 하는 식으로 설명할 나름의 방법을 언제나 찾아낼 수 있을 것이다. 그러나 이것은 무의미하다. '행동을 설명'하려면 **반드시** 구조적 원칙을 따져야 하고, 따라서 장기간의 행동과 다수의 부분적 유사 사례를 따져야 하기 때문이다. 이것이 맥락과 연관시키는 작업이다.

이 점을 납득하지 못하는 사람이 많은데, 실험실에서 대조 실험을 거쳐 나온 것만 '과학적' 증거라고 생각하기 때문임이 분명하다. 그로 인해 이들은 현장 연구가 아무리 면밀하고 철저하게 이루어지고 관련 증거가 많다 해도 '일화적'이라고, 즉 진짜를 위한 준비에 지나지 않는다고 취급하며, 따라서 학자들의 고려 대상 자격을 얻을 만한 성과를 낼 때까지 당연하게 무시한다. 이런 태도는 제1차 세계대전 때 보병들이 전장을 확보할 때까지 조급하게 기다리던 기병대 장군들의 태도와 매우 비슷한데, 그래야 이들이 교전이라고 불릴 자격이 있다고 생각한 유일한 행동인 돌격을 할 수 있기 때문이다. 동물들은 **실제로** 복잡하기 때문에, 실험실에서 보거나 대조 실험에서 표현될 수 있는 것은 이들에 관한 중요한 진실의 작디작은 일부분에 지나지 않는다. 물론 이것은 인류에게도 똑같이 적용된다.

어떤 동물에게 지성이 있음을 실험적으로 증명하는 특수한 문제의 경우, 이번에도 인간이라면 어떤 결과가 나올지 생각하면 흥미롭다. 재미있는 과학소설을 읽은 적이 있는데, 사람들이 훨씬 더 지성적인 외계인들에게 잡혀 다른 하등한 동물들과 함께 일종의 은하 동물원 우리에 갇히는 내용이었다. 갇힌 사람들은 자신들이 인상적이라고 생각하는 다양한 행동을 통해 이성적 존재임을 입증하려 했는데, 그들을 지키는 사육사들은 색다른 형태의 지배 내지 구애 행위로 보고 일축했다. 결국 이들은 실의에 빠졌고, 그곳을 빠져나갈 방법이 없으므로 숙소에서 발견되는 곤충 몇 마리를 포획해 기르는 일에 열중하기로 했다. 그러자 이들은 사과와 함께 곧장 풀려났다. 다른 동물을 포획해 가두는 행동이 이성이 있다는 표시로 즉각 인식되었기 때문이다.

그러면 언어는 실제로 왜 중요할까?

인간이 존중받을 권리가 있는 것은 말을 한다는 사실 때문만이 아니다. 그것은 인간의 말에서 드러나는 것 때문이며, 인간은 같은 것을 다른 방식으로도, 행동을 통해서도 드러낼 수 있다. 만일 침팬지 역시 말을 할 수 있다는 결과가 나온다면 이것은 어마어마하게 흥미로울 수 있으며, 침팬지뿐 아니라 우리 자신의 본성에 대해서도 많은 것을 알려줄 수 있을 것이다. 그러나 침팬지의 도덕적 지위에 관해 드러나는 사실이 무엇이든, 그것은 상당히 고등한 수많은 동물에게도 똑같이 적용되며 앞으로도 계속 똑같이 적용될 것이다. 교양을 갖춘 침팬지들은 인간과 함께 착취하는 상류층을 이루지 않을 것이며, 객체보다 상위인 주체로서 다른 모든 생명체 위에 있는 고귀한 신분이 되지 않을 것이다. 여기서 나올 수 있는 유일하게 이해가 가는 행동 방식은 **모든** 동물을 삶의 방식과 복잡한 정도는 매우 다양하지만 일종의 주체로 간주하는 것이다.

언어는 무엇일까? 그 밖의 구조적 속성

물론 사람들이 이처럼 매우 자연스러운 사고방식에 반대하는 이유는 내가 이제까지 말한 도덕적 어려움 때문만이 아니다. 과학이라는 발상 전체에 영향을 주는, 주체와 객체의 관계에 대한 현재의 특이한 관점 때문이기도 하다. 이 관점은 모든 것을 똑같이 객체로 생각하는 것이 과학을 하는 유일하게 제대로 된 방법이라고 본다. 그러나 '객체(object)'라는 용어는 모호하다.

사고할 때 '객관적(objective)'이 된다는 것은 확실히 지성과 관련된 미덕이다. 개인적 편견을 극복하고 우리 자신과 우리의 관심사를 다른 사람들의 눈으로 본다는 뜻이다. 이것은 **인간 세계 내에서** 주어와 목적어가 서로 자리를 바꾸는 작업이다. 여기서 이 두 용어는 존 부스(주어)가 에이브러햄 링컨(목적어)을 죽인다고 할 때와 똑같은 방식으로 썼다. 둘 모두 사람이며, 둘의 위치를 서로 바꿔도 주고받는 행위는 같은 종류에 속한다. 그러나 **사람 대 사물**의 구별은 완전히 종류가 다르다. 살아 있는 인간을 **생명이 없는** 물체처럼 취급하는 사람을 가리켜 '객관적'이라는 낱말을 쓴다면 올바르지 않다. 이런 식의 무차별은 어떠한 실용적 장점도 없을 뿐 아니라 '과학적'이지도 않은데, 생물과 생명이 없는 사물의 차이는 실용적으로뿐 아니라 이론적으로도 커다란 중요성이 있을 수 있기 때문이다.* 생물은 가장 단순한 것부터 인간과 마찬가지로 언어를 뒷받침하는 여러 능력과 많은

* 사람을 '성적 대상'으로 취급하는 문제에 관한 논의가 이런 혼란 때문에 엉망이 되는 것으로 보인다. 인간의 정상적 감정의 대상이 되는 데는—그 감정이 향하는 위치에 있는 데는—어떠한 문제도 없지만 하나의 장비나 사물로 취급되는 데는 문제가 매우 많다.

욕구를 지닌 대단히 사회적인 것에 이르기까지 복잡성의 정도가 매우 다양한데, 이를 인식하지 못하는 데는 영리한 구석이 전혀 없다.

그러면 언어는 어쩌면 이성과 마찬가지로 유무를 가리는 문제가 아니고, 내가 쥐고 있거나 쥐고 있지 않은 망치가 아니며, 더 이상 쪼갤 수 없는 단일한, 우월성을 보장하는 성스러운 유산이 아닐 것이다. 언어 역시 풍부하고 복잡한 범위의 기술이다(다음 질문과 비교해보자. 유무를 따진다면, 인간은 후각이 있을까? 방향 감각은? 마음씨 좋은 돌고래들은 인간이 헤엄을 칠 수 있다고 생각할까, 못 친다고 생각할까?). 인간이 가지고 있다는 것과 같은 의미에서 '언어를 가지고 있다'는 것은 다목적 도구가 든 커다란 도구상자를 가지고 있는 것이다. 그러나 들어있는 도구 중 일부가 우리 것과 똑같은 도구상자들이 훨씬 야심이 덜한 구역에서도 발견된다. 또는 열쇠 이미지로 돌아가서, 침팬지들이 성안으로 들어오지 못하게 할 수는 없다. 침팬지를 비롯해 수많은 동물이 언제나 성안에 들어와 있었으며, 오로지 우리의 자만과 편견 때문에 알아보지 못했을 뿐이다. 그들은 1층 전체에 퍼져 있고, 여전히 1층은 그들뿐 아니라 우리 삶의 중심 구역이기도 하다. 그러나 그들이 가지 않고 갈 수 없는 다른 층이 많이 있다. 가고 싶은 마음이 크지 않아서 능력을 초보적 수준 이상으로는 발전시키지 않았기 때문이다. 확실히 그들은 나름의 다른 능력과 관심사를 가지고 있지만, 그런 것은 지금 우리의 고려 대상이 아니다.

유인원을 비롯한 다른 동물들은 약간의 셈을 할 수 있지만 셈에 그다지 신경을 쓰지 않는다.* 그들이 미분학에 다다르지는 않을 것이

* 처음부터 나는 능력보다는 관심사를 강조하고 있는데, 그쪽 측면이 이제까지 소홀히 다루어졌기 때문이다. 둘 사이에 닭과 달걀 같은 관계가 있는 것은 분명하다. 그

다. 도구 사용도 이와 비슷하다. 침팬지들은 도구에 그다지 관심이 없고, 동력을 사용하는 도구를 만드는 일도 없을 것이다. 그러나 흰개미를 둥지 밖으로 끌어내기 위해 나뭇가지를 사용하며, 나뭇가지를 미리 준비해두기까지 한다.* 또 나뭇잎 다발을 으깨 스펀지처럼 만들어 물과 알을 빨아들이기도 한다. 그리고 해달은 돌멩이를 이용해서 조개를 깨트린다. 코끼리는 나뭇가지를 다양하게 활용한다. 이처럼 겉으로 알아볼 수 있는 기술은 상당히 쉽게 관찰되며, 여러 가지 초보적 기술이 인간 이외의 영역에서도 관찰되는 것은 확실하다.

'자아의식'처럼 더 추상적이고 구조적인 속성으로 눈을 돌리면 무엇이 증거로 인정될 수 있을지 알기가 훨씬 더 어렵다. 제인 구달은 이 점과 관련이 있어 보이는 워쇼의 한 가지 반응에서 깊은 인상을 받았는데, 당연히 그랬을 것이다. "거울을 들여다보는 워쇼에게 처음으로 '저건 누구지?' 하고 (수화로) 물었다. 그 무렵 거울에 매우 익숙해져 있던 워쇼는 수화로 답했다. '나, 워쇼.'" 제인 구달은 이렇게 논평한다. "이 때문에 마음이 불편해질 것은 없다. […] 침팬지와 인간이 비슷한 행동을 보이는 방식을 진정으로 이해해야만 우리는 인간과 침팬지가 어떻게 **다른지를** 그 의미와 함께 숙고할 수 있다. 그리고 그런 다음에야 우리는 생물학적으로 또 정신적으로 인간이 얼마

러나 침팬지들은 지금 사용하는 것보다 더 많은 능력이 있는 것이 분명하며, 그러므로 단순히 능력을 더 많이 갖게 된다고 해서(돌연변이를 통해?) 더 많이 활용하게 되지는 않는다는 점은 흥미롭다. 만일 사용되지 않는다면 그것을 선택할 가능성은 거의 없다. 이 책의 425쪽 참조. 또 사실관계를 보고 싶으면 Ramona Morris & Desmond Morris, *Men and Apes*(London, 1965)의 지성(intelligence)에 관한 장 참조.

* Jane Goodall, *In The Shadow of Man*의 찾아보기에서 '도구 사용(Tool-using)' 항목 참조. 볼프강 쾰러가 1925년에 이런 점에 대해 보고했지만 아무도 관심을 보이지 않았던 것 같다. Wolfgang Köhler, *The Mentality of Apes*(Pelican ed., 1957), pp. 72, 78 참조.

나 독특한지 정말로 온전히 이해하기 시작할 수 있다."* 똑같이 중요한 것이 미국 수화를 배운 또 다른 침팬지인 루시가 '삼키기 놀이'에서 보인 반응이다.

> 로저는 선글라스를 들고 루시에게 자신의 옆모습이 보이도록 고개를 돌린 채 입을 벌리고 선글라스를 루시가 볼 수 없는 반대쪽 얼굴 옆으로 움직이며 삼키는 척했다. 루시는 이것이 너무나 우습다고 생각한다. […] 로저가 오늘의 공연을 끝내자마자 루시는 선글라스를 거머쥐었고, 부서지지 않는 자신의 거울을 가지고 팔짝팔짝 뛰어 거실 저편에 있는 또 다른 소파로 갔다. 거울을 발로 쥔 채 루시는 너무나 재미있어하며 로저가 한 것과 똑같이 얼굴의 보이지 않는 쪽으로 선글라스를 움직이면서 삼키는 척하는 속임수를 재현했다. 그러더니 수화로 말했다. "봐봐, 삼킨다."**

이것은 물론 예부터 전해온 **웃음**은 지성의 표식이라는 매우 온당한 의견과 연결된다. 아무리 간단한 농담이라도 이해하려면 어느 정도 떨어진 거리에서 사물을 **바라보고** 그 부조화를 한눈에 파악하는 능력이 필요하다. 그런데 루시는 그 초보적 능력을 갖추고 있다. 린든의 삽화에서 알 수 있듯이 루시는 거울 속의 자신을 보고 있었다. 마찬가지로 비키(일찍이 인간의 말을 가르쳤으나 배우는 데 실패한 침팬지 중 하나)는 사진 무더기를 인간과 동물로 분류하라는 지시를 받았을 때, 잘 분류하기는 했지만 자신의 사진은 인간 무더기에 놓고 자기 아버

* Jane Goodall, *In the Shadow of Man*, pp. 250-251.

** Eugene Linden, *Apes, Men and Language*, p. 97.

지 사진은 동물 무더기에 놓았다. 사람 손에 자란 여느 유인원들과 마찬가지로 비키는 자신을 사람으로 간주한다. 그런데 '자신을 어떤 것으로 간주한다'는 것은 자아의식의 표식으로 보인다. 이것은 루시가 했다고 하는 가장 흥미로운 말 중 하나와 연결하는 것이 옳을 것이다. 그것은 자신의 감정에 대한 말이었다. 훈련이 진행되는 도중에 인간 양어머니가 차를 몰고 그곳을 벗어나자 루시는 창문으로 달려가 차가 떠나는 모습을 지켜보았고, 그러면서 "운다 나, 나 운다"*라는 뜻의 수화를 혼잣말로 표현했다. 원래부터 알고 있던 표현 동작만으로는 더 이상 루시에게 충분하지 않았다.

그러나 자신을 다른 사람이 쳐다볼 수 있는 대상으로 의식하는 것은 푸른 식물을 비롯해 갖가지 사물을 자기 몸에 길게 걸치는 유인원에게서 오래전부터 뚜렷하게 드러났다. 쾰러는 다음처럼 말한다.

> 이런 것의 의미는 동물의 상황과 행동에서 분명하게 볼 수 있다. 그들은 자기 몸에 걸친 사물뿐 아니라 다른 동물이 걸친 것도 가지고 놀며, 그러다가 자기 몸에 사물을 걸칠 때 눈에 띄게 더 즐거워한다. 유인원이 사물을 걸친 채 혼자 돌아다니는 모습이 종종 보이는 것은 사실이지만, 그런 상황에서조차 그는 더없이 장난스럽게 으스대거나 대담하게 행동한다. 치장한 침팬지가 더없이 기분이 좋은 상태라는 온갖 징후를 보이면서 동료들 사이에서 뽐내며 걸어 다니거나 동료들에게 위협하듯 다가가는 경우와 마찬가지다.**

* Ibid., p. 111.

** Wolfgang Köhler, *The Mentality of Apes*, p. 85. 또 거울에 대해서는 p. 268 참조. 고릴라의 몸치장에 관해서는 George Schaller, *Year of the Gorilla*, p. 186 참조.

'개념 사고'의 의미에 대해서도 비슷한 종류의 어려움이 있다. 물론 그 높은 영역은 전적으로 인간만의 것이다. 다른 어떤 동물도 상대성 이론이나 사회사에 대해 생각하지 않는다(그렇지만 그런 생각을 하지 않는 사람 역시 많다). 개념 사고의 하한선은 어디일까? 없는 사물에 관한 정보를 전달하는 것은 확실히 그 일부이지만 그것이 전부는 아니다. 벌은 춤으로써 그렇게 하지만 춤에는 생각이 나타나지 않는다. 어쩌면 우리는 익숙지 않은 새로운 예 하나를 일반 항목 아래에 넣을 필요가 있을지도 모른다. 그러면 단순히 "새로운 재주를 고안"하라는 조련사의 요청에 즉각 그렇게 하는 돌고래들은 어떨까?*(어느 조련사는 자신이 돌보는 돌고래를 불안한 눈으로 쳐다보면서 이렇게 말했다. "저 안에 누가 있는 게 분명해"). 또는 자기주장이 강한 침팬지 마이크는 어떨까? 그는 원래 지위가 낮았으나, 자신의 과시 행동이 돋보이도록 석유통을 우당탕 굴리는 방법을 (상당히 자발적으로) 익힘으로써 자기 무리를 지배하게 됐는데, 나중에는 15리터 석유통 세 개를 앞으로 굴리고 때로는 던지며 55미터 거리를 내달릴 수 있었다.** 마찬가지로, 언어 실험에서는 유인원이 어떤 사물을 가리키는 명사를 모를 때 적당한 이름을 만들어내는 예를 많이 볼 수 있었다. 무를 싫어하는 루시는 그런 식으로 무를 "운다 아프다 음식"이라 부르고, 수박을 "사탕 음료"라 부르며, 감귤류 과일은 모두 "냄새 과일"이라 부른다.

* 나는 어느 텔레비전 다큐멘터리에서 이 장면을 보았는데 애석하게도 출처를 댈 수가 없다. 네덜란드 과학자들이 만든 전적으로 조리 있는 다큐멘터리 같았는데, 내용이 돌고래에 관한 다른 정보와 충분히 잘 맞아떨어지는 것으로 보인다. 이를 아이번 샌더슨의 보고와도 비교해보자. "코끼리는 재주를 매우 순순히 배우며, 실제로는 종종 스스로 재주를 생각해내는 것으로 보인다"(Ivan Sanderson, *The Dynasty of Abu*, p. 266). '재주'에 필요한 것이 무엇인지 파악하는 일은 꽤 '개념적'으로 보인다.

** Jane Goodall, *In The Shadow of Man*, p. 114.

그리고 역시 자신을 명예 인간이라고 생각하는 워쇼는 다른 침팬지들을 처음 소개받았을 때 그들을 "검은 벌레들"이라 불렀다.* 개념 사고의 또 한 가지 측면은 어떤 새로운 목적을 위해 어떤 사물이 필요한데 현재 있지 않을 때, 단순하게 현재의 자극을 따르거나 연관시키는 것이 아니라 진정으로 타당한 단서를 철저히 추적해 그 사물을 생각할 수 있는 능력이다. 도구 사용에서 볼프강 쾰러는 침팬지들이 이렇게 할 수 있다는 것을 보여주었다. 그러나 그는 또 그들의 그런 능력이 매우 한정되어 있다는 것도 보여주었다. 그의 침팬지들 중 가장 영리한 침팬지들만, 그것도 가끔만, 실제로 시야에 있지 않은 막대기나 상자를 생각해 가져오는 것을 기억할 수 있었다. 그렇지만 여기서 셈과 마찬가지로 도구 사용 역시 침팬지의 본성적인 **관심사**와는 다소 거리가 있다는 점을 지적하는 것이 옳다. 침팬지가 접하는 문제는 보통 신체적인 것이 아니라 사회적인 것이며, 어려움에 처할 때 그의 관심은 곧장 사회적 해법으로 쏠린다. 그래서 쾰러는 자신이 연구하는 유인원들이 매달려 있는 바나나를 스스로 가져오는 일에 집중하게 하기 어려웠다고 말했는데, 이런 문제에 부딪힌 침팬지들이 가장 먼저 떠올리는 생각은 바나나가 있는 곳으로 그를 데려가서 바나나를 내려달라고 부탁하는 것이었기 때문이다. 다른 연구자들도 이따금 똑같은 종류의 일을 연구에 방해가 되는 성가신 일로서 보고한다. 그러나 '실험'은 아무도 침팬지에게 설명해주지 않은 관념인 만큼 침팬지들이 여기서 하는 행동은 절대로 어리석지 않으며, 오히려 그들이 반응 없는 인간을 어리석다거나 고집스럽다고 생각할 가능성도 충분히 있다(이것은 인위적 실험 상황이 연구 주제에 간섭을 일으키는 수많

* Eugene Linden, *Apes, Men and Language*, pp. 10, 50, 130.

은 방식 중 하나다. 모든 것이 실험의 순수성을 위해 맞춰져 있으면 벌어지고 있는 일을 동물이 이해할 수 없게 되기 마련이다. 해당 동물은 정상적인 개인적 접근을 예상하며, 전반적으로 우호적인 대우를 받고 있으므로 그렇게 예상할 근거도 있다. 그런 우호적 태도가 갑자기 사라지고 뭔가 불가사의한 것으로 바뀔 때 동물이 어리둥절하고 당황한다는 사실은 그들의 어리석음을 보여준다기보다 오히려 그 반대다. 인간 어린이도 똑같이 반응할 것이다*). 제인 구달은 '사회 공학적 방법'으로 문제를 해결한 사례를 다수 묘사한다. 종종 그 주인공은 어리지만 진취적인 침팬지인 피건인데, 피건은 작고 약한 탓에 큰 유인원들이 근처에 있을 때는 인간이 내다 놓는 바나나를 손에 넣을 수 없었다.

> 피건은 문득 모두가 놓친 바나나 한 개를 알아챘다. 그러나 골리앗이 그 바로 아래에서 쉬고 있었다. 바나나와 골리앗을 흘낏 쳐다본 피건은 그곳을 벗어나 천막 반대편에 가서 앉았다. 바나나가 보이지 않는 자리였다. 15분이 지나 골리앗이 일어나 다른 곳으로 떠나자 피건은 한순간의 망설임도 없이 그곳으로 돌아가서 바나나를 집었다. 그가 전체 상황을 한눈에 파악했던 것이 매우 분명하다. 만일 더 일찍 바나나를 가지러 기어 올라갔더라면 골리앗이 그것을 낚아채어 갔을 게 뻔했다. 만일 바

* 친구라고 생각한 어떤 사람이 사실은 자신을 실험 대상으로 이용하고 있다는 사실을 알게 되는 것은 매우 나쁜 경험이다. 가장 가깝고 가장 소중한 존재를 사람들이 그렇게 이용하는 (예컨대 '인내심 많은 그리젤다'나 『심벌린』 같은) 이야기는 지극히 불쾌한 느낌을 주는데, 이는 사람을 강한 의미에서 **물건으로 이용**하는 데서 비롯된다. 나는 이 사실 때문에 침팬지 실험에 오류 요소가 끼어든다는 느낌을 금할 수 없다. 우리는 그들을 사람으로서는 도저히 취급받지 않을 방식으로 취급하면서 얼마나 사람처럼 반응하는지 보려고 기다리는 것이다. 그들을 불친절하게 대한다는 말이 아니다. 오히려 그 반대다. 그러나 이 상황은 매우 인위적이다.

> 나나 근처에 머물렀다면 필시 가끔 바나나를 쳐다보았을 것이다. 침팬지는 동료들의 눈 움직임을 매우 예민하게 알아차리고 해석하므로 골리앗이 바나나를 직접 쳐다볼 가능성이 있었다. 그래서 피건은 자신의 욕망을 그 자리에서 충족시키는 것을 자제했을 뿐 아니라, 바나나를 쳐다봄으로써 '속셈을 들키는' 상황이 생기지 않도록 그 자리를 벗어나기까지 했다. […] 그리고 그것이 끝이 아니었다.
>
> 보통 침팬지 무리가 쉬고 있을 때 한 마리가 일어서서 아무 망설임 없이 무리를 벗어나면 나머지 침팬지들이 일어나서 따라간다. 꼭 지위가 높은 침팬지일 필요는 없고, 암컷이나 어린 침팬지가 그런 행동을 시작하는 때도 많다. 어느 날 피건이 다수 무리에 속해서 바나나를 두 개밖에 차지하지 못했을 때 그는 갑자기 일어서서 무리를 벗어났다. 나머지 침팬지들이 그의 뒤를 따라갔다. 10분 뒤 그는 혼자만 돌아왔고, 당연하게도 자기 몫의 바나나를 챙겼다.*

데카르트 시대에는 진화는 생각도 못 했을 뿐 아니라 이런 사례도 전혀 알려지지 않았다는 점을 말해두는 것이 좋을 것 같다. 유인원은 연구는 고사하고 발견조차 되지 않았고, 사냥꾼 말고는 누구도 자연 서식지의 동물을 관찰하지 않았다. 우리는 사람들을 관찰할 때 바로 이런 식으로 관찰한다. '동물'은 일차적으로 농장의 짐승, 유해동물, 위험한 포식자, 사냥감, 그리고 개나 말 등 인간이 부리는 동물을 가리켰다. 마지막 범주의 동물이 물론 훨씬 더 익숙했다. 그러나 가축은 언제나 자발성을 속박하는 상황에서 사육하고, 될 수 있는 대로 자기주장이 약하도록 조직적으로 육종한다(예컨대 구애하고 짝을 고

* Jane Goodall, *In the Shadow of Man*, pp. 96-97.

르는 본성적 행동 패턴은 인간의 편의를 위해 퇴화되었다. 그 결과 사람들은 인간과 달리 '동물'에게는 난폭하고 성급하며 임의적인 짝짓기가 일반적이라는 발상을 갖는다. 그러나 이것은 실제로 불도그의 코나 닥스훈트의 등만큼이나 커다란 왜곡에 해당한다). 전반적으로 소나 개, 말이 자발적, 진취적으로 하는 행동은 주인이 볼 때 그 동물에게 나름의 마음이 있다는 증거가 아니라 낭비적이고 어리석으며 난폭하다고 비치는 경향이 있다. 주인은 동물을 주로 기능 측면에서 단순히 하나의 사물, 비품으로 바라보며, 가끔은 인간사회 위계의 구성원이라는 측면에서 바라보는데 여기서 동물은 하인의 하인이라는 매우 낮은 위치를 차지한다. 개는 철저히 위계적인 본성이 있어서 이렇게 보기가 더 쉬우며, 다른 가축들은 단순히 개보다 아래에 놓인다. 예를 들어 존 스튜어트 밀이 "만족한 돼지보다 불만족한 인간이 되는 것이 낫다"*고 말했을 때 그가 생각한 돼지는 타성을 최대화하도록 신경 써서 사육한 우리에 갇힌 농장 돼지였다는 점을 주목할 만하다. 그가 한 말에서 돼지는 활동하지 않는 상태를 받아들인다는 의미였다. 그렇지만 이런 종류의 돼지는 농부의 트랙터만큼이나 인간의 산물에 가깝다. 멧돼지는 완전히 다르다. 밀이 대비시키려 한 것은 사실 **자유로운** 상태와 **갇힌** 상태였다. 그런데도 그의 말은 인간과 짐승을 대비시킨 표준적 사례로 통한다.

데카르트 시대에 알려져 있던 유일한 영장류는 '바르바리원숭이'라는 북아프리카의 마카크뿐으로, 몸집이 작은 이 원숭이를 애완용으로 기르는 사람이 간혹 있었다. 라모나 모리스와 데즈먼드 모리스가 지극히 흥미롭게 보여준 것처럼, 이 동물을 바라보는 시각에서는 인간의 자부심이 강화될 수밖에 없었다. 이들을 하등한 모방자로, 인

* 존 스튜어트 밀, 『공리주의』, 2장.

간의 숭고한 지위를 공유하려 헛되이 애씀으로써 자신을 우스꽝스럽게 만든다고 본 것이다.* 인간의 집에서 마카크는 당연하게도 어느 정도 파괴적이고 '장난꾸러기'였다. 이들의 행동은 동물은 인간이 되는 데 실패한 가소로운 존재라는 관념을 강화하는 데 많은 역할을 했다. 그 밖에도 좀 더 이국적인 동물을 가끔 볼 수 있었는데, 왕국의 영광을 드높이거나 민중에게 놀라움을 주기 위해 이동 동물원에 가두어 끌고 다니는 이런 동물은 움직이지 않는 지루한 모습이었다. 인간이 무엇을 필요로 하는지를 전혀 이해하지 못하는 외계인에 의해 몇 년이고 홀로 갇혀 있을 경우 인간이 보임 직한 딱 그 모습이었다. 게다가 배움은 본질적으로 도시에서 일어나는 일이었다. 거의 다윈 시대까지도 본격적 사색가들은 "나에게 무엇을 가르치는 것은 들이나 나무가 아니라 **도시** 속 인간들이다"**라고 말한 소크라테스의 관점을 받아들이는 경향이 있었다. 끝으로, 그리스도교회는 자연 숭배를 공격하는 초기 전통을 따라 동물의 권리에 대한 어떠한 관심도 적극적으로 반대했다.*** 이런 모든 점을 생각할 때 동물의 지성 문제를 피상적으로 다루는 태도가 널리 받아들여진 것은 그다지 놀라운 일이 아니다. 이런 태도가 이토록 오래 사라지지 않았다는 것 역시 이해가 되는데, **특정 주제는 중요하지 않다**는 전통은 없애기가 가장 어려운 것에 속하기 때문이다. 그런 주제는 논의를 시작하기도 전에 금기시되는 경향이 있다.

* Ramona Morris & Desmond Morris, *Men and Apes*, pp. 28-35.

** 플라톤, 『파이드로스』, 230.

*** 이 책 381쪽 참조. 더 많은 예와 더 자세한 역사를 보려면 다음 책을 참조. John Passmore, *Man's Responsibility for Nature*.

기계 모델이 통할 수 없는 이유

그렇지만 내가 방금 언급한 종류의 예와 그 밖에 내가 들었던 수많은 다른 예를 진지하게 고려한다면, 동물은 로봇과 구별이 불가능하다는 데카르트의 의견에 대해 우리는 어떻게 말해야 할까?

> 만일 원숭이 또는 다른 어떤 비이성적 동물의 장기와 외양을 갖춘 기계가 있다면, 우리는 그것이 그런 동물과 전체적으로 본성이 같지 않다고 분간할 방법이 없을 것이다. 반면 우리 인체와 비슷한 기계가 있다면, 그리고 도덕적으로 가능한 최대한 우리 행동을 모방한다면, 그럼에도 여전히 우리에게는 그것이 진정한 인간이 아님을 분간할 방법이 두 가지 있을 것이다. 첫째, 그것은 낱말이나 그 밖의 기호로 이루어진 구문을 사용할 수 없을 것이다. [둘째, 행동 수행 능력이 들쭉날쭉할 것이다.]*

이것이 옳다면 우리는 어쩌다가 동물이 기계가 **아니라** 의식이 있는 존재라는 발상을 갖게 되었는지 궁금해져야 한다. 어쩌면 동물의 동작이나 몸짓과 관계가 있었을까? 데카르트는 이렇게 대답한다. "우리는 동물에게서 볼 수 있을 뿐 아니라 기계도 모방할 수 있는 본성적 감정 표현 동작을 말과 혼동해서는 안 된다."** 그러나 여기서 이 주제에 관한 모든 이해를 계속 왜곡해온 증후군이 보이기 시작한다. 데카르트는 이 비교에서 동물 쪽에는 관심을 기울이지 않는다. 깊이

* Descartes, *Discourse on Method*, p. 41.

** Ibid., p. 43.

생각하지 않고 인간 쪽과 대비시키기 위해 성급하게 내던진 것일 뿐이다. 확실히 기계는 표현 동작을 모방할 수 있다. 그렇지만 (그가 지적하는 대로) 낱말도 마찬가지다. 따라서 의식과 지성이 있는 발언자라는 표식은 발언자가 대답을 한다는 것이 아니라, 기계와는 달리 **적절하게**, 데카르트의 표현에 따르면 "자신의 눈앞에서 한 말의 의미에 대한 반응으로 낱말을 다양하게 배열하여" 대답한다는 것이다. **그러나 이것은 동물과 인간 둘 다의 몸짓에도 해당한다**. 우리는 실제로 이 이유 때문에 로봇의 몸짓을 금방 알아차릴 것이다. 동물이냐 인간이냐, 말을 하느냐 하지 않느냐는 별 상관이 없다. 적절하다는 것은 언어 이전 문제다. 또한 인간 이전 문제이기도 한데, 개도 속지 않을 것이기 때문이다. 청각장애인의 지위가 경계선에 놓인다는 점이 염려된 데카르트는 이렇게 말한다. "언어장애와 청각장애를 가지고 태어난 인간은 [⋯] 대개 스스로 기호를 만들어, 평소 주위에 있는 이들에게 자신의 의사를 전달한다."* 따라서 그들은 합리적이라 간주된다(따라서 데카르트는 마땅히 수화에 관심을 가져야 할 것으로 보인다). 그러나 그처럼 미리 정해진 기호는 물론 언어장애인이 가진 소통 기술의 일부분일 뿐이다. 하포 막스**에게는 그런 것이 필요하지 않다. 그리고 개나 말, 매, 코끼리 등도 자기 종에게든 인간에게든 "평소 주위에 있는 이들에게 **자신의 의사를 전달**한다". 그리고 인간은 그에 답한다. '자신의 의사를 전달한다'는 그 영역이 '말한다'보다 엄청나게 더 넓다. 그것은 맥락을, 그것도 있을 수 있는 유일한 맥락을 제공하며, 그 안에서 인간이 하는 말이 의미를 갖는다.

* Ibid., p. 42.

** 미국의 코미디언이자 무언극 배우.(옮긴이)

이로써 나의 두 번째 질문이 이어진다. 만일 (수화로 '말하는' 것도 포함하여) 지성적으로 보이는 동물행동이 사실은 지성적인 것이 아니라면 그것은 무엇일까? 우리는 어떤 방식으로 그것을 받아들이고 있는 걸까? 그것을 이해할 대안이 될 더 온전한 방식은 무엇일까?

모방은 그 대답이 될 수 없다는 점은 바로 짚어두는 것이 좋겠다. 모방은 지성을 대체하지 못한다. 모방은 지성을 행사하는 한 가지 방식이다. 지성 없는 모방은 통하지 않는다. 지성적 모방, 자신이 하는 행동의 원리를 부분적으로 파악한 모방은 지성이 있는 존재의 능력에 속한다. 인간의 학습에서 명백한 필수 요소이기도 하다. 이에 관해 린든은 그가 메모를 적는 것을 본 루시가 나중에 그의 메모장을 거머쥐고 낙서를 갈겨쓴 행동을 『유인원, 인간, 언어』(*Apes, Men and Language*)에서 설명하면서 다음 몇 가지를 훌륭하게 지적한다.

> 비판하는 사람들은 침팬지가 보여준 어순 선호는 어순의 중요성을 이해하지 못한 상태에서 인간 모델을 모방한 결과라는 의견을 내놓았다. 유인원들의 인지 능력을 보여주는 증거라면 어떤 것이든 멍청한 흉내로 치부하려는 유혹을 느끼는 사람이 많다. 그렇지만 루시가 내 메모를 따라 쓴 일 때문에 […] 내가 루시를 광대나 속기사로 고용하는 일이 일어나지는 않았지만 나는 루시가 자신이 하는 행동을 알지 못했다면 행동을 정확하게 모방할 수 있었을지 의심하게 되었다. 나아가 로저 파우츠는 가장 효과가 떨어지기는 해도 모방이 학습 방법의 하나임을 증명한 바 있다. [96-97쪽]

쾰러 역시 모방에 성공하려면 통찰력이 필요하다고 보며,* 이에 관해서는 나중에 더 다루기로 한다. 모방은 사실 중간 지점 정도에 지나지 않는다. 그보다 더 그럴 법한 형태의 가설은 더 간단하고 간결해서 매력적으로 다가오는 더 일반적인 가설, 즉 **메커니즘**(mechanism)** 가설이다. 메커니즘 가설에서는 데카르트처럼 행동을 정해진 자극에 대한 정해진 반응으로 취급하고 싶어 한다. 마이크와 피건이 한 것과 같은 자발적 행동에 이런 식의 패턴을 적용하는 데는 명백하게 무리가 있다. 이에 대해서는 곧 다시 다루기로 한다. 그러나 이 문제는 거의 모든 형태의 소통에 대해서도 똑같이 중대한데, 소통에서 적절하게 반응하려면 해석이 필요하기 때문이다. 린든은 인류학자인 고든 휴스를 인용한다. 그는 유인원에게 매우 동정적인 연구자지만, 그럼에도 널리 퍼져 있는 전형적 관점 그대로 침팬지의 음향-발성 체계는 기본적으로 "경보 체계"라고 말하면서 이렇게 덧붙인다. "음성 체계는 놀람, 주목, 두려움같이 전체적으로 '감정적'인 다양한 반응을 촉발하는 데서 그치는 것으로 보이며 […] 도주, 공격, 어미의 보호 행동, 복종 등 다소 상투적 행동 패턴으로 이어진다."*** 복종이

* Wolfgang Köhler, *The Mentality of Apes*, pp. 189-193. 이 장은 문제 전체를 가장 예리하고 명료한 관점으로 다루고 있다. 쾰러는 실험자들을 통틀어 보기 드문 일을 해냈는데, 자신이 다루어야 하는 대안의 범위를 제대로 파악하고 정확히 짚어냈다. 나로서는 그가 사용한 낱말 하나하나가 지금도 타당해 보인다.

** 여기서 **메커니즘**은 세계는 어떠한가 하는 형이상학적 이론인 기계론을 가리키는 것이 아니라, 그저 사물을 기계로 간주해 해석하는 방법론적 원칙을 말한다. 이것은 앞서 3장에서 언급한 '목적에서 출발하는 추론'을 훨씬 넘어서는데, 사물이 설계된 목적을 우리가 **완전히** 파악하고 그 목적을 향한 최소한의 수단 **이외에는 아무것도 없을** 것으로 기대할 권리가 우리에게 있다고 가정하기 때문이다. 기계가 이에 해당하나 유기체는 해당하지 않는다.

*** Eugene Linden, *Apes, Men and Language*, p. 160.

나 어미의 보호 행동을 **상투적 행동 패턴**이라 부르는 것은 무슨 의미일까? 이것은 엄청나게 넓은 범위의 행동이다. "촉발"이 적절한 낱말이라면 그에 따라 정해진 행동 항목이 즉각 나와야 하지만 그렇지 않다. 구체적 행동은 모두 해당 개체가 상황을 어떻게 파악하는가에 따라 달라진다. 반응으로서 빠르든 늦든 어떤 형태로 일어날 가능성이 큰 전형적 몸짓이 있는 것은 확실하다. 그렇지만 그것은 사람도 마찬가지다. 즉각적으로 일어날 가능성이 큰 행동은 사실 **주목**이다. 동물이 고개를 들고 쳐다보는 것이다. 그러나 이것은 "전체적으로 감정적인 반응"은 아니다. 이 표현이 놀람이나 두려움을 나타내는 데 적절하다 해도 그렇다. 주목은 메시지를 받아들이는 예비 행동이지 메시지에 대한 실제 반응이 아니다. 반응 자체에는 시간이 걸리는데, 메시지에 대해 반응하려면 먼저 메시지를 이해해야 하기 때문이다.

내가 생각하기에 이런 식의 관점은 **반응**이라는 낱말 때문에 상당히 오해할 여지가 있는데, 원래부터 그 의미 범위가 너무나 넓기 때문이다. 이 낱말은 당연하게도 의식이 있는 존재가 **응답**하는 매우 섬세한 행동에 쓰일 수 있지만, 다음처럼 전적으로 기계적 움직임에도 쓰인다.

> 돛과 노에 익숙한 손길에
> 배는 즐거이 반응했다.
> 바다는 잔잔하고, 부름받았을 때 너의 가슴은
> 이끄는 손길에 고분고분 고동치며
> 즐거이 반응했으리라.*

* T. S. Eliot, *The Waste Land*, 418-422.

공식적으로 의식이 없다고 보지 않는 존재의 행동을 사실상 기계처럼 설명하는데도 사람들이 그것이 얼마나 잔학한 방식인지 알아차리지 못한 채 받아들일 수 있었던 것은 **반응**이라는 낱말의 유연성 때문으로 보인다. 확실히 그런 설명이 가장 그럴듯한 자리는 **놀람**이 **도주**로 이어지는 휴스의 예다. 그러나 여기서도 서로 완전히 다른 두 가지가 가능하다. 의식이 있는 존재가 특정 경보 소리를 들을 때마다 숨는다 해도, 그것이 "전체적으로 감정적인 반응"이라는 결론으로, 소리를 듣고 아무 생각 없이 그저 자동으로 겁을 먹고 숨는 것이라는 결론으로 이어지지는 않는다. 그 동물이 그 **신호를 해석**하는 것도 가능하다. 그것을 하나의 발설로 받아들여, 아파서 내는 소리인지 경고인지 이해하는 것이다. 어떤 경우는 명백히 첫째 패턴 즉 생각 없이 자동으로 자신을 보호하는 행동에 해당한다. 예컨대 어린 새들이 이전에 한 번도 처한 적 없는 위험 앞에서 본능적으로 숨는 반응과 맞아떨어진다.* (인간을 포함하여) 지성이 있는 종의 지극히 분별 있는 어른이 갑작스레 굉음 같은 격렬한 자극을 받을 때 즉각적으로 보이는 반응과도 들어맞는다. 그러나 이런 것은 예외적 경우다. 심지어 **소통**의 예로 보는 것이 옳은지조차 분명하지 않으며, 굉음이 누군가가 경고하려 낸 소리였다 해도 그렇다. 소통에서 반응을 직접 불러일으키는 것은 신호 자체가 아니라 신호의 해석일 수밖에 없다. 이것은 여러 가지 해석의 가능성 특히 착오의 가능성이 분명히 존재한다는 점에서 드러난다. 조지 숄러는 이렇게 기록한다. "어느 암컷[고릴라]은 내가 무리 가까이에 도착할 때마다 큰 소리를 지르는 경향이 있었

* 틴베르헌이 다음에서 묘사했다. Niko Tinbergen, *The Herring Gull's World*, p. 215; *The Study of Instinct*.

다. 나머지는 그 경고를 무시했는데, 보이지 않는 곳에서 소리를 지를 때도 그랬으므로 목소리를 알아듣는다는 뜻이었다. 그 암컷이 "늑대다!"를 너무 자주 외쳤던 것이 분명하다."* 그는 일반적으로 말해 "그들의 반응은 소리뿐 아니라 소리를 지르게 된 조건과 무리 중 누가 소리를 질렀는지에 따라서도 달라진다"고 말한다. 사실 "전체적으로 감정적인 반응"의 기준은 **없다**. 바로 그런 식으로 제인 구달은 늙고 겁 많은 암컷 침팬지가 종종 주위 침팬지들이 표현하는 동작을 잘못 해석해, 위협이 없는데도 위협이 있는 것처럼 반응하는 예를 묘사한다. 마찬가지 방식으로, 경험이 부족한 어미는 자기 새끼를 다른 침팬지들이 들여다보도록 허락하지 않는데, 사실은 호기심인데도 위협으로 해석하기 때문이다. 반대로 위협을 심각하게 받아들이지 않은 침팬지가 곤경에 빠지기도 한다. 위협을 올바로 파악하는 법을 익히는 것은 침팬지의 교육에서 중요하며 주의를 많이 기울이는 부분이다.**

휴스가 정확하게 지적하는 한 가지는 유인원의 경우 음성 소통은 몸짓에 비해 훨씬 간단하기 때문에 그저 자동적인 쿡쿡 찌르기에 훨씬 더 **가깝다**는 점이다. 특히 고릴라의 경우 이는 분명한 사실이다. 숄러는 고릴라가 내는 소리는 가짓수가 얼마 되지 않지만 기호로 활용되고 이해된다는 점을 설명한 다음, 어차피 그들은 말을 많이 하지 않는다면서 이렇게 언급한다. "일반적으로 발성은 자세나 몸짓을 통해 본론을 전달할 수 있도록 소리를 낸 당사자에게 주목하게 만든다."*** 발성은 실제로 인간의 감탄사와 비슷하게 볼 수 있다. 그러나

* George Schaller, *Year of the Gorilla*, p. 230.

** Jane Goodall, *In the Shadow of Man*, pp. 81-82, 146-147, 175.

*** George Schaller, *Year of the Gorilla*, p. 229.

더없이 간단한 감탄사라 해도 그저 기계적 자극에 지나지 않는 것은 아니다. 여전히 말이며, 의식이 있는 주체를 대상으로 하는 기호이고, 이해되도록 의도한 것이다.

남에게 응답하는 소통 역시 그저 자극에 대한 기계적 반응으로 취급할 수 없다. 이런 소통도 앞서 언급한 자발적 행동과 똑같은 문제를 제기한다. 즉 당사자의 관점과 감정을 언급해야만 설명할 수 있다는 것이다. 사람과 마찬가지로 동물 경우에도 모든 점에서 똑같으며, 잠깐이라도 실제로 동물을 다루어야 하는 사람이라면 생각할 것도 없이 그렇게 가정해야 한다. 이 말은 동물이나 사람의 행동은 전반적으로 물리적 대상에 비해 언제나 필연적으로 예측하기 어렵다는 뜻이 아니다. 어떤 물리적 대상은 (낡은 기계나 폭풍우 같은) 예측하기가 매우 어렵고, 어떤 살아 있는 존재는 매우 쉽다. 예측을 위해서는 그 개체의 마음 상태를 고려한다는, 또 고려해야 한다는 뜻이며, 자명종이나 폭풍우 경우에 이런 고려는 의미가 없다. 촘스키의 지적처럼 사람의 말은 예측 불가능하다는 것이 틀림없는 사실인데, 있을 수 있는 말의 가짓수가 한정되어 있지 않을뿐더러 그것을 산정하는 체계도 없기 때문이다. 그렇지만 사람의 몸짓 조합 역시 정확히 똑같은 이유로 예측 불가능하다. 있을 수 있는 몸짓 목록을 만들고 그것을 바탕으로 친구의 동작을 예측하는 일은 그다지 의미가 없을 것이 분명하다. 예외적인 사람에게만 해당하는 것이 아니라, 아기를 포함하여 모든 사람에게 해당한다. 그리고 동물 또한 마찬가지다.

이것이 의심스러운 사람이 있다면 놀이라는 현상을 주의 깊게 살펴보아야 한다. 인간 아기도 동물 새끼도 메커니즘 반응 이론가들이 바라는 것처럼 행위의 대상이 될 때까지 수동적으로 기다리다가 자기 주위에서 행해지는 행동을 기계적으로 모방하는 식으로 삶을 시작하지는 않는다. 사실은 그 반대로 인간과 동물 모두 똑같이 주도적으로 행동한다. 그리고 비교적 지성적인 모든 종은 놀이를 한다. 다시 말해 매우 자발적으로, 또 완전히 재미를 위해, 주위 어른들은 하지 **않는** 방식으로 행동한다. 기계는 이렇게 하지 않으므로 놀이를 설명하기 위한 모델로는 거의 쓸모가 없다. 기계 모델은 신경과 뇌 안에서 벌어지는 일을 설명하는 데는 잘 맞을 수 있다. 그러나 예컨대 "저 아이는 도대체 뭘 하는 거지?" 하고 묻는 지금 단계에서는 거의 도움이 되지 않는다. 그에 대한 대답은 "아이는 장난으로 으르렁거리며 카펫을 잡아당겨 개를 놀리려 하고 있다"일 수 있다. 그러나 정확하게 똑같이 개가 장난으로 으르렁거리며 카펫을 잡아당겨 아이를 놀리려 하고 있다는 대답도 가능하다. 둘 다 똑같이 자신이 하는 행동을 몸짓으로 알려준다. 두 종이 똑같이 개체마다 행동이 다르고 매번 다르게 행동한다. 두 종에게 정확히 상투적인 반응, 변함없는 반응은 **비상 신호**이며 뭔가 문제가 있다는 징후다. 두 종에게 주위에서 일어나는 다양한 사회적 행동에 적절하게 행동하지 못하는 것, 민감하게 반응하지 못하는 것 역시 비상 신호이며, 주위의 사회적 행동에 무관심한 것 즉 가만히 앉아 자극을 기다리기만 하는 것 역시 마찬가지다. 우리는 어린이나 동물 새끼 모두 똑같이 상당히 예측할 수 없는 행동을 꾸준히 쏟아낼 것이라고 예상하며, 그에 대해 원인만 생각할 것이 아니라 그들의 개성과 감정에 비추어 해석해야 할 것이다. 그리고 우리가 실망하는 경우는 거의 없다. 지성이 있는 모든 종의 어린 동물은 본질적으로 창의적이고 혁신적이다.* 이 자발성은 인간에게

* 여기서 창의적이고 혁신적이라는 낱말은 천재를 서술할 때처럼 좁고 강한 의미가 아니라, 촘스키가 전반적으로 말을 서술할 때 항상 쓰는 것처럼 원래의 넓은 뜻으로 쓴

만 있는 것이 아니다. 언어는 독특하다고 주장하고 싶어 하는 사람들은 첫째로 언어에서 쓰이는 기호의 관습적 성격을 살펴보고, 둘째로 그 가능성을 매우 철저히 이용해왔음을 살펴보는 게 좋을 것이다.

언어의 기능 이해하기

그렇지만 언어는 특별하다는 점에 관심이 있는 사람들은 언어는 내가 이제까지 묘사한 모든 것과 아무 상관이 없으며 여전히 완전히 다른 어떤 것이라고 답할 것이다. 그래서 촘스키는 동물 소통 연구는 "동물계에서 눈에 띄는 유사 사례가 없을 정도로 인간의 언어가 얼마나 독특한 현상으로 보이는지를 더 분명히 드러낼"* 뿐이라고 말한다. 물론 어떤 면에서 언어가 독특한 건 **맞지만**, 반드시 "눈에 띄는 유사 사례가 없을" 이유가 있을까? 계속해서 그는 "다른 유기체들에게서 발견되는 식의 더 단순한 체계로부터 언어가 진화하여 발달했다고 가정하는" 것은 "호흡이 보행으로 진화하여 발달했다고 가정하는" 것만큼이나 근거가 없다고 말한다(60쪽). 같은 과정에 속하는 서로 다른 단계가 아니라는 것이다. 그리고 이것은 "진정한 발생의 예, 다시 말해 조직의 복잡도가 특정 단계에 이르렀을 때 질적으로 다른 현상이 나타난 사례"임이 분명하다고 결론짓는다(62쪽). 그는 그러므로 다음과 같은 의견을 내놓는다. "이런 이유에 비추어, 인간 언어가 더

것이다. 촘스키는 빌헬름 폰 훔볼트의 멋진 말을 인용한다. "말하는 사람은 유한한 수단을 무한히 활용한다"[Noam Chomsky, *Language and Mind*(New York, 1968), p. 15]. 내가 여기서 지적하는 것은 놀이를 하는 동물도 똑같다는 점뿐이다.

* Noam Chomsky, *Language and Mind*, p. 59. 이 장에서 인용하는 촘스키의 말은 모두 이 책에서 가져왔다.

단순한 체계로부터 진화했다는 추측은 다소 의미가 없어 보인다. 아마도 기본 입자 무리로부터 원자가 진화했다는 추측만큼이나 불합리할 것이다."

이해력이 없다는 것은 장점이 아니다. 그것을 참아주는 것은 정말로 그럴 필요가 있을 때뿐이다. 그리고 이 문제에서 이해력 결여는 그저 언어에서 특정한 추상적 패턴 말고는 어떤 것도 중요하지 않다는 듯이 언어를 희한하게도 좁게 취급하는 원흉으로 보인다. 만일 말(speech)의 진화가 정말로 이해 불가능하다면, 말의 진화가 일어나기 특히 좋은 배경을 만드는 요소가 인간의 삶에 없었다면, 그렇다면 다른 어떤 종에서도, 예컨대 악어에게서도 말의 진화가 일어났어야 한다는 결론도 충분히 가능하다. 그것을 **이해하는** 문제는 진화의 역학을 추적하는 문제, 다시 말해 변화가 일어나려면 정확히 어떤 돌연변이 또는 선택이 필요했는지를 밝히는 문제와는 다르다(예컨대 날기 시작하는 것처럼 역학을 확실하게 알 수 없는 큰 변화가 갑자기 일어나는 경우를 가리켜 '창발적 진화'라고 한다). 그러나 앞에서도 말한 것처럼 어떤 습성을 이해한다는 것은 그 습성과 함께 있는 것이 무엇인지, 우리에게 어떤 작용을 하는지, 우리 삶에서 어떤 역할을 하는지를 아는 것이다.

촘스키는 "지금까지 검토된 동물 소통 사례로 볼 때 인간의 몸짓 체계와 공통되는 속성이 많은 것이 확실하며, 이 경우 직접적 연관이 있을 가능성을 탐구하는 것이 적절할지도 모른다"며 인정한다(62쪽). 그러나 이것은 몸짓을 언어와 완전히 분리하는 것으로, 원자와 기본 입자 무리의 격차 같은 거대한 진화의 간격을 둘 사이에 끼워 넣는 것으로 보인다. 흔히 그러듯 데카르트의 쐐기는 여기서도 쪼갤 수 없는 것을 쪼개려고 한다. 내 생각에 이 발상은 오로지 **인쇄된** 언어로 한정할 때만 받아들일 수 있다. 인간 언어가 인쇄**될 수 있다**는 것은 훌륭하고도 대단한 특징이다. 그 열매는 여타 소통의 나무에 달린 열매보다 클 뿐 아니라 보존까지 된다. 따고 나르고 2000년 뒤에 쓸 수도 있으니 정말로 눈부시다. 그러나 그렇다고 해서 애초에 그 열매가 자라난, 그리고 새로운 사례가 저마다 지금도 자라고 있을 것이 분명한 원래의 나무가 무의미해지지는 않는다. 인간 언어는 대부분 말이지 글이 아니다. 가장 많이 배운 사람에게조차 그렇다. 그리고 언어가 말로 나올 때 말 자체는 피라미드의 꼭짓점에 지나지 않으며, 피라미드의 주요부를 이루는 것은 어조, 몸짓, 표정과 몸의 표현, 완급, 타이밍, 침묵, 그리고 그 전체와 그 순간 벌어지는 일의 관계 등이다. 여기서 **주요부**가 무슨 뜻인지 알고 싶으면, 말을 하면서 거기 어울리지 않는 어조와 몸짓을 하는 실험을 해볼 수 있다. 그러기는 쉽지 않다. 서로 의미가 통하지 않는 말 두 마디를 이어 말하거나 잘못된 어순으로 말하는 것과 마찬가지 방식으로 어렵다. 우리의 습관적 어순 감각과 의미 감각이 그것을 거부한다. 그러나 그렇게 해냈다면 한 가지는 확실하다. 듣는 사람이 그 말을 액면 그대로 받아들일 수 없다는 점이다. 충돌이 일어나며, 승자가 되는 쪽은 말이 아니다. 필시 어조와 몸짓 등이 말보다 **더 많은** 정보를 담고 있다고 받아들여질 것이다. 자연스러운 상황이라면 거의 언제나 그럴 것이다(한 가지 예는 남에게 도움을 청하는 익숙한 상황이다. 요청받은 사람이 장황하게 말하고 기꺼이 도우려는 것 같지만, 경험 많은 관찰자는 그의 거동에서 "나는 당신을 위해 아무것도 할 수 없고 그럴 생각조차 하지 않을 것이다"라는 진짜 메시지를 즉각 알아보는 경우다). 말과 말하는 방식의 관계는 내가 볼 때 한 유기체의 임의의 두 측면, 예컨대 '호흡과 보행' 같은 두 측면의 관계가 **아니다**. 말과 말하는 방식의 관계는 개념적이다. 둘은 부분으로서 같은 의미 체계를 이룬다. 우리는 둘을 같은 일을 위한 상호 보완적 도구로 사용한다. 그러면 저 의미 체계는 화자가 그 자리에 없을 때 힘을 잃을까? 우리의 상상력이 즉각적, 적극적으로 화자를 재생성하지 않는다면 그럴 것이다. 이것은 사람들이 그리운 누군가로부터 받은 편지를 읽을 때 '그의 목소리를 듣고' 반가워하는 데서, 또는 그러지 못할 때 고통을 느끼는 데서 분명히 알 수 있고, 전화를 통한 소통이 어려운 데서도 알 수 있다. 마찬가지로 우리가 좋은 소설이나 희곡을 읽을 때는 인쇄된 잉크에 생명을 불어넣는 우리 내면의 각색 작용에 그다지 관심을 기울이지 않을지도 모르지만, 무대나 텔레비전에서 형편없는 연기를 볼 때는 우리 내면에서 그런 작용이 일어나고 있다는 것을 문득 고통스럽게 깨닫게 된다. 그때 우리는 "다아시는 절대 안 저랬어" 하고 외치는데 당연히 그럴 만하다. 또 20세기 이전까지 소설은 언제나 소리 내어 읽게 되어 있었다는 점도 주목할 만하다.*

극이 아닌 산문 즉 직설적 묘사나 논의의 경우 사정이 조금 더 복잡하지만 내가 볼 때 본질적으로는 같다. 우리는 점잔 빼는 작위적 문체와 직접적, 직선적 문체의 차이를 어조 차이라고 느낀다. 우리가 정말로 '필자의 목소리를 듣는다'면, 이는 우리가 그에 대해 타당하지 않은 호불호를 갖게 할 뿐 아니라 그의 인격 전체에 대한 느낌에도 영향을 주고 따라서 그가 하는 말의 의미도 달라지게 만든다. 흄이나 플라톤의 어조가 수백 년에 걸쳐 예리하고 명백하게 전해지면서 개인의 반응이라는 광대한 배경이 상상의 빈자리에 채워지고, 이로써 그들이 문자로 하는 말의 의미가 완성된다. 단편적 논의와 종합적 인

* 말의 이런 측면은 1960-1970년대에 언어학자들의 관심사로 떠올랐고 지금은 많이 주목받고 있다. David Crystal, *The English Tone of Voice*(London, 1975), 그리고 린든이 쓴 책의 찾아보기에서 '준언어(Paralanguage)' 항목 참조.

생관을 가르는, 나아가 실제로 시시한 철학자와 위대한 철학자를 가르는 차이가 바로 여기서 만들어진다.

정보만 담긴 매우 단순한 산문도 그 필자로부터 완전히 분리되지는 않는다. 항상 우리는 필자가 얼마나 믿을 만한지, 어떤 부분에서 믿을 만한지를 파악하기 위해 필자에 대해 충분히 알 필요가 있다. 문체는 상상력 없는 정직한 정보 제공자와 잘난 체하는 사람을, 공평무사한 증인과 편견이 있는 증인을, 독창적 탐구자와 좀비를 가려내는 데 도움이 된다. 언어는 대단히 유연하기 때문에 누구나 자신의 개인적 표식을 남길 수 있다. 그러나 필자의 신빙성을 확인할 필요가 클수록 우리는 말에서 그치지 않고 가능하면 직접 대면하고 싶어 한다.

나는 말은 사람이 소통하는 방식의 일부에 지나지 않는다는 상당히 빤한 주장을 하고 있다. 우리가 말을 사용하는 방식에 대해 촘스키가 지당하게 강조하는 것처럼, 기호의 창의적, 혁신적 재조합은 우리가 말과 구체적 몸짓, 표정, 눈길, 침묵, 휘파람을 비롯한 온갖 종류의 비언어적 활동을 결합하는 데서도 일어난다. '인간의 몸짓 체계'는 그 자체로 완비된 별개의 것이 아니다. 그것은 하나의 커다란 소통 체계에서 추상화해 나온 한 측면이다. 어디를 가든 그곳의 언어와 몸짓의 관계는 유기적이다. 외지인이 오해하거나 오해받지 않으려면 몸짓을 시제나 높임말 형식만큼이나 잘 파악해야 한다. 몸짓을 더 쉽게 파악하게 만드는 것, 그리고 종종 몸짓이 나타나고 있음을 알아차리지 못하게 만드는 것은, 관습적 요소가 있기는 해도 몸짓의 기본은 선천적이고 보편적이라는 사실이다. 지역적 편차는 그리 크지 않다. 그러나 표현 동작을 위한 우리의 전반적 기본 소양이 선천적이긴* 하

* 그 범위를 면밀하고 설득력 있게 분석한 내용은 다음을 참조. Irenaus Eibl-Eibesfeldt,

지만, 우리는 또한 문화적 이유에서든 개인적 이유에서든 어떤 맥락에서도 그 세부에 무한히 다양하게 변화를 줄 수 있는 소양도 타고났다. 바로 이런 식으로 우리는 변화하는 자신의 태도를 시시각각 서로에게 나타낼 수 있다. 그런데 낱말과 어순에 변화를 주는 우리 능력은 이 기본적 소통 능력이 더욱 특별하게 발달한 결과라고 말하는 것도 타당해 보인다. 말은 이미 표현 동작으로 항상 소통하고 있는 종에게만 의미가 통한다.

표현 동작의 기능 이해하기

앞서 나는 언어와 여타 소통 방식이 연장선에 있다는 사실이 흐릿해지는 한 가지 이유로 언어라는 관념이 지나치게 추상적이기 때문이라는 의견을 내놓았다. 그렇지만 동물이 무엇을 하는지에 대한 지나치게 추상적인 관념 역시 크나큰 문제이다. 촘스키는 동물 소통은 모두 "지난 몇 년 동안 일본 과학자들이 광범위한 영장류 연구를 통해 보여준 것처럼, 각기 특정 범위의 행동 또는 감정 상태와 결부된 한정된 개수의 고정된 신호로 이루어지거나 한정된 개수의 고정된 언어적 차원을 활용한다"고 말한다(61쪽). 그런데 "한정된 개수의 고정된 신호"는 관찰하며 분류한 사람의 판단임이 명백하다. 통계자료를 수집하는 사람이라면 고개를 숙인다, 물러난다, 돌진한다 같은 행동을 표준 단위로 칠 것이 분명하다. 그래서 일반 독자에게 그의 설명은 양은 모두 똑같이 생겼다는 도시 사람의 관찰이나 중국인에 대한 서양인의 비슷한 관찰과 같은 방식으로 오해를 불러일으킬

Love and Hate.

것이다. 이것을 이해하려면 알파 센타우루스에서 온 우리의 센타우루스인 관찰자가 어떤 학회에 참석자들이 도착하는 모습을 지켜보며 공책에 기록하는 상황을 생각하면 된다. 그는 학회에서 만나는 사람들이 서로 무시하거나 피하거나, 고개를 끄덕이거나, 숙이거나, 미소를 짓거나, 지나가며 손을 흔들거나, 걸음을 멈추고 악수하거나, 서로 팔을 톡톡 두들기거나, 때로는 포옹까지 한다고 기록한다(그는 대화는 상관하지 않는데 우리 역시 그럴 필요가 없다). 이것이 한정된 개수의 고정된 신호다. 그는 각 신호의 특성을 구별할 수 없고, 신호의 강도조차 거의 고려하지 못한다. 그나마 알아차리는 것이 있다 한들 그는 소통체계의 진짜 신경망 즉 각 행동이 그 배경과 맥락에서 기대치와 어떤 관계에 있는지를 다룰 위치에 있지 않다. 그는 미소와 손을 흔드는 행동을 두 번 관찰했는데 완벽하게 표준적으로 보인다. 그러나 하나는 사실 여러 해 동안 지독하게 싸워온 두 사람이 화해를 향해 고통을 참고 망설이며 나아가는 첫걸음이었다. 다른 하나는 공공연히 폭력을 쓸 지경까지 서로 미워하기 시작한 두 동료가 애써 의례적으로 주고받는 인사였다. 우리의 센타우루스인은 존스에 대해 뭔가를 아는 것도 아니다. 존스는 우리와 알고 지낸 지 20년이 되었고 정말로 우리를 좋아하는데도 늘 저렇게 멀리서 손만 흔든다. 소설가라면 자기가 만든 등장인물의 운명과 행동이 시간의 흐름에 따라 어떻게 변화하는지에 깊이 관심이 있으니 금방 요점을 이해할 것이다. 동물행동학자도 분류의 초기 과정이 아니라 그에 이어져야 하는 더 섬세한 구별, 나아가 궁극적으로 각 개체의 역사에 관심이 있을 때는 그럴 것이다. 그는 **단순한** 분류자가 아니다. 그러나 물론 일을 하다 보면 사회학자나 인류학자가 그러듯 이따금 분류가 필요하다. 그리고 그들과 마찬가지로 분류할 때 매우 어설프다는 느낌을 줄 수 있다.

촘스키가 "언어적 차원"에 대해 하는 주장도 비슷하다. 이것은 단순히 발신자의 의향이 담기는 강도 범위에 대응하는 신호 범위를 의미한다. 그래서 예를 들면 울새의 경우 "고음과 저음을 번갈아 내는 속도는 영역을 지키겠다는 의도라는 비언어적 차원과 상관관계를 이루는 하나의 언어적 차원이다"(61쪽). 다시 말해 울새는 우리에게 '물러가지 않을 거면 각오하라'는 신호를 **더** 또는 **덜** 줄 수 있지만 그 이상은 아니라는 뜻이다. 울새는 거기에 더 또는 덜 있을 것에 대해서는 변화를 줄 수 없다는 말이다.

이 설명은 새들에게조차 오해를 불러일으킨다. "만일 x이면 나는 y를 z정도까지 하겠다"는 형식의 **가설적 의향**을 직접 알리는 일은 실제로 매우 세련된 행위일 것이다(따지고 보면 많은 사람이 동물에게는 의향이라는 것이 있을 수 없다고 본다). 그리고 텃세를 부리는 새의 노래는 누가 다가오든 그렇지 않든 계속된다. 아기의 울음과 매우 비슷하다. 아기의 울음 또한 의향 표현("그냥 누가 상전인지 보여주려는 거야")이거나 지배를 위한 장치("그냥 그래보는 거야")라고 해석하는 사람들이 있다. 그러나 울음은 원래의 더 심층적 기능 즉 불편을 표현한다는 기능이 성공하는 경우에만 이처럼 부차적 용도로 이용될 수 있다. 어떤 아기라도 처음에 울기 시작하는 이유는 그것뿐일 수밖에 없다. 바로 그처럼, 새의 노래는 침입자를 실제로 몰아내기 위해 동원될 폭력을 미리 알리는 기계 장치가 아니다. 새는 침입자가 나타나기 **전에** 표현할 감정이 있을 수밖에 없고, 또 침입자가 나타나지 않을 것이 분명한 때에도 계속 노래를 부른다. 새의 노래는 일차적으로 표현을 위한 것일 수밖에 없다. 새는 "자, 자, 나야, 내 거야, 내가 차지했어, 내가 최고야"를 개성과 기분에 따라 매번 뚜렷하게 변화를 주어 말한다. 그래서 동물행동학자 에리히 보이머의 말처럼 새가 전하는 메시지는 그냥 "여기 수탉이 있다"가 아니라 "여기 수탉 발타사르가 있다" 이다.* 새의 노래는 **실제로** 경고로서 침입자를 막으며, 이것이 마땅히 **그 종의 관점에서** 노래의 기능이라고 말할 수 있다. 그러나 해당 새는 그런 관점으로 보지 않는다. 그가 노래하는 이유는 따로 있다.

나아가 더 고등한 포유류에 대해 생각해보면, 단순한 기능 관념은 인간 경우와 마찬가지로 적용되지 않는다(벌, 새, 유인원, 돌고래에서 똑같이 발견되는 표준적인 어떤 것이라는 의미의 추상적 '동물 소통'이라는 발상은 심하게 오해를 불러일으킨다). 인간의 미소는 확실히 "언어적 차원"이 있는 것으로 취급할 수 있는데, 크게 보아 어느 정도 호의를 나타내기 때문이다. 그러나 호의에도 종류가 매우 많고 미소도 그 밖의 표현 요소와 너무나 많은 방식으로 결합될 수 있기 때문에, 호의의 정도를 일차원적으로 바라보면 커다란 오해로 이어진다. 개나 유인원의 호의적 몸짓도 마찬가지다. 강도에 일차원적 양상이 있는 것은 분명하지만, 다른 차원으로도 너무나 많은 변화가 일어나고 거기 개입되는 삶의 측면이 너무나도 다양하기 때문에 절대로 표준 단위가 있을 수 없다.

또한 인간의 말에서 이 일차원적 양상을 직접 끌어내기 위해 촘스키가 펼치는 논리에도 뭔가 이상한 점이 있다. "내가 인간의 언어로 어떤 임의의 진술을 할 때, 예컨대 '다국적 기업의 부상은 인간의 자유에 대한 새로운 위협을 제기한다'라고 말할 때, 나는 비언어적 차원의 한 점에 상응하는 언어적 차원의 한 점을 선택하는 것이 아니다"(61쪽). 그런데 이것이 진지한 진술이라면 그 내용은 **경고**이다. 말 자체를 위해 하는 말이 아니라면, 진술하는 사람은 이것을 얼마나 중

* Konrad Lorenz, *On Aggression*, p. 34.

대한 경고로 나타낼지에 대한 생각이 있고 그렇게 알릴 의도가 있을 것이 확실하다. 그는 그 차원의 어떤 지점에 자신의 입장을 정한다. 진지한 소견은 인쇄된 형태일지라도 필자를 특정한 입장에 고정하게 되어 있다. 그리고 물론 무엇보다도 어떤 영역을 특정 강도로 공격 또는 방어하려는 의향을 명백히 표현하는 때가 많다(훌륭한 예는 『언어, 논리, 진리』의 첫 문장이다. "철학자들의 전통적 논쟁은 대부분 불합리하거니와 헛되기도 하다").

촘스키는 이것을 부정하면서, 언어는 조종을 위한 장치에 지나지 않는다는 발상에 당연히 저항한다. "만일 내가 너의 행동과 생각을 바꿔놓겠다는 생각 없이 말한다 해도, 나는 똑같은 내용을 의향을 **가지고** 말할 때보다 언어를 덜 사용하는 것이 아니다. 인간의 언어와 그것을 떠받치고 있는 심리적 역량을 이해하고 싶다면 우리는 그것이 어떻게 어떤 목적으로 이용되는지가 아니라 그것이 **무엇**인지를 먼저 물어야 한다. 무엇이 인간의 언어인가 물을 때 우리는 동물의 소통 체계에서 눈에 띄게 비슷한 사례를 찾지 못한다"(62쪽). 그렇지만 그 **무엇**에는 그 자체의 본질적 기능이 포함되어야 한다. 단지 이질적 기능을 제외할 뿐이다. 그리고 남의 행동과 생각을 바꾸는 데 관심이 없는 말이라 해도 여전히 의미를 담고 있을 수밖에 없다. 혼잣말할 때, 또는 그저 자신의 감정을 누그러트리기 위해 말할 때도 화자는 여전히 의미가 통하게 말하려 한다. 자신이 자신의 청자이다. 그리고 여타 종류의 말과 마찬가지로 표현적인 말에도 해당한다. 로빈 콜링우드의 지적처럼 **감정 표현**은 우유를 따르는 것 같은 기계적 작업이 아니다.* 이것은 결정화이며, 규정되지 않은 것을 규정하는 것이

* 콜링우드가 표현을 다룬 논의는 다음을 참조. R. G. Collingwood, *The Principles of*

다. 혼란하고 반쯤만 인식 가능하던 것을 더 분명하고 확고하게 한다. 우리는 "자신이 말하는 것을 볼 때 자신이 의미하는 바를 알게 된다." 다시 말해 주위에 누가 있다면 그들과 동시에 알게 되는 것이다. 이것은 말의 본질적 작용 중 하나이며, 부차적 활용이 아니다. **그런데 인간의 몸짓도 똑같다**. 어떤 소식을 듣고 뭔가를 바닥에다 팽개치는 행동은 욕설과 마찬가지로 명확하게 하는 작용을 한다. 팽개치는 사람에게나 다른 사람에게나 똑같이 그렇다. 몸짓은 그의 감정을 드러내되, 무차별적으로 파도처럼 밀어내는 것이 아니라 특정 종류와 특정 강도의 불쾌함, 노여움, 절망 등의 감정을 드러낸다. 이런 식으로 우리는 자신과 남에게 '우리 자신을 이해시킨다.' 그런데 인간의 몸짓은 전반적 배합에서도 세밀한 부분에서도 영장류의 몸짓과 너무나 비슷한 까닭에,* 유인원도 그렇다는 것을 부정한들 의미가 없다. 나는 이것을 부정하고 싶은 마음은 유인원은 본질적으로 기계적이라고 여기는 전통적 관념에서 온다고 본다. 이런 관념은 이들에 대한 설명의 초점이 본질적으로 분류에 있는 까닭에 근절되지 않았다. 그래서 우리는 몇 가지 구체적 행동에 대한 묘사 특히 주로 표현 행동에 대한 묘사를 들여다볼 필요가 있다. 예를 들면 인간의 스포츠와 춤이 어디서 기원했는지를 예기치 않게 강렬하게 조명하는 놀라운 활동에 대한 다음 설명을 살펴보자.

정오 무렵 굵은 빗방울이 후드득 떨어지기 시작했다. 침팬지들은 한

Art(Oxford, 1938).

* 이에 대해서는 아이블아이베스펠트를 비롯하여 많은 학자가 꼼꼼하고 자세하게 보여주었다.

마리씩 나무 아래로 기어 내려와 가파른 풀밭을 따라 탁 트인 산마루를 향해 터벅터벅 올라갔다. […] 그 순간 폭풍우가 몰아쳤다. 비는 퍼붓듯이 쏟아졌고, 바로 머리 위에서 갑자기 천둥이 치는 통에 나는 펄쩍 뛰었다. 마치 이것이 신호였던 양 커다란 수컷 침팬지 한 마리가 벌떡 일어섰고, 한 발 한 발 흔들흔들 으쓱으쓱 율동적으로 딛는 사이 쏟아지는 빗소리 너머로 그가 거칠게 훅훅 내뱉는 숨소리가 점점 더 커지는 것을 들을 수 있었다. 그러다 그는 자신이 조금 전까지 있었던 나무들을 향해 비탈 아래로 전속력으로 돌진했다. 그는 30미터쯤 달린 다음, 작은 나무줄기를 붙들고 빙글 돌며 달음질하던 기세를 멈추고 나지막한 가지 위로 뛰어올라 앉더니 꼼짝도 하지 않았다.

그와 거의 동시에 다른 수컷 둘이 그를 뒤따라 돌진했다. 하나는 나무에 나지막이 달린 가지를 하나 꺾어 허공에 휘두르다 앞쪽으로 던졌다. 다른 하나는 달음박질의 끝에 다다라 똑바로 서더니 나무에 달린 가지들을 앞뒤로 율동적으로 흔들다가 거대한 가지 하나를 붙잡아 더 멀리 비탈 아래로 끌고 내려갔다. 네 번째 수컷은 돌진하면서 나무 위로 뛰어오르더니 속도를 거의 줄이지 않은 채 커다란 가지 하나를 꺾어 들고 땅으로 뛰어내리더니 비탈을 계속 내려갔다. 마지막 두 수컷이 소리를 지르고 아래로 돌진할 때 이 행동 전체를 시작한 수컷은 나무에서 내려와 비탈을 다시 오르기 시작했다. 비탈 아래 근처에서 나무에 올라가 있던 나머지 수컷들도 따라 올라갔다. 산마루에 다다르자 그들은 전과 똑같이, 한 마리씩 똑같이 힘차게 아래를 향해 돌진하기 시작했다.*

이 행동은 20분 동안 계속되었다. 제인 구달은 10년 동안 그때 말

* Jane Goodall, *In the Shadow of Man*, pp. 52-53.

고 그런 행동을 본 것은 두 차례밖에 없었다며 이렇게 말한다. "비가 억수같이 내리기 시작하면 수컷 침팬지들이 종종 춤을 추곤 하지만, 그것은 대개 개체 하나의 행동으로 끝난다." 볼프강 쾰러도 이와 똑같이 인상적인 상황을 많이 기록했다. 다음은 그 전형적 예다.

체고와 그란데는 상자 위에서 함께 놀고 있었다. 이내 그란데가 똑바로 일어섰고 […] 먼저 한쪽 발을, 다음에는 다른 쪽 발을 구르기 시작해 상자가 흔들릴 때까지 계속했다. 그러는 동안 체고는 상자 아래로 미끄러지듯 내려와 똑바로 서더니, 그란데 앞에서 자신을 축으로 천천히 돌며 한 발씩 번갈아 디디며 뛰어올랐다. 엉성하고 굼뜨기는 했지만 뛰어오른 것은 분명했다. 둘은 이처럼 서로 희한한 행동을 하도록 부추기는 것으로 보였고 최고로 기분이 좋아 보였다. […] 내 메모에는 그런 행동에 대한 기록이 자주 나온다. […] 때로는 침팬지 무리 전체가 어우러져 더 정교한 **동작 패턴**을 만들기도 했다. 예를 들면 둘이 어떤 기둥 가까이에서 씨름을 하며 구르는데, 이내 둘의 동작이 더 규칙적으로 변하며 기둥을 중심으로 원을 그리게 된다. 무리의 다른 침팬지들이 다가와 한 마리씩 합류하고, 마침내는 기둥을 중심으로 한 줄로 질서정연하게 행진한다. 그러다가 이들이 하는 동작의 성격이 변화한다. 걷는 것이 아니라 구보가 되고, 대개 한쪽 발은 특히 강조하여 딛고 반대쪽 발은 가볍게 딛는다. 이로써 리듬 비슷한 것이 생겨나고 서로 '박자를 맞추는' 경향을 보인다. '춤'의 발걸음에 맞춰 머리를 흔들며 이 원시적 놀이에 열정적으로 빠져들어 즐거움이 가득해 보인다. 변주가 몇 번이고 만들어진다. 때때로 한 침팬지가 거꾸로 가면서 자기 뒤에 있는 침팬지를 익살스레 깨물려 드는 것도 그 한 방식이었다.*

이런 행동을 어린이들이 한다고 묘사했다면 아무도 뜻밖이라고 생각하지 않았을 것이며, 한편으로 사회적 소통 발달과의 연관성, 또 한편으로 예술 발달과의 연관성이 지적되면 당연하다고 받아들였을 것이다(다만 그런 것이 잘 이해될지 나로서는 모르겠다).** 유인원 경우에는 어떻게 완전히 다른 종류의 설명이 요구될 수 있을까?

물론 이런 식의 일이 볼쇼이 발레에서 그대로 일어나지는 않는다. 그러나 발레가 어떤 토양에서 자라는 어떤 떨기나무에서 피어나는 꽃인지를 알려주는 측면이 있는 것은 사실이다. 마찬가지로 데즈먼드 모리스가 『미술 생물학』(*The Biology of Art*)에서 소개하며 논하는 유인원들의 그림은 인간의 그림과 경쟁하도록 준비된 것이 아니다. 다만 피카소도 허버트 리드도 콩고라는 침팬지의 그림을 감탄하며 샀다는 점은 흥미롭다. 그렇지만 그들의 그림은 보상 없이 그린 것이어서 두 가지가 드러난다. 첫째로 모양과 색의 특정 배합에 대한 자발적 관심과 그것을 만드는 기쁨이 우리 조상 안에 얼마나 깊이 뿌리내리고 있는가, 둘째로 유인원이 타고나는 감정적, 표현적 성향이 인간이 만든 장치를 통해 얼마나 쉽게 흘러 나와 그 범위를 넓히는가 하는 것이다. 침팬지들이 미국 수화를 열성적으로 받아들인 것도 이를

* Wolfgang Köhler, *The Mentality of Apes*, p. 266.

** 예컨대 요한 하위징아가 저서 『호모 루덴스』(*Homo Ludens*)에서 인간 활동에서 놀이가 차지하는 창의적 위치에 관해 내놓은 의견 참조. 캐럴라인 로이조스의 논문[*Primate Ethology*(ed. Desmond Morris)에 수록]은 영장류의 놀이를 지극히 주의 깊게 다뤘는데, 놀이의 기능과 의미에 관해 몇 가지 중요한 질문을 던진다. 또한 다음의 나의 글도 참조. "The Game Game", *Philosophy*, 49(1974).

보여주는 또 하나의 예일 뿐이다. 그리고 나는 그들이 수화를 사용하는 방식이 정확하게 인간의 사용 방식과 일치하는지보다, 그것을 얼마나 열성적으로 받아들이는지, 얼마나 원하는지를 보고 훨씬 더 깊은 인상을 받았다. 더 자유로이 소통하고 싶다는 **바람**이야말로 흥미로운 요소다. 그러나 이 바람이 흥미롭기는 하지만, 유인원들이 이미 누리고 있는 고도의 사회생활에 관해 읽거나 들어본 사람이라면 누구라도 놀랍지 않을 것이다. 놀라운 것은 오래전부터 얼마든지 접할 수 있었던 이 정보를 이론가들이 받아들이지 않으려 애쓴 끝에 성공한 것으로 보인다는 점이다. 린든은 언어학자 찰스 하킷의 관점을 인용한다. 인간이 언어를 발명한 뒤에야 소통은 "나름의 생명을 [가지며] […] 인간에게 **배고픔과 성이라는 동인**을 넘어 소통 욕구라는 또 하나의 절실한 동인을 남겨주었다. […] 하킷은 소통이 결여되면 인간은 정신이 말라죽을 것이라고 말하며, 이것은 다른 어떤 동물에게도 해당하지 않는다고 주장한다."* 마지막 부분이 완전히 틀린 주장이라는 것은 원숭이를 무리에서 떼어내 키울 때의 문제점에 관해 읽은 사람은 물론이고, 오후 내내 개를 혼자 두고 떠났다가 돌아온 사람이라면 누구나 명백히 알 수 있다. 하킷의 주장은 인간이 고독을 발명했다는 것 같다. 그러자면 인간은 사랑을 발명했어야 할 것이다. 고독을 발명한 공로를 인정받으려는 전혀 근거 없는 야망이 이런 주장과 관련이 있을지도 모른다.

침팬지로 인해 특별한 문제가 제기된다. 침팬지는 야생에서 일상적으로 활용하는 정도보다 훨씬 많은 지성을 가지고 있으며, 이것은 종종 실험에서 드러난다. 지성이 어떻게 발달했을까? 일부 동물학자

* Eugene Linden, *Apes, Men, and Language*, p. 147. 강조 표시는 내가 했다.

들은 퇴화한 결과가 아닐까 생각한다. 갈수록 쉬워지는 상황 때문에 이미 지나온 진화 경로를 따라 어느 정도 거꾸로 미끄러지게 되었다는 것이다. 수화 실험이 큰 차질 없이 계속된다면, 만일 침팬지들이 정말 퇴보했다면 그 시점은 우리 조상들이 어떤 식으로든 크게 도약한 바로 그 무렵이었음을 암시하는 것으로 보인다. 만일 침팬지와 비슷한 동물 사이에서 돌연변이가 일어나 갑자기 후두를 훨씬 더 잘 통제할 수 있게 된다면, 그것으로 말을 하게 될까? 나는 그럴지도 모른다고 생각하는 쪽이다. 거기에 두 가지 조건이 붙는데, 둘 다 가능해 보인다. 하나는 몸짓보다 구두로 소통하는 데 명확한 이점이 이미 있어야 한다는 것이다. 이렇게 될 만한 상황은 많다. 예컨대 멀리까지 소리를 들려줄 필요가 있거나, 다른 일에 손을 사용하고 있는 경우가 그렇다. 조금이라도 규모가 큰 협력이 필요하다든가, 전반적으로 도구를 쓰고 손재주가 요구된다든가, 또는 아닌 게 아니라 헤엄을 친다든가* 하는 경우도 몸짓보다 말을 사용하는 쪽이 즉각 이익을 얻을 수 있다. 다른 한 가지 조건은 사람들이 잊어버리는 중요한 것으로, 동기화의 강도다. 본성적 기호가 아니라 관습적 기호의 사용법을 배울 정도로 노력이 요구되는 전반적인 변화가 강제로 일어나게 하려면 그것을 시작할 능력을 갖춘 채 태어난 예외적 개체 한둘로는 충분하지 않다. 수고를 마다하지 않고 모두가 참여해야 한다. 여기서 나는 미국 수화를 쓰는 브루노라는 침팬지의 이력 한 부분에서 깊은 인상

* 인간이 한동안 수서생활을 했을 것이라는 의견은 여러 면에서 매력적이다. 다만 이것이 받아들여지는 데 필요한 고고학적 증거는 (내가 알기로는) 아직 없다. Elaine Morgan, *The Descent of Woman*(New York, 1972) 참조. 모건의 책은 이것이 아니더라도 로버트 아드리와 데즈먼드 모리스의 마초에 대응해 균형을 잡는 데도 유용하다. 또한 모리스가 쓴 책도 참조. Desmond Morris, *The Naked Ape*(London, 1967), pp. 43–45.

을 받는다. "처음에 브루노는 이처럼 이상한 동작을 따라 하라는 요청을 받았을 때 관심이 거의 없었다. 파우츠는 브루노에게 '모자'를 처음 가르치기 시작했을 때 […] 브루노가 약간 호기심 어린 얼굴로 그를 쳐다보는데 마치 '당신을 정말 돕고 싶지만, 아무리 생각해도 내가 어떻게 하기를 바라는지 도무지 알 수 없다'라고 말하는 것 같았다고 한다. 이윽고 파우츠는 화가 나서 브루노를 위협했다. 브루노는 즉각 '모자, 모자, 모자'라는 수화를 보여주기 시작했다."* 여기서 압력은 매우 미미하고 인위적이지만 효과가 있었다. 인간의 후두가 사용 가능한 상태가 되기 이전이든 이후든, 어떤 진정한 위기가 그런 역할을 하면서 관습적 기호를 사용해야 한다는 압력을 심하게 가한 것이 분명하다는 의견은 그럴 법하다. 그러나 자신이 처한 어려움을 사회적으로 해결하려고 남달리 굳게 마음먹은 종이라야만 그런 일이 일어날 수 있다. 실제로 말의 기원을 이해하기 위해 우리에게 필요한 것은 운 좋은 돌연변이가 생겨나는 데서 그치지 않고 전반적으로 알맞은 기질을 갖춘, 대단히 협력적이고 끈질기며 자신이 얻은 것을 철저하게 활용하는 성질을 지닌 사람과에 속하는 동물로 이루어진 계보다. 운 좋게 기회를 잡았을 뿐 아니라 끈기까지 있는 동물이어야 한다. 데즈먼드 모리스가 지적한 것처럼, 이런 종류의 기질은 육식동물에 비해 대체로 생활을 위해 열심히 일하지 않는 영장류에서는 덜 흔하다. 인간의 특별한 발달로 인해 인간의 삶은 구조적 속성의 많은 부분에서 갯과나 고양잇과의 큰 동물들이 지닌 속성에 수렴하게 되었다. 대부분의 다른 영장류에 비해 인간은 (특정 문화권만이 아니라 모든 곳에서) 훨씬 끈기 있고, 협력적이고, 노력하고, 영역 중심적이고,

* Eugene Linden, *Apes, Men, and Language*, p. 126.

싸우기 좋아하고, 꾸준하고, 소유욕이 강하고, 배우자와의 유대에 치중한다. 더 지성적이기만 한 것이 아니다. 그리고 언어에서도 성공하려면 어떤 기능을 얻을 때 초보적 단계에서 만족하고 빈둥거리는 게 아니라 모든 기능을 꾸준히 또 철저히 **활용**하려는 바로 이 성향이 필요할 것이다. 이런저런 면에서 실제로 군센 끈기가 인간이라는 종이 가까운 친척과 경쟁자들을 모두 따돌린 끝에 끝내 몰아낸—그럼으로써 자신의 위치에 관해 심하게 혼란스러워할 정도로 스스로를 기이한 고립 상태로 만든—결정적 차별 요소가 될 수 있다.

이런 식의 설명은 내가 볼 때 촘스키 같은 언어학자들이 중요하다고 보는 부분에 조금도 손상을 주지 않을 뿐 아니라, 데카르트의 이원론적 설명보다 실제로 그들의 주장에 훨씬 잘 맞을 것이다. 촘스키는 지당하게도 우리의 언어 기능은 **타고나는** 것이라고 주장한다. 그러나 만일 그렇다면 물려받는 신체적 기반이 필요하다. 타고나는 다른 복합적 기능 없이 이 기능만 외따로 나타난다면 매우 이상할 것이다. 만일 우리가 태어날 때 그 나머지 부분에서 백지였다면 언어가 어떻게 우리에게 생겨날 수 있었을지 알기 어렵다. 빨종이는 말을 하지 않는다. 그러나 만일 우리가 여러 가지 욕구와 능력을 타고나는 존재라서 풍부하고 복합적인 본성을 지니고 있다면, 만일 감정과 상상과 관련된 우리의 전체적 구성이 사회생활을 이루고 소통을 가능하게 하는 어떤 전반적 패턴에 따라 펼쳐진다면, 그렇다면 언어는 더 이상 설명 불가능한 기적 같은 것이 되지 않는다. 도구 사용이나 수학이나 예술과 마찬가지로 언어는 인상적이기는 하나 우리에게 본성적인 기술 중 하나일 뿐이며, 인간의 삶을 일궈나가는 데 반드시 필요한 것이다.

11장

합리적인 동시에 동물적임에 관하여

본성의 통일성

이제까지 나는 인간을 다른 동물과 구별하는 단일한 표식이 아니라 전반적인 구조적 속성이 얽힌 묶음을 찾자는 의견을 내놓으면서, 언어가 단편적으로 일어난 기적이 아니라 그런 묶음의 일부를 형성할지도 모른다는 점을 생각해보았다. 이 장에서는 인간을 구별하는 표식으로서 가장 인상적이고 가장 숭앙받는 또 다른 후보인 합리성을 똑같은 방식으로 살펴볼 것이다.

이 장에서 다루는 합리성에 관한 논의는 성급한 독자의 눈에 비뚤어져 보일 수도 있는데, 이 주제를 다루는 대부분의 논의와는 그 목적이 너무나 다르기 때문이다. 대부분은 본질적으로 이성을 **찬양**하고 어떤 점이 독특한지를 강조하는 데 관심이 있다. 이런 찬양을 나는 전심으로 받아들이며 당연하다고 본다(지금쯤이면 이성 자체에 대해서도 그것을 이용하는 서양의 위대한 전통에 대해서도 나의 존중심이 부족하지 않다는 것이 명백해졌으리라 생각한다). 그렇지만 지금 나의 목적은 그와는 뚜렷하게 다른 보조적인 질문을 하는 것으로, 육체로부터 분리된 지성체가 아니라 무엇보다도 동물의 한 종류인 존재 안에서 이성이라는 이 독특한 것이 어떻게 가능할까, 어떻게 그런 삶과 조화를 이룰 수 있을까를 묻는 것이다. 따라서 시종일관 내가 할 일은 카펫의 뒷면에 있는 무늬를 보고 앞면 무늬와의 연속성을 살피는 것이다. 나는 언어에 대해 물었던 것들, 다시 말해 본성의 나머지 부분과 어떻게 연결되는지, 우리 삶에서 무슨 역할을 하는지를 이성에 대해서도 묻는다. 이것을 이해하기 위해, 전 이성적(prerational) 동물에게서 이성이 발달하려면 어떤 조건이 필요했을지, 따라서 이성을 위한 배경으로서 무엇이 갖춰져 있어야 했을지를 우리와 동물의 유사점을 통해 짚어볼 것이다. 이 작업을 나는 이성을 비이성적인 요소로 '환원할' 수 있다는 믿음에서가 아니라, 하나의 전체로서 우리 본성을 이해하려는, 본성이 부분적으로 이성을 갖추기 이전 상태일 때 우리 각자가 어떻게 자신을 둘이 아니라 하나라고 생각할 수 있는지를 알아내려는 욕망에서 시작한다. 앞서 나는 플라톤이나 데카르트 같은 사람들이 묘사한 동물이 천상의 개입 없이 어떻게 생겨날 수 있었는지는 분명하지 않다고 말한 바 있다. 일부 사람들이 생각하는 대로 데카르트가 말하는 불멸의 영혼을 잘라내고 그 나머지를 고스란히 남겨둔들 도움이 되지 않는다. 여전히 지성은 세계에 침입해 들어온 이질적인 존재로 남기 때문이다.

천상의 개입은 종교적 맥락이 아니면 말이 되지 않는 것이 분명하다. 그렇지만 나는 그리스도교 맥락에서 말이 되는 것도 아니라고 생각한다. 그리스도교는 플라톤주의가 아니다. 만일 하느님이 진화를 통해 창조했다면 진화를 정말 제대로 설계하고 활용했을 것이다. 곧 설명하겠지만, 버틀러 주교는 절대로 무신론자가 아니었으나 인간의 온전함을 데카르트보다 훨씬 더 조리 있게 바라보는 관점을 우리에게 알려준다. 불멸을 어떻게 이해할지는 확실히 어려운 문제지만, 우리가 무엇을 하든 달라지지 않는다. 데카르트의 손쉬운 방법은 **무엇**이 살아남는가 하는 문제를 푸는 동안 수많은 문제를 새로 만든다. 사실 어떤 종교든 지성보다 훨씬 많은 부분이 살아남는다고 주장한다.

그러나 인간과 여타 종의, 또는 인간의 지성과 나머지 부분의 연속성을 받아들이는 데 대한 어려움은 이제 주로 전통적 종교가 아니라 영혼을 잘라내버리는 사람들에게서 온다. 이는 현재 사람들이 인간의 성공에 대해, 특히 과학에서 거둔 성공에 대해 느끼는 깊은 존중심에서 유래한다. 과학 분야에서는 공식적으로는 종교의 형이상학을 폐기하면서도 종교에서 비롯된 어려움을 얼마나 많이 불필요하게 유지하고 있는지를 깨닫지 못하는 때가 많다. 그들은 인간 최고의 능력이라고 생각되는 것, 그중에서도 특히 사변적 지성을 너무나 깊이 숭배한다. 그래서 지성을 본성으로써 설명하면, 인간의 종교적인 능력을 본성으로써 설명할 때 종교인들이 그러듯 매우 불경하다고 받아들이는 경향이 있다. 인간성을 숭배하는 성향은 처음에는 더할 나위 없이 훌륭하지만 노골적으로 종교적인 형태로 변질되는 일이 많다. 그렇게 오귀스트 콩트는 파리에서 성전과 의례까지 갖추고 정식으로 '인간성 숭배'를 시작했다.* 그렇게 니체는 신을 죽여 없앤 다음 인류의 미래를 초인이라는 형식으로 거의 숭배하기에 이르렀다. 그리고 H. G. 웰스는 자신의 유토피아 미래소설 한 편의 제목을 '신과 같은 사람들(Men Like Gods)'이라고 지었다. 나아가 웰스는 신의 특권을 인간에게 너무나 많이 부여하면서, 코뿔소에서부터 결핵균에 이르기까지 지구상의 다른 모든 유기체를 모조리 "재판에 회부"하여 마음에 들게 바꾸거나 없애버리도록 요구하기까지 했다.** 신의 빈자리

* 이 책의 끝머리에서 인본주의와 관련된 여러 문제점에 대해 다시 다루기로 한다.

** H. G. Wells, *A Modern Utopia*(1906). 웰스가 원래 지니고 있던 진정한 천재성이 '인본주의'적 편집증에 밀려나기 시작한 작품이다.

와 그 자리를 금방 둘러싸는 편집증을 걷어내는 쪽보다 특정 신과 의절하는 쪽이 훨씬 더 쉬워 보인다. 웰스의 대담하고 설득력 있는 상상은 여기서 우리에게 매우 유용한데, 흔히 은폐된 것을 그가 백일하에 드러냈기 때문이다. 즉 웰스는 인간이 그런 지위에 있는 유일한 이유를 지성이라고 보았는데, 이는 단순한 영리함이나 계산 능력 등 지능검사로 측정할 수 있는 종류의 지성을 의미했다. 『신과 같은 사람들』에서 사람의 미래는 거의 순수하게 지성만 남은 인간이다. 그들은 경멸받는 몇 가지 예외를 제외하고 한 사람을 다른 사람보다 더 사랑하는 것과 같은 "인간적 약점"을 모두 없애버렸다(의미심장하게도 그들은 옷을 입지 않는다). 그렇지만 웰스는 혹시라도 **더** 지성적인 종이 나타난다면 그들 역시 인간을 없애버릴 똑같은 권한을 가지리라는 것도 이해했다. 그는 『우주 전쟁』 첫머리에서 이를 설명했는데, 기계화한 수레에 얹힌 거대한 머리에 지나지 않는 초지성적 존재인 화성인은 인류를 자세히 살펴보지도 않고 당연하다는 듯 멸절시키려 한다. 웰스는 그들이 우리가 "암소나 오이"를 대상으로 항상 행사해온 것과 똑같은 바로 그 빤한 권리를 행사하고 있을 뿐이라고 말한다.

웰스의 뒤를 이어 과학소설이 많이 나왔고, 광선총 소리와 '일천 우주의 지배자' 같은 제목을 좋아하는 사람들에게 그런 경쟁 논리는 명백하게 매력적이다. 그렇지만 매우 모호하다. 영리하다는 것의 어떤 점이 **그렇게나** 좋을까? 영리하다는 것이 친절하고 용감하고 우호적이고 참을성 있고 관대하다는 것보다 명백하게 훨씬 중요하지는 않다. 한순간에 대량학살을 할 권한을 부여할 수밖에 없을 정도로 중요하지는 않다. 게다가 그런 특질이 영리함에 딸려 있다거나 포함되어 있다고 볼 수도 없다. 우리는 저 두 부류의 특질이 따로 발견될 수 있다는 것을 알고 있다. 물론 현대의 인본주의자들은 플라톤이 말하는 방식에 기대어 지성은 인간의 가장 신성한 기능이다, 인간 최고의 존엄이다, 인간과 신의 연결 고리다, 자신보다 더 큰 현실에 다가갈 수 있는 다리다, 조잡한 물리적 물질보다 우월한 행동 양식이다, 또는 이런 여러 관념과 조금이라도 닮은 어떤 것이다, 하고 말할 수는 없다. 그들이 (웰스처럼) 착실한 공리주의자라면 지성을 쾌락을 확보하기 위한 여러 수단 중 하나로 간주해야 한다. 그리고 지적 존재와 그렇지 않은 존재의 쾌락 수준을, 또는 단순한 문명과 고등한 문명의 쾌락 수준을 공평하게 비교한다 해도 지성이 여러 특질 중 유달리 효율적이라는 생각이 들 것 같지는 않다. 적어도 누가 누구를 멸절시킬 것인가 하는 질문에 대해 다른 어떤 특질에도 구애받지 않고 깊이 생각할 것도 없이 결정할 정도는 아니다. 지성이 제일이라는 입장에 대해, 북아메리카 인디언을 상대로 동원하고 있다고 G. E. 무어가 지적한 논리(그들이 우리를 죽일 수 있는 것보다 우리가 그들을 더 쉽게 죽일 수 있기 때문에 우리가 더 고등하다)* 말고 실제로 더 논의할 만한 부분이 있을까? 없다면 지성을 포장한 지성주의적 거품은 계몽운동의 노력 끝에 나온 우울한 결과물이라고 본다.

물론 이런 말은 상식과 철학적 전통 둘 다 합리성을 어마어마하게 존중한다는 사실에 기초한다. 그러나 합리성은 단순한 영리함과는 다르다. **지성**이라는 낱말조차 웰스의 말보다 훨씬 많은 것을 의미하는 용도로 쓰이곤 한다. 그리고 **합리성**은 언제나 그 이상을 의미한다. 거기에는 명확한 선호 구조 즉 감정을 기반으로 하는 우선순위 체계가 포함된다. 그런데 그런 구조는 인류에게만 있는 것이 아니라 비교적 고등한 다른 동물들에게서도 볼 수 있다.

* G. E. Moore, *Principia Ethica*, p. 47.

철학적 전통에서는 이성을 언제나 단순한 지성과 동일시하지는 않았지만 대개 감정이나 욕망의 정반대로 여겼다. 훌륭하기 이를 데 없는 철학자들이 동물과 인간의 감정과 관련된 주제를 대하는 태도가 이로 인해 결정되었다. 이들은 대개 동물과 인간의 활동이 닮은 점을 모두 그저 일축해왔다. 인간의 경우 결정은 형식적이고 합리적인 과정인 반면 동물은 감정밖에 없고, 감정은 전적으로 우발적인 쏠림 또는 흐름 같은 것으로서 형상이 없는 맨 질료이므로 그 분석은 철학의 관심사가 될 수 없다는 일반론이 근거였다. 그래서 그 전형적인 예로 감정이 정말로 중요하다는 것을 보여주려 한 흄조차 감정이 그저 당구공을 움직이는 중력처럼 획일적으로 작용하는 물리력임을 보여주기 위해 큰 수고를 기울였을 정도다. 흄에게 감정을 **이해**한다는 것은 최대한 경제적이고 단순해야 하는 역학이라는 틀 안에 감정을 맞춰 넣는 작업이었다(여기서 현대의 정서주의자들은 흄의 후계자로서, 감정을 어떤 것을 찬성 또는 반대하는 직선적이고 역동적인 기능으로 축소시킨다). 흄은 심리학의 뉴턴이 되고자 했는데, 불행하게도 이 야심은 그가 죽은 이후에도 남아 후대에 전해졌다.* 심리학에는 뉴턴 같은 사람이 필요하지 않았고 지금도 그러하다. 심리학이 필요로 했고 지금도 필요로 하는 것은 다윈 같은 사람이다. 다양한 형태의 동기화를 **구별**하고, 서로 연관 짓고 비교하여, 마침내는 동기화를 분류하고 설명하는 데 알맞은 개념을 만들어내는 신중하고 끈기 있고 철저한 관찰자가 필요하다는 말이다. 성질이 다른 과학으로부터 어울리지 않

* David Hume, *Enquiry Concerning the Principles of Morals*, secs. 163, 192, 227 참조. 무어가 자신의 책에 뉴턴의 걸작과 비슷하게 『윤리학 원리』(*Principia Ethica*)라는 거창한 제목을 붙이고 윤리학을 "과학적"으로 다룬 최초의 책이라 되풀이하여 주장한 것도 바로 이런 취지에서였다. 예컨대 그의 책 4쪽 참조.

는 모델을 가져와 무턱대고 적용하려는 사람이 필요한 것이 아니다.

여기서 철학에서 널리 쓰이는 **형상**과 **질료**라는 언어를 사용할 필요가 있기 때문에, 잠시 주제를 벗어나 전통적으로 이 두 용어가 지나치게 단순하게 사용되었음을 설명해야겠다.

동기화를 분석해 최종적으로 사고를 형상으로, 감정을 부수적이고 알맹이가 없으며 분화되지 않은 질료로 가르는 방식은 소용이 없을 것이다. 형상과 질료라는 구분은 절대로 최종적이지 않기 때문이다. 언제나 다시 구분될 수 있다. 실제 질료는 모두 형상이 있고, 실제 형상에는 모두 질료가 들어 있다. 예를 들어 아리스토텔레스는 질료에다 **나무**를 뜻하는 **힐레**라는 이름을 붙였을 때 목수가 탁자를 만듦으로써 나무에 형태를 부여하는 것을 생각했다. 그러나 그러기 전의 나무도 물론 그냥 중성적 물질이 아니다. 이미 나름의 형상이 있었다. 나무는 명확한 구조와 결을 지닌 너도밤나무 또는 소나무였다. 형상을 더 부여하려 한다면 나무를 고르고 다듬는 과정을 거쳐야 한다(중성적 물질로는 탁자를 만들지는 못하고, 갓 벤 소나무 줄기를 가로로 자른 것이나 백묵이나 벌집으로도 마찬가지다). 그리고 반대 방향에서 바라보면, 완성된 탁자는 다른 가구들과 아울러 질료로 취급될 수 있다. 운송업자나 미술사학자나 실내 장식 전문가를 위한 원재료인 것이다. 이런 식으로 계속 이어질 수 있다. 그러므로 철학자의 관심사는 형상이라는 것이 전적으로 사실이기는 하지만, 그렇다고 해서 질료를 무시해도 된다거나 어떤 탐구에서 질료로 취급된 것이 다른 탐구에서 형상 요소를 드러내지 않으리라는 법은 절대로 없다. 모든 것은 그때 하려는 것이 무엇인가에 달려 있다.

사람이든 여타 종이든 감정에는 나름의 형상이 있다. 그렇지 않다면 이성은 감정에 대해 아무것도 할 수 없을 것이고 합리적 결정은 불가능할 것이다. 진화를 이해할 수 있으려면 인간과 여타 종 사이의 어떤 연속성을 찾아보아야 하는데, 감정과 이성, 형상과 질료를 어설프게 정반대 관계로 두는 것은 그 이전에 인간을 살펴보는 데조차 적절하지 않다. 도덕을 (흄처럼) 전적으로 형상이 없는 감정 문제로 다루거나 (칸트처럼) 전적으로 형상 문제로 취급하면 지나치게 단순화하는 오류에 빠진다. 나아가 감정과 이성을 정면으로 대립시키면 둘을 의인화하는 방향으로 흐르는 경향이 있다. "정념의 싸움과 이성의 싸움에 관해 말할 때 우리는 철학적으로 엄격히 말하는 것이 아니다"라고 정확하게 지적한 흄이지만, 그럼에도 "이성은 정념의 노예이고, 노예가 되어야 마땅하며, 정념을 섬기고 복종하는 것 말고 다른 어떤 임무도 감히 수행할 수 없다"라고 덧붙였을 때 이 함정에 빠졌다. 이 두 추상 개념을 고용주와 피고용인으로 만드는 것은 둘이 술 취한 사람처럼 싸우게 해서 결판을 내는 것보다 낫지 않다. '이성'은 극중 등장인물 이름이 아니다. 그것은 자신을 정돈하는 것을 가리키는 명사이다. 충돌이 있을 때 한쪽 욕망에게 길을 내주려면 다른 욕망을 **반드시** 억제해야 한다. 이성의 작용이라는 이름이 어울리는 것은 **어느 쪽인지를 고르는** 과정이다. 그러나 극적으로 대립시킬 때의 좋지 못한 효과는 낭만주의자들의 글에서 항상 등장한다. 예컨대 블레이크의 『천국과 지옥의 결혼』(*Marriage of Heaven and Hell*)에는 다음과 같은 구절이 나온다.

> 욕망을 억누르는 자들은 억눌러질 만큼 욕망이 약하기 때문에 그렇게 하며, 그것을 억누르는 자 즉 이성은 욕망의 자리를 빼앗아 강제로 지배한다.

그리고 억눌려 있는 만큼 욕망은 차츰 수동적이게 되고, 마침내는 욕망의 그림자에 지나지 않게 된다.

이 역사는 『실낙원』에 적혀 있으며, 다스리는 자 즉 이성은 메시아라 불린다.

블레이크 같은 낭만주의자들은 자신이 못마땅하게 여기는 욕망, 예컨대 경계심이나 습관의 힘이나 단순히 음울한 부정적 태도 등에다 이성이라는 이름을 붙이고, 자신이 좋아하는 것에는 욕망 또는 정념이라는 이름을 붙였다. 이것이 일반적으로 쓰이게 되었지만 뒤죽박죽되었다. 이성과 감정 둘 다 우리의 모든 동기 중 한 측면이다.* 감정 자체에 형상이 있으며, 이 형상 안에 질료가 있다. 물론 실제로 전통이 허용하는 방식으로 **감정을 느끼는** 것이 우리의 의무일 수 있다("미성숙한 감정" 비판은 도덕적 비판이다**). 여럿 중 '더 합리적'인 것에 대한 선호가 없다면 실천적 추론은 불가능할 것이다. 합리성에는 우선순위가 올바르다는 것도 포함된다. 그리고 성격 특성과 연결되어 지속적으로 유지되는 강한 선호는 단편적으로 나타나는 급격한 충동과는 형식 면에서 매우 다른 명제다.

고등한 동물 역시 지속적으로 유지되는 강한 선호 구조를 가지고 있다.

* 이성에는 여러 위성이 있으나, 이성의 것이 아닌 위성이
바다에 비쳐 있어
천문학자들을 어리둥절하게 만드네
하지만 아! 나를 즐겁게 하지.
— 랠프 호지슨, 「이성에는 위성이 있다」(*Reason Has Moons*)

** 이에 관해서는 다음 글이 훌륭하다. N. J. H. Dent, "Duty and Inclination", *Mind*, 83(1974).

따라서 지속적으로 유지되는 명확한 감정 구조가 인간의 삶에서 중요하다는 것을 보여주면 그것을 다른 종에서 발견되는 (다르기는 하지만) 유사한 구조와 마땅히 비교할 수 있다는 것이 입증된다.

이렇게 함으로써 우리가 잃는 것은 아무것도 없다. 개념 사고나 언어와 관련된 인간 특유의 구조적 속성은 침해되지 않는다. 자신이 달리 행동할 수도 있다는 것을 온전히 이해하는 가운데, 또 대안을 명확히 고려한 다음에, 공동의 선을 위해 의도적이고 의식적으로 행동하는 것은 아무 생각 없이 행동하는 것과는 매우 다르다. 자신이 **진술**할 수 있는 원칙을 지지하는 것은 그저 꾸준히 그 원칙에 따라 행동하는 것과는 매우 다르다. 어느 쪽이든—칸트 스스로 인정한 것처럼*—이것은 가치를 합리적이고 의도적인 것으로 **한정**하고 좋은 감정 자체를 높이 평가하지 않는 매우 좁은 관념이다.

이제 인간 본성의 구조 내지 구성이라는 말이 무슨 뜻인지 간략하게나마 설명해두어야 그 안에서 감정이 차지하는 자리를 이해할 수 있을 것이다.

나는 (블레이크가 사용한) 본질적으로 **식민지적**인 그림, 다시 말해 바깥에서 들어온 이성이라는 이름의 총독이 정념 내지 본능이라는 이질적이고 무질서한 부족에게 질서를 강요하는 그림으로부터 벗어나고자 한다. 이 식민지 그림은 플라톤 것으로서, 스토아학파를 통해

* 여기서 나는 칸트의 미묘한 입장을 제대로 다룰 수 없다. 『도덕 형이상학을 위한 기초 놓기』(*Grundlegung zur Metaphysik der Sitten*)에서 논의를 시작하자마자 그는 행복과 마찬가지로 좋은 감정은 그 자체에 가치가 있다고 인정했다. 다만 그 가치는 의지의 상태에 따른 **조건부**였는데, 나쁜 의지가 그것을 무효화할 수 있다는 뜻이었다. 재능, 또 어쩌면 행복에 대해서도 이것은 사리에 잘 맞는다. 그러나 의지가 나쁠 경우 좋은 감정이 가치를 전부 잃는지, 나아가 그런 조건에서 '의지'가 무엇인지도 그리 분명하지 않다.

데카르트와 스피노자를 거쳐 칸트에게 전해졌다.* 이 그림은 사고에 경의를 표함으로써 매우 훌륭한 역할을 했다. 그러나 사고가 어떻게 가치를 확립할 수 있을까 하는 의심이 일어나자 더 이상 그러지 못했다. 쇼펜하우어와 니체와 실존주의자들은 총독의 이름을 이성에서 의지로 바꾸었다. 칸트는 의지에 대해 말했지만, 그가 말한 의지는 행동하는 이성이었다. "의지는 실천 이성일 뿐이다."** 그러나 이제 의지는 주로 오만, 방자, 자연적 사실에 대한 경멸을 가리킨다.***

나는 식민지적 그림에서 벗어나 연속성을 들여다보고자 한다. 버틀러 주교의 (그리고 어느 정도 아리스토텔레스의****) 그림을 이용하

* 예컨대 『도덕 형이상학을 위한 기초 놓기』 1장 끝부분은 다음과 같다. "이성은 성향에게 아무것도 약속하지 않으면서 자신의 명령에 따를 것을 가차 없이 강요하며, 따라서 겉보기에 정당해 보이는, 어떠한 명령으로도 억눌러지지 않는 이런 주장을 무시하고 방치하는 셈이다"(Immanuel Kant, *Grundlegung zur Metaphysik der Sitten*, H. J. Paton tr., p. 70).

** Ibid., chap. 2, sec. 36(H. J. Paton tr., p. 76).

*** 머독이 주장하는 대로, 이 점은 화려한 빛깔의 유럽식 실존주의나 스튜어트 햄프셔 같은 철학자의 조용하고 예의 바른 앵글로색슨식 실존주의나 똑같이 해당하는 것으로 보인다. Iris Murdoch, *The Sovereignty of Good*.

****아리스토텔레스의 입장은 여기서 요약하기에는 너무 복잡하다. 이 책에서 나는 플라톤이나 그에게서 나타나는 그리스 지식인의 오만한 태도 때문에 그를 한두 차례 깎아내렸지만, 절대로 그것이 그의 사고에서 중심적이라고 보지는 않는다(『정치학』을 읽다가 흥미를 잃는 사람이 많은 이유가 이것이다). 긍정적 측면에서 보면 그는 철학자 중에서 단연 생물학자 입장을 취한다. 실제로 생물학적 태도의 발명자이기도 한데, 생물학적 태도란 세계를 오로지 수학 법칙이 실증되기 때문에 받아들이는 귀찮은 물질 덩어리가 아니라, 전체적으로 연속성을 지닌 하나의 유기체로서 그 자체의 방식 그대로 연구하고 받아들여야 할 존재로 대하는 태도를 말한다. 이것은 아무리 찬양해도 부족하다. 더욱이 그가 『니코마코스 윤리학』에서 사용하는 방법이 바로 내가 여기서 그대로 따르고 있는 방법이다. 그는 도덕을 인간 본연의 욕구가 표현된 것으로 이해한다. 그의 연구 중 이 측면은 전통적으로 대체로 무시되었는데, 생물학 자체가 소홀히 다루어졌기 때문이다. 플라톤과 데카르트 모두에게서 잘 볼 수 있는 수학적 모델에 대한 집착 때문에 이 부분은 극심한 공백으로 남았다.

며, 버틀러가 말한 "**합리성을 포함하여** 심정을 구성하는, 말하자면 애정 체계 전체"*에 대해 논하고자 한다. 나는 이성을 각 부분의 자연스러운 균형에서 성장해 그 균형을 완성하는 것으로서 생각해보고자 한다. 내 생각에 우리는 모두 그런 체계가 있다고 당연히 받아들이고 있고, 또 우리의 실천적 사고를 위해 그런 발상이 필요하다. 우리는 인간의 삶에서 당연히 다른 것보다 더 중요하고 더 중심적인 것이 있다는 것을 알고 있고, 그것이 어떤 종류인지 또 어떻게 비교할 수 있을지를 전체적으로 잘 알고 있다. 철학 논의에서는 종종 우리는 도저히 손쓸 수 없이 무지한 상태이며 자신 있게 중요하다고 말할 수 있는 것은 생존뿐이라고 말하지만, 사실 우리의 상태는 그렇지 않다. 물론 중요한 것은 시대와 문화에 따라 그 형태가 달라진다. 물론 우리는 말하자면 계속 새로운 언어를 익혀야 한다. 그러나 우리가 알고 있는 언어 영역에서 (우리 자신의 문화에 대해 알고 있는 것처럼) 우리는 중요한 것과 그렇지 않은 것을 구별하고 그럼으로써 선악을 구별하는 법을 알고 있다. 그런 구별은 본격적인 소설과 희곡의 주제가 되는 경우가 매우 많다. 그런 작품을 읽을 때 우리는 그 과정을 매우 잘 파악한다. 사람들이 도덕철학으로 눈길을 돌릴 때 완전히 무지해진다는 것은 이상하다. 우리에게 그 기술이 없는 척한다는 것은 사실 일종의 위선이다. 지난 시대의 위선은 대개 고전적이고 독단적이었으나, 우리 시대의 위선은 낭만적이고 회의적이다. 우리는 모르는 척한다. 보려는 노력은 하지 않고 커튼을 치고 비극적 어둠에 취한 채, 불가능한 것에 주의를 기울여 집중하는 반면 가능한 것은 당연하며 재미없다고 받아들인다.

* Joseph Butler, Sermon 12, "Upon the Love of our Neighbour", sec. 11.

충돌과 통합

나는 충돌을 어떻게 다룰 것인가를 잠시 고찰하면서 이 위선을 없앴으면 한다. 자기 통제에 관한 질문 몇 가지로 시작하면 도움이 될 것이다. 무엇을 통제하는지, 무엇이 통제하는지, 그리고 인격에 통제 중추가 있다는 것이 무슨 뜻인지 묻는 것이다. 이 절 전체에 걸쳐 나는 우리가 합리성에 대해 그토록 존중하는 부분이 본질적으로 무엇인가 하는 질문을 정면으로 다루고자 한다. 합리성의 무엇이 그렇게 좋을까? 예컨대 합리성은 존중받을 수 있는 **유일한** 것이라는 칸트의 말이 왜 설득력 있게 들릴까?* 단순한 영리함을 두고는 이런 관점을 취하지 않을 것이다. 실제로, 따분한 의미이기는 해도 컴퓨터는 어떤 면에서 영리할 수 있다. 그러나 미혹에 깊이 빠져 한심한 오류에도 쉽게 속아 넘어가는 사람이 아니라면 컴퓨터를 존중할 수 없다.

내가 볼 때 합리성에는 두 가지 요소가 있는데, 바로 영리함과 통합**이다. 여기서 말하는 통합은 확고하고 효과적인 우선순위 체계를 갖추고 하나의 전체로서 행동하는 인격이 있다는 뜻이다. 두 번째 요소는 첫 번째 요소의 조건이며 그 반대가 아니다. 우리가 합리성을 온전히 존중하려면 둘 다가 필요하다. 그러나 통합 자체로도 어마어마한 가치가 있으며, 우리가 그에 경의를 표하고 인정하는 것을 존중이라 부르는 것은 적절해 보인다. 그리고 통합은 사람에게만 국한되

* Immanuel Kant, *Grundlegung zur Metaphysik der Sitten*, chap. 1, sec. 16, note(H. J. Paton tr., p. 66).

** 통합이라는 낱말은 융에게서 빌렸다. 그의 강연집 『인격의 통합』(*The Integration of the Personality*)을 보면 그 특유의 외틀어진 면이 많기는 하지만 관련된 문제를 제대로 파악하고 있음을 알 수 있다.

는 것이 아니다.

이런 발상을 조명하기 위해 통합이 실패할 때 무슨 일이 벌어지는지를 생각해보자. 먼저 몇몇 동물 경우를 살펴본 다음 인간 경우를 살펴보기로 한다. 문제와 그 해결을 위한 첫 단계가 두 경우 모두 똑같다는 것이 분명해질 것이다.

니코 틴베르헌의 책 『재갈매기의 세계』(*The Herring Gull's World*)에서 특히 유익한 삽화 두 편을 볼 수 있다. 하나(145쪽)에서는 갈매기 한 마리가 날개를 접은 채 눈을 감고 빈 둥지 위에 가만히 앉아 있다. 만족감에 얼빠진 부모의 모습이다. 한편 그 한 발짝 옆에서는 알 몇 개가 추위 속에 썩어간다. 갈매기가 무엇을 고를지 보기 위해 동물행동학자들이 둥지에서 알을 꺼내 그 옆에 두었는데 둥지를 고른 것이다. 또 하나(209쪽)는 더욱 놀라운 그림으로, 검은머리물떼새 한 마리가 엄청나게 큰, 자신보다도 큰 알을 품으려 하는 광경이다. 이 물떼새는 자신의 알도, 선택 폭을 넓히기 위해 거기 둔 조금 더 큰 갈매기알도 무시하고 있다. 커다란 알은 가짜이며, 동물행동학자들이 검은머리물떼새의 구별 능력을 시험하기 위해 둔 것이다. 이 두 그림은 동물이 행동 기준으로 삼는 자연의 단서가 얼마나 취약하고 얼마나 쉽게 왜곡될 수 있는지를 인간의 간섭을 통해 보여주는 수많은 예의 일부에 지나지 않는다. 생존에 반드시 필요한 부분에서조차 그렇다. 재갈매기는 알보다 둥지에 더 신경을 쓰고 검은머리물떼새는 알이 큰 쪽을 좋아하는 것으로 보인다. 이런 선호는 실험자가 근처에 없는 보통 상황일 때는 아무 해도 끼치지 않는데, 보통 알은 둥지 안에 있고 품을 수 있는 알은 크기가 얼추 같기 때문이다. 그러므로 알이 돌아다니는 상황을 갈매기들이 경계하게 할 선택 압력도, 물떼새가 가슴 깊이 간직하고 있는 듯한 낭만적 꿈 즉 언젠가는 정말로 품을 가치가 있는 알을 발견하리라는 꿈을 통제하게 할 선택 압력도 없었다.

지나치게 큰 알 같은 것은 초정상 자극(supernormal stimuli)*이라고 한다. 동물이 자신에게 필요한 것을 바라지만, 그 한도를 조금도 생각하지 않고 필요한 정도보다 훨씬 더 많이 바라는 경우를 말한다. 너무 많이 먹으면 불편해지고 너무 많이 자면 저절로 잠이 깨지만, 지나치게 큰 알에 대한 갈망 같은 취향을 바로잡을 수 있는 장치는 체내에 없다. 이런 상황에서 취향은 외적 상황에 의해 조절되는데, 진화 과정에서 외적 상황에 의한 조절이 실패한 경우는 많지 않았던 것이 분명하다. 취향의 소유자들은 이만하면 충분하다는 것을 알 방법이 없는 것이다.

우리는 이것이 슬프고 기괴하지만, 당연히 호모 사피엔스와는 상관이 없다고 생각한다.

그러나 과연 그럴까? 초콜릿을 마구 먹고, 술을 마시고, 빠른 자동차로 내달리고, 도박하고, 자원을 낭비하고, 경쟁하고, 싸우고, 텔레비전으로 미스월드를 보는 행동을 멈출 수 없는 종으로서 저 불운한 갈매기나 물떼새를 보고 배울 만한 것이 있지 않을까?

초콜릿은 사실 흥미로운 예다. 과일을 먹는 동물 경우 단맛에 대한 취향은 선택에 약간의 영향을 주는데, 익었으나 썩지 않은 과일을 더 좋아하게 되기 때문이다. 물론 야생에서는 과밀 말고는 단것이 드물고, 따라서 단것을 지나치게 먹지 않기 위한 확실한 안전장치가 필요하지 않다. 설탕이 공급되자 인간의 치아와 몸매가 그처럼 위험에 처한 것은 바로 이 때문이다. 미스월드의 사례도 교훈적인 점이 있

* 초정상 자극이라는 용어에 관한 자세한 내용은 다음을 참조. Niko Tinbergen, *The Herring Gull's World*, pp. 206-208.

다. 시각에 관심이 많다는 점에서 인간은 대부분의 동물에 비해 조류에 훨씬 더 가깝다. 모든 인간 문화에서 사람들은 자신과 남의 외모에 많은 관심을 기울이며, 성적 상대의 외모에는 특히 더 그렇다. 문화마다 강조하는 부분은 다르지만 전반적으로 **뭔가**를 강조하는 성향이 있다. 성적 관심을 끌 수 있는 갖가지 레퍼토리 중 어떤 종류 하나를 골라 강화하는 것인데, 편안하고 건강하고 (어렵지만 필요한 낱말인) '균형 잡힌' 수준을 넘어서는 때도 많다. 틴베르헌은 립스틱을 언급하는데 그것은 딱히 해로울 것이 없어 보인다. 더 걱정스러운 것은, 어떤 사람들은 가늘고 긴 목을 선택해 기린 여성을 만들어낸다는 사실이다. 중국인은 과거에 발이 작은 것을 좋아했고 그에 따라 발을 변형시켰다. 그리고 일부 아프리카 부족은 결혼 전에 미모를 가꾸기 위해 소녀들을 한 곳에 가두고 살을 찌우는데, 때로는 이 방법이 너무나 잘 통한 나머지 결혼식 날이 오면 살이 너무 쪄서 걷지 못할 정도가 되기도 한다.

강박은 사람들의 취향에 불균형을 가져와 생물학적 이점을 잃게 만든다. 인간은 동물이 가진 본능은 완벽하게 균형을 이루어 절대로 오작동하지 않는다고 생각하며 동물을 부러워하지만, 어떤 종도 그렇게 기계처럼 매끄럽게 동작하지는 않는다. 미스월드는 이 불균형에 또 다른 측면을 부여하는데, 실제적이거나 촉각적인 요소는 하나도 없이, 말하자면 순전히 시각적이고 사변적이라는 점에서 그렇다. 그녀는 이중으로 추상화된다. 훔쳐보기가 어디로도 이어지지 않는 것이다. 그러나 이것은 원칙적으로 갈매기가 처한 문제와 다르지 않다.

남성의 몸치장은 다르게 작용한다. 여성의 성적 관심이 덜 시각적인 이유도 있지만, 그보다는 어디에서든 남성의 외모에는 유혹적 의미뿐 아니라 위압적, 공격적 의미가 있기 때문이다. 남성의 춤은 전형적으로 전쟁 춤이다. 남성이 차리는 격식은 또 다른 전반적 관심사에 이바지하는 경향이 있는데, 잠재적 경쟁자에게 깊은 인상을 주고 겁먹게 하고 우세를 차지하기 위한 경쟁 취향으로, 이 역시 걷잡을 수 없이 치달을 수 있다. 이 취향이 지배하는 곳에서 사람들은 마찬가지로 불편하고 불균형한 삶의 방식에 갇힐 수 있다. 저항하고 싶어도 강박 때문에 갇힌다(**강박**obsession은 포위된 상태를 말한다. 거기서 벗어나지 못한다). 특정 유형의 자극에 저항할 힘이 없어서 사로잡혀 있는 것이다. 그래서 나는 이런 상황을 초정상 자극과 연결하는 것이 옳다고 본다. 다만 물론 호전적 과시는 그보다 **훨씬 더 전반적인** 동기의 하나라는 매우 중요한 차이는 있다. 초정상 자극은 지나치게 큰 알 같은 것 하나만이 아니라 한 부류의 자극 전체를 포괄한다. 단일한 욕망이 아니라 성격 특성 전체에 작용한다. 물론 세분하기를 원한다면 우리는 호전적 사회마다 거기 어울리는 자극을 나열할 수 있을 것이다. 예컨대 맞부딪치는 병기, 전사들의 함성, 번뜩이는 무기, 적들의 목소리, 그리고 아마도 그중 최고는 모욕적인 도발을 담은 말과 몸짓일 것이다(또는 학계 인간이라면 나쁜 책, 혐오하는 어구, 우쭐대는 상대…). 나열되는 내용은 매우 행동주의적으로 들린다. 그러나 물론 우리는 중심에서 통합하는 요소에 대해, 이 모든 것의 작용 대상이 되는 성격 특성에 대해 말하고 있다는 것을 안다. 우리는 성난다는 것이 어떤 것인지 안다. 자극을 분류하고 목록에다 온갖 것을 더 추가할 여지를 둘 수 있는 것은 이 때문이다. 예를 들면 특정 상황에서 갑작스러운 침묵이나 유달리 정중한 표현 방식 같은 것을 추가할 수 있다. 모든 것이 인간 본성의 호전적 측면에 작용한다.

이 측면은 현실이며 중요하다. 그러나 우리 중 가장 싸우기 좋아하는 사람이라도 그것은 인격의 일부에 지나지 않으며, 더 중심적 위치에 있는 부분과 충돌을 일으키는 때가 많다. 따라서 나는 이런 부분적 자극이 있을 때 특유의 **격앙되는** 감각이, 둘로 찢어지는 듯한 감각이 느껴진다고 생각한다. 우리의 한쪽 부분이 별개로 흥분하면서 나머지 부분과는 다른 어떤 감정을 갖는 것이다. 그런데 우리의 본성은 우리가 하나의 전체로서 작동하는 데 적합하다.

물론 우리는 상충하는 이해를 단호하게 억누르거나 그중 하나가 이기게끔 하는 방법으로 이런 충돌에 대처할 수 있다. 그렇지만 우리는 어떤 식으로든 그것을 다루려고 노력해야 하는데, 갈매기나 물떼새와는 달리 우리는 **벌어지는 상황을 볼 수 있기** 때문이다. 다만 그에 대해 할 수 있는 일이 아무것도 없다는 생각이 드는 때가 많다. 격앙되는 감각은 어떤 면에서 자극이 사소하고 단편적으로 보일 때 더욱 예리하지만, 그래도 여전히 저항할 수 없다. 최근 나는 사소한 특정 자극을 금지하고자 하는 사람들이 격노해 투고한 글 두 편을 신문에서 읽었다. 한 사람은 담배 광고에 반대하는 흡연자였고, 또 한 사람은 계산대에다 단것을 쌓아 놓는 상술에 반대하는 슈퍼마켓 손님이었다. 두 투고자 모두 자신이 보호하고 싶은 대상이 순진한 소시민들이 아니라 그들 자신이라고 매우 솔직하게 말했다. 그리고 나는 그들이 막고 싶어 한 것은 흡연이나 단것을 먹는 데 따르는 나쁜 결과만이 아니라 **파편화**라고 생각한다("감히 나를 나 자신과 싸우게 만들다니!"). 어쩌면 이것은 광고 전반에 대한, 정말 지나친 자극으로 넘쳐나는 우리 도시의 외양 전체에 대한 기본적 반대일 것이다. "더 이상 나를 갈등하게 하지 말라"는 것이다. 어쩌면 이것은 파편화를 부추기는 세력이 너무 강해 우리의 중추가 처리할 수 없는 상황에서 전적으로 정당한 항의일 것이다. 여러 동기가 충돌을 일으키는 통에 온전함을 유지하지 못하고 마음이 찢어지는 상황은 카툴루스*가 노래한 것처럼 고통스러울 수 있다.

> 그녀를 미워하고 또 사랑합니다. 아마도 당신은 내가 왜 이러는지 묻겠지요? 나도 모릅니다. 그렇다고 느낄 뿐, 괴로울 뿐이지요.
>
> Odi et amo. quare id faciam fortasse requiris.
>
> Nescio, sed fieri sentio, et excrucior.

물론 사소한 사례가 괴로움을 의미하지는 않지만, 그런 내적 갈등은 항상 혼란스럽고 불안하며 어쩐지 불길하다. 우리는 한쪽에 갇혀 있으며 빠져나오지 못한다(초정상 자극은 물론 전형적으로 **덫에 쓰이는 미끼** 같은 것이다). 우리는 본성의 요구에 따라 스스로 거기서 벗어날 수 있어야 하고, 자신 안에서 무슨 일이 벌어지고 있는지 이해하고 그것을 승인하거나 통제할 수 있어야 한다고 느낀다. 우리 본성이 통합을 요구한다고 느낀다.

자기 통제—인간의 해법

이런 느낌이 생물학적으로 말이 될까?

버틀러 주교는 문제를 다음과 같이 설명한다.

> 어떤 야수가 미끼에 혹해 덫에 들어가고 그 때문에 죽는다고 하자.

* 카툴루스(기원전84-기원전54)는 고대 로마의 서정시인이다. 인용된 두 행이 시의 전문이다.(옮긴이)

> 그는 명백히 본성이 이끄는 그대로 자신의 식욕을 만족시키려 했다. 그의 전체 본성과 그런 행위는 서로 전적으로 부합한다. 그런 행위는 따라서 본성적이다. 그러나 확실하게 파멸을 가져오는 똑같은 위험을 내다본 어떤 인간이 현재의 만족을 위해 덫으로 뛰어든다고 하자. 이 경우 그는 저 야수처럼 자신의 가장 강한 욕망을 따르는 것이다. 그러나 인간의 본성과 그런 행위 사이에는 불균형이 나타날 것이다. 가장 보잘것없는 예술 작품과 그 예술 분야에서 가장 뛰어난 거장의 솜씨가 서로 균형을 이루지 않는 것과 마찬가지다. 이 불균형은 그 행위 자체나 그로 인한 결과만 고려하는 데서가 아니라, 그 행위와 행위자의 본성을 비교하는 데서 생겨난다. 그리고 그런 행위는 인간의 본성과는 전혀 균형이 맞지 않기 때문에 가장 엄밀하고 가장 타당한 의미에서 본성적이지 않다.*

사람에 관한 설명에서 버틀러는 확실히 옳다. 만일 기억력과 지성을 갖춘 어떤 사람이 덫을 **유의하지** 않는다면, 주관도 방침도 없다면, 한 행위에서 다음 행위로 넘어가면서 일관성을 유지하려는 시도도 연계시키려는 관심도 없이 오락가락한다면 어떤 문화에서라도 사람들은 그에게 뭔가 문제가 있다고 말할 것이다. 우리라면 필시 그에게 의학적으로 어딘가 문제가 있다고 생각할 것이고, **정신이 멀쩡하지 않다**고 말할 것이다. 그리고 그를 비이성적이라고 말할 가능성이 확실히 높다. 고상하게 '방침을 갖지 않는다는 방침'도 예외가 아니다. 어떤 기준 원칙이 있다면 그것은 부분적인 원칙에 지나지 않는다. 실제로 아무 원칙도 없다면 무슨 일이든 벌어질 수 있다. 특정 문제에 대해서만 선택적으로 유연하게 대처한다는 방침도 여전히 방침이며,

* Joseph Butler, Sermon 2, "Upon Human Nature", sec. 10.

그 방침을 필요로 하는 불변의 것이 다른 어딘가에 반드시 있다. **인격 통합은 하지 않아도 되는 선택사항이 아니다.** 그것은 필수적이다. 인간에게는 어떤 구조, 방침, 연속성이 있어야 한다. 각자 인생을 한 번밖에 살지 못한다. 산호 군체처럼 여러 무리의 산호충으로 갈라져 각기 제 길을 가는 것은 불가능하다. 변치 않는 인격이 없으면 꼬리를 무는 생각을 이어나가는 것조차 할 수 없으며, 내가 이것이 지성의 한 조건이며 그 반대가 아니라고 말하는 것도 이 때문이다. 따라서 완전한 분열은 상상하기 어렵다. 그러나 부분적 사례는 매우 흔하다. 우리 대부분의 인격은 한쪽, 다시 말해 우리가 주의를 기울이는 쪽은 상당히 잘 통합되어 있으나 주의를 덜 기울이는 쪽은 파편화되어 있다.

버틀러의 발상은 만일 우리가 자신의 본성을 성찰한다면, 방치되어 있던 주변부의 동기에 관심을 기울여 그것을 중심과 연관시킨다면 그런 동기를 판단할 수 있으리라는 것이다. 그 이유는 우리 인격의 성찰 중추는 타고난 권위를 가지고 있고 판단을 내릴 위치에 있기 때문이다. "만일 그것이 권리를 가진 것처럼 힘을 가졌다면, 명백한 권위를 가진 것처럼 강제력을 가졌다면 절대적으로 세계를 다스릴 것이다." 그것은 "어떤 경우에도 인간 같은 동물을 다스리고자 한다".*

버틀러는 그것을 이성이 아니라 양심이라 부르며, 그로 인해 일부 사람들은 그가 한 말의 의미를 놓쳤는데, 양심을 이성보다도 더 단순하게 잘못 의인화해 그저 편견이라는 무책임한 독재자의 목소리라고만 바라보기 때문이다. 그렇지만 버틀러는 의인화의 오류를 주의 깊게 피한다. 그는 자신이 말하는 양심은 설명이 불가능한 신탁이나 직관이 **아니라** 우리 자신의 중심에 있는 성찰 기능이며, 우리는 그것을

* Joseph Butler, Sermon 2, sec. 14; *Sermons*, Preface, sec. 16.

이용하여 우리의 여러 행위와 욕망에 대해 생각하고 어떤 것에는 승인 도장을 찍고 어떤 것에는 거부 도장을 찍을 수 있다고 말한다. 그리고 물론 그는 기능을 의인화하는 실수도 하지 않는다. 그가 말하는 양심(또는 성찰)은 그저 결정을 내리는 자로서 인간 자신이다. 즉 찬성하고 반대하는 대상에 대해 진지하게 생각할 때의 우리 각자다. 이와 마찬가지로 아리스토텔레스는 일시적 충동과 대비되는 인격의 알맹이를 **그 사람 본인**으로 취급하며 **키리오스**(kyrios)라 부르는데, 이것은 지배한다 또는 감독한다는 뜻이다.*

양심 내지 성찰의 **권위**라는 버틀러의 정치적 은유가 정당화되는 것은 바로 이 맥락에서다. 우리를 지배하는 것은 우리 자신의 중심이다. 그것은 실제로 '통치자'이지만 외부로부터 식민지에 들어온 총독은 아니다. 그것은 우리 본성의 작용 방식에 대한 우리 자신의 감각이다(라틴어에서 '**의식하다**conscious'는 단순히 어떤 견해를 공유한다는 뜻이다. 이것은 음모를 꾸미는 사람들에 대해 쓰는 낱말이며, 거기서 출발해 자아의 여러 측면이 함께 성찰하는 것을 묘사한다. '**양심**conscience'은 원래 그저 어떤 것을 완전히 주의 깊게 의식하는 것을 가리킨다. 이것이 도덕적 의미로 특화된 것은 단지 그런 부분이 특히 사람들을 신경 쓰이게 했기 때문이다). 버틀러는 우리는 성찰을 통해 도덕률을 우연히 발견하는데 그것이 우리의 본성이 만든 법이기 때문이라고 말한다. "당신이 이 법을 따라야 할 의무는 그것이 당신의 본성이 만든 법인 데 있다." 이는 외부에서 강요되는 것이 아니다. "모든 의무 중 가장 개인적인 것으로, 자신에게 유죄 선고를 내리지 않고는, 또 자신의 본성을 더럽히지 않고는, 진정한 자기혐오 없이는 저버릴 수 없다." 그는 도덕률이 어떠한 종교적

* 다음을 참조. 아리스토텔레스, 『니코마코스 윤리학』, 9.4, 9.8, 10.7.

제재보다도 더 근본적이기 때문에 종교적 제재에 구애되지 않는다고 거듭 지적한다. 그것은 이교도나 불신자에게도 그리스도교인과 똑같이 구속력이 있다. "이렇듯 인간은 자신의 본성에 의해 그 자신에게 법으로 작용한다."*

버틀러가 양심 또는 성찰이 여타 동기에 우선하여 "절대적 권위"를 지닌다고 말할 때, 사람들은 정치적 독재의 냄새를 맡고 경계하게 된다. 그런데 만일 버틀러가 양심이라는 말을 일부 사람들처럼 편견이나 이기주의, 망상 등의 의미로 썼다면 물론 그는 성찰을 시작도 하기 전에 끝냈다고 할 수 있을 것이다. 그러나 그는 성찰 자체라는 의미로 쓰고 있다. 자기기만에 대해 본격적으로 다루면서 그는 양심이라는 용어를 그런 식으로 왜곡하여 사적 주장을 내세우는 일이 얼마나 잘못된 것인지 분명하게 지적한다(양심은 틀릴 수 없다는 입장은 이성은 틀릴 수 없다는 입장과 비슷하다. 사람들의 주장이 뒤죽박죽일 때 우리는 그들이 자신의 이성에 현혹되었다고 말하지 않고 적절하게 추론하지 않았다고 말한다. 나쁜 논의는 정의상 이성의 목소리가 아니며, 마찬가지로 나쁜 도덕 역시 양심의 표현이 아니다). 버틀러가 의도하는 것은 완전히 다르다. 그는 성찰에는 행동이 요구된다고 말하고 있다. 철학적으로 표현하자면 그는 실천적 사고의 결론이 드러나는 특유의 '규정적' 형식을 가리키고 있다. 이런 결론은 이론적이고 유익하기만 한 것이 아니라 명령적이며 실천적이기도 하다. 밤새 성찰한 끝에 자신은 시의회의 부패를 가슴속 깊은 곳에서부터 혐오하며 거부한다는 것이 명료해졌다면, 그에 따라 예컨대 '뇌물을 거절하라' 같은 구체적 명령이 뒤따를 것이다. 이 명령은 여러 동기 중 하나로, 거절하려는 단순한 충동

* Joseph Butler, Sermon 3, sec. 5; *Sermons*, Preface, secs. 28, 29.

으로 취급할 수 없다. 여타 충동과 똑같은 조건에서 경쟁해 그 순간 발휘하는 힘에 따라 이기거나 지는 단순한 충동이 아닌 것이다.

> 식욕과 성찰, 어느 쪽을 따라야 할까? 어느 쪽이 더 강한지를 따지지 않고 그저 인간 본성의 이치와 구성만을 바탕으로 이 질문에 답할 수는 없을까? […] 어쩌다가 [충동이] 우세를 차지하는 일이 아무리 잦다 해도 그것은 찬탈일 뿐이다. […] 그런 우세는 모두 인간의 구성을 침해하고 거스르는 예에 해당한다.
>
> 이 모든 것은 누구나 알고 있는 대로 **단순한 권력**과 **권위**의 구별에 지나지 않는다. 다만 민간 정부에서 가능한 것과 합법적인 것의 차이를 표현하려는 의도가 아니라, 인간의 마음속에 있는 여러 원칙에 적용할 수 있음이 여기서 입증되었을 뿐이다.*

요점을 더 심리학적으로 말하면, 버틀러는 혼란에 빠진 인격의 위험을 지적하면서, 자신의 중심을 무시하거나 제대로 성찰하기를 거부하는 대가는 분열이라고 말한다. "발람의 성격에 대하여(Upon the Character of Balaam)"라는 설교에서 그는 의무는 글자 그대로 꼼꼼하게 지키면서 정작 그 취지를 거스르는 자기기만에 해당하는 종교적 강박 사례 하나를 살펴본다.** 버틀러는 발람이 부도덕한 여느 용역업자만큼이나 성찰에 실패했다고 지적한다. 발람은 혼란에 깊이 빠진 상태이며, 자신에 대해 알기를 거부한다. 버틀러는 이 자기기만 현상을 그다음 설교에서 논하면서 마침내 다음처럼 토로한다. "사람들

* Joseph Butler, Sermon 2, secs. 13-14.

** 구약성서 민수기 22-24장에 나오는 이야기다.(옮긴이)

이 악해질 거라면, 깊고 고요한 미혹의 근원에 빠져 악해지는 쪽보다 그런 용의주도함 없이 흔히 볼 수 있는 사악한 격정에서 악해지는 쪽이 더 나을 것이다. 그런 미혹의 근원은 선이라는 원칙 전체를 좀먹고, 우리 내면에서 우리의 발걸음을 인도하시는 **주의 촛불**을 어둡게 하고, 생명의 안내자인 양심을 타락시킨다."*

양심의 권위에 대한 형식적, 철학적 입장은 나중에 칸트가 실천 이성의 권한이라는 말로 표현한 것과 같다. 즉 우리가 철저하게 사고한다면 사실관계에 관한 피할 수 없는 결론과 아울러 우리로서는 회피할 수 없는 명령, 우리가 무엇을 해야 하는가에 관한 결론을 얻게 된다는 것이다. 버틀러가 독특한 부분은 이런 형식적 논점을 인간의 감정에 대한 적절한 관심과 결합하는 데 성공했다는 것이다. 그는 우리에게 성찰할 거리를 주는 것은 우리의 감정적 구성이라고 주장한다. 이처럼 생각이 감정에 의존하는 것은 흄이 "이성은 정념의 노예이고, 노예가 되어야 마땅하며"라고 말할 때 파악한 진실의 모습이다. 그러나 버틀러는 여기서 편을 정해 이성과 감정을 대립시키는 것을 강하게 거부한다. 그는 "도덕의 전반적 기초는 이성에서 도출해야 하는가, 감성에서 도출해야 하는가?"** 하는 흄의 편향된 질문 이면에 있는 발상을 전적으로 거부한다. 버틀러는 이처럼 명백히 서로 보완적인 두 요소를 서로 대안 관계에 놓고 난투극을 벌일 이유가 없다고

* Joseph Butler, Sermon 10, sec. 16.

** David Hume, *Enquiry Concerning the Principles of Morals*, sec. 134. 흄은 이 질문을 이미 논의가 벌어진 주제로서 반갑게 받아들여 책의 주제로 삼는다. 그리고 버틀러가 이것을 이미 익숙하게 알고 있다는 것은 그의 말로 미루어 명백하다. 버틀러의 『설교』(*Sermons*)는 1726년, 흄의 『도덕원리 연구』(*Enquiry Concerning the Principles of Morals*)는 1751년에 출간되었다. 따라서 논쟁이 일어나는 것은 그 역순이다.

보았다.

> 도덕이라는 주제를 다루는 방법에는 두 가지가 있다. 하나는 사물의 추상적 관계를 탐구하는 것으로 시작하며, 또 하나는 사실관계 즉 인간 특유의 본성은 무엇인가 하는 것에서 시작한다. [⋯] 둘 다 같은 곳으로 이어진다. [⋯] 전자는 더없이 직접적이고 형식적인 증명으로서, 어떤 면에서는 트집잡히거나 논란이 될 가능성이 가장 낮고, 후자는 공정한 사람이 납득하도록 맞춘 색다른 방식으로서 [⋯] 삶의 여러 측면의 세부 관계와 상황에 더 쉽게 적용할 수 있다.*

이것은 확실히 옳다. 흄의 질문은 실제로 **기초**, **기본**, **도출** 같은 낱말의 지극히 느슨한 점을 활용함으로써만 의미가 통하는 것으로 보일 수 있다. 사실상 "물리학의 기초는 무엇인가? 물리학의 진리는 합리적 원칙으로부터 도출되는가, 아니면 실체적 사실로부터 도출되는가?" 하고 묻는 것보다 더 나을 것이 없다. 이런 질문에 대한 타당한 대답은 단순히 '그렇다'로서, 버틀러도 그렇게 처리한다. 그는 양심에 부여할 수 있는 여러 이름을 검토할 때 그것을 이성이나 감성으로 분류하기를 거부하며, 그럼으로써 이런 식의 논쟁에 끌려 들어가는 것을 다시금 강하게 거부한다. 그는 "이해의 감성으로 생각하든 마음의 지각으로 생각하든, 또는—이쪽이 맞는 것으로 보이는데—둘 다 해당한다고 생각하든"** 통한다고 말한다. 그는 이처럼 용의주도한 역설을 가지고 흄의 잘못된 추상화에 저항한다. 흄이 질문한 '힘'에는

* Joseph Butler, *Sermons*, Preface, sec. 12.

** Joseph Butler, *Dissertation upon the Nature of Virtue*, sec. 1.

확실히 감정적 측면이 있다. 좋은 도덕 논의는 인간의 강력한 취향과 선호를 표현하는 것이 사실이다. 그러나 거기에는 합리적 측면 또한 있다. 좋은 논의는 우리의 본성이 온전한 전체로서 요구하는 방식에 따라 그런 취향과 선호를 서로 **연관 짓는다**. 이로써 거기 주어지는 '힘'은 우리가 온전한 전체이기를 요구하는 힘이다. 그것에 저항하면 논리적 혼란에서 그치지 않고 분열이라는 응보로 이어진다.

버틀러는 선함에 들어 있는 감정적 요소를 이처럼 고집함으로써 칸트 같은 일편단심 합리주의자들에 비해 악함의 의미를 더 잘 이해할 수 있게 된다. 칸트는 본성적으로 동정심이 부족하고 "본성적으로 딱히 박애주의자에 어울리지 않는"* 인간에 관해 논하면서, 그런 인간은 타고난 감정적 구성이 **어떠하든** 정직하게 추론한다면 미덕이 필요하다는 것을 알게 될 것이고 그 깨달음을 바탕으로 행동할 수 있다고 암시하는 것 같다. 그러나 지성을 갖춘 정신병질자도 존재한다. 그런 사람들은 어떻게 설명해야 할까? 내 생각에 합리주의자들은 그들에 대해 '우리로서는 그들의 사고를 간파하는 데 어려움이 있는 만큼, 그들의 사고가 완벽하게 일관성을 띨 것이라는 가정은 그다지 명백하지 않다'거나 '설득력이 높지 않다'고 정당하게 지적할 수 있을 것이다. 그렇다고 해도 일부 반사회적 살인자들에 대해서는 사고의 혼란 측면이 아니라 **감정 결여** 측면에서 묘사하는 것이 가장 자연스럽다. 그들에게 타인은 중요하지 않다. 그들은 누구에게도 마음을 쓰지 않으며, 인간관계 등을 맺을 수 없다. 이렇게 결여되어 있기 때문에 칸트가 지당하게도 합리성에 필수라고 생각하는 전제, 구체적으

* Immanuel Kant, *Grundlegung zur Metaphysik der Sitten*, chap. 1, sec. 11(H. J. Paton tr., p. 64).

로 말해 모든 규칙에서 자신이 예외가 아니라는, 다른 사람들에게 해당하는 것은 자신에게도 해당한다는 전제가 이들에게는 적용되지 않는다. 그러나 버틀러는 감정의 이 역할을 명확하게 인정한다.

> 인간 같은 동물 경우, 누가 어떻게 바라든 실제로 이성만은 미덕의 동기로서 불충분하며, 이 이성이 하느님이 인간의 가슴에 새긴 저 애정과 결합해야 한다. […] 애정 역시 그 자체로는 절대 약점이 아니며, 우리의 감각이나 욕구보다 더 큰 결점이라고 할 수 없다. […] 우리의 감각과 우리의 정념은 모두 우리 본성이 갖는 결함의 원천이다. […] 그러나 그 결함의 원인은 원천에 있는 것이 아니라 원천의 결여에 있다. 원천의 결여는 치료약이 아니라 질병이기 때문이다.*

칸트는 자신이 말하는 "본성적으로 동정심이 없는" 인간 역시 당연히 감정적으로 정상 범위 안에 들어가는 것으로 받아들인다. 그래서 그는 도덕에는 정상적 감정이 사고만큼이나 필요하다는 것을 알아보지 못한다. 버틀러는 단순히 이 점을 지적한다. 그렇지만 그러면서 그는 우리에게 정말 필요한 것을 전해준다. 그것은 바로 정신병질자가 초인이 아니라는 사실을 표현하는 언어이다. 살인자(그리고 니체 자신 같은 외톨이)를 마음 약한 사람들과는 달리 기댈 곳을 필요로 하지 않는 굳센 영웅으로 볼 필요는 없다. 그의 선택을 우리 자신이 받아들이지 않는 한 그를 그런 식으로 묘사하는 것은 참으로 감상적인 자기기만에 해당한다. 우리가 평소 정신병질자를 두고 생각하는 것과 마찬가지로 감정적 장애인으로, 충실한 인간적 삶을 살기 위한 정

* Joseph Butler, Sermon 5, sec. 3.

상적 소양을 갖추지 못해 제대로 성장하지 못한 불완전한 인간으로 보는 쪽이 모든 면에서 충분히 설득력이 있다. 특정한 경우 다른 장애에서도 일어나는 것처럼 나머지 기능이 더 강화되어 이런 불리한 조건이 어느 정도 상쇄될 수도 있을 것이다. 그럼에도 그런 장애는 이점이 아니라 불리한 점이다. 그리고 문제를 이런 식으로 바라본다는 점에서 버틀러와 프로이트는 일치한다.

자기 통제를 이해하기 쉽게 하는 버틀러의 방법이 지니는 장점은 통제하는 쪽과 통제받는 쪽을 하나의 전체에 속하는 일부분으로 보여준다는 점이다. 그럼으로써 우리의 합리성 관념 속에 있을 수 있는 독단적, 전횡적, 기적적 요소를 모두 제거하고 우리의 발달이 어떻게 연속선상에 있을 수 있는지를 보여준다. 우리는 인간이 지금과 같은 종류의 동물로 진화했다는 생각이 왜 어리석지 않은지를 알아차리기 시작한다. 버틀러가 양심의 작용을 설명하는 논의는 실제로 처음부터 끝까지 철저히 생물학적이다. 그의 논의는 **기능**을 바탕으로 한다. 그는 양심의 **용도**는 무엇인지 묻는다. 그는 자신이 사실이라고 부르는 것에서 출발하는데, 구체적으로 말해 그것은 우리 인간에게는 자신과 남의 행위를 깊이 성찰하고, 판단하고, 자신과 남을 비난하거나 용서하고, 우리 자신이 기대에 미치지 못할 때 **부끄러움**을 느끼는 성향이 있다는 것이다. 그는 특히 부끄러움에 관심이 많으며, 매우 단순하게 그 기능이 무엇인지 묻는다. 그리고 다음처럼 전반적으로 그런 기능 논의가 갖는 커다란 힘에 주목한다. "인간에게 눈이 주어진 것은 보기 위함임을 의심할 사람은 거의 없다. 시각 실험으로 추론한 광학적 진리를 의심할 수 없는 것과 마찬가지다. 또한 부끄러움이라는 내적 감정이 주어진 것은 인간이 부끄러운 행위를 하지 않게 하기 위함임을 의심할 사람은 거의 없다. 눈이 주어진 것이 발걸음을 인도

하기 위함임을 의심할 수 없는 것과 마찬가지다."* 부끄러움을 느끼는 능력은 따라서 사회적 존재로서 우리가 적응한 결과에 속한다. 이 질문은 이 동물에게 다리가 있는 이유는 무엇일까 하고 묻는 것과 같다. 그에 대해 이해가 가는 유일한 대답이 '돌아다니기 위해서'라면, 그에 따라 그 동물은 돌아다니도록 **설계** 또는 **적응** 또는 **프로그래밍**되어 있으며,** 움직이지 않는 삶은 그 동물에게 적합하지 않을 뿐 아니라 실은 그처럼 중요한 자원을 낭비하고 있다는 것만으로도 그 동물에게 해로울 것이다. 인간이 부끄러움을 느끼는 능력, 나아가 더 일반적으로 성찰하는 능력 또한 마찬가지다.

이런 능력의 용도는 실천적이다. 그리고 우리 안에서 상당히 중심적 위치를 차지하며, 맹장이나 키위의 날개 같은 주변적 위치가 아니다. 그러므로 그것을 무시하려 든다면 최소한 낭비일 것이며 필시 파괴적 결과를 가져올 것이다. 따라서 활용해야 마땅하다. 그리고 양심이나 성찰의 경우 버틀러는 그 논의가 특히 강력하다고 보는데, 그것이 차지하도록 설계된 것으로 보이는 위치가 너무나 중심적이기 때문이다. 주변부의 기능은 소홀히 다룰 경우 조용히 위축되고 말지 몰라도, 그의 말을 빌리자면 "이 양심이라는 기능에 관한 관념은 판단, 지도, 감독 없이는 형성할 수 없다." 그처럼 중심적 연계를 건너뛴다는 것은 신경 중추를 없애겠다고 결정하는 것과 비슷할 것이다. 여기

* Joseph Butler, Sermon 2, sec. 1.

** 이런 용어에 대해 내가 논한 부분(163-169쪽) 참조. 버틀러가 자신의 논의가 하느님이 설계자로 존재한다는 전제에 의존하지 않고 고찰 대상이 다른 목적이 아닌 한 가지 목적에 적합한지에만 의존하도록 꼼꼼하게 신경을 쓴 만큼, 그의 논의는 다윈 이후 맥락에서도 전적으로 사리에 맞는다(논의가 종교적 신념과 무관하게끔 하려 한 의도에 관해서는 다음을 참조. Joseph Butler, *Sermons*, Preface, secs. 27-28).

는 뇌수술이 관여할 자리가 아니다.

공통의 해법

사람에 한정하여 생각할 때, 우리 본성이 어떻게 통합되어 있는가에 대한 버틀러의 관점은 내가 보기에 철저하게 이치에 맞으며 식민지 관점을 크게 개선한 것이다. 그의 설명에서 미흡한 부분은 다른 모든 설명에서도 나타나는 미흡함으로, 대비 효과를 위해 동물의 입장을 지나치게 단순하게 다룬다는 것이다.

버틀러는 인간의 경우 성찰을 시작할 때 동기들 사이에 알아볼 수 있는 균형과 구조가 이미 존재하고 있지 않다면 성찰이 작동할 수 없다는 것을 명확하게 알아보았다. 말하자면 어느 정도 우둘투둘한 부분이 있어야 성찰이 그곳을 붙들고 움직일 수 있다는 것이다. 예를 들면 그는 행복에 도움이 되는 경향과는 전혀 별개로, 정의와 진실 전달이라는 두 요소는 모두 인간의 삶에서 중요하고 귀중하다고 생각했다. 따라서 공정 또는 진실하려는 충동은 특별한 가치를 지닌다. 성찰은 이것을 인식하되 만들어내지는 않는다. **양심은 외부의 규범을 강요하는 식민지 총독이 아니다.** 양심은 자신의 근본적 패턴을 자각하게 되는 본성 자체다. 양심은 새로운 우선순위를 만들어내지 않으며, 요구되는 우선순위가 무엇인지 알아차린다. 양심은 가치 게임의 규칙을 마음대로 만들어내지 못한다. 예컨대 버틀러가 덫으로 설명한 예에서 즉각적 만족보다 지속적 안녕이 중요한 이유는 무엇일까? 그것은 우리가 장기 계획을 추구하는, 기억과 희망과 후회와 계획과 결실을 추구하는 "그런 부류의 동물로 만들어졌기" 때문이다(과거에는 그렇지 않았을 수도 있다). 근친살해*(버틀러가 든 또 하나의 예)가 본성적이지 않은 까닭은 무엇일까? 그것은 우리가 새끼를 돌보는 동물로서 애착과 보은과 협력이라는 유대를 유년기에 형성하는 부류이기 때문이며, 이 유대는 살아가는 동안 계속 유지되고 확장될 수 있어서 우리 자신의 관심사와 존재의 구조화에서 큰 부분을 차지하게 되기 때문이다.

그런 유대가 가능한 동물(내 생각에 비교적 지성적인 포유류 모두가 포함된다)은 유대를 가볍게 여기지 않는다. 유대의 **효용**은 그것이 삶에서 중심적이라는 데 있다. 유대는 우리가 지니는 동물 본성의 일부분이며, 식민지 총독이 강요하는 것이 아니다. 『공격성에 관하여』에서 로렌츠는 이처럼 지극히 중요한 점을 지적한다.

> 개인의 안녕과 대비되는 공동체의 안녕에 기여하는 인간의 모든 행동 패턴은 인간에게 특유한 합리적 사고의 지배를 받는다는 견해가 현대의 일부 철학자들을 비롯하여 널리 퍼져 있다. 이 견해는 틀렸을 뿐 아니라 그 정반대가 옳다. 풍부하게 타고난 사회적 본능이 아니었다면 인간은 절대로 동물 세계보다 높이 올라설 수 없었을 것이다. 말하는 능력, 문화 전통, 도덕적 책임 등 인간에게 특유한 기능은 모두 개념 사고라는 것이 싹트기 이전부터 잘 조직된 공동체 안에서 생활한 존재에게서만 진화할 수 있었다. 우리의 인류 이전 조상은 개념 사고가 발달하고 자신의 행동이 어떤 결과를 가져오는지를 자각하기 훨씬 전부터 침팬지

* Joseph Butler, Sermon 2, sec. 17. 이와 관련한 주제로 배은망덕과 부모의 보살핌에 관한 내용은 Sermon 1, sec. 8. 참조. 나는 '본성적이지 않다'는 것이 이 맥락에서 무슨 뜻인지에 대해 이미 약간 언급한 바 있다(173-174쪽).

나 나아가 개와 마찬가지로 친구에게 진정한 친구였고, 자기 공동체의 어린 구성원을 부드럽게 대하고 배려하며 자신을 희생하면서 그들을 보호했음이 확실하다. [246쪽]

흄은 이 점을 완전히 놓쳤는데, 언제나 그렇듯 그는 생물학자가 아니라 물리학자처럼 생각하려 했기 때문이다. 그는 근친살해가 나무의 경우라면 잘못이 아니며 '의지'*가 있다 해도 마찬가지일 것이라고 말했다. 그러므로 인간의 경우 근친살해가 잘못이라는 것은 감정 문제일 뿐이며 따라서 부차적이라고 결론지었다. 생물학적 진리가 실제로 얼마나 **부차적이지 않은지**를 잘 보여주는 훌륭한 예다. 그것은 적절한 맥락에서만 사리에 맞는다. '의지' 같은 항목을 나무라는 관념에다 갖다 붙일 수는 없다. '선택하는 나무' 같은 표현은 '액체 나무'나 '보이지 않는 코끼리'만큼이나 말이 되지 않는다. 만일 누가 그런 존재에 관한 이야기를 썼다면 그는 물론 어떤 식으로 그런 표현이 성립되는지 설명할 수 있을 것이다. 그러나 그렇게 하는 취지가 있어야 할 것이고, 그때까지 그런 표현은 불가해하다. 그런 표현으로부터는 아무것도 따라 나오지 않는다. 또는 모든 것이 똑같이 따라 나온다. 그러므로 쓸모가 없다. 주어진 종의 본성을 이해할 때까지 우리는 1) 그 종이 어떤 '선택'을 할 수 있는지, 2) 예컨대 보은이나 애정 같은 것이 그 종의 삶에서 어떤 자리를 차지하는지, 또는 3) **부모**라는 관념이 유전적 의미를 조금이라도 넘어서는지 알 수 없다. 사회적 의미로 말할 때 대구에게는 아버지가 없다. 반면에 늑대와 비버에게는 있다. 벌의 경우 유전적 아버지를 죽이는 것은 의무이자 쾌락이라고 간

* David Hume, *Enquiry Concerning the Principles of Morals*, Appendix 1, sec. 243.

주될 수 있다(어머니는 절대로 그렇지 않다). 그리고 많은 동물이 침입한 동종이 **누구든** 기꺼이 공격할 뿐 아니라 침입자가 달아나지 못하면 죽인다. 그러나 상대적으로 지성적인 동물은, 의도적 선택이라는 관념이 타당할 것으로 생각되는 모든 동물은 그렇게 죽이는 행위를 피하는 성향이 강하다. 그 대상이 가까운 친구나 친척일 경우 특히 더 그렇다. 그리고 이런 성향은 단편적인 것이 아니라 그들의 동기 패턴 전체에서 빼놓을 수 없는 부분이다. 사회적 유대가 그들의 삶을 구성한다. **소통, 따라서 지성은 이처럼 오래 지속되는 깊은 관계가 있는 곳에서만 발달한다.** 다른 맥락에서도 나타나는 것이 가능하지만, 그렇다 해도 어떤 모습일지는 아무도 모른다.

너무나도 자주 보는 것처럼 흄은 "우주 안의 모든 존재는 그 자체만으로 생각할 때 서로 전적으로 무관하며 독립된 것으로 보인다"*라는 자신의 신비한 존재론에 빠져 헤어나지 못한다. 우리가 사는 우주에서는 그렇지 않다. 경험은 그런 식으로 작용하지 않는다. 경험은 원자가 아니다. 사물을 경험하려면 그것을 익숙한 기준틀 안에서 인식하고 거기에 결부시켜야 한다. 그러므로 어떠한 원칙도 흄의 원칙보다 덜 경험주의적일 수 없다.

더욱이 버틀러가 인간과 동물을 대비시킨 것이 지나치게 단순한 이유는 동물에게도 기준틀이 있기 때문이다. 동물은 단절된 지각과 동기를 그러모아 묶은 다발이 아니다. 종에 따라 자기만의 본성이 있다. 그리고 충분히 일어날 수 있는 행위는 그럼에도 그 본성을 거스를 수 있다.

버틀러의 덫 예는 사실 딱히 전형적인 동물행동이 아니다. 적어

* David Hume, *Treatise of Human Nature*, Bk. 3, pt. 1, sec. 1.

도 곤충보다 고등한 동물에게는 그렇다(덫 상황도, 착각한 불쌍한 갈매기나 검은머리물떼새의 상황도 모두 해당 종의 정상적 상태가 아니라 인간이 개입한 결과라는 점은 짚고 넘어갈 만하다). 초정상 자극에 반응하는 동물은 정말로 어느 정도 수동적이다. 그런데 그 점은 그렇게 반응하는 사람도 마찬가지다. 이것은 동물이든 사람이든 데카르트의 말처럼 **행동** 주체가 아니라 행동의 대상이라고 해도 그다지 과장이 아닌 경우에 해당한다. 단일 자극을 받아 쉽게 예측되는 단일 행동을 하는 것이다. 만일 여타 종의 삶 전체가 이런 식이고 인간의 삶은 절대로 이렇지 않다면 인간과 동물의 대비는 공정할 것이다. 그러나 그렇지 않다. 실제로 유해동물 방제 관련자라면 너무나도 잘 알고 있듯, 동물이 덫을 피할 수 있는 경우는 매우 흔하다. 동물의 본성은 인간의 방제 노력에 필적한다. 특히 쥐를 박멸하기란 지극히 어려운데, 경험에서 매우 빠르게 배우기 때문이다. 쥐들은 우두머리가 거부하는 미끼는 먹지 않으며, 우두머리는 놀라울 정도로 영리하게 추론해 결론을 내린다. 쥐들은 충심, 분별력, 그리고 약간의 지성으로 초정상 자극을 물리치는데, 그것이 쥐의 본성이기 때문이다. 반면 인간은 덫에 빠지는 일이 매우 잦은데, 다른 인간이 놓는 덫뿐 아니라 동물이 놓는 덫에도 빠진다. 예를 들면 다친 코뿔소가 빙 돌아와 길목에 숨어 있다가 자신을 추적해 오는 사냥꾼에게 돌격하기도 하고, 식인 사자가 밀림 속 길에 매복하기도 한다. 그렇지만 늘 그렇듯 여기서 이론가들은 동물은 있는 그대로의 모습으로 바라보는 반면 인간은 이상적 모습으로 바라본다.*

* 짝짓기 때 하마의 목소리에서는
거칠고 기묘한 억양이 드러나지만

종에게는 저마다 특유의 기질이 있고, 체계적인 조심성이 그 기질의 일부인 경우가 많다. 예컨대 리처드 캐링턴이 코끼리를 두고 하는 말을 살펴보자.

> 코끼리의 조심성은 특유한 특성이다. 코끼리보다 더 낯선 사물을 경계하고 도무지 알 수 없는 이유로 흠칫 놀라는 동물은 없다. […] 코끼리는 본능적으로 자신의 안전에 열중하는데, 거의 신경증 수준이다. 예를 들면 인간인 주인을 깊이 믿을 정도로 길들인 코끼리라도, 다리를 건널 때는 마치 석고판 칸막이벽을 시험하는 검사관처럼 앞발로 다리가 튼튼한지 조심스레 시험하거나 코끝으로 세게 두들겨본 다음에야 건너곤 한다. 그런 행동이 해당 코끼리의 성격을 드러낸다는 뜻에서 하는 말이 아니라, 어떤 관점에서는 그것을 코끼리의 지성을 입증하는 또 하나의 증거로 볼 수도 있다. [『코끼리』(*Elephants*), 76쪽]

코끼리는 몸무게가 12톤까지 나가기 때문에 윗글의 마지막 부분은 이해할 만하다.

또 똑같이 중요한 주제인 성에 관해서도 캐링턴은 이렇게 말한다. "코끼리는 애정이 많은 동물이며, 이른바 하등한 동물 중 번식이라는 순수하게 기계적인 과정을 그들보다 더 섬세한 감각으로 채우는 동물은 아마도 없을 것이다. […] 내가 전쟁 중 인도에서 직접 겪었는데, 코끼리들이 반려에게 보이는 애정과 배려는 종종 우리 종의 구성

매주 우리는 하느님과 하나 된
교회의 기쁜 소리를 듣지.
-T. S. 엘리엇, 「하마」

원들에게 모범이 될 만한 수준이었다"(52쪽).

실제로 코끼리는 머리에 가장 먼저 떠오르는 일을 행동으로 옮기는 것이 **아니다**. 강한 외부 자극에 반응할 때조차도 그렇다. 코끼리는 기계 장난감이 아니다. 그러나 어떻든 간에, 코끼리를 비롯한 여타 동물은 대부분의 경우 어떤 자극에 반응하는 것이 전혀 아니다. 고등동물은 삶의 많은 부분을 적극적 활동을 하며 보내는데, 이를 자극-반응 패턴으로 바라보면 거의 도움이 되지 않는다. 쇌러나 제인 구달이 관찰한 활발한 사회적 활동 중 어떤 범주라도 예로 들 수 있다. 그들의 예에서 각 종은 각기 취향에 따라 부지런히 움직인다. 조용하고 근엄한 고릴라는 먹을거리를 찾아다니며 인사를 주고받고, 활발하고 변덕스러우며 외향적인 침팬지는 주위를 탐험하며 파티를 연다. 각 구성원은 복잡한 사회적 관계를 가지고 있고 자신의 성격에 따라 관계를 넓혀나간다. 모두가 관습을 잘 이해하고 있고, 개체나 종의 **본성을 거스르는 행위**는 경험 많은 관찰자의 눈에 쉽게 띈다. 뭔가 **잘못되어** 보이는 것이다.* 그런 것이 보이면 관찰자는 레퍼토리 안에서 설명을 찾는다. 인간이 대상일 때와 마찬가지다(예를 들면 인간 경우에도 근친살해가 일어난다. 이는 설명이 가능하지만, 확실히 설명이 필요하다. 이 주제를 다룬 『카라마조프가의 형제들』은 매우 두꺼운 책이다). 사람과 마찬가지로 동물 경우에도 관찰자는 해당 개체의 성격을 길잡이로 활용할 수 있다. 관찰자는 **이** 개체가 **저** 놀라운 일을 하는 것이 얼마나 자연스러운지, 또 어떤 상황에서 그것이 자연스러워질 수 있는지 물을 수 있다. 그러나 물론 동물 종을 진지하게 여기지 않는 사람은 개

* 침팬지들 사이의 비정상적 행동에 관해서는 다음을 참조. Jane Goodall, *In the Shadow of Man*, pp. 128-129, 235-236.

체의 성격 차이를 구별하지 않는다. 바로 그렇게, 포프는 다음과 같이 썼다.

> 그대가 한때 흘린 말만큼 진실인 것도 없다네—
> "여성은 대부분 개성이 조금도 없어."*

또 팔리 모왓이 『울지 않는 늑대』(*Never Cry Wolf*)에서 묘사한 잘 조직된 늑대들을 생각해보자. 암컷 늑대 앤절린이 새끼들과 놀다가 지친다. 앤절린은 소리 내어 다른 늑대를 부른다. 굴 밖에서 하품을 하며 젊은 수컷 늑대가 들어온다. 하숙생인 이 늑대는 졸린 것이 분명하다. 그럼에도 그는 앤절린이 쉬는 동안 참을성 있게 새끼들을 돌보며 놀아준다(그건 그렇고, 이 이야기에 성적 의미는 조금도 함축되어 있지 않다). 나중에 앤절린은 점심을 먹을 요량으로 호숫가로 내려간다. 거기서 영리하게도 미친 척 이상한 행동을 함으로써 오리 몇 마리를 둑으로 꾀어내고, 그중 한 마리를 거의 잡았다가 놓치고 만다. 그래서 오리를 포기하고, 간식 삼아 생쥐를 스무 마리쯤 찾아내 능숙한 솜씨로 잡아 삼킨 다음 새끼들이 있는 굴로 돌아온다. 그러는 사이에 다른 늑대들은 사냥을 나가 가족이 먹을 고기를 가지고 돌아온다. 또 다른 때, 새끼들이 더 자라자, 어른들이 새끼들에게 사냥 훈련을 시킨다. 비교적 약한 사슴 몇 마리를 새끼들 쪽으로 조심스럽게 몰아가고, 비교적 나이 많은 늑대 한 마리가 새끼들 곁에서 격려해준다. 보통은 이 늑대들이 사냥에 나서지 않는 시기다. 잡은 사냥감은 하나도 없고, 어른 늑대들도 뭔가를 잡으려는 열의를 전혀 보이지 않는다. 그

* Alexander Pope, *Epistle of the Characters of Women*, 1-2.

리고 이 사냥은 아버지 늑대인 조지가 앤절린을 계속 쿡쿡 찔러 결국 사냥에 나서게 하고서야 겨우 이루어진 것이다(이것은 "의향이 있는" 것일까?).

이런 모든 행동은 **능동적**이다. 덫에 걸리는 것과는 조금도 비슷한 점이 없다. 수동적인 자극-반응 패턴으로 분해할 수 없다. 이것은 기계적이 아니라 목적적이며, 그 목적은 우선순위를 표현하는 지속적인 성격 특성과 연결되어 있다. 새끼들을 심각하게 방치하거나 잔인하게 다루는 것은 늑대 사이에서는 더할 나위 없이 부자연스럽다. 나이 많은 늑대에게 무례하게 굴거나 비협조적으로 대하는 것 역시 마찬가지다. 때로는 그런 일이 일어난다. 그러나 그런 일은 그저 애석한 일이 아니라 성격에 어긋나는 일이다. 그런 일은 뭔가 **잘못되었다**는 것을, 버틀러가 말한 대로 "전체적으로 그들의 본성에 어울리지 않는" 것을 보여준다.

이런 종류의 이야기는 지성에 관한 논쟁이 핵심인 때가 많다. 앞에서도 말했지만, 내가 이야기하는 것은 그와는 다르고 훨씬 더 깊은 것, 당연하게 받아들여지는 것으로서, 구체적으로 말해 동기의 특징적인 기본 패턴이다.

새끼를 보살피는 일은 늑대에게 **중요하다**. 친구와 동료에 대한 애정도 마찬가지다(실제로 이 두 가지는 나란히 나타난다. 어른이 애정을 표현하는 몸짓은 새끼 양육에서 가져온 것이다). 애정은 주요한 동기다. 이처럼 강력한 전반적 동기는 허기나 졸음 같은 즉각적 욕망의 만족을 쉽게 뒤로 미뤄둘 수 있다. 늑대는 무리 전체가 애정으로 맺어져 있다. 그러나 이 애정 역시 '맹목적 충동'이 아니다. **중추**, 다시 말해 기분이 달라져도 한결같은 상태를 유지하는 구조가 있는 것이다. 모든 늑대에게는 정당한 권리가 있고 대개는 그 권리가 인정된다. 그리고 심술이 나거나 심심하다고 해서 괜히 다른 늑대를 물지 않는다. 시비를 걸지만, 알아차릴 수 있는 정해진 방식으로 경고를 보낸다. 위협은 짜증을 표현하는데, 상대는 피하거나 항복할 시간이 있다. 그리고 항복하면 대개 공격자는 위협을 푼다. 매우 흥미로운 점 하나는 이 시점에서 동기의 충돌이 겉으로 보일 수 있다는 것이다. 한 동기가 다른 동기로 대체될 때 반드시 티 나지 않게 매끄럽게 대체되지는 않는다. **양가감정**이, 충돌되는 행동이 있는 것이다. 우위에 있는 늑대는 물어뜯는 행동을 자제하지만, 항복 자세를 취한 적 위에서 여전히 으르렁거리며 덥석 물고 흔드는 몸짓을 보인다. 이긴 늑대는 항복한 늑대가 한동안 일어나지 못하게 하며, 일어나면 쫓아 보낸다. 두 가지 동기가 함께 존재한다. 늑대는 어떤 면에서 두 가지 동기 모두와 일체감을 가지며, 그렇지만 그중 한쪽을 골라 행동해야 한다. 우리도 누구나 이런 적이 있다. **이것은 인격의 진정한 중심이 나타나는 상황임이 분명하다**. 우리가 무엇을 선택하느냐에 따라 어떤 종류의 사람이 되어가는지가 결정된다.

> "이제 잘 알겠소." 랜슬럿 경이 말했다. "나는 평화를 얻는 그런 사람이 될 수도 있겠고, 또 우리 사이에 생사를 건 전쟁을 벌이는 그런 사람이 될 수도 있겠군." [맬러리, 『아서 왕의 죽음』(*Le Morte d'Arthur*)]

우리는 동물은 이런 문제를 겪지 않는다고 생각하는 경향이 있다. **동물은 확실히 이런 문제를 겪는다. 그에 대해 생각함으로써 문제를 해결하는 우리의 방식이 그들에게는 없을 뿐이다. 그렇지만 여전히 동물은 문제를 해결하는 한 가지 방식을 갖고 있다. 그것은 동기 구조를 통하는 방식으로, 이 구조에 따라 동물의 삶은 특정 종류의 해결책을 선호하는 형태**

를 이룬다. 우리도 이 방식이 없었다면 생각을 동원한다고 해서 문제가 해결되지는 않을 것이다.

내 말의 요지는 그저 지성이 발달함에 따라 이런 감정적 충돌에 지성이 적용된다는 것이 아니다. 지성은 충돌을 다루기 위한 적응의 일환으로서 발달하는데, 그런 충돌은 굶주림만큼이나 심각하게 목숨을 위협하며, 도구가 없다는 사실보다도 더 심각하기 때문이다. 생존에는 감정적 안정, 견고하고 지속적인 성격이 필요하다. 이것은 기술만큼이나 필요하며, 실제로 기술 자체가 그에 의존한다.

그러므로 이성은 컴퓨터처럼 중립적인, 모든 목표로부터 분리된 기술적 장치로서 발달하지 않는다. 형상은 야만적인 질료에 모양을 부여하는 거푸집으로 식민지에 들어온 것이 아니다. 진화 관점에서 이치에 맞는 유일한 그림은 질료가 형상에 들어맞는 아리스토텔레스의 그림이다.* 질료가 적나라한 부정과 불합리와 비이성, 반항, 나아가 모든 악의 근원인 플라톤의 그림이 아니다. 감정 구조는 상응하는 사고 구조가 있어야 완성된다. 사회적 종의 이성은 아무 방향으로나 프로그래밍되지는 않는다. 그것은 안정성과 친근함의 한 측면으로서 생겨난다. 그러므로 어느 쪽에서 가치를 찾을지, 어떤 종류의 질서가 요구될지를 이성이 알고 있으리라는 우리의 기대는 어리석은 것이 아니다. 확실히 우리는 지성이나 상식 같은 용어에 그런 기대를 결부시킨다. 우리는 파괴적 행위를 **어리석다**거나 **불합리하다**고 말하고, 방향성이 없는 행위를 **바보스럽다**거나 **비이성적이다**, **미쳤다**고 말한다. 어떻게 하는 것이 가장 좋을지를 두고 실천적으로 추론할 때 인간은

* 아리스토텔레스는 질료를 막연하고 중립적인 것이 아니라 가능성으로, 즉 구체적인 어떤 것이 될 힘을 지닌 것으로 보았다(『형이상학』, 8.7).

무엇이 '인간 같은 동물에게' 가장 좋을지를 생각하는 것이다. 취할 수 있는 목표의 범위와 패턴은 종에 따라 주어져 있다. 거기에 맞춰 적응한 성격도 마찬가지다. 무엇이 도움이 되고 해가 되는지는 부수적 문제가 아니다. 그것을 부수적인 것으로, 논리적으로 도덕에서 분리된 것으로 취급한 것이 칸트의 실수였다. 일단 한 종의 본성이 (또는 어떤 체계가) 주어지면 우리가 그것을 이해하고자 하는 방식에 한계가 있기 때문이다.

컴퓨터라면 소음을 최대화한다거나, 모든 것을 최대한 깨끗이 한다거나, 길을 걸을 때 모두가 보도블록끼리 맞물린 선만 밟고 지나가게 한다거나,* 감정을 최소화한다는 원칙을 바탕으로 삶을 꾸리는 데 아무 이의도 없을 것이다. 컴퓨터는 합리적이지 않다. 컴퓨터는 우둔한 사물이다. 무엇이 **중요**한지 모른다. 오로지 일관적일 뿐이다. 그것을 프로그래밍하는 사람은 합리적이어야 한다. 다시 말해 인간의 여러 욕구 가운데 무엇이 더 우선인지를 알아볼 수 있어야 한다. 만일 이 프로그래머가 단순한 공리주의자라면 정의나 예술이 자신이 프로그래밍하는 체계 안에 왜 들어가야 하는지를 이해하기가 어려울 것이다. 그는 인간의 욕구를 인위적으로 단순하게 쾌락으로 환원하는 것에서 출발하기 때문이다. **여기에는 합리적인 부분이 조금도 없다**. 단순한 사고틀은 현상과 맞아떨어질 때만 합리적이다. 인간의 욕구는 실제로 매우 복잡하다. 그러므로 어떤 사고 체계든 인간의 욕구를 체계화하려면 욕구가 복잡하다는 것을 받아들여야 한다.

그렇지만 이것을 받아들이고 나면 선택이 가능하도록 **단순화해야**

* Philippa Foot, "When Is a Principle a Moral Principle?", *Proceedings of the Aristotelian Society*, Supplementary vol. 28(1954) 참조.

한다. "해도 되는 것보다 더 할 수 있는 것이 인간의 본성이다."* 그리고 물론 이것이 식민지 이미지가 그처럼 매력적으로 보이는 이유다. 시끌벅적 혼란스러운 인간의 갖가지 욕망과, 단순하고 깔끔하며 확실하다고 우리가 잘못 알고 있는 동물의 본능 체계를 서로 대비시키면서, 우리는 이 고르디우스의 매듭을 이성이라는 이름의 어떤 외부적 힘으로 잘라내야 한다고 느낀다. 이성은 욕망이 그 자신의 어리석음으로 인한 결말을 맞이하지 않도록 구해줄 데우스 엑스 마키나** 인 것이다. 그러나 이 데우스 엑스 마키나의 근원이 어디일지에 대한 의견이 없다면 식민지 그림은 앞뒤가 맞지 않는다. 로렌츠가 『공격성에 관하여』에서 한 다음과 같은 말은 사실임이 분명하다. "오늘날 자동차의 파워스티어링처럼, 도덕이 인간 행동을 통제하기 위해 가져다 쓰는 에너지는 도덕이 애초에 통어하도록 되어 있는 바로 그 원초적 에너지다. 물려받은 동물적 본성을 벗어버린, 순수하게 합리적 존재로서의 인간은 천사가 아닐 것이 확실하며, 오히려 그 정반대일 것이다."(247쪽) 목재를 깎아 수목을 만드는 목수는 없다. 이쪽 가지와 저쪽 가지의 균형을 잡고, 곁가지를 치기 위해 높이를 희생하거나 높이를 위해 곁가지를 치지 않는 등의 방식으로 수목을 만드는 것은 나무 안에 있는 생명이다.*** 그 방식은 강요된 것이 아니다. 해당 생물

* Wolfgang Wickler, *The Sexual Code*. 첫머리에 나오는 문장이다.

** '데우스 엑스 마키나(deus ex machina)'는 라틴어로 '기계에서 나오는 신'을 의미한다. 신이 기계(즉 무대장치)를 타고 난데없이 등장하여 갈등을 풀거나 결말을 짓는 연출 기법으로, 고대 그리스에서 주로 쓰였다.(옮긴이)

*** 생기론(vitalism)에 기겁하는 독자라면 이 문장에서 '생명'을 '유전적 프로그래밍'으로 바꿔 읽어도 된다. 이렇게 쓰지 않은 이유는 내가 생기론은 이미 죽은 것으로 보는 반면 '프로그래밍'과 컴퓨터 전반을 둘러싼 미신은 활발하게 살아 있기 때문이다. 그래서 일상어를 고수한다.

에게 본질적인 것이다. 마찬가지로 우리의 갈등을 해결할 수 있는 것은 우리 각자 안에 있는 생명 말고는 없다. 다만 나무나 대부분의 동물과 비교할 때 우리 안의 생명이 한두 가지 재주를 익힌 것은 확실하다. 지성은 우리가 갈등 해결을 위해 적응한 결과의 일부분이다. 그러나 일부분일 뿐이다. 그 아래에는 우리의 거친 본성적 욕구 구조가 있다. 우리의 욕구 구조는 매우 거칠다. 어떻게 해도 마찰과 많은 희생 없이는 작동하지 않을 것이다. 그렇지만 분명히 거기 존재한다.

우리는 양립할 수 없는 것을 바란다. 간절히 바란다. 우리는 상당히 공격적이며, 그러면서도 타인과 함께 있기를 바라고 장기적 계획에 의지한다. 우리는 주위 사람들을 사랑하고 그들의 사랑을 필요로 하며, 그러면서도 독립을 바라고 방랑을 필요로 한다. 우리는 끊임없이 호기심을 품고 참견하며, 그러면서도 영속성을 갈망한다. 수많은 영장류와 달리 우리는 짝을 이루는 성향이 있는 것이 확실하지만, 그 성향은 불완전하며 우리에게 많은 문제를 안겨준다. 우리는 문화 없이는 살 수 없지만, 문화는 결코 우리를 완전히 만족시키지 못한다. 이 모든 것이 문학에서 다반사로 나타난다. 지성이 있는 여타 종도 어느 정도 이와 똑같은 문제를 겪는다. 각각의 종 안에는 서로 상쇄되는 욕구와 성향이 있어서, 거칠기는 하나 견딜 만한 평형 상태가 유지된다. 종에게는 저마다 고유한 충돌이 있다. 그렇지만 만족을 위해 개체는 자기 종 고유의 취향 레퍼토리에 의존한다. 자신의 근본을 벗어날 수 없는 것이다. 사람에게 특별하게 있는 것은 벌어지는 상황을 이해하고 그 이해를 활용하여 상황을 조절하는 능력이다. 상상력과 개념 사고 때문에 선택 범위가 늘어나면서, 양립할 수 없는 온갖 계획을 세우고 무엇을 놓치고 있는지 알 수 있게 되면서, 또 자신을 속일 능력이 크게 높아지면서 모든 충돌이 더 극심해진다. 그 반대급부로서 상상력과 개념 사고 덕분에 우리는 자기 인식을 얻을 수 있는데, 이것은 충돌을 해결하려는 노력에서 우리에게 주어진 가장 강력한 카드다. 다른 종들과의 비교를 통해 내가 바라는 것은 저 자기 인식을 심화하는 것이다.*

* 사고와 감정에 대해 이 장에서 다룬 여러 관점을 더 자세히 논한 내용을 보려면 다음의 나의 글 참조. "The Objection to Systematic Humbug", *Philosophy*(April 1978).

12장

문화가 필요한 이유

문화는 본성적이다

인간의 본성을 나타내는 갖가지 속성군 중 문화는 어느 속성군에 속할까? 문화는 언어나 합리성과는 약간 다른 위치에 있는데, 일반적으로 불평 대상으로 보지 않기 때문이다. 사람들은 대부분 입을 모아 문화를 찬양한다. 그러나 낭만적 개인주의에서는 문화에 대해 정말로 불평한다. 인간 특유의 적극적 업적이 아니라 외부에서 인간에게 강요된 것으로 볼 수 있다는 것이다.

나는 자유지상주의 계통의 그런 사상을 여러 차례 언급했다. 10년 전에 비하면 지금은 썩 인기가 많은 사상이 아니다. 그럼에도, 1977년 자유의 의미를 묻는 시험 문제에 대한 답안지를 한 무더기 읽다가 학생들 대부분이 똑같은 불만을 토로하고 있다는 것을 알았다. 동원하는 말까지 똑같은 경우도 많았다. "우리는 자유로울 수 없다. 사회로부터 세뇌되어 있기 때문이다."(이런 의견 일치는 세뇌의 징후일까, 아닐까? 그들이 가장 잘 알 것이다). 그러나 중요한 질문은 이것이다. 저 불평이 자유의 어떤 개념을 가리킬까? 그리고 만일 문화가 외부에서 왔다면 어디에서 왔을까?

상황은 복잡하다. 앞서 말한 대로* 본성과 문화를 완전한 대립 관

* 1장 3절.

계로 두는 것은 개인에 관해서는 말이 되지만, 한 집단 전체에는 통하지 않고 인류 전체로 보면 더더욱 그렇다.

문화는 어디에선가 기원했을 수밖에 없고, 그것을 강요하는 사회라는 이름의 초자연적 존재는 없다. 사회는 과거와 현재의 사람들이다. 그리고 그들은 풍습을 만들어낼 때 그럴 만한 자연스러운 동기가 있을 수밖에 없다. 우리 각자는 스스로 택하지 않았을 많은 것을 받아들여야 한다. 그러나 우리 각자는 그 모든 것이 어떻게 발전할지 선택하고 그것을 주위 사람들에게 강요하는 데 한몫을 담당하기도 한다. 이렇게 복잡한 상황을 어떻게 공정하게 다룰까?

우리는 실제로 사회적 인간을 어떻게 이해해야 할까?

물론 인간의 경우 문제는 반쯤 완성된 상태로 사회에 들어온다는 것이다. 인간은 완성되려면 문화가 필요하도록 선천적으로 프로그래밍된다. 문화는 본능의 대안이나 대체물이 아니라 본능의 부산물이자 보완물이다. 인간은 만드는 방식에 따라 다양한 종류의 케이크가 될 수 있는 케이크믹스와 비슷하다. 그렇지만 삶은 달걀이나 훈제 연어가 될 수는 없다는 점을 반드시 짚어두어야 한다. 케이크믹스를 가지고 만들 수 있는 것은 케이크일 뿐이며, 인간 아기는 인류라는 종의 감정적 레퍼토리에서 일부를 가진 성인이 될 수 있을 뿐이다. 그러나 구워야 케이크가 되듯이, 아기 역시 이미 존재하는 구체적인 문화에 노출되어야 한다. 아기는 스스로 문화를 생성할 수 없다. 그리고 나중에 문화를 배격할지라도 우선은 완전히 흡수해야 한다.

따라서 여기에는 두 가지 본질적 부분이 있는데, 이 둘은 서로를 완성하지만 둘을 한꺼번에 염두에 두기가 어렵다. 1) 문화는 우리에게 필수불가결하다. 우리는 문화 없이는 살 수 없다. 그러나 2) 문화가 필수불가결한 **까닭**은 우리의 선천적 욕구 때문이다. 우리는 문화를 요구하지 않을 수도 만들지 않을 수도 없다. 문화는 개인의 성장과 대립하지 않는다. 둥지가 어린 새의 성장과 대립하지 않고 성장 기반이 되는 것과 마찬가지다. 그리고 문화는 백지에 적거나 인쇄한 전통적 글과는 사뭇 다른데, 발달 중인 동물 자체의 완성에 필요하기 때문이다.

첫째 부분, 즉 문화는 우리 삶에 필수불가결하다는 점은 절반쯤 진실로 보이며 사람들을 백지 이론으로 이끈다. 당연히 사람들은 넘쳐나는 다양한 문화와, 출생 이후 우리에게 일어나는 모든 일의 중요성과, 문화가 우리의 상황뿐 아니라 성격과 체형에도 어마어마한 영향을 준다는 사실에 충격을 받는다. 그리고 사람들은 이 범위 안에서 자유롭게 행동하고 싶어 한다. 개혁자로서 사람들은 특정 변화는 불가능하다고 간주하는 데서 비롯되는 모든 장애물을 없애고 싶어 한다. 예를 들어 소유욕과 배타성 때문에 사람들이 서로 각박하고 편협하게 대한다면, 그런 것을 거리낌 없이 악으로 취급해 제거할 수 있기를 바란다.

문화의 막대한 권력에 대해서는 그들이 명백하게 옳다. 그러나 권력은 전능이 아니다. 한 가지 원인의 힘을 인정하기 위해 여타 원인은 없는 듯 취급해야 하는 것은 아니다. 개혁을 단념하지 않기 위해 인간성에 대한 장밋빛 전망을 취하려 한다면 그것은 자멸적이다. 습관적 낙관주의는 개혁에 절대로 도움이 되지 않는다. 변화가 필요할수록 우리는 무엇 때문에 변화가 어려운지, 또 무엇 때문에 변화가 왜곡되는지를 더 잘 살펴보아야 한다. 현대 의학이 성공할 수 있었던 것은 물리적 악(신체적, 정신적 고통)의 실재를 부정하는 크리스천 사이언스*의 원칙 덕분이 아니라 그것을 직면하고 그 원인을 이해한 덕분이다. 소유욕과 배타성의 근원이 후천적일 뿐 아니라 선천적으로 얼마나 깊이 자리 잡고 있는가는 사실관계를 따지는 질문이다. 그 근원이 선천적이기도 하다면 여러 형태를 띨 수 있음은 명백하다. 우리가 사용하는 구체적 제도는 그 전체로 볼 때 선천적이지 않다. 우리는 일정 범위에서 사물을 자유로이 변화시킬 수 있다. 이 범위를 이해하는 것이 우리가 갈 길의 첫걸음이다. 반대로 사람의 감정적 욕구가 실제로 전적으로 후천적이라면 개혁자들에게 사정은 실로 암담할 것이다. 독재자들은 사람들이 노예 상태를 즐기도록 더 일찍 더 철저히 길들이기만 하면 될 것이다. 그러고 나면 반기를 들기란 불가능할 것이다.

문화는 자유와 대립하지 않는다. 문화는 자유가 가능하게 한다.

나는 내가 지금 주장하는 내용(문화는 본성적으로 필요하다)을 백지론자들이 받아들였다고 말했다. 다만 그들이 제대로 연구했다고는 생각하지 않는다. 그들은 문화가 필요하다는 것을 알고 있다. 그저 그 **이유**를 묻지 못하고 있을 뿐이다. 내 주장에 경각심을 느낄 사람들은 내가 자유지상주의자 내지 실존주의자라 부르는 사람들일 것이다. 자유를 어떤 면에서 지고의 가치로 받아들이는, 그리고 그에 대한 어떠한 간섭도 개탄스럽다고 보는 사람들이다. 이따금 간섭할 필요가 있는 경우조차 그렇게 본다. 그들이 볼 때 자유는 보편적이어야 마땅하며, **어떤 식으로든** 자유를 특정하는 일은, 즉 우리를 이쪽이든 저쪽이든 한쪽으로 묶는 일은 무엇이든 보편적이어야 할 것에 대한 박탈

* 1879년 미국 보스턴에서 창시된 기독교 교파의 하나. 물질세계는 실재가 아니며 병도 기도만으로 치유할 수 있다고 믿는다.(옮긴이)

이자 슬픈 침해다. 그들은 우리가 여러 형태 중 한 형태의 생명체로 태어난 것을 필연이라 생각하고, 마찬가지로 우리가 서로 해를 입히지 않도록 어떻게든 억제하는 것 역시 필연이라고 볼지도 모른다. 그러나 그들은 그 둘 모두를 순수한 손실이라고 생각한다. 그들은 우리가 연속성에—우리의 습관과 우리 조상의 습관 모두에—의존하는 것을 기능 상실로, 연속성에 대한 우리의 감정적 집착을 수치스러운 약점으로 생각한다.

내가 "그들"이라고 말하고 있지만 사실 이 입장은 오늘날 우리 모두와 관련이 있다. **자유**(freedom)가, 부정적 낱말 중 가장 일반적인 저 낱말이 우리에게 불길한 그림자를 드리우고 있다. 더 이상 자유는 노예, 압제, 과오 같은 몇몇 구체적 악이 없는 상태를 가리키지도 않고, 매력적인 정치적, 개인적 선택 같은 어떤 구체적 선으로 들어가는 입장권을 가리키지도 않는다. 더 이상 어떤 구체적인 것**으로부터의** 자유 또는 어떤 구체적인 것을 **할** 자유를 뜻하지 않는다. 자유라는 낱말이 넓게 퍼져 개인의 고립을 가리고 있다. 타인과 맺는 모든 관계로부터의 고립을, 따라서 전통, 영향, 애정, 개인적 및 지역적 연고, 타고난 뿌리, 동정심, 흄이 말하는 "인류 정서" 등 삶에 의미를 부여하는 대부분의 것으로부터의 고립도 가리고 있다.* 그럼에도 자유는 절대적 요구라는 모습으로, 새로 추가되었지만 반박할 여지가 없는 도

* 어떤 것**으로부터** 자유롭다고 말할 때, 그 '어떤 것'에서 나쁘다는 관념을 약화시키자마자 **자유롭다**는 낱말이 매우 쉽게 단순 부정어가 되는 것을 보면 흥미롭다. 그래서 소금은 매우 **좋은** 것이라는 생각에 익숙한 사람에게 '소금으로부터 자유로운 식단'이라는 의학적 표현은 이상하게 들린다. 이런 표현의 의미를 이해하려면 소금의 어떤 점이 문제인지 먼저 알아야 한다. 그러나 완전한 부정은 완벽한 자유처럼 매력적인 목표로 느껴지지 않는다.

덕적 명령으로 나타난다. 도덕을 송두리째 부정한다고 주장하는 사람들에게 특히 더 그렇다. 이런 식으로 니체*는, 그리고 사르트르 등 그 이후 수많은 사람은 우리에게 문화와 관계를 끊고 스스로 새로운 가치관을 **발명** 또는 **창조**해 (지금 공석인) 아버지 하느님 자리를 차지하라고 재촉하며, 그럼으로써 인간은 "이미 확립된 어떤 가치에도 구애되지 않고 선택하는 것이 분명하다. 그러나 줏대가 없다고 비난한다면 부당하며, 그보다는 도덕적 선택을 예술 작품 구성에 비유하는 것이 좋겠다"** 하고 말한다. 이 시점에 이르면 자유 관념은 전능이라는 저 매우 난해한 개념에 거의 합쳐지는 것처럼 보인다.***

그렇지만 어떤 면에서 연속성(과거와의 연속성 및 우리 주위 사람들과의 연속성 모두)에 대한 취향을 이처럼 수치스러운 약점으로 취급하는 것은 오늘날에는 이상한 의견이다. 인간의 성격에 특유한 여타 '약점' 특히 성을 바라보는 현재의 태도와 크게 대비되는 것이다. 오늘날 누군가 일반적으로 어떤 식으로든 성적 활동이 필요하다는 사실을 수치스러운 약점으로 취급한다면, 첫째 이것은 우리 본성의 기본 조건이며, 둘째 이것은 약점이라기보다 기회로서, 불가능하다고 생각되는 무균의 독립 상태를 벗어나 실제로 왕성하게 세계를 함께 경험하는 활동으로 들어가는 확실한 길이라는 말로 (지당하게) 반박될 것이다.

* 예를 들면 다음을 참조. Friedrich Wilhelm Nietzsche, *Thus Spake Zarathustra*, Pt. 3, "Of Old and New Tables". 이 밖에도 많은 곳에서 그는 우리에게 하느님 자리를 차지할 것을 노골적으로 권한다. 의기양양하게 신을 모독하는 어조는 지금 슬프게 울린다. 집이 비어 있다는 것을 아는데 초인종을 누르고 나서 왜 달아나야 할까?

** Jean-Paul Sartre, *Existentialism and Humanism*, p. 54.

*** 피터 기치는 전능 관념을 심지어 하느님에게조차 유효하게 적용하기 어렵다는 점을 다음 글에서 지극히 흥미롭게 다루었다. Peter Geach, "Omnipotence", *Philosophy*, 48(1973). 이를 인간에게 적용하는 것은 사실 고생을 자초하는 일이다.

연속성에 대한 욕구 또한 이와 정확히 똑같다. 고립된 채 끊임없이 변화하는 상상의 상태는 자신이 지켜보는 세계 안의 행위에 얽매이지 않는 어떤 고독한 순수 지성에게만, (예컨대) 자기 앞을 지나는 물체의 변화에 대해 매번 새로운 원칙에 따라 반응하도록 설정된 기계라야 가능할 것이다. 그러나 이렇게 상상하려는 동안에도 우리는 이 발상이 터무니없다는 것을 알 수 있다. 이 기계 자체가 존속해야 하고 거기 프로그래밍된 과정 역시 존속해야 하기 때문이다. 이 발상은 성이 없는 동물이라는 발상보다 훨씬 더 터무니없는 추상이다. 따지고 보면 이래즈머스 다윈*이 지적한 대로 다음과 같은 예가 있기 때문이다.

> 성을 모르는 굴이 알을 배어 부풀고,
> 산호충이 사방으로 껍질을 짓는다네.

그러나 연속성은, 그리고 그것을 보존하는 수단으로서의 습성은 동물계 전체를 관통하는 본질적 측면이다. 이것은 동물행동에 대한 지식이 향상되면서 무엇이 본성적인가에 대해 전통적으로 별생각 없이 품어온 발상을 바로잡아줄 수 있는 근거 중 하나다. 과거에는 동물은 땅 위를 아무렇게나 마구 돌아다닌다고 보았고, 사람의 고정된 일과는 사회라는 저 부자연스러운 것에 의해 강요된 인위적 간섭이라고 생각했다. 그와는 판이하게, 여러 가지 영역 행동 연구를 보면 고정된 규칙적 이동 패턴은 거의 보편적으로 나타난다. 철새를 비롯하여 장거리를 여행하는 동물은 자신의 여행 경로를 정확히 되풀이하며, 기

* 진화론으로 우리에게 익숙한 찰스 다윈의 할아버지다.(옮긴이)

회만 되면 똑같은 해안으로 찾아갈 뿐 아니라 똑같은 장소에 둥지를 튼다. 먹이를 찾아 이동해야 하는 동물은 일정한 순서에 따라 곡물이나 사냥감을 따라다닌다. 모든 사회적 동물은 아무리 가벼운 접촉에서도 의례와 격식을 차린다. 인사하고, 고개를 숙이고, 적절하게 몸을 돌려 멀어지는 것은 무엇보다도 중요하다. 예상 밖의 몸짓은 경계심을 불러일으키며 중대한 동요의 징후가 된다. 행복의 중심에는 습관이 있다.* 실제로 8시 45분 차로 통근하는 인간은 어느 모로 보나 생물학적 예외와는 거리가 멀고 더없이 자연스러운 현상인 반면, 정말로 고정된 일과 없이 생활하고자 하는 사람은 더없이 엄격한 청교도나 트라피스트 수도사보다 훨씬 더 극단적으로 자연을 정면으로 거스르는 것이다. 행동이 전개되는 정상적인 패턴은 예술에서와 마찬가지로 주제를 중심으로 적당히 변주하며 진행된다. 그렇지만 오늘날에는 자유지상주의적 대화 방식이 매우 깊게 뿌리내리고 있다. 앞서 말한 것처럼 우리는 자신을 우리 문화의 **포로**이며, 우리 문화에 의해 한계가 정해지거나 흔히 사람들이 하는 말처럼 문화의 가치관을 받아들이도록 '주입' 내지 '세뇌'되어 있다고 생각하는 경향이 있다. 또는 우리가 주위의 삶의 방식을 받아들이는 것이나 파블로프의 개가 겪은 과정이나 똑같이 부자연스럽다는 듯이 우리 자신을 '길들여

* 루소(습관 반대 운동의 원인임이 확실한 사람)는 다음처럼 충고함으로써 어린이에 대한 깊은 무지를 드러냈다. "여러분의 아이가 붙여도 되는 유일한 습관은 아무 습관도 없는 것이다." 또 새로운 것을 지속적으로 접하게 하면 아이는 미지에 대한 두려움을 갖지 않을 것이라고 덧붙였다(Jean-Jacques Rousseau, *Emile*, tr. Barbara Foxley, Everyman ed., p. 30). 다른 종의 새끼들과 마찬가지로 인간 아기는 습관을 형성하도록 천성적으로 프로그램되어 있으며, 그러지 않고서는 조금도 발달하지 못한다. 낯선 사람에 대한, 그리고 미지 전반에 대한 두려움 또한 천성적이며, 그 전의 길들이기가 어떠하든 각 종의 발달 과정 중 특정 단계에서 나타난다.

져' 있다고 생각한다.

그렇지만 문화 없이는 어떻게 해나갈까?

이런 식이면 어떤 좋은 점이라도 약점으로 볼 수 있다. 우리는 성(sex)을 독립을 가로막는 괴물 같은 장벽으로, 방벽에 뚫린 치명적인 구멍으로, 개인의 정체성에 입은 상처로, 구제 불가능한 더럽힘으로 생각할 수 있다(흔히 그렇게 생각해왔다. 테르툴리아누스는 이렇게 앓는 소리를 냈다. "우리는 오줌과 똥 사이에서 태어났다Inter urinam et faeces nascimur"). **또는** 우리는 성을 우리의 생명줄로, 우리를 따스하게 데워주는 성화로, 세상과 이어주는 다리로, 모든 외로움을 치료하는 약으로 생각할 수 있다. 그런가 하면 또다시 우리는 감각 지각을 우리와 현실 세계 사이에 설치된 장막 내지 장벽일 뿐 아니라 심지어는 (마찬가지로) 탈출 불가능한 감옥이라고 생각할 수 있다(흔히 그렇게 생각해왔다). 또는 (훨씬 더 자연스럽게) 그 자체를 현실 세계를 내다보는 창이라고 생각할 수 있는데, 따지고 보면 우리가 강이나 나무를 볼 때 단지 불가해한 감각 데이터로만 받아들이는 것이 아니라 실제로 보기 때문이다. 같은 방식으로 해골은 죽음의 상징에 지나지 않는 것으로 볼 수 있다. 하우스먼은 이렇게 썼다.

> 동쪽으로 가는 방랑자들, 서쪽 방랑자들
> 그대들이 쉬지 못하는 까닭을 아는가?
> 그것은 모든 어머니의 아들은
> 해골을 품고 다니기 때문이지.*

* A. E. Housman, "The Immortal Part", *A Shropshire Lad*, XLIII.

그러나 만일 우리에게 해골이 **없었다면**?(그랬다면 하우스먼의 저 유명한 뻣뻣한 등과 뻣뻣한 윗입술조차 덜 인상적으로 보였을 것이다). 우리의 존재 전체가 우리 안에 있는 딱딱하고 뻣뻣한, 어떤 면에서 생명이 없는 이 요소에 의지한다. 우리는 해골을 무거운 짐으로서 떠메고 다니지 않는다. 해골이 우리를 떠메고 다닌다. 그리고 우리 삶의 구조도 똑같은 일을 한다. 우리는 우리 문화를 감옥이나 무거운 짐으로 생각할 수 있고, 아니면 우리 피부나 우리가 우연히 자리 잡은 세계 속의 한 부분으로 생각할 수 있다. 모든 문화로부터 자유로워지려는 열망은 어떤 면에서 피부를 없애려는 것과 같다(우리 피부는 확실히 우리와 세계 사이에 있지만, 우리가 세계를 만질 수 있는 것은 피부 덕분이다). 다른 면에서 그것은 어디에도 있지 않으려는 것과 같다. 물론 한 장소에 국한되는 것은 제약임이 확실하다. 한 곳에 있으면 다른 곳에 있을 수 없기 때문이다. 그러나 다른 어떤 구체적 장소에 있어도 마찬가지이다. 다른 모든 곳은 가능성이며, 이곳에서 실제로 존재한다는 찬란한 현재성에 비하면 초라한 그림자일 뿐이다.

어떤 사람들은 어린이를 문화 없이 기르다가 스스로 분별이 가능한 연령에 이르면 직접 택하게 하는 것이 올바르다고 느낀다. 그러나 삶으로부터 격리되어 있었거나 한 무리의 사람들로부터 다른 무리로 급히 옮겨간 어린이가 특별히 선택 능력이 뛰어나게 자라지는 않는다. 선택은 주어진 대안 중에서만 가능하며, 어떤 대안이든 그것을 파악하려면 수년간 특정 대안 중 하나를 선택하는 일에 익숙해지며 연습할 필요가 있고 선택이 어떤 결과로 이어지는지를 알아볼 필요가 있다. 게다가 뭔가를 계속 고수하는 법을 배울 필요가 있다. **이 모든 것은 불운이 아니다**. 문화는 우리가 가진 기능을 일깨우는 한 방식이다. 어떤 문화든 어느 정도 이 역할을 한다. 한 문화에 숙달된 사람들은 대개 다른 문화를 얼마간 이해할 수 있다. 감옥은 없다. 원한다면 언제라도 다음을 향해 걸어갈 수 있다. 우리가 할 수 없는 일은 아무 손실도 없는 어떤 일, 다시 말해 아무도 아닌 사람이 되거나 아무 곳도 아닌 곳으로 가는 일이다.

자신의 문화가 전반적으로 나쁘거나 자신과 맞지 않아서 매우 불행한 사람들이 있을 수 있음을 부정하려는 말은 아니다. 그렇지만 그런 경우조차 문화를 전혀 갖지 못하는 불운에 비하면 아무것도 아니다.

현재 이 점을 이해하기가 얼마나 어려운지는 아이블아이베스펠트가 인용한 한스 하스의 흥미로운 의견에서 드러난다.

> [하스에 따르면] 어린이를 공정하게 대하려면 필시 여섯 살 이후부터 어디서나 똑같은 도덕 개념에만 기초를 두어야 할 것이다. 어린이에게 너무 일찍 고착될 때의 위험을 경고해주어야 하고, 그들에게는 의견을 가질 절대적 권리가 있다는 것을, 언젠가는 스스로 행사하게 될 권리가 있으며, 어쩌면 부모와 공동체를 거슬러 그 권리를 행사할 수도 있다는 것을 이해하게 해주어야 한다. 이것은 현재 유토피아적 개념이지만, 바로 그런 추세가 이미 오늘날 유소년에게서 눈에 띄는 것이 아닌가 한다.*

그러나 "어디서나 똑같은 도덕 개념"은 친절, 충실, 용기, 장인정신, 정의 같은 **일반적**인 것이다. 그리고 어린이에게 무엇이든 기초를 가르치려면 **구체적**이어야 한다. 어린이는 모호한 것을 몹시 싫어한

* Irenaus Eibl-Eibesfeldt, *Love and Hate*, p. 27.

다. 그것이 얼버무림이라는 것을 제대로 알아본다. 어린이는 특정 문화 안에서 **현재**를 살아가야 한다. 그 문화 안에서 가장 가까이에 있는 것에게 지금 당장 어떤 태도를 취해야 한다. 인간의 가능성은 너무나 풍부하기 때문에 선별이 있을 수밖에 없다. 한 곳에서 충실은 정직하게 진실을 말한다는 뜻이다. 다른 곳에서 충실은 친구를 지키기 위해 거리낌 없이 거짓을 말한다는 뜻이다. 한 곳에서 충실은 교회와 관련되어 있다. 다른 곳에서는 자신의 계층, 씨족, 직업, 정당, 아버지, 학우와 관련되어 있다. 그리고 사람들은 **당장** 정중하게 또는 무례하게 대해야 한다. 어린이에게 문화의 이런 측면을 거부하는 대가는 너무나 가혹하므로 무엇을 거부하든 충분한 이유를 알려주어야 한다. 그럴 자유가 있다는 권리뿐 아니라 그 문화가 실제로 **잘못되었음**을 지적하는 이유 말이다. 그리고 사람은 존중하는 정중한 태도를 통해 문화의 참뜻으로 이끌려 들어간다. 상습적 거짓말쟁이가 되지 않는 한 그렇다. 나아가 직업을 진지하게 받아들여야 한다. 발리에서는 아주 어릴 때부터 춤을 추지 않으면 그 사람은 아무것도 아니다. 방콕에서는 대부분의 소년이 이르건 늦건 한동안 승려가 된다. 그리고 서양에서는 어릴 때 시작하지 않으면 진정한 수학자나 바이올린 연주자나 발레 무용수가 될 수 없다. 어린이에게 "지금 여기 매달릴 필요는 없어, 나중에 그만두기로 결정해도 되니까" 하고 말하는 어른은 그 어린이에게 한 가지 뜻밖에 전하지 않는 것이다. "나는 이것을 진지하게 받아들이지 않으며, 너 역시 그럴 필요가 없다"는 것이다. 그리고 이 '이것'에는 물론 전반적 규범이 그 구체적 표현 형태와 아울러 포함될 것이다. 만일 이 어른이 더 명확하게 정리해두려는 생각에 "그러나 당장은 이것을 열심히 하는 것이 좋다"고 말한다면 미루기와 불성실의 뜻을 전한 다음 권고처럼 보이는 말을 덧붙이고 있을 뿐이다.

듣는 어린이는 어른이 자기를 왜 이처럼 복잡하고 혼란스러운 입장으로 밀어 넣는지를 이해하려고 애써야 한다. 어린이는 아무 규범도 얻지 않는 것이 아니라 소심함과 변덕스러움과 수박 겉핥기라는 '규범'을 얻는다. 그리고 그런 규범은 나중에 여느 규범이나 마찬가지로 그의 자유를 제한한다.

이런 어려움은 발달 단계마다 적절한 나이가 있고 또 사물은 적절한 순서에 따라 배워야 한다는 것을 알아차리지 못하는 데서 온다. 모험심이 발동하기 이전의 어린이가 유순한 것은 타고난 프로그래밍의 결과물이다. 특정 문화에 의해 유발된 기이한 면이 아니라 문화의 한 조건이다. 지성이 있는 종의 어린 개체가 유순한 것은 그들이 성장하면서 점점 더 독립적이게 되는 것만큼이나 정상이다. "어린이를 공정하게 대하기"는 어린이를 모두 18세로 태어난 양 대하는 것으로는 이루어질 수 없다. 어린이는 한 단계 안에서 성장하지 않으면 다음 단계로 넘어갈 수 없다. 따지고 보면 니체와 사르트르는 어린이에게는 초대장을 보내지 않았다.

이제 막 어른이 되는 사람이 갑자기 독립적이고 반항적이게 되는 경우가 많지만, 같은 단계에서 똑같은 모습을 보이는 동물 종도 많다. 이 시점에 집을 떠나는 동물 종은 비교적 흔하다. 수많은 영장류는 어른이 되면서 자기 무리를 떠나 방랑하다가 다른 무리에 들어간다. 누구도 그들을 쫓아내지 않는데도 그렇다. 이 성향은 타고난 것이며, 근친 교배를 막는다는 명확한 장점이 있다. 인간이 이를 이용하면 필요한 변화를 이끌어내는 데 충분히 도움이 될 수 있다. 그러나 이 단계가 더 일찍 시작될 수 있다거나 영원히 지속될 수 있다고 기대한다면 안일하다. 생물학적으로 18세 피터 팬은 6세 피터 팬만큼이나 이해하기 어렵다. 정상적 패턴은 자신이 더 좋아하는 것으로 옮겨가 거기 정착하는 것이다. 물론 들쭉날쭉 변이가 있을 수 있지만, 이것이 인간의 기본 프로그래밍에서 허용된 양상이다.

언어로 본 문화

루스 베네딕트는 문화의 가치와 관련된 요점을 매우 잘 표현했다. 그녀는 캘리포니아의 디거족 인디언 추장이 한 말을 다음과 같이 인용한다.

> 어느 날 라몬이 메스키트를 갈아 도토리 수프를 만드는 과정을 설명하다가 뜬금없이 말했다. "태초에 하느님은 모든 부족에게 잔을 하나씩 주었어. 찰흙으로 만든 잔이었지. 그리고 사람들은 그 잔으로 자신의 삶을 들이켰어. […] 사람들이 모두 잔을 물에 담갔지." 라몬은 계속했다. "그런데 그들의 잔은 달랐어. 이제 우리 잔은 깨졌어. 죽은 거야."
>
> **우리 잔은 깨졌다**. 부족민의 삶에 의미를 주던 저 갖가지 사물, 가정에서 지키던 식사 의례, 경제 체계의 의무, 마을 예식 계승, 신들린 곰 춤, 옳고 그름에 대한 기준—이런 것이 사라졌고, 그와 아울러 삶의 모습과 의미가 사라졌다. 그 노인은 여전히 정정하며 백인과의 관계에서 지도자 역할을 했다. 그의 말은 자기 부족의 절멸에 의문의 여지가 있다는 뜻이 아니다. 그가 생각한 것은 **생명 자체와 동일한 가치**를 지닌 어떤 것의, 자기 부족의 기준과 신념을 이루는 구조 전체의 상실이었다.

우리는 그것이 어떻게 정말로 생명 자체와 동일한 가치를 지닐 수 있는지 궁금해진다. 다른 기준은 없을까? 사르트르가 말한 것처럼 그냥 만들어내면 안 되는 걸까? 루스 베네딕트는 다음처럼 대답한다.

> **말과 마찬가지로 문화생활도 그렇다. 일차적으로 필요한 것은 선택이다.** 우리의 성대와 구강, 비강으로 만들어낼 수 있는 소리 개수는 사실상 무한하다. […] 그러나 각 언어는 그중에서 선택하여 그대로 유지해야 하며, 그러지 않으면 알아듣기가 불가능해진다. […] 문화에서도 우리는 인간의 생애 주기나 환경이나 인간의 다양한 활동으로 제공되는 있을 수 있는 관심사가 줄지어 놓여 있는 거대한 원호를 상상해야 한다. 그중 상당한 부분까지 이용하는 문화가 있다면 혀를 차며 나는 모든 소리, 성대문을 닫으며 나는 모든 소리, 모든 순음, 치음, 마찰음, 후음을 사용하는 언어만큼이나 이해할 수 없을 것이다. […] 모든 곳의 인간 사회는 자신의 문화 제도에서 그런 식의 선택을 한 것이다.*

이 점을 우리 문화보다 다른 사람들의 문화를 보고 얼마나 더 쉽게 이해하는지를 보면 놀랍다. 우리 거의 모두는 라몬의 말을 읽으면 맞는다고 느낄 것이다. 그는 자신이 잃은 것을 과장하고 있지 않다(실제로 우리 대부분은 이 대체 불가능한 것을 마치 자신의 발로 짓밟은 것처럼 개인적으로 죄의식을 느낄 것이다. 피해가 일어난 것이 우리가 태어나기도 훨씬 전일 텐데도 그렇다. 그것이 얼마나 심각한 공격이었는지 알려주는 셈이다). 그러나 우리는 자신의 문화에 대해 생각할 때는 매우 다른 관점을 취하는 경향이 있다. 사람들은 **우리** 문화는 잃는다 해도 손실이 아닐 것이다, 이것은 실패작이다, 방해만 될 뿐 타당한 사고를 불가능하게 한다고 말한다. 울타리 저편의 잔디는 언제나 더 푸르러 보인다. 다른 사람들의 예식과 의전이 그들에게는 지루하고 빤하지만 우리 눈에는 이색적이다.

* Ruth Benedict, *Patterns of Culture*, pp. 21-22, 24. 강조 표시는 내가 했다.

만일 우리 문화가 그렇게나 무의미하다면, 그것을 무엇에 비추어 비판할까?

물론 비판은 문화의 한 부분이다. 소크라테스와 그리스도에서부터 루소와 마르크스 이후에 이르기까지 서양 문화가 해온 일의 절반은 자기비판이었다. 실제로 그것은 (방금 언급한 몇몇 이름에서 잘 드러나듯이) 단일 문화가 아니라 토론의 장이고, 단일한 덩어리가 아니라 그리스, 로마, 유대, 켈트, 바이킹, 아랍, 슬라브, 인도, 미국 등에서 오는 것들이 혼란하게 뒤섞인 비옥한 정글이다. 우리는 이 정글 안에서 골라야 하는데 그것은 어려운 작업이다. 그 때문에 이따금 아예 그 진체를 싸잡이 내버리고 싶은 것이다. 물론 여타 문화가 전체적으로 단일한 덩어리인 것도, 그 자체로 만족스러운 것도 아니다. 아무리 단순한 문화라도 그 안에는 얼마간 논의가 있고 얼마간 의견 차이가 있다. 그 문화에 대해 뭔가를 알고 나면 언제나 논쟁과 긴장과 의혹과 불만을 발견하게 되는데, 이런 이유로 모두가 외부의 의견을 얼마간 받아들일 수 있는 것이다. 그래서 마거릿 미드가 마누스족을 처음 관찰했을 때 그들 사회는 정체되었다고까지 말할 수 있을 정도로 안정되어 보였고, 사람들은 상거래와 다툼과 올바름에 있어서 언제나 최대한의 기쁨을 추구해야 하며, 이런 활동을 해내지 못할 때 조상들의 보복을 두려워해야 한다고 생각한다는 점에서 문제없이 살아가는 것처럼 보였다. 그것이 공동체의 선택이었다. 그러나 제2차 세계대전으로 마누스족의 생활이 뒤흔들리자, 그리고 변화가 가능해 보이기 시작하자, 불만을 품은 사람이 많았다는 것이 드러났다. 그리고 마거릿 미드의 조사에 응한 일부 사람들이 설명한 것처럼, 그들은 재산보다는 사람이 더 중요하다는 것을 미국인 군인들을 통해서야 알았다.*

그렇지만 논쟁은 몇 가지 전제를 공유하는 사람들 사이에서만 일어날 수 있다. 그것은 문화의 필요성을 명시하는 또 한 가지 방법이다. 우리가 논리적으로 또 생물학적으로 문화를 필요로 한다는 것은 같은 동전의 양면이다. 우리는 의사소통하는 동물이기 때문에 (생물학적으로) 문화를 필요로 하는 성향이 깊다. 그리고 공통의 전제라는 확실한 배경이 없는 의사소통은 어려운 정도가 아니라 상상조차 할 수 없다.

문화를 언어와 비교하는 일이 상당히 유행하고 있는데, 그래도 나는 그것이 얼마나 완벽하게 정당하고 필요한지를 지적하고자 한다. 언어는 의미 있는 활동의 한 가지 사례에 지나지 않는다. 그리고 그 의미를 풍부하게 하는 것이 문화의 요점이다. 행위는 신체적 움직임에서 그치는 게 아니라, **의미를 담고 있고** 뭔가로 간주된다. 그러나 예상에 비추어보지 않고서는, 일정하고 명확한 여러 대안에 비추어보지 않고서는 의미를 담을 수 없다. 모르는 어떤 사람이 나에게 달려와 손을 내민다. 나를 한옆으로 끌고 가 뭔가를 빼앗으려는 걸까(그렇다면 무엇을?), 우정의 표시로 손을 잡으려는 걸까, 아니면 어떤 비밀단체의 약정된 신호를 주고받으려는 걸까? 우리는 모두 이처럼 사소해 보이는 문제에서조차 어떤 오해의 골이 생겨날 수 있는지 알고 있다. 둘 이상의 몸짓이 동원되는 복잡한 경우에는 훨씬 더 심각할 수 있다. 심지어 그 몸짓이 어떤 의미를 지니는지를 대충 알고 있을 (예컨대 우호적인 인사일) 때도 해당 문화에 대해 아무것도 모른다면 몹

* Margaret Mead, *New Lives for Old*(New York, 1956), pp. 177-178. 미드가 그 이전에 한 관찰에 관해서는 다음을 참조. *Growing Up in New Guinea*(New York, 1930).

시 곤란을 느낀다. 저것은 낯선 사람에게 다가가는 일반적, 통례적 방법일까? 예사롭지 않은 개인적 결정일까? 친밀감을 나타내거나 동맹 관계 같은 특별한 경우에만 보이는 행동일까? 저 사람은 우리가 그것을 받아들인다는 의사를 어떻게 표시하기를 기대하고 있을까? 그리고 그렇게 하면 우리는 어떤 입장에 놓이는 걸까? 이런 것을 알고 싶어 하는 것은 유달리 소심하거나 관습적인 기질이 있다는 표식이 **아니다**. 우리는 어떤 의사를 밝히기를 **바랄** 수도 있다. 그러나 있을 수 있는 대안을 알지 못하는 한 제대로 의사를 밝힐 수 없다. 상대방이 하는 행동의 작디작은 일부분에 대해서만 반응하게 될 것이다. 혼인은 **이곳에서** 존중 없는 애정이나 애정 없는 존중, 사업적 제휴, 의례적 다툼, 의례적 간통, 그리고/또는 우리가 전혀 모르는 모종의 역할놀이를 수반할까? 이에 대해 조금도 알지 못하는 상태일 때 혼인한 부부를 우리가 어떻게 적절하게 대할 수 있을까?(다른 문화권 간 혼인에 따르는 어려움은 잘 알려져 있다). **내가 하는 행동**이 무엇인지 모르는 상태에서는 무례하거나 관례에서 벗어날 수 없으며, 자신이 하는 행동을 안다는 것은 그 행동이 무엇으로 여겨지는지를 안다는 뜻이다. 예술에서조차 (사르트르의 의견에도 불구하고) 자발성은 무엇이 예상되는지를 배경에 깔고 있을 때만 의미가 통한다. 예술은 언제나 전통을 필요로 한다. 거기서 혁신이란 예상되는 그것을 매우 다른 방식으로 하는 것이다. 그러나 다르려면 다를 **대상**이 있어야 한다. 예술에서 창작이란 아버지 하느님 역할을 맡아 새로운 세계를 만들어내는 것이 아니다. 이미 존재하는 세계에 관해 뭔가 새로운 것을 말하는 것이다. 그리고 오로지 이미 존재하는 언어로써만 그렇게 할 수 있다. 20세기 초에 후기 인상파 미술가들은 베냉의 청동 조각품을 비롯한 아프리카의 작품을 수집하기 시작하면서 그것을 완전히 새로운 시작으로 여겨 문명 바깥에서 생겨났다고 생각했다. 그러나 물론 그런 물건은 복잡하고 정교한 문화에 속하는 것이다. 누군가가 혼자 문득 뭔가 새로운 것을 창조하자고 마음먹고 만든 것일 수 없다. 마찬가지로, 재즈는 인간의 정신이 갑자기 저절로 끓어 넘친 것이 아니었다. 거기에는 아프리카라는 뿌리가 있었다. 그리고 스트라빈스키는 사람들을 깜짝 놀라게 했지만 유럽 음악이라는 전통을 전적으로 계승하고 있다.

그렇다면 이것은 인간의 상황인 것이다. 로렌츠는 『공격성에 관하여』에서 다음과 같이 묘사한다.

> 문화 예식과 사회 규범이 실제로 얼마나 필수불가결한지를 제대로 이해하려면 현 시대 인간은 천성적으로 문화적 존재라고 한 아르놀트 겔렌의 말을 염두에 두어야 한다. [여기서 '현 시대 인간'은 물론 20세기 인간만을 뜻하는 게 아니라, 진화의 현재 형태에 다다른 인간을 뜻한다.] 다시 말해 인간이 타고나는 활동 및 반응 체계는 전체적으로 문화 전통으로써 보완될 **필요**가 있도록 진화에 의해 계통발생적으로 구성되어 있고 '계산되어' 있다는 말이다. 예를 들어 인간의 말에 동원되는 어마어마한 양의 신경 감각 기관은 모두 계통발생적으로 진화했지만, 문화적으로 발달한 언어라는 것이 존재하며 그것을 유아가 배워야 한다는 것을 전제로 그 기능이 구성되어 있다. […] 문화 전통을 모두 박탈한 상황에서 정상적 유전적 구성을 갖춘 인간을 기르기가 가능했다면—이는 윤리적 이유뿐 아니라 생물학적 이유에서도 불가능하지만—그런 잔인한 실험의 대상이 되는 유아는 아직 문화를 전혀 갖지 못한 인간 이전의 조상을 재구성한 존재와는 완전히 다른 모습일 것이다. 가엾은 장애인이 될 것이다. [264-265쪽]

이만하면 말의 예가 분명히 이해될 것이다. 그러나 말은 구체적 경로가 정해져야 발달할 수 있는 수많은 일반적 잠재력 중 하나에 지나지 않는다. 우리가 **무슨** 언어를 쓰는지는 우리 사회에 달렸다. 운에 달린 것이다. 그것은 바깥으로부터 주어진다. 그러나 우리가 **말을 한다**는 사실은 그렇지 않다. 어떤 아기도 신체 훼손 없이는 말을 하지 못하게 막을 수 없다. 그리고 아기 앞에서 아무 언어도 말하지 않는 것이 아기에게 모든 언어에 대한 자유를 주는 것이 되지는 않는다. 아기에게서 모든 언어를 배제할 뿐이다. 그러나 모든 언어는 그 안에 삶의 방식을 담고 있다(이중 언어 환경에서 자란 사람들에게는 특수한 혼란이 따라다닌다). 같은 방식으로, 우리가 **무슨** 풍습을 배우는지는 운에 달렸지만, 우리가 어떤 풍습을 **배운다**는 사실은 그렇지 않다. 예의에서, 복식과 장식에서, 칭찬하고 비난하는 대상에서, 성 관련 풍습과 전반적인 도덕 기준에서, 가정과 재산에서, 노래와 춤과 농담과 이야기에서, 죽은 사람을 애도하는 방식에서, 성인이 되었음을 표시하는 방식에서, 혼인, 상거래, 다툼, 일, 우정 등의 형태에서 다양성이 나타난다. 그러나 이런 모든 것이 존재한다는, 그리고 명확하게 받아들여지는 어떤 형태로 존재한다는 사실에는 변함이 없는데, 사람들이 항상 그렇게 되도록 지키기 때문이다. 형식과 예식은 쓸모없는 게 아니다. 고마운 줄 모르고 '틀에 박혔다'고 말하지만, 더없이 필요하다. 그리고 사람들이 종종 무심코 생각하는 것과는 달리 그런 것은 목적을 위한 단순한 수단이 아니며, '지적' 존재라면 누구나 먹을거리나 지낼 곳 같은 몇몇 단순한 물리적 목적을 추구하기 위해 가동하는 장치가 아니다. 첫째로, 그중 절반은 애초에 수단이 아니며 그 자체로 목적이다. 우정과 애정의 기쁨, 또한 미움과 복수의 기쁨, 농담, 춤, 이야기와 예술의 모든 것, 경기를 비롯한 놀이, 목적 없는 호기심, 그리고 위험을 즐기는 것은 본성적 **취향**이자 삶을 살 만한 것으로 만드는 것이지, 살아 있기 위한 수단으로서 발명된 것일 수 없다. 둘째로, 생존에 크게 도움이 될 수많은 일이 행해지지 않는데, 사람들이 본성적으로 그런 일에 몰두하지 않기 때문이다. 전쟁을 없애는 일이 그 한 예다. 셋째로, 생존에 직접 소용되는 것조차도, 원칙적으로 오로지 그 일념으로 자유롭게 작동하는 '순수 지성'이 발명할 수도 있는 것—예컨대 언어, 정의, 또 고정된 규칙 형성과 관련된 모든 것—일지라도 우리가 그 목적을 위해 자유롭게 발명한 것이 아니다. 우리에게 그 대안이 되는 일련의 장치가 있었고 모든 것을 감안해 그것이 가장 효과적인 후보라고 판단한 상태에서 발명한 것이 아니라는 의미다. 우리에게는 대안이 없다. 우리가 그것을 추구하는 것은 우리로서는 없애고 싶어도 없앨 수 없는 기질을 타고났기 때문이다.

고정된 규칙 문제가 아마도 가장 유익한 예이자 현재 사람들이 가장 바꿔보고자 하는 문제일 것이다. 나는 **규칙 형성**은 인간의 보편적 성격이라는 점에는 의심의 여지가 있을 수 없다고 생각한다. 그에 대한 좋은 이유는 이 장에서 계속 다루어왔지만, 물론 좋지 못한 이유도 있다. 이보다 더 쉽게 걷잡을 수 없이 되는 것은 없다. 우리가 '원시' 문화에 처음 익숙해질 때 가장 눈에 띄는 것 하나는 우리로서는 규제할 필요가 있어 보이지 않는 문제에 관해 그 문화가 가진 규칙의 가짓수, 생존에 아무런 기여도 하지 않고 생존을 위험하게 할 수 있는 규칙의 가짓수다. 분명한 예 하나는 의례적 신체 훼손으로, 폭력적 '여성 할례'나 얼굴을 비롯하여 겉으로 잘 드러나는 신체 부위에 수없이 상처를 내고 문신을 새기는 행위 등이 이에 해당한다. 이는 대개 단순한 장식이 아니라 나이와 지위를 나타내는 표식이다. 그 의미는 정해진 규칙에 좌우된다. 그리고 그것은 수많은 규칙이 모여 이루는 커다란 덩어리의 일부분에 지나지 않으며, 이를 토양 삼아 우선순위에 대한 심사숙고 끝에 진정한 도덕 기준이 생겨난다. 이런 방식일 때 규칙 형성은 좋다. 그러나 규칙 형성은 좋지 않고 나쁜 때조차, 강박으로 변질되는 때조차 여전히 본성적 성향이다. 마치 규칙 문제는 따지지 않아도 된다는 듯이, 정의(사람들을 대하는 방법에 관한 일련의 규칙)를 편의로 격하시켜도 소용이 없는 것은 이 때문이다. 우리 본성은 공리주의에 한계를 설정한다. 순수한 편의를 전적으로 유연하게 추구하는 '행위 공리주의'는 인간 같은 동물에게는 의미가 없다.* 그리고 **도덕을 배제한다**는 더 포괄적인 발상도 같은 이유로 터무니없다. 우리는 규칙을 가질지 말지 물을 수는 없다. 어떤 규칙을 가질지 물을 수 있을 뿐이다. 우리는 본성적으로 방식의 연속성을 필요로 한다.

따라서 문화는 비현실적이며 피상적이라는 발상에는 근본적으로 잘못된 부분이 있으며, 진실을 드러내려면 이 베일을 벗겨야 한다. 이크족을 관찰한 인류학자 콜린 턴불이 이런 식으로 주장한다. 이크족은 정치적 국경이 새로 그려지면서 수렵하고 채집하던 전통적 터전을 빼앗긴 극도로 불운한 부족이다. 이들은 한동안 실제로 굶주렸고 지금도 전혀 희망이 없는 상황이다. 그 결과 이들의 전통문화는 완전히 무너졌고, 서로에게, 특히 어린이에게 더없이 잔인하게 행동하곤 한다. 턴불은 이렇게 말한다. "이크족은 우리가 자랑해 마지않는 인간적 가치관은 타고나는 것이 아니라 그저 사회라 불리는 특정한 생

* 이에 대해서는 버나드 윌리엄스가 훌륭하게 설명했다. Bernard Williams, *Utilitarianism: For and Against*. 그리고 그가 쓴 다음 소책자에서 공리주의를 다룬 장 참조. *Morality*(New York, 1972).

존 형태와만 연관되어 있을 뿐이며, 모든 것, 심지어 사회 자체조차도 없어도 상관없는 사치임을 우리에게 가르쳐준다."* 그러나 그들이 주는 교훈은 그런 것이 아니다. 그들이 우리에게 가르쳐주는 것은 (우리가 배울 필요가 있다면) 어떤 생물 사회도 충분히 강하게 지속적 타격을 받으면 파괴될 수 있다는 사실이다. 파괴되는 과정에서 그 사회가 지닌 더 복잡하고 발전된 역량이 가장 단순하고 원시적인 역량보다 먼저 산산조각 나는 경향이 나타날 것이다. 그렇다고 해서 그것이 타고나는 것이 아님이 입증되지는 않는다. 벌의 복잡한 본능적 역량이 타고나는 것임을 의심하는 사람은 아무도 없다. 그러나 만일 벌이 가진 것을 체계적으로 빼앗고 죽기까지 괴롭힌다면, 벌은 기어 다니며 먹이를 찾고 이따금 쏘는 행동을 그만두기 전에 자신들이 하는 더 복잡한 작업을 먼저 그만둘 것이다. 확실히 인간적 가치관은 사회와 '연관'되어 있다. 그러나 사회는 '특유의 생존 형태'만은 아니다. 벌집이 벌에게 특유의 생존 형태만은 아닌 것과 마찬가지다. 저 모호한 표현이 '생존을 위한 특유의 수단'이라는 뜻이라면 그렇다. 사회적 동물은 나름의 형태를 갖춘 사회에서 살아가도록 적응해 있기 때문에 그 사회가 없으면 그런 삶을 살 수 없다. 사회에 대한 요구는 자신의 미래 안전에 대한 요구만큼이나 깊이 타고난다. 이것은 사람들이 도박에서 자동차 경주에 이르기까지 백 가지 상황에서 사회적 이유로 종종 저지르는 터무니없이 경솔한 행동에서 뚜렷이 드러난다. 다만 실제로 고의적인 자기희생은 그와는 별개다. 콜린 턴불은 이크족 사이에서 이타주의를 거의 또는 전혀 발견하지 못했는데, 이는 그들이 현재의 절박한 상황에 빠진 지 이미 오래되어 오로지 생존에만 관심이 있

* Colin Turnbull, *The Mountain People* (London, 1973), p. 294.

는 사람들이 선택되는 상황이 충분히 오래 지속되었다는 점을 생각해보면 놀랄 일도 아니다. 그들의 사회는 죽어가는 사회다. 그러나 그들의 삶에서 그 나머지 모든 것은 사치였다는 말은 무슨 뜻일까? 극단적 상황만 현실적이고 심각하다는 말일까? 만일 그렇다면 삶의 대부분은 비현실적인데, 그것은 어떤 종류의 비현실일까?

니체는 병마의 스트레스 때문에 정신이 쇠퇴했고 결국 붕괴되었다. 그렇다면 그가 애초에 재능 있는 저술가가 아니라 그저 운동실조증의 잠재적 희생자에 지나지 않았다는 뜻일까? 또는 그가 사실 애초에 19세기 낭만주의 철학자가 아니라(그것은 그의 문화에 좌우되므로) 그저 잠재적 일반 작가에 지나지 않았다는 뜻일까?

마이클 프레인은 이런 식의 사고가 소설에 남긴 기이한 효과에 대해 다음처럼 말했다.

> 소설이나 희곡을 보면 이따금 문학의 틀은 소비자단체의 시험 보고서라는 생각이 들지도 모른다. 전기 토스터처럼, 소설의 등장인물은 스트레스와 위기를 얼마만큼 가하면 망가지는가 하는 성능 시험을 거친다. 그리고 관례에 따르면 망가지는 시점에 이르러 드러나는 것이 그들의 '진정한' 본성이다. […] 살다 보면 그런 순간에 이따금 그전까지는 알지 못했던 결함과 미덕이 드러남으로써 정말로 놀라움을 주는 것은 사실이다. 우리는 감춰진 것과 그것이 드러나는 상황에 매력을 느끼기 때문에, 그렇게 드러나는 것을 특수한 의미보다는 일반적 의미로 받아들이기 쉽다. 드디어 진실이 드러나는구나 하며 일종의 만족감도 드는 것이다. 표면적으로 그는 언제나 차분하고 쾌활한 모습이었다. 그러나 맹렬한 폭격으로 집을 잃고 사흘 동안 아무것도 먹지 못한 채로 다니다 신발에는 물이 차오른 지금, 그가 **사실은**—이면에서는—삶에서 즐거

움을 찾아낼 역량이 결여된 성마른 사람임이 드러난다.*

나는 이런 식의 비틀린 사고는 환원적이며, 중심이 되는 동기 하나를 찾아내 그것으로 우리의 모든 행동을 설명하려는 시도라고 생각한다. 무익하고도 잘못된 종류의 일반화다.

만일 전반적으로 문화가 이런 의미에서 본성적이라면, 그에 속하는 특정 제도를 본성적이라거나 본성적이지 않다고 할 수 있는 타당한 의미가 여전히 있을까? 사람들은 실제로 종종 그런 식으로 말한다. 존슨 박사는 혼인 제도에 대해 이렇게 말했다. "선생님, 남자와 여자가 혼인한 상태로 사는 것은 본성과는 너무나 거리가 멉니다. 우리는 그 결합 상태를 유지하려는 모든 동기, 그리고 결별을 막기 위해 문명사회가 부과하는 제약이 그들이 함께하는 상태를 유지하기에 충분하지 않다는 것을 알게 되었습니다."** 혼인은 본성적일까? 이 질문은 무슨 의미일까?

물론 이 문제를 해결하는 매우 조잡하고 변변찮은 방법이 하나 있다. 만일 사람들이 본성적(natural)을 단순히 제도적(institutional)과 반대된다고 정의한다면 어떤 제도도 본성적일 수 없다. 존슨은 이런 용법을 피한다. 그리고 나는 피해야 마땅하다고 강력하게 주장하는데, 이 용법은 인간이 자신에게 적절한 방식으로 살아가려면 개별적 충동의 충족만큼이나 문화가 반드시 필요하다는 의미에서 문화가 인간에게 본성적이라는 사실을 모호하게 하기 때문이다. 나아가 사람들이 실행에 성공할 수 있는 어떤 행위든 제도적 측면이 있을 수밖에

* Michael Frayn, *Constructions*(London, 1974), sec. 26.

** James Boswell, *Life of Johnson*(Everyman ed.), 1, 241.

없다. 반란은 동조와 마찬가지로 알아볼 수 있는 방향이 있어야 하며, 전쟁은 하나의 제도이다. 그러나 사람들이 이처럼 잘 알려진 사실을 간과하고, 마치 무엇이든 제도화되었음이 증명되면 그에 따라 당연히 없어도 된다거나 비현실적이라는 식으로 말하는 일이 얼마나 많은지 보면 놀랍다.

존슨이 실제로 **본성적**이라는 말로 의미하는 것은 쉽고 자발적이며 문제가 따르지 않는다는 뜻이다. 혼인은 **어렵다**. 따라서 우리는 농담과 욕설과 음주와 도박은 본성적이지만, 우리가 기획한 것을 마무리하고 의무를 이행하는 일은 그렇지 않다고 말할 수 있다.

그러나 분별은 본성적일까? 또는 예술적인 활동을 열심히 하는 것은? 이런 것은 때에 따라 매우 힘들지만 사회가 우리에게 강요하기만 한 것이 아님은 확실하다. 힘들기는 하겠지만 그러도록 강요할 수 있는 것은 우리 자신뿐이니 그것을 여전히 본성적이라고 해야 할까? 외부의 강요가 필요한 것은 언제나 본성적이지 않은 것일까? 만일 그렇다면 운동선수가 코치에게서, 음악가가 선생에게서, 참선을 배우는 제자가 스승에게서 감내하는 혹독한 지도는 어떨까? 강요된 활동이라도 합의한 상태로 이행된다면 본성적이라고 볼 수 있다고 해야 할까? 그러나 합의는 혼인에도 필요하다.

어쩌면 흄이 도움이 될지도 모른다. 그는 이렇게 썼다. "그처럼 영리한 동물일 경우, 그가 가진 지적 기능을 발휘하여 생겨나는 것이라면 무엇이든 본성적이라고 간주해야 마땅하다."*

이와 비슷한 말을 혼인에 대해서도 해야 할 것이다. 항상 쉽고 자발적이기만 한 **장기적** 약속은 없기 때문이다. 게다가 관련 당사자 모

* David Hume, *Enquiry Concerning the Principles of Morals*, sec. 258.

두에게 똑같이 유리하기만 한 약속은 없다. 그럼에도 인간은 본성적으로 장기적 기획을 요구하는 것이 확실하다. 따라서 우리는 장기적 기획을 완수하지 못할 때 실망할 수밖에 없으며, 그러므로 약속이 필요하다. 그런 기획의 완수에는 또 수많은 사회적, 공적 활동이 요구되며, 다른 사람들이 그것을 저버리지 않아야 가능하다. 그러므로 우리 모두가 그것을 저버릴 경우 우리 모두 실망할 수밖에 없다. 나아가 기억과 선견이 있는 동물에게는 매우 사소한 활동마저도 대개는 어느 정도 장기적 의미를 지닌다. 농담, 욕설, 도박은 쉽사리 제도화될 수 있고 또 자신이 속한 무리의 구성원들에 의해 쉽게 강요될 수 있다. 술에 취하는 일은 쉽겠지만, 그럼에도 여전히 때때로 의무처럼 될 수 있다. 우리는—매우 본성적으로—남의 마음에 들고 받아들여지기를 지극히 열망한다. 사회적 압력이 작동하는 것은 이 때문이다. 그러나 이것은 단지 일련의 추상적 '보상'과 '처벌'로 이루어지는 길들이기 장치가 아니다. 이것은 우리가 애정을 느낀다는 사실의 한 단면이다. 우리는 깊은 관계를 맺고 싶고 그 관계가 지속되기를 바란다. 그리고 그것이 어려운 때가 많기 때문에, 무엇이든 우리가 시작한 것을 끝까지 해내기 위해 온갖 방식으로 '자신을 묶는다'. 성가시다는 것을 알게 되어도 그렇다. 혼인도 그런 장치 중 하나일 뿐이다.* 뭔가 괴상한 것이 아니며, 매우 전형적이고 자연스러운 인간적 장치다. 셸리와 제임스 밀과 존 스튜어트 밀 부자 등 이에 대해 반대하는 사람들은 매우 어리석게도 다음과 같은 단순한 양도논법을 제기해왔다. "당

* 우리가 가장 먼저 얽혀드는 것은 두말할 것도 없이 아이들이 하는 놀이다. 놀이 도중에 그만두면 문제가 생긴다. 놀이를 시작하기로 동의하는 것은 (일반적으로) 놀이를 끝까지 하겠다는 것을 의미한다. 거기서 출발해서 그 나머지 활동이 이루어지며, 제도화는 그 과정의 완성일 뿐이다. 내가 쓴 글 "The Game Game" 참조.

신은 함께 있고 싶거나 그렇지 않거나 둘 중 하나다. 함께 있고 싶다면 약속은 필요하지 않다. 그렇지 않다면 갈라서야 한다." 이것은 내적 갈등의 가능성을 무시하고, 일시적이라 해도 진정한 기분 변화에도 계속 유지되는 삶의 중심을 원하는 깊은 인간적 욕구를 무시한다. 의지할 수 있는 타인을 필요로 하는 것은 부끄러운 약점 같은 것이 아니다. 그것은 자신에게 충실하려는 욕구의 한 단면이다.

혼인 같은 제도를 본성적이라고 말하는 것은 물론 찬사에 해당한다. 상당히 핵심적인 인간적 욕구를 충족한다는 의미의 찬사이다. 어떤 면에서 모든 인간 사회에서 어떤 형태든 혼인 제도를 볼 수 있다는 사실만으로도 이는 충분히 입증된다(존슨의 논의를 뒤집어, 어렵다는 것이 잘 알려져 있는데도 모든 곳에서 볼 수 있다면 그것은 본성적인 것이 분명하다고 말할 수 있다). 그러나 혼인이 널리 퍼진 이유는 적절한 위생 관리와 마찬가지로 목적을 위한 수단이기 때문이라고 생각할 수 있다.* 흄이 생각한 게 이것임이 아주 확실한데, 그가 본성적 미덕과 인위적 미덕을 매우 혼란스럽게 대비시킨 것을 보면 알 수 있다. 그는 인간의 영리함을 단순히 결말을 계산하는 능력으로 보았고, 정절과

* 인간으로서 타고나는 향상심 없이 단순히 목적을 위한 수단으로서 정말로 배워야 하는 활동은 비교적 드물지만, 배변 훈련은 그런 활동의 좋은 예다. 이것은 우리가 전반적으로 본능이 없기 때문이 아니라 우리가 영장류이기 때문이다. 영장류는 동굴 생활을 하지 않기 때문에 이 성향을 타고나지 않는 반면, 예컨대 둥지를 벗어날 수 없는 새 같은 육식동물 새끼는 매우 어린 단계에 이 성향을 보인다. 개나 고양이 새끼를 집 안 생활에 길들이는 데 필요한 시간이 아기에게 배변 훈련을 시키는 데 필요한 시간의 몇 분의 1밖에 들지 않는 것은 이 때문이다. 유인원이나 원숭이는 지능이 높은데도 집 안 생활에 거의 길들일 수 없는 이유도 마찬가지다. 우리가 배우는 모든 것이 이처럼 그저 목적을 위한 수단에 지나지 않는다면 우리는 그다지 성공을 거두지 못할 것이다(유인원의 무심한 태도에 관해서는 다음을 참조. George Schaller, *The Year of the Gorilla*, p. 179).

충실을 인위적 미덕으로—올바르게—꼽았다. 그저 안전을 이끌어내고 실리를 증진하도록 설계된 장치라는 것이다. 감정적으로 서로 의존하는 인간 같은 종에게 이런 혼인관은 터무니없다. 실리 증진을 위해 의도적으로 설계된 장치로서의 짝 맺기는 누구의 머리로도 떠올릴 수 없었을 것이다.* 짝 맺기가 아이의 이익에 이바지하는 것은 사실이며, 또 (일단 짝을 이룬 다음에는) 인류를 위해 **그 목적에 이바지한다**고 말할 수 있다. 그러나 개개인은 아이를 갖기 전부터 짝을 이루어 살기를 원하고, 아이들이 떠난 뒤에도 계속 그렇게 살기를 원한다. 더욱이 짝 맺기는 종종 질투 때문에 마찰을 빚어 큰 손해를 입힌다. 그러므로 그것은 자율적 취향이다. 사회적 곤충에게서 볼 수 있는 것처럼, 종 안에서 개인적 유대가 전혀 없어도 새끼들을 보살피는 것은 전적으로 가능하다. 쥐들조차 공동 탁아소를 활용하며, 이것이 사람들을 위한 실용적 방안이 될 수 있지 않을까 한 플라톤의 생각은 정당했다. 실용적이지 않은 이유는 거기서 만들어질 제도가 아니라 우리의 감정적 구성에 있다.

어려운 부분은 사실 혼인이 본성적 욕구에 이바지하지 않는다는 것이 아니라 그 욕구가 다른 욕구와 충돌을 일으킬 수 있다는 것이다. 이런 충돌이 있을 때 우리는 우선순위를 정해야 한다. 그리고 혼인, 그중에서 일부 형식의 혼인은 그 대가만큼 값어치가 없을 수도

* 우리 종에게는 짝을 맺으려는 본성적 성향이 없다고 생각하는 사람은 예컨대 침팬지처럼 실제로 그런 성향이 없는 종이 어떻게 살아가는지를 자세히 들여다보아야 한다. 교미는 **사회적으로 어떠한 영향도 주지 않는다**. 같은 곳에 있는 모든 수컷은 발정한 어떤 암컷과도 교미하며(암컷이 수컷 한둘을 거부하지 않는다면), 교미가 끝난 뒤에는 모두가 이전과 변함없이 살아간다. 사람은 어느 곳에서도 이렇지 않으며, 늑대나 거위 또한 마찬가지다.

있다. 그렇다고 그 때문에 혼인을 **본성적이지 않다**고 보아서는 안 된다(다만 일부 형식의 혼인은 그렇게 볼 수도 있을 것이다). 우선순위에 대해 고민할 때 우리는 어떤 것이 다른 것보다 **더** 본성적이라고 말하는 때가 많다. 즉 그것이 더 중요한 욕구에 이바지하며 덜 중요한 욕구를 방해한다는 뜻이다. 이 척도를 따라 저 아래로 내려가면 너무나 나쁜 흥정에 해당하기 때문에 전혀 본성적이지 않다고 말하는 것들이 나온다. 따라서 살찌우려는 목적으로 갇혀 지내는 아프리카 소녀들의 삶은 명백한 의미에서 본성적이지 않았으며, 중국 소녀들의 전족 풍습 또한 마찬가지였다. 이런 제도로 입맛을 맞춘 성적 수요가 실제로 있었고 나아가 꽤 정상적이었음에도, 본성적이지 않다는 표현은 여전히 타당한 언어다.

어떤 제도를 본성적이다 또는 본성적이지 않다고 말할 때 우리가 비논리적이 되는 것은 아니다. 그것은 우리의 중심적 욕구를 충족하는 데 그 제도가 뚜렷하게 좋거나 나쁜 흥정에 해당한다는 뜻이다. 그리고 이때의 좋음과 나쁨에 정도가 있는 만큼, 제도 역시 본성적인 정도가 있다. 흔한 의미로는 그 제도가 그만큼 **더** 또는 **덜** 본성적이라는, 다시 말해 가능한 여러 대안보다 만족을 더 또는 덜 가져다준다는 뜻이다. 어떤 경우든 어떤 습성이 제도화한다는 사실이 그 습성이 개인에게 진정한 매력이 없다거나 중요하지 않다는 뜻은 전혀 아니다. 흄을 흉내 내어 말하자면, 그처럼 제도적인 동물일 경우, 그가 가진 문화 형성 기능을 발휘하여 생겨나는 것이라면 무엇이든 본성적이라고 간주해야 마땅하다.

동조와 유사 종 분화

문화가 우리에게 그렇게나 중요한 것은 우연이 아니다. 진화 작업

즉 어떤 의미에서 진화 속도를 높일 수 있도록 우리 종을 다재다능하게 만드는 작업을 해내려면 중요할 수밖에 없다. 이 다재다능은 물론 인간의 잘 알려진 또 한 가지 표식이다. 상황이 좋을 때 우리는 선조들의 업적을 바탕으로 업적을 더욱 높이 쌓아 올릴 수 있는데, 기술을 익히고 당연하게 여기며 잊지 않기 때문이다. 이로써 원칙적으로 우리는 유전적 변화를 통한 적응에 의존하는 종들에 비해 엄청나게 더 빠르게 발전할 수 있다. 상황이 좋지 않을 때 우리는 (역시 원칙적으로) 아는 것의 많은 부분을 잊어버릴 수 있는데, 혼란기가 지나고 나면 대부분의 다른 종보다 어려움을 훨씬 덜 겪으며 새로운 길을 따라 나아갈 수 있다(시궁쥐나 참새 등 전문화를 추구하지 않은 몇몇 종이 우리와 경쟁하고 있지만, 그 수준은 우리에게 훨씬 못 미친다). 이 때문에 인류는 어느 시점에든 여러 면에서 단일 종이라기보다 여러 종이 모인 집단과 비슷하다. 이에 대해 로렌츠는 『공격성에 관하여』에서 다음과 같이 말한다.

> 계통발생 내에서 진화한 유전적 속성이 아종, 종, 속 및 그 상위 분류 단위의 특징인 것과 매우 비슷하게, 문화적으로 발달한 사회 규범과 의례는 크고 작은 인간 집단의 특징이다. 규범과 의례의 역사는 비교 연구와 매우 비슷한 방법으로 재구성할 수 있다. 역사적 발달에 따라 서로 갈라진 문화 단위체 사이에 장벽이 세워지는데, 발산 진화에 의해 종 사이에 장벽이 세워지는 것과 비슷하다. 에릭 에릭슨은 따라서 이 과정을 적절하게도 유사 종 분화(pseudo-speciation)라고 불렀다. [80쪽]

그가 지적하는 대로, 이것은 동물 사이에서 비문화적 활동이 대체로 무심코 받아들여지는 것처럼 이 순간 문화가 무엇을 명령하든 당연하게 받아들여져야만 작동할 수 있다. 계속 망설이고 따진다면 적응은 효과가 없어질 것이다. 따라서 어디에서든 사람들은 다른 풍습을 대하기 전까지는 자신의 풍습이 보편적이라고 생각하는 경향이 있고, 다른 풍습을 대하면 자기 종의 구성원이 아니라 어떤 열등한 모방자, 학살해도 괜찮을 존재를 대한다고 생각하는 경향이 있다. 유사 종 분화는 '인류 정서'를 방해하여 불관용과 폭력으로 이어질 수 있다. 그리고 이것은 물론 (자유 숭배 말고도) 문화를 싸잡아 개탄하고 문화에서 벗어나고자 하는 한 가지 이유다. 우리는 보편 문화를 가질 수 있을까? 우리에게는 보편 언어가 이미 여럿 있다. 그리고 슬픈 우스갯소리가 있다. "그런데 누가 그것들을 쓰고 있을까? 아무도 쓰지 않는다." 루스 베네딕트가 말하는 인간의 거대한 수용력 곡선 관념은 필시 옳을 것이다. 가능성이 너무나 많아 한 가지 삶의 방식 안에 다 넣을 수 없는 것이다.

습성과 상징 속에 있는 인류 이전 문화의 뿌리

문화는 우리를 다른 종들의 상황으로부터 얼마나 멀리 떨어뜨려 놓았을까?

이번에도 나는 그 기초를 들여다보고 그 활용도에 막대한 차이가 있다는 사실을 당연하게 받아들이고자 한다. 다른 동물은 교향곡이나 과학, 텔레비전, 핵무기 같은 것을 만들지 않는다는 것을 우리는 누구나 알고 있다. 그럼에도 언어와 마찬가지로 문화는 기적이 아니다. 무력한 인류에게 외계에서 내려주는 이질적인 힘이 아니다. 문화는 우리가 만든다. 고대의 어떤 힘 덕분에 이것이 가능할까?

앞에서도 이미 언급했지만, 그 한 가지 원천은 사실상 모든 동물이 습성에 크게 의존한다는 사실이다. 다른 하나는 그보다는 덜 퍼져 있지만 모든 사회적 동물에게 해당되는 것으로, 상징을 활용하고 해석하는 능력이다. 그리고 이는 인간이 가장 놀랍게 발전시킨 것이다.

습성

생애 초기에 외부 세계의 인상을 받아들여 그에 따라 이후 행동을 결정하도록 프로그래밍된 상태로 태어나는 동물은 매우 흔하다.

가장 잘 알려진 예는 아마도 갓 부화한 병아리들이 어미를 따르게 되는 과정을 가리키는 각인 효과일 것이다. 이 시점에 예컨대 인간 같은 어떤 다른 동물이 앞에 나타나면 병아리들은 그 동물을 따를 것이며, 위험을 느끼면 정확히 어미에게 하듯 그 동물에게 피신할 것이고, 자신이 어미처럼 따르는 종을 더 좋아하기 때문에 자기 종과는 짝짓기하지 못하게 될 수도 있다. 조류 경우 이 과정은 잠깐 사이에 빠르게 지나가며 돌이킬 수 없다. 포유류 경우는 훨씬 더 느리고 어쩌면 덜 결정적일 수 있지만, 장기적으로 볼 때 조류에 못지않게 확실하게 일어난다(어쩌면 인간의 경우 병아리의 갑작스러운 각인 효과 내지 티타니아 증후군과 가장 비슷한 것은 옷가지나 그 비슷한 사물에 집착하는 성적 페티시일 것이다).

그런데 **각인**이라는 낱말은 돌발적이라는 점을 강조한다는 뜻에서 충분히 적절하기는 하지만, 수동적인 백지 모델을 강하게 암시하기 때문에 오해의 소지가 있다. 어미 이미지는 확실히 외부에서 오며, 말하자면 병아리에게 도장처럼 찍힌다. 그러나 이 이미지만으로는 어떠한 행동도 결정할 수 없다. 먼저 병아리는 어미를 따라다니고, 품에 파고들고, 위험할 때 어미를 찾는 등 여러 방식에 따라 행동하려는 일련의 기질 전체를 타고나되, 그런 행동을 유발할 어미의 모습이 차지할 자리만 남은 상태여야 한다. 그 전체적 효과는 아직 어리고 취약한 병아리의 행동을 제한해, 백지론자들이 말하는 성가시고 값비싼 과정 즉 아무렇게나 하는 행동이 강화를 거치면서 차츰 개선되는 과정을 건너뛰게 한다. 이런 과정을 건너뛰지 않으면 병아리가 포식자에게 잡아먹힐 가능성이 너무나 크기 때문에 진화에서 그것을 금하는 것이다.

그렇다면 각인에는 외부로부터 일정한 종류의 인상을 받아들여 이후 생애에서 그 인상을 미리 정해진 특정한 방식으로 **활용**하려는 본성적이고 강한 내적 성향이 들어 있는 것이다. 이 인상의 세부 내용은 미리 정해져 있지 않다. 인상은 외부에서 와야 한다. 그러나 그런 습성을 형성하려는 성향은 미리 정해져 있다. 이는 복잡하고 적극적인 힘이다.

이것은 열린 본능 또는 열린 프로그래밍 패턴이며 흔한 패턴이다.* 또 한 가지 흥미로운 예는 먹이 선별이다. 많은 종에 있어 먹이 선별은 새끼가 고형 먹이를 (모유와 함께) 어미로부터 처음으로 받을 때 일어난다. 어미가 새끼에게 주기도 하고, 어미가 먹는 것을 새끼가 조금 거머쥐기도 한다. 이렇게 먹이 선별이 이루어지고 나면, 그 뒤로 새끼는 처음에 이런 식으로 먹지 않은 것은 자기 종에게 완벽하게 적합한 먹이라 해도 잘 먹으려 하지 않는다. 이 역시 빈 곳을 남겨둔 상태로 타고나는 열린 프로그램이다. 호기심 많은 새끼들을 독성으로부터 보호하는 진화 목적에 이바지하는 한편, 원칙적으로 그 종이 상당히 다양한 범위의 먹을거리를 먹을 수 있도록 유지한다(이 두 가지 이점을 합치는 데는 약간의 어려움이 있다. 이는 인간 경우와 관계가 있을 수

* 3장 1절 참조.

있지만, 지금은 일단 넘어가기로 한다).

또 한 가지 인상적인 예는 길 찾기다. 인간을 비롯하여 지성을 갖춘 동물 종은 비교적 덜 지성적인 종만큼이나 새로운 길보다는 일반적으로 잘 알려진 길을 선호하는 경향이 강하다. 이 성향 역시 생존 가치가 너무나 명백해서, 이 성향이 약한 개체가 어떤 식으로 금방 선택에서 배제될지는 쉽게 알 수 있다. 익숙한 길이 예상하지 못한 함정이나 미끄러운 곳, 지나갈 수 없는 장애물 등이 없는 안전한 길이라는 점만 중요한 것이 아니다. 익숙한 만큼 개체는 그 밖의 위험과 그 밖의 이점을 살피는 데 자유롭게 주의를 기울일 수 있다. 익숙해지면 소홀해질 수 있고 그래서 그 자체로 2차적 위험이 되는 것은 사실이다. 그러나 익숙해진다는 것이 일반적으로 그만큼 효과적인 보호 수단으로 작용한다.

따라서 알고 있는 길을 이따금 맹목적이고 애처로워 보일 정도까지 고집스럽게 고수하는 동물이 많다. 로렌츠는 자신이 키우는 갯첨서가 둥지 상자로 돌아갈 때 항상 먼저 상자 위로 뛰어 올라간 다음 반쯤 공중제비를 돌아 문 안으로 미끄러져 들어가는 모습을 묘사한다. 애초에 주변을 탐사하고 집으로 바삐 돌아올 때 우연히 그런 행동을 했기 때문이다. 더욱 주목할 만한 것은 갯첨서가 다니는 길에 있는 익숙한 돌을 치웠을 때 그들이 보이는 혼란한 모습이다. 눈이 먼 것도 아닌데 그들은 있지도 않은 돌 위로 그냥 뛰어올랐다가 바닥에 쿵 떨어졌고, 되돌아가 다시 한 번 똑같은 행동을 했다. 그런 다음에야 달라진 지형을 탐사하기 시작했다. 식충동물인 갯첨서는 포유류 중에서는 비교적 원시적이며, 로렌츠는 뒤쥐나 생쥐라면 적응력이 좋으므로 있지도 않은 돌 위로 뛰어오르지는 않을 것이라고 말한다. "실시간 지각보다 운동 습성이 우세한 것은 갯첨서의 특이한 버릇 중 가장 주목할 만한 것이다. 운동 습성을 갑자기 바꾸어야 할 정도의 환경 변화가 감지될 때 실제로 자신의 감각을 믿지 못하는 것이라고 말할 수도 있을 것이다."* 호모 사피엔스를 비롯해 가장 고등한 동물조차도 주의가 다른 데로 쏠리면 이따금 똑같이 이런 식으로 행동한다. 그리고 내가 전반적으로 지적하고자 하는 것은, 단순히 습성이 없다면, 배경을 흡수해 당연하게 받아들이는 이 능력이 없다면 인간은 복잡한 문화를 형성하는 데 필요한 관습을 그렇게 확고하게 쌓아 올리지 못했으리라는 점이다.

로렌츠는 『공격성에 관하여』에서 또 하나의 중요한 예를 언급하는데, 이번에는 길들인 회색기러기다. 이 기러기는 매일 저녁 잠자리로 돌아갈 때 정해진 길을 따라 둘러 가는 데 익숙해져 있었다. 어느 날 저녁, 시간이 늦어 서두르느라 이 우회로를 빼먹었다. 계단을 다섯 개 올라가서야 기러기는 어느 모로 보나 화들짝 놀란 모습으로 갑자기 걸음을 멈추었고, 얼른 도로 내려가 평소 하던 대로 우회한 다음 다시 계단을 올라갔다. "다섯 번째 계단에서 기러기는 다시 걸음을 멈추고, 주위를 둘러본 다음, 몸을 흔들며 인사했는데, 이는 불안한 회색기러기가 긴장이 풀리고 안심될 때 늘 보이는 행동 방식이다. [⋯] 이 습성은 저 기러기로서는 두려움에 사로잡히지 않고는 깨트릴 수 없는 관습이 되었던 것이다"(70쪽).

현재 서양에서는 사람들이 이런 식으로 행동할 때 무조건 개탄하는 것이 관례다. 일본인이나 인도인이 바라볼 법한 방식은 완전히 무시한다. 그럼에도 로렌츠는 독자를 저 거위와 같은 상태에 빠트릴 위험을 무릅쓰고, 내가 좀 전에 인용한 루스 베네딕트와 같은 태도로

* Konrad Lorenz, *King Solomon's Ring*, p. 110.

더욱 깊이 관찰한다.

> 문화적으로 진화한 의례가 지니는 억제 기능만 강조한다면 우리는 문제의 본질적 측면을 간과하는 것이다. 이런 의례는 개인을 넘어 전통에 묶인 문화적 초자아에 지배되고 신성화되기는 하지만, 우리에게 귀중한 습성의 본질을 원형 그대로 간직해왔다. […] 엄격한 인습타파주의자는 의례의 거창함을 본질과는 동떨어진 겉치레라고 보며, 심지어 마음이 엉뚱한 데로 쏠리게 함으로써 상징의 대상이 되는 사물의 정신에 더 깊이 몰두하지 못하게 만든다고까지 생각한다. 나는 이것이 전적으로 잘못되었다고 믿는다. […] 우리는 전통으로 이어받은 것을 사랑한다. […] 바로 이 애정이라는 감정이 우리 문화유산의 가치를 우리에게 드러내 보여준다. [74-75쪽]

C. S. 루이스는 기도와 관련해 똑같은 점을 매우 날카롭게 지적한다. 선임 악마인 스크루테이프는 신참 유혹자에게 인간의 기도를 쓸모없게 만드는 방법을 다음처럼 조언한다.

> 가장 좋은 방법은 기도하는 사람이 어린 시절 자신이 한 기도가 앵무새 같았다는 점을 기억하게 하거나 기억하고 있다고 생각하도록 부추기는 거야. 그러면 그에 대한 반동으로 마음속에서 저절로 떠오르는, 다듬어지지 않은 어떤 것을 목표로 삼게끔 그 사람을 설득할 수도 있어. […] 그들의 시인 중 콜리지라는 사람이 자신은 "무릎을 꿇고 입술을 움직여" 기도하지 않고 그저 "자신의 영혼이 사랑할 태세"를 갖추어 "탄원한다는 감각"에 몰두한다고 적었거든. 바로 그게 우리가 원하는 종류의 기도야. […] 최소한 사람들에게 신체적 자세는 기도에 영향을 주지 않

> 는다고 믿게끔 만들 수는 있으니까. 너나 내가 언제나 기억해야 하는 사실, 다시 말해 사람은 동물이라는 사실, 그래서 무엇이든 신체가 하는 일은 영혼에 반드시 영향을 미친다는 사실을 사람들은 늘 잊어버리거든.*

물론 모든 종에게 조심스럽고 관습적인 습성의 힘은 때때로 보다 적극적인 동기와 충돌을 일으킨다. 그리고 더 지성적이고 덜 전문화된 종에서 그것은 특히 호기심 즉 낯선 사물을 탐험하고 이용하려는 바람과 경쟁해야 한다. 그러나 그 습성이 절대로 경쟁에서 이겨서는 안 된다는 낭만주의적 생각이 그럴듯해 보인 것은 오로지 문명화된 우리 서양에서 한동안 누려온 것처럼 지극히 안전한 상황에서뿐이었다.

습성은 필요하다. 그리고 습성이 제한하기만 하지는 않는다. 로렌츠의 지적처럼 습성에는 긍정적 가치도 있는데, 이것은 이제부터 우리가 상징에 대해 생각해보면 더 분명해질 것이다. 루스 베네딕트가 한 말의 완전한 의미를 이끌어내려면 우리 삶 속의 패턴에 오랫동안 익숙해지고 강렬하게 경험할 필요가 있다.

상징의 활용

표현이 담긴 동작이나 몸짓을 읽어내는 힘은 길들이기를 통해 획득되지 않는다. 그것은 타고난다. 아이블아이베스펠트는 『사랑과 미움』에서 이 점을 다음처럼 설명한다.

* C. S. Lewis, *Screwtape Letters*(London, 1942), pp. 24-25.

> 출생 때부터 격리된 히말라야원숭이들은 우리 벽면에다 다른 사진보다 자기 종의 사진을 비춰주면 더 좋아한다. 사진을 비춰주면 그들은 접촉 소리를 내며 같이 놀자고 부르고, 사진이 꺼지면 금방 조작법을 배워서 직접 레버를 눌러 사진을 비춘다. 생후 2개월이 되면 사회적 경험이 없는 이 히말라야원숭이들은 같은 종 원숭이들의 표정도 인식한다. 그래서 위협하는 원숭이 사진을 보면 뒷걸음치며 두려워하는 소리를 내는데, 이 사진을 비출 때는 사진에 가까이 다가가는 비율이 뚝 떨어진다. [20쪽]

같은 종류의 반응이 인간 아기에게서도 분명하게 나타난다. 생후 몇 주밖에 되지 않은 아기가 미소나 심지어 미소를 찍은 사진, 또 그 밖의 표정이나 어조를 대할 때 볼 수 있다. 낯선 사람의 표정이나 어조에 대한 반응도 마찬가지다.* 인간을 비롯하여 지성적인 종의 새끼는 그저 단편적으로 자극에 따라 정해진 방식으로 반응하는 성향, 다시 말해 '기본 경보 체계'를 가지고 있는 것이 아니다. 이들은 자기 종에게서 전형적으로 볼 수 있는 표현과 동작 영역 전체에 걸쳐 반응하는 다재다능한 능력이 있다. 이 능력의 발달은 감각과 운동이 협응을 이뤄가는 동안 어느 정도 지연된다. 이 과정은 상대적으로 덜 지성적인 동물에 비해 시간이 더 걸린다. 특히 새끼들을 다정하게 대하는 매우 고등한 동물 경우에는 이 과정이 급히 진행되지 않는다. 무뚝뚝한 연장자가 길을 건널 때 어린 아기가 가로막아도 아기는 꾸중을 듣지 않는다. 그보다 약간 더 자란 어린이라면 눈치채고 조심할 경고

* Desmond Morris, *The Naked Ape*, pp. 122-123; Irenaus Eibl-Eibesfeldt, *Love and Hate*, p. 11 참조.

신호를 아기는 아직 의식하지 못한다. 그러나 변화는 기능이 성숙하기만 하면 일어난다. 호된 경험은 필요하지 않으며, 아기가 제대로 성장하고 있지 않으면 호된 경험을 한다 해도 소용이 없을 것이다.* 유아가 정상이면 표현이 실린 동작을 읽는 능력은 저절로 발현된다. 자기 종에게 어울리는 방식으로 걷고 달리는 능력과 마찬가지로 길들일 필요가 없다.

그런데 이런 동작은 아무래도 감정을 직접 전달하지는 않는다. 관을 타고 물이 전달되는 것과는 다르다. 동작은 감정을 상징한다. 이 상징은 관습에 따라 부여된 상징이 아니라 본성적 상징이다. 대개 문제의 감정을 느끼는 사람이 어느 정도 전형적으로 내보이는 종류의 동작이지만, 문화가 아니라 상속에 의해 일정한 형태로 양식화 내지 '의례화(ritualization)'되었다. 그 예로는 미소 짓기, 찡그리기, 웃기, 울기, 으르렁거리기, 발 구르기, 그르렁거리기, 콧방귀 뀌기, 침 뱉기 등이 있다. 이런 표정이나 표현 소리는 어느 정도 표준화되어 있다. 『사랑과 미움』에서 아이블아이베스펠트는 다음과 같이 말한다. "행동 패턴은 신호로 분화되는 과정에서 갖가지 전형적인 변형을 거친다. 일반적으로 단순화되지만 그와 동시에 마임처럼 그 동작을 과장해 보인다. 동작은 딱따구리가 나무를 쪼는 소리처럼 규칙적으로 반복되는 때가 많다. 나아가 표현 동작은 전형적인 강도로 나타나는 때가 많으며, 이로써 신호임을 명백하게 알 수 있다"(50쪽). 따라서 예컨대 "전 세계 어디서든 사람들은 부끄러우면 얼굴을 조금 또는 전부 가린다. 이것은 숨는 동작이 의례화한 것이 확실하다. […] 나는 심지어

* 예를 들면 병든 어린 침팬지가 퇴행하여 이런 감각을 잃어버리는 데 대한 흥미로운 설명 참조. Jane Goodall, *In the Shadow of Man*, pp. 226-227.

태어날 때부터 시각장애인인 작은 남자아이가 창피함에 손으로 얼굴을 가리는 것도 보았다"(49쪽). 이런 식의 예는 다른 동물에서도 많이 볼 수 있다. 특히 조류는 구애할 때 상징적으로 먹이를 먹여주는 행동을 하고, 심지어 곤충은 진짜 먹이가 아니라 먹을 수 없는 물건을 건네거나 선물 없이 건네는 동작만 하기도 한다.* 또 마찬가지로 위협을 받은 동물은 기분 내키는 대로 행동하는 것이 아니라 고개를 숙이거나 (개나 늑대 경우) 드러눕는 등 일정한 신호를 보냄으로써 항복한다는 뜻을 보인다. 이 신호는 익숙하기 때문에 덜 전형적인 몸짓보다 위협하는 동물에게 훨씬 더 빨리 전달된다. 그리고 아이블아이베스펠트가 지적한 것처럼 "감정 표현을 전달하는 쪽에서 상대 동물에게 이해받기 유리하다면 이 표현은 자연선택 과정을 통해 점점 하나의 신호로 탈바꿈하게 된다"(46쪽). 즉 자신의 뜻을 상대방에게 잘 전달하는 개체가 자신과 자기 집단 모두의 성공을 더 잘 이끌어낼 수 있는 것이다. 따라서 우리는 이해 가능한 신호를 향한 지속적인 선택이 이루어질 것임을 예상할 수 있다.

의례 행위

이런 신호 보내기 과정에다 '의례화'라는 이름을 붙이면 불편해하는 사람들이 일부 있다. 그렇지만 동물행동학자들은 그저 프로이트 학파의 방법대로 이 용어를 전보다 조금 더 일반적인 용어로 만들어,

* 이렇게 구애에 성공하는 것은 물론 **속여넘기기** 때문이 아니다. 현재 상황에서 요점은 지금 그에 관련된 기분을 표현하는 것이기 때문이다. 원래 의미가 완전히 사라지고 다른 의미를 띠는 몸짓, 예컨대 먹이가 없는데도 먹여주는 듯한 몸짓을 가리켜 원래 목적으로부터 '이탈했다(emancipated)'고 한다. IrenausEibl-Eibesfeldt, *Love and Hate*, p. 44 참조.

문화적 의례 행위를 더 넓은 분류에 속하는 한 형태로만 보는 방식으로 사용하고 있을 뿐이다. 같은 대분류 안에 들어가는 나머지 형태의 의례 행위는 상속받은 것과 개개인이 문화의 도움 없이 평생 누적한 것으로, 예를 들면 가족 의례, 그리고 강박적 세정 같은 개인의 의례 행위가 있다. 아이블아이베스펠트는 큰 수고를 들여 이런 여러 종류의 의례를 구분하는 한편, 용도의 수렴에 따른 닮은 점을 설명하는 데도 신경을 쓴다. 그는 다음과 같이 말한다. "그런 유사점이 있다고 해서 놀랄 것은 없다. 그 의례화가 계통발생적이든 전통적이든 개체발생적이든, 신호를 받는 쪽의 필요조건은 일정하기 때문이다. 그리고 신호가 진화하는 방식은 신호를 받는 쪽에 달려 있다. 동료가 보이는 어떤 행동 패턴이 나타내는 의미를 결정하는 것은 수신자이며, 그렇게 함으로써 그 행동 패턴의 지위를 신호로 격상시킨다"(50쪽).

내가 볼 때 이것은 다른 종들을 관찰함으로써 인간의 어떤 것을 더 넓은 맥락에서 바라보고 설명할 수 있게 되는 또 하나의 예다. 문화적 의례 행위가 통하는 이유는 무엇일까? 무슨 이유로 그렇게나 널리 퍼져 있을까? 인간의 의례는 예컨대 종교나 정부 등 공식적 용도로 체계화된 것에 한정되어 있지 않다는 점을 기억하는 것이 중요하다. 공식적 용도의 의례는 실제로 싸움, 도박, 음주, 욕설 같은 것을 둘러싼 의례나 어린이와 관련된 의례에 비해 다소 빈약하고 허약한 때가 많다(이 의견이 뜻밖이다 싶은 사람은 동질적인 손님들이 모여 있는 술집에 예상치 못할 옷차림으로 들어가 낯선 어조로 말하면서 그곳에서 잘 마시지 않는 술을 주문하는 실험을 해보기 바란다). 문화적 의례 행위에 대한 우리의 욕구는 본성적 의례 행위에 대한 욕구의 산물로 보인다. 전자를 활용하는 능력은 후자를 활용하는 능력에 달려 있다. 이것은 의례 행위를 잘 활용할 줄 모르는 사람을 보면 분명히 알 수 있다. 평범한 표현 동작에 둔감하고 눈치 없는 사람은 아무리 꼼꼼하게 조건을 갖춘다 해도 어느 날 갑자기 배우나 무용수나 교사나 성직자로 성공하지 못한다.

관습적 상징의 자리

그렇다면 이처럼 본성적 상징을 활용하는 널리 퍼진 능력과 관습적 상징을 잘 활용하는 인간의 능력은 서로 얼마나 거리가 있을까? 혹시 여기에 촘스키가 말한 종류의 불연속성이 있을까? 호흡과 보행 사이의 불연속성에 비교될 만한?

미국 수화를 사용하는 침팬지라는 증거를 별문제로 한다고 해도 그런 불연속성이 있을 수가 없다. 본성적 상징을 받아들이고 반응할 수 있는 사람들은 상징 전반을 **해석**하는 능력이 있다. 그리고 이것이 상징 활용과 관련된 문제의 진정한 핵심이다.

유연한 상상이 있어야 하는 쪽은 수신하는 쪽이다. 그는 자신이 현재 느끼지 않는, 아직 느낀 적이 없는, 그리고 앞으로도 결코 느끼지 않을 수 있는 감정을 가리키는 상징을 받아들여 식별할 수 있어야 한다. 그런데 누구나 처음에는 수신자로 출발하는데, 사회적 종에서 모든 아기는 이런 상황에 처하기 때문이다. 그리고 수신자는 예컨대 숨는다든가 하는 정해진 수동적 반응을 보이는 수준에 그쳐서는 안 된다. 표현되는 감정의 성격을 알아차려야 한다. 자기 종의 일원으로서 갖추어야 하는 반응 범위 전체에 숙달되는 길은 이것뿐이다. 더욱이 몇 가지 표준적인 **종류**의 감정(노여움, 애정, 두려움)을 식별하는 수준에서 멈추어서는 안 된다. 개체에 따라 다른 기분을 나타내는 갖가지 미묘하고 사소한 느낌을 바로 처음부터 구분할 수 있어야 한다.

이 능력은 사람들이 아기나 가축에게 대체로 호의를 보이고 싶지만 낯설어서 약간 긴장하거나 공격적인 느낌으로 접근할 때 아기와 가축 모두에게서 다소 불편하게 나타난다. 이런 사람들은 어린이나 동물이 보내는 신호에 그다지 적절하게 반응하지 못한다. 아기나 동물은 그것을 즉시 알아차리며 그들을 믿지 않을 것이다. 또 아기나 동물은 아무리 사소한 것이라 해도 자기 주변에 있는 사람들이 보이는 행동의 의미에 관한 정보를 매우 빨리 알아차리고 속속들이 기억한다. 평소와 다른 점이 있으면 주목하고 읽어 들인다. 상상력은 지속적으로 기민하게 행동을 해석하고, 기억은 그것들을 차곡차곡 보관한다. 그리고 관습적 기호를 활용할 수 있는 것은 이런 능력 덕분이다.

사람들 사이에서 살아가는 동물은 다수의 낱말을 비롯하여 인간 행동의 많은 부분을 올바로 해석할 수 있으며 실제로 그런 동물을 속이기는 상당히 어려워질 수도 있다는 사실을 우리 모두 알고 있다. 유인원뿐 아니라 개, 코끼리, 말, 그 밖에도 수많은 동물이 그렇다. 나아가 서로 다른 종의 새끼들도 서로의 행동을 이해할 수 있는데, 이는 그들이 함께 놀 때 뚜렷이 드러난다. 표현 행동을 읽는 타고나는 능력은 따라서 대단히 다재다능하며 끝이 없다. 신호로 받아들여 이해할 수 있는 행동에는 원칙적으로 한계가 없다.

저 야심 찬 침팬지 마이크가 동료들에게 보여주기 위해 석유통을 우당탕 굴린 것은 새로운 상징을 이용해 자신의 야심을 표현한 것이다. 그냥 표준적 야심이었다면 표준적 신호로 충분했겠지만, 그가 표현하고자 한 것은 자신의 개인적 야심이었다(제인 구달은 그것이 그의 성격에서 두드러지는 점이었다고 말한다). 유인원 여러 마리가 어우러져 원시적 춤을 출 때도 표준적 동작만 하는 것이 아니라, 기분과 성격과 상황에 따라 행동에 변화를 준다. 그리고 그들은 변화를 준 행동에 서로 화답할 수 있다. 마찬가지 방식으로 인간 유아는 주위 사람들의 행동에서 달라지는 부분을 판단하고 자신의 성격을 드러내는 방식으로 반응한다. '연상' 측면으로 생각하는 사람들은 이 기교를 단순하다고 본다. 아기가 이제 막 특정 낱말과 동작을 상벌과 연관 지어 생각하게 됐다고 보는 것이다. 그러나 관련된 기분 전체를 풍부한 상상으로 파악할 능력이 없다면 아기는 애초에 그렇게 연상할 수 없을 것이다. 특정 낱말과 동작이 정해진 결말로 이어지는 경우는 거의 없다. 그것으로 설명되는 기분을 파악하지 않고 표면적으로만 연관시키는 사람은 인간적인 삶을 살아갈 자질을 갖추지 못한 것이다. 더욱이 '상'과 '벌' 자체의 절반은 바로 이런 기분의 측면으로 구성되어 있다. 사회적 동물은 모두 무시당하거나 꾸중을 듣거나 욕설을 듣는 쪽보다는 애정과 존중으로 대우받는 쪽으로—매우 직접적으로—마음을 쓴다. 다른 것이 뒤따르지 않더라도 그렇다. 그들은 따라서 어느 쪽에 해당하는 상징이든 유심히 살피며, 새로운 종류의 상징을 통해 전달되는 미묘한 느낌을 매우 잘 포착할 수 있다.

사회적 종에 속하는 동물이 상징으로 볼 수 있는 행동에는 미리 정해진 제한이 없기 때문에, 합의를 통해 상징의 범위를 확장할 전반적 가능성에는 아무 제한이 없다. 확장을 위한 기본 조건은 갖춰져 있다. 그 범위를 실제로 확장하는 데 필요한 것은 주로 강하게 끊임없이 작용하는 동기화이다. 타고난 범위의 몸짓으로는 전달할 수 없는 것을 전달하고 싶은 마음이 간절해야 한다. 그리고 이것은 언어와 마찬가지로 문화의 나머지 영역에도 똑같이 해당한다.

확실히, 미국 수화를 사용하는 침팬지들은 그것을 간절히 바란다. 그들은 수고를 감내할 태세가 되어 있고, 수화를 자발적으로 사용한다. 우리는 이 때문에 그들을 더 존중하고, 그렇게 해야 마땅하다. 그러나 우리의 인간 이전 조상들은 그보다 훨씬 더 강한 열정으로 그것을 바랐을 것이 분명하다. 그렇지 않았다면 그런 성공을 거둘 수 없었을 것이다. 물론 나는 그저 소통과 공동의 노력을 위한 열정 자체가 그런 능력을 발달시킨다는, 다시 말해 기린은 높은 곳에 닿으려 애쓰다가 목이 길어졌다는 라마르크의 의견을 가리키는 게 아니다. 사정은 그보다 덜 직접적이지만 그와 똑같이 확실하다. 더 복합적이고 더 성찰하는 삶의 방식을 형성하기 위한 모든 노력은 그다음 세대에서 그에 대처할 능력을 충분히 타고난 사람들에게는 유리하게, 상대적으로 느리고 우둔한 사람들에게는 불리하게 작용하는 경향이 있다.

그때 우리 조상들은 뭔가를 전달하고 싶은 마음이 간절했다. 그런데 **무엇을** 전달하려 했을까? 앞서 말한 것처럼 그들은 그저 정보를 재빠르게 이리저리 돌리고 창을 가져오고 즉석에서 집을 짓는 편리함만을 바라지는 않았다. 그랬다면 비트겐슈타인이 『철학 탐구』(*Philosophische Untersuchungen*) 2절에서 묘사하는 것과 같은 단순화한 방식의 '언어'만 생겨났을 것이다. 거기서 두 사람이 함께 집을 짓는데 한 명이 다른 사람에게 자신이 바라는 것들만 불러준다. 언어 전체가 '벽돌', '기둥', '보', '바닥판' 등으로 이루어지는 것이다. 말이 이 정도로 제한되어 있으면 사람들이 삶을 살아가는 방식은 순전히 기술적인 방식이 될 것이다. 생존을 위한 장치와 기계를 모두 갖추고 있을지 모르지만, 문화의 그 나머지 부분은 없을 것이고 생존을 가치 있게 해줄 만한 공동 활동은 없을 것이다. 비트겐슈타인의 목적은 물론 이 발상이 기이하다는 점을 일부러 부각하는 것이었다. 그는 이런 단일한 언어 패턴을 **언어 게임**이라 부른다. 즉 기존 언어에서 뽑아낼 수 있는 수많은 패턴 중 하나일 뿐이라는 뜻이다. 그는 명제 형식도 그 밖의 어떤 형식도 언어의 결정적인 패턴이 아니며, 단일한 기본 패턴이라는 발상은 키마이라*라는 점을 지적한다.

우리 조상은 기술에 대한 이런 강박이 전혀 없었다. 그렇다고 명제만 주장하기를 바란 것도 아니다. 그들은 모여서 하나의 문화가 되는 무수히 많은 온갖 방식을 통해 사회적으로 상호작용하기를 바랐다. 그저 정보 교환만을 위해서가 아니라 공연을 위해서도 언어를 원했다. 예절과 예식에서, 예술과 스포츠에서 공연 요소는 기본이며, 성 풍습, 법과 도덕, 종교와 정부, 심지어 상거래와 금융에서도 공연 요소는 여전히 매우 중요하다. 우리 조상의 욕구가 그러했으므로 그런 모든 것에 이바지할 언어가 만들어졌다. 그런 식으로 우리 조상들은 인간의 역량이 닿는 범위를 넓히는 데 성공해, 오늘날은 다채로움이 넘쳐 난처한 지경에 이르렀다.

우리는 최고로 다채로운 개인의 평생 안에 담을 수 있는 것보다 훨씬 더 많은 것을 할 수 있다. 우리는 골라야 한다. 자유 의지가 생겨나는 것은 이처럼 우리 역량이 막대하게 풍부해졌기 때문이다. 먹을 수 있는 한도보다 훨씬 많은 양이 식탁에 올라오는 만큼 우리는 다른 종들과는 달리 골라야 한다. 그렇지만 우리 선택의 많은 부분은 개인보다는 공동체를 위한 것이다. 어떤 선택은 부모나 부모 세대가 우리를 위해 해야 하는데, 우리가 그들에게 조언할 수 있는 위치에 이르기 전에 이루어지기 때문이다. 다른 각도에서 바라보면, 우리는 자신뿐 아니라 우리 아이들을 위해 선택해야 하고, 또 우리가 다른 사람

* 비트겐슈타인은 「윤리학 강의」에서 이 말을 '엉터리없는 것'이라는 뜻으로 사용했다. 원래는 그리스 신화에 나오는 기이한 짐승으로, 머리는 사자, 몸통은 양, 꼬리는 뱀 또는 용 모양이며 입에서 불을 내뿜는다.(옮긴이)

들에게 영향을 줄 수 있는 만큼 부분적으로 주위 사람들을 위해 선택해야 한다.

낭만주의적 개인주의에서 우리가 혼자 선택할 수 있다고 주장한다면 그것은 잘못이다. 선택하려면 (그저 동전 던지기가 아니라) 이해할 수 있는 여러 대안이 있어야 한다. 그리고 이런 대안은 문화 즉 보이지 않는 수많은 협력자에 의해서만 주어질 수 있다. 합리적 선택이 가능하려면 문화가 필요하다. 이것이 자유의 조건이다.

5부

공통의 유산

"창밖을 내다봐, 제임스. 정말로 멋진 밤이야."
제임스는 비틀비틀 일어서더니, 잠시 방을 이리저리 더듬다가 〔…〕
탄성을 질렀다. "지독하게 어두워요. 그리고 치즈 냄새가 나요!"
"치즈 냄새!" 조럭스 씨가 놀라 주위를 둘러보며 말을 되받았다.
"치즈 냄새? 저런, 찬장에다 머릴 들이밀고 있구먼. 창은 이쪽이야."

—서티스, 『핸들리 크로스』(*Handley Cross*)

13장

삶의 통일성

감정적 구성

바로 앞의 세 장에 걸쳐 나는 전통적으로 인간을 구별하는 특징인 말, 이성, 문화가 우리 본성에 반대되는 것이 아니라 우리 본성에서 생겨나 그 연장선에 있음을 보여주고자 했다. 우리가 어떤 형태로든 그런 것을 필요로 하는 것은 본성적이며, 예컨대 '자동차를 필요로 하는' 것처럼 부수적이고 외적인 욕구가 아니다. 자동차에 대한 욕구는 말이나 헬리콥터로도 똑같이 또는 더 잘 충족할 수 있다. 그러나 이것은 어떤 종류의 문화가, 어떤 합리적 삶의 방식이 우리에게 어울릴지 결정할 때 우리의 여타 욕구, 우리의 욕구 체계 전체에 관한 사실을 고려해야 한다는 뜻이다. 지금까지 논한 형식적, 구조적 특징뿐 아니라 우리의 감정적 본성 전체가 우리의 목표를 결정한다.

우리의 감정적 본성은 다른 종들과 비교조차 할 수 없다고 생각하는 사람들이 있으니만큼, 이 장에서는 이 입장이 타당한지를 검토하고자 한다. 이 책의 주요 관심사는 애초에 비교할 수 있는가, 또 어떻게 비교할 수 있는가 하는 문제이지 세부적 비교가 아니다. 이런 이유로 여기서 나는 우리의 실제 욕구에 관한 실질적 요점을 상당히 간단히 독단적으로 다루고자 한다.* 다른 모든 종과 마찬가지로 우리

* 여기서는 우리의 감정적 본성에 관해 내가 원하는 만큼 충분히 논할 수 없다. 앤서니

종에게도 그런 특별한 욕구가 **있으며**, 그것이 우리의 길잡이가 될 수 있는 체계를 형성한다는 점을 독자가 이해할 수 있다면 이 책은 제 할 일을 완수하는 것이다. 그런 욕구가 **무엇인지**에 대해 의견이 갈리는 사람들은 나중에 따로 논의를 시작하면 된다.

우리의 갖가지 욕구가 구체적으로 표현되는 방식은 매우 다양하다. 여러 욕구를 두고 각자 택하는 균형도 마찬가지다. 이에 관해 우리는 매우 자유롭다. 그러나 그로 인해 만들어지는 전체적 구조와 여러 가지 주요 문제점은 일정하다. 따라서 문화나 삶의 합리적 체계를—또는 나아가 언어를—구성할 수 있는 요소에는 한계가 있다. 여기서는 그중 충분히 크면서도 문화나 합리적 체계보다는 작은 언어라는 예를 들여다보기로 하자. 인간 같은 동물에게 적합한 언어는 어떤 것이어야 할까?

용도 때문에 말에 가해지는 한계는 뚜렷하다. 언어는 명확한 사회적 목적에 이바지한다. 언어는 미적분도 아니고 명제를 진술하는 기계 장치도 아니다. '말할 상대가 아무도 없는' 사람은 정보를 얻을 편리한 소식통만 없는 것이 아니다. 인간의 언어는 그저 고양이들이 매트 위에 있음을 알려주거나, 심지어 감정을 그냥 쏟아낸다는 의미에서 '감정을 표현하는' 수단에 그칠 수 없다. 인간의 언어는 무엇보다도 **우리 자신을** 이해시키기 위해 존재한다. 다시 말해 특정한 사회적 유대를 만들고 강화한다는 뜻이다. 언어는 약속하고 위협하고 제안

스토는 『인간의 공격성』(*Human Aggression*)에서 여러 가지 동물행동학 개념을 이용해 정신분석학 개념을 고치고 정리함으로써 이에 대해 다루는데, 매우 합당한 방식으로 보인다. 이런 작업이 더 많으면 도움이 될 것이다. 물론 전체로 볼 때 공격성이 성 이상으로 주도적 위치를 차지하게 두어서는 안 된다.

하기 위한, "묻고 고마워하고 욕하고 인사하고 기도하기"* 위한 것이다. 따라서 온갖 형식의 언사가 담겨 있다. 친애에 알맞은 정중한 언사와 모욕에 걸맞은 무례하며 경멸적이고 상스러운 언사가 있는가 하면, 노인, 청년, 왕, 연인, 친구, 적, 동물, 여성, 어린이에게 사용하는 언사가 있다. 우리가 말하는 **방식**, 우리가 사용하는 사회적 접근법은 어느 곳을 가도 어마어마하게 중요하다. 언어는 각양각색의 개인적 관계가 가능한 다채로운 삶을 위한 것이며, 표준 사용자끼리 표준 정보 단위를 교환하기 위한 것이 아니다. 언어는 특히 인사, 사과, 여러 형식의 언사 등 그와 비슷한 장치 안에서 스스로 확장된(심지어 뉴기니의 저 극악한 도부족의 언어에도 다음처럼 사람들에게 감사를 표하는 정형화된 문구가 있다. "당신이 지금 꼭 저에게 독을 쓰셔야 한다면 제가 어떻게 갚아드리면 좋겠습니까?"**). 인사를 건네는 일은 여타 모든 사회적 종에게도 어마어마하게 중요하다. 인사가 없으면 새로 나타나는 이는 경계 대상이 되고, 그 상황은 위협에 해당하며 위협은 해소해야 하기 때문에, 새로 누군가가 나타나자마자 우호적 유대를 형성하는 것으로 보인다.*** 그러지 않으면 우리는 모두 누군가가 수풀에서 모습을 드러낼 때마다 심장마비를 겪으며 평생을 보낼 것이다.

오 젊은 로킨바 경, 그대 여기 평화로 왔는가,

* Ludwig Wittgenstein, *Philosophische Untersuchungen*, sec. 23.

** Ruth Benedict, *Patterns of Culture*, p. 166.

*** 이것이 매우 중요하다는 점에 관해서는 다음을 참조. Irenaus Eibl-Eibesfeldt, *Love and Hate*, 찾아보기에서 '의례: 유대 형성(rites: bond-establishing)' 항목; Konrad Lorenz, *On Aggression*, pp. 186-187; Wolfgang Wickler, *The Sexual Code*, pp. 214-218.

전쟁으로 왔는가? 아니면 우리 혼인식에서 춤을 추러 왔는가?*

이렇게 묻지 않을 수 없다. 모든 영장류를 포함하여 다른 사회적 종에서 인사를 주고받는 몸짓의 일부분은 (실험에서 알 수 있듯) 선천적으로 정해져 있다.** 우리 인간의 경우 그런 몸짓은 여전히 무엇보다도 중요한데, 고개를 돌리고, 눈썹을 올리고, 손과 눈을 움직이고, 걸음을 멈추는 등 여러 가지 눈에 띄는 방식으로 자신이 상대의 존재를 인식했음을 나타내는 동작을 하는지, 그저 **말**로만 인사를 하는지 누구라도 볼 수 있기 때문이다. 그러나 물론 말도 필요하다. 그와 반대되는 실험(말없이 몸짓으로 인사)은 그보다는 덜하지만 역시 혼란을 일으킬 수 있다.***

이처럼 다양한 언어는 서로 매우 다르지만 언어가 **하는** 일, 언어가 표현할 수 있는 사회적 패턴은 다른 정도가 훨씬 덜하다. 그리고 덜 의식적인 것, 다시 말해 표현 동작이나 흔한 본성적 상징을 보면 서로 다른 문화에 속한 사람들도 놀라울 정도로 비슷하다. 그리고 다른 영장류까지도 똑같은 때가 많다. 아이블아이베스펠트는 저서 『사랑과 미움』에서 다양하기 그지없는 문화에 속하는 사람들의 사진을 가지고 몸짓의 닮은 점을 훌륭하게 보여주었다(유인원도 관련된 예를 보려면 특히 18, 29, 119, 133, 176쪽 참조). 이에 대해 그는 다음처럼 날카롭게 지적한다. "뉴기니섬에서만 수백 가지 방언이 사용된다. 이것

* 스코틀랜드의 시인, 소설가, 극작가, 역사학자 월터 스콧(1771-1832)이 쓴 서사시 『마미언』(*Marmion*)의 한 구절이다. 시에서 로킨바는 다른 사람과 결혼하게 된 연인의 혼인식장에 나타나 연인을 데리고 먼 곳으로 달아난다.(옮긴이)

** 517쪽 참조.

*** 10장 마지막 절 참조.

은 인간이 특히 풍습을 통해 스스로 소규모 집단으로 떨어져나가려는 성향과 밀접한 관계가 있다. […] 그러나 서로 지극히 다른 무리에 속하는 사람들임에도, 주고받는 인사나 자녀를 대하는 어머니의 행동 등 특정 상황에서 똑같은 행동 패턴이 반복적으로 나타난다면, 그런 것은 선천적 행동 패턴일 가능성이 매우 크다"(13쪽). 아이블아이베스펠트의 설명에는 없지만 또 하나 흥미로운 예는 웃음이다. 우리는 모두 웃음이 필요하며, 오랫동안 웃음이 없으면 아쉬워한다("그렇게 신나게 웃은 것도 참 오랜만이었어"). 농담의 세부 내용은 문화에 따라 다르지만 주제와 상황은 반복적으로 나타난다. 예컨대 성과 관련된 농담은 널리 퍼져 있으며, 프로이트가 재치에 관한 책에서 말한 이유 때문임에는 의심의 여지가 없다. 즉 웃음은 긴장을 풀어주며, 단조롭고 태평하기 그지없는 사회조차도 성에서 긴장을 완전히 없애지는 못했기 때문이다. 물론 어떤 문화에서는 웃음을 못마땅하게 여기고 억제하고자 한다. 그러나 그들이 본성적으로 웃음을 가지고 있지 않다는 증거가 아니라 오히려 정반대임을 보여주는 증거다. 그들은 웃음을 어떤 다른 미덕에 종속시키고 싶은 것이다. 그리고 어른들이 아무리 근엄하다 해도 어느 곳에서든 건강한 어린이들에게서는 웃음을 볼 수 있다.

만일 이런 것이 선천적으로 결정된 것이 아니라면 얼마나 놀라운 우연의 일치일지 사람들이 항상 알아차리지는 못하는 것 같다. 사람들은 표현 몸짓이 전달되는 것을 자연스럽다고 받아들인다. 그러나 만일 남아메리카 인디언과 프랑스인 여성과 파푸아 사람과 발리 사람에게서 이런 몸짓이 사실상 똑같은 형태로 발견된다면* 문화적 연

* Irenaus Eibl-Eibesfeldt, *Love and Hate*, pp. 14-15.

관성의 역사는 수세기를 넘어설 것이다. 그러면 삶의 다른 측면은 모두 그렇게나 다양해졌는데도 **이** 유사성만 어떻게 선별적으로 살아남았는지, 또는 다른 성향은 어느 것도 받아들여지지 않았는데도 어떻게 **이** 성향만 선별적으로 받아들여졌는지가 설명되어야 한다. 언어를 생각해보면 표현 양식은 관성을 통해서만 지속되는 것이 아님을 알 수 있다. 그리고 덜 중요한 문제와 관련된 몸짓은 실제로 매우 다양하다. 그렇지만 인간에게 중요한 특정 상황에서는 일정한 몸짓 레퍼토리가 이 문화에서도 저 문화에서도 나타난다. 이것이 선천적이지 않다면 정말로 터무니없을 것이다.

이 딜레마 앞에서 사람들은 다음과 같은 말로 대응하는 경향이 있다. "아, 저, **그러니까**…." 몸짓은 사소해 보인다. 우리가 당연하게 받아들이는 부류에 속한다. 우리는 다음처럼 말하는 경향이 있다. 웃음을 빼고 어떻게 즐거움을 표현할까? 어머니나 연인들은 포옹과 입맞춤을 빼고 어떻게 애정을 표현할까? 그러나 이처럼 빤하다는 점이야말로 나의 요지다. 즐거움이나 애정이 있으면 웃음이나 포옹이 명백하게 어울리고, 그 역도 마찬가지다. 그러나 그런 것을 가지지 않은 동물, 예컨대 지성이 있는 악어가 있다면 그 악어와의 교감, 또는 (마찬가지로 가능성이 작지만) 합리적이지만 애정은 없는 외계 존재와의 교감은 어떻게 설명할까? 부모와 자식의 교감이 연인 사이의 교감과 그렇게나 비슷할 이유가 있을까? 만일 포옹하거나 함께 웃을 상대가 없다면 우리는 뭔가를 **놓치는** 것이며 외로운 것이라는 말은 무슨 뜻일까? 그런 몸짓을 할 마음이 들려면 그런 감정 또한 느낄 수 **있어야** 한다. 간혹 감정이 정상적이지 않은 사람은 그런 몸짓을 설득력 있게 모방하기가 불가능하다는 것을 알게 된다. 사람들이 바로 꿰뚫어보는 것이다. 따라서 필연적으로 우리는 그런 몸짓을 통해 모두 가장 깊은 대화를 주고받는 동일한 행동 패턴 집단으로 되돌아간다. 이것이 재미없는 제약이라고 생각하는 사람이 있다면, 이것이 없으면 우리에게는 감정에 화답할 기회가 전혀 없을 것이라는 점을 생각해야 한다. 사람들이 그런 몸짓을 배우기는 하겠지만 그것으로 어떻게 그 감정이 보장될까? 앞서 예로 든 달려와 손을 내미는 낯선 사람이 여기서 의미가 있는데, 이것이 사실은 (아이블아이베스펠트가 보여주는 것처럼) 우호적 인사에 해당하는 선천적으로 확립된 몸짓으로서 우리 종의 보편적 레퍼토리에 속하기 때문이다—물론 이것이 모든 곳에서 유럽에서처럼 제도화되지는 않았다.* 그런 몸짓을 유인원도 한다. 여기서 우리는 문화라는 작은 가지들이 갈라져 나온 선천적 사교성이라는 큰 가지로 돌아와서, 문화는 본성을 **완성하기 때문에** 필요하다는 나의 요지로 되돌아간다. 앞서 이 예를 논했을 때 나의 의도는 충만한 인간의 삶을 위해 이런 여러 타고나는 성향 말고도 얼마나 많은 것이 **더** 필요한지를 보여주는 것이었다. 여기서 낯선 사람들의 우연한 악수와, 오랫동안 껄끄럽고 소원해진 끝에 서로를 잃었다고 생각했던 옛 친구 둘이 다시 만나 서로 나누는 인사 사이의—겉보기에는 매우 비슷하겠지만—차이에 대해 생각할 수 있을 것이다(또는 "리빙스턴 박사님이시죠?"와의 차이에 대해). 문화가, 그리고 그 안에서 우리의 개인적 역사가 기여하는 부분을 하찮게 여겨서는 안 된다. 그러나 현재 나의 요지는 문제의 반대쪽 측면이자 내가 볼 때 더 소홀히 다뤄지는 측면인데, 낯선 사람들 사이의 우연한 악수가 지니는 특별함, 그 우연한 만남이 효력을 발휘한다는 놀라운 사실이다. 이를 두고 마르틴 부버는 이렇게 표현했다. "**당신**과의 관계는 직접적이다. 어떤 관

* Ibid., pp. 174-176.

념 체계도, 어떤 사전 지식도, 어떤 공상도 나와 **당신** 사이에 끼어들지 않는다. 기억이 고립에서 뛰쳐나와 전체의 통일성 안으로 들어가면서 기억 자체가 탈바꿈한다. 어떤 목표, 어떤 욕망, 어떤 기대도 나와 당신 사이에 끼어들지 않는다. […] 모든 수단은 장애물이다. 모든 수단이 무너진 다음이라야 만남이 이루어진다."* 문화는 우연한 만남이라는 물이 모래밭에 쏟아지지 않게 지켜주는 잔이다. 그러나 그것이 애초에 만남을 생성하지는 못한다. 우연한 만남은 자연발생적일 수밖에 없다.

우리는 이런 것을 단지 변하지 않는다는 이유만으로 당연하게 받아들인다. 그리고 어떤 면에서 언제나 우리의 관심사는 변할 수 있는 대상, 우리가 바꿀 수 있는 대상이다. 이 때문에 어떤 사람들은 선천적 요인에 주의를 기울이는 것을 시간 낭비라고 생각한다. 그러나 선천적 요인에 대해 아무것도 **하지** 않으려는 것과 그런 요인이 존재한다는 사실을 부정하는 것은 다르다. 그리고 실제로 만일 뭐든 우리가 바꾸기를 원한다면 선천적 요인에 주의를 기울여야 하는 것이 명백한데, 거기에는 변화의 메커니즘이 들어 있을 수 있기 때문이다. 뭐든 변화를 가져오려면 영구불변한 부분을 이해해야 한다. 이해하기 쉬운 예로 현재 유행하는 일련의 의견을 들 수 있는데, 혼인 또는 추상적 의미의 '가족'은 없어도 되는 제도이며 특정 문화의 일시적 변덕에 지나지 않는다거나, 모성 본능은 사실 존재하지 않으며 여성 잡지에 의한 문화적 길들이기일 뿐이라는 의견이 그것이다. 또는 여성과 남성에 대해 정확하게 똑같은 방식으로 행동해야 한다는 의견, 또는 흔히 보는 대로 우리가 공격적이게 되는 것은 교육이 나쁘기 때문

* Martin Buber, *I and Thou*, pp. 11-12.

일 뿐이라는 의견도 있다. 내가 볼 때 이런 의견은 모두 맞바람에 침을 뱉는 격이다. 이런 것이 취하는 형태나 그 안에서 우리 자신이 개인적으로 맡는 역할은 엄청나게 달라질 수 있다. 그것을 없앤다는 것은 우리 몸에 날개나 엄니가 돋게 하는 것과 마찬가지로 불가능하다. 없애고 싶어 할 타당한 이유도 없다.

가족과 자유

앞 장에서 나는 혼인이 어떤 의미에서 본성적이라고 말할 수 있는지에 대해 전반적으로 논했다. 여기서는 현재 유행하는 것처럼 혼인은 각 개인이 순전히 스스로 만든 역할을 자유로이 맡도록 내버려 두는 게 아니라 그저 성별에 따라 결정된 역할을 하도록 강요하기 때문에 본성적이지 않다는 생각을 잠깐 들여다보고자 한다.

이 책 전체에 걸쳐 나는 특정한 본성을 지닌다는 것은 불운이 아니며, 우리가 정말로 귀중하게 여기는 의미의 자유는 완전한 불확정성을 의미하지도 않고 전능은 더더욱 아니라는 의견을 내놓았다. 그것은 **우리가 각자 가진 능력을** 발휘해 다른 사람이 아닌 자기 자신이 될 기회를 뜻한다. 인간의 범위는 모두 겹치기는 하지만, 각자가 가진 재능이나 취향이나 감정적 가능성의 범위는 다르다. 개별성을 타고난다는 것, 다시 말해 자신의 능력을 적극적으로 누린다는 장점은 무한히 유연하지는 않다는 단점을 상쇄하고도 남는다. 그리고 다른 성별이 아닌 한쪽 성별에 속한다는 것은 이 장점의 한 측면일 뿐이다. 만일 우리가 모두 표준 모델로 이 세상에 왔다면 삶은 지금보다 훨씬 더 빈곤하고 빈약할 것이다. 깜짝 놀랄 정도로 우리와는 너무나 다르게 세상에 반응하는 사람들과 끊임없이 마주치는 것은 활발한 인간적 삶의 본질적인 특징이다. 인간의 가능성이 지니는 전체 범위는 개인으로서는 누구도 다 품을 수 없을 정도로 너무나 넓기 때문에, 그 범위를 망라하려면 더없이 다양한 부류의 사람들이 필요하다. 인간이 가진 소리 전체를 내려면 전원이 합창대에 올라가야 한다. 나아가 우리 각자에게는 그 자체로 매우 복합적인 본성이 있고, 우리는 거기 속하는 더 많은 요소를 발견함으로써 끊임없이 기쁨과 경외를 느낀다. 문화는 활동적인 사람과 사색적인 사람, 늙은이와 젊은이, 남자와 여자 등 명백하게 부류가 다른 사람들에게 별도의 역할을 맡김으로써 이런 풍요로운 혼란을 어느 정도 단순화하는 데 도움을 준다. 그리고 이는 절대적으로 필요해 보인다.

당연히 나는 맡겨진 **구체적** 역할이 심하게 어울리지 않을 수 있다는 점을 부정하지 않는다. 실제로 그럴 때가 많다. 그리고 남성은 여성보다 힘이 강하기 때문에 때로는 심각한 불공평이 생겨난다. 그렇지만 불공평은 부모와 자식, 부자와 가난한 자, 건강한 사람과 병든 사람 사이에서도 발견된다. 그러나 이런 경우에도 역할 구별은 여전히 필요하다. 불공평은 역할에 변화를 줄 좋은 이유는 될지언정 역할을 없애버릴 적절한 이유는 되지 못한다.

혼인과 '가족'을 철폐하고 싶은 사람들, 그리고 여성이 전적으로 남성과 똑같은 방식으로 대우받아야 한다고 생각하는 사람들이 내놓는 극단적이고 무차별적이며 대체로 부정적인 의견을 우리는 어떻게 다루어야 할까? 이것은 사람들이 곧잘 '본성적이지 않다'고 말하는 대상이자, 본성 개념을 무의미하다고 선언함으로써 옹호하는 대상에 해당하는 좋은 예다. 본성은 무의미한 것이 아니며, 우리는 여기서 이 책의 3장에서 살펴본 **본성적**의 이중적 의미를 다루는 것이다. 최소한의 의미에서 본성적인—널리 행해지고, 감정적으로 매력이 있으며,

근절하기 어려운—것이라 해도, 우리가 그것을 승인하도록 요청받는 강한 의미에서도 본성적이라는 법은 없다. 우리는 그것을 진정한 성향이라 인정할 수 있지만, 널리 퍼지면 전체를 왜곡할 것이기 때문에 억눌러야 한다. 잔인성과 위선, 그리고 좋은 성질이라도 걷잡을 수 없이 과도해질 때 생겨나는 집착, 감상, 광신 같은 것이 이런 예에 해당한다.

그런데 내가 볼 때 뚜렷하게 여성에게 부여된 역할, 또는 '가족', 또는 대개 어느 정도 그에 수반되는 남성 지배를 철폐하기를 원하는 사람들은 이런 식으로 반대한다. 그들은 그것을 점성술이나 할복 같은 지역적 제도라거나 단순한 문화적 일탈에 지나지 않는다고 그럴 듯하게 다룰 수 없다. 그것은 너무나 널리 퍼져 있고 또 사람들의 삶에서 너무나 중요하다. 그러나 그들은 그것을 인간의 두 가지 잘 알려진 약점에서 비롯되었다고 간주할 수 있다. 첫째는 감정적으로 홀로 설 수 없다는 점이고, 둘째는 권력을 남용하는 성향이다.

그 첫째인 독립 문제를 살펴보자. 홀로 서는 능력이 인간의 존엄에서 절대적으로 중심적 위치를 차지한다고 생각하는 실존주의 성향의 사람이 많이 있는 것이 분명하다. 그들은 개별성을 너무나 높게 평가하는 나머지, 우리가 서로 얽히게 만드는 경향이 있는 제도, '나'보다 '우리'라고 말하게 하는 그 어떤 제도도 없애고 싶어 한다. 그래서 가족생활을 방종으로 간주하고 없애고 싶어 한다.

이 입장에 대해 가장 먼저 할 말은 가족의 진정한 형태는 그 이름으로 종종 벌어지는 사기와는 구별해야 한다는 것이다. 인간과의 접촉이 **무서운**, 그래서 그에 대처할 수 없는 사람들이 그것을 방종이라 비난하고 자신은 그것 없이도 살 능력이 있다고 자축하는 것이다. 그렇기는 하지만, 진정한 신스토아주의자들이 얼마간 남아 있는 것은 분명하다. 그리고 그들의 입장은 **금욕적** 삶의 방식을 제안한다. 사람들이 일반적으로 바라는 것과 인간에게 당연하게 여겨지는 것을 포기하는 것이다. 이로써 그들은 여러 문화에서 다툼이나 과시나 비겁한 행동을 통제하기 위해, 동정을 유지하기 위해, 무당을 길러내기 위해 엄격한 제도를 세운 사람들과 똑같은 입장에 놓인다. 그런 금욕주의에는 본성에 어긋나는 부분이 없고 우리의 이의 제기가 필요한 부분이 없다. 단, 거짓을 동원하지 **않는다면** 그렇다. 그에 따른 희생은 현실적 희생으로서 인정되어야 하며, 이 사실을 완전히 알고 제대로 이해한 사람이 아니면 누구에게도 동참을 요청해서는 안 된다. 가정생활에 대해 반대를 설파하는 사람들은 이 점에서 수도원 제도만큼이나 정직해야 한다. 모두가 그들과 취향이 같지는 않으며, 그들이 이 문제에서 편협하게 굴 핑계는 없다. 자신과는 취향이 다른 사람을 **비전향자**(unreconstructed)라고 묘사하는 것은 노골적인 언어 폭압이다. 자유를 위해 싸우는 사람들이 그렇게 행동한다면 무엇으로 정당화할 수 있을까? 이를 뒷받침하는 가정은 종종 대중은 자신의 마음을 모르는 문화적 길들이기의 무력한 희생자인 반면, 전향자들은 전적으로 자율적이라는 기묘한 가정으로 보인다. 이것은 모든 실존주의 도덕에서 공통적으로 나타나는 지적 속물근성의 한 측면에 지나지 않으며, 사실은 지식인에게만 열려 있는 견해를 **도덕적으로** 존중할 수 있는 유일한 입장이라고 드높이는 것이고, 지적 생활이 조장하는 특유한 형태의 자기기만을 무시하는 것이다.

그렇지만 이제까지 내가 이 문제를 논하면서 사용한, 그리고 이 문제가 제기될 때 흔히 동원되는 극단적 용어는 오해의 소지가 있을 것이다. **혼인**이나 **가족**을 추상적으로 말할 때 우리는 이런 것의 형태가 대단히 광범위하다는 사실을 무시하게 된다. 정말 필요한 것은 점진적 개혁이다. 따지고 보면 우리는 우정이나 스포츠나 예술이 자유를 위협한다고 매우 그럴듯하게 말할 수 있는데, 그런 것이 취하는 일부 형태는 확실히 그렇기 때문이다. 그러나 아예 철폐하기 위한 이유로는 군색하다. 가족은 과도하게 소유욕이 강할 수 있다. 그러나 한편으로 가족은 과도하게 무관심할 수도 있다. 왜 한쪽 위험이 다른 쪽 위험보다 더 중요할까? 적정 수준의 가족 친밀도를 찾아내는 것은 간단하지 않다. 이것은 이스라엘인들의 경험에서 명확히 알 수 있다. 그곳에서 건국자들은 대개 그러듯 자신들이 겪은 양육 과정의 단점을 피하겠다는 일념에서 출발했다. 중부 유럽에서 전형적이었던 갑갑하고 과보호하는 가족생활에 대한 반동으로 그들은 모든 부분에서 새바람을 받아들여, 가족의 유대가 느슨하고 최소로 유지되도록 온갖 방법을 동원했다. 그 결과 일은 잘 풀렸다. 그러나 세대가 바뀔 때마다 젊은 부모들은 조건을 조금씩 바꾸고 있는데, 현재까지는 대체로 느슨해진 유대를 다시 긴밀하게 하는 방향으로, 아이들과 보내는 시간이 더 많아지도록 요구하는 방향으로 나아가고 있다. 우리가 **유대** 대 **자유**라는 단순한 이분법적 구도를 가지고 움직일 수는 없다는 것은 확실하다. 중요한 특정 유대를 나름의 방식으로 형성하고 유지할 수 없다면 우리 대부분은 권리를 박탈당하는 것이다.

이제 지배(dominance)는 어떨까? 현대 생활에서 이 문제는 성별과는 전혀 무관한 훨씬 더 일반적인 어려움에 속한다. 이것은 서양 세계의 극심한 경쟁에서 기인한다. 성공에, 시험에, 성적에, 기록 경신에, 경쟁하는 스포츠에, 거래에, 제조에 집착하면서 우리는 지배 서열의 꼭대기에 오르지 않으면 삶은 살 가치가 없다는 듯이, 오로지 그곳만이 훌륭함을 나타낸다는 듯이 행동하는 지경에 이르렀다. 이것은 **능력주의**(meritocracy) 같은 특별한 낱말로 표현되는데, 우수한 사람들이 지배한다는 뜻이라고 주장하지만 시험에 통과하는 사람들이 지배한다는 뜻이다.

이런 상황이 가져오는 자연스러운 효과는 서열의 아래쪽 집단이 위로 올라가기 위해 격렬하게 발버둥 치고, 그러는 과정에서 서로를 짓밟는 것이다. 그런데 꼭대기의 자리 개수는 한정되어 있다. 따라서 대부분의 사람은 아무리 열심히 발버둥 쳐도 여전히 중간이나 밑바닥에 있을 것이다. 그리고 만일 이 때문에 그들의 자존감이 무너지면—자신의 현재 모습 때문에 멸시받는다고 생각할 이유가 있다면—그들은 비참해질 것이고 그 상위에 있는 사람들 역시 비참해질 것이다.*

이런 견지에 비추어, 꼭대기에 있는 소수가 남성이냐 여성이냐 하는 질문은 나로서는 그다지 흥미를 느끼기가 어렵다. 설혹 성의 장벽이 모조리 제거된다 해도 대부분의 여성은 대부분의 남성과 마찬가지로 그들이 말하는 암울한 변두리에 여전히 머무를 것이다. 변화가 중요한 의미를 가질 수 있는 유일한 경우라면, 본성적으로 남성보다 덜 경쟁적인 여성들이 꼭대기에서 더 건전한 풍토를 조성하기 위해 뭔가를 하는 것이다. 그렇지만 꼭대기로 올라가서 그렇게 하려면 경쟁심에 사로잡히지 않은 채 경쟁해야 할 것이다. 이것은 지나친 기대이다. 문제를 여성의 이익과 남성의 이익이 정면충돌한다고 보는 한

* 자유 개념이 현재 어떤 난맥상에 빠져 허우적거리고 있는지에 대해서는 앞에서 이미 언급한 바 있다. 게다가 평등 개념은 상황이 더욱 심한데, 극도로 경쟁적 사회에서 말로만 평등을 부르짖기 때문에 완전한 혼란이 야기된다[버나드 윌리엄스는 선집에 수록된 논문에서 이 문제를 훌륭하게 다루었다. Bernard Williams, "The Idea of Equality", *Problems of the Self*(Cambridge, 1972), pp. 230-249]. 여성의 삶이라는 매우 어려운 문제에 자유나 평등 개념을 가지고 접근하는 것은 빗과 솔로 밭을 일구려는 것과 비슷하다. 도구가 완전히 부적절한 것이다.

희망을 가질 수 없다. 여성을 정당하게 대하는 것은 당파적,경쟁적 이득이 아니다. 그것은 모두에게 보다 건전한 삶을 의미한다. 우리는 모두 본성 안에 양쪽 성의 강한 요소를 모두 가지고 있고, 그래서 한쪽 성의 이상적인 면에 한정하면 우리 모두에게 상처를 준다. 우리가 본성적으로 지배에 흥미를 갖는 것은 압제를 위한 욕망이 아니다. 지배는 질서를 원하는 취향이며, 과도해질 수 있지만 반드시 과도해진다는 법은 없다. 아이와 부모의 관계를 따라 그것은 본질상 보호적이며, 보호는 상호적이 될 수 있다. 그것은 더 대등한 종류의 동료 관계로 보완될 필요가 있다. 그러나 여전히 우리의 감정적 본성 안에 있는 요소 중 하나다.

인간의 감정 구조를 이해하면 서로 다른 삶의 방식이 어디까지 가능한지 판단하는 데 도움이 된다. 변화가 제안될 때 그것이 감정적 문제를 일으킬 수 있다는 것을 알게 되면 곧장 배제해야 한다는 말이 아니다. 그 대가를 이해해야 한다는 말이다. 이제는 인간이 갖는 여러 감정 사이의 자연스러운 균형을 무시하는 삶의 방식이 (『국가』를 쓸 때 플라톤으로서는 알 수 없었던) 가져오는 어려움이 종교라든가 그 밖의 특화된 공동체의 경험을 통해 알려졌을 것이다. 프로이트가 지적한 것처럼, 성을 경멸하고 스스로 그것을 초월했다고 생각하는 사람들은 자신보다 열등하다고 느끼는 사람들의 성보다 덜 매력적인 형태의 성에 지배당하기가 쉽다. 그는 미처 지적하지 못했지만, 이것은 공격성을 비롯해 인간의 다른 모든 주요 동기에도 똑같이 적용된다. 그래서 찾아내는 구조는 모든 동기가 중심적인 동기 한 개(성, 권력 등) 또는 두 개(앞의 동기가 자기 보존, 배고픔, 죽음을 바라는 마음 등과 균형을 이루는 형태)로 수렴되는, 즉 그 동기로부터 힘을 끌어낸다는 것을 보여주는 그림이 아니다. 프로이트나 홉스나 니체의 패턴은 매우 비생물학적이었다. 그런 본성을 지니는 생물 종은 없다. 감정 구조는 수많은 동기로 구성되어야 한다. 개개의 동기는 진정으로 서로 별개이자 자율적이지만, 개인이 정상적으로 성숙하면서 전체적으로 그를 만족시킬 수 있는 삶에 맞도록 조정된다.

지성이 본능을 대체하지 않는 이유

그렇지만 여전히 행동주의자는 그런 본능 구조 관념은 사람에게는 적용할 수 없으며 오직 '동물'에게만 적합하다고 생각하는 경향이 있다. 사람들은 동물이 더 영리해지면서 **본능**에 점점 덜 의존하게 되었다고 생각하는 것 같다. 여기서 본능은 '닫힌 본능'으로, 꿀벌의 춤처럼 세밀하게 정해진 자동적인 행동 패턴을 가리킨다. (이 관점에 따르면) 고등한 동물은 본능이 아니라 지성을 활용하며, 인간은 다른 모든 동물에 비해 너무나 영리해졌기 때문에 완전히 지성 쪽으로 옮겨갔다. 따라서 인간은 본능 구조의 한계에서 완전히 벗어났다는 것이다.

이것으로는 해결되지 않는다. **본능**과 **지성**은 서로 맞대응시킬 수 있는 용어가 아니다. **본능**은 어떻게 해야 하는지만 아는 것이 아니라 무엇을 할지 아는 것까지 포함한다. 본능에는 수단뿐 아니라 목적까지 관계된다. 본능은 타고나는 취향과 욕망을 가리키는 용어이며, 이것이 없다면 우리는 정지 상태에 들어가고 말 것이다.

닫힌 본능에서는 욕망과 기술이 함께 움직인다. 꿀벌은 그저 아무 춤이나 추기를 원할 수 없다. 자신이 다녀온 곳을 다른 꿀벌들이 알 수 있도록 정확한 모양의 춤을 추어야 한다(따라서 그렇게 춤추기를 바란다). 그러나 진화의 사다리에서 더 위로 올라가면 훨씬 많은 가능성이 펼쳐진다. 적응력이 뛰어난 동물일수록 나아갈 수 있는 방향이 많아진다. 그래서 방향을 가늠하려면 명확한 취향을 갖출 필요성이 더—덜이 아니라—커진다. **그러므로 닫힌 본능을 대신하는 것은 영리함만이 아니라 강하고 전반적이며 천성적인 욕망과 관심이다.** 장수말벌 특유의 사냥 습관을 단순히 고양이나 수달의 더 뛰어난 지성으로 대체한들 소용이 없을 것이다. 사냥하려는 강하고 전반적인 바람 또한 있어야 한다(그리고 사실 오락을 위해 사냥놀이를 하는 것은 이처럼 지성을 갖춘 육식동물뿐이다. 새끼들이 특히 그렇다). 그다음 행동이 미리 확고하게 정해져 있지 않을수록 그것을 찾아내려는 전반적 욕망이 더 강할 수밖에 없다. 더욱 명확한 것은, 어린 새끼들에게 이로운 것이 무엇인지를 더 지성적으로 판단할 수 있다는 사실만 가지고 포유류가 꿀벌이 유충을 보살피는 자동적 방식을 개선할 수는 없다는 사실이다. 새끼들에게 이로움을 주려는 **바람**이 있어야 한다. 게다가 꿀벌보다 더 많이 바라야 하는데, 포유류는 꿀벌보다 훨씬 자유로운 데다 마음을 먹으면 자기 새끼를 버릴 수 있기 때문이다. 새끼를 버린다는 것은 꿀벌에게는 절대로 일어날 수 없는 종류의 일이다. 포유류는 물론 때로는 자기 새끼를 버리거나 방치하고, 때로는 어리석게 보살핀다. 또 때로는 새끼를 먹기도 한다. 그러나 이는 그들의 본능이 완벽한 기계장치가 아님을 보여줄 뿐이며, 이 점이 바로 나의 요지다. 취향과 흥미는 기계적으로 완벽한 장치가 될 수 있는 종류의 것이 아니다. 확실히 '진화 장치'다. 그러나 개체에게 취향과 흥미는 기계적이든 아니든 장치의 **용도**를 결정하는 종류의 것이다. 이것이 다루는 것은 목적이지 수단이 아니다.

진화 수준이 높아지면서 자동적 기술의 비중이 점점 줄어드는 만큼, 선천적으로 결정되는 전반적 욕망은 더 필요해진다. 이런 변화가 이제까지 늘 모호했던 것은 '본능'이라는 낱말을 양쪽 모두에 사용했기 때문이다. 실제로 둘 사이에 연속성이 있으므로 그렇게 이상한 것은 아니다.

이 연속성은 유기체의 진화에서 전형적으로 나타나는데, 유기체는 (이따금 기계를 개발하는 과정이 그렇듯) 만족스럽지 않은 모델이나 특징은 그냥 폐기하고 완전히 다른 어떤 것을 새로 시작하는 식으로는 절대로 움직이지 못한다. 새의 날개는 앞다리가 적응한 것이며, 목적을 가지고 새로 설계해 만든 것이 아니다. 엄니는 이빨이 적응한 것이다. 그리고 마찬가지 방식으로 우리 삶의 감정적 측면에서 더 발전된 섬세한 부분 역시 더 투박한 부분이 적응한 결과물이며, 그 기묘한 역사의 흔적이 깊이 남아 있는 경우가 많다. 이런 적응 구조가 작용하는 방식은 복잡하며, 그 흔적과 그것을 평가하기 위해 동물행동학자들이 예리하게 고안한 일련의 원칙 또한 마찬가지다. 여기서는 몇 가지 예만 간단하게 지적하기로 한다.

먼저 가장 간단한 예는 성적 행동에서 가져온 패턴을 공격성을 가라앉히기 위한 유화적 몸짓으로 활용하는 것이다. 무수히 많은 종이 이렇게 한다. 충분한 생활 공간을 얻기 위해 동료들을 쫓아내는 원초적 성향이 있는 동물 사이에서 더 폭넓은 사회적 접촉을 가능하게 만들어주는 가장 간단한 방법이다. 성은 가장 오래되고 독창적이며 부드러운 해답이다. 화해의 도구로서 이에 비할 만한 것은 그 뒤로 이어지는 것, 즉 새끼를 돌보는 행동뿐이다. 후자는 널리 퍼지자마자 (경골어류와 특정 파충류가 어느 정도 개척자 역할을 하기는 했지만, 주로 조류와 포유류 사이에서) 노여움을 가라앉히고, 도움을 간청하고, 또 온갖 방식으로 사회의 수레바퀴에 윤활유로 활용될 수 있는 훌륭한 몸짓 레퍼토리를 제공해주었다. 손이 많이 가는 무방비 상태의 새끼를 상대해야 하는 동물은 진정한 친절과 관용을 발휘할 수 있어야 한다. 이에 따라 어른이 아이처럼 행동하면 동료 어른들의 친절과 관용을 끌어내는 것이 가능해진다. 따라서 구애하는 새들은 갓 부화한 새끼의 전형적 몸짓을 하며 서로에게 접근하는 일이 많고, 열세인 동물은 우세인 동물에게 같은 방식으로 행동한다. 그리고 때에 따라 양쪽이 두 가지 역할을 모두 할 수 있는 상호 관계가 형성될 수 있다. **영장류가 등장하기 훨씬 이전인 바로 이 시점에 자연은 더 이상 홉스의 관점과 맞지 않는다.** 우정이 가능해진다. 그리고 사회생활이라는 중대사가 실제로 세워지는 것은 (인간의 존엄에 아무리 어울리지 않는다 해도) 바로 그런 기초 위다.

이런 것은 사회의 뿌리이기 때문에 여전히 사회의 구조를 결정한다. 나는 그 연관관계가 단순하다거나, 원래 요소가 더 복잡한 패턴으로 구축될 때도 달라지지 않는다고 말하는 것이 아니다. 실제로 이처럼 역사적으로 동기를 이해하는 방법에서 요구되는 기본 틀은 이제까지 심리학에서 동기 이해를 위해 시도한 대부분의 방법에서 요구되는 것보다 훨씬 덜 간단하다. 그러나 **실제로** 그런 틀이 요구될 만큼 현상이 복잡하기 때문인 것으로 보인다. 기본 원칙을 고를 때 개념에 좀 더 공을 들이지 않으면 장기적으로 간단한 설명을 얻어내리라 기대할 수 없다.

이렇게 역사적으로 생각하려면 확실히 우리는 동떨어진 종을 서로 비교하고 늑대뿐 아니라 말벌에 대해서도 논할 필요가 있다. 이것의 타당성과 관련해 알아두면 유용한 용어는 상동(homology)과 상사(analogy)*의 구별이다. 여기서 상사는 겉보기에 닮았다는 뜻이 아니

* Konrad Lorenz, *On Aggression*, chaps. 5-7; Irenaus Eibl-Eibesfeldt, *Love and Hate*,

라 특별한 의미를 지닌 전문용어이다(이 두 용어는 신체적 진화에서 온 것이다). 상동은 친족이라 닮은 것이고, 상사는 기능이 닮은 것이다. 조류는 모두 동족이므로 새의 날개는 모두 상동 관계에 있다. 상동 관계는 날 수 없는 키위나 펭귄의 날개처럼 기능이 달라져도 달라지지 않는다. 그렇지만 조류와 박쥐는 동족이 아니다. 이들의 날개는 기능적으로 닮은 것이며, 따라서 상사에 해당한다. 이것은 수렴진화의 한 예로도 볼 수 있는데, 수렴진화는 서로 전혀 다른 동물이지만 필요가 비슷하기 때문에 비슷한 장치가 만들어지는 것을 말한다.

이런 두 가지 관계 모두 우리의 논의에서 무엇보다도 중요하지만 그 방식은 완전히 다르다. 만일 어떤 종이 어떻게 지금처럼 되었는지를 알고 싶다면, 한 가지 방법은 가까운 친척 종들을 연구해 그들과 얼마나 다른지 알아보고 진화 경로를 되짚어 올라가는 것이다. 이것은 상동을 따라가는 것이다. 그러나 다른 한 가지 방법은 (인간이나 대왕판다나 코끼리처럼, 그리고 다윈의 핀치새들과는 달리) 우연하게도 가까운 동족이 없는 종을 다룰 때, 또는 우리의 관심사가 기능 자체일 때 특히 유용하다. 그래서 펭귄의 지느러미발을 연구하려면 새들의 날개뿐 아니라 물개나 고래의 지느러미발, 어류의 지느러미, 그리고 어쩌면 잠수함의 프로펠러까지도 살펴보아야 할 것이다. 친족 관계가 없다는 사실이 우리의 이해에 도움이 될 수 있는데, 닮게 된 원인이 기능에 있다는 뜻이기 때문이다. 항공기 설계자는 조류의 비행에 많은 관심을 두고 비행 전반의 기능적 문제를 밝혀내고자 했다. 행동의 경우, 어떤 종에서 짝 맺기가 무슨 역할을 하는지를 이해하려 한다면 늑대, 긴팔원숭이, 여우원숭이를 비롯해 수많은 조류, 나아가 진드기

chap. 3; Wolfgang Wickler, *The Sexual Code*, chap. 3 참조.

나 갯가재같이 비교적 눈에 덜 띄는 종에 이르기까지 매우 넓은 범위에 걸쳐 종의 성공을 가져온 장치의 하나로서 짝 맺기를 관찰할 수 있다. 이 부분을 살펴보는 과학자들은 (로렌츠나 비클러처럼) 이 장치가 가져다주는 이해관계가 상황에 따라 어떻게 달라지는지, 짝을 맺는 종과 맺지 않는 종이 다양한 맥락에서 어떻게 다른지를 알아내고자 한다. 그러고 나면 그중 일부 학자는 부분적으로 짝을 맺는 종인 인간에 관해 더 이치에 닿는 설명을 내놓을 수 있기를 기대한다.

인간의 사회생활을 이루는 기본 요소를 다른 종과 비교하려면 상사를 활용할 필요가 있는데, 이러한 요소가 제공하는 많은 기능을 다른 영장류 종에서 찾아볼 수 없기 때문이다. 영장류는 대형 협력 사업을 벌이지 않으며, 따라서 그에 수반되는 충심이나 성실, 고등 기술을 가지고 있지 않다. 정해진 집이나 가족도 없다. 그러나 사냥하는 육식동물들에게는 있다. 그리고 유인원도 늑대도 수명이 인간만큼 길지 않으며, 따라서 지혜를 축적하거나 깊은 관계를 맺을 기회 또한 인간에 미치지 못한다. 그러나 코끼리는 다르다. 그리고 우리에게는 강한 시각적 관심이 사회생활이나 미술을 위해 너무나도 중요하지만 여타 포유류 중에서는 사실상 그런 동물이 없고, 새끼를 기르기 위해 우리만큼 열심히 일할 필요가 있는 포유류도 아마 없을 것이다. 그러나 조류는 그렇다. **어느** 동물인지 따지지 않고 '인간과 동물의 차이'에 대해 말한들 무의미한 이유가 바로 여기에 있다.

서로 가까운 친척 관계가 **아닌데도** 상당히 발달한 형태의 사회생활을 각기 독자적으로 '발명'한 동물 집단이 여럿 있다. 즉 이들은 구성원들이 한데 어울려 지내지만 서로 주목하지 않는 '익명의 무리'가 아닌 것이다.* 이들은 함께 무언가를 **할** 수 있고, 어느 정도 서로 돕고 보살필 수 있으며, 개체끼리 우정을 나눈다. 예를 들자면 많은 조류(거위나 갈까마귀 등), 늑대나 들개 같은 육식동물, 코끼리, 다수의 영장류가 있고, 고래나 돌고래도 필시 (그들 기준에서) 이에 포함될 것이다(고래나 돌고래에 대해서는 알려진 부분이 너무나 적기 때문에 나로서는 다음에서 다룰 내용에 이들을 확실하게 포함할 수 없다. 그러나 알려진 부분이 이와 상충하는 것으로 보이지는 않는다).

이 범위 전체를 통틀어 사회생활에서 어떤 공통되는 구조적 특징이 나타난다. 그 첫째는 로렌츠가 주목한 것으로, 대충 요약하면 **평화 유지를 기반으로 한다**고 말할 수 있다. 즉 현재 존재하는 공격 가능성을 해소할 필요성에 기인하는 우호적 몸짓을 통해 긍정적인 사회적 유대가 이루어지는 것이다. 상호 공격이 불가능한 종은 친구가 될 계기가 아예 생기지 않는 것으로 보인다.

"충실한 친구들이 불화에서 회복함은 사랑이어라."** 익명의 무리 안에 있는 동물들은 서로를 알아가지 못한다. 진정한 사회적 동물은 충돌할 수 있고 이따금 충돌한다. 그러나 보통은 우호적, 유화적 몸짓으로 충돌을 막는데, 특히 누군가가 새로 나타나거나 한 구성원이 다른 구성원에게 해를 끼친 경우 그렇게 한다. 앞서 언급했듯 그런 몸짓은 대부분 성적 또는 유아적 행동 레퍼토리에서 가져온 것이다. 그렇지만 종종 맥락에 맞춰 더 복잡한 사회적 태도를 표현할 수 있게끔 미묘하게 변형된다. 예컨대 성적 행동과 유사한 유화적 행동은 짝짓

* '사회적'이 가리키는 의미에서 생각지도 않은 부분을 드러내는 이 흥미로운 형태의 사회에 관해서는 다음을 참조. Konrad Lorenz, *On Aggression*, chap. 8.

** 영국의 시인이자 극작가, 작곡가인 리처드 에드워즈(1525-1566)가 쓴 시 「사랑 싸움」(Amantium Irae)의 한 구절이다.(옮긴이)

기를 원하는 암컷의 유혹 행동을 모방하지만 (절대로 수컷을 모방하지는 않는다) 특징적 변형이 따른다. 이 몸짓을 접한 상대는 다른 몸짓으로 반응하며, 이 역시 똑같은 레퍼토리에서 가져온 몸짓일 때가 많지만 신호로 작용하도록 특징적 변형이 이루어진다. 나아가 한 사회 집단 안에는 지배 서열이 있는데, 일부 구성원이 나머지보다 더 존중되고 집단의 움직임을 결정하며 나머지는 그들을 따르는 경향이 있다는 의미다. 이 위계는 복잡하며, 나로서는 지나치게 단순화하고 싶지 않다. 어떤 구성원이 위계에서 차지하는 위치가 한 맥락에서는 낮다 해도 다른 맥락에서는 높을 수 있다. '상호 존중'은 일반적이며 중요하다. 지위는 절대적 권력이 아니다. 그렇지만 지위는 실제로 존재한다. 집단에는 대체로 우두머리가 있다.

대체로 힘을 실제로 사용하는 일은 거의 또는 전혀 없다. 심지어 위협조차 불필요한 때가 많다. 그러나 지위는 부모와 자식의 전형적인 행동과 매우 밀접한 관계가 있다. 지위가 낮은 구성원은 자신이 존중하는 구성원의 의견을 따르는데 자기 부모를 따르는 것과 같은 방식이다. 그리고 충돌 가능성이 있으면 한쪽이 상대방을 달래기 위해 유아의 행동만 하면 되는 때가 많으며, 그럴 때 상대방은 부모의 행동으로 대응한다. 이 행동은 종종 먹을거리를 간청하고 상대방이 그것을 선물로 주는 상징적 행동으로 나타난다. 이처럼 유아를 모방하는 행동과는 별개로, 실제로 유아는 종종 (자기 부모뿐 아니라) 어른 사이에서 눈에 띄게 인기가 높다. 어른은 유아를 관용으로 대하며, 종종 유아와 함께 있기를 원하고 돕고 같이 논다. 그리고 단순히 유아가 그 자리에 있다는 사실만으로도 어른들 사이의 충돌이 끝날 수 있다.*

암컷이나 유아의 행동을 유화적 몸짓으로 가져올 때는 그 두 역할에 근접하는 방식을 취하는 경향이 있다. 암컷이 수컷보다 지위가 높아 보이는 종이 있고(예컨대 비버), 지위가 서로 비슷한 종이 있다(예컨대 하이에나. 의미심장하게도 하이에나는 외관상 암수 구별이 거의 불가능하다). 코끼리는 일부 사슴처럼 암컷에게 더 높은 지위를 부여하는 것으로 보이는데, 단순히 암컷은 함께 지내며 집단의 연속성을 보존하는 반면 수컷은 더 넓은 영역을 돌아다니며 집단과의 유대가 느슨하기 때문이다. 그러나 사회생활이 잘 발달한 종에서는 대부분 가장 높은 지위를 수컷이 차지하며 암컷은 그보다 지위가 낮은 경향이 있다(다만 자격이 입증되지 않은 어린 수컷은 지위가 가장 낮을 수도 있다). 그러나 지위가 낮은 구성원이 특별히 억압받는 것은 아니다. 그들이 위험에 처하면 일반적으로 지배적인 구성원이 나서서 돕고 보호한다. 위험이 외부의 적의 위협 때문이든 집단 내 다른 구성원의 위협 때문이든 마찬가지다. 후자의 경우 매우 흔히 볼 수 있는 흥미로운 양상은 지위가 낮은 구성원이 중간 지위 구성원의 위협을 받을 때 더욱 지위가 높은 구성원이 보호하는 것으로, 인간의 통치나 정의와 닮은 점이 있는 상황임이 분명하다. 또한 특히 암컷은 수컷만큼 높은 지위가 **필요하지 않은** 때가 많다. 싸움을 잘 걸지 않는 경향이 있는 데다, 상대방이 싸움을 걸어와도 좋은 대응책이 있을 터이기 때문이다. 성별은 거의 언제나 **영향을 미친다**. 경험 많은 관찰자라면 동물의 성별을 금방 알아볼 수 있는데, 그 동물이 행동하는 방식과 다른 동물들

* Irenaus Eibl-Eibesfeldt, *Love and Hate*, pp. 149-150, 189. 제인 구달의 영화 중 한 편에서 개코원숭이가 다툼을 피하려고 유아에게 관심을 돌리는 것을 볼 수 있다.

이 대하는 방식 모두에서 드러나기 때문이다. 이런 양상은 거의 보편적이므로 인간의 문화에서 나타날 때까지 기다릴 필요는 전혀 없다.

매우 대충 그린 이 스케치의 결론으로, 이 모든 집단에서 이런 갖가지 동물을 하나로 묶어주는 것이 무엇일까 하고 누군가가 묻는다면, 그 답은 애착이다. 즉 우호적 관심에 의해 지속적으로 힘을 얻고 유지되는 애정의 유대다. 두려움은 답이 아니다. 이런 동물 중에는 홀로 매우 잘 살아남을 수 있는 동물이 많이 있고 또 때때로 홀로 있고 싶을 때는 그렇게 한다(코끼리와 고릴라가 인상에 남는 예다). 먹을거리도 답이 아니다. 오로지 사냥하는 육식동물만 협력의 경제적 이점을 이용한다. 이들은 그저 서로 좋아한다.* 차별 없이 좋아하는 것은 아니다. 호불호가 있다. 이야기의 처음에 언급한 것처럼, 이들은 서로 싸울 수 있다.

여기서 나의 요지는 두 가지, **닮았다**는 점과 **복잡하다**는 점이다.

첫째, 이처럼 매우 다양한 종의 사회생활 구조가 그렇게나 비슷하다는 점—**똑같이 지성적이면서 구조는 확실히 다른 종이 없다**는 점은 정말 주목할 만하다. 예컨대 사회적 곤충을 모델로 삼아 봐도 훨씬 덜 감정적이고 더 평등주의적이며 효율적이고 개체의 성격이 덜 드러나는 구조는 없다. 지성을 그 자체로 하나의 속성이라고 생각하고 더 고등한 진화의 유일한 특징이라고 생각하는 사람은 이것이 수수께끼 같을 것이다. 개미나 꿀벌은 하나의 종착점에 해당한다. 과학소설에서는 그들의 후예를 만들어내기 위해 여러 가지를 시도해보았지만, 그러자면 그들에게 더 나아지려는 열망과 야망을 부여해야 하는데 이런 것은 그들의 삶에서 아무 의미도 없다. 그들에게는 그 이상의 **목**

* 다음을 참조. George Schaller, *Year of the Gorilla,* pp. 122, 183.

표가 없는 것이다.

둘째, 이런 종들이 (대략적인 의미에서) 비슷하기는 하지만, 이들의 공통점은 본능이든 그냥 '지성'—이것이 무엇이든 간에—그 자체든 단일 요소에 의존하지 않는다는 것이다. 타고나는 동기들이 얽힌 거대한 그물망이 관련되어 있는데, 이런 동기는 그 근원을 생각할 때 크게 공격성, 성, 지배, 육아라는 항목으로 분류할 수 있지만, 여기에는 무수히 많은 독립적인 취향도 포함된다(예컨대 유아들과 함께 놀기, 갖가지 기술, 탐험, 우정, 어른들 간의 협력 등). 이렇게 얽힌 수많은 동기를 어떤 단일한 기본 동기로 환원해 '설명'하는 일은 필요하지도 유용하지도 않다. 그러나 이제 사람들은 이것을 기대하게 되었고, 게다가 문제의 동기가 흥미진진하고 창피스러운 동기일 거라고 기대하게 되었다. 따라서 사람들은 내내 동물행동학자들이 그런 동기를 내세우고 있다고 받아들였고 무엇이든 하고자 하는 말을 하게 두었다. 그래서 데즈먼드 모리스는 **그저** 성을, 로렌츠는 공격성을 부각하는 것으로 이해되어왔는데, 이런 관념은 그들의 논의를 놓칠 수밖에 없게 만든다. 아이블아이베스펠트가 현저히 조용하고 공격적이지 않은 접근법과 아울러 이전의 일부 동물행동학자보다 나은 인류학 지식을 가지고 나서서 그동안 시종일관 과소평가되어온 주요 동기 하나를 치우침 없이 부각함으로써 균형을 바로잡은 것은 잘된 일이다. 그 동기는 바로 육아다. 이 역시 만병통치약은 아니지만, 너무나 수수하고 빤한 까닭에 미처 알아보지 못하고 퍼즐에서 누락되었던 조각이다.

아이블아이베스펠트는 공격 능력은 적극적 사랑과 우정의 필수 선결조건이라는 로렌츠의 의견에 동의하지만, 그러므로 사랑은 '공격성의 산물'이라는 주장에는 동의하지 않는다. 자신과 결속된 사람들을 방어하는 공격성은 유대를 강화할 수 있지만, 그는 애초에 유대가 존재할 경우에만 그럴 수 있다고 지적한다. 그리고 그런 유대는 거의 전적으로 새끼를 소중히 여기는 동물에게만 존재하는 것으로 보인다.

> 공격성 없는 우정이 없는 한편, 부모의 보살핌 없는 우정 또한 거의 예외 없이 존재하지 않는다. […] 사랑은 주로 공격성의 산물이 아니라 부모의 보살핌이 진화하면서 나타났다. […] 새끼를 돌보지 않는 동물 중에서 집단 방어나 함께 싸우는 동반자 관계가 있는 예를 우리는 알지 못한다. […] 반면에 새끼 돌보기는 매우 일찍부터 개별적 동반자 관계와 새끼를 소중히 여기는 개별화된 태도를 필요로 하며, 이로써 차별화된 사회생활에 필요한 기반이 제공된다. […] 공격성은 유대를 강화하는 데 이차적 역할을 수행할 뿐이다. […] 한편 성욕이 결속의 수단으로 이용되는 경우는 극히 드물며, 다만 인간 경우에는 이런 측면에서 중요한 역할을 한다. […] **사랑의 뿌리는 성에 있지 않다**. 다만 사랑은 유대의 이차적 강화를 위해 성을 활용한다.*

이 점은 일단 생각해보면 이상하게도 명백하다. 그리고 이는 사실 사랑이 실제로 어떤 종류의 동기인지를 설명하는 유일한 길인데, 사랑은 단순히 사람들을 괴롭히는 또 다른 방식이 아니기 때문이다. 육아는 그처럼 외향적 동기가 발달할 수 있었던 유일한 관계다. 이를 위해 절대적으로 필요한 것은 우월성을 인정하는 것도, 앞으로 누릴 혜택을 생생하게 감지하는 것도 **아닌**, 오랫동안 지속되는 믿음직한 애정이다. 독립적인 어른들이 짝짓기하는 데 필요한 짤막한 접촉에

* Irenaus Eibl-Eibesfeldt, *Love and Hate*, pp. 123-124. 강조 표시는 내가 했다.

는 이런 종류의 애정이 전혀 요구되지 않는다. 그러나 새끼는 무방비하다. 조류와 포유류의 경우 새끼는 무방비할 **수밖에** 없다. 동물로서 최종적으로 비교적 복잡한 동물로 발달하기까지 시간이 오래 걸린다(이 과정을 매우 빠르게 거치는 기니피그 같은 동물도 조건이 좋을 때만 살아남을 수 있고, 장기적으로 고도로 발달하지 않는다). 이런 동물은 사회적 곤충과는 달리 먹이를 주는 것만으로는 충분하지 않다. 다 자랄 때까지 오랜 기간 단계적 **보살핌**이 필요하다. 그래서 이들을 개별적으로 대하며 '인격적으로' 돌봐야 한다(로렌츠와 마찬가지로 여기서 나는 '인격적'이 매우 타당한 낱말이라고 생각한다.* 인격person은 원래 인간이 아니라 연극의 등장인물을 뜻했는데, 대체할 수 없는 독특한 개인을 가리키는 말이었다. 따지고 보면 이것은 삼위일체의 세 위격이나 법인처럼 인간이 아닐 수도 있다. 그리고 인격적 애착에서 중요한 점은 그 역할을 다른 누구도 맡을 수 없다는 것이다). 이런 감정적 역사가 있어야만 '돌봄' 같은 낱말에 기묘한 여러 의미를 부여하는 선천적 태도가 발달할 수 있었을 것이다. 사람들을 **돌본다**는 것은 그들의 욕구를 충족시킬 뿐 아니라 그들 가까이에 있고 싶어 한다는 뜻이며, 그들을 귀중히 여기는 태도와 연관성이 있다는 점을 감정적 구성이 매우 다른 어떤 동물에게 어떻게 설명할 수 있을까?** 마찬가지로, 사람은 소유물이 아니지만 우리는 **자신의** 자식을 바라며, 자식을 **버리는** 것은 지독한 상처를 입히는 것이고, 지나치게 **소유욕이 강한** 것은 잘못이라는 사실을 그런 동물이 어떻게 이해할까? 부모 노릇이라는 극히 중요한 문제에서 **자신의** 자식을 대신할 수 있는 것은 없다. 어디에도 속하지 않는다는 것은 재앙이다. 그

* Konrad Lorenz, *On Aggression*, p. 138.

** **돌보는 직업**이라는 유행어를 만든 사람들에게도 설명이 필요할 것 같다.

리고 이런 일련의 태도가 어떤 식으로 다른 종류의 애정으로 이어지는지는 연인끼리 사용하는 아기 언어와 애칭에서 매우 뚜렷이 드러난다. 이에 대해서는 잠시 뒤 다시 다루기로 한다.

이 절에서 나는 우리의 동기 구조 이해를 향해, 다시 말해 각 동기가 역사적으로 서로 어떻게 연결되었을지, 어떤 동기가 다른 어떤 동기로부터 어떻게 파생되었을지 이해하는 방향으로 한 걸음 내디뎠을 뿐이다. 우리가 하고 있는 일을 분석하려면 훨씬 더 많은 것이 필요할 것이다. 한 동기를 다른 동기 아래로 분류하면서, 특정 행동에 대해 사실 지배하려는 시도일 뿐이었다거나 과시의 일환 또는 성적 접근이었다고 말할 때, 어떤 동기가 어떤 다른 동기를 불러오기 쉬운지에 관해 일반화한 설명을 내놓을 때, 역사적 연관성이(만일 있다면) 오늘날 우리가 탐구하는 동기의 의미에 중요하게 작용할 것이라는 의견은 이제 늘 역사적으로 생각하지는 않는 사람들조차 일리가 있다고 받아들일 것이다. 예를 들면 어린이 특히 남자아이들의 놀이에는 고도로 양식화한 공격성이 (전통과는 무관하게 매우 자연스럽게) 많이 수반되어 있다.* 즉 가벼운 공격이나 방어 같은 행동을 한다는 말이다. 그러나 뭔가 문제가 생기지 않는 한 일반적으로 아무도 다치지 않고 모두가 까르르 웃으며 즐거워한다.** 정확히 똑같은 상황을 강아지, 새끼고양이 등 다른 많은 새끼 동물에게서 볼 수 있다. 그런데 이런

* 이것이 의심스러운 사람이 있다면 쉽게 확인할 수 있다. 모든 아기는 낯선 아기들을 처음 대하는 단계에 다다르기 때문이다. 가장 나이가 많은 아이 경우는 쉽게 예에서 제외할 수 있다. 나는 내 아이들의 행동을 보기 전까지는 이럴 때 아이들이 **무엇을 해야 하는지** 너무나 완벽히 **알고 있다**는 것을 깨닫지 못했다. 이럴 때 아이들은 어른들은 모르는 방식으로, 따라서 한 번도 본 적 없는 행동을 한다.

** N. G. Blurton Jones, "An Ethological Study of Some Aspects of Social Behaviour in Children in Nursery School", *Primate Ethology*, ed., Desmond Morris 참조.

공격성 요소는 도대체 **왜** 있는 걸까? 어떤 의미에서 공격성을 띠는 행동은 우리의 모든 밀접한 개인적 접촉의 조상이라는, 다시 말해 우리가 서로를 인식할 수 있었던 **최초** 형식은 비교적 무차별적인 밀치기였다는 로렌츠의 견해가 옳다면, 그런 행동은 여전히 타인의 존재나 그들이 정말로 확실하게 남이라는 사실을 느낄 수 있는 가장 자연스러운 형식일 것이라는 생각은 합리적이다. 그리고 원래의 맥락에서 '이탈'하여 실질적 적의를 모두 잃은 것이 분명하므로 그런 행동은 전적으로 무해하다(사실 그런 행동을 가로막으려는 품위 있는 부모는 아이들에게 큰 해를 입히는 것이다). 양가감정은 그 뿌리가 깊다. 그 사실을 존중하고 이해해야 한다.

아이블아이베스펠트는 『사랑과 미움』에서 이 밖에도 이런 식의 중요한 적용 사례를 많이 소개하는데 짤막하게 인용해보겠다.

> 이제까지 논한 것을 바탕으로, 키스나 애무 등 전형적으로 성적이라고 보는 많은 행동 패턴이 실제로는 부모가 자식을 돌보는 행위에서 왔다는 것이 사실상 분명해졌을 것이다. 우리가 독자에게 이 점을 상기시키는 것은 지크문트 프로이트가 완전히 거꾸로 해석하여, 어머니가 자기 아이에게 성적 행동 패턴을 얼마나 쏟아내고 있는지를 깨달으면 충격받을 것이라는 논평을 내놓은 적이 있기 때문이다. 이 경우 프로이트는 전후를 뒤바꾼 것이다. 어머니는 부모가 자식을 돌보는 행위를 이용해 자녀를 보살핀다. 그리고 똑같은 행위를 사랑하는 남편에게도 이용하는 것이다. […]
>
> 특정 상황에서 어른은 스스로 아이인 것처럼 행동하며, 앞서 언급한 것처럼 그런 퇴행적 행위는 동물들의 정상적 행동 레퍼토리에 속한다. 인간도 마찬가지다. […] 이런 종류의 퇴행은 전혀 병적이지 않다. 이 점

> 은 강조되어야 한다. […] 이것이 병적인 것은 오로지 그 역할에서 빠져 나올 방법을 찾아내지 못하는 사람에 한한다. [143-144쪽]

나로서는 이 흥미로운 점을 원하는 만큼 깊이 다룰 수 없으므로, 그저 에릭 번이 말하는 것처럼 우리 각자 안에서 아이는 계속 살아 있으며, 한때 지나치는 역할이 아니라 우리 성격에서 변치 않는 측면이라는 말로 정리하고자 한다. 번은 이렇게 말한다. "실제로 이 아이는 여러 면에서 인격의 가장 귀중한 부분이며, 실제 아이가 가족생활에 기여하는 것과 똑같이 사랑스러움, 즐거움, 창의력 등으로 개인의 삶에 기여할 수 있다. 만일 개인 안의 이 아이가 혼란하고 건강하지 않다면 그 결과는 불행할 수 있지만, 그에 대해 뭔가를 할 수 있고 또 해야 한다."* 프로이트는 이 점에서 설득력이 없었고, 그가 사용한 퇴행이라는 언어는 지나치게 부정적이다. 그러나 나는 이 문제를 여기까지만 다루고, 무엇이 인간의 갖가지 감정 패턴으로 직접 진화했을까 하는 생각으로 돌아가기로 한다.

무엇이 그 대안이 될 수 있을까? 인간의 다양한 문화에 걸쳐 방금 묘사한 사회생활의 전반적 구조가 눈에 띄게 비슷한 예가 많다는 점을 생각할 때, 이 장의 첫째 절에서 지적한 것처럼 몸짓 또한 세부적으로 닮았다는 사실로 볼 때, 우연 때문이라고 보기에는 너무나 닮은 이런 결과를 상속 **이외에** 어떤 것이 만들어낼 수 있었을까? 지성이 어떤 방식으로 본능을 대치하면 이와 비슷한 결과를 만들어낼 수 있을까? 앞서 말한 것처럼 진화는 보수적이다. 제대로 작동하는 그 어떤 것도 단지 더 낫다는 이유로 다른 것으로 대치되지 않는다. 어떤

* Eric Berne, *Games People Play*(New York, 1964), pp. 25-26.

장치가 실제로 실패하지 않는 한 그것을 없애려는 선택 압력은 생겨나지 않는다. 희한하고 투박해서 누가 보아도 개선의 여지가 있는 장치가 무수히 많지만, 단순히 생존을 방해하지 않는다는 이유 때문에 자연에서 꿋꿋이 살아남는다. 따라서 이전과 다를 것 없는 결과를 가져오는 새로운 수단을 발달시키려면 과감한 양방향의 움직임이 필요할 것이다. 먼저 그 습성을 완전히 없애고, 그런 다음 수렴진화를 통해 완전히 다른 형태로 그것을 다시 습득하는 것이다. 그런 양방향의 움직임은 확실히 가능하다. 예컨대 뱀은 다리를 없애고 기어 다니는 방향으로 돌아갔고, 수생포유류는 조상들이 떠나온 물속에서 헤엄치는 생활로 돌아갔다. 그러나 이들의 상황에서 기거나 헤엄치는 행동의 **요지**는 명확하다. 구멍이나 구석에서 사는 생물은 기는 것이 좋고, 물에서 사는 생물은 헤엄을 **쳐야 한다. 그와 비슷한 어떤 편의를 추구하는 압력이 있어야 우리가 포유류 생물의 감정 구조를 그렇게나 비슷하게 모방하게 될 수 있을까?** 이 질문이 제기되거나 답이 나올 수 있는 입장을 상상하기는 불가능하다. 어떤 감정 구조를 이미 가지고 있지 않은 한, 선택을 상상한다는 것은 말이 되지 않기 때문이다. 이로써 그 구조를 없앴을 때 동물이 살아남기가 얼마나 불가능할지가 드러난다. 이것은 다리를 가지고 다시 물속으로 들어가는 문제가 아니라, 몇 세기 동안 이동 능력을 완전히 포기하는 문제에 가깝다. 감정 구조가 없다는 것은 껍질이 없는 게보다 훨씬 무방비하게 발가벗겨진 상태이다(이것은 실존주의자들이 말하는 우리의 상황과 거의 비슷하다. 앞에서도 언급했듯 거의 말이 되지 않는다).

사람 경우에는 지성이 본능을 대체했다는 주장은 받아들이기 어렵지만, 이런 주장을 내놓는 사람들은 **다른 종**은 본능을 통해 수행하는 일을 우리는 지성을 통해 수행하는 사례의 실제 범위를 염두에 둔 것으로 보인다. 예컨대 건축(우리가 영장류로부터 이어받은 유산에는 준비되어 있지 않다), 동물 길들이기와 농사(사회적 곤충들이 어느 정도 이렇게 한다), 그리고 사냥 등인데, 사냥의 경우 육식동물이 자기 힘으로 할 수 있는 작업을 수행하기 위해 우리는 여러 가지 장치를 필요로 한다(이런 부분조차 우리가 기본적, 본능적 관심을 가진 경우가 많은 것이 분명하다고 생각된다. 실제로 유인원은 보금자리를 만들고 꾸준히는 아니더라도 열심히 사냥한다. 그리고 우리는 육식동물뿐 아니라 우리 사촌인 긴팔원숭이에게 수렴해, 정해진 집을 갖고자 하는 본능적 취향을 스스로 발달시킬 시간이 있었다). 어떤 경우든 이런 사례의 패턴을 확장해 우리 본능의 전반적 구조를 제거하기는 완전히 불가능하다.

나아가 혹시라도 본능이 제거된 적이 **있었다면**, '지성'이 스스로 떠안은 구조를 가지고 본능을 그렇게나 비슷하게 모방해야 하는 이유가 무엇이었는지 이해하기가 불가능하다. 지성적 계획이라면 안전과 사회의 조화를 가져올 것이다. 그렇게나 많은 다툼이 지금도 일어나는 까닭은 무엇일까? 그렇게나 고집스럽게 올려다보고 내려다보라고 하는 까닭은 무엇일까? **존중**을 요구하는, 주목받기를 바라는 저 불편한 성향을 사람이 가지고 있는 까닭은 무엇일까? 그리고 애정의 범위를 넓히는 일이, 이웃을 사랑하고 원수를 사랑하는 일이 그렇게나 어려운 까닭은 무엇일까? 이런 것을 설명할 수 있는 의미의 지성은 있어 보이지 않는다.

의인화는 무엇일까?

지금까지 나는 지성 또는 합리성이 본능을 대치할 수 있다는 생각은 터무니없다고 말해왔다. 그리고 물론 우리의 본능 구조는 우리 종에 의해 진화해 많은 변화가 있긴 했지만 영장류 선조들로부터 물려받은 것이라고 말했다. 사람들은 두려움, 노여움, 애정 등 인간의 감정과 동기를 가리키는 데 사용하는 명사를 동물에게는 제대로 쓸 수 없다거나 쓴다 해도 사람에 쓴 것과 똑같은 의미를 지니지는 않는다는 말로 이 생각에 대한 반론을 내놓을 수 있을 것이다. 그럴 경우 내가 방금 논한 닮았다는 점은 오해를 불러오기 쉽다.

그런데 이따금 사람들은 동물에게 없는 감정이나 동기를 부여하면서 동물을 사람처럼 대하기도 하는 것이 명백하다. 그리고 이것을 **의인화**(anthropomorphism)라고 한다. 그렇지만 이 용어의 일반적 용법에서는 사실관계에 착오가 있다는 것이 암시된다. 동물에게는 다른 감정이 확실히 있고 또 우리는 종종 그런 감정을 명사로 나타낼 수 있다. 그래서 다정한 개 주인은 자기 개의 감정을 애정이라고 생각하는 한편, 옆에서 보는 사람들은 그것을 탐욕이라고 생각한다. 그리고 이런 의견 차이는 인간 맥락에서도 일어날 수 있다(이 점을 주목하는 것이 중요하다). 회사 사장은 부사장이 그에게 헌신적이라고 주장하는 반면, 다른 사람들은 부사장의 행위를 다르게 이해하는 식이다.

이 개가 애정을 가지고 있다는 생각만이 아니라 어떤 개든 어떤 감정이나 동기가 있다는 생각은 다 틀렸다는 말은 훨씬 극단적 입장이다. 동물행동 연구자들은 동물의 '주관적' 감정에 관해 논할 어떤 권리도 부정하는 경우가 매우 많다. 이들은 사람의 주관적 감정에 대해 논할 권리는 자신에게 있는지 생각해보아야 할 텐데, 입장이 매우 비슷하기 때문이다. 어떤 경우에도 우리는 자신이 아닌 누군가가 될 수 없다. 우리는 다른 사람 '안에 들어갈' 수 없다. 남의 행동에 연루된 감정의 정확한 성질이 무엇인지 진정으로 알지 못하고, 그 감정이 어떤 식으로든 우리에게 전달될 수 있다면 깜짝 놀랄 것이 분명하다.

그러나 누군가의 감정이나 동기를 알기 위해 그 사람 안으로 들어갈 필요는 없다. **감정**은 사용하기 그리 위험한 낱말이 아니다. 두려움, 탐욕 등은 단지 감정이나 감각만은 **아니다**. 그것은 태도이다. 감정을 느끼면서 그에 이름을 붙일 수 없어 정말로 당황할 수도 있다. 그럴 때 깨달음을 주는 것은 자신의 행위나 생각을 관찰하는 것일 수 있다. 어떤 사람이 울적하다—그러나 자신이 평소 매우 중요하다고 생각하는 어떤 것을 소홀히 했거나 까맣게 잊어버렸다는 생각에 흠칫 놀라기 전까지는 그 사실을 깨닫지 못한다. 어떤 사람이 겁을 먹었다—그러나 너무나 해묵은 것이고 너무나 익숙해서 사소한 난관에 직면할 수 없음을 알기 전까지는 그것을 두려움이라고 생각하지 못한다. 감정은 곧장 알아차리는 치통과는 매우 다르다. 우리는 남의 감정을 잘못 식별할 수 있다. 그러나 한편으로 자신의 감정도 잘못 식별할 수 있다. 누군가가 어떤 감정을 가지고 있다고 말하는 것은 그의 내밀한 경험으로 통하는 직통회선을 가지고 있다는 주장이 **아니다**. 그것은 그의 삶 속에 있는 한 패턴을 발견하는 것이다.

그 말에 그의 내밀한 경험에 관한 내용도 포함될까? 나는 그렇다고 생각한다. 그리고 최근 철학자들은 이에 관해 너무 소심했으며, 무심하게 의식을 외면해온 (그리고 말이 나온 것처럼 누군가를 만나면 "당신은 잘 지내시는군요, 저는 잘 지냅니까?"라고 인사할 것 같은) 어설픈 행동주의자들에게 너무도 기꺼이 까다로운 논점을 양보해왔다고도 생각한다. 조지가 겁을 먹었다 또는 울적하다 하고 말할 때 우리는 그가 어떤 특정한 방식으로 행동할 것이라고 믿을 뿐 아니라, 적어도 어떤 때에는 우리 자신이 때때로 느끼는 불쾌한 감정이나 감각과 **닮은** 감정이나 감각을—그냥 불쾌한 것이 아니라 전반적으로 똑같은 방식으로—그가 **정말** 느낀다고 믿는다. 이렇게 믿는 것은 우리가 천성적으로 그렇게 틀이 잡혀 있기 때문이다. 조지의 감정은 조지의 삶이 지니는 전반적 특수성에 따라 우리와는 다를 수 있다. 그러나 그의 감정은 우리의 공감 능력에 따라 정해져 있는 한도 안 어딘가에 있을 수밖에 없다. 그렇지 않다면, 그의 감정이 우리로서는 모호하고 상상할 수 없어진다면 우리는 그를 이해하지 **못한다**, 더 이상 그에게 공감할 수 없다 하고 매우 특별한 방식으로 말할 것이다. 그리고 실제로 사람들은 자신이 공유할 수 없는 감정에 대해 그렇게 말한다.

만일 우리가 다양해 보이는 행위를 하나로 묶는 전반적 동기를 파악하지 못한다면 인간이든 짐승이든 행동을 설명하기가 불가능할 것이다. 행동을 설명한다는 것은 그것을 어떤 전반적 동기 아래 두는 것이기 때문이다. **저렇게** 다가가는 것은 모욕이자 독립성을 과시하는 행위였으며, **이렇게** 다른 방식으로 다가가는 것은 우호적 인사이자 용서하겠다는 의사이다. 저렇게 엎드리는 행위는 복종한다는 표시이며, 절망을 드러낸다. 동물의 삶에 대해서도 인간의 삶에 대해서도 우리는 그런 설명을 끊임없이 필요로 한다. 그리고 그에 관련된 맥락을 경험한 바 있을 때 그 경험을 활용한다면 그런 설명을 안전하게 이용할 수 있다. 그럴 때 우리는 대상의 감정이 정확히 어떤 성질인지 알 수 있는 전용회선을 가지고 있다고 부당하게 주장하는 것이 아니다. 우리는 그 종에게 공통된, 본질상 공개적인 범주에 따라 그들의 행동을 분류하는 것이다. 다음에서 보듯, 소설가들이 그렇게 한다.

> 페라스 부인은 작고 마른 여성으로, 뻣뻣해 보일 정도로 꼿꼿한 자태에 얼굴은 찌무룩해 보일 정도로 진지했다. 얼굴색은 창백했고, 아름답지 못한 이목구비는 작았으며 원래부터 무표정했다. 그러나 다행히도 찡그린 눈썹 덕분에 밋밋하다는 불명예에서 벗어나 오만하고 심술궂다

> 는 강한 특징을 지닐 수 있었다. 부인은 말수가 많은 여성이 아니었다. 일반적인 사람들과는 달리 그녀는 말수를 자신의 생각 수에 맞춰 제한했으며, 어쩌다가 입 밖으로 빠져나오는 말도 대시우드 양을 향한 것은 하나도 없었다. 그녀는 대시우드 양을 무슨 일이 있어도 싫어하겠다는 굳은 결심으로 노려보았다. [제인 오스틴, 『이성과 감성』(*Sense and Sensibility*), 12장]

동물행동학자들도 마찬가지다.

> 그 시절에도 플로는 매우 늙어 보였다. 뼈에 살이 거의 붙어 있지 않아 허약해 보였다. […] 우리는 플로의 성격은 겉보기와는 전혀 다르다는 것을 금방 알게 됐다. 플로는 공격적이고, 강인하기 이를 데 없으며, 당시 암컷들 중 단연 최강의 지배자였다.
>
> 플로의 개성은 다른 늙은 암컷과 대비하면 더 생생하게 느껴질 것이다. 올리는 플로와 마찬가지로 그 무렵 캠프를 찾아오기 시작했는데, 얼굴이 길고 입술이 덜렁덜렁 흔들리는 올리는 […] 눈에 띄게 달랐다. 대체로 플로는 어른 수컷들을 편안하게 대했다. 나는 플로가 숲속에서 다른 수컷 두셋과 친하게 어울리며 털을 손질하는 모습을 종종 보았고, 캠프에서도 플로는 조금의 망설임도 없이 데이비드나 골리앗 옆에 붙어 판지나 바나나를 나눠달라고 청했다. 반면에 올리는 다른 침팬지들을 대할 때 긴장하고 불안해했다. 어른 수컷들 가까이에 있을 때 특히 겁을 냈고, 지위가 높은 골리앗이 자신에게 다가오면 헐떡거리는 거친 숨소리가 거의 히스테리 수준으로 격앙되었다. […] 대체로 플로와 올리의 관계는 평화로웠으나, 둘 사이에 바나나 한 개가 바닥에 놓여 있을 때는 둘의 사회적 지위 차이가 매우 분명하게 드러났다. 플로가 푸석한 털 몇

> 가닥만 곤두세우면 올리는 그에 복종해 헐떡이는 숨소리와 함께 이빨을 드러내고 씩 웃으며 물러났다. [제인 구달, 『인간의 그늘에서』(*In the Shadow of Man*), 80-81쪽]

두 저자 모두 다른 이의 의식의 흐름에 연결되는 전용회선을 가지고 있다고 주장하지 않는다. 이들이 쓰는 방법의 중요한 차이는 그것이 아니다. 한 저자는 사람들을, 다른 저자는 침팬지들을 묘사하고 있다는 점도, 한 책은 도서관의 문학 서가에서, 다른 책은 동물학 서가에서 찾을 수 있다는 점도 아니다. 둘의 차이는 제인 구달은 요청을 받으면 자신이 하는 모든 말을 뒷받침할 자세한 통계 자료를 내놓을 수 있고, 제인 오스틴은 그렇지 않다는 점이다(누군가의 요청이 있었다면 오스틴도 기꺼이 자료를 모았을 거라는 데는 의심의 여지가 없다…).

길버트 라일이 『마음의 개념』(*The Concept of Mind*)에서 지적한 것처럼, 누구도 (우리가 늘 성공했음에도) 우리는 다른 사람들의 감정을 판단하기가 체질적으로 불가능하며 데카르트적 고독 안에 감금된 것이 아닐까 하고 의심할 필요가 없다. 유아론자는 별도로 치고, 우리 대부분은 인간의 감정에 관해 뭔가를 알 수 있다는 의견을 받아들일 자세가 되어 있을 것이다. 이 능력을 동물과 접촉하는 데도 활용하기를 망설여야 할까? 동물이 느끼는 것을 우리는 정말 모를까?

여기서 우리는 하나를 고를 수 있을 것으로 보인다. 먼저, 여느 미심쩍은 의견을 대할 때와 마찬가지로 그저 **우리는 아무것도 모른다**고 선언하고, 그러고 나서 우리가 부인한 그 능력을 사용하지 않으려고 노력할 수 있다. 또는 그런 능력을 사용하고 그다음 어떻게 되는지를 보는 선택도 있다. 앞서 (라일을 따라) 말한 것처럼 어떤 감정이나 동기를 어떤 동물이 가지고 있다고 보는 것은 (여러 의미 중에서도) 그 동물의 삶 속에 있는 어떤 패턴을 분별하는 것이다. 만일 누가 '이것은 진정한 둥지 만들기 행동일까, 아니면 전위 행동일까?' 하고 묻는다면, 맥락에 관해, 다시 말해 그것 말고 어떤 행동을 하고 있었는지, 다음에는 어떤 행동을 할지를 묻는 것이다. 그리고 그 대답에는 그 행동과 이전에 같은 행위를 했을 때의 맥락에 관한 온갖 자세한 사항이 들어갈 것이다. 모든 것을 완전히 외면적이고 행동적으로 보이게 할 수 있다. 그리고 인간의 맥락에서도 아무것도 더 알아낼 수 없다고 진심으로 믿는 어설픈 행동주의자들에게는 어떻든 인간과 동물의 차이점에 관한 질문은 있을 수 없다. 만일 의식이 근거 없는 통념이라면, 또는 행동 묘사와 무관하다면 인간과 동물에게 똑같이 그러하다.

그렇지만 우리 대부분은 그렇게는 안 된다는 것을 알 수 있다. 찾는다, 달아난다, 얼굴을 찡그린다, 공격한다, 물러난다, 먹는다, 쉰다 등 행동을 묘사하는 낱말은 말하자면 외면뿐 아니라 내면에서도 만들어져왔다. 이런 낱말은 우리가 지켜보는 것뿐 아니라 우리가 **하는** 것까지 가리킨다. 그리고 어떤 것을 하지 않았다면 그것을 가리키는 낱말이 아예 없는 경우가 많다(관찰자 시각에서 볼 때 '잘 쉰다'는 무엇일까? 쉰다는 것 자체가 도대체 무엇일까?). 우리가 남에게 이런 낱말을 적용할 때 성공 여부는 두 가지 조건이 결정한다. 문제의 행위나 감정에 우리 자신이 (내면으로부터) 익숙한지, 그리고 인간이든 짐승이든 관찰 대상이 되는 구체적 동물에게 (주의를 기울이는 것을 포함하여) 익숙한지다. 종의 장벽은 그 자체로는 상관이 없다. 실제로 한 종의 구성원들이 다른 종의 구성원들을 예측하고 개인적 유대를 맺을 수 있을 만큼 잘 이해하는 때가 많다. 그 이상은 아무것도 필요하지 않다.

우리 자신이 그 감정에 익숙해야 한다는 첫째 조건 경우, 공식적으로 동물의 주관적 기분에 대한 어떤 혜안도 가지고 있지 않노라고 열심히 부인하는 틴베르헌은 『재갈매기의 세계』에서 다음처럼 흥미로운 예를 들며 속마음을 드러낸다. "알을 품는 기간은 […] 번식 주기 중 비교적 단조로운 단계다. 적어도 알을 품는 본능이 전혀 없기 때문에 새가 알을 품고 앉아 있을 때 느낄 법한 만족감을 이해하는 데 약간의 어려움이 있는 관찰자에게는 단조롭다"(134쪽). 다시 말해 부화는 실제로 외면만 가지고 정의해야만 한다는 점에서 **예외적**이다. 만일 우리가—예컨대 다른 행성의 동물처럼—모든 행동을 그런 식으로 정의해야 하는 동물을 다루고 있다면, 틴베르헌이 잘 지적한 것처럼 우리로서는 그 "만족감을 이해"할 길이 전혀 없을 것이다. 그리고 이것은 우리의 감정 레퍼토리 안에서 그와 비슷한 것을 찾아내기를 바라는 데서 그치는 것이 아니라 상상까지 해야 한다는 뜻일 수밖에 없다.

관찰 대상 동물에 익숙해야 한다는 두 번째 조건은 우리로서는 더 자주 부족함을 느끼는 부분이다. 사람들의 동기를 오해하는 가장 좋은 방법은 주의를 충분히 기울이지 않는 것이다. 그러나 주의를 기울이려 노력한다 해도 그 사람을 충분히 오래 알지 못했거나 충분히 잘 알지 못하기 때문에, 또는 같은 부류 중 익숙한 다른 사람이 아무도 없기 때문에 이해하지 못할 수 있다. 단 한 명의 여성이나 아이, 한 명의 부자나 스페인인밖에 알지 못하면 그들에게 무엇을 기대해야 할지 모르기 때문에 불리하다. 내 생각에 동물에 대한 우리의 오해는 사실 대개 그런 지식 부족에 기인하며, '의인화'는 사람에 대해서도 종종 볼 수 있는 더 일반적인 실패의 한 형태에 지나지 않는다. 우리가 동기를 오해하는 것은 필요한 기초 지식이 없기 때문이고, 또 무엇이 개연성이 높은지를 생각하려는 노력 없이 그저 우리 자신의 감정을 투사하고 무엇이든 그때 우리가 끌리는 드라마를 연출해 지어내기 때문이다. 그래서 어린이로서, 또 마찬가지로 나이 지긋한 사람으로서 우리는 다른 연령 집단에 속하는 사람들의 동기를 우리와 동년배인 양 읽음으로써 오해하게 된다. 그러나 그렇게 하는 것을 소아화라든가 노인화라 부르자는 생각을 한 사람은 아무도 없다. 문제가 너무 전반적으로 퍼져 있기 때문이다.* 그리고 동물에 (또는 다른 집단에) 정말로 익숙한 사람들, 그들을 진지하게 대하는 사람들은 그것을 피할 수 있다.

그러면 사람들이 종종 로렌츠가 의인화한다고 생각하는 사례를 한번 들여다보자.

> 회색기러기 수컷은 장기간 바람을 피울 수 있다. 자신의 아내가 아닌 암컷을 '은밀한' 장소에서 정기적으로 만나 교미하는 것이다. 그렇지만 이 암컷은 교미 상대일 뿐이다. 그녀가 걸어갈 때 절대 함께 걷지 않고, 그녀 앞에서 승리자의 행동은 기미조차 비치지 않는다. 이런 면에서 수컷은 아내에게 절대적 충실을 유지한다. 수컷은 바람 상대의 둥지를 보호하지도 않으며, 이 암컷은 어쩌다 둥지를 만들 새로운 장소를 확보하고 가족을 이루는 데 성공한다 해도 수컷의 도움 없이 그렇게 해야 한다. 수컷은 이 암컷을 조금도 사랑하지 않는다.**

모든 용어가 감정이 배제된 채 이 종의 행동 방식을 충분히 자세하게 아는 상태에서 부여한 의미로 뒷받침되어 있다. 경각심을 불러

* 우리는 남성화하기도, 여성화하기도 한다. 또 갑부화하기도, 극빈화하기도 한다. 이 밖에도 얼마든지 가능하다.

** Konrad Lorenz, *On Aggression*, p. 203.

일으킬 가능성이 가장 큰 마지막 문장은 내가 볼 때 전적으로 정당하다. 그는 자신이 가리키는 행동이 정확히 무엇인지 설명했다. 그런데 사람에 관해 이와 비슷한 이야기를 한다고 하자—남자는 여자를 위해 아무것도 하지 않는다. 침대에서 말고는 전혀 여자를 보고 싶어하지 않는다—상황을 똑같이 요약해 설명하는 데 이의가 있을까? 이의가 있다면 필시 '사랑이란 무엇일까' 차원일 것이며, 사랑에 포함할 수 있는 것에 대한 우리의 관념이 너무 좁다고 말할 것이다. 그러나 이것은 두 경우 모두에 똑같이 적용된다. 나는 종의 장벽이 매우 중요하다고 생각하지 않는다.* 소나 말은 매우 잘 이해하지만 사람을 다룰 때는 완전히 뒤죽박죽되는 사람도 있다.

로렌츠는 『솔로몬 왕의 반지』(*King Solomon's Ring*)의 한 곳에서 이 문제의 근원에 다가가는 것으로 보인다. 그는 지위가 낮은 암컷 갈까마귀가 무리 우두머리의 짝이 되자 어떻게 처신하는지를 다음과 같이 묘사한다.

> 이 암컷은 48시간이 지나지 않아 자신이 어디까지 행동할 수 있는지를 정확히 알았고, 애석하게도 그것을 최대한 활용했다. […] 이 암컷은 오랫동안 높은 지위를 누린 동물이 거의 언제나 그러듯 거만한 몸짓을 보이는 것에서 그치지 않았다. 그 정도가 아니라 적극적이고 악의적인 공격 계획을 언제나 준비해두고 있었다. 간단히 말해 그녀는 더할 나위 없이 비속하게 처신했다.
>
> 내가 이 동물을 인간화한다고 보는가? […] 우리가 습관처럼 '인간적 약점'이라 부르는 것은 사실 거의 언제나 전 인간적 요인이자 비교적

* 동물행동학의 '동기 분석' 기법에 관해서는 Ibid., p. 97 참조.

> 고등한 동물과 우리의 공통점 중 하나다. 정말이다. 나는 인간의 속성을 동물에게 잘못 적용하고 있는 것이 아니다. 그 반대다. 나는 인간 안에 오늘날까지 남아 있는 동물의 유산이 얼마나 막대한지를 여러분에게 보여주고 있는 것이다. [152쪽]

요약하면 종 간에 감정과 동기에 관한 의사소통이 가능한지, 또 어디까지 가능한지는 경험적 질문이다. 전체적으로 볼 때 가능하다. 우리의 진화 관계를 볼 때, 그리고 자기 종이 아닌 동물의 행동을 잘못 해석하면 종종 매우 위험할 수 있고 제대로 읽으면 매우 편리할 수 있다는 사실로 볼 때 이것이 **가능하다**는 점은 놀랍지 않다. 위협을 이해해야 했고, 유용한 경고를 발달시켜야 했다. 그리고 감정의 구체적 형태와 대비되는 감정의 전반적 성격이 인지를 벗어날 정도로 바뀌었어야 할 특별한 이유는 없다. 구체적 형태는 다양하며, 바로 이 때문에 어떤 종의 몸짓을 확실하게 읽으려면 그 종에 대해 많이 알아야 한다. 그렇지만 그것은 인간의 삶에서도 다양하게 나타난다. 문화는 온갖 방식으로 우리를 혼란하게 만든다. 우리가 문화의 장막을 꿰뚫기 위해 개발하는 기술은 다른 종을 다룰 때도 필시 도움이 될 것이다.

이렇게 말한다고 해서 동물이 우리로서는 완전히 불가사의한 감정을 가질 수 있음을 부정하는 것은 아니다. 알을 품은 갈매기, 나아가 황제펭귄이 된다는 것은 어떤 느낌일까?* 침팬지 카니발은 무엇

* 남극의 황제펭귄은 알을 품을 때 거의 얼어 죽을 것 같은 기온에서 아무것도 먹지 않고 얼음 위에 서서 밤을 보낸다. 물론 이것은 우리로서는 상상이 가지 않는다. 그러나 우리가 별이나 재봉틀이 되면 어떤 느낌일지 상상이 가지 않는 것과는 다른 방식이다. 모차르트나 갓난아기가 되면 어떤 느낌일지 상상이 가지 않는 것과 같은 차원이

일까? 코끼리는 죽은 코끼리에게 왜 그렇게 깊이 관심을 가지며, 때로는 애써 매장하고 엄니와 해골의 일부 뼈를 떼어내 가지고 다닐까?* 누가 알랴. 이런 것은 현실적 질문이다. 현실적 질문인 이유는 모두 답이 있기 때문이다. 맥락을 새롭게 이해하면 설명의 실마리를 얻을 수 있다. 그러나 이런 질문이 있다고 해서 우리가 알고 있는 중심 영역이 줄어들지는 않는다. 어떤 탐구 분야에서든 어려운 사례는 나타나기 마련이다. 그렇다고 해서 전체를 회의적으로 바라볼 근거가 되지는 않는다. 종 간의 공감에는 확실히 약간의 장벽이 있다. 인간 사이의 공감 역시 마찬가지다. 그러나 거기 어려움이 있다고 해서 우리 자신이 사는 익숙한 영역 너머에 다다르려는 노력은 실패할 운명이라거나 망상이라거나 감상적이라는 뜻이 될 수는 없다.

이기주의자의 막다른 골목

여기서 우리는 남의 남됨(otherness)에 관한 중요한 철학적 요점과 마주친다. 우리는 근본적으로 우리 자신과 같지 않은 어떤 것에 관심을 가질 수 있을까? 일부 철학자는 그러지 못한다고 생각해왔다. 확

지만 훨씬 더 먼 느낌일 뿐이다. 상상은 **바로 이런** 종류의 일을 위한 것이다.

* Iain Douglas-Hamilton and Oria Douglas-Hamilton, *Among the Elephants*(London, 1975), 찾아보기에서 '죽음(Death)'에 딸린 항목들 참조. 어쩌면 이것은 진정한 문제가 무엇인지 더 분명하게 보여주는 사례일 것이다. 정보가 더 많아지면 결국 우리는 그 행동에 맞는 패턴을 찾아낼 수 있을 것이다. 예컨대 죽은 코끼리와 알던 사이라서 그러는지, 그렇게 행동할 가능성이 큰 개체는 죽은 코끼리와 같은 집단에 속하는지 아니면 다른 어떤 공통점이 있는지, 어떤 특별한 때에 그렇게 행동하는지 등에 대해서 말이다. 또한 다른 고등한 동물 종이 죽은 개체에게 하는 행동에 관한 보고가 있으면 도움이 될 것이다.

실히 이런 생각은 유럽인의 사고 안에 많이 잠재해 있다. 예를 들면 스피노자는 동물에 관한 문제를 다음처럼 말한다.

> 동물 학살을 금하는 법률은 확고한 이성보다는 하찮은 미신과 여자 같은 동정심을 바탕으로 하는 것이 명백하다. 나아가 우리는 우리에게 무엇이 유용한지를 찾아내려는 이성적 탐구를 통해 우리 동료인 인간과 어울릴 필요가 있음을 알 수 있지만, 우리와는 본성이 다른 짐승이나 사물은 그렇지 않다. 그들이 우리에 대해 갖는 권리와 똑같은 권리를 우리는 그들에 대해 갖는다. 그렇기는 하나, 모든 이의 권리는 그 자신의 미덕이나 능력에 의해 규정되는 만큼, 인간이 짐승에 대해 갖는 권리는 짐승이 인간에 대해 갖는 것보다 훨씬 크다. 그럼에도 나는 짐승이 감정을 느낀다는 것을 부정하지 않는다. 내가 부정하는 것은 우리가 자신의 우월한 점을 내세워 우리 마음 내키는 대로 짐승을 이용하고 우리에게 가장 편리한 방식으로 다루어서는 안 된다는 의견이다. 짐승의 본성은 우리와 같지 않고 짐승의 감정은 태생적으로 인간의 감정과는 다르기 때문이다.*

내 생각에 오늘날 많은 사람은 혼동임이 명백한 부분까지 모두 포함해 이 말을 그대로 되풀이할 것이다. 여기에 어떤 원칙이 관련되어 있을까?

스피노자의 윤리학은 이기주의를 바탕으로 한다. 그가 볼 때 우리는 각자 자신만 추구한다. 각자 자신과 닮은 것에만, 그리고 자신과 닮은 범위에서만 관심을 가질 수 있다. 이것은 나는 오로지 나의 외

* Baruch Spinoza, *Ethics*, Pt. 4, prop. 37, no. 1.

적 이익을 위해서만 남을 필요로 할 수 있다는 홉스의 어설픈 정치적 이기주의가 아니다.* 스피노자의 이기주의는 남에 대한 사랑과 동일시를 허용하지만, 오로지 남이 자신과 닮은 범위에서만, 그리고 똑같은 것을 추구하는 한에서만 그렇다. 그리고 그 추구의 목표는 하느님에 대한 지적 사랑이다. 그러나 그렇다면 하느님 역시 나와 구별되는 존재가 아니다. 하느님은 그냥 모든 것이다. 그리고 모든 것은 확실히 나와 관계가 있다. 다만 그것이 나와 닮은 범위에서만 그렇다. 스피노자는 이 닮음을 이성이라는 공동체에서, 다시 말해 개개인의 지성이 모두 공명하는 우주의 이해 가능한 질서 안에서 찾는다.

스피노자의 윤리학에는 훌륭한 부분이 있지만 여기서는 우리의 관심사가 아니다. 훌륭하지 못한 부분, 완전히 틀린 부분은 남에 관한 관념이다. 남이 우리와 닮은 정도만큼만 남에게 관심을 갖는 세계, 남이 **다르다**는 사실을 절대로 환영하지도 기뻐하지도 않는 세계는 어떤 모양일까?** 게다가 남이 우리에 대해 갖는 권리를 우리와 닮은 정도에 비례하는 만큼만 인정하는 세계는 어떤 모양일까? 우리 자신을 거울에 비춘 것 같은 대상만 사랑한다는 것은 다름 아닌 자기애이며, 오로지 일란성쌍둥이들에게만 온전히 적용될 수 있을 것이다. 물론 스피노자의 말이 실제로 이 뜻은 아니다. 그의 합리주의가 요구하는 닮음의 조건은 단 하나로, 모든 당사자에게 이성이 있어야 한다는 것이다. 그러나 사랑은 사실 이성을 인정하는 것에 지나지 않는다고 볼 정도로 스피노자가 비현실적이지는 않다. 그는 우리가 다른 사람

* 홉스가 다룬 철학에 어설픈 종류만 있는 것은 아니다. 67쪽 참조.

** 개별성은 사랑에서 중심적이지만, 이 사실을 저 거대한 합리주의 전통 안에 맞춰 넣는 일은 정말로 어렵다. 이것을 훌륭하게 다룬 글은 다음을 참조. Shirley Robin Letwin, "Romantic Love and Christianity", *Philosophy*, 52(1977).

들의 감정에 신경을 쓴다는 것을 알고 있다. 그리고 미덕은 우리에게 이익이 된다는 것을 열심히 증명하고자 하며, 그래서 우리가 남의 안녕을 증진함으로써 사실은 자신의 안녕을 증진한다고 주장하고 싶어 한다. 그러므로 남은 감정적으로 우리와 닮았을 수밖에 없다. 이런 이유로 그는 짐승을 계산에서 배제하며, 그 근거는 "그들의 감정은 태생적으로 인간의 감정과 다르다"는 것이다. 그러나 이것은 짐승이 비합리적이라는 점을 근거로 도덕적 고려에서 배제하는 것보다 더 이해하기 어렵다.* 짐승이 어떤 면에서 달라야 할까? 인간의 감정 자체가 깔끔한 합리주의자들이 바랄 수준만큼 표준화되어 있지는 않다. 다양한 것이 뒤죽박죽 섞여 있지만, 그중에서도 나이에 따라 자연스레 많은 차이가 생겨나며, 또 성에 따른 차이도 있다. 예컨대 동물에 대한 배려에서 **여자 같은** 동정심이 드러난다는 말에서 스피노자가 실제로 비난하는 것은 무엇일까? 내가 볼 때 이것은 감정의 본성적 차이를 바탕으로 선이 그어진 좋은 예다. 한 성에 전형적인 감정을 다른 성의 전형적 감정보다 더 주목하는 데 특별히 합리적인 점이 있을 수 있을까? 지성주의자인 **마초**에는 이해할 수 있는 근거가 있을까?

성과 연계된 윤리는 실제로 이렇다 할 쓸모가 있을 수 없다. 사람들의 50퍼센트가 어느 한쪽에 속한다는 사실 때문에 그 잠재적 효력이 반감된다는 데서 그치지 않는다. 그보다 더 중요한 것은 우리 안에는 양쪽 성 모두의 감정이 있다는 사실이다. 완전히 자각할 정도는 아니지만, 단성 세계를 누구라도 초라하다고 여기게 할 만큼, 더 많은 것을 원하게 할 만큼은 충분하다. 동정심 없는 남자는 괴물이다. 용기 없는 여자도 마찬가지다. 일반적으로 여성이 느끼는 종류의 동정

* 11장에서 다루었다.

심에 뭔가 구체적으로 잘못된 점이 있다면, 그 내용은 단순히 관련된 성만 언급하는 것이 아니라 다른 방식으로 진술할 수 있을 것이고 또 마땅히 그렇게 해야 한다. 여기서 다르다는 것이 열등하다는 뜻이 될 수는 없다. 인류를 그런 식으로 가르는 것은 전혀 합리적이지 않다. 두 개의 성이 별개로 작동하는 문화, 각기 나름의 기준과 풍습과 때로는 언어까지 가지고 있는 문화는 인간의 가능성을 크게 낭비하는 것이다. 이런 문화는 모두의 삶을 협소하게 만든다. 하지만 그들은 지고의 이기주의적 원칙에 따라 그렇게 한다. 반면에 자신과 닮지 않은 사람들과 '어울릴' 자세가 되어 있는 사람들은 확실히 어려움과 고통에 맞닥뜨릴 것이고 때로는 큰 위험과도 부딪칠 것이다. 그러나 그들은 자신의 거울상들 사이에서 머물렀을 때보다 훨씬 많이 성장하고 배울 기회를 얻는다. 물론 우리와 닮은 사람들이라 해도 모든 면에서 우리와 닮지는 않는다. 그리고 사랑에서는 그들이 우리와 닮지 않은 부분이 우리와 닮은 부분과 똑같이 중요해 보인다. 모든 면에서 그렇다. 어떻게 이것이 가능할까?

칸트는 여기서 스피노자의 문제를 해결했으며, 그것이 그의 도덕철학에서 가장 중요한 업적 중 하나다. 자유에 관한 연구와 연결되어 있으며, 그 연구만큼 중요하다. 칸트는 우리가 남을 귀중하게 여기는 것은 그들이 남이기 **때문이라고** 했다. 칸트는 남을 바라보는 올바르고 정상적이며 합리적인 방식은 우리 자신의 어떤 목적이 아무리 지고하다 해도 남을 그 목적을 위한 수단으로서가 아니라 그 자체로 목적으로서 바라보는 것이라고 했다. 우리가 남에게 갖는 존중은 "나의 자기애를 방해하는 가치를 의식하는 것"* 즉 우리가 만들지도 소유하

* Immanuel Kant, *Grundlegung zur Metaphysik der Sitten*, chap. 1, sec. 16, note(H. J. Pa-

지도 않은 어떤 좋은 것, 진정으로 우리 외부에 있으면서 우리와 반대되는 어떤 것, 우리의 바람에 반대할 수 있는 것을 의식하는 것이다. 여기서 **가치, 값어치, 귀중함** 같은 낱말이 유래된 교환이라는 경제적 은유는 파훼해야 한다. 칸트는 사물에는 가치나 값이 있는 반면, 사람에게는 그와는 다른 존엄이라는 것이 있다고 말한다. 물론 가장 잘 표현할 수 있는 낱말은 맥락에 따라 달라진다. 그러나 여기서 여전히 가치 등에 관해 말하고자 한다면 적어도 "인간의 가치나 값어치는 다른 모든 사물과 마찬가지로 그의 가격, 즉 그의 능력을 사용하기 위해 지불하고자 하는 액수다"*라고 말하는 홉스와는 명시적으로 결별해야 한다. 친구를 위해 희생하는 것은 단순한 투자 변경이나 이익을 위한 거래가 아니다. 우리 친구는 확실히 우리 것이지만, 재산이 우리 것이어서 마음대로 처분할 수 있다는 것과 같은 의미는 절대 아니다. 자신의 요구사항에 따라 꼼꼼하게 프로그램된 로봇 세계는 황량한 곳이겠기에, 우리 각자는 기꺼이 그곳에서 벗어나 마음에 차지 않는 독립적인 흔한 인간들이 모인 곳일지라도 그리로 날아가려 할 것이다.

이기주의자의 문제점은 우리의 모든 욕망을 허기라는 패턴(섭취하려는 성향) 또는 기껏해야 수면이라는 패턴(이전에 한 일을 내면적으로 되풀이하려는 성향)을 바탕으로 그 위에 펼쳐진 것으로 생각한다는 것이다. 그러나 실제로 우리 욕망은 대부분 호기심이라는 패턴 즉 뭔가 새로운 것을 찾고 그것이 미지의 어떤 점에서 우리와 관련이 있는지를 알아내려는 성향에도 똑같이 근접해 있다(아이가 완전한 신체 활동

ton tr., pp. 66-67).

* Thomas Hobbes, *Leviathan*, Pt. 1, chap. 10.

으로 진행하는 과정을, 아이가 주위를 탐험하려고 끊임없이 애쓰는 것을 생각해보라). 삶이 나아가는 선은 **바깥 방향으로** 이어진다. 사회적 종에서 남의 행동에 직접 관심을 갖는 충동은 매우 흔할 수밖에 없다. 그리고 (버틀러의 지적처럼) 우리 자신의 이익을 의도적으로 추구하는 일은 부차적 관심사로서,* 그런 충동을 일부 정리해 활용하는 방편은 될 수 있지만 그런 충동을 대체하는 방편이 될 가능성은 조금도 없다. **오로지** 자신의 이익만 바라며 다른 사람에 대한 직접적 관심이 없는 사람은 사이코패스이며, 그것도 대개는 실망하는 사이코패스다. 그는 경주에서 이기기를 바라지만 육상, 요트, 수영 등 경주가 벌어지는 스포츠에 대해서는 조금도 관심이 없는 사람과 같은 상태다. 그는 어디로 갈지도 모르면서 왕복 승차권을 바라고 있다.

우리가 바깥으로 나가 남을 대할 때 돌아오는 리듬이 있는 것은 확실하다. 나가서 새로운 친구나 장소를 발견한 다음에는 그 발견을 우리 안의 기존 발상과 연관 짓고 싶어 하는 것이다. 우리는 우리의 이전 활동을 친구가 어떻게 생각하는지 알고 싶어 한다. 그러나 또한 **친구의** 이전 활동을 친구와 함께 들여다보고 싶어 한다. 우리는 이제껏 우리 삶의 어떤 부분에서도 없었던 일이 일어나기를 바란다. 그런 감각은 지하 감옥에 갇혔다가 쐬는 바깥바람처럼 우리를 되살리며, 자아에 눌려 갑갑하게 막혀 있던 출구를 열어준다.

이기주의자는 (재빠르게 같은 말을 반복하면서) 이렇게 대꾸한다. "아하. 그러니까 당신은 새로운 경험을 찾아내면 좋아한다는 말이지요, 안 그래요? 그렇다면 당신은 자신의 이익을 위해 그 경험을 하는 겁니다. 그리고 당신이 결국 하기로 택하는 모든 것이 그렇습니다. 아무

* Joseph Butler, Sermon 11, sec. 9. 앞서 6장에서 다룬 부분 참조.

리 기대하지 않았고 아무리 사심이 없어 보인다 해도 말이지요. 방랑자나 탐험가나 순교자가 됨으로써 그것을 피할 수 있다고 생각할 필요가 없습니다."

만일 이 이기주의자가 이익이라는 관념을 널리 쓰이는 일상적인 의미로 다시 확장해 그저 '우리가 바라는 것'을 뜻한다면 그의 말은 충분히 옳다. 그러나 이것은 사소한 반론에 지나지 않는데, 우리는 우리 자신과 직접 관계가 없는 일, 예컨대 인간이 달에 도착하는 것 같은 일을 바랄 수 있기 때문이다. 그렇지만 만일 이기주의자가 말하는 이익이 뭔가 구체적이고 흥미로운 것이라면, 다시 말해 우리가 가져오려는 것이 항상 어떤 내적 상태나 우리 내면의 변화라면, 그는 심하게 틀린 것이다. 마이클 프레인의 다음 말과 같다.

> 어떤 식으로든 그것이 전부 모종의 자기만족이라는 느낌은 사라지지 않는다. 우리 각자가 자신 안에 갇혀 있으면서 자신의 마음 상태에 어떤 효과를 일으키기 위해서만 행동하고 있다는 것이다.
>
> 그리고 이따금 우리는 정말로 이런 식으로 행동한다. 우리는 이런 종류의 자위 같은 느낌을 알고 있다. 하지만 우리가 그것을 인식하는 것은 다른 때의 우리 감정과의 대비를 통해서다! 우리는 성기 신경 자극을 확보하기 위해 외도를 시작하지는 않는다(그것은 비상식적으로 먼 길을 돌아가는 일일 것이다. 자동차의 담배 라이터를 이용하기 위해 자동차를 사는 일과 비슷하다). […] 우리 목표는 (하찮은 목표조차) 우리 외부에 있다.

이것은 확실히 옳은데, 사람들은 자신에게 외적 이익도 내적 이익도 되지 않을 일을 종종 하기 때문이다. 확실히 "사람들은 자신을 낡은 구두처럼 내던진다. 도취 속으로, 도취감을 주는 것에 대한 중독 속으로, 사랑 속으로, 종교나 정치적 무책임 속으로. […] 우리는 여러 사건을 일으켜(일부는 미친 짓이고, 일부는 그저 평범한) 그 속에 휘말리고자 한다".* 사람들은 실제로 그다지 분별력이 높지 않으며, 감정적으로도 그렇다. 그리고 이기주의는 현존하는 심리학적 사실을 정리한 기록이 아니라 개혁을 위한 신조이며, 저런 소모적인 습관에 대해 뭔가를 하려는 시도다. 스피노자 같은 철학자들은 개인이 자신을 더 진지하게 받아들이기를, 자신이 **되기**를, 자신의 자주성을 주장하기를 바라며, 자기 부족이나 가족 안에 묻혀 사라지거나 합쳐져 들어가는 것을 거부하기를 바란다. 서양 사상은 오래전부터 이런 식으로 자기 주변에 얽매이지 않는 개개인을 귀하게 여기고 자율적이게 하는 일에 몰두해왔다. 초기에 이 과정은 크나큰 해방을 가져다준다. 그러나 체계적으로 실행하다 보면 해방이 개인적 유대를 모두 잘라내는 것을 의미하는 시점에 다다른다(스토아주의에서는 이것을 받아들였고, 스피노자의 사상에는 스토아주의가 많이 포함되어 있다). 이 시점에 이르면 고립 상태에서 추구하는 단순한 도덕 프로그램이 모두 그러하듯 이 역시 미쳐가는데, 인간이 삶을 유지할 수 없는 온도 속으로 우리를 끌고 들어가기 때문이다. 우리가 개인 간의 유대를 필요로 하는 것은 도덕적 약점 때문이 아니라, 혼자서는 완수할 수 없는 실질적, 감정적 활동에 끊임없이 관여하게 만드는 우리 기능의 성격 때문이다. 우리에게는 자신과 **닮지 않은** 사람들이 있어야 한다. 그리고 우리와 남의 관계는 각자가 끊임없이 상대방을 굴복시키려 하고 상대방이 우세한 동안 그저 억지로 참는 불편한 흥정으로 이루어져서는 **안 된다**. 남과

* Michael Frayn, *Constructions*, secs. 142, 144–147.

의 관계에는 남에게 향하는 진정한 공감이 필요하다. 즉 자신이 현재 추구하는 목적이 전혀 아닌 목적을 받아들일 필요가 있다는 말이다. 다만 받아들이면 자신의 목적이 될 수도 있다. 이것은 **자기 자신이 되는** 것과 모순되지 않는데, 자신이란 실제로 하나의 배타적 체계로서 설계되지 않았기 때문이다. 그러나 엄격한 선을 그어 자신과 닮은 사람들만 어울릴 대상으로 삼는 것과는 모순된다.

이것이 대략적이나마 이기주의에 대한 대답이며, 경험적으로든 합리적으로든 명확하게 설명할 수 있다. 버틀러는 우리의 사회적 본성에 관한 여러 사실을 지적함으로써 경험적으로 말하며, 내가 이 책에서 가장 관심을 둔 측면이 이 부분이다. 칸트는 합리적으로 설명하며, 우리의 모든 도덕적 사고가—아무리 어설픈 수준이라도—어떻게 남됨 같은 관념을 필요로 하는지, 또한 특히 이 관념이 합리적 존재라는 생각에 어떻게 연관되는지를 보여준다. 합리적 존재는 자신을 우주의 중심이 아니라 다른 사람들 사이에 있는 하나의 단위체로 본다. 그리고 나는 칸트의 많은 부분을 미심쩍게 보는 사람들이라 해도, 일반적으로 말하는 온전한 정신(sanity) 관념을 논하려면 이 생각이 필요하다는 의견을 내놓았다.*

* 이것은 또 현대 언어철학자들이 주장하는 언어의 공공성과도 관련되어 있으며, 이로써 데카르트에서 시작된 유아론적 유혹이 마침내 걷혀가고 있다. '나는 생각한다, 따라서 나는 존재한다'는 것은 확실하다. 그러나 '나는 말도 한다, 따라서 **너**는 존재한다'는 것 역시 확실하다. 실제로 '너' 없는 '나'는 의미가 없다. 이런 칸트적 관점은 비트겐슈타인, 라일, 마르틴 부버 등 다양한 철학자에게서 공통적으로 나타난다.

세계 전체 안에서 살아간다는 것

그렇지만 칸트는 남을 목적으로 대우하는 것은 우리 인간이라는 종 안에서만 필요하거나 가능하다고 생각했다. 그는 종의 경계에다 선명하게 선을 그었다. 그는 이렇게 말했다. "확실히 인간은 명목상 자연의 주인이며, 우리가 자연을 목적론적 체계로 본다면 인간은 그 궁극적 목적이 되도록 태어난다." 또 이렇게도 말했다. "목적은 인간이다. 우리는 '동물은 왜 존재하는가?' 하고 물을 수 있다. 그러나 '인간은 왜 존재하는가?' 하는 물음은 무의미하다."* 이렇게 설명하면 어떨까? 칸트는 자연을 하나의 목적을 향해 수렴하는 피라미드로 받아들이고 있다. 이것으로는 해결되지 않는데, 그 목적을 누가 만드는지를 우리가 확신하지 못하기 때문만이 아니다. 어마어마하게 다양한 동물 종을, 우리를 위한 수단인지는 차치하고, 뭔가를 위한 **수단**으로서 존재한다고 보는 것이 말이 되지 않는다. 동물은 전혀 이 방향으로 나아가지 않는다. 동물이 인간의 수단이라는 의견의 기이한 점은 경제학자 케네스 볼딩이 쓴 에세이에서 비교적 재미있게 나타난다.** 그는 동물행동을 연구할 필요는 없다고 설명하면서, 동물의 존재 이유인 인간 자체 즉 완성품이 이미 우리 앞에 있기 때문이라고 말한다. 그는 이렇게 말한다. "중대한 질문은 외바퀴 손수레를 연구해, 나아가 자동차를 연구해 제트기에 대해 얼마나 알아낼 수 있을까 하는 것이다. 제트기가 인간이라면 자동차는 아마도 포유류, 외바퀴손수레

* Immanuel Kant, "Duties towards Animals and Spirits", *Lectures on Ethics*, p. 239. 분명히 그는 동물이 존재하는 이유는 인간에게 쓸모가 있기 때문이라고 생각했다.

** Kenneth E. Boulding, *Man and Aggression*, Ashley Montagu(ed.), p. 86.

는 어류일 것이다." 이것은 모든 동물은 효율이 어떤 수준에 다다랐는지만 다를 뿐, 알려진 단일 목적(고속 운송에 상응하는 어떤 것?)을 위한 장치라는 뜻일 수밖에 없다. 그리고 이제 우리 앞에 마크12 모델이 놓여 있으니 마크3이나 마크7은 산업 고고학자에게나 관심거리일 뿐이다.

이런 것을 보면 말문이 막힌다. 한 장치가 다른 장치를 구식으로 만들 수 있는 것은 오로지 두 장치가 **동일한 목적**을 위한 수단인 경우뿐이다. 볼딩은 인간의 모든 삶이 향하는 목표가 실제로 무엇인지 명백하다고 생각하는 걸까? 그리고 그 질문을 해결한 다음 그는 현존하는 다른 모든 종은—코끼리와 앨버트로스와 고래와 땅거북과 순록은—**동일한** 과녁을 향해 날아가는 어설프고 미숙한 탄환임이 명백하다고 생각하는 걸까? 기린은 인간이 되다 만 존재일 뿐 아무것도 아니라는 생각일까? 그리고 만일 웰스가 말한 것처럼 뭔가 더 지성적인 생물이 나타나면, 우리는 더 물을 것도 없이 마크13 모델을 위해 제거되는 걸까? **인간은 우리가 설계한 것이 전혀 아니며**, 인간의 작동 방식 중 무수히 많은 부분이 우리에게는 완전한 수수께끼다. 칸트가 언급한 '인간은 왜 존재하는가?' 하는 질문은 전혀 무의미하지 않다. 그 질문에는 '인간이 가장 잘 사는 방법은 무엇일까? 인간은 어떤 방식의 삶에 가장 잘 적응했을까?' 하는 완벽하게 훌륭한 의미가 들어 있다. 이 질문을 다루려면 우리는 적응을 이해할 필요가 있다. 적응에 관한 증거는 다른 종에게서도 발견될 수밖에 없다. 그리고 똑같은 의미의 똑같은 질문을 그들에 대해서도 할 수 있다.

비용편익 분석 패턴에 집착하는 사람들에게는 자신의 사고방식 외에는 대안이 보이지 않는다. 인간의 삶이 지속적으로 좁아져감에 따라 우리와 마찬가지로 그들 역시 종종 소름을, 중압감을, 외로움을 느끼는데도 그렇다. 지하 감옥이 우리를 에워싸고, 자아가 그 출구를 무겁게 눌러 막고 있다. 무슨 강박 때문에? 왜 사물을 이런 식으로 바라보는 걸까? 아이리스 머독은 『선의 군림』(*The Sovereignty of Good*)에서 이렇게 쓴다. "나는 초조하고 분한 마음으로 내 방 창밖을 내다보고 있다. 내 체면이 깎였을지 모를 어떤 일에 대해 곱씹으면서. 그러다가 하늘을 떠도는 황조롱이가 문득 눈에 들어온다. 그 순간 모든 것이 달라진다. 상처 입은 허영심을 곱씹던 자아가 사라졌다. 황조롱이 말고는 이제 아무것도 없다. 그리고 나머지 문제를 다시 생각하니 덜 중요해 보인다"(84쪽). 확실히 우리는 (머독은 계속 말한다) 이것을 정신 위생의 수단으로, 황조롱이를 균형을 되찾는 장치로 생각할 **수 있을 것이다**. 그러나 그렇게 하는 데는 뭔가 외틀어진 것이 있다. "더 적절할 뿐 아니라 더 자연스러운 것은, 순전히 동물과 새와 돌과 나무가 이질적이고 무의미하며 독자적으로 존재한다는 데서 우리가 자신을 잊을 정도로 즐거움을 얻는다는 것이다." 이것은 옳을 수밖에 없는데, 그렇게 벗어나는 것 자체가 황조롱이가 그런 장치가 아니라는 데 달려 있기 때문이다. 만일 우리가 플라스틱 황조롱이가 교묘하게 불규칙한 간격으로 날아오르는 듯 보이는 디즈니랜드에 있다면 그 의미가 완전히 사라질 것이다.

여기서 우리에게 필요한 것은 수단과 목적이라는 언어를 버리고 그 대신 부분과 전체라는 언어를 사용하는 것이다. 인간은 수없이 많은 방식으로 자신을 능가하는 구성원들이 있는, 자신보다 훨씬 큰 전체의 일부분을 이룰 필요가 있다. 인간은 그 안에서 살도록 적응했다. 그렇지 않으면 인간은 감옥에 갇혀 있다고 느낀다. 자아가 그 출구를 무겁게 눌러 막는다.

황조롱이가 활동하는 세계, 황조롱이가 바라보는 세계는 우리로서는 지금이나 앞으로나 영원히 알 수 없을 것이다. 우리가 온통 그런 세계에 둘러싸여 있다는 것이 우리 세계의 본질이다. 황조롱이의 존재를 '무의미하다'고 말하는 것은 황조롱이는 인간의 목적을 위한 장치가 아니라는 의미일 뿐이다. 황조롱이는 그런 외부적 의미를 필요로 하지 않는다. 황조롱이는 어떤 의미에서—확실히 연구할 가치가 있는 의미에서—그 자체로 목적이다.*

여기서 칸트 미학의 핵심에서 나타나는 똑같은 문제를 들여다보면 이 문제의 어려운 부분이 조금 더 잘 이해될 것이다. 칸트는 숭고함(sublime)에 마음이 많이 쏠려 있었는데, 숭고함은 우리에게 감동을 주는 것, 그중에서도 우리가 진작부터 바라는 것(예컨대 아름다움)이어서가 아니라 광대하면서 우리의 욕구를 완전히 무시하는, 한마디로 그 절대적 남됨으로 인해 감동을 주는 것을 가리키는 18세기의 (매우 편리한) 이름이었다. 바다는 숭고하고, 산과 사막도 그러하다. 심지어 때로는 아주 작은 것도 뛰어나게 기묘하고 불가해할 경우 숭고하다.**

칸트가 경험에서 이 요소를 꼼꼼하게 분석하고 진지한 태도로 다루는 것은 감탄할 만하다. 그는 그런 것에 진정으로 마음을 빼앗기기 쉬운 사람이었던 것이 분명하다. 그러나 그는 이 개념을 이해하는 데 현실적인 어려움을 겪는다. **무엇**이 실제로 숭고할까? 여기서 그는 합

* 철학자들은 칸트가 이 표현을 사용하기 때문에 혼란이 생겨났다고 비난하는 일이 많다. 그저 칸트가 하는 말이 완전히 명확하지는 않다는 뜻에서 하는 비난이라면 철학자들이 옳다. 표현하기가 비교적 어려운 내용이기 때문이다. 그러나 그들은 종종 칸트의 표현이 이기주의라는 틀 안에서 이해되지 않는다며, 다시 말해 '목적'은 정의상 내면적이라며 비난한다. 하지만 칸트는 이를 부정한다. 그는 정말로 이기주의라는 다람쥐 쳇바퀴를 벗어나고자 한다. 그리고 상식은 확실히 칸트 편이다.

** Immanuel Kant, *Critique of Judgement*, '숭고함(The Sublime)'에 관한 절 전체 참조.

리주의라는 틀이 갖는 규칙 때문에 방해를 받는다. 그는 실제 바다나 산이 숭고할 수는 없다고 말한다. 그저 현무암이나 H_2O가 매우 많이 모인 죽은 물질일 뿐이기 때문이다. 그것을 어떻게 숭배할 수 있을까? 그는 숭고함의 경험에서 크기 자체가 중심적일 때가 많다는 것을 알고 있다. 그러나 크기는 우리 자신의 크기와 대비될 때만 감동을 주며, 그가 볼 때 부수적 문제다. 그래서 그는 숭고한 것은 대상 자체가 아니라 대상이 나타내는 것, 즉 인간이 맡은 일이 광대하다는 사실이라고 결론짓는다. "자연에서 느끼는 숭고함은 우리 자신의 사명에 대한 존중심이다."* 부분적으로는 옳다. 확실히 광대하다는 것은 어려운 것, 아직 시도되지 않은 것을 나타낸다. 그러나 그것은 상징 그 이상이어야 한다. 그 자체로 중요해야 하며, 그렇지 않으면 사실상 상징이 될 수 없다. 강력한 상징은 발상을 편리하게 넣어두었다가 필요할 때 원상태 그대로 꺼낼 수 있도록 인간이 소모품으로 만든 상자가 아니다. 칸트의 요지는 산이나 먼 거리는 우리에게 어려움을 안겨주고 어려움은 우리의 약점을 우리에게 알려준다는 것이다. 그렇지만 산은 **단지** 어려움의 예가 아니다. 산은 쓸데없이 길게 만든 트레드밀이 아니다. 산은 우리가 작다는 것뿐 아니라 산이 거대하다는 것까지 우리에게 말해준다. 확실히 두 번째 부분이 없으면 첫 번째 부분은 의미가 없을 것이다. 만일 산이 우리의 약점을 우리가 절실히 깨닫게 하기 위한 교육적 장치일 뿐이라면 우리는 그 점을 알고 나서는 산에 대해 잊어버릴 수 있을 것이다. 또는 그래도 여전히 기억을 환기하는 용도로 쓰겠다고 결정한다면 우리는 아마도 순전히 교육적 장치를 대할 때처럼 체념하고 받아들이는 방식으로 산을 생각해야

* Ibid., p. 106.

할 것이다. 어쩌면 알람시계나 탁상용 달력을 생각할 때와 가까울 것이다(로마인들이 축제에서 해골을 이런 식으로 생각했을까?).

진실은 우리의 육체가 지금의 크기인 것은 우연한 사실이 아니라는 것이다. 우리는, 우리 자신은 데카르트가 말한 것 같은 순수하게 정신적인 동물이 아니다. 우리는 잠정적으로 갖출 수 있을 만한 육체를 두고 고려하고 있지 않다. 우리는, 우리 자신은 눈사태에 쉽게 망가지는 취약한 종의 일원으로서, 다른 어느 곳도 아닌 바로 이 행성에만 자리를 잡고 있다.* 그런 존재에게 어마어마한 부피의 H_2O가 (염분이라는 불순물을 포함하여) 거대하고 숭고한 바다에 해당하지 않을 수 없고, 거기서 살면서 아무리 요동치는 상태의 바다라도 대처할 수 있는 고래나 앨버트로스가 숭고한 동물이 아닐 수 없다. 이런 반응을 방해하는 것은 우리 최고의 기능을 방해하는 것이다. (취약성보다 덜 자주 언급되는 부분인데) 우리는 감수성과 상상력이 높아, 우리와는 완전히 별개로 이 행성에서 살아가는 여타 존재를 기리고 기뻐하도록 적응했기 때문이다. 우리가 타고난 공감은 종의 장벽 너머까지 쉽게 다다를 뿐 아니라, 우리는 식물과 무생물체가 존재한다는 것만으로 기뻐한다. 그들을 우리의 방자한 상상력을 자극하기 위해 제공된 가구처럼 생각하는 것이 아니다.

문학 비평에서는 사물을 이런 식으로 바라보지 않는 때가 많다. 거기서는 물리적 우주는 우리가 그것으로 시를 지을 수 있을 때만 중요하다는 것을 공식적 신조로 여긴다. 내가 볼 때 이것은 비뚤어진 시각이며, 이런 전제에서는 조금이라도 가치 있는 시를 지을 수 없다.

* 내가 아는 한 육신의 부활 교리는 불가지론이라는 맥락에서뿐 아니라 그리스도교 맥락에서도 적절한 견해라는 의미이다.

그렇지만 골칫거리는 이 문제에서 이론과 실제의 괴리다. (앞서 말한 것처럼) 칸트뿐 아니라 그의 뒤를 이은 위대한 작가들도 마찬가지다. 예컨대 콜리지는 아주 아름다운 석양을 보고도 감응하지 못해 낙심한 사연을 설명하면서 다음처럼 썼다.

> 오 여인이여, 우리는 우리가 주는 만큼만 받고,
> 우리 삶 안에서만 자연이 살아가오,
> 우리 삶은 그녀의 혼례복이요 그녀의 수의라오.*

그러나 이것은 사실도 아니고 사실일 수도 없다. 그리고 이 시 바로 끝부분에서 그가 이것을 믿지 않았다는 것이 드러난다. 아이리스 머독이 『선의 군림』에서 하는 말처럼, "나는 위대한 낭만주의자 누구도 우리는 우리가 주는 만큼만 받고 우리 삶 안에서만 자연이 살아간다고 정말로 믿었다고는 생각하지 않는다. 다만 그보다 덜 위대한 시인들은 칸트를 본받아, 자연을 자기 감정을 고양하는 기회로 활용하는 경향이 있었다. 방금 인용한 시인을 포함하여 위대한 낭만주의자들은 '낭만주의'를 초월했다. […] 예술은, 그리고 지금부터 내가 말하는 예술은 공상 예술이 아니라 훌륭한 예술인데, 뛰어난 것이 독립적으로 존재한다는 데서 순수한 기쁨을 누리게 해준다"(85쪽). 인간은 거울로 둘러싸인 상자 안에서 스스로 전등을 밝히며 어쩌다가 어떤 이미지가 필요할 때는 바깥에다 요청하며 살도록 적응하지 않았다. 거기서 생겨날 수 있는 것은 어둠과 악취뿐이다. 우리는 광대한 세계를 필요로 한다. 그것도 우리를 필요로 하지 않는 세계, 우리를

* Samuel Taylor Coleridge, "Dejection, an Ode".

지속적으로 놀라게 할 수 있는 세계, 우리가 프로그래밍하지 않은 세계여야 한다. 제대로 된 경이의 대상은 그런 세계뿐이기 때문이다. 이것을 우리에게서 앗아가는 인본주의는, 우주를 인간의 역량을 비춰 자랑하기 위한 화면으로만 취급하기를 고집하는 인본주의는 그 어떤 것이든 인간성을 무능하게 만들고 위축시킨다. '인본주의자'는 종종 이렇게 하는데, 경이로움이 있는 곳에서는 종교 냄새가 난다고 생각하기 때문이다. 그래서 그들은 그 불결한 것을 분쇄하기 위해 황급히 움직인다.* 그러나 경이로움이 죽고 나면 전통 종교보다 훨씬 더 불결한 것이 뒤따를 것이다. 사실 앞서 말한 것처럼 경이, 다시 말해 남됨이라는 감각은 종교의 원천 중 하나지만(그 반대는 성립되지 않는다), 또한 호기심의 원천이자 우리 기능을 활발하게 활용하는 밑바탕이기도 하고, 온전한 정신을 위한 필수 조건이기도 하다. 그리고 경이의 종교적 표현과 과학적 표현의 차이는 일부 사람들이 생각하는 것만큼 크지 않다. 폭풍 속에서 욥에게 대답할 때 하느님은 신을 믿든 믿지 않든 진정한 본성주의자라면 누구든 할 법한 혼잣말을 했을 뿐이다.

> 너는 흰 눈을 저장해둔 곳에 가본 일이 있으며, 우박 창고에 들어가 본 일이 있느냐? […]

* "Ecrasez l'infâme(파렴치한 것들을 분쇄하라)"는 로마 교회의 정치적 죄악에 대한 볼테르의 논평이었다. 그러나 오늘날에는 다른 걱정거리가 있다. 존 패스모어가 쓴 『자연에 대한 인간의 책임Man's Responsibility for Nature』은 훌륭한 책이기는 하지만, 거기서 그는 생태 범죄에 맞서는 유용한 대응처럼 보이는 것이 종교적 대응처럼 보이기도 한다는 사실 때문에 끊임없이 말을 아낀다. 그러나 위대한 종교들은 수많은 요소를 결합해왔고, 그중에는 살아가는 데 필수적인 것이 많다. 그런 것을 단지 사람들이 과거에 잘못 사용했다는 이유만으로 내다 버릴 수는 없다.

소나기가 타고 올 길을 누가 텄는지 […] 너는 아느냐?

사람이란 얼씬도 하지 않는 곳, 인종이란 있어본 적도 없는 광야에 비가 쏟아져

거친 들을 흠뻑 적시고 메말랐던 땅에 푸성귀가 돋아나게 하는 것이 누구냐? […]

네가 북두칠성에 굴레를 씌우고 오리온 성좌의 사슬을 풀어주기라도 한단 말이냐? […]

너는 낚시로 레비아단을 낚을 수 있느냐? […]

그가 … 너와 계약을 맺고 종신토록 너의 종이 될 듯싶으냐? […]

그는 … 쇠를 지푸라기인 양 부러뜨리고 청동을 썩은 나무인 양 비벼 버린다. […]

깊은 물웅덩이를 솥처럼 끓게 하고 바닷물을 기름 가마처럼 부글거리게 하는구나.

번쩍 길을 내며 지나가는 저 모습, 흰 머리를 휘날리며 물귀신같이 지나간다.

지상의 그 누가 그와 겨루랴. 생겨날 때부터 도무지 두려움을 모르는구나.

모든 권력가가 그 앞에서 쩔쩔매니, 모든 거만한 것들의 왕이 여기에 있다.*

이것이 찰스 다윈이 물리적 우주를 바라보는 방식이며, 내가 틀린 게 아니라면 아리스토텔레스도 그렇게 바라본다.** 이것이 우리 본성

* 욥기 38, 40, 41장.

** 예컨대 『니코마코스 윤리학』, 6.7 참조. 여기서 아리스토텔레스는 인간이 세계 최고

이 살아가도록 적응한 우주이다. 이 우주는 우리에게 이질적이고 하찮게 여겨지는, 우리가 분리되어야 하는 곳이 아니다. 이것이 내가 이해하는 인본주의가 담고 있는 메시지다. 인본주의가 신을 파괴한다는 뜻일 수만은 없다. 그 주요 임무는 인간을 이해하고 구원하는 것이다. 그러나 인간은 혼자서는 이해될 수도 구원받을 수도 없다.

의 사물이 아니라는 것을 자명한 사실로 받아들인다. 최근의 인본주의는 더 오만한 경향이 있다. 그래서 케인스는 무어 쪽 사람들을 대신해 다음처럼 말한다. "로런스가 본 대로, 또 루트비히 비트겐슈타인이 곧잘 말한 대로 우리에게는 모든 것과 모든 이에 대한 경외심이 결여되어 있었다"(John Maynard Keynes, *Two Memoirs*, p. 99). 그러나 경외심 **없는** 사색은 매우 기이하다.

감사의 말

이 책을 위한 연구의 많은 부분이 1976년 미국 코넬대학교에 있을 때 이루어졌습니다. 당시 과학기술사회연구원 소속이던 맥스 블랙의 초대를 받아 그곳에 가 있었는데, 분야 간 교류를 위한 일련의 세미나에서 '인간과 짐승'에 관한 논의를 소개하기 위해서였습니다. 너무나 다양한 분야가 관련되어 있는지라 정리가 거의 불가능하던 주제를 체계화하려고 허우적거리던 저에게 끝없는 도움과 격려를 보내준 그곳의 모든 분에게 너무나 감사합니다. 친절하게 대해준 분이 너무나 많은 까닭에, 여기서는 아마도 저를 가장 열심히 생각하게 해주셨을 블랙 교수님과 윌리엄 윔샛 두 분만 언급합니다. 나중에 제가 두 분의 프로그램을 위해 쓴 논문이 이 책 11장의 근간이 되었습니다.

영국 뉴캐슬대학교의 동료들도 저를 아낌없이 도와주었습니다. 특히 알렉 판첸과 앨런 이벗슨은 이 책의 중간 부분을 읽어보고 제가 수많은 실수를 피할 수 있게 해주었고, 더 읽어볼 자료들을 추천해주었으며, 전반적으로 이 책에서 동물학과 관련된 측면을 살펴봐주었습니다. 제인 힐은 흔쾌히 이 책의 10장을 훑어보고 언어에 관한 문제를 도와주었습니다. 렌퍼드 뱀브러와 줄리어스 코베시는 고맙게도 이 책의 9장을 감수해주었습니다. 그러나 지면이 부족해 많은 분량이 결국 이 책에 실리지 못했습니다. 시간과 정성을 기울여준 한 사람 한 사람에게 마음 깊이 감사합니다. 오류가 남아 있다면 그것은 전적으로 저의 잘못입니다.

저를 끝까지 참아주고 논의에 많은 도움을 준 가족과 친구들에게 감사합니다. 제가 일한 대학의 성인교육 부서 동료들에게 특히 감사합니다. 이 혼란스러운 주제를 궤도에 올릴 기회를 얻은 것은 애초에 그들이 저를 초청해 성인 대상 수업에서 이 주제를 가르치도록 해준 덕분입니다. 어떻게 손쓸 수 없을 정도로 엉켜 있는 질문들을 정리하고 싶은 모든 사람에게 이 방법을 강력하게 추천합니다. 손쉬운 답변으로 얼버무리고 지나가려 해도 그것을 용납하지 않은 학생들 덕을 많이 보았습니다.

『철학』(*Philosophy*) 48호(1973)에 실린 「짐승성의 개념」(The Concept of Beastliness)이라는 논문을 이용할 수 있도록 허락해준 학회지 편집자와 발행인에게 감사합니다. 이 책의 첫 세 장이 이를 근간으로 삼고 있습니다.

그리고 에드워드 윌슨이 지은 『사회생물학』의 인용을 허락해준 하버드대학교 출판부, T. S. 엘리엇이 지은 「하마」와 「황무지」의 인용을 허락해준 페이버앤페이버 출판사와 하코트브레이스조바노비치 출판사, 소설 『어음 세계』와 『책은 정말로 방을 꾸며준다』(*Books Do Furnish a Room*)의 인용을 허락해준 저자 앤서니 포월과 윌리엄하이네만 출판사와 리틀브라운 출판사, 철학서 『구성』(*Constructions*)의 인용을 허락해준 저자 마이클 프레인과 와일드우드하우스 출판사, 랠프 호지슨의 『시 선집』(*Collected Poems*)에 수록된 「이성에는 위성이 있다」(Reason Has Moons)의 인용을 허락해준 호지슨 여사와 맥밀런 출판사(런던, 베이싱스토크), C. K. 스콧 몬크리프가 번역한 마르셀 프루스트의 『꽃핀 소녀들의 그늘에서』(*Within a Budding Grove*)의 일부를 인용하게 해준 차토앤윈더스 출판사와 랜덤하우스 출판사, 하우스먼의 『시선집』(*Collected Poems*)에서 「어느 슈롭셔 젊은이」(A Shropshire Lad)를 인용하게 해준 A. E. 하우스먼관재회의 출판 대리자인 작가협회와 조너선케이프 출판사에게 감사드립니다.

메리 미즐리
영국 뉴캐슬어폰타인

참고문헌

Alpers, Antony, *A Book of Dolphins*(London: John Murray, 1965).

Anscombe, G. E. M., "Brute Facts", *Analysis*, 19(1958).

_____, *Intention*(Oxford: Blackwell; Ithaca: Cornell University Press, 1957).

Ardrey, Robert, *The Territorial Imperative*(New York: Atheneum, 1966; London: Collins, 1967).

Austin, J. L., *How to Do Things with Words*(Oxford: Oxford University Press; Cambridge, Mass.: Harvard University Press, 1962).

한국어판은 J. L. 오스틴 지음, 김영진 옮김, 『말과 행위: 오스틴의 언어철학, 의미론, 화용론』(서광사, 1992).

_____, *Philosophical Papers*(Oxford: Oxford University Press, 1970).

Benedict, Ruth, *Patterns of Culture*(Boston: Houghton Mifflin, 1934; London: Routledge & Kegan Paul, 1935).

한국어판은 루스 베네딕트 지음, 이종인 옮김, 『문화의 패턴』(연암서가, 2008).

Blurton Jones, N. G., "An Ethological Study of Some Aspects of Social Behaviour of Children in Nursery School" In *Primate Ethology*(ed. Desmond Morris).

Buber, Martin, *I and Thou*(New York: Scribner's, 1958).

한국어판은 마르틴 부버 지음, 김천배 옮김, 『나와 너』(대한기독교서회, 2020).

Bueler, Lois E., *Wild Dogs of the World*(New York: Stein & Day, 1973; London: Constable, 1974).

Butler, Bishop Joseph, *Sermons*(1726; ed. W. R. Matthews, London: Bell, 1969).

Carrington, Richard, *Elephants*(London: Chatto & Windus, 1958).

Carthy, J. D., and F. J. Ebling, *The Natural History of Aggression*(London and New York: Academic Press, 1964).

Chomsky, Noam, *Language and Mind*(New York: Harcourt, Brace & World, 1968).

Clark, Stephen, *The Moral Status of Animals*(Oxford: Clarendon Press, 1977).

Darwin, Charles, *The Expression of the Emotions in Man and Animals*(1872; Chicago: University of Chicago Press, 1965).

한국어판은 찰스 다윈 지음, 김홍표 옮김, 『인간과 동물의 감정 표현』(올재, 2022).

Dent, Nicholas, "Duty and Inclination", *Mind*, 83(1974).

Descartes, *Philosophical Writings*(tr. P. T. Geach and G. E. M. Anscombe, London: Nelson's University Paperbacks, 1954; Indianapolis: Bobbs-Merrill, 1971).

Dobzhansky, Theodosius, *Mankind Evolving*(New Haven: Yale University Press, 1962).

Douglas-Hamilton, I., and O. Douglas-Hamilton, *Among the Elephants*(London: Collins; New York: Viking, 1975).

Eibl-Eibesfeldt, Irenaus, *Love and Hate*(tr. Geoffrey Strachan, London: Methuen, 1971; New York: Holt, Rinehart, & Winston, 1972).

한국어판은 아이블 아이베스펠트 지음, 이경식 옮김, 『야수인간: 사랑의 본능과 증오의 본능』(휴먼앤북스, 2005).

Foot, Philippa R., "Moral Arguments", *Mind*, 67(1968).

_____, "Moral Beliefs", *Proceedings of the Aristotelian Society*, 59(1958-9; Reprinted in *Theories of Ethics*, ed. P. Foot).

_____, "When Is a Principle a Moral Principle?", *Proceedings of the Aristotelian Society*, Supplementary Vol. 28(1954).

_____, ed., *Theories of Ethics*(Oxford: Oxford University Press, 1967).

Ford, E. B., *Ecological Genetics*(London: Methuen, 1964).

Frayn, Michael, *Constructions*(London: Wildwood House, 1974).

Friedrich, Heinz, ed., *Man and Animal*(London: Paladin, 1972).

Frisch, Karl von, *Bees: Their Vision, Chemical Senses, and Language*(Rev. ed., Ithaca: Cornell University Press, 1971).

Geach, Peter, "Good and Evil", *Analysis*, 17(1956; Reprinted in *Theories of Ethics*, ed. Philippa Foot).

_____, "Omnipotence", *Philosophy*, 48(1973).

Geist, Valerius, *Mountain Sheep and Man in the Northern Wilds*(Ithaca: Cornell University Press, 1975).

Goodall, Jane van Lawick, *In the Shadow of Man*(Boston: Houghton Mifflin; London: Collins, 1971).

한국어판은 제인 구달, 최재천·이상임 옮김, 『인간의 그늘에서: 제인 구달의 침팬지 이야기』(사이언스북스, 2001).

_____, *The Innocent Killers*(New York: Ballantine, 1970; London: Collins, 1974).

_____, "Mother-Offspring Relations in Free-Ranging Chimpanzees" In *Primate Ethology*(ed. Desmond Morris).

Harrisson, Barbara, *Orang-utan*(London: Collins, 1962).

Hinde, R. A., *Animal Behavior*(New York: McGraw-Hill, 1966).

한국어판은 로버트 A. 하인드 지음, 장현갑 옮김, 『동물행동학: 학문적 성질과 타과학과의 관련성』(민음사, 1988).

_____, "Ethological Models and the Concept of Drive", *British Journal for the Philosophy of Science*, 6(1956).

_____, "Some Recent Trends in Ethology" In *Psychology: A Study of a Science*, Vol. 2, ed. Sigmund Koch(New York: McGraw-Hill, 1959).

Hooff, J. A. R. A. M. van, "The Facial Displays of the Catarrhine Monkeys and Apes" In *Primate Ethology*(ed. Desmond Morris).

Huizinga, J. *Homo Ludens*(1938; New York: Harper & Row; London: Paladin, 1970).

한국어판은 요한 하위징아 지음, 이종인 옮김, 『호모 루덴스: 놀이하는 인간』(연암서가, 2018).

Huxley, Julian, *The Courtship Habits of the Great Crested Grebe*(1914; London: Cape, 1968).

Kant, Immanuel, *Critique of Judgement*(tr. J. C. Meredith, Oxford: Oxford University Press, 1952).

한국어판은 칸트 지음, 이석윤 옮김, 『판단력비판』(박영사, 2017).

_____, *Grundlegung zur Metaphysik der Sitten*(tr. H. J. Paton, with title *The Moral Law*, London: Hutchinson University Library, 1948; tr. Lewis W. Beck, with title *Foundations of the Metaphysic of Morals*, Indianapolis: Bobbs-Merrill, 1959).

한국어판은 이마누엘 칸트 지음, 이원봉 옮김, 『도덕 형이상학을 위한 기초 놓기』(책세상, 2019).

_____, *Lectures on Ethics*(tr. Louis Infield, London: Methuen, 1930).

Keynes, John Maynard, *Two Memoirs*(London: Hart Davis; New York: Kelley, 1949).

Köhler, Wolfgang, *The Mentality of Apes*(1925; Harmondsworth: Pelican, 1957).

Kovesi, Julius, *Moral Notions*(London: Routledge & Kegan Paul; New York: Humanities Press, 1967).

Linden, Eugene, *Apes, Men, and Language*(New York: Saturday Review Press, 1974; Harmondsworth: Penguin, 1976).

Lockley, R. M., *The Private Life of the Rabbit*(London: Corgi, 1954).

Loizos, Caroline, "Play Behaviour in Higher Primates: A Review" In *Primate Ethology*(ed. Desmond Morris).

Lorenz, Konrad, *Civilized Man's Eight Deadly Sins*(tr. M. K. Wilson, London: Methuen, 1973; New York: Harcourt Brace Jovanovich, 1974).

한국어판은 콘라트 로렌츠 지음, 양승태 옮김, 『현대 문명이 범한 여덟 가지 죄악』(이화여자대학교 출판부, 2002).

_____, *Evolution and Modification of Behavior*(Chicago: University of Chicago Press, 1965; London: Methuen, 1966).

_____, *King Solomon's Ring*(tr. M. K. Wilson, New York: Crowell; London: Methuen, 1952).

한국어판은 콘라트 로렌츠 지음, 김천혜 옮김, 『솔로몬의 반지』(사이언스북스, 2000).

_____, *Man Meets Dog*(tr. M. K. Wilson, Boston: Houghton Mifflin, 1955, London: Methuen, 1964).

한국어판은 콘라트 로렌츠 지음, 구연정 옮김, 『인간, 개를 만나다』(사이언스북스, 2006).

_____, *On Aggression*(tr. M. K. Wilson, New York: Harcourt, Brace & World, 1963; London: Methuen, 1966).

한국어판은 콘라트 로렌츠 지음, 송준만 옮김, 『공격성에 관하여』(이화여자대학교출판부, 1986).

Marais, Eugene, *My Friends the Baboons*(London: Methuen, 1939).

Mayr, Ernst, "Behavior Programs and Evolutionary Strategies." *American Scientist*, 62(1974).

Mead, Margaret, *Growing Up in New Guinea*(New York: Morrow; Harmondsworth: Penguin, 1930).

_____, *New Lives for Old*(New York: Morrow; London: Gollancz, 1956).

Midgley, M., "The Game Game." *Philosophy*, 49(1974).

_____, "Is Moral a Dirty Word?" *Philosophy*, 47(1972).

_____, "The Neutrality of the Moral Philosopher." *Proceedings of the Aristotelian Society*, Supplementary Vol. 48(1974).

Montagu, Ashley, *Man in Process*(New York: Mentor, 1961).

_____, ed., *Man and Aggression*(Cleveland: World, 1961; Oxford: Oxford University Press, 1968).

Moore, G. E., *Principia Ethica*(Cambridge: Cambridge University Press, 1948).

한국어판은 G. E. 무어 지음, 김상득 옮김, 『윤리학 원리』(아카넷, 2018).

Morgan, Elaine, *The Descent of Woman*(New York: Stein & Day, 1972).

Morris, Desmond, *The Biology of Art*(New York: Knopf; London: Methuen, 1962).

한국어판은 데즈먼드 모리스 지음, 김석희 옮김, 『털 없는 원숭이—동물학적 인간론』(문예춘추사, 2020).

_____, *The Naked Ape*(New York: McGraw-Hill; London: Cape, 1967).

_____, ed., *Primate Ethology*(London: Weidenfeld & Nicolson, 1967).

Morris, Ramona, and Desmond Morris, *Men and Apes*(London: Hutchinson, 1966).

_____, and Desmond Morris, *Men and Pandas*(London: Hutchinson, 1966; New York: McGraw-Hill, 1967).

_____, and Desmond Morris. *Men and Snakes*(London: Hutchinson, 1965).

Mowat, Farley. *Never Cry Wolf*(Boston: Little, Brown; London: Ballantine, 1963).

한국어판은 팔리 모왓 지음, 이한중 옮김, 『울지 않는 늑대』(돌베개, 2003).

Murdoch, Iris. *The Sovereignty of Good*(London: Routledge & Kegan Paul, 1970).

한국어판은 아이리스 머독 지음, 이병익 옮김, 『선의 군림』(이숲, 2020).

Passmore, John, *Man's Responsibility for Nature*(London: Duckworth, 1971; New York: Scribner's, 1974).

Peters, R. S., ed., *Nature and Conduct*, Royal Institute of Philosophy Lectures, Vol. 8(London: Macmillan; New York: St. Martin's, 1975).

Quinton, Antony, "Has Man an Essence?" In *Nature and Conduct*, ed. R. S. Peters.

Ryle, Gilbert, *The Concept of Mind*(London: Hutchinson, 1949).
한국어판은 길버트 라일 지음, 이한우 옮김, 『마음의 개념』(문예출판사, 1994).

_____, *Dilemmas*(Cambridge: Cambridge University Press, 1964).

Sanderson, Ivan, *The Dynasty of Abu*(London: Cassell, 1960; New York: Knopf, 1962).

Sartre, J-P., *Existentialism and Humanism*(tr. Philip Mairet, London: Eyre Methuen, 1958).
한국어판은 사르트르 지음, 이희영 옮김, 『실존주의란 무엇인가』(동서문화사, 2017).

Schaller, George, *The Year of the Gorilla*(Chicago: University of Chicago Press; London: Collins, 1964).

Schneirla, T. C., "Some Conceptual Trends in Comparative Psychology", *Psychological Bulletin*(Nov. 1952).

Simpson, George Gaylord, *The Major Features of Evolution*(New York: Columbia University Press, 1953).

Singer, Peter, *Animal Liberation*(London: Cape, 1976).
한국어판은 피터 싱어 지음, 김성한 옮김, 『동물 해방』(연암서가, 2012).

_____, ed., *Animal Rights and Human Obligations*(Englewood Cliffs, N. J.: Prentice-Hall, 1976).

Skinner, B. F., *The Behavior of Organisms*(New York: Appleton-Century, 1938).

_____, *Beyond Freedom and Dignity*(New York: Knopf, 1971; London: Cape, 1972).
한국어판은 B. F. 스키너 지음, 정명진 옮김, 『자유와 존엄을 넘어서』(부글북스, 2008).

_____, *Science and Human Behavior*(New York: Macmillan, 1953).

Smart, J. J. C., and Bernard Williams, *Utilitarianism: For and Against*(Cambridge: Cambridge University Press, 1973).

Stevenson, C. L., *Ethics and Language*(New Haven: Yale University Press, 1945).

_____, *Facts and Values*(New Haven: Yale University Press, 1963).

Storr, Anthony, *Human Aggression*(New York: Atheneum; Harmondsworth: Penguin, 1968).
한국어판은 앤서니 스토 지음, 이유진 옮김, 『공격성, 인간의 재능: 공격성은 어떻게 인간의 독립과 생존, 성취로 이어지는가』(푸른숲, 2018).

Tinbergen, Niko, *Curious Naturalists*(New York: Anchor Books, 1968; Harmondsworth: Penguin Education, 1974).

_____, *The Herring Gull's World*(London: Collins, 1953; New York: Basic, 1961).

_____, *Social Behavior in Animals*(London: Methuen, 1953).

한국어판은 니코 틴버겐 지음, 박시룡 옮김, 『동물의 사회 행동: 동물은 왜 사회적 행동을 하는가』(전파과학사, 2021).

_____, *The Study of Instinct*(Oxford: Oxford University Press, 1951).

Warnock, Geoffrey, *Contemporary Moral Philosophy*(London: Macmillan; New York: St. Martin's, 1967).

Wickler, W., *The Sexual Code*(London: Weidenfeld & Nicolson, 1969; New York: Doubleday, 1972).

Williams, Bernard, *Morality*(Harmondsworth: Pelican; New York: Harper & Row, 1972).

_____, *Problems of the Sell*(Cambridge: Cambridge University Press, 1972).

Williams, George C., *Adaptation and Natural Selection*(Princeton: Princeton University Press, 1966).

한국어판은 조지 C. 윌리엄스 지음, 전중환 옮김, 『적응과 자연선택: 현대의 진화적 사고에 대한 비평』(나남, 2013).

Wilson, Edward O., *Sociobiology: The New Synthesis*(Cambridge, Mass.: Harvard University Press, 1975).

한국어판은 에드워드 윌슨 지음, 이병훈 · 박시룡 옮김, 『사회생물학』(민음사, 1992).

Wilsson, Lars, *My Beaver Colony*(New York: Doubleday; London: Souvenir, 1968).

찾아보기

옮긴이 권루시안

번역가로서 다양한 분야의 책을 독자에게 아름답고 정확한 번역으로 소개하려 노력하고 있다. 옮긴 책으로는 이반 일리치·배리 샌더스의 『ABC, 민중의 마음이 문자가 되다』, 앨런 라이트맨의 『아인슈타인의 꿈』, 잭 웨더포드의 『야만과 문명』, 데이비드 크리스털의 『언어의 죽음』, 데일 마틴의 『신약 읽기』 등이 있다. 홈페이지 www.ultrakasa.com

짐승과 인간

초판 1쇄 2025년 1월 5일

지은이 메리 미즐리
편집 김아영, 곽성하
디자인 이지선
제작 세걸음

펴낸곳 위고
펴낸이 이재현, 조소정
등록 제2012-000115호
주소 경기도 파주시 돌곶이길 180-38 1층
전화 031-946-9276
팩스 031-946-9277

hugo@hugobooks.co.kr
hugobooks.co.kr

ISBN 979-11-93044-18-6 03110

◦ 이 책 내용의 일부 또는 전부를 재사용하려면 반드시 저작권자와 출판사 양측의 동의를 받아야 합니다.